〈조선의 남해 바다 지도〉

충무공
이순신 전서 3

이순신과 선조의 軍國 經·營 대비를 중심으로 엮은

충무공
이순신 전서 3

박기봉 편역

비봉출판사

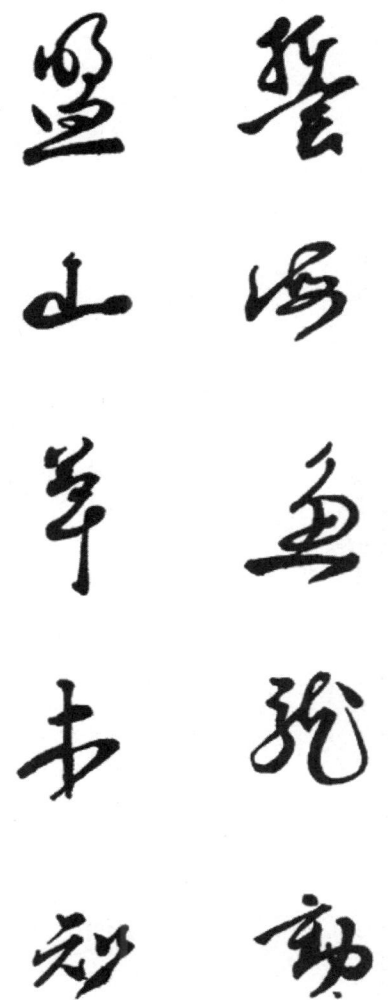

〈忠武公의 親筆詩句(陣中吟)〉

誓海魚龍動　　바다에 맹세하니 물고기와 용이 감동하고
盟山草木知　　산에 맹세하니 풀과 나무가 알아 주네

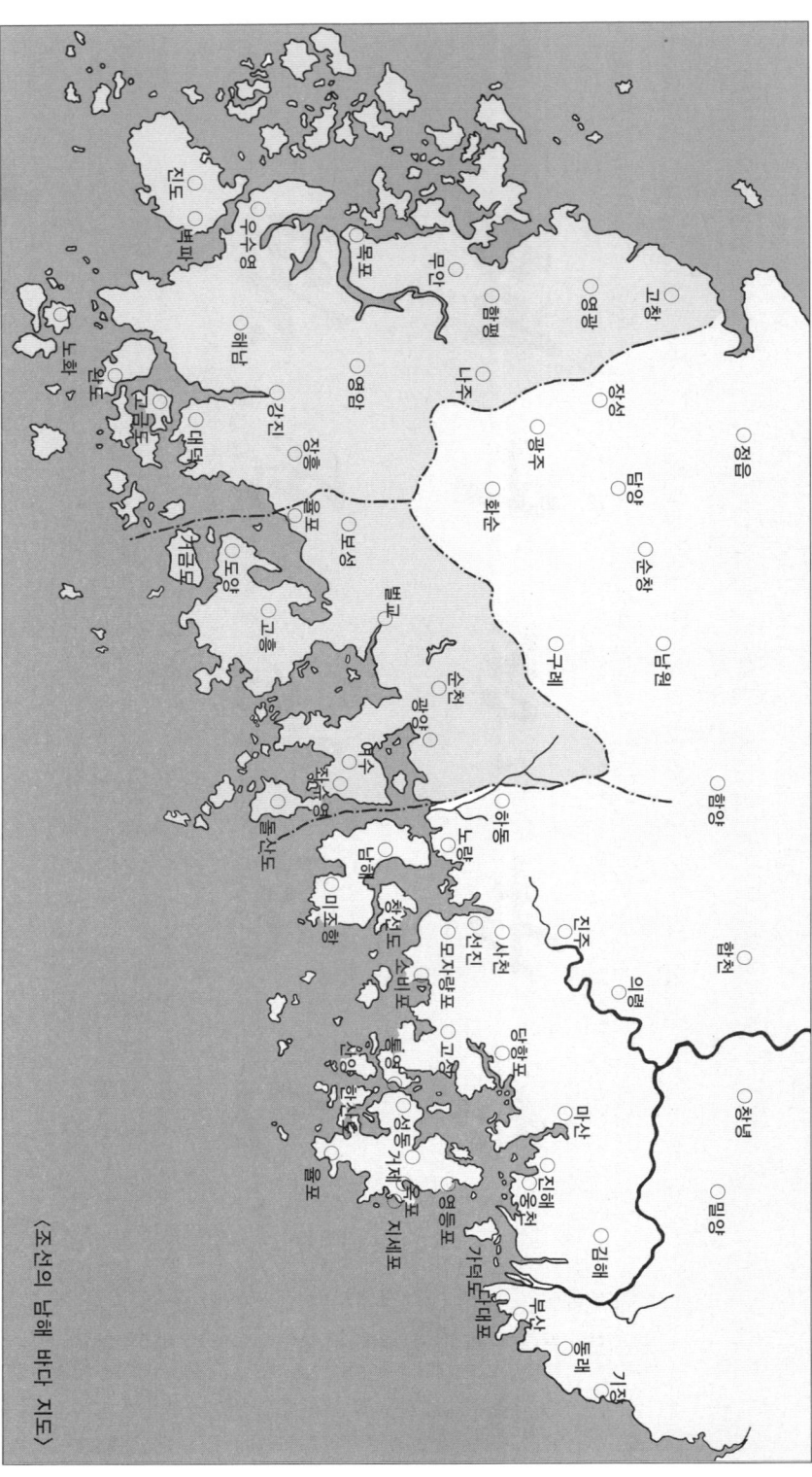

〈조선의 남해 바다 지도〉

제3권 차 례

1596(丙申)년

1596(丙申)년 1월 (명·왜간의 강화회담)/ 10

1596(丙申)년 2월 (누르하치 세력에 대한 정보보고)/ 40

1596(丙申)년 3월 (조선통신사 파견문제 논의)/ 57

1596(丙申)년 4월 (명나라 사신, 왜적의 군영에서 도망침)/ 75

1596(丙申)년 5월 (충청병사 원균의 백성 학대)/ 108

1596(丙申)년 6월 (이순신과 원균에 대한 선조의 평가)/ 124

1596(丙申)년 7월 (이몽학의 반란과 홍가신의 상소문)/ 145

1596(丙申)년 8월 (고문당해 죽은 의병장 김덕령)/ 179

1596(丙申)년 윤8월 (이순신의 휴가 청원서)/ 193

1596(丙申)년 9월 (일본에 간 명나라 사신과 조선통신사)/ 202

1596(丙申)년 10월 (이순신을 폄하하고 원균을 두둔하는 선조)/ 214

1596(丙申)년 11월 (이순신 vs 원균: 모함에 앞장선 윤근수)/ 223

1596(丙申)년 12월 (요시라의 이간책. 통신사의 귀국 보고)/ 250

충무공 이순신 전서

제 3 부 모함과 백의종군, 원균의 패전

1597(丁酉)년

1597(丁酉)년 1월 (요시라의 간계, 이순신 제거를 위한 어전회의)/ 286

1597(丁酉)년 2월 (이순신의 하옥과 원균의 통제사 취임)/ 322

1597(丁酉)년 3월 (이순신의 국문과 정탁의 신구차)/ 344

1597(丁酉)년 4월 (이순신의 출옥과 모친상, 그리고 백의종군길)/ 376

1597(丁酉)년 5월 (명나라 장수에게 먼저 절하는 선조)/ 395

1597(丁酉)년 6월 (지휘체계를 무시하는 원균)/ 427

1597(丁酉)년 7월 (칠천량 해전에서 조선 수군 전몰 당함)/ 461

1597(丁酉)년 8월 (이순신, 다시 삼도수군통제사로)/ 503

제 4 부 기적의 명량대첩과 최후의 노량해전

1597(丁酉)년 9월 (명량대첩; 기적과 같은 승첩)/ 535

1596(丙辛)년

"살펴 보건데, 세상일에는 부득이한 경우도 있고 인정에는 더할 수 없이 간절한 대목도 있는데, 이처럼 더할 수 없이 간절한 인정으로 부득이한 경우를 만나게 되면, 차라리 가정을 잊어야 할 큰 의리(즉, 국가 대사)에는 죄를 지을지언정 어버이를 위하는 사심(私心) 쪽으로 굽혀질 수밖에 없는 경우도 있는 듯합니다."

- 〈체찰사(李元翼)에게 드리는 휴가 청원서〉(윤8월 5일)

1596(丙申)년 1월

(*이달 나라 안에서 있었던 주요 사건들을 〈선조수정실록〉에 의거 요약하면 다음과 같다.
○이때 전염병은 점점 없어지고 학질이 극성했다. 이틀 간격으로 앓았으므로 사람들은 이것을 중국 학질(唐瘧: 일명 이틀거리)라고 하였는데, 특히 늙은이와 어린아이들이 많이 죽었다.
○황제의 지시를 전하러 가는 두 사신이 부산에 머물렀다.
심유경과 행장이 또 먼저 일본으로 가면서 조서를 맞이하는 절차를 의논하겠다고 핑계를 대었는데, 사람들은 추측도 할 수 없었다.
○경상도 좌우 감사를 없애고 다시 감사 한 사람을 두었다.)

1월 1일(戊辰). 맑다. 새벽 4시에 집에 들어가 (피난 와 계신) 어머님을 뵈었다. ○늦게 남양 아저씨와 신(愼) 사과(司果: 군사 직위의 하나)가 와서 이야기하였다. ○저녁에 어머님께 하직하고 본영으로 돌아왔다. 마음이 몹시 산란하여 밤새도록 잠을 이루지 못하였다.

1월 2일(己巳). 맑다. 국기일이어서(明宗 仁順王后 沈氏의 제삿날) 일찍 나가 병기들을 검열하였다. 부장(部將) 이계(李繼)가 비변사의 공문을 가지고 왔다.

1월 3일(庚午). 맑다. 새벽에 바다로 내려가니 아우 여필(汝弼)과 여러 조카들이 모두 배에 올랐다. 밝을 녘에 출발하여 서로 작별하고, 정오에 곡포(曲浦) 바다에 이르니 동풍이 약간 불었다. 상주포(尙州浦) 앞바다에 이르니 바람이 자므로 노를 재촉하여 자정에 사량(蛇梁)에 와서 잤다.

1월 4일(辛未). 맑다. 날이 새어 배가 떠나려 할 때 사량 만호 이여념(李汝恬)이 와서 만나보고 진중 소식을 물었더니 모든 것이 여전하다고 하였다. 걸망포(乞望浦: 통영군 용남면)에 이르니 경상수사(權俊)가 여러 장수들을 거느리고 나와서 기다리고 있었다. ○우후(李夢龜)는 먼저 배에 올랐으나 술에 잔뜩 취해서 인사불성이어서 곧바로 그의 배로 돌아갔다고 하였다.

1월 5일(壬申). 비. 비가 종일 내렸다. 새벽에 ○우후가 방답(張麟), 사도(金浣) 두 첨사와 함께 와서 문안인사 하고 미조항 첨사 성윤문(成允文)과 우도 우후 이정충(李廷忠), 웅천 이운룡(李雲龍), 거제 안위(安衛), 안골 만호 우수(禹壽), 옥포 만호 이담(李曇) 등이 왔다. 이몽상(李夢象)도 권 수사가 보내어 와서 문안하고 돌아갔다.
(*이날 수군의 여러 장수들은 이순신이 이원익 체찰사와 만나서 나눈 이야기가 궁금하여 그 이야기를 듣고 싶어서 찾아왔을 것이다.)

1월 6일(癸酉). 비. 비. 사도(金浣)가 술을 가지고 와서 "군량 5백 여 섬을 변통했다."고 하였다.

1월 7일(甲戌). 맑다. 늦게 권 수사(權俊)와 우후(李夢龜), 사도(金浣), 방답(張麟) 등이 왔다. 권숙(權俶)도 왔다. 오후 2시경(未時)에 견내량 복병장과 삼천포 권관이 급보하기를, 항복한 왜인 5명이 부산에서 나왔다고 하기에, 안골포 만호 우수(禹壽)와 공태원(孔太元)을 보내어 데려오게 하였다.

1월 8일(乙亥). 맑다. 항복한 왜인 5명이 들어왔기에 그 사연을 물어 보았더니, 저희 장수가 성질이 악하고 또 시키는 일도 너무 많고 힘이 들어 도망쳐 나와 투항한 것이라고 하였다. 그러나 자기들은 사실 부산에 있던 왜적이 아니고 가덕에 있는 심안돈(沈安頓: 島津義弘)의 부하들이라고 하였다.

1월 9일(丙子). 흐리다. 각처의 공문을 결재하여 보냈다. ○저물녘에 경상수사가 와서 방비하는 문제를 의논하였다. 서풍이 종일 불어서 배가 바다로 나가지 못하였다.

1월 10일(丁丑). 맑다. 식후에 대청으로 나가서 공무를 보았다. 우우후(李廷忠)와 어란(鄭聃壽)이 와서 보았다. 사도(金浣), 웅천(李雲龍), 삼천포 권관, 적량(高汝友)도 와서 보았다.

1월 11일(戊寅). 서풍이 밤새도록 크게 불었다. 곱절이나 더 추워졌다. 몸이 몹시 불편했다. ○늦게 거제(安衛)가 와서 만나보았다. 광양(金惺)이 들어왔다.

1월 12일(己卯). 맑다. 웅천 현감(李雲龍)이 급보하기를, 왜선 14척이 거제도 금이포(金伊浦)에 와서 대었다고 하였다. 그래서 경상수사에게 삼도의 여러 장수들을 거느리고 가서 보게 하였다.

〈종사관을 요청한 원균의 월권 행위〉

「○사헌부에서 건의하였다.

"각 도의 병사들에게는 원래 종사관이 없습니다. 그러나 충청도 병사 원균은 전 군수 최덕순(崔德峋)을 종사관의 명칭으로 같이 데리고 갈 것을 요청하였습니다. 일반 규정을 위반한 것으로 대단히 옳지 못합니다.

최덕순은 도 안에 기거하고 있으면서 청탁하여 이 직무를 보게 되었으나 별로 하는 일 없이 역말과 음식 대접에서 각 고을에 끼치는 폐해가 많았습니다. 원균은 과오를 추궁하고 최덕순에게는 종사관의 칭호를 떼어버리기 바랍니다."

임금이 말하기를 "병사는 과오를 추궁하지 말고 덕순에게서 종사관이란 칭호를 떼어버리는 문제는 건의한 대로 하라."고 하였다.」

(*사관은 말한다. 〈최덕순은 음관(蔭官) 출신이다. 사람이 거칠고 비루하여 한 가지도 이렇다 할만한 것이 없다. 임진년에 가평 군수로 있으면서 피난 가는 우리나라 사람을 잡아 죽인 다음 머리를 반반히 깎고 이마에 글자를 새겨 왜적의 모양으로 가장시켜 가지고 임금의 행재소에 거짓보고를 하여 높은 평가를 받으려고 했다. 수많은 눈들이 주시하는 가운데 실상이 폭로되었으나 형벌이 가해지지 않았으니 못내 통탄할 노릇이다. 사헌부 관리의 이 규탄도 약한 감이 있다.〉)   -〈선조실록〉(1596. 1. 12.(己卯)-

(*삼도수군통제사 이순신조차도 먼저 종사관의 임명을 장계로 올린

후 조정에서 정해진 규정에 따라 정경달(丁景達)을 임명해 보낸 것과 대비하면, 원균이 얼마나 법 규정이나 관례를 무시하고 있었는지 알 수 있다.)

1월 13일(庚辰). 맑다. 늦게 경상수사가 와서 보고하고 배를 출발시켜 견내량으로 떠나갔다. ○오늘 저녁 달빛은 낮과 같이 밝고 바람조차 없는데 홀로 앉아 있으니 마음이 산란하였다. 잠이 오지 않기에 신홍수(申弘壽)를 불러서 퉁소를 들었다.

1월 14일(辛巳). 맑다. 큰 바람이 불더니 늦게야 바람이 잤다. 날씨는 따뜻한 것 같다. ○흥양(崔希亮)이 들어왔다. 정사립(鄭思立)과 김대복(金大福)도 들어왔는데 조기(趙琦), 김숙(金俶)도 같이 왔다.

1월 15일(壬午). 맑다. 새벽에 망궐례를 행하였다. 대청에 나가 공문을 결제하여 보냈다. 그 길로 항복한 왜인들에게 술과 음식을 먹여주었다. 낙안과 흥양의 전선과 병기와 부속물들과 사부 및 격군들을 점검하니 낙안이 좀 더 엉성하였다.
○오늘 저녁 달빛이 매우 밝았다. 풍년이 들 것 같다.

〈왜적의 진영에 들어가 있는 황신의 장계〉

「○황신이 장계를 올렸다(1월 6일자에 쓴 것이다.)
"신이 왜적의 진영에 들어온 후에 입장이 명나라 장수와는 달라서 왜적과 가까이 하고 싶지 않았습니다. 그래서 오직 심 유격을 앞에 내세웠던 것입니다. 이번에 심유격이 일행인 장수들을 모조리 데리고 먼저 일본으로 가려고 하는 상황에서 신이 홀로 적들 속에 남아 있는 것은 형편상 부당할 뿐만 아닙니다. 신이 당초에 지시를 받고 여기에 온 것은 그저 왜적의 철수와 군영의 소각 상황을 알아보기 위한 것이었습니다.

그런데 심유격이 돌아오기 전에는 각 진지들에서 모두 부대를 눌러 놓고 움직이지 않을 것이고 먼저 철수할 리가 없습니다. 신이 여기에 있는 경우에도 따로 할 일이 없습니다. 심 유격도 신에게 경주로 물러가 있거나 잠깐 서울에 가 있거나 하다가 자기가 다녀온 후에 다시 들어오라고 하였습니다. 그래서 한 쪽으로 도체찰사에게 보고하여 의논해서 처리할 계획입니다. 조정에서 다시 헤아려 지시해 주기 바랍니다."

임금이 그 글을 비변사에 내려 보냈다.

비변사에서 회답하였다.

"…적들 속에 다른 믿을 만한 사람이 없고 통역관 한두 명이 있을 뿐이므로 황신이 나오게 되면 모든 사정을 더욱 보고받기 어렵게 되어 대처할 길이 없을 것입니다. 당분간 머물러 있으면서 형편을 보아 행동하는 것이 좋을 것 같습니다. 그러나 먼 곳의 일을 구체적으로 알기는 어렵습니다. 도체찰사와 함께 의논하여 잘 처리해야 할 것입니다. 도체찰사에게도 아울러 공문을 띄우는 것이 어떻겠습니까?"

임금이 그 의견을 따랐다.」 −〈선조실록〉(1596. 1. 15.(壬午)−

1월 16일(癸未). 맑다. 서리가 눈같이 내렸다. 늦게 나가서 공무를 보았다. 경상수사, 우도 우후(李廷忠) 등이 와서 만나보았다. 웅천(李雲龍)도 왔다가 취해서 돌아갔다.

1월 17일(甲申). 맑다. 방답 첨사(張麟)가 휴가를 얻어 갔다. 변존서(卞存緖)와 조카 분(芬)과 김숙(金㯿) 등이 같은 배로 나갔다. 마음이 편치 않았다. 정오에 나가서 공무를 보았다. 우후(李夢龜)를 불러서 활을 쏠 때 성윤문(成允文)과 변익성(邊翼星)이 와서 보고 함께 활을 쏜 후 돌아갔다. 어두울 녘에 강대수(姜大壽) 등이 편지를 가지고 들어왔는데, 종 금이(金伊)가 16일 본영에 도착했다고 하였다. 서울의 종은 돌아와서 말하기를, 아들 회(薈)가 왔다가 오늘 은진(恩津: 충남)으로 돌아간다고 하였다.

⟨조선의 무인들도 경서를 읽게 하자⟩

(*이날 오전 8시경, 선조가 경연을 끝내고 대신들과 여러 가지 국사를 논의하는 중에 당시 무인(武人) 장수들의 자질에 관한 이야기가 나오는데, 이 대목에서 우리는 당시 일반 장수들의 자질과 품행에 대한 정보를 알 수 있고, 이와 대비하여 이순신의 탁월한 점을 보다 잘 이해할 수 있다.)

「○이호민(李好閔: 參贊官): "우리나라에서 소위 무사라는 사람들은 일단 활을 잡으면 경서(經書)는 읽을 생각도 하지 않고, 과거에 합격하여 벼슬길이 열리면 온갖 방법으로 청탁을 하여 고을 수령이 되려고 합니다.

고을 수령이 된 다음에는 백성들의 피땀을 짜내어 주위에 있는 사람을 섬기는 밑천으로 삼습니다. 그리하여 옥관(玉冠) 금대(金帶)를 사용하는 품계에 오르게 되면 곧바로 장수로 임명됩니다. 이런 거칠고 사나운 사람들을 장수로 임명해 놓고서 성과를 바란다는 것이야말로 잘못된 것이 아니겠습니까. 꼭 병서(兵書)를 가르치고 염치를 길러야 장수감이 부족한 문제를 해결할 수 있을 것입니다.

유성룡: 무사들에게 시험을 보여 뽑을 때 명경과(明經科)의 규정대로 병서에 대한 공부를 한 사람을 뽑으면 될 것입니다.

선조: 중국의 무과 과거에서도 병서를 강독하게 하는가?

정경세(鄭經世): 송나라에서는 무과 과거에서 7가지 군사관계의 경서를 강독하게 한 일이 있습니다. 지금의 '칠경(七經)'이라는 이름도 이때부터 시작되었습니다. 그리고 중국의 무과 과거에서는 변경을 안정시키는 문제에 대한 책문(策文)도 2편씩 짓게 했다고 합니다.

선조: 비변사에서 의논하여 처리하도록 하라."」

-〈선조실록〉(1596. 1. 7.(甲申)-

〈제주도 방어대책〉

(*이날 선조는 제주도의 방비에 대해서도 말하고 있는데, 당시 조선의 국방력과 전략적 사고의 결핍을 헤아려볼 수 있는 대목이다.)

「○임금이 말하였다.

"적들이 제주를 빼앗아 차지하는 날에는 말로 할 수 없는 큰 일이 생길 것이다. 전번에 새로 무과 과거시험에 합격한 1백 명을 들여보냈다고는 하지만 방어에 무슨 도움을 주겠는가.

제주는 육지처럼 쉽사리 깊이 들이치지는 못할 것 같다. 그러나 적들이 1천 척의 전선으로 곧바로 항구로 들어와 상륙한 다음 군영과 성책을 설치하고 오래 버틸 계획을 세운다면 우리나라의 병력을 가지고 어찌 대적할 수 있겠는가. 비변사에서는 틀림없이 이미 헤아려 조치를 취하고 있을 것이다."

유성룡이 대답하였다.

"비변사로서는 아무런 조치도 취한 것이 없습니다. 제주에는 군량이 부족하다는 말을 들었는데 전라도에서는 한산도에다 힘을 집중하느라 제주는 완전히 잊어버리고 있습니다. 적들이 이곳을 차지하는 날에는 우리나라에서 대항할 수 없을 뿐만 아니라, 놈들이 순풍에 배를 띄우고 곧장 중국에 가 닿을 수 있습니다. 적들이 이런 형세를 다 알고 있기 때문에 더욱 답답합니다."
임금이 말하였다. "비변사에서는 고을 수령을 선발하고 군사를 보충하며 군량을 운반하면 그만이다. 이밖에 무슨 조치를 더 취할 게 있겠는가."」
  －〈선조실록〉(1596. 1. 17.(甲申)－

1월 18일(乙酉). 맑다. 아침부터 하루 종일 군사들의 옷을 재단하였다. ○곤양(李守一), 사천(奇直男)이 왔다. 동래 현령(鄭光佐)이 급보하기를, 왜놈들이 반역하는 눈치가 많이 보이고 또 심 유격(沈惟敬)이 행장(行長)과 함께 정월 16일에 먼저 일본으로 갔다고 하였다.

1월 19일(丙戌). 맑다. 늦게 나가서 공무를 보았다. 경상수사가 오고 곤양(李守一)도 와서 술을 바치고 조용히 이야기하였다. 부산에서 투항해온 사람 4명이 와서 전하기를, 심유경(沈惟敬)이 행장(行長), 현소(玄蘇), 정성(豊臣正成), 소서비(小西飛)와 함께 정월 16일 새벽에 바다를 건너갔다고 하였다. 오늘 메주를 쑤었다.

〈심유경과 강화 협상〉
(*심유경(沈惟敬)은 본래 중국 절강(浙江) 사람이라고도 하고 복건(福建) 사람이라고도 하는데 확실치 않다. 그의 부친이 장사 일로 일본을 내왕하였기 때문에 그도 어느 정도 일본 사정을 알고 있었던 것 같다. 조선에 난리가 일어났다는 말을 듣고 그는 명나라 조정에 글을 올려 왜군 진영으로 들어가 사태를 무마시키겠노라고 자청하자, 당시 병부상서(兵部尙書) 석성(石星)이 그것을 허락하고 경영첨주유격(京營添住遊擊)이란 직함으로 왜군의 상황을 살펴보도록 하였다. 그래서 그는 계사년(1593) 8월 17일에 우리나라로 나왔다. 선조는 의주 서문 밖에 나

가 그를 마중하여 들이기까지 하였다.

그가 처음으로 소서행장(小西行長) 등과 만난 것은 임진년 9월 1일 평양에서이고, 두 번째는 그해 11월 26일 역시 평양에서이며, 세 번째는 계사년 3월 15일 용산에서이다.

그리하여 그 강화회담의 결과를 의주에 있는 경략(經略) 송응창(宋應昌)에게 보고하여 경략의 막하에 있는 사용재(謝用梓), 서일관(徐一貫)을 강화사로 일본으로 보내어 관백(關伯) 풍신수길의 항복문서를 가져오게 하고, 심유경은 경력(經歷) 심사현(沈思賢), 지휘(指揮) 오종도(吳宗道) 등과 함께 서울로 올라가 일본군을 철퇴시키도록 하였다.

네 번째는 계사년 3월 27일에 개성에서 소서행장과 가등청정(加藤清正)과 모두 만났고, 그 다음 4월 8일에는 지휘 담종인(譚宗仁)과 함께 용산에서 소서행장과 다섯 번째로 만나고, 18일에 일본으로 가는 사용재, 서일관 등 강화사(講和使)가 서울로 돌아옴과 아울러 일단 일본군들이 철퇴하여 남쪽으로 내려가기로 되었다.

여섯 번째의 회담은 6월 16일 부산에서 있었는데, 이때는 바로 일본군의 진주성 공격 직전에 일본군에 그것을 만류하는 한편 우리에게 미리 피난하라는 것을 통보해준 것이다.

6월 20일 심유경은 소서행장의 부하 내등여안(內藤如安)과 종의지(宗義智)의 부하 조전사랑병위(早田四郎兵衛) 등 수행원 35명의 왜병과 함께 명나라로 들어가기로 하고, 7월 15일에는 지난 5월경에 일본 풍신수길에게 갔던 송 경략의 부하 사용재와 서일관이 부산에 도착하였다. 그리고 일본 사신 내등여안 등이 북경에 도착한 것은 갑오년(1594) 12월 7일, 심유경과 내등여안 등이 서울로 들어온 것은 을미년(1595) 4월 7일, 다시 부산의 소서행장에게 도착한 것은 4월 19일, 그 전말을 보고하기 위하여 소서행장이 바다를 건너 본국으로 간 것은 4월 30일이었고, 풍신수길에게 보고한 후 다시 웅천의 진중으로 돌아온 것은 6월 26일이었다.

그래서 심유경과 소서행장 일행이 일본을 향하여 떠나니 이 때가 병신년(1596) 정월 4일이었다(*〈난중일기〉에 부산에서 투항해온 자들이 정월 16일에 떠났다고 보고한 것은 소문을 듣고 한 말이고 실은 정월 4일이다).

그때 심유경은 비단옷을 입고 배 위에 올랐으며, 〈조집양국(調戢兩國: 양국 간의 전쟁을 종식시킨다)〉이란 넉자를 크게 쓴 깃발을 날리면서 의기양양하게 부산을 떠났던 것이다.

그리고 망옥익선관(蟒玉翼善冠)과 지도, 무경(武經) 등을 가지고 또 좋은 말 277필을 배에 실어가니 모두가 풍신수길에게 바칠 선물이었다. 한편, 가등청정은 병신년(1596) 5월 10일 부산을 출발하여 돌아갔고, 마침내 우리 정부의 통신사까지 일본으로 가게 되었는바, 통신사 황신(黃愼) 일행이 부산을 떠난 것은 병신년 8월 8일이었다.

심유경과 풍신수길이 만나본 것은 병신년 9월 2일이었고, 돌아온 순서로는 우리 나라 통신사 황신과 부사 박홍장(朴弘長)의 부산 도착이 병신년 11월 23일이었고, 12월 8일에는 소서행장이 다시 나왔고, 심유경과 정사(正使) 양방형(楊方亨) 등은 12월 21일에 나왔으며, 가등청정은 이듬해인 정유년(1597) 정월 14일에 나왔다.

그랬다가 그해 7월 5일에 명나라 경리 양호(楊鎬)가 부총병 양원(楊元)을 시켜서 당시 책봉부사(册封副使)가 되어 남원에 있던 심유경을 잡아갔다.

이렇게 그는 석성(石星)의 인정을 받아 조선으로 나와서 처음부터 강화를 목표로 일본 진영에 내왕했던 것이다. 더구나 그 후 일본군이 다시 쳐들어오게 되었기 때문에 그의 강화교섭은 실패라기보다 오히려 어떤 의미에서는 거의 사기에 가까웠던 것처럼 되고 말았다.

그가 본래 명나라 조정의 석성의 신임과 추천을 받은 이래 석성은 자신의 외교 노력에 심유경을 이용하려고 했던 것이므로, 결국 심유경의 실패로 석성 자신이 그것을 책임지게 되었던 것이다.

그래서 석성도 옥중에서 죽고 말았고, 심유경 역시 옥중에서 죽음을 맞았던 것이다.)

1월 20일(丁亥). 비. 하루 종일 비가 왔다. 기운이 혼곤(昏困)하여 낮잠을 한 시간 잤다. ○낙안(宣義問)이 와서 보고하기를, 둔전에서 추수한 것을 실어왔다고 하였다.

1월 21일(戊子). 맑다. 아침에 나가 공무를 보았다. ○미조항 첨사(成允文)와 흥양(崔希亮)이 왔기에 술을 먹여 보냈다. 미조항은 휴가를 신청하였다. ○늦게 대청에 나갔다. 사도(金浣), 여도(金仁英), 사천(奇直男), 광양(金惺), 곡포(邊翼星)가 와서 만나보고 돌아갔다. 곤양(李守一)도 와서 활 10순을 쏘았다.

1월 22일(己丑). 맑다. 몹시 춥고 바람조차 매웠다. 종일 나가지 않았다. ○오늘 밤 바람이 차고 매운데 아이들이 들어올 때 고생할 것 같아 걱정되었다.

〈명·왜 강화회담〉

「○비변사에서 건의하였다.

"오늘날의 방어 상태를 보면 경상도의 부산, 거제의 한 쪽뿐만 아니라 가는 곳마다 걱정입니다. 만일 부산의 적들이 우리 수군을 한산 바다에 몰아넣은 다음 다시 배로 그 뒤쪽으로 돌아 와서 서쪽 바다로 곧바로 침범한다면 필경 앞뒤에서 서로 구원할 수 없는 우환이 생길 것이니 이것이 가장 큰 우려입니다.

신 등이 여러 모로 의논한 결과 충청도 수사에게 소속된 수군을 이곳에다 주둔시켜 믿을 만한 해당 지점을 지킴으로써 불의의 충돌이 일어나는 변고에 대처하게 하는 한편, 이억기(李億祺)의 수군이 좌도와 우도 사이를 오가면서 진도와 제주를 지원하도록 하는 것이 좋을 것 같습니다. 그러나 이렇게 되면 한산도의 군사가 약해서 대규모의 적을 막아내지 못할 수도 있습니다.
대체로 군사에 관한 일은 멀리서는 헤아릴 수 없습니다. 피차간의 정황을 참작하여 주도면밀하게 계산하여 실패하지 말도록 해야 한다고 도체찰사에게 공문을 띄우는 것이 어떻겠습니까?"
임금이 대답하였다.
"건의한대로 할 것이다. 적들이 물러가 둥지를 틀고 있은 지 4년이나 되었으니 반드시 무슨 까닭이 있을 것이다. 매우 우려되는 것은 우리나라 전선의 구조를 모두 알아 가지고 다시 큰 배를 만들고 대포를 전부 거두어 싣고는 이르는 곳마다에서 곧장 달려들게 되면 무슨 수로 적과 맞서겠는지 고려하지 않을 수 없다."」

「○행장이 심 유격에게 편지를 보냈다.
"대인께서 명나라 사신보다 먼저 바다를 건너가기를 청하였는데도 대인은 사정 때문에 오랜 시일을 끌고 있으니 믿을 수 없습니다. 의논한 약속이 있는 만큼 대인을 따라가야만 바다를 건너겠기에 다시 대인에게 재삼 안타깝게 청하면서 이 글을 씁니다.
이제 이전의 약속은 대인의 지시대로 따르겠습니다. 다만 청정이 바다를 건너는 일과, 가덕도, 안골포, 김해 등지의 군영을 모두 부산에다 집결하는 일은 따를 수 없습니다. 그저 대인이 명호옥(名護屋: 나고야) 지방에 도착해서 관백과 만나든 못 만나든 간에 각 군영의 군사와 말을 모조리 철수한 다음에 대인이 직접 부산에 와서 사신을 청하여 바다를 건너가기를 청할 뿐입니다. 더는 털끝만큼도 다른 말이 없을 것입니다.

대인은 절대로 다른 사람의 이야기를 들어서는 안 되며, 행장도 아래 사람들의 말을 믿고 훌륭한 일을 파탄시키지 않을 것입니다."

풍신행장. (사인(手票)」

「○이제 행장과 속을 터놓고 토의 결정한 일곱 가지 조항들을 다음에 다 적습니다.

"… 一. 본 부가 미리 바다를 건너가기로 토의한 것은 가을에 나온 말이며 다시 다른 말이 없다. 지금 일이 이렇게 되다보니 오래지 않은 것은 아니지만 반드시 청정이 먼저 건너가고 김해, 가덕도 등지의 군영을 전부 부산에다 집결시켜야만 본 부에서 비로소 바다를 건너게 될 것이다. 그렇지 않으면 한 걸음도 옮겨놓을 수 없다.
一. 본 부가 먼저 건너간 다음 사신 두 분은 군영에 남아 있게 되는데 매일 풍성한 음식을 공급하여 성의와 존경을 극진히 하도록 할 것이다. 밤에는 순찰을 물샐 틈 없이 돌며 불을 밝히는 데 유의하도록 할 것이다.
一. 본 부가 바다를 건너간 뒤에는 부산의 동, 서, 북쪽 20리 밖에 왜인 한 명도 마음대로 나다니는 것을 허용하지 않는다. 문제는 꼭 복종하는 데 있다.
一. 조선의 통신사가 따라갈 것을 요구한 문제는 원래 이전에 논의가 있었으니 본 부에서 곧 실현시키겠다. 이밖에 다시 무슨 소리가 있을 때에는 결코 실행하기 어려울 것이다.
一. 본 부가 바다를 건너가서 관백과 만나든 못 만나든 간에 반드시 본 부는 부산으로 돌아와서 사신을 맞이하고 일본으로 떠날 것을 요청한 다음 함께 건너갈 것이고 마음대로 늦추거나 앞당기는 것을 승인하지 않는다.
이상 일곱 가지 조항에 대하여 모두 매 줄 아래에 준수한다는 수

표(手票)를 하여 회답 보고하는 대로 본 부에서는 결정하여 실행할
것이다."」   -〈선조실록〉(1596. 1. 22.(己丑)-

〈요시라가 전한 왜측의 입장〉

「○경상우도 관찰사 서성(徐渻)이 급보를 올렸다.

"이달 8일에 통사(通事)인 요시라(要時羅)가 의령에 나와서 병사(金應瑞)를 직접 만났습니다. 병사가 온 까닭을 자세히 물었더니 요시라는 말했습니다.

'우리 측 장수 평행장, 정성(正成), 현소(玄蘇) 등이 심 유격과 함께 이제 바다를 건너가려고 합니다. 심 유격의 경우는 왜인들 중에 불충한 무리들이 화친을 파탄시키기 위하여 명나라는 왜군을 꾀어 보낸 다음 역량이 분산된 틈을 타서 불의에 습격할 계획이라고 말을 꾸며내어 이간질을 하고 있기 때문에, 그렇지 않다는 것을 보여 주는 한편, 조서를 받들고 가는 사신에 대한 접대 절차를 상의하기 위하여 가는 것입니다.

그리고 행장의 경우는 다음과 같은 사정 때문에 갑니다.

이전에 수길(秀吉)이 관백의 자리를 빼앗을 때 그와 세력을 겨루던 수도 부근과 산동도(山東道)의 61명의 장수들이 관백에게 호소하기를〈명나라는 본래 피해를 입은 일이 없는데도 중신들을 보내어 화의를 맺을 것을 허락하였습니다. 그러나 조선에서는 지금까지 편지도 보내지 않으며 좋은 관계를 맺을 의향이라고는 전혀 없으니 우리나라가 더없이 모욕을 당한 셈입니다. 우리 군사의 위력으로 쳐서 평정하고 영토를 차지한 다음 땅을 나누어 갖고 명나라에 공물을 바치는 것만 못합니다. 여기에 다른 군사들을 동원할 필요는 없고 전적으로 우리 61명의 장수들만 책임져도 됩니다. 더구나 군사 형편이 이미 승승장구하고 있는 데야 더 말할 것이 있습니

까.〉라고 하면서 참소를 했던 것입니다.

조신(調信)이 전번에 바다를 건너가서 사리와 형편이 그렇지 않다는 것을 극력 진술했더니 관백이 말하기를 〈조선의 왕자와 대신들이 사로잡혀 있을 때 나는 그들이 갇혀 있으면서 상하지나 않을까 하여 바다를 건너오지 말도록 하고 도리어 곧바로 놓아 보내주었으니, 나는 조선을 지극히 후대해준 것이다. 만약 조선에서 우리의 아들딸이나 신하를 붙잡았다면 그들은 아마 나처럼 하지 않았을 것이다.

지금 명나라는 화친을 허락하였으나 조선만은 화친에 대하여 한마디 언급하는 것이 없으니 산동의 여러 장수들의 말이 매우 옳다. 네가 이번에 다시 바다를 건너가서 조선에 대하여 강화를 맺을 것을 요구할 것이며, 조선에서 끝내 받아들이지 않을 때에는 수도 부근의 여러 장수들을 동원하여 군사력을 강화하면 조선을 꼭 우리의 것으로 만들 수 있을 것이다.〉라고 하였습니다.

조신이 말하기를 〈조선의 일을 보면 그저 명나라의 지시에 복종할 뿐입니다. 어떻게 명나라에서 강화를 하는데도 유독 조선이 강화를 부인할 수 있겠습니까. 잘 이야기하여 조선도 함께 강화를 하게 함으로써 큰 일이 성사되도록 하는 것이 옳을 것입니다. 저 여러 장수들이 떠드는 말이야 들을 필요가 있겠습니까.〉라고 하니, 관백이 옳다고 했기 때문에 그 계책이 결국 중지되었던 것입니다.

지금 이간질이 다시 일어나는 바람에 61명의 장수들이 일제히 관백에게 호소하여 각자 자기 군사를 끌고 바다를 건너가겠다고 청하자, 관백은, 조선 문제는 멀리 앉아서 헤아릴 수 없는 만큼 아직은 그들의 태도를 보아가면서 움직이더라도 늦지 않을 것이라고 타일렀다는 기별이 이제 다시 나왔습니다. 그래서 행장은 큰 일이 성사되지 못할까봐 겁이 나서 그들이 움직이기 전에 주저앉히기 위하여 부랴부랴 바다를 건너가게 됩니다.
정성(正成)은 전적으로 사신을 접대하고 노정을 조사하는 일 때문에 가며 또 그 사람이 수길과 친분이 가장 두터운 사이여서 도움을 받기 위하여 데리고 가는 것입니다.'
그들이 돌아올 기일을 물었더니, 빠르면 40일이고 늦어도 50일은 넘기지 않을 것이라고 합니다. 사신은 언제쯤 바다를 건너게 되는지 물었더니, 대답하기를 '그 일이 결정된 다음에 들어가자면 3월 말이나 4월 초쯤 될 것입니다.' 라고 하였습니다.
또한 요시라는 자기 생각을 은근히 말했습니다.

'이번에 화친을 맺는 문제는 명나라에서도 그간 찬반 논란이 있다가 마침내 의견의 일치를 본 것으로, 조선에서는 현재 강화를 거부하는 의견이 있고, 우리나라 사람들도 절반은 비난하고 절반은 지지하고 있습니다. 옳다거나 그르다거나 하는 의논이 정해지지 않기는 세 나라가 다 같습니다. 이것도 하늘이 하는 일이지 사람이 할 수 있는 일은 아닌 것 같습니다.
귀국에서 만일 강화를 허락한다면 통신사도 적임자로 잘 선발하지 않아서는 안 될 것입니다. 지난 홍무년(洪武年) 간에 정몽주(鄭夢周)가 바다를 건너 일본에 들어간 결과 오랫동안 해적을 제압하였고, 성화년(成化年) 간에 신숙주(申叔舟)도 일본에 들어간 결과 오랫동안 두 나라가 좋은 관계를 맺을 수 있었습니다. 7년 전에는 황윤길(黃允吉), 김성일(金誠一), 허성(許筬) 등이 바다를 건너갔다가 돌아오자 곧바로 일본의 군사가 출동하였으니, 이렇게 된 것은 역시 사람을 옳게 선발했는가 못 했는가에 달려 있습니다.
정몽주와 신숙주 두 사람은 일본의 힘을 잘 살피고 조선과 대비하여 형편에 따라 훌륭히 처리했기 때문에 오래도록 전란 없이 좋은 관계를 가졌습니다. 그러나 황윤길은 술에 취해서 잠만 잤고, 김성

일은 그저 절개와 의리만 내세우면서 딴 나라의 형편을 잘 살피려 하지 않았으며, 허성은 지위가 낮은 사람으로 자처하면서 역시 세밀히 살피지 않았습니다. 그 결과 사리에 맞게 처리하지 못하여 오늘의 변란이 일어나게 되었습니다. 그러니 지시를 받고 외국에 나가는 사람을 잘 고르지 않을 수 있겠습니까.'

이 말은 비록 헛소리로 위협하면서 통신사를 요구하는 것이긴 하지만, 며칠 동안 연달아 급보가 있는 것으로 보아 방비 문제를 신칙하고 하루가 새롭게 변란에 대처해야 할 것입니다. 그런데 군사가 적고 군량이 떨어져서 전혀 막아낼 가망이 없으니 대단히 안타까운 일입니다."

임금이 비변사에 내려 보냈다.」   -〈선조실록〉(1596. 1. 23.)-

(*신숙주가 일본에 사신으로 가서 어떻게 하였기에 왜인들은 신숙주를 이처럼 좋게 생각하고 있는가. 권오(權鼇)란 사람이 쓴〈해동잡록(海東雜錄)〉이란 책에 소개된 내용을 인용한다.)

〈일본에 간 신숙주(申叔舟)〉

「신숙주(申叔舟)는 고령(高靈) 사람이다. 자는 범옹(泛翁)이요, 호는 보한당(保閑堂) 또는 희현당(希賢堂)이다. 그는 세종 때 과거에 두 번이나 장원하였다. 일찍이 일본에 사신(使臣)으로 갔었고 또 요동에 가서「홍무정운통고(洪武正韻通考)」를 편찬하였다. 또 세조(世祖)가 단종(端宗)으로부터 왕위를 물려받을 때와 북방의 여진 토벌 당시 공훈이 있어 네 가지 공신(功臣) 칭호를 받았으며, 두 번이나 영의정(領相)이 되었다.……

그는 일찍이 서장관(書狀官: 외교 사절단의 문건, 기록을 담당한 관리)으로 일본에 갔었다. 일본인들이 다투어 그의 시를 구하였다. 그는 그때마다 붓을 들고 거침없이 시를 지어 주었다. 일본인들은 모두 그의 학문과 문장에 탄복하였다. 일본 왕복이 9개월밖에 안 걸렸는데, 전에 갔던 사신들은 이와 같이 사절의 임무를 완전히 또 빨리 마치고 돌아 온 예가 없었다. 그 후 사신 내왕에 일본인들은 반드시 신숙주의 안부를 물었다고 한다.

신숙주는 사절단의 한 사람으로서 일본에 갈 때에 항해 중에 기상을 관측하여 바람과 비가 있을 것을 미리 선원들에게 알려주었다. 해상생활에 있어서 늙은 선원들도 그에 미치지 못하였다.
일본에서 돌아올 때 해상에서 갑자기 태풍을 만났다. 미처 언덕에 배를 댈 겨를이 없어서 뭇사람들이 모두 놀라고 겁에 질려 있었는데 공은 안색이 태연자약하였다.
그 배에는 당시 왜구의 포로가 되어 일본에 갔던 사람들도 태워 오고 있었는데 그 중에는 임신한 여인 하나가 있었다.
"옛날부터 임신부를 배에 태우는 것은 크게 꺼리는 것인데, 풍파가 갑자기 일어난 것도 그 때문이니 임신부를 바다에 던져 재앙을 면하게 해야 한다."고 여러 사람들은 떠들었다.
이때 공(公)은, "사람을 죽여 자신들이 살기를 구하는 것은 도덕에 용납될 수 없는 죄행으로서 상서롭지 못한 일이다."고 엄숙하게 제지시켰다. 이윽고 바람이 자고 파도가 평온하여졌다.
공은 요동에 와 있던 명나라 한림학사 황찬(黃瓚)에게 한문 글자의 음운(音韻)을 묻기 위하여 열 세 번이나 왕복하였다. 그리하여 한자의 칠음(七音: 입술 소리(脣音), 혓소리(舌音), 잇소리(齒音), 엄소리, 목소리, 반혓소리, 반잇소리의 일곱가지 음)과 사성(四聲: 한자운(漢字韻)의 평성(平聲), 상성(上聲), 거성(去聲), 입성(入聲))을 밝혀서 「홍무정운통고(洪武正韻通考)」라는 책을 편찬하였다. 이 책은 당시 여러 나라 음운을 대조하여 평이하게 번역하였으므로, 당시 중국 기타 나라들의 어학을 스승 없이도 쉽게 자습할 수 있게 하였다.
그 밖에도 많은 저술이 있다. 「해동제국기(海東諸國記)」는 여러 나라의 국왕(國王), 추장(酋長), 두목(頭目)들의 종족 계통과 나라들의 강약, 군대의 다소, 영토의 경계, 풍속의 여하 및 사신들이 배를 이용하여 내왕하는 절차와 우리나라에서 접대하던 의식(儀式)등을 모두 기록해놓은 것이다.」 −〈해동잡록(海東雜錄)〉−

1월 23일(庚寅). 맑다. 아침에 헐벗은 군사 17명에게 옷을 주었다. ○ 저녁에 가덕에서 나온 김인복(金仁福)이 와서 인사하므로 적정에 대해 물어보았다. ○밤 10시에 면(䵋)과 완(莞)과 최대성(崔大晟), 신여윤(申汝潤), 박자방(朴自邦)이 본영에서 왔다. 어머님께서 평안하시다는 편지를 받고 기쁘기 한이 없었다. ○눈이 두 치(약 6cm)나 왔다. 근래에 없는 일이라고 하였다. 오늘 밤에는 몸이 몹시 불편하다.

1월 24일(辛卯). 맑다. 북풍이 크게 일고 눈보라가 치면서 모래까지 날리니 사람들이 걸어 다닐 수 없고 배도 운항할 수 없었다. ○ 새벽에 견내량의 복병이 급보하기를, 어제 왜놈 1명이 복병한 곳에 와서 항복해 오기를 청한다고 하기에 보내라고 회답하였다. ○늦게 좌우 우후(李夢龜와 李廷忠)와 사도(金浣)가 와서 만나보았다.

1월 25일(壬辰). 맑다.

〈명나라 사신이 올 때 조선의 관리를 대동해야 한다〉
「○경상도 관찰사 서성(徐渻)이 급보를 올렸다.

"이번 정월 5일에 병사 김응서가 신에게 보내온 급보는 이러했습니다.

'지난 달 28일에 요시라(要時羅)와 함께 온 왜적의 말에 의하면, 조신(調信)이 이달 19일에 부산에 와서 심 유격에게 관백의 말을 전하기를 〈명나라 사신이 올 때 반드시 조선의 관리를 함께 데리고 와야 하며, 오는지 안 오는지를 통지한 다음에야 군사를 철수할 기일을 정하겠다고 하였습니다.〉라고 하니, 심 유격이 말하기를 〈답변을 받느라 오가는 동안에 시일이 지연되면 일이 끝나기가 쉽지 않다. 어느 겨를에 그렇게 한가하게 처리하겠는가. 조선에서 아무리 보내려고 하지 않아도 일이 엉켜서 어쩔 수 없게 되었다. 조선의 신하 1명쯤 데리고 가는 것은 역시 내 손에 달려있다. 틀림없이 들여보낸다는 것을 곧바로 관백에게 알려 빨리 바다를 건너가도록 해야 할 것이다.〉라고 하였답니다.
그래서 다음 달 2일에 정성(正成)이란 이름의 왜인을 시켜 이 문제를 가지고 일본으로 들어가게 된다고 하였습니다.
신이 수행한 군관에게 물어보니, 그가 요시라가 올 때 함께 오면서 들은 바에 의하면, 요시라가 말하기를, 〈관백이 수도에서 칙서를 맞이하지 않고 따로 가까운 북쪽의 어느 섬에다 숙소를 짓고 사신을 맞이할 모양인데, 사신의 숙소가 아직 완공되지 않았다. 그 집이 완공되기를 기다려 일을 끝내자면 3월에 가서나 비로소 바다를 건너가게 될 것이다.〉라고 하였답니다.
통신사가 만약 가게 되면 품계가 높고 명망이 있는 문관 1명과 무관 1명을 데리고 갈 것을 요구하는데, 이 문제는 이미 심 유격에게 문의해서 결정한 것이라고 하였습니다.'"

-〈선조실록〉(1596. 1. 25.(壬辰)-

1월 26일(癸巳). 맑다. 대청에 나가서 공무를 보고 활을 쏘았다.

1월 27일(甲午). 맑다. 우 순찰사(徐渻)가 들어와서 우수사 진으로 가서 만나보았다.
(*〈사도의 진무(鎭撫)가 화약을 훔쳐 나가다가 붙잡혔다.〉-초고)

1월 28일(乙未). 맑다. 오후에 순찰사가 와서 활을 쏘고 이야기도 하였다. 순찰사가 나와 활쏘기 시합을 하여 7분을 지게 되자 어이없어 하는 기색이 없지 않았다. 우스웠다.

1월 29일(丙申). 비. 하루 종일 비가 왔다. 아침 식사 후에 경상도 진영으로 가서 순찰사와 조용히 이야기하고 오후에는 활을 쏘았다. 순찰사가 9분을 졌다. ○피리(笛)를 듣고 자정에 진으로 돌아왔다.
(*〈어둘 녘에 사도의 화약을 훔친 자가 도망을 갔다.〉-초고.)

1월 30일(丁酉). 비. 비. 늦게 개었다. 군관들이 활을 쏘았다. ○천성만호(尹弘年), 여도(金仁英), 적량(高汝友)이 와서 만나보았다. ○저녁에 청주 이희남(李喜男)이 들어왔다.

〈북쪽에서 자라나고 있는 세력, 누르하치의 실정〉
(*이 당시 북쪽에서는 명나라를 대체할 세력, 곧 뒤에 청나라를 일으킬 누르하치(老乙可赤)의 세력이 자라고 있었다. 당시 조정에서도 이미 그 세력의 성장을 크게 우려하고 있었는데, 남부 주부(主簿) 신충일(申忠一)이 직접 누르하치를 찾아가서 만나보고 돌아온 후 자세한 장계를 올렸다.

남과 북으로 적과 대치하는 상황에 처한 조선의 입장과 이후 조선과 청 나라의 관계를 이해하는 데, 특히 임진왜란이 끝난 후 30년 만에 일어 나는 병자호란을 이해하는 데 도움이 될 것이기에 〈선조실록〉(1596. 1. 30.)에 수록된 보고서의 일부를 발췌한다.)

「○남부 주부(主簿) 신충일(申忠一)이 서면으로 보고하였다.
"지난해 12월 15일에 신이 강계에 도착하니 마침 부사 허욱(許頊) 은 방어 상태를 점검하기 위하여 경내에 있는 진(鎭)과 보루를 순시 중이었기 때문에 본부에 머물면서 부사가 돌아오기를 기다렸습니다. 17일에야 부사가 고을로 돌아왔기에 곧 만나보고 적의 정황을 물어볼만한 것은 물어보았으며 쓸 여비도 준비하였습니다.
20일에 길을 떠나 21일에는 만포진(滿浦鎭)에 도착하였는데, 거기서 길을 안내해 줄 야인을 기다렸습니다. 이날 해가 거의 저물녘에야 이파(梨坡)에 사는 야인의 추장 동녀을고(童女乙古)와 동퍅응고(童愎應古) 등이 왔습니다. 22일 아침에 전 첨사 유렴(柳濂)이 회원관(懷遠館)에 나와 앉아서 두 야인을 불러다가 술과 음식을 대접하고 각각 쌀과 천을 나누어 준 후 신은 향통사(鄕通事) 나세홍(羅世弘), 하세국(河世國), 진영(鎭營)의 종인 강수(姜守), 신의 종인 춘기(春起) 등을 데리고 한낮에 만포를 떠나 얼음을 타고 압록강을 건너 누르하치의 집을 향해 갔습니다. 22일부터 28일까지 도중에서 경과한 일은 지도 안에 기록해 놓았습니다. …
28일 오후 2시경(未時)에 누르하치의 집에 당도하여 곧바로 목책 안에 있는 소위 객청(客廳)이란 곳에 들어가니 마신(馬臣), 동양재(佟羊才), 왜내(歪乃) 등이 와서 신을 보고 누르하치의 말로 전하기를 '험하고 먼 길을 오느라 고생이 많았을 것이다. 후한 마음에 대해서는 감사하기 그지없다.' 라고 하면서 곧 '문서를 가지고 왔는가?' 하고 물었습니다. 신이 대답하기를, '우리 첨사는 도독이 차장(次將)을 보내준 데 대하여 통사나 하인들만 시켜서 허술하게 회답할 수는 없다고 생각한 까닭에 이렇게 직접 사람을 보내 답서를 보내온 것이다. 도중에 별다른 고생이 없었으니 무슨 수고라고 할 것이 있겠는가.' 라고 한 다음에 문서를 보여주었습니다.

조금 뒤에 누르하치가 중문 밖에 나와서 신에게 만나자고 청하였습니다. 신은 누르하치 앞에 서고 나세홍과 하세국은 신의 양 옆에 약간 뒤로 물러서서 상면(相面)하는 의식을 가졌습니다. 의식이 끝난 다음 간단한 술자리를 차려 마신을 시켜 위로하도록 하였으며, 신에게는 그냥 객청에서 유숙하라고 하였습니다. 신의 생각에, 만약 거기서 묵고 있으면 오랑캐의 일체 사정을 얻어들을 수가 없겠기에 핑계를 대어, 몸에 병이 많으니 따뜻한 방에 가서 조리하고자 한다고 하였습니다. 그래서 신의 숙소를 바깥 성 안에 있는 동친자합(童親自哈)의 집에다 정해 주었습니다. …

병신년 정월 1일 오전 10시경(巳時)에 마신과 왜내가 와서 누르하치의 말로 연회에 초대하기에 신이 나세홍, 하세국을 데리고 참석하였습니다. …

술이 두어 순배 돌자 새로 항복해 왔다는 올랄(兀剌) 부락의 장수인 부자태(夫者太)가 일어나서 춤을 추니 누르하치는 의자에서 일어나 직접 비파를 타면서 몸까지 으쓱거렸습니다. 춤이 끝나자 광대 8명이 각각 재주를 부렸으나 그 재주란 것이 매우 서툴렀습니다.

이날 연회에 앞서 만났을 때 누르하치는 마신을 시켜서 말을 전하기를 '이제부터 두 나라는 한 나라처럼 지내고 두 집안이 한 집안처럼 지내면서 영원히 친분을 맺어 대대로 변치 말자.' 고 하였습니다. 대체로 이것은 우리나라의 덕담과 같은 인사입니다.

연회 때 대청 밖에서는 악기를 불고 두드리며 대청 안에서는 비파를 타고 퉁소를 불며 버들고리를 긁고 그 나머지 사람들은 모두 둘러서서 손을 잡고 노래를 불러 술좌석의 흥을 돋웠습니다.

여러 장수들이 누르하치에게 술잔을 드릴 때에는 모두 귀까지 가리게 된 쓰개를 벗고 춤을 출 때에도 그것을 벗는데, 오직 누르하치의 동생 소아합적(小兒哈赤)만은 벗지 않았습니다.…

다지(多之)가 말하기를 '우리 왕자는 당신네 나라와 한 집안처럼 지내려고 포로로 잡혀온 당신네 나라 사람을 후한 값으로 사다가 많이 돌려보냈다. 우리 왕자는 당신네 나라를 저버린 일이 없는데, 당신네 나라에서는 산삼 캐러 다니는 우리 사람들을 많이 죽였다. 삼을 캐는 것이 무엇이 해롭고 시끄러운 일이라고 이렇게 사람을 죽인단 말인가. 인정이 너무나 각박하여 깊은 원한을 품게 되는 것이다.' 라고 하였습니다.

'우리나라의 법으로는 어떠한 야인이든 까닭 없이 몰래 우리 경내에 들어오면 도적인 야인으로 인정하고 있다. 더구나 당신네 나라 사람들이 어두운 밤중에 수백 년 와 보지 않던 지방에 뛰어들어 와서 마소를 약탈해 가고 백성들을 해치니 산골짜기에 사는 어리석은 백성들이 엉겁결에 놀라고 겁이 나서 그만 때리고 죽이게 되는 것은 형편상 어쩔 수 없는 것이지 한 포기의 풀 때문에 죽인 것은 아니다.

우리나라로 말하자면 다른 종족들을 대하는 데 진심으로 귀순하는 자들은 생활을 보살펴주고 너그럽게 끌어안으며, 그 나머지 법을 어기고 경계를 침범하는 자들은 일체 도적인 야인으로 인정하여 조금도 용서하지 않는다.

지난 무자년(戊子年) 간 당신들 지방에 흉년이 들어 굶어죽은 송장이 길에 널렸을 때 당신네 족속들 중에는 만포에 귀순해 와서 먹여달라고 하는 사람들이 하루에도 수천 명에 이르렀다. 우리나라에서 술과 밥을 공급하고 쌀과 소금을 주어 그 덕에 목숨을 보존한 사람이 얼마나 많았는가. 그러니 우리나라에서 애초부터 너희 무리를 죽이려고 작정하였던 것은 아니다. 단지 너희 무리가 법을 어기고 경계를 넘어 들어와서 스스로 죽음을 당하게 된 것이다.'
라고 말해 주었습니다. …

마신(馬臣)이 말하기를, '모린위(毛麟衛)의 야인이 자주 귀국의 지방을 침범하기 때문에 운산의 맞은편에다 군영을 하나 설치하여 국경을 넘어 들어가는 야인을 막으려고 하는데 어떻겠는가?' 라고 하기에, '우리나라의 동북 면은 야인들과 아주 가까워서 강 하나를 사이에 두고 있기 때문에 예사로 오가고 있고 귀순했다는 사람들도 가끔 말썽을 일으켜서 변경이 소란스러워지기도 하지만, 서북 방면으로 말하면 야인이 살고 있는 곳에서 수백 리씩 떨어져 있으므로 경계를 넘어와서 도적질을 하는 사람이 많지 않다. 너도 두 귀가 있으니 그런 말을 들었을 것이 아닌가. 내 생각에는 도독(누르하치)도 잘 알고 있을 줄 안다.' 라고 하였습니다.
마신이 그렇다고 하기에, 신이 말하기를 '그렇다면, 이미 그런 줄 알고 있으면서 군영을 설치하겠다는 것은 무엇 때문인가?' 라고 하였습니다. 그리고 '군영을 설치하는 것은 뒷날 불화를 열어놓는 단서가 된다. 무슨 일을 마련하는데 만약 시작부터 잘하지 않으면 나중에 반드시 후회하게 되는 법이다. 그러나 이런 일을 내가 마음대로 이래라 저래라 할 처지는 못 된다. 사세가 그렇다는 말이다.' 라고 하였습니다.
마신이 미처 대답하기도 전에 내가 다시 말하기를, '군영을 설치하는 문제는 문서에도 자세히 언급되었으니 당신은 첨사에게 돌아가서 그대로 보고만 할 것이다. 우리는 거기에 대하여 빨리 회답해 주기만을 기다리고 있다.'라고 하였습니다. 그리고는 신을 데리고 성밖으로 나오는데 동홀합(童忽哈)이 신을 자기 집으로 청하여서 작별의 술을 대접하였습니다.

○ 야인의 풍속에는 다 머리를 깎고 뒤통수에만 조금 남겨서 아래위 두 가닥으로 땋아서 늘어뜨립니다. 수염도 좌우 쪽에 몇 대만 남겨두고 나머지는 다 뽑아버립니다.

○ 누르하치는 도독으로 임명된 지 10년이고 용호장군으로 된 지는 3년이라고 합니다.

○ 누르하치가 드나들 때에 기구를 든 군노들은 별로 없고, 길 안내로 말하면 여러 장수들이 둘씩 또는 넷씩 쌍을 지어 누르하치가 말을 타면 말을 타고 걸으면 같이 걸어서 앞에서 인도하고 그 나머지는 모두 앞서거니 뒤서거니 하면서 갑니다.

○ 누르하치는 요동 근처만 제외하고 그 나머지 북쪽, 동쪽, 남쪽으로 3~4일 걸리는 곳 부락의 우두머리들은 성 안에 모여 살게 하면서, 군사를 동원할 때에는 그 우두머리들에게 연락하여 각자 군사를 거느리고 오게 하는데 무기와 군량은 스스로 마련하게 하고 군사 인원수는 누르하치가 정해 준다고 합니다.

○ 누르하치의 여러 장수는 150여 명이고 소아합적(小兒哈赤)의 여러 장수는 40여 명인데 그들은 모두 각 부락의 우두머리들로서 성 안에서 데리고 산다고 합니다.

○ 봉수대의 군사는 가족과 함께 2호씩 들어가서 살다가 1년 만에 교대하는데, 식량 같은 것은 인원수를 계산해서 매달 누르하치가 마련해 보내준다고 합니다.

○ 봉수대에서 변고를 알릴 때에는 연기나 불을 쓰지 않고 그저 인

접한 봉수대에서 이어받을 때까지 막대기를 두드리며 이어받으면 곧 피해서 숨어버리는데, 그것은 적의 해를 입을까봐 그러는 것이라고 합니다.

○ 군량은 각처의 부락에다 둔전을 설치하고 해당 부락의 우두머리를 시켜 농사짓는 것을 책임지게 하고는 그대로 그곳에 보관해 두고 가져다 쓰며 성 안에 들여다가 저장하지는 않는다고 하였습니다.

○ 야인들은 모두 물을 따라서 살고 있기 때문에 야인의 집은 냇가에 많고 산골에는 적었습니다.

○ 야인의 집들은 지붕이나 사면의 벽을 전부 진흙으로 두텁게 발라놓았기 때문에 화재가 나도 이엉이나 탈 뿐입니다.

○ 집집마다 닭, 돼지, 오리, 염소, 양 등의 가축을 기르고 있었습니다.

○ 무순에 있는 명나라 통사(通事)가 누르하치의 집에 왔기에 온 이유를 물어보니, "청하보(淸河堡)에 새로 설치한 봉수대를 누르하치가 제멋대로 헐어버리려 하므로 요동의 관리가 누르하치의 차장(次將)인 당고리(唐古里)를 잡아 곤장 20대를 쳐서 돌려보낸 뒤 누르하치가 화를 낼까 염려되어 은 500량을 가지고 그의 마음을 풀어주려고 먼저 나를 보내 이런 내용을 알리게 한 것이다."라고 하였습니다.

○ 마신이 말하기를, "너희 나라의 해안지대에다 항복해온 왜적을 두었다는데 사실인가?"라고 묻기에, 신이 그렇다고 대답하였습니다. 그러자 마신이 "수효는 얼마나 되는가?"라고 하기에, "대략 5~6천 명은 될 것이다."라고 하였습니다.

○ 몽고에서는 수레 위에다 집을 짓고 모전(毛氈)으로 장막을 만들어 덮었으며 배가 고프면 누린내 나는 짐승의 고기를 먹고 목이

마르면 짐승의 젖이나 마신다고 합니다.
○ 계사년에 여허(如許) 등의 군사가 참패를 당한 뒤로 멀고 가까운 곳에 있는 모든 부락들이 꼬리를 물고 투항해온다고 합니다.
○ 6일에 동수사리(童愁沙里) 부락에서 유숙할 때 한 남자를 만났는데, 자기 말로 오촌(吾村) 마을에 살던 갑사(甲士) 박언수(朴彦守)로서 임진년 8월에 야인 30여 명이 갑자기 들이닥치는 바람에 배수난, 하덕인, 최막손 등과 함께 사로잡혔으며, 백두산 서쪽 기슭을 넘어 사흘 반 만에 와을가(臥乙可) 부락에 도착하고 열흘이 못 되어 여연(汝延)에 있는 아질대(牙叱大)의 집으로 팔려갔으며, 지난해 겨울부터는 또 누르하치의 성 안에 있는 동소사(童昭史)의 집에 와 있다가 곡식을 실으러 여기까지 왔다고 하였습니다.
와을가에서 여연까지는 8일 길인데 중간에는 인가가 없고 여연에서 누르하치의 성까지는 6일에서 8일 길이라고 합니다.
신이 이 세 사람을 만나서 야인의 형편과 그들이 보고들은 일들을 자세히 물어보고 싶었지만, 말을 주고받는 사이에 야인들의 의심을 살까 염려되어 그저 하인을 시켜 이리저리 물어보라고 하고 신은 못 듣는 척하였는데도 야인들은 그들을 오래 머물러 있지 못하게 불러갔습니다."

○임금이 승정원에 지시하였다.
"신충일이 서면으로 보고한 것을 보니 누르하치의 세력이 대단히 강하여 아무래도 크게 우려된다. 올해에는 병조판서가 계책을 세웠으므로 아직은 무사할 수 있겠지만, 그러나 오는 겨울에 침범하지 않을지 어떻게 알겠는가.
지금 세상에 남북으로 이런 큰 적이 있으니 이것은 세상에서 한 번씩 바뀌는 운수이다. 우리나라는 그 중간에 끼어서 앞뒤로 적과 맞서게 되니 이른바 엎친 데 덮친 격이다. 어찌 한심하지 않겠는가.

오늘날 방비에 관한 모든 일을 힘을 다해 조치하여야 하며, 반드시 산성을 쌓고 곡식을 저축하고 군사를 훈련하여야 한다. 지킬 수 없는 진과 보루들은 과감히 고치고 차지할만한 험한 지형들에는 새로 성 쌓기가 힘들다고 여기지 말고 수축해야 할 것이다. 고을 수령과 변방 장수를 선발하여 임명하지 않을 수 없으며 군사와 백성들을 돌보지 않을 수 없다."」

-〈선조실록〉(1596. 1. 30.(丁酉)-

1596(丙申)년 2월

(*이달 나라 안의 주요 사건들을 〈선조수정실록〉에 의거 요약하면 다음과 같다.
○다시 권율을 병마도원수(兵馬都元帥: 지금의 육군총장 격)로 임명하여 남쪽 변경을 책임지게 하였다.
○임금이 글을 내려 남쪽 지방의 백성들을 타일렀다.
○김희윤(金希允)이 건주위에 다시 가서 예물을 주니 누르하치(老乙可赤) 형제가 연회를 베풀고 위로하였다.
○의병장 김덕령(金德齡)을 붙잡아다 신문하고 특별지시로 다시 놓아주었다.)

2월 1일(戊戌). 아침에 흐렸다가 늦게 개었다. 여러 장수들과 활을 쏘았다. 권숙(權俶)이 왔다가 술이 취해서 갔다.

2월 2일(己亥). 맑다. 울(蔚)과 조기(趙琦)가 같은 배로 나갔다. 우후(虞侯)도 갔다. ○저녁에 사도(金浣)가 와서 전하기를, 어사의 장계 때문에 파면되어 쫓겨났다고 하기에 즉시 장계를 작성하였다.

2월 3일(庚子). 맑다. 아침에 장계를 수정하였다. ○경상수사(權俊)가 와서 만났다. 들으니 적량 만호 고여우(高汝友)가 장담년(張聃年)에 의해 고소당하여, 순찰사가 장계를 올려 파면하려고 한다고 하였다. ○어두울 녘에 어란 만호가 견내량 복병한 곳으로부터 와서 보고하기를, 부산에 주둔하고 있는 왜놈 3명이 성주(星州)에서 항복해 들어온 사람들을 거느리고 복병해 있는 곳에 와서 장사를 하고 싶어한다고 하였다. 그래서 곧 장흥 부사(裵興立)에게 전령하여, 내일 새벽 일찍이 가서 타일러 주라고 하였다. 이 적들이 어찌 물건을 사고팔고 싶어서 그러겠는가. 우리의 실정을 정탐하려고 그러는 것일 것이다.

2월 4일(辛丑). 맑다. 아침에 장계를 봉하여 사도 사람 진무성(陳武晟)에게 주어 가지고 올라가게 하였다. ○늦게 흥양(崔希亮)이 와서 만나보고 돌아갔다. ○오후에 활 10순을 쏘았다. 여도(金仁英), 거제(安衛), 당포(安以命), 옥포(李曇)도 왔다. ○저녁에 장흥(裵興立)이 복병한 곳으로부터 돌아와서 보고하기를, 왜놈들이 도로 들어갔다고 하였다.

2월 5일(壬寅). 아침에 흐리다가 늦게 개었다. 사도(金浣), 장흥(裵興立)이 아침 일찍 왔기에 식사를 같이 하였다. 권숙이 와서 돌아간다고 보고하므로 종이와 패도(佩刀)를 주어 보냈다. ○늦게 삼도의 여러 장수들을 불러 모아 위로의 음식을 먹여주고 겸하여 활도 쏘고, 풍악도 잡히고, 술이 취하여 파했다. ○우수사(李億祺)의 편지가 왔는데, 약속 기일을 뒤로 미루고 싶어하였다. 한탄스런 일이다.

2월 6일(癸卯). 흐리다. 새벽에 목수 10명을 거제로 보내어 배를 만들게 하였다. ○사도 첨사 김완(金浣)이 조도어사(調度御使)의 장계로 파면되었기 때문에 그 포구로 내어보냈다.

2월 7일(甲辰). 흐리다. 몸이 편치 않았다. 늦게 나가 군사들에게 음식을 먹여주었다. ○장흥(裵興立), 우후(李夢龜), 낙안(宣義問), 흥양(崔希亮)을 불러 이야기하다가 날이 저물어서 파했다.

2월 8일(乙巳). 맑다. 녹도 만호(宋汝悰)가 와서 만났다. 흥양의 둔전에서 추수한 벼 352섬을 받아들였다.

2월 9일(丙午). 맑다. 권 수사(權俊)가 와서 이야기하고 활 10순을 쏘았다. ○들으니 견내량에 부산의 왜선 2척이 나왔다고 하기에 웅천(金忠敏)과 우후(李夢龜)를 보내어 탐색하도록 하였다.

2월 10일(丁未). 맑다. 박춘양(朴春陽)이 (대나무를 싣고) 왔다. ○저녁에 창고 짓는 곳에 직접 가 보았다. ○웅천(金忠敏)과 우후(李夢龜)가 견내량으로부터 돌아와서 왜인들이 겁을 먹고 떨던 모습을 보고하였다.

2월 11일(戊申). 맑다. 보성의 군량 공급 책임자 임찬(林瓚)이 소금 50섬을 싣고 갔다. ○임달영(林達英)이 제주에서 돌아왔는데, 제주 목사(李景祿)의 편지와 박종백(朴宗伯), 김응수(金應綏)의 편지도 가지고 왔다. ○장흥(裵興立)이 우도 우후(李廷忠)와 함께 왔다. 또 낙안(宣義問)과 흥양(崔希亮)을 불러서 활을 쏘았다.

2월 12일(己酉). 맑다. 화살 대 50개를 경상수사에게 보냈다. 늦게 수사가 와서 같이 이야기하였다. 저녁에 활을 쏘았는데 장흥(裵興立)과 흥양(崔希亮)도 같이 쏘았다.

2월 13일(庚戌). 맑다. 식후에 나가서 공무를 보았다. 강진(李克新)의 기일 어긴 죄를 처벌하였다. ○영암(朴弘章)을 파면시켜 줄 것을 청하는 장계를 기초하였다. ○임달영(林達英)이 돌아갔다. 제주 목사(李景祿)에게 답장을 썼다.

2월 14일(辛亥). 맑다. 늦게 나가서 공무를 보았다. 장계를 수정하였다. ○동복(同福)의 군량 공급 책임자 김덕린(金德麟)이 와서 만나 보았다. ○경상수사가 쑥떡을 보내왔기에 낙안(宣義問)과 녹도(宋汝悰) 등을 불러서 먹였다. ○새 창고에 지붕을 이었다. ○저녁에 물을 부엌가로 끌어들여 물 긷기에 편리하게 하였다. ○흥양의 담당 책임자 송상문(宋象文)이 쌀과 벼 합하여 7섬을 가져와 바쳤다.

2월 15일(壬子). 새벽에 비가 왔다. 들으니 전라우도의 항복한 왜인들이 경상도 왜인들과 함께 도망갈 계획을 꾸민다고 하므로 전령하여 이를 알려주었다. ○아침에 장계를 수정하였다. ○동복(同福)의 군량 공급 책임자 김덕린(金德麟)과 흥양의 책임자 송상문(宋象文) 등이 돌아갔다.
(*"저녁에 사슴 한 마리, 노루 두 마리를 사냥해 왔다. 오늘 밤 달빛이 낮처럼 밝고 물결이 비단결같이 반짝여서 잠을 들지 못하였다. 하인들도 밤새도록 취하여 노래를 불렀다."-초고.)

〈전염병의 창궐〉

　　(*당시 영남지방에는 전염병이 유행하여 많은 사상자를 냈다.)
　　「○경상우도 감사 서성(徐渻)이 장계를 올렸다.
　　"영남 지방에서는 전란과 전염병을 겪은 끝에 학질이 크게 성하여 열 식구를 가진 집에서 7~8명은 누워서 앓고 있습니다. 겨울철부터는 죽은 사람들이 많으며 군사들은 거의 다 병이 들어서 제 구실을 못합니다. 도 안에는 약이 없어서 치료할 길이 없으니 해당 관청에서 약을 지어 보내주도록 해야 할 것입니다."」
　　　　　　　　　　　　　－〈선조실록〉(1596. 2. 15.(壬子)－

2월 16일(癸丑). 맑다. 아침에 장계를 수정하였다. ○늦게 나가서 공무를 보았다. 장흥 부사(裵興立), 우 우후(李廷忠), 가리포(李應彪)가 와서 같이 활을 쏘았다.

2월 17일(甲寅). 흐리다. 국기일이어서(世宗大王의 제삿날) 공무를 보지 않았다. 식후에 면(葂)이 본영으로 갔다. 저녁에 흥양(崔希亮)이 와서 이야기하다가 저녁식사를 같이 했다. ○미조항 성윤문(成允文)의 문안편지가 왔는데, 방금 경상감사(方伯)의 공문서를 받았는데, 장차 진주 목사로 가게 되었으므로 다시 인사드리러 가지 못하게 되었다고 하였고, 자기 후임자는 황언실(黃彦實)이 되었다고 하였다.
　　(*〈박춘양(朴春陽)과 오수(吳水)가 조기 잡는 데로 갔다.〉-초고.)

〈왜군의 진법〉

　　(*당시 육지 싸움에서의 왜군의 진법을 소개한다.)
　　「○훈련도감에서 건의하였다.

"전날 도감에서 왜인의 진법을 배우려고 항복한 왜인 여여문(呂汝文)에게 물어보니, 그 진법은 깃발을 든 사람이 앞에 서고, 조총을 가진 사람이 그 다음에 서고, 창과 검을 가진 사람이 그 다음에 서며, 서로 정연하게 대열을 지은 다음 좌우측에 다시 유인하는 군사를 감쪽같이 박아 놓습니다.

언제나 적과 대전할 때에는 깃발을 든 자들이 좌우로 죽 배치됩니다. 총을 가진 자들이 총을 쏘면 창과 칼을 가진 자들은 이 기세를 타고 달려 나갑니다. 좌우 쪽에 늘어서서 깃발을 든 군사들은 다시 양쪽으로 돌아 나와서 좌우에 매복해 있는 군사들과 함께 적의 배후를 포위하게 됩니다.

한참 싸움이 벌어졌다가 흩어질 때 또다시 좌우에 많은 복병을 배치해 놓으면서 조총과 창, 검을 가진 군사들이 각각 한 개 부대로 편성되어 풀 속에 산개하여 마치 짐승이 숨는 것처럼 잠복해 있다가 싸움을 걸 때는 반드시 소수의 군사로써 적을 매복 지역으로 유인한 다음 차례로 일어나서 싸우는 것입니다.

모였다 흩어졌다 매복하는 동작을 보면 매우 교묘하게 속입니다. 그 무예를 전부 배우도록 해야겠습니다. 그러나 창과 검을 사용하는 젊은이들의 수가 매우 적습니다. 더 많이 뽑도록 해야 할 것입니다."

임금이 그 의견을 따랐다.」 －〈선조실록〉(1596. 2. 17.(甲寅)－

2월 18일(乙卯). 맑다. 식후에 나가서 공무를 보았다. 체찰사(李元翼)의 비밀 공문 3통이 왔는데, 하나는 제주목(濟州牧)에서 계속 후원 오는 일에 관한 것이었고, 하나는 영등 만호 조계종(趙繼宗)을 신문하는 일에 관한 것이었으며, 또 하나는 진도의 전선 모으는 일을 잠시 독촉하지 말라는 것이었다. ○저녁에 김국(金國)이 서울로부터 들어왔다. 비밀 공문 2통을 가지고 왔다.
(*초고에는 〈비밀공문 2통을 가지고 왔다.〉가 아니라 〈역서 한 벌과 서울의 조보(朝報)도 가져왔다. 황득중(黃得中)이 쇠를 싣고 와서 바쳤다.〉라고 되어 있다.)

2월 19일(丙辰). 맑다. 권 수사(權俊)가 왔다. 장흥(裵興立), 웅천(金忠敏), 낙안(宣義問), 흥양(崔希亮), 우 우후(李廷忠), 사천(奇直男) 등과 같이 이야기하였다. 경상진에 머물러 있는 항복한 왜인들을 이곳에 있는 왜인 난여문(亂汝文) 등을 시켜서 묶어 오라고 하여 목을 베었다.

〈각 도의 백성들에게 내린 임금의 효유문〉
(*이날 각 도에 임금의 뜻을 알리는 지시문을 반포하였다. 그 내용은 이러하였다.)
「"아, 나라는 백성을 근본으로 하기 때문에 근본이 공고해야만 나라가 편안하고, 사람들의 심리는 안일을 추구하기 때문에 고생을 시키게 되면 싫어하는 법이다.
나는 어둡고 둔하기는 하지만 나라가 어디에 의지해야 하며, 백성을 빈궁하게 만들어서는 안 된다는 것은 사실 알고 있다. 더구나 지금 화를 내려 보낸 지 5년이 되었고, 나라는 멸망할 뻔하다가 한 오라기의 실처럼 겨우 부지하였다.
우리 조상들이 200년 동안 고이 길러낸 백성들은 전란의 칼날에 희생되고 전염병과 굶주림 끝에 살아남은 것이 얼마 없다. 마을과 고을이 황폐해지고 밥 짓는 연기가 끊어졌다. 천리를 가도 스산한 것이 관목과 잡초가 하늘에 닿았을 뿐이다. 이런 때에 백성을 안정시키고 숨 돌리게 할 줄 모르고 도리어 침해하고 고생시키면서 그들의 힘을 모조리 뽑아내고 재물을 거덜낸다면 너무도 어질지 못한 것이다. 나는 덕이 없는 사람이기는 하지만 이렇게까지 잔인하지는 않다.

그러나 돌이켜보면 싸움이 일어난 후에 나라에서는 일들이 많이 생겨나고 경비는 너무나 많아졌다. 주둔지에 짐을 나르는 고생과 군량을 포장하여 보내는 비용으로서 정상 부역과 정식 공물의 한도를 벗어난 것은 이루 다 헤아릴 수 없다. 아침저녁으로 통원하고 각종 가렴잡세로 하여 힘이 진하지 않을 수 없었고 재물이 마르지 않을 수 없었다.

그리하여 나의 백성들이 지치다 못해 유랑의 길을 떠나며 장정들 중에는 길가의 나무에 목을 맨 사람이 있고 늙은이와 어린이들은 죽음의 구렁텅이에서 헤매었다. 나의 백성을 잃어버린 것은 나 자신의 잘못에 있다. 이것을 반성하는 나의 속은 타는 것 같다.

아, 임금과 백성은 부자간과 같다. 백성들도 생각이 있으니 임금을 사랑해야 한다는 것과 나라를 염려해야 한다는 것을 누군들 모르겠는가. 대체로 지금 백성들에게서 재물을 거두거나 부역에 동원하는 것은 어느 것이나 나라의 계책상 부득이한 데서 나온 것이다. 그리고 군사를 훈련하고 요새를 설치하며 둔전을 경영하는 일들은 오늘날 나라를 지키고 왜적을 방어하는데서 특히 늦출 수 없는 급선무가 되고 있다.

일을 집행하는 사람들이 조치를 잘못하여 더러는 백성들을 이중삼중으로 곤궁에 빠뜨리는 일이 있더라도 그 근원을 캐어 보면 나로서는 백성들을 못살게 하자는 것이 아니라 백성을 이롭게 하자는 것이다. 편안하게 하기 위한 방도에서 출발하여 사람들을 부린다면 아무리 고생스러워도 원망하지 않는 법이다. 너희들은 아마 나를 용서해 주리라고 생각한다. 그러나 백성들의 부모로서 백성들을 부리어 날로 시달리게 한 데 대하여 내가 곰곰이 생각해보면 정말 백성들에게 스스로 변명을 할 말이 없다.………

대체로 백성들에게 해를 주는 나쁜 정사와 나쁜 법에 대해서도 각별히 감사와 어사를 신칙하여 그들로 하여금 힘을 다하여 알아보게 하고 보는 족족 제거할 것이다. 온갖 죽을 고비에서 살아남은 나의 백성들을 조금이라도 숨 돌리게 함으로써 나라를 편안하게 하는 근본으로 삼을 것이며, 덕이 없는 나를 더 엄중하게 만들지 말도록 할 것을 바란다.

아, 보잘 것 없는 은혜나마 고르게 베풀지 못하지만 너희들의 기쁜 생각에 깊이 스며들 것을 말하고 싶다. 지성이 있는 곳에는 믿어주는 사람이 있는 법이니, 나의 말에 감응이 있기를 바라는 바이다.〉」

(*그러나 이 글은 진심이 담겨 있지 않은 거짓 글이라고 하여 사관으로부터도 비판을 받았다.)
(*사관은 말한다.
〈어진 말은 사람의 가슴에 파고드는 어진 소문만 못하다고 한 맹자의 말은 정말로 의미 깊은 말이다. 옛날 은(殷) 나라 탕(湯) 임금이 온 나라에 널리 선포한 것이나 당(唐) 나라 태종(太宗)이 하늘의 뜻을 받들어 조서를 내린 것도 마찬가지였다. 그런데 어째서 나라의 융성과 영락(零落)에서는 판이하였던가? 지성이 미덥다면 백성들은 모두 화기에 찰 것이고, 말만 하고 시행하지 않는다면 실제 혜택이 미치지 않는 것이다.

지금 적들이 경내에 있고 백성들은 신음하고 있다. 백성들이 이때처럼 지친 적은 없었다. 그러나 안으로는 궁중에서 사치한 옷차림과 풍성한 음식으로 생활하고 밖으로는 관리들이 한가한 세월을 보내고 있으니 임금의 지시문이 아침저녁으로 내려간들 무슨 소용이 있겠는가.〉)   -〈선조실록〉(1596. 2. 19.(丙辰)-

2월 20일(丁巳).   맑다. 손만세(孫萬世)가 사사로이 방비처에 보내는 공문을 작성한 죄를 범하였으므로 처벌하였다. ㅇ오후에 활 10순을 쏘았다.
(*〈이른 아침에 조계종(趙繼宗)이 풍수군(風水軍) 손풍련(孫風連)에게 고소를 당하여 같이 대질심문 하였다.〉-초고.)

2월 21일(戊午).   비가 왔다.

2월 22일(己未).   맑다. 웅천(金忠敏)과 흥양(崔希亮)이 와서 만나보았다. 우 우후(李廷忠), 장흥(裵興立), 낙안(宣義問), 남도(姜應彪), 가리포(李應彪), 여도(金仁英), 녹도(宋汝悰)들이 와서 활을 쏘았다. 나도 쏘았다.
(*〈충청수사(李雲龍)가 화살대를 가져와 바쳤다.〉-초고.)

2월 23일(庚申).   맑다. 일찍 아침 식사를 한 후 나가서 공무를 보았다. 둔전에서 거둬들인 벼를 손질하여 다시 가마니에 담아 167섬을 새 곳간에 들여쌓았다. ㅇ늦게 거제(安衛), 고성(趙凝道), 하동(申蓁), 강진(李克新), 회령(閔廷鵬)이 와서 만났다. 하천수(河千壽)와 이진(李珒)도 왔다.

2월 24일(辛酉).   맑다. 식후에 둔전에서 거둬들인 벼를 손질하여 다시 가마니에 담아 170섬을 곳간에 들였다. ㅇ우수사가 들어왔는데, 낙안(宣義問)이 갈렸다는 기별이 왔다.

2월 25일(壬戌). 비. 비. 낮에 개었다. 장계를 수정하였다. ○나주판관(元宗義)이 와서 만나보았다. 장흥 부사(裵興立)가 와서 말하기를, 수군의 일들이 잘 안 풀리는 것은 감사가 방해하기 때문이라고 하였다.
(*〈이진(李璡)이 둔전으로 돌아갔다. 춘절(春節), 춘복(春福), 사화(士花)가 본영으로 돌아갔다.〉-초고.)

2월 26일(癸亥). 맑다. 경상수사가 와서 보았다. 조금 있다가 견내량 복병이 급보하기를, 왜선 1척이 견내량으로부터 들어와 해평장(海平場)에 도착하려 할 때 금지하여 머물지 못하게 하였다고 하였다.

2월 27일(甲子). 흐리다. 녹도 만호(宋汝悰) 등과 함께 활을 쏘았다. 흥양(崔希亮)이 휴가를 얻어 돌아갔다.

〈북병사 이일의 장계〉
「○비변사에서 건의하였다.
"북병사 이일(李鎰)의 장계를 보면, 북쪽 오랑캐가 다시 군사를 동원할 기미가 있습니다. 이런 어려운 때에 남쪽과 북쪽에 사단이 겹치게 되어 대응책이 정말 걱정스럽습니다.
본 도는 서울에서 1천여 리나 떨어져 있는데 만일 급한 때에 여기서 조치를 취하려면 형편상 미치지 못할 것이고, 그저 본 도에서 직접 책임진 사람들이 군사를 수습해 가지고 정황에 따라 처리하는 데 달렸을 뿐입니다.
그쪽은 작년에 농사가 어느 정도 괜찮게 되었으므로 양식을 해결하기가 한결 쉬워질 것 같습니다. 도 안에 있는 궁중노비들을 빠짐없이 뽑아내고 공작미(貢作米)를 떼어 군량을 만들어야 할 것입니다.…"
지시하기를 "건의한 대로 하도록 하라. 그러나 궁중노비들은 뽑아낼 수 없다."라고 하였다.」

(*사관은 말한다.
〈옛날에는 임금에게 개인 노비가 없었다는 말을 들었다. 이것은 아주 훌륭한 말이다. 재물도 사적으로 가질 수 없는데 하물며 노비이겠는가. 안락하고 태평한 시기에도 그렇게 할 수 없었는데 하물며 전란이 종식되지 않고 군사들이 약한 때에야 더 말할 것이 있겠는가. 개인 노비들도 이미 다 동원되었는데 하물며 궁중 노비이겠는가. 궁중 노비를 뽑지 않음으로써 세 가지 잘못이 겹치고 있으니, 임금이 사적인 것을 아낀다고 백성들이 말하는 것은 맞는 말이다.〉)
-〈선조실록〉(1596. 2. 27.(甲子)-

(*이틀 후인 29(丙寅)일과 사흘 후인 30(丁卯)일, 그리고 3월 4일(辛未)일과 5일(壬申)에도 사간원에서는 궁중노비를 뽑아내도록 하자고 거듭해서 건의하였으나, 선조는 끝까지 궁중노비의 차출을 거부하고 있다.)

2월 28일(乙丑). 맑다. 이른 아침에 침을 맞았다. ○장흥(裵興立)이 체찰사 군관과 함께 왔는데, 장흥이 종사관의 이름으로 명령을 전한 일 때문에 잡아갈 일로 왔다고 하였다. 그리고 또 (체찰사가) 전라도 수군 안에서 우도의 수군은 좌우도로 왔다 갔다 하면서 성원하라고 하였다고 한다. ○저녁에 거제(安衛)를 불러다 일을 묻고 곧 돌려보냈다.
(*〈체찰사 군관이 와서 전라도 수군 안에서 우도 수군은 좌우도로 왕래하며 서로 성원하라고 하였다고 한다.〉는 기사를 쓴 글에 〈조정에서 계책을 세움이

이러한가. 체찰사의 계책 내는 것도 이같이 무력한가. 나랏일이 이 같으니 어찌 할꼬, 어찌 할꼬.〉-초고.)

〈풀려나는 의병장 김덕령〉

「○임금이 홍계남(洪季男)과 김덕령(金德齡)에게 말을 주라고 지시하였다. 전마로 적합한 것을 골라서 주되 사복시(司僕寺)에 없으면 내사복시(內司僕寺)의 말들 중에서 골라서 주도록 하라고 하였다.」　　　　　　　　　　　-〈선조실록〉(1596. 2. 28.(乙丑)-

(*의병장 김덕령은 윤근수의 노비 하나를 죽인 죄로 1월 17일 살인죄로 탄핵받아 붙잡혀 와서 2월 18일까지 심문을 받았으나 2월 19일 권율이 선조에게 그를 변호해 줌으로써 이날 사면하면서 전마까지 하사받았다. 그러나 그는 이해(1596) 8월에 가서 역적모의에 가담하였다는 누명을 쓰고 비참한 죽음을 당하게 된다.)

○의병장 김덕령(金德齡)을 붙잡아다 심문하고 특별지시로 다시 놓아주었다.
김덕령은 공문을 늦게 전달했다고 해서 역졸 한 사람을 형장을 쳐서 죽였으며, 또 도망친 군사의 아버지를 가두어 놓고 형장을 쳐서 죽였다.
죽은 사람은 윤근수의 노비 족속이었는데 윤근수가 남쪽 지방을 돌아보다가 김덕령을 만나서 놓아달라고 하였더니, 덕령이 응낙하고는 근수가 돌아가자마자 곧바로 죽여 버렸다.
윤근수는 그가 이랬다저랬다 하는데 감정을 품고 그가 믿음과 의리가 없고 잔인하게 죽이기를 좋아하므로 장수가 될 수 없다고 극력 말하였다.

이렇게 되자 논의하는 사람들이 함부로 말을 하면서 김덕령은 사람을 얼마나 죽였는지 알 수 없고 물에 빠뜨려 죽이기까지 했다고 하였다. 그리하여 덕령을 붙잡아다 심문하였는데, 증거를 들면서 스스로 해명하였다. 임금이 특별지시로 죄를 용서한 다음 위로하여 보냈으며 전마(戰馬) 한 마리도 주었다.」

-〈선조수정실록〉(1596년 2월)-

2월 29일(丙寅). 맑다. 아침에 공문서 기안 내용을 수정하였다. ○식후에 나가 공무를 보고 있는데 우수사, 경상수사, 장흥(裵興立), 체찰사 군관들이 왔다. 경상우도 순찰사(徐渻)의 군관이 편지를 가져왔다.

2월 30일(丁卯). 맑다. 아침에 정사립(鄭思立)을 시켜서 보고문을 쓰게 하여 체찰사에게 보냈다. 장흥(裵興立)이 체찰사(李元翼)에게로 갔다. ○날이 늦게 우수사가 보고하기를, 벌써 봄철을 당했으니 방비 대책을 세울 일이 급하므로 소속 부하들을 거느리고 본도로 가고 싶다고 하였다. 그 마음 쓰는 것이 몹시 해괴하다. 그래서 그 군관과 도훈도(都訓導)에게 곤장 70대를 때렸다. ○저녁에 송희립, 노윤발(盧潤發), 이원룡(李元龍) 등이 들어왔다. ○몸이 몹시 불편하여 밤새도록 식은땀을 흘렸다.

〈누르하치를 만나고 나서 올린 정보 보고〉

(*2월 29일(丙寅)자 〈선조실록〉에는 당시 북쪽 누르하치의 세력 및 누르하치와 조선의 관계에 관한 주목할 만한 정보 보고가 기록되어 있다. 당시의 조선의 사정을 이해하기 위하여 그 일부를 발췌해 둔다.)

「○평안도 관찰사 윤승길(尹承吉)이 급보를 올렸다.

"통사(通事) 하세국(河世國) 등이 2월 13일에 여상공(余相公)을 따라 만포에 도착하여, 여상공이 왕독부(王獨部)에 왔다고 말하니, 누르하치의 사위 홀홀(忽忽)이 기병 2백 명을 거느리고 와서 길옆에서 대기하였고, 누르하치의 부장(部將)은 기병 3천여 명을 거느리고 길 아래쪽에 정렬해 섰는데, 어떤 사람은 활과 화살을 가지고 있었고, 어떤 사람은 창과 장대를 가지고 있었으며, 보병 6천여 명이 세 줄로 죽 늘어서 있었습니다. 상공이 대열 앞에 다가가는데 한 기병이 갑자기 고함을 지르자 기병들은 정연하게 서서 꼼짝도 하지 않는 것이었습니다. 상공 일행과 우리나라 사람들이 놀라서 얼굴빛이 변하자 야인들은 손뼉을 치면서 웃어대는 것이었습니다. 누르하치의 형제들은 차를 내어 와서 위로하면서 여상공에게 말했습니다.

'대인께서는 이번에 진심으로 왔는지 믿기 어렵습니다. 만약 진심을 가지고 왔다면 우리도 진심으로 대하겠습니다.'

여상공: '만일 진심이 아니라면 명나라의 장군이 뭣 하러 여기 왔겠는가?

누르하치: 대인께서 상으로 가져온 물건들은 어디서 난 것들입니까?

여상공: 군문(軍門) 손 대인(孫鑛)이 너희들이 명나라에 공순하게 순종한다는 말을 듣고 이번에 너희 형제를 표창한 것이다.

누르하치: 만일 황제의 지시라면 어찌하여 용무늬를 수놓은 비단과 은이 없습니까?

여상공: 이것은 조정에서 황제가 주는 상이 아니라 바로 군문 손 대인이 주는 상이다.

누르하치: 조정의 표창을 받을 수 있습니까?

여상공: 손 대인이 너희들이 순종한다는 사실을 조정에 보고한 후에야 처리할 수 있지 내가 맘대로 할 수 있는 것이 아니다.

누르하치: 삼을 캐는 야인들이 지난날 위원 경내에 마구 들어간 것은 먼저 잘못했습니다. 조선에서 묶어서 우리에게 보냈더라면 우리가 직접 죽였을 터인데 조선 사람들이 야인들을 마음대로 죽였으니 나인들 왜 분한 생각이 없겠습니까. 나는 조선에다 군사를 보내어 원수를 갚으려 합니다.

여상공: 내가 이번에 여기 온 것은 전적으로 두 나라가 서로 사이 좋게 지내게 하려는 것이다. 너희들이 어떻게 감히 명나라의 금령을 준수하지 않고 군사와 말을 풀어서 사적인 원수를 갚을 수 있는가.

누르하치: 명나라의 대인이 이렇게 보잘것없는 지방에 온 것은 옛날에는 보지 못한 경사입니다. 내가 어떻게 함부로 군사와 말을 동원하여 조선으로 쳐들어가겠습니까. 임진년 간에 조선이 왜적의 침략을 당할 때 내가 군사를 거느리고 달려가서 구원하려고 석(石) 상서(尙書)에게 보고하였으나 회답을 받지 못했습니다. 그래서 지원하지 못했습니다. 그러나 사로잡힌 북도 사람들을 수없이 찾아서 보내주었으니 우리로서는 조선에 대한 성의가 조금도 부족한 것이 없습니다. 그런데 야인들이 함부로 위원 경내에 들어가서 삼을 캘 때에 묶어 보내는 대신 도리어 죽여 버렸습니다. 한 뿌리의 풀을 훔친 죄가 얼마나 크기에 모조리 죽인다는 말입니까. 이전까지만 해도 군사를 동원하여 원수를 갚으려고 했으나, 이번에 명나라의 지시가 있으니 아직은 중지하겠습니다.'

여상공이 10일에 건주위(建州衛)를 떠나 밤낮 없이 길을 재촉하여 만포로 나와서 말했습니다.

'오랑캐의 심보는 헤아리기 어려우니 뜻밖의 변고가 없지 않을 것이다. 그래서 매우 바쁜 걸음으로 달려왔다.'

여상공은 자기 잇속만 차리고 실제로는 성의가 없는 사람입니다. 다시 만포에 왔을 때 군사와 백성들이 피해를 입었고, 야인들 속에 들어가서는 조소와 멸시를 당했으니 형편상 도움을 주지 못할 뿐 아니라, 나아가서는 장래에 폐해를 가져올 것입니다."」

-〈선조실록〉(1596. 2. 29.(丙寅)-

1596(丙申)년 3월

(*이달 나라 안의 주요 사건은 3월 8일자에 발생한 현릉(顯陵)의 화재 사고였다. 왕릉 화재에 대한 책임자 처벌 문제로 여러 날 조정이 시끄러웠다.)

3월 1일(戊辰). 맑다. 새벽에 망궐례를 행하였다. 아침에 경상수사(權俊)가 와서 이야기하고 돌아갔다. ○늦게 해남 현감 유형(柳珩)과 임치(臨淄) 첨사 홍견(洪堅)과 목포 만호 방수경(方守慶)을 기일 어긴 죄로 벌을 주었다. 해남은 새로 도임하였기에 매를 때리지 않았다.

3월 2일(己巳). 맑다. 아침에 장계를 수정하였다. ○보성(安弘國)이 들어왔다. ○몸이 몹시 불편하여 공무를 보지 않았다.

3월 3일(庚午). 맑다. 이원룡(李元龍)이 본영으로 돌아갔다. 늦게 반관해(潘觀海)가 왔다. 정사립(鄭思立) 등을 시켜서 장계를 쓰게 하였다. 오늘은 명절이어서 방답(張麟), 여도(金仁英), 녹도(宋汝悰), 남도 만호(姜應彪) 등을 불러서 술과 떡을 먹였다.

○송희립(宋希立)을 우수사한테 보내어 (우수사 휘하 여러 장수들에게 매질한 일을) 후회한다는 뜻을 전하니, 은근하게 대답하더라고 하였다.

3월 4일(辛未). 맑다. 아침에 장계를 봉하였다. ○늦게 보성 군수 안홍국(安弘國)을 기일 어긴 죄로 처벌하였다. 오후에 배를 출발하여 곧바로 소근두(所斤頭)를 거쳐 우수사에게 이르니, 좌수사 이운룡(李雲龍)도 와서 조용히 이야기하고 그대로 좌리도(佐里島: 창원군 웅천면) 바다 가운데서 잤다.

3월 5일(壬申). 맑다. 새벽 4시경에 배를 출발하여 밝을 무렵에 견내량의 우수사가 복병시킨 곳에 이르니 마침 아침때였으므로 식후에 서로 만나보았다. 그대로 이정충(李廷忠)의 군막 아래로 들어가 조용히 의논하였다. 비가 크게 쏟아지므로 먼저 배로 올라오니 회(薈), 해(荄), 면(葂)과 울(蔚)과 수원(壽元)이 같이 왔다. 비를 맞으며 진으로 돌아오니 김양(金洋)도 와서 같이 이야기하고 밤늦게야 잤다.

3월 6일(癸酉). 흐리다. 아침에 몸이 불편하였다. ○식후에 하동(申蓁), 고성(趙凝道), 함평(孫景祉), 해남(柳珩)이 돌아간다고 보고하였다. 남도(姜應彪)도 돌아갔는데 5월 10일까지 돌아오기로 하였다. 우도 우후(李廷忠)와 강진(李克新)은 이달 8일 이후에 나가도록 하였다. ○함평(孫景祉), 남해(朴大男), 다경포 만호(尹承男) 등을 시켜서 칼싸움 시합을 하게 하였다.

3월 7일(甲戌). 맑다. 늦게 나가서 공무를 보았다. 가리포(李應彪), 방답(張麟), 여도(金仁英)가 와서 보고 돌아갔다.

〈선전관을 보내어 적의 동향을 탐지하게 해야〉

(*이 당시 조정에서의 왜적 관련 정보 파악 수준과, 이후 선전관이 남쪽으로 자주 내려오게 되는 이유를 알 수 있게 해주는 기록이 〈선조실록〉에 나온다.)

「○비변사에서 건의하였다.

"요즘 남쪽의 보고가 전보다 드물게 들어오기 때문에 일체의 적정을 자세히 알 수 없습니다. 심 유격(沈惟敬)이 바다를 건너간 뒤의 소식은 더욱더 알 수 없습니다. 명나라 사신도 심부름하는 하인을 뽑아 보내어 적들의 동향을 탐문한다고 합니다. 종전의 지시대로 선전관 한 사람을 도체찰사와 접반사에게 급히 보내어 탐지해 오게 해야 하겠습니다.

그리고 길가의 각 역참들이 하나같이 허물어졌고 인심도 극도로 태만하기 때문에 급한 상황이 발생하는 경우에도 지체되는 폐단을 면하지 못합니다.

이제부터는 매달 보름 전에 의례히 선전관 한 사람을 보내어 적의 소식을 탐지하는 것이 좋을 것 같습니다."

지시하기를 "건의한 대로 하라."고 하였다.」

—〈선조실록〉(1596. 3. 7.(甲戌)—

3월 8일(乙亥). 맑다. 아침에 안골 만호(禹壽)와 가리포(李應彪)가 각각 큰 사슴 한 마리씩을 보내왔다. ○식후에 나가서 공무를 보았다. 우수사, 경상수사, 충청수사(李雲龍), 가리포, 방답(張麟), 평산포(金軸), 여도(金仁英), 우 우후(李廷忠), 경상우후(李義得), 강진(李克新) 등이 와서 종일 이야기하고, 만취하여 파했다.

(*이날은 한식이었는데 현릉(顯陵)에서 불이 나서 능의 잔디를 모두 태우고 주위까지 번졌다. 이 일로 1596년 3월 한 달 동안 조정의 가장 주요 현안은 왕릉 화재의 책임자 처벌과 대책 문제가 되었다.)

3월 9일(丙子). 아침에는 맑고 저물녘에 비가 왔다. 우 우후(李廷忠)와 강진(李克新)이 들어간다고 하기에 술을 먹였더니 잔뜩 취하여 우 우후는 돌아가지 못했다. ○저녁에 좌수사가 와서 이별의 술잔을 나누었더니 만취하여 대청에서 잤다.

3월 10일(丁丑). 비. 아침에 좌수사를 다시 청해 와서 이별의 술잔을 나누며 전송했더니, 종일 대취하여 나갈 수가 없었다.

3월 11일(戊寅). 흐리다. 해(荄), 회(薈), 완(莞)과 수원(壽元)이 나갔다. ○오늘 저녁 방답 첨사(張麟)가 성을 낼 일도 아닌 일에 성을 내어 상선(上船)의 물 긷는 군사(汲水軍)에게 곤장을 쳤는데, 놀라운 일이다. 그래서 군관과 아전을 잡아와서 매를 때렸는데 군관에게는 20대, 아전에게는 50대를 때렸다. ○늦게 전(前) 천성(尹弘年)은 인사하고 돌아가고, 새로 온 천성은 체찰사(李元翼)의 공문에 따라 병사(兵使)에게 잡혀갔다. 나주 판관(魚聖伋)이 오기에 술을 먹여 보냈다.

〈경상우도 관찰사가 전한 왜적 요시라의 말〉

「○경상우도 관찰사 서성(徐渻)이 급보를 올렸다.

"일본의 수도에 있는 사람이 어제 나왔습니다. 심 유격과 평행장은 3월 보름 경에 부산으로 돌아올 텐데, 관백은 조선에서 통신사를 미리 정하지 않고 명나라의 사신 일행이 곧 바다를 건너오지 않을 때에는 굳이 청할 필요가 없다고 하였답니다. 이것은 조선에 대해서는 반드시 우환거리가 될 것이라고 합니다.

요시라도 말하기를 '자신은 중개자가 되어 2~3년 동안이나 내왕하였지만 결국 조선에 아무런 보람도 주지 못했으며, 예측할 수 없는 변고가 일어난다면 도리어 기만했다는 말을 면할 수 없게 되었으니 속으로 걱정스럽다.'고 하였습니다."」

―〈선조실록〉(1596. 3. 11.(戊寅)―

3월 12일(己卯). 맑다. 아침 식사 후에 노곤하여 잠깐 잠을 잤다. ○ 경상수사(權俊)가 와서 같이 이야기하고 여도(金仁英), 김갑도(李廷彪), 나주 판관(魚聖伋)이 왔다. ○저녁에 소국진(蘇國秦)이 체찰사(李元翼)로부터 돌아왔는데, 우도의 수군을 본도의 수군과 합쳐서 보내라고 회답한 것은 본의가 아니었다고 하였다.

〈월식이 나타나면 남산에 올라가 방화하여 구하자〉

(*당시 사용되던 〈대명력(大明曆)〉에는 일식과 월식이 나타날 날짜와 시각이 모두 다 기록되어 있었던 것 같다. 그 기록이 맞는지 맞지 않는지를 점검해보자는 제안을 관상감에서 하고 있다.)

「○관상감(觀象監)에서 건의하였다.

"평상시에 일식과 월식이 하늘에 나타날 경우에는 반드시 높은 곳에 올라가 관망하였습니다. 올 3월 15일 월식이 처음 시작되는 시각은 내편(內篇), 외편(外篇)에 모두 인시(寅時)로 되어 있는데, 〈대명력(大明曆)〉에는 처음 시작될 때가 묘시 초 1각(一刻)에 있다고 하였습니다.

해가 뜨고 달이 지는 시각에 1각의 사이가 있으니, 월식이 시작된 때에 임하여 실제 관찰해 볼 수 있을 것입니다. 전례에 따라 남산(南山)에 올라가 살피다가 월식이 나타나면 즉시 방화(放火)한 다음에 그 월식을 구하게 함이 어떻겠습니까?"」

-〈선조실록〉(1596. 3. 12.(己卯)-

「○비가 내려서 월식이 보이지 않았다.」

-〈선조실록〉(1596. 3. 15.(壬午)-

3월 13일(庚辰). 하루 종일 비가 왔다. 저녁에 견내량 복병이 급보하기를, 왜선이 계속해서 나온다고 하였다. 그래서 여도 만호(金仁英), 김갑도 만호(李廷彪)를 뽑아 보냈다. ○몸이 노곤하여 누워서 끙끙 앓았다.

3월 14일(辛巳). 궂은비가 개지 않았다. 새벽에 3도의 급보가 왔는데, 왜선이 견내량 근처 거제 땅 세포(細浦)에 5척, 고성 땅에 5척이 와서 상륙하였다고 하기에 삼도의 여러 장수들에게 5척을 더 뽑아서 보내라고 전령하였다. ○방답(張麟)과 녹도(宋汝悰)가 와서 보았다. ○땀이 밤새도록 흘렀다.

3월 15일(壬午). 맑다. 새벽에 망궐례를 행하였다. 경상수사(權俊)가 와서 이야기하였다. ○밤새도록 식은땀이 났다.

3월 16일(癸未). 비가 퍼붓듯이 오고 종일 그치지 않았다. 오전 8시경 (辰時)에 동남풍이 몹시 불어 지붕의 이엉이 날아 가 버린 데가 많았고, 창문 종이가 떨어져 비가 방안으로 뿌려 들어오니 사람들이 괴로워서 견딜 수 없는 형편이었다. 정오 때에야 바람이 그쳤다. ○저녁에 군관을 불러와서 술을 먹여주었다. ○새벽 한 시쯤에야 비가 잠깐 그쳤다. ○땀을 어제처럼 흘렸다.

3월 17일(甲申). 하루 종일 가랑비가 오고 밤새도록 그치지 않았다. 늦게 나주 판관(魚聖仅)이 와서 만나보았다. 취하게 해서 보냈다. ○어둘 녘에 박자방(朴自邦)이 들어왔다. ○오늘 밤 식은땀이 등을 적시고 상의와 하의가 몽땅 젖었다. 몸이 불편하였다.

〈역관의 누르하치 방문기〉

(*이 당시 북쪽에서 일어나고 있는 새로운 세력 누르하치와 조선의 관계를 아는 데 중요한 정보가 담긴, 역관(譯官)의 누르하치 방문 보고서를 소개한다.)

「○역관(譯官) 이억례(李億禮)가 서면으로 보고하였다.
"신이 여희원(余希元)과 함께 2월 2일에 압록강을 건너 구랑합동(仇郞哈洞)에서 유숙하고 3일에 첫 부락에 당도하니 남녀 사람들이 술과 고기를 가지고 나와서 길에서 접대하였습니다. 날이 저물자 만차(滿車) 땅에 있는 동거우합(佟巨于哈)의 집에서 유숙하고, 4일에는 소난(所難) 땅에 있는 왕골적(王骨赤)의 집에서 유숙하였습니다.

5일에 길을 가는 도중에 누르하치가 먼저 파견한 동고리(東古里)가 문안하였고, 또 중군(中軍) 장해(張海)와 그의 사위 홀호리(忽乎里)에게 기병 300여 명을 거느리게 하였는데, 장해 등이 길바닥에 꿇어앉아 인사를 하고는 그대로 수행하였습니다.
여희원이 장해에게 말하기를, '나는 이미 도독의 두터운 정분을 보았다. 먼 길에 수행하자면 말 먹이기가 불편하겠으니 군사와 말은 수행할 필요가 없을 것이다.'라고 하였습니다. 그리하여 장해는 거느린 군사들을 해산시켜버렸으며 날이 저물어서는 청수(淸水) 땅에 있는 화라(和羅)의 집에서 유숙하였습니다.

6일. 길을 가는 도중에 누르하치가 오랑캐 장수 8명을 시켜 기병과 보병 6~7천 명을 거느리고 길에서 영접하도록 한 다음 군사와 말은 이전처럼 곧바로 해산하였으며, 날이 저물자 동대(佟大)의 집에서 유숙하였습니다.

7일에 건주성(建州城)에서 30리 떨어진 누르하치의 농막에서 누르하치의 형제가 기병 3~4천 명을 거느리고 여희원을 말 위에서 맞이하였으며, 손을 들어 서로 인사를 나눈 다음 말에서 내려 술자리를 마련하였습니다. 술을 세 잔 돌리고 나서 곧바로 떠났으며, 2~3리쯤 갔을 때 기병 4~5천 명이 좌우로 줄을 지어 수행하였습니다. 15리쯤 가니 보명 1만여 명이 좌우로 길옆에 벌려 섰는데 건주성에 이르러서야 끝났습니다.

성에 들어가자 누르하치 형제는 즉시 도착 연회를 베풀었습니다.

> 누르하치: '명나라의 경계까지는 950리입니다. 내가 일을 주관한 후 13년 동안 변경을 침범하지 않았으니 공순하지 않은 것도 아닙니다. 그런데 양 포정(楊布政)이 이유 없이 우리가 공순치 않다고 하면서 지금의 황제에게 보고서를 올리고 우리의 부락을 토벌하려고 합니다. 이 애매한 사정을 가지고 광녕(廣寧)의 도어사(都御史)한테 공문을 올리려고 하였으나 양 포정이 막고 보내주지 않으니 어찌할 도리가 없습니다.
>
> 우리는 원래 조선과 말썽부릴 일이 없었습니다. 그리고 조선 사람들이 왜적의 추격을 당하여 오랑캐의 땅에 들어왔을 때 나는

그들에게 입을 것과 먹을 것을 주어 만포(滿浦)로 돌려보냈으니 내가 좋은 태도를 보인다는 것은 명백합니다.
작년에 오랑캐들이 위원 지방에서 삼을 캔 것은 잘못되기는 잘못된 일입니다. 조선에서 그 사람들을 묶어 나에게 보내어 내가 죽이도록 했어야 했는데, 조선 사람들이 제멋대로 오랑캐 40명을 죽였으니 이것은 잘못된 것입니다. 만일 대인이 지시를 내리지 않았더라면 무례한 내가 무엇 때문에 오늘까지 기다렸겠습니까. 나는 명예를 요구하고 재물을 요구하지 않습니다. 이런 사정을 대인이 군문에 전달하여 황제에게 보고서를 올려 나의 공순한 태도를 알도록 한다면 더 이상 바랄 것이 없습니다.
여희원: 손가락을 꼽아 날짜를 세어 보면 6월에 가서야 겨우 소식이 있을 것이다.
누르하치: 일이 끝나는 것도 대인에게 달려 있고 끝나지 않는 것도 대인에게 달려 있습니다. 나는 그저 6월경까지 기다릴 뿐입니다.'

야인들에게 포로로 잡혀간 절강(浙江) 사람 공정륙(龔正陸)은 올해에는 야인들이 움직이지 않을 것이라는 소식과 크고 작은 일들에 대하여 한담하던 중에 여희원에게 이야기해 주었습니다. '기밀에 속한 것은 오랑캐들이 곁에 있으니 다 이야기할 수 없습니다. 4월이나 5월경에 내가 직접 만포로 가서 대인에게 똑똑히 알려드리겠습니다.'
8일에 누르하치는 다락 위에서 깃발에 참배할 때 하늘을 우러러 맹세하기를, '내가 일을 주관한 13년 동안에 공순한 마음만 먹었고 딴 마음은 없었습니다.' 라고 하는 것이었습니다. 예식을 끝내고는 군사들에게 표창으로 먹을 것을 주었으며, 조금 있다가 연회를 베풀었습니다.
9일에 소을가적(小乙可赤)은 여희원 일행을 초청하여 연회를 베풀었습니다.

10일 출발을 앞두고 우리나라 사람들에게는 타고 갈 말을 주지 않았습니다. 여희원이 말했습니다. '나는 조선의 군사를 훈련시키는 유격장군이며 조선 사람들이 나를 따라 왔으니 모두 나의 사람들이다. 어찌 피차를 가를 수 있겠는가?'
누르하치가 오랑캐 마신(馬臣)을 보내어 말을 전했습니다. '조선에 대한 이야기를 꺼내기만 하면 금방 위원(渭原)의 일이 생각나서 마음이 몹시 통분한데 어떻게 타고 갈 말을 주겠습니까.'
여희원이 말했습니다. '위원의 문제로 말하자면 국왕은 알지도 못하는 것이다. 바로 변경의 백성들이 멋대로 저지른 일인데 조선의 국왕은 벌써 위원 고을원의 죄를 다스렸다. 도독은 다시 이 문제를 꺼내지 말라. 조선도 명나라의 속국이고 너희 건주(建州)도 명나라의 속국이다. 내가 여기에 온 것은 전적으로 이 문제 때문이다. 만약 피차를 가른다면 어떻게 화친을 맺을 도리가 있겠는가.'
그러자 누르하치가 말했습니다. '대인의 지시대로 조선 사람들까지 탈 말을 주겠습니다.'
누르하치는 여희원에게 큰 말 1필을 주고 기패관(旗牌官) 가대은(賈大恩)과 신에게는 각각 비단옷 1건, 잘 가죽(貂皮) 5장씩 주었으며 소을가적도 각각 잘 가죽 2장씩 주었습니다.
명나라 사람인 교사 방효충(方孝忠), 진국용(陳國用), 진충(陳忠) 등에게는 각각 비단옷 1건, 잘 가죽 3장씩 주었으며, 소을가적도 각각 잘 가죽 2장씩 주었습니다.
여희원의 집 하인 2명에게 각각 비단옷 1건씩 주고 바깥 하인 10

명에게는 각각 남색 천 2필씩 주었습니다. 만포 첨사의 군관 안충성(安忠誠)과 지방 병사 출신인 최보형(崔甫亨)과 강계 부사의 군관 백웅걸(白雄傑) 등에게는 각각 비단옷 1가지씩 주었습니다.

누르하치의 형제와 보위하는 장수 40~50명이 성 밖으로 1~2리쯤 나와서 장막을 치고 작별 연회를 베풀어주었습니다. 오가는 길에서 모두 소를 잡고 술자리를 마련하였습니다. 이렇게 후대를 받았기 때문에 신이 여비로 가지고 가서 쓰다 남은 은 6량 7돈중을 도로 바칩니다."」 −〈선조실록〉(1596. 3. 17.(甲申)−

3월 18일(乙酉). 맑다. 방답(張麟), 금갑도(賈安策), 회령포(閔廷鵬), 옥포(李曇)들이 와서 만나보았다. 활 10순을 쏘았다.

3월 19일(丙戌). 맑다. 보성 군수(安弘國)가 파종을 점검할 일로 휴가를 받았다. 김양(金洋)도 같은 배로 나갔다.

〈조선의 고위 관리 한 명을 일본에 보내야〉
(*이 당시 일본과의 강화를 맺기 위하여 파견된 명나라 정사(正使)가 일본의 요구조건인 조선의 고위 관리 1명의 일본 파견을 요청하는 공문을 보내왔는데, 그 내용은 이러하였다.)

「○천총(千總) 유조신(劉朝臣)이 왔다.
(*사관은 말한다. 〈조신(朝臣)은 명나라 정사(正使)의 부하이다. 그가 무엇 때문에 왔는가? 정사는 작은 나라의 문제를 해결하기 위하여 우리나라에 공문을 보내왔다. 그래서 조신이 공문을 가지고 온 것이다. 그 공문은 이러하였다.…
"본 부(部)가 황제의 지시를 받고 일본을 책봉하는 것은 일본을 위한 것이 아닙니다. 거룩한 황제는 2백 년 동안 공순히 섬겨오던 속국인 조선이 하루아침에 왜적의 침략을 당한 것을 걱정하였습니다. 그래서 대단히 노하여 장수를 시켜 토벌한 결과 평양과 개성의 승리가 있었습니다.

뒤이어 왜적들은 황제의 위엄에 겁을 먹고 책봉을 애걸하는 바람에 다시 생각해보니, 조선과 일본은 큰 바다를 사이에 두고 있지만 사실은 매우 밀접한 관계에 있는 나라들입니다. 이웃과 좋은 관계를 맺지 않고서야 어찌 나라가 편안하겠습니까. 결국 소서비(小西飛)의 요청을 승낙하고 세 가지 조건을 약속한 다음에 특별히 사신을 시켜서 부절(符節)을 가지고 가서 책봉하도록 하였으니, 귀국을 위한 계책이 아닌 것이 아닙니다.

귀국의 자체 계책으로서는 특히 시기와 힘을 헤아려서 원한을 감추고 결함을 덮어버리면서 뒤에서 선후책을 모색해야 할 것입니다. 그리하여 겉으로는 좋은 관계를 맺는 척하면서 옛날 오(吳)나라와 월(越)나라의 역사를 본받아야 할 것입니다.

이번에 행장의 무리들은 기어이 작은 나라의 신하를 데리고 가서 좋은 관계를 맺고 화목하게 지내고자 합니다. 이것은 실로 하늘이 화를 뉘우친 의사를 보여준 것으로서 천년에 한 번 있을 기회입니다. 귀국으로서는 그들의 해독과 고통을 받았기 때문에 한 하늘을 이고 살 수 없는 원수 사이입니다. 그러나 이때 분한 생각을 참고 원한을 풀어 시세에 순응하지 아니하고 신하를 파견하는 문제에서 애매한 태도를 취한다면, 이것은 비겁한 것을 보이고 의문을 던져주는 결과를 면치 못할 것이며, 그들을 더욱 격노하게 만들 것입니다.

여기서 일단 말썽이 나기만 하면 그들은 이 문제를 구실로 삼을 것이니, 조선을 어찌 하루인들 잊을 수가 있겠습니까. 그렇기 때문에 오늘날의 계책으로서는 임시변통으로 작은 나라의 신하를 파견하여 사신과 함께 바다를 건너가서 이번의 조약을 확인하고 화목한 관계를 영원히 유지하여 양쪽이 서로 침범하지 않도록 해야만 두 나라의 백성들이 어깨를 펴고 쉴 날이 있을 수 있을 것입니다.

만약 이번 걸음에서 작은 나라 신하가 인질로 잡혀서 돌아오지 못할까봐 겁이 난다면, 신하와 왕자를 비교해 보십시오. 어느 쪽이 더 중합니까. 지난날에는 왕자를 포로로 잡았다가 돌려보내주었습니다. 그런데 구구하게 신하 한 사람을 인질로 잡아놓은들 무엇하겠습니까.

그곳에 눌러두고 무엇을 요구할까 겁이 난다면, 땅덩어리와 신하를 비교해 보십시오. 어느 것이 더 중요합니까? 지금 땅덩어리도 내버리고 돌아가는 판에 어찌 작은 나라의 신하를 꼭 손 안에 넣고자 하겠습니까.

죽을 고비에 빠져서 살아오지 못할까 겁이 난다면, 한 사람의 목숨과 온 나라 백성들의 목숨을 비교해 보십시오. 어느 것이 더 중합니까? 지금 잡아갔던 백성들도 모조리 놓아주면서 어찌 유독 한 신하에게 눈독을 들이겠습니까.

이상 세 가지 우려가 없는 상황에서 작은 나라의 신하가 가야 한다는 것은 명백합니다.

더구나 지금 본 부는 으뜸 공신의 후손으로서 귀국을 위하여 온갖 위험을 무릅쓰고 멀리 사나운 파도를 건너가는 것입니다. 그런데 한 신하를 아끼면서 내놓지 않는다는 말입니까? 귀국에서 어떤 견해를 가지고 그러는지 모르겠습니다.

귀국은 잘 살펴보고 즉시 신하 2명을 떠나보냄으로써 이웃간의 좋은 관계를 맺도록 해야 할 것입니다. 절대로 의문을 가질 것이 없습니다."〉」

-〈선조실록〉(1596. 3. 19.(丙戌)-

3월 20일(丁亥). 하루 종일 비바람이 불었다. 몸이 몹시 불편하여 옷과 이불이 땀에 젖었다.

3월 21일(戊子). 하루 종일 큰 비가 왔다. 초저녁에 곽란(霍亂)으로 두 시간이나 토하다가 자정에야 조금 진정되었다. ○오늘 군관 송희립(宋希立), 김대복(金大福), 오철(吳轍) 등을 불러서 종정도(從政圖) 놀이를 하였다.

3월 22일(己丑). 맑다. 우수사, 경상수사가 와서 만나 보고, 술을 먹여서 보냈다. ○들으니 작은 고래가 섬 위로 떠올라서 죽었다고 하기에 박자방(朴自邦)을 보냈다. ○땀이 시도 때도 없이 났다.

3월 23일(庚寅). 맑다. 조방장 김완(金浣)과 충청도 수군 배 8척이 들어왔다. 우후(李夢龜)도 왔다. ○종 금이(金伊)가 편지를 가지고 왔는데 어머님께서 평안하시다고 하였다. 땀이 흘러 옷이 젖었다.(*〈새벽에 정사립(鄭思立)이 와서 어유(魚乳)를 많이 짜 왔다고 보고하였다. 오늘 처음으로 미역을 땄다. 자정에야 잠을 잤는데, 땀이 흘러 옷을 갈아입고 잤다.〉-초고.)

(*사도 첨사 김완(金浣)이 조도어사의 장계로 파면되었다는 기록이 2월 6일자 〈난중일기〉에 나왔다. 그 후 이순신이 장계를 올려서 이때에 와서 그를 조방장으로 다시 등용하여 쓰게 된 것이다.)

3월 24일(辛卯). 맑다. 아침 식후에 나가서 공무를 보았다. 마량 첨사 김응황(金應璜)과 파지도(波知島)의 송세응(宋世應), 결성(結城) 현감 손안국(孫安國) 등을 처벌하였다. 나주 판관 어성급(魚聖伋)은 4월 15일까지 휴가를 주어 내어 보냈다.
○몸이 몹시 노곤하고 땀이 수시로 흘렀다.

3월 25일(壬辰). 하루 종일 비가 왔다. 땀이 흘러 옷을 적셨다.

〈장흥부사 배흥립의 비행〉

(*이날 장흥 부사 배흥립(裵興立)에 대한 사헌부의 탄핵을 보면 그의 사람됨을 이해할 수 있다. 그를 붙잡기 위해 이미 지난 달 2월 28일에 체찰사의 군관이 내려왔다는 기록이 〈난중일기〉에 나와 있다.)

「○사헌부에서 건의하였다.

"장흥 부사 배흥립(裵興立)은 사람이 거칠고 비루합니다. 이전에 흥양 현감으로 있을 때 오로지 남의 비위를 맞추면서 자기를 살찌우는 일에 매달려 관아 창고를 탕진하였습니다. 본 부의 부사로 임명되어서는 건달 무리들을 많이 데리고 있으면서 관청의 곡식을 축내고 민간에 폐해를 끼치는가 하면 원칙에 어긋나게 마구 긁어 들였으며, 형벌이 전도되어 온 고을 백성들이 흩어지고 있으며, 사람마다 '언제나 망하겠는가?' 하며 한탄하고 있습니다. 그런데도 지금까지 벼슬자리를 보존하고 있는 것을 이상하게 여기지 않는 사람이 없습니다. 지시를 내려 파면시키기 바랍니다."

임금이 그 의견을 따랐다.」 －〈선조실록〉(1596. 3. 25.(壬辰)－

〈통신사, 보내야 하나 말아야 하나〉

○임금이 별전에서 주역(周易)을 강론하였다. 강론이 끝나자 임금이 말하였다.……

선조: "외부의 의견들은 어떠한가?"

김응남: 처음에는 모두 다 통신사가 바다를 건너가는 것을 부당하게 여겼으나, 요즘에 와서는 여러 사람들의 의견을 들어보면 모두들 보내야 한다고 합니다.

노직(盧稷): 통신사 한 사람을 보내는 것이 물론 책봉 문제에 도움이 없을 것은 분명합니다. 그러나 왜적들이 이 문제를 걸고넘어질 수 있습니다. 그래서 군색한 의견들이 나오게 된 것입니다.

오억령(吳億齡): 오늘 통신사를 보냈다가 내일 또다시 접수할 수 없는 곤란한 문제를 가지고 우리나라에 강요할 때는 후회해도 소용이 없습니다. 그 요구를 접수하자니 원칙상 그렇게 할 수 없고, 거절하자니 이전의 노력들이 모두 허사로 돌아가고 새로운 화를 당하게 될 것입니다.

선조: 보내고 나서 당하는 화와 보내지 않고 당하는 화를 비교할 때 어느 것이 더 심하겠는가?

김응남: 보내지 않으면 화는 빨리 닥쳐올 것입니다. 의논하던 초기에는 보내지 말자고 하던 것이 이제 와서 보내자고 하는 것은 이 때문입니다.

오억령: 보내는가, 안 보내는가 하는 문제는 명나라의 지시를 따라야 합니다. 황제에게 한 보고의 회답을 기다려보는 것이 옳을 것입니다.

노직: 우리나라의 신하를 보내는 경우에는 명나라 사신을 따라간다는 명분으로 같이 바다를 건너가야 할 것입니다. 만약 명나라 사신이 바다를 건너간 상황에서 우리나라 신하가 단독으로 간다면 통신사의 행차처럼 보일 것입니다.

김응남: 왜적이 우리나라 신하에 대한 문제를 요구대로 해결한 다음에 또다시 국왕의 편지를 요구하고 나올 때에는 이 역시 난처한 문제입니다.

노직: 어제 유조신(劉朝臣)이 신에게 말하기를 '왜적이 요구하는 작은 나라의 신하 문제를 따르지 않으면 틀림없이 수천 명의 군사를 가지고 강박할 것입니다. 당신네 나라에서는 무엇 때문에

헷갈리며 갈피를 잡지 못하고 있습니까?'라고 하기에, 신이 대
답하기를 '명나라에서 책봉하러 가는 사신이 이미 그들의 군영
에 도달했는데도 여전히 위엄과 덕망에 겁을 먹지 않고 아직도
바다를 건너가는 일을 늦추고 있으니 그 속마음을 예측하기 어
렵습니다. 설령 작은 나라의 신하를 보낸들 그들이 모조리 철수
하겠습니까?'라고 하였습니다.
조신의 말에 의하면, 오늘까지 끌어온 것은 일본의 장수 8명이
책봉에 반대하기 때문이었는데, 지금은 관백이 이 8명을 죽였으
니 책봉 문제는 의심할 바 없다고 합니다."」
-〈선조실록〉(1596. 3. 25.(壬辰)-

3월 26일(癸巳). 맑다. 경상수사가 와서 이야기하였다. ○체찰사(李元
翼)의 명령이 전달되었는데, 전날 우도의 수군을 돌려보낸 일은
잘못 보고한 것이라고 하였다. 우습다.

3월 27일(甲午). 맑다. 늦게 나가 활을 쏘았다. 우후(李夢龜), 방답(張
麟), 충청수사(李雲龍), 마량 첨사(金應璜), 임치 첨사(洪堅), 결성
현감(孫安國), 파지도 권관(宋世應)이 같이 왔기에 술을 먹여 보냈
다.
○저녁에 신(愼) 사과(司果)와 아우 여필(汝弼)이 들어오는 편에
어머님께서 평안하시다는 소식을 들었다. 다행이다.

〈조선통신사의 파견을 강력 원하는 풍신수길〉
　　(*이 때쯤의 명나라와 일본과의 강화 교섭의 상황을 짐작할 수 있게
　　해 주는 고언백(高彦伯)의 장계를 보면 이러하다.)
　「○경상우도 병사(兵使) 고언백이 급보를 올렸다.

"요시라(要時羅)가 사람을 보내어 전달하였습니다.
　'행장이 관백을 만나서, 명나라 사신이 부산에 오랫동안 머물러 있다는 내용과 조선에서 앞으로 통신사를 보내게 된다는 사유를 이야기했더니 관백이 대단히 기뻐하면서 하는 말이, '소원이 풀렸다. 무엇 때문에 다시 군사를 늘어놓고 말썽을 일으키겠는가. 너는 빨리 부산의 군영으로 돌아가서 군사를 남김없이 철수하고 명나라 사신 일행과 조선의 통신사와 함께 바다를 건너오라.' 고 하였습니다.
그래서 행장은 돌아오다가 명고옥(名古屋: 나고야)에서 바람세가 불순하여 나오지 못하고 있는데, 2월 말에는 부산에 도착할 것입니다. 통신사를 미리 정해 놓지 않았다가 그때 가서 미처 해결되지 못한다면 큰일에 지장을 줄 뿐 아니라 조선에는 반드시 난처한 사태가 벌어질 것입니다. 이런 문제들을 잘 살피어 통신사를 선발하여 동시에 같이 떠나게 함으로써 그때 가서 군색한 일이 없도록 해야 할 것입니다.' 라고 하였습니다."」
　　　　　　　　　　　　　　　-〈선조실록〉(1596. 3. 27.(甲午)-

3월 28일(乙未).　궂은비가 많이 내렸다. 하루 종일 개지 않았다.
　(*이날 이시언(李時彦)을 장흥부사 겸 방어사로 임명하라는 임금의 지시가 있었다.-〈선조실록〉)

3월 29일(丙申).　궂은비가 개지 않았다. 부 체찰사(韓孝純)가 성주로부터 진에 올 것이라고 하였다.

1596(丙申)년 4월

(*이 달 명나라와 일본과의 사이에 있었던 외교상의 큰 사건을 〈선조수정실록〉에서 요약, 소개한다.)

○왜국에 책봉하러 가는 명나라의 정사 이종성(李宗誠)이 도망쳐 나왔다.

○양(楊方亨) 사신이 왜국의 관리들에게 엄히 말하기를 "우리들이 여기에 여러 달이나 있는데도 너희들이 아직까지 철수하지 않기 때문에 정사(正使)가 몹시 성이 나서 돌아갔으니 이것은 너희들의 탓이다. 비록 정사는 없더라도 인장과 표신은 나에게 있으므로 나는 끄떡하지 않겠다. 만일 너희들이 곧바로 철수한다면 정사도 꼭 돌아올 것이다."라고 하였다.

○청정(淸正)은 이종성이 도망갔다는 말을 듣고 매우 기뻐하며 말하기를 "나는 애당초 그가 진짜 명나라 사신이 아닌 것으로 의심하였다. 지금 이렇게 되었으니 틀림없이 그는 가짜 관리이다. 내가 경주로 군사를 끌고 쳐들어가 그들의 장수에게 따지고 그 까닭을 물어 보아야겠다."라고 하였다. 조금 뒤에 부사가 끄떡하지 않고 있다는 말을 듣고는 군사를 출동하지 않았다.

○심유경이 행장과 함께 일본에서 돌아오자 청정은 군사를 풀어서 명나라 사신이 돌아가는 것을 뒤따르려 한다고 소문을 내었으나, 얼마

뒤에 그렇게 하지 않았다.)

4월 1일(丁酉). 큰 비가 왔다. 신(愼) 사과(司果)와 함께 이야기했다.

4월 2일(戊戌). 맑다. 경상수사(權俊)가 부 체찰사(韓孝純)를 영접할 일로 나갔다. 신 사과(司果)도 같은 배로 갔다.

〈귀향길에 낙마한 유성룡〉
(*이날 영의정 유성룡이 선조를 만나 고향의 모친을 뵙고 돌아온 이야기를 하고 있다. 그는 고향의 모친이 위독하다는 소식을 듣고 내려가다가 여주 길가에서 말 위에서 떨어져 물에 빠지는 일을 겪었다.)

「○임금이 별전에서 영의정 유성룡을 만나보았다.
선조: "영의정이 말에서 떨어졌다던데 상한 데는 없는가?
유성룡: 신이 파사성(婆娑城)을 떠났을 때 다리 아래의 물속으로 떨어졌습니다.
선조: 다리 밑으로 떨어졌으면 아마 중상을 입었을 것이다. 말이 좋지 못해서 그렇게 되었을 것이다.
유성룡: 마침 하인이 뛰쳐나왔기 때문에 상하지는 않았습니다. 늙은 어머니를 만나게 해주신 전하의 은덕은 그지없습니다. 단지 사정이 절박하여 곧바로 떠나오지 못하고 여러 날 지체하다가 두 번이나 부르는 지시를 받았으니 대단히 황공합니다."」
─〈선조실록〉(1596. 4. 2.(戊戌)─

4월 3일(己亥). 맑다. 어제 저녁에 견내량의 복병이 보고하기를, 왜적 4명이 부산으로부터 장사하러 나왔다가 바람에 표류되었다고 하기에, 새벽에 녹도 만호 송여종(宋汝悰)을 보내어 연유를 알아보고 그 정황과 종적을 탐색하게 하였던바, 정탐하여 찾아내어 목을 베었다.

4월 4일(庚子). 흐리다. 아침에 오철(吳轍: 통제사의 군관)이 나갔다. ○우수사에게 가서 보고 취하여 이야기하다가 돌아왔다. ○충청도의 군사들이 목책을 쳤다.

4월 5일(辛丑). 맑다. 부체찰사가 들어왔다.

4월 6일(壬寅). 흐리다. 부체찰사가 활쏘기 시합을 시켰다.

4월 7일(癸卯). 맑다. 부체찰사가 나가 앉아 상을 나누어 주었다. ○부산 사람이 들어왔는데, 명나라 사신(李宗誠)이 달아났다고 하였다. 무슨 영문인지 알 수 없다.

〈명나라 사신, 왜적의 군영에서 도망쳐 나오다〉
「○왜국에 책봉하러 가는 명나라의 정사 이종성(李宗誠)이 도망쳐 나왔다.
 이종성이 부산 군영에 오랫동안 머물러 있으면서 심유경(沈惟敬)을 기다렸으나 돌아오지 않았다. 한참 의심하고 걱정하고 있는데 한 왜인이 일본에서 와서 이종성에게 몰래 말하기를 "관백은 사실 책봉 받을 의향이 없고 조서를 전하는 사신을 꾀어서 옥에 가두어 놓고 심한 욕을 보이면서 뇌물을 받아내려는 것입니다. 화의는 끝내 성사시키지 못하고 황제의 지시만 욕되게 할 것입니다." 라고 하였다.

이종성은 겁이 나서 한밤중에 보고하러 가는 심부름꾼 차림새로 변장하였다. 얼굴을 천으로 가리고 누런 보자기를 등에 지고 말을 탄 채 증명서를 내보이고 문을 연 다음 급히 말을 달려 빠져나갔다. 인장과 예복, 짐짝과 하인들은 다 버리고 단지 용의 모양을 그린 신임패만 간수하여 품은 다음 따라다니는 사람 3명과 역관 한 사람만 데리고 갔다.

감히 큰길로 나서지 못했다가 울산에 있는 왜적부대의 앞길로 잘 못 빠졌으므로 산골짜기로 들어가 낮에는 숨어 있고 밤이면 행군하여 여러 날이나 굶으면서 경주에 도착해서야 비로소 역참 길을 따라 서쪽으로 갔다.

왜인들이 이튿날 아침에 도망간 것을 발견하고 길을 나누어 쫓아가다가 양산의 돌다리까지 가서 그만두었다. 객관에 남아있던 하인들이 다 뿔뿔이 흩어졌으나 왜인들에게 붙잡혀서 군영으로 돌아왔는데 매우 엄하게 단속하였다.

양(楊) 부사가 이 소식을 듣고 전혀 동요하지 않고 누워 있으면서 말하기를 "변변치 못한 사람이 다른 나라의 눈치를 알지 못하고 오랫동안 머물러 있기가 답답하여 도망쳐간 것이니 괴이하게 여길 것도 없다."고 하였다.

종성이 북경에 이르자 금의옥(禁義獄)에 가두었다. 조상의 공로가 있어서 용서를 받아 벼슬만 빼앗고 벌금만 내게 하였다.」

－〈선조수정실록〉(1596년 4월)－

(*당시 조정에서는 명나라와 일본 간의 강화 노력이 깨어질까봐 염려를 하면서도 명나라의 요청에 따라 일본에 통신사를 파견하는 문제에 대해서는 끝없이 격론을 벌였지만 결론을 내지 못하고 있었다.

그런데 이때 왜적의 군영에 가 있던 명나라 사신이 도망을 치는 사건이 발생하여 화친 문제가 불투명해지자 오히려 위기의식이 고조되었는데, 이때 명나라에서 조선의 통신사 파견 문제를 공문으로 요청해 오자 어떻게든 결론을 내려야만 할 처지가 되었다. 어떻게 결론을 내리는지 〈선조실록〉에서 본다.)

〈왜적과의 강화를 끈질기게 반대하는 선조〉
「○비변사에서 건의하였다.
 "신 등이 비변사에 모여서 의논한 결과 이 화친 문제는, 대의(大義)로 본다면 의논하지 말아야 할 것입니다. 그러나 오늘의 형편으로서는 의논하지 않을 수 없을 것 같습니다.
 당초에는 단지 심(沈) 유격의 공문만 보내왔기 때문에 부드러운 말로 거절하면서 (왜 왕의) 책봉을 위해 가는 사신과 토의해서 결정하자고 할 수 있었던 것입니다. 그러나 지금은 명나라 사신이 직접 공문을 보내어 말하기를 "본 병부에서는 으뜸 공신의 누대의 맏아들로 하여금 귀국을 위하여 멀리 파도 사나운 바다를 건너가게 하려는데, 작은 나라의 신하 한 사람이 아까워서 내어 놓지 못하겠다는 것인가."라고 하였습니다. 우리나라로서는 거절할 말이 없습니다.
 그리고 병부(兵部)의 의견은 일을 끝내기에 급급하여 한결같이 사신을 재촉하여 바다를 건너가게만 하고 다른 것은 아랑곳하지 않고 있습니다.
 만일 행장(行長)이 나온 다음 명나라 사신이 갑자기 바다를 건너간다면 뒷날 우리나라의 일은 더욱 난처하게 될 것입니다. 이번 공문을 계기로 마치 명나라 사신 일행을 따라가는 것처럼 승인하는 것이 괜찮을 것 같습니다. 이것은 여러 사람들의 일치된 의견입니다.

전하의 처분을 바랍니다."
임금이 지시하였다.
"지난해에 경연에서 어떤 재상(*成渾을 가리킴)이 화친에 대한 말을 내놓기에 나는 울분을 금할 수 없었다. 본래 마음의 병이 있던 터인지라 그만 벽에다 이런 시를 썼었다.

百死心猶鐵(백사심유철)　일백 번 죽는다 해도 마음은 철석같아
求和不願聞(구화불원문)　화친을 구하는 말 듣고 싶지 않노라.
如何倡初說(여하창초설)　어찌하여 엉뚱한 소리 처음 꺼내어
悖義惑三軍(패의혹삼군)　의리를 배반하고 전군을 의혹시키는가.

이밖에는 다른 할 말이 없으니 여럿이서 의논하여 처리하기 바란다."라고 하였다.」　　　　－〈선조실록〉(1596. 4. 4.(庚子)－

「○비변사에서 건의하였다.
"명나라 사신은 우리나라 일 때문에 위험한 땅도 마다하지 않고 들어가면서 우리나라 신하와 함께 갈 것을 요구하는데 승인하지 않는다는 것도 곤란한 문제입니다. 수행원(隨行員)이란 명칭으로 우리나라 신하를 선출하여 밀양 등지에 대기시켰다가 왜적이 과연 모조리 철수하고 명나라 사신이 바다를 건너갈 경우에는 의례히 따라갈 것이고, 그렇지 않으면 도로 돌아오면 될 것입니다. 이 내용으로 명나라 사신에게 회답 공문을 내려 유조신(劉朝臣)에게 주어 보내는 것이 좋겠습니다."
임금이 말하기를 "여러 사람들의 의견을 따라야 할 것이다. 그러나 한 고비를 지나면 더 험난한 고비가 나설까봐 걱정이다."라고 하였다.」　　　　－〈선조실록〉(1596. 4. 6.(壬寅)－

(*명나라 정사(正使) 이종성(李宗誠)이 왜군 진영에 있다가 도망쳐 나온 사건은 한 편의 소설과 같은 사건으로 임진왜란에서 매우 중요한 외교적 해프닝이므로, 이하에서는 이에 대한 이야기를 다양한 보고 경로를 통하여 살펴본다. 이것이 〈선조실록〉에 기록된 날짜는 무시하기로 한다. 이들 보고 가운데는 결국 사실인 것과 거짓인 것으로 판명된 것이 혼재하지만, 당시 조정의 사건 판단에 영향을 미치므로 함께 소개한다.)

〈명나라 정사가 왜군 진영에서 도망쳐 나오다〉

「○접대도감(接待都監)에서 보고하였다.
"유조신(劉朝臣)의 심부름꾼이 도감에 남몰래 이런 이야기를 하였습니다.
'심 유격(沈惟敬)이 낭고야(浪古耶)에 도착했을 때 관백이 파견한 사람이 그를 결박해 놓고 〈혼사 문제도 성사시키지 않고, 조선의 지방도 떼어주지 않으면서 책봉 문제만 들고 오는 것은 무엇 때문인가?〉라고 따져 물으면서 묶어놓고 때리기까지 하였다. 심 유격이 〈이 문제는 책봉을 책임진 사신이 알지 나는 알 바가 아니다.〉라고 하였다.'
명나라 사신의 심부름꾼이 와서 이런 이야기를 알려주었기 때문에 정사는 이달 3일 밤에 적의 군영에서 뛰쳐나왔고, 부사(부사: 楊方亨)는 미처 나오지 못했다고 하였습니다."

○임금이 별전에서 비변사의 당상관들을 만나보았다.
선조: "정사 이종성이 적의 군영에서 뛰쳐나온 과정의 곡절은 알 수 없으나. 대체로 걱정스러운 일이 반드시 있을 것이다. 그러나 황제의 사신의 행동이 이럴 수는 없다. 거짓말이 아니겠는

가? 심 유격을 구타했다는 말도 그럴 것 같지 않다.

윤선각: 어떤 한인(漢人)의 말이, 사흘 이내로 명나라 사신이 사복 차림으로 서울을 통과할 것이라고 하였습니다.

유성룡: 이 사태는 정말 급합니다. 요동에다 공문을 띄우는 한편 북경에 보고하여 명나라의 처리를 보아야 할 것입니다.

노직: 책봉을 책임진 사신이 황제의 지시를 받들고서도 일반 사람처럼 행동하고 도망치는 잘못을 범했으니, 자기 한 몸을 위한 계책으로는 몰라도 황제의 위신을 훼손시킨 것을 어떻게 감당하겠습니까.

선조: 적의 군영을 뛰쳐나온 것부터 잘못인데다가 사복차림으로 몰래 통과하는 것은 더 나쁘다. 그리고 우리의 도리로는 들은 말대로 솔직히 명나라에 급히 알려야 할 것이고, 모든 방비 문제는 또 그 다음의 문제이다."」

－〈선조실록〉(1596. 4. 8.(甲辰)－

「○접대도감(接待都監)에서 보고하였다.

"정사의 집안 관리인 이서(李恕)가 말하기를, '3일 날 4경에 문지기인 왜적 3명을 술을 먹여 녹초를 만들어 놓고 중군 왕승렬(王承烈), 상공 공문소(孔聞韶) 등 5명과 함께 용무늬 깃발과 인장, 칙서를 가지고 뛰쳐나와서 경주로 향했다.' 고 하였습니다.

그 이유를 물으니, '지난 달 22일에 왜어 통역관인 절강 사람이 일본으로부터 나와서 왜적의 동태가 좋지 못하다는 것을 이야기하였고, 또 군문과 도찰원(都察院)에서도 모두 책봉하는 문제가 쉽사리 이루어질 것 같지 않으니 빨리 나오라고 했기 때문에, 정사는 이 말을 듣고 동요하여 빠져나올 결심을 했던 것이다.' 라고 하였습니다.

신 등이 다시 묻기를 '정사가 기왕에 빠져나오기로 했으면 부사와 함께 의논해서 행동해야 할 터인데 왜 혼자 빠져나왔는가?' 라고 하자, 그는 대답하기를 '두 사신 사이에는 자못 감정이 좋지 않아서 왜적의 군영에 들어와 있으면서도 한 달이 넘도록 서로 만나지 않았다. 심 유격이 부산에 있을 때에도 부사만 존중하고 정사를 무시하였기 때문에 정사는 무슨 일에 있어서나 반대로만 나갔다.' 라고 하였습니다.
계속하여 그는 웃으면서 말하기를 '별로 대단한 적정(敵情)도 없는데 정사의 처사가 이처럼 갈팡질팡하였으니 원래 담력이 없는 사람으로서 이번 길에 왜적들의 웃음거리만 되고 말았다.' 라고 하였습니다."」 　　　　　－〈선조실록〉(1596. 4. 9.(乙巳)－

○비변사에서 건의하였다.
"오늘의 형편이 이러한 상황에서, 책봉을 책임진 사신이 적의 군영에서 뛰쳐나오지 말았어야 했습니다. 적이 이 기회를 이용하여 다시 날칠 것은 의심할 여지가 없습니다."」
○요동 도지휘사(都指揮司)에 공문을 보냈다.
"4도 도체찰사 이원익(李元翼)이 보낸 급보는 이러합니다.
'……정사(正使)의 접반사 김수(金睟)의 보고에 의하면, 이달 4일 유시(酉時: 오후 6시경)에 정사를 수행하는 통역관 남호정(南好正)이 부산에서 경주부로 달려와서 자기에게 말하기를,〈정사인 이 대인(李宗誠)이 이달 4일 새벽에 부산 군영에서 나왔다. 해당 장수와 군사들도 모두 사흘 안으로 서울에 도착할 것이다. 나는 정사인 이 대인을 따라 함께 나왔다.〉고 하면서, 이어서 그에게 사흘 안으로 서울로 갔다가 그 길로 의주로 따라가서 다시 토의하라고 하였다고 합니다.'

이에 근거하여 국왕은 살펴보건대, 심 유격이 바다를 건너간 뒤로 오래도록 회보가 없었고 현재 책봉을 책임진 정사는 부산에 있는 적의 군영에서 나왔는데, 나는 무엇 때문에 갑자기 나왔는지 모르겠습니다. 놀라움을 금할 수 없습니다."」

−〈선조실록〉(1596. 4. 9.(乙巳)−

「○임금이 별전에서 정사(正使)의 접반사 김수(金睟)를 만나보았다.
선조: "정사가 적의 군영에서 나온 것은 무엇 때문인가?
김수: …당초에 사용재(謝用榟), 서일관(徐一貫)이 황제의 인장을 위조해 가지고 왜적의 장수에게 주면서 몰래 서로 조약을 맺었는데, 조약은 네 가지로서 인질을 바치는 것, 장사 길을 트는 것, 땅을 떼어 주는 것, 황제의 딸과 혼사를 하는 것입니다.(*사용재와 서일관이 화친 문제를 억지로 완성시켜 자기 공로를 세우려고 네 가지 조항을 가지고 공문을 위조하여 왜적의 장수에게 주었다. 뒤에 사실이 발각되어 모두 귀양가게 되었다.)
이번에 책봉의 책임을 진 사신이 군영에 도착했으나 네 가지 문제가 약속대로 되지 않기 때문에 관백이 성을 냈다고 합니다. 이 말도 도망쳐 돌아온 사람들의 입에서 나온 것이니 어떻게 믿겠습니까. 심지어는 심 유격을 묶어놓고 때렸다는 말도 서울에 와서 처음으로 들었습니다. 대체로 책봉 문제가 지연되는 데 대하여 정사는 늘 의구심을 품고 있었는데, 2일에 여러 장수들이 정사에게 대책을 말하면서 이 소굴을 벗어날 계책을 각자 진술하였던 것입니다.
정사가 말하기를 '이것은 절대로 그럴 수 없다. 만약 나만 빠져서 혼자 나간다면 부하 500명은 모두 살육당할 것이며, 조선 지방도 전쟁의 고통을 겪을 것이다. 내가 설사 구금되는 한이 있더라도 어떻게 빠져나갈 수 있단 말인가. 왜적의 동태가 불순할 경우에는 큰 나라와 유구, 섬라, 조선이 바다로 육지로 마주 공격한다면 단번에 깨끗이 처치할 수 있다.' 라고 하자 장수들은 다 물러났습니다.

정사가 3일 저녁에 평의지, 사고여문(沙古汝文), 법인(法仁) 등을 불러서 잔치를 벌려놓고 한껏 즐기고 나서 의지에게 이르기를 '거룩한 천자가 다른 나라도 똑같이 사랑하여 일본을 책봉할 것을 승인하고 나를 보냈는데, 너희들은 어째서 빨리 철수해 돌아가지 않는가? 내가 듣자니 관백이 다른 문제를 요구하는 것이 있다는데 사실인가?' 하고 물으니, 의지가 말하기를 '그렇다. 바로 네 가지 조항에 관한 문제이다.' 라고 하였습니다.

정사가 말하기를 '네 가지 조항의 문제에 대해서는 큰 나라에서 반드시 승인하지 않을 것이다. 나는 바다를 건너갈 수 없으니 떠나서 돌아가야겠다.' 라고 하였습니다.

의지가 말하기를 '책봉을 책임진 사신은 설령 돌아가고 싶어도 우리들이 만류하면 어떻게 나갈 수 있겠는가. 그리고 듣자니 군량을 저축해 놓은 것이 없어서 사신에게 공급할 양식조차 계속해서 댈 수 없다고 하니 바다를 건너가지 않을 수 없을 것이다. 만약 바다를 건너가지 않으려거든 조선에 쌀을 요구해서 공급을 받을 수 있어야 할 것이다' 라고 하였습니다.

정사가 의지의 말을 듣고 왜적의 동태가 불순하다는 것을 더욱 분명히 알고는 가만히 공문소(孔聞韶)를 시켜서 황제의 칙서와 용무늬 표신을 가지고 먼저 나가도록 한 다음 그날 새벽에 자기도 도망쳤습니다. 남호정(南好正)이 동래로 달려가 보니 정사는 전립(戰笠)을 쓰고 푸른 베옷차림으로 험한 길로 도망쳐 나왔습니다. 왜적이 따라와 붙잡을까봐 겁이 났기 때문입니다.
선조: 조서를 받들고 간 사신이 어디 있는지도 모르고 있으니 사리에 부당할 뿐 아니라 도중의 공급(供給) 사정도 형편없을 것이다.
김수: 심 유격이 하는 일은 사리에 당치 않는 것이 많습니다.
선조: 심 유격은 명나라를 속이고, 행장은 관백을 속이다가 마지막에는 어떻게 하려는 것인지 모르겠다.
김수: 남호정도 틀림없이 들은 것이 있을 것이니 물어보는 것이 좋겠습니다."
선조가 내시에게 호정을 불러오라고 하였다. 호정이 들어오자 임금이 그에게 물었다.
선조: "정사가 느닷없이 적의 군영에서 뛰쳐나간 것은 무엇 때문인가?
남호정: 만 부마(萬煒: 륭경(隆慶) 황제의 사위이다)가 정사에게 편지를 보내기를 '옛날 정(鄭) 나라의 자산(子産)은 제(齊) 나라에 사신으로 가서 끝까지 굴하지 않았다. 하물며 당당한 큰 나라로서 특별히 공로가 있는 임금의 친척인 대신을 보낸 것은 의도가 있을 것이다. 당신은 왜 생각하지 않는가? 책봉 문제가 지연되는 데는 반드시 이유가 있을 것인데, 꼭 사실대로 솔직히 이야기해야만 성사시킬 수 있을 것이다. 온 천하에 이름을 날리는 것이 이 한 가지에 달려 있다. 힘쓸 것이다. 책봉 문제가 만일 성사될 수 없다면 후환을 방지할 계책도 강구하지 않을 수 없을 것이다.' 라고 하였습니다.
정사가 이 말을 들은 뒤로는 더욱더 기분이 좋지 못했으며, 3일에는 의지(義智)와 술을 취하도록 마시고 밤늦게야 헤어졌는데, 4경에 정사는 사복차림으로 걸어 나갔습니다. 신은 정사가 이미

나간 것도 모르고 막 잠이 들었다가 어떤 한인이 신을 발로 차서 일으키면서 '대인이 나갔다.'고 하는 바람에 깜짝 놀라 일어나보니 바깥 성이 이미 열려 있었습니다.

신이 동래로 쫓아가서 왕 중군(王承烈)을 만나서 대인이 어디에 있는지 물었더니, 중군이 손으로 가리키면서 '이 분이 바로 대인이다.'라고 하기에, 신이 찬찬히 보니 바로 정사였습니다. 전립을 쓰고 도포를 입었는데 일개 졸병이나 다름없었습니다.

정사가 빠른 말을 타고 양산으로 달려가려고 할 때 신이 눈물을 흘리면서 말하기를 '저의 말은 지쳐서 따라갈 수가 없습니다.' 라고 했더니 정사는 말하기를 '나를 따라와봤자 소용이 없다. 나는 3일 후에는 서울에 도착하겠으니, 당신은 김 상서(尚書: 金睟)에게 가서 그를 만나보고 함께 서울로 올라가서 나를 만나보도록 할 것이다. 내가 만일 서울을 지나면 의주에 머무르고 있겠다.'라고 하였습니다.

선조: 영동 지방을 거쳐서 올 것인가?

남호정: 아마 영동 지방을 거치지 않을 것입니다.

선조: 적이 다시 준동할 기미가 있던가?

남호정: 야야사(夜也士: 왜장)가 정예병사 20만 명을 거느리고 황제의 칙서를 맞이한다는 말이 있습니다."」

-〈선조실록〉(1596. 4. 10.(丙午)-

「○접반사 김수가 (정사가 도망친 경위를 설명한 후에, 그 전에) 남호정이 개별적으로 보내온 보고서를 함께 봉해 올렸다.
(*남호정이 개별적으로 보낸 글은 이러하였다.

"도학(陶學)이 온 편에 들으니, 손(孫) 군문과 병과(兵科), 요동무안(遼東武按) 양포정(楊布政)이 함께 황제에게 건의를 올려, 책봉의 일이 결말이 나지 않으니 마땅히 군사를 뽑고 군량을 마련하여 유사시에 대처해야 할 것과 석 상서(石星)는 사륭(謝隆)이 수도에서 말을 퍼드릴까 봐 겁이 나서 상서의 가족을 이미 고향으로 돌려보내고 자기 혼자만 남아서 황제의 꾸중을 당할 것을 각오하고 있다고 말했다고 합니다.
28일에 사륭이 일본과 혼사를 맺고, 땅을 떼어 주고, 인질을 바치고, 장사 길을 틔우는 문제를 대인에게 사실대로 설명하기를 '이것은 애초에 서일관(徐一貫), 사용재(謝用榟)가 갈 때에 인장을 위조하여 조약서 1통을 만들어 관백에게 준 것입니다.' 라고 하자, 대인은 껄껄 웃으며 말하기를 '어째서 나에게 진작 이야기하지 않고 조정에까지 곧장 가서 이야기함으로써 나로 하여금 이런 그물 속에 걸려들게 만드는가?' 라고 하였습니다.
사륭이 말하기를 '동응고(董應誥), 서치(徐治) 등이 모두 사실대로 이야기했다가 질책을 당했기 때문에 감히 알려드리지 못했습니다.' 라고 하였습니다.
29일에 장충(張忠)이 북경으로부터 왔기에 들자니, 석 상서(石星)가 말하기를 '우리는 책봉을 책임진 사신을 시켜 기회를 보아 일본에 가게 하였는데, 사신은 왜적의 동태가 공순하다고 여러 차례 보고해왔기 때문에 이에 근거하여 황제에게 보고했을 뿐이다. 내가 수도에 앉아서 어떻게 알겠는가.' 라고 하면서 책봉을 책임진 사신에게 책임을 전가하는 뜻이 많더라는 것입니다.
여러 아문(衙門)에서의 건의에 의하여 우선 2만 명의 군사를 동원하여 압록강을 지키는 한편, 10만 명을 출동시키고 돈과 군량도 수량대로 준비하여 기회를 보아 적을 소멸할 계획이며, 임회(臨淮)에 있는 온 집안은 밤낮으로 울면서 대인을 구출할 대책을 세우라고 요구한다는 것입니다.
어제 복광(福廣)의 왜적 3명이 다시 명나라 사신에게 와서 말하기를 '행장은 황제의 딸이 곧 도착한다고 관백을 속였는데, 지금은 황제의 딸이 죽었다고 하였기 때문에 관백이 대단히 노하여 야야사(夜也士)를 시켜서 군사 40만 명을 동원하여 나온다고 합니다. 지금 관백이 병들어 죽었다는 말도 있는데, 만약 그것이 사실이라면 모든 왜적들은 반드시 수도로 가서 서로 공격하면서 관백의 자리를 다투느라 조선이나 명나라를 돌아볼 겨를이 없을 것입니다. 그것은 다행한 일일 것입니다.' 라고 하였습니다.
대인이 익성(益城)의 남자 종 백이(白伊)의 말을 들은 데 따르면, 여기에 있는 왜적이 명나라 사신을 따라 바다를 건너간다면 야야사가 데리고 있는 군사는 즉시 들어와서 서울 이하의 여러 지방에 갈라서 주둔시키고 사신을 볼모로 하여 화친을 결정하자고 요구할 것은 의심할 바 없다고 하였습니다. 이 말은 복광(福廣) 사람의 말과 부합되는 것이나 분분하게 퍼뜨리는 말이 어느 것이 옳은지 몰라서 확인할 수는 없고 속이 탈 지경입니다.
대체로 좋든 나쁘든 간에 멀지 않아 결정될 것이니, 좋은 말(馬)을 골라서 짐을 갖추어 들여보낸다면 감사하겠습니다.
또 대인이 말하기를 '나는 죽기를 각오하고 지킬 방도가 없으니 달아날 것을 시도해야 하겠습니다. 늙은 어머니와 가족들을 만나보고 죄를 받는 것이 소원입니다. 말을 보내어 구원해주기 바랍니다.' 라고 하였습니다."」　　　　　　　-〈선조실록〉(1596. 4. 10.(丙午)-

「○사헌부에서 건의하였다.
"책봉을 책임진 사신이 이미 적의 군영을 뛰쳐나왔고 위급한 형편은 눈앞에 박도했습니다. 계책을 잘 세우는가 못 세우는가에 따라서 자칫하면 나라의 존망이 좌우되니 이때가 어떤 때이겠습니까. 그런데 전하는 언제나 궁중에 들어앉아서 관리들을 드물게 만나고 비변사는 보통 때와 같이 문서놀음만 하고 있습니다. 설령 계획하

고 가부를 결정할 문제가 있다고 하더라도 어찌 전하가 직접 만나
보고 면전에서 토론하는 것만이야 하겠습니까. 이제부터는 자주
접견하여 위아래의 심정을 통하게 하기 바랍니다."라고 하였다.
대답하기를 "직접 만난들 무엇 하겠는가. 경솔히 움직일 필요가
없다. 그러나 적당히 처리하겠다."라고 하였다.」

　(*사관은 말한다.
〈임금의 한 마디 말은 사람들의 마음을 격동시킬 수 있는 것이며 힘
들고 위태로운 때에는 더욱더 중대한 것이다. 어찌할 수 없다는 말
로써 방패막이만 해서 될 것인가.〉
　　　　　　　　　　　　－〈선조실록〉(1596. 4. 10.(丙午)－

「○명나라 부사(楊方亨)가 우리나라에 게첩(揭帖)을 보내왔다.
　"요즘 부산 군영의 왜적의 정황에 대해서는 귀국이 정탐하는 사
람을 통하여 잘 알고 있으리라 짐작합니다. 지난번에 정사는 뜬소
리에 잘못 의혹되어 4월 3일 밤에 빠져나갔습니다.
왜장 사고안문(沙古鴈門) 등이 즉시 뒤따라가서 간청하겠다는 것을
본인이, 만약 왜적의 무리들이 귀국의 경내에 깊이 들어가서 다른
화단(禍端)을 일으킬까 걱정하여, 곧바로 통역관 임소조(林小鳥)를
시켜서 왜장 의지(義智) 등에게 지시하여 뒤따라가는 왜적 사고안
문 등을 철수시키도록 하였습니다.
요즘 왜적들도 본인이 금 인장을 간직하고 있다는 말을 듣고는 모
두 마음이 안정되었습니다. 그러나 본인이 보건대 정사는 황제의
친척이면서 으뜸가는 공신으로서 지시를 받고 나올 때 온 나라 사
람들이 다 보았으며 깃발이 향하는 곳마다 산천이 진동하였으니,
정사의 일거일동은 관계되는 바가 작지 않습니다.
그런데 하루아침에 훌쩍 빠져나갔으니 이 소문이 외부에 퍼지면

틀림없이 듣는 사람들이 놀랄 것이며 당장 귀국에서도 정사가 빠져나간 것은 반드시 무슨 정확한 이유가 있는 것이고 까닭 없는 허튼 걸음이 아니라고 생각할 것입니다. 결국 거짓말이 거짓말을 낳아서 피차에 놀라고 의심하다보면 틈이 생기게 될 것이니 어떻게 책봉에 관한 일을 성사시키겠으며 어떻게 귀국의 안전을 보장할 수 있겠습니까.

본인은 직접 군영 안에 있으면서 왜적의 정황을 깊이 알지는 못하지만 어떤 변동이 없다는 데 대해서는 사람마다 목격하고 있는 바입니다. 귀국에서는 응당 심사숙고하여 비밀리에 정탐을 멀리 내보냄으로써 거짓말에 속아 경솔히 움직이다가 큰일을 그르치지 말기를 공문으로 알리는 바입니다.

만일 왜적에게 과연 변동이 있다면 특별히 공문을 보내겠습니다. 그래서 공문을 보내어 알리는 것이니, 살펴보고 집행하기 바랍니다. 이런 사유로 공문을 보냅니다."」

-〈선조실록〉(1596. 4. 13.(己酉)-

「○경상좌도 병사 고언백(高彦伯)이 급보를 올렸다.

"4월 3일에 정사와 부사가 여러 왜장들과 연회를 벌이고 종일 술을 거나하게 마신 끝에 거짓으로 한마디 하기를 '오늘 어사와 한인 군사가 나가서 조선의 통신사를 데리고 온다.'고 하고는, 정사는 그 길로 사복차림으로 도망쳐 돌아왔습니다. 왜적들이 곧 따라잡기 위하여 산과 들을 쭉 덮었습니다.

왜적이 말하기를 '오늘이나 내일 행장이 나오게 되면 곧 철병하여 돌아갈 계획이었는데 지금 이렇게 되었으니 우리들은 돌아갈 날이 없게 되었다.'고 하자, 부사가 태연히 왜적에게 타이르기를 '설령 정사가 없다고 하더라도 인장과 내가 여기에 있는 만큼 너희들이 빨리 철수한다면 정사가 다시 돌아올 것이다.' 라고 하였습니다. 왜적이 정사의 부하들을 붙들어갔으나 곤욕을 가하지는 않았습니다. 정사를 지키던 왜장은 말하기를 '우리들은 일본으로 돌아간다고 하더라도 절대로 살아날 수가 없다. 남원으로 나가서 정사를 데려오고자 한다.' 라고 하였습니다.

적장 청정(淸正)은 정사가 나갔다는 말을 듣고 속으로 무척 기뻐하면서 말하기를 '나는 그가 실제로 명나라 사신이 아니라 우리나라를 속이려는 사람이라고 생각해 왔는데, 이제 보니 과연 그렇다. 정예군사 7천여 명을 출동시켜 경주의 여러 장수들에게 보내어 그 내막을 밝혀내겠다. 그쪽에서 만약 자세히 말한다면 싸우지 않고 물러나겠지만, 함부로 움직여 싸움이 붙게 된다면 우리 군사가 어찌 그들의 손에 모두 죽겠는가.' 라고 했다고 합니다.

대체로 청정이 듣고서 기뻐하는 것은 물론 응당한 것이기도 하겠지만 군사를 보내어 따져보겠다고 한 것은 역시 우리의 태도가 진실한지 거짓인지를 탐지해 가지고 말썽을 만들어 문제를 일으키자는 것입니다."」 　　　　　－〈선조실록〉(1596. 4. 13.(己酉)－

「○호군 황신(黃愼)이 말했다.

"신이 정사 일행을 신녕현(新寧縣)에서 만났습니다. 통역관을 통하여 공 상공(孔聞韶)등에게 자세히 물어보니, 그들은 대답하기를 '왜적들은 특별한 행동은 없었으나 대인은 왜적이 교활한 것을 이상스럽게 여겨서 서울로 가서 빨리 사정을 보고하고 계속하여 대군을 요청해 와서 적을 소멸하려고 생각하고 늘 빠져나올 생각을 가졌던 것이다. 그날 의지(義智) 등이 연회를 열고 두 대인에게 술을 권했는데, 연회가 끝나고 밤이 깊었을 때 정사는 하인으로 가장하고 빠져나오면서 부사에게 알리지도 않았다.' 라고 하였습니다.

계속하여 조서, 칙서, 금인장 등은 어디에 있느냐고 물으니, 대답하기를 '하루 앞서 이미 사람을 시켜 서울로 싸 보냈다.' 라고 하였습니다."」　　　　　－〈선조실록〉(1596. 4. 13.(己酉)－

「○호군 황신(黃愼)이 급보를 올렸다.
 "통역관 박의검(朴義儉)이 왜적의 군영으로부터 글을 보내왔는데 그 내용은 이러합니다.
 '남호정(南好正)이 데리고 있는 역졸이 정사가 밤에 나갔다는 말을 듣고는 즉시 부사에게 탐문하니, 부사는 일어나지도 않았고 정사가 나간 줄도 모르고 있었습니다. 조금 있다가 평의지가 달려왔으나 양 대인(楊芳亨)은 꼼짝도 하지 않고 부하들에게 〈괜찮다.〉라고 말했습니다.
날이 밝자 왜장들이 정사를 따라가 잡으려고 하자, 부사가 의지에게 이르기를 '따라가 보았자 따라 잡지 못하고 소란만 피울 것이니 아직은 가만히 있으라. 일이 완결되어 간다면 그날로 돌아올 것이다.' 라고 하자, 의지는 따라가 잡지 말도록 지시하였습니다.
부사는 박의검을 불러서 이렇게 말했습니다.
 '고금을 막론하고 황제의 지시를 받은 사신치고 이런 추태를 부린 것을 당신은 보았는가? 당당한 큰 나라 사신으로서 변방 나라에 내려왔으면 처사가 공명정대해야 할 것이다. 그런데 앞질러 도망쳐가는 법이 어디 있단 말인가.
더구나 왜국의 소식도 아직 나오지 않아서 좋은 소식도 없고 나쁜 소식도 없다. 그저 행장이 돌아오기만 기다리는 상황인데 어떻게 앞질러 달아날 수 있단 말인가. 사내대장부가 죽으면 죽었지 이렇게 구차하게 놀 수는 없다. 어찌 자기 일신만 생각하고 조정의 체면은 돌보지 않을 수 있겠는가.

만약 끝내 난처한 문제가 생긴다면 표신을 받들고 이따금씩 나오는 것은 괜찮다. 조선은 정말 한 집안과 같은 처지이지만 왜적이 웃고 업신여기는 데야 어떻게 하겠는가.

그리고 그는 틀림없이 밤낮으로 달려서 전라도로 향하지 않았으면 틀림없이 서울로 갔을 것이니 당신네 나라는 아마 큰 소동이 벌어졌을 것이다. 혹시 군사와 말을 동원하기라도 하는 날에는 결국 말할 수 없는 큰 일이 생길 것이다. 당신은 이 내용을 이(李) 접반사에게 전달하여 국왕에게 보고하고 아예 경솔한 행동은 하지 말게 하라.'고 하였습니다.

이튿날 부사는 이 대인(李宗誠: 도망친 正使)의 아문(衙門)에 직접 나가서 각 고을에서 선발된 군사들로부터 인사를 받은 다음 즉시 각 고을에 분부하기를 '너희들은 안심하라. 지시를 받고 함께 와서 서로 연락도 하지 않고 앞질러 몰래 빠져나갔으니 이것이 무슨 일이란 말인가. 외국의 웃음거리가 되었으니 매우 부끄러운 노릇이기도 하다.'라고 하였습니다. 아랫사람들 중에는 눈물을 흘리는 자도 많았는데, 부사가 웃으며 말하기를 '이 대인은 비록 나갔으나 내가 아직 여기에 있으니 너희들은 안심하고 외국 오랑캐들의 비웃음을 사지 않도록 하라.'라고 하였습니다.

곧 유(俞) 상공(相公)과 안으로 들어가서 짐을 들춰내어 서(徐) 상공, 오(吳) 천총(千總)을 시켜서 칙서와 금 인장 2개를 꺼내도록 하였습니다. 하나는 관백의 인장이고 하나는 정사의 인장이었습니다. 이 대인은 용을 새긴 표신만 챙겨가지고 갔다고 합니다.

왜병이 이 대인의 아문을 지키면서 자물쇠로 문을 잠그고 출입을 금지하였으며, 집안 관리인 몇 명을 제외하고 그 밖의 10여 명은 모두 뜰 안에다 결박해 놓았다가 날이 밝아서야 풀어주었습니다. 부사는 태연하게 처신하면서 조금도 두려워하는 기색이 없었으며 왜적의 무리를 더욱 간곡히 타일렀습니다. 왜적들은 감격해서 칭찬하는 말이 '도장과 칙서가 여기에 있고 양 대인이 여전히 여기에 있는데 더 걱정할 것이 무엇인가.'라고 하였습니다.
또한 포로로 잡혀 갔다가 돌아온 사람의 말의 의하면, 관백이 작년 10월부터 병이 중해서 금년 정월에 그만 죽었다고 하며, 어떤 사람은 정월에 완전히 회복되었다고 하였습니다."」
　　　　　　　　　　　-〈선조실록〉(1596. 4. 14.(庚戌)-

「○명나라의 정사가 적의 군영으로부터 도착하여 흥인문(興仁門) 밖에 숙소를 정하였다.(*까닭 없이 군영을 뛰쳐나왔으니 나라를 망신시킨 것이 너무 심하다. 성문 밖에 숙소를 정한 것은 국왕을 볼 면목이 없었기 때문이다. 사실에 근거하여 그대로 기록한 결과 죄는 스스로 나타났다. 사관은 〈도망쳐 돌아왔기 때문이다.〉라고 적었다.-원주)」
　　　　　　　　　　　-〈선조실록〉(1596. 4. 15.(辛亥)-

「○임금이 지시하였다.
"지금 정사가 비록 형편에 따라 황급하게 빠져나오기는 했으나 그는 황제의 지시를 받들고 나온 사람이다. 대체로 사람이 사람 구실을 하게 되는 것은 의리라는 한 가지가 있기 때문이다. 의로운 사람은 잘 되는 때이건 잘못 되는 때이건 관계없이 마음을 바꾸지 않는 법이다. 이번에 정사를 접대하는 것은 처음 나올 때와 전혀 차이를 두지 말고 성의를 다해서 하도록 하라."」
　　　　　　　　　　　-〈선조실록〉(1596. 4. 16.(壬子)-

(*왜적의 입장에서는 이 사건을 어떻게 파악하고 있고 또 당시 왜적의 내부 사정은 어떠한 것이었는지 다음에서 살펴본다.)

「○도체찰사 우의정 이원익(李元翼)이 급보를 올렸다.

"요시라(要時羅)가 왜병 7명을 데리고 의령(宜寧)에 도착하여 병사(金應瑞)를 만날 것을 요청하였습니다. 병사는 위용을 크게 보이면서 그를 접견하고 먼저 명나라 정사가 도망쳐 나온 이유와 그 후 왜적의 정황에 대하여 물으니, 요시라가 말했습니다.

'명나라 정사는 이달 3일 밤중에 짐과 조서, 칙서, 인장을 전부 버리고 단신으로 빠져나갔습니다. 이튿날 아침에 왜장 등이 부사의 숙소에 가서 그 까닭을 물으니 대답하기를 〈나도 그 까닭을 모르겠다. 추측하건대 아마도 정사가 거짓말을 경솔히 믿고서 겁을 먹고 달아났을 것이다.〉라고 하였습니다.
왜장 등이 종적을 찾아 따라잡으려고 하자, 부사가 말하기를 〈정사가 비록 일시적으로 달아났다고 하더라도 만일 따라가 잡는다면 사리로 보아 옳지 못할 것이다. 정사가 나갈 때에는 틀림없이 생각지 않았던 변란이 일어나게 되면 사태가 급박해서 머물러 있을 수가 없을 것이라고 생각했을 터인데, 만약 너희들이 또 군사를 동원하여 따라잡는다면 정사의 노여움을 더욱더 증대시킬 것이고, 명나라에서도 도리어 의문을 가질 것이다.〉라고 하였습니다.
왜장 등이 그럴듯하게 여기고 따라잡지 않았으며, 또 관백에게 통보하기를 〈명나라 사신이 도망친 것은 고민하던 끝에 거짓말에 속아서 혼자 빠져나간 것에 불과하며 다른 내막은 없으므로 행장과 심 유격이 돌아온 다음에 서로 의논해서 결정짓겠습니다.〉라고 하였습니다.'
또 말하였습니다.

'다른 한편으로 듣자니, 미련한 왜병들이 명나라 사신의 하인에게 허튼소리를 하기를 〈심 유격은 이미 일본에 억류당하였고, 오래지 않아 행장이 나오면 사신에게도 봉변을 보일 것이며, 이어서 군사를 출동시켜 싸움을 일으킬 것이다.〉라고 하였습니다. 명나라 정사는 이 허튼소리를 듣고 늘 의문을 가지고 있었는데 결국에는 달아났으니, 정사는 필시 명나라에다 이 말을 퍼뜨릴 것입니다. 왜장들은 이 내막을 이렇게 생각하고 심 유격이 빨리 나와서 그렇지 않았다는 것을 증명하는 문제에 대해서도 벌써 일본에 연락하였습니다. 조선에서도 이 내막을 명나라에 보고함으로써 불화를 조성하지 말도록 하는 것이 좋을 것입니다.

만약 정사를 바꾸어 임명해 보내는 날이면 먼 데서 오가는 동안에 일이 지연될 것이며, 관백은 아마 이것으로 인해 의문을 가지고 도리어 명나라에서 약속을 어기는 것으로 생각하면서 틀림없이 군사와 말을 내보낼 것입니다.

당면한 계책으로는 명나라 사신이 앞서 실수를 했다 하더라도 교체할 수는 없는 것이고, 곧 도로 들여보내기만 하면 일본인들은 곧바로 바다를 건너갈 수 있고 일은 빠른 시일 안에 잘 처리될 것입니다. 명나라 정사가 나간 뒤에 왜장들이 속으로 명나라의 대군이 하루가 멀게 들이닥칠 것이라고 생각했기 때문에, 어떤 부대의 왜병들은 무기를 갖추고 갑옷을 입고서 변란에 대기했던 것인데, 사흘이 지나도 전혀 소식이 없으니 그제야 그렇지 않다는 것을 알고 일체 크고 작은 문제를 다 부사에게 문의하고 있습니다.'

그는 또 조신(調信)의 말을 전하면서 이렇게 말했습니다.

'관백이 만약 명나라의 사신이 곧 들어오지 않는다는 말을 듣게 되면 반드시 의심을 더 가지게 되어 군사와 말을 내보낼 것이며, 이렇게 된 다음에는 형편상 가라앉히기 곤란할 것입니다. 명나라 사신이 나올 동안에 조선의 통신사 중에서 정사와 부사 1명을 미리 부산으로 보내어 명나라 부사와 함께 있게 한다면 관백은 의심 없이 꼭 믿을 것입니다. 빨리 한 사람을 파견하는 것이 어떻겠습니까.

조선에서 만약 이 문제와 관련하여 붙잡힐까 의문을 가진다면 나와 평의지 한 사람은 조선에 볼모로 남아있을 테이니 무엇을 더 의심하겠습니까. 이렇게 약속을 정한 다음에도 혹시 화친 문제가 성공하지 못하거나 다른 것을 요구하는 말이 있을 때에는 조선에서 내 몸을 토막토막 잘라놓는다 하더라도 유감이 없겠습니다.

내가 이처럼 절절히 요구하는 것은 5~6년 동안 화친을 성사시키는 문제를 주장해 오다가 만약 성사시키지 못하게 된다면 나의 가문은 완전히 망하게 되기 때문입니다. 그래서 밤낮으로 걱정하는 것입니다.

7일에 나온 관백의 편지 가운데는 〈평행장은 명나라 사신을 접대하기 위하여 통과하는 길을 검열하기 때문에 당장 나가지는 못하지만, 이에 앞서 10일경에 기장, 안골포 두 진의 왜군은 먼저 바다를 건넜고 부산, 죽도의 왜군들은 명나라 사신의 행차와 한꺼번에 철거할 것〉이라고 명백하게 씌어 있기 때문에 즉시 명나라 부사에게 올렸더니, 부사는 아무 말 없이 하늘을 쳐다보고 탄식하면서 그저 정사가 경솔히 나간 것만 유감스럽게 여길 뿐이었습니다.

명나라 사신이 나간 날에 청정이 조신에게 편지를 보내기를, 〈우리 진지는 경주와 멀지 않은 거리에 있다. 명나라 사신이 나갔다 하더라도 요즘 물이 불어서 밀양강을 필시 건너지 못했을 것이고 형편상 좌도로 길을 잡았을 것이다. 내가 군사를 거느리고 경주로 뒤따라간다면 만날 수 있을 것이다.〉라고 하였습니다.

조신이 이것을 부사에게 알렸으나 부사는 엄격히 말렸기 때문에 청정의 군사가 움직이지 않았습니다.'

병사가 따져 묻기를 '너희들의 변덕스러운 말을 어떻게 믿을 수 있겠는가. 들리는 말에는 정사가 나가게 된 것은 모두 너희들이 박대하였기 때문이라고 한다. 이것이 누구의 탓인가. 네가 숱한 말을 하지만 어떻게 다른 사람들을 납득시킬 수 있겠는가.' 라고 하니, 요시라가 말했습니다.

 '이 일이 성사되지 못한다면 우리들이 용서를 받지 못할 뿐만 아니라 세 나라가 다 편안하지 못할 것이고, 만일 성사되기만 한다면 세 나라의 백성들이 다 편안해질 것입니다. 이것은 세상에서 가장 큰 문제인데 무엇 때문에 속이는 말을 하겠습니까.
대체로 명나라 사신은 당당한 큰 나라의 대신으로 나왔으므로 높고 낮은 왜군들이 모두 그의 풍모를 쳐다보고 있었습니다. 설령 살해를 당하는 변이 있다고 하더라도 응당 죽음을 각오하고 지시를 집행해야 할 것인데 떠도는 말을 전해 듣고 경솔히 도망쳐 나감으로써 큰 나라의 체면을 크게 손상시켰습니다. 설령 우리와 같은 작은 나라라 하더라도 어찌 이런 일이야 있겠습니까.
부사는 죽고 사는 것을 생각하지 않고 버티고 앉아서 꼼짝하지 않으면서 일체 처리할 일을 하나하나 타일러 주었으며 언제나 빨리 일본으로 들어갈 것을 말하고 있으니, 참으로 의로운 인물입니다. 이 부사가 있기 때문에 성사될 희망이 있습니다. 평행장과 심 유격이 오늘이나 내일은 틀림없이 나올 것이며 나도 빨리 돌아가고 싶습니다.'
병사가 묻기를 '너는 어째서 곧바로 나오지 않았느냐?' 라고 하자, 요시라는 말하기를 '처음에 온 군영의 왜군들은 전부 명나라 군대가 덮칠까봐 의심하고 있었기 때문에 주저하다가, 의령 군영의 사람들을 보고서야 비로소 그렇지 않다는 사실을 알았으며, 부사가 왜장과 모든 문제를 상의해서 처리한다는 소식을 들은 다음에야 나오느라고 이렇게 지연되었습니다.' 라고 하였습니다.
이상의 사실에 대하여 급보를 올립니다."」

-〈선조실록〉(1596. 4. 17. (癸丑)-

「○접대도감(接待都監)의 당하관(堂下官)이 건의하였다.
 "명나라 사신이 김명원(金命元)과 김수(金睟)에게 이르기를 '귀국에서는 앞으로 어떻게 할 작정인가? 빨리 황제에게 글을 올려 군사를 청하여 적을 몰아내야 할 것이다."라고 하였습니다.
신 등이 대답하기를 '군사가 설령 나온다 하더라도 작은 나라에는 통과하는 길 연변에 식량이 없으므로 못내 안타까운 노릇입니다.'라고 하니, 명나라 사신이 말하기를 '군사가 움직이게 되면 군량은 자연히 따라가기 마련이다. 틀림없이 군량을 해결할 대책이 있을 것이다.'라고 하였습니다.
신 등이 사신이 군영에서 나온 이유를 물었더니 그는 말했습니다.
 '관백이 언제 책봉을 요구한 적이 있었는가. 그가 요구하는 것은 모두 들어줄 수 없는 문제이다. 그 중에도 한 가지 문제는 신하로서 차마 들을 수 없는 것이다. 그리고 바다를 건너간 다음에는 우리들을 볼모로 붙잡아 두고 자기 욕망을 강요하다가 그대로 따르지 않을 때는 틀림없이 나를 죽일 것이다. 나는 명분상 적을 꾸짖고 죽을 뿐이지만 내가 적들에게 굴하지 않고 죽은들 누가 알겠는가.
나는 지금 두 가지 죄를 지었다. 이전 날 왜적의 태도가 공순하다고 잘못 믿은 것이 첫째 죄이고, 이번에 경솔히 적의 군영을 나온 것이 둘째 죄이다. 이 두 가지 죄를 졌지만 이 죄는 내 일신에 국한된 것이니 오히려 왜적의 손에 죽기보다는 낫다.
그래서 나오기로 결심한 것이다. 양 대인(부사 楊方亨)도 이에 앞서 이 문제가 성사될 수 없다는 점에 대하여 늘 말했다. 만일 상급 관청에서 부사에게 직접 듣게 되면 일체 듣고 본 것을 처음부터 마지막까지 자세히 진술할 것이다.'라고 하였습니다.
그리고 명나라 사신이 지난 16일 병부(兵部)를 비롯한 각 아문에 보낸 게첩(揭帖)의 초고를 얻어 가지고 베껴서 함께 봉하여 들어와 보고합니다."
    (*그 계첩 중에서 심유경(沈惟敬)에 관한 내용만을 소개하면 다음과 같다.
    "…심유경은 시장거리의 막된 무리로서 자기 집과 처자도 전혀 없고 이때까지 왜적을 따라서 반역한 죄상은 이루 다 들 수가 없습니다. 그 중에서도 음란하고 추잡한 실례를 들면, 왜장 아리마(阿里馬)의 양딸을 아내로 삼아 이미 자식까지 낳았다는 것은 온 군영을 비롯하여 중국 사람들까지 다 알고 있는 사실입니다. 처자들이 일본에 있는데 그가 무엇이 그리워서 고국으로 돌아가겠습니까. 다음날 왜적이 다시 쳐들어올 때면 그는 틀림없이 길잡이 노릇을 할 것입니다.
    바라건대 지금 왜적이 집결되기 전에 빨리 군사와 말을 출동시켜 왜적의 소굴을 곧바로 소탕해 버린다면 부사는 이를 계기로 빠져나올 수 있고 속국은 이에 의하여 안정될 수 있을 것입니다.…")

임금이 말하기를 "알았다. 계첩의 사연이 옳다."라고 하였다.」
                                          -〈선조실록〉(1596. 4. 18.(甲寅)-

「○임금이 대궐을 떠나 숭례문 밖에 있는 명나라 사신의 숙소로 가서 접견 의식을 가졌다.
임금이 임시 처소에 들어가자 조금 뒤에 정사가 도착하였다. 임금이 나가 맞이하여 대청으로 올라가서 절하는 예식을 거행하자고 청하자, 정사가 말하기를 "나는 사복차림으로 절을 하기가 미안합니다."라고 하였다.
임금이 말하기를 "처음으로 대인을 만나는데 절을 그만둘 수 없습니다."라고 하니, 정사가 말하기를 "아무래도 그렇게 할 수 없습니다."라고 하였다. 임금이 말하기를 "그러면 시키는 대로 하겠습니다."라고 하고서 곧 서로 읍(揖)하는 예식을 가졌다.
임금이 말하였다.
    "대인이 작은 나라의 문제 때문에 적의 소굴에 들어가 오랫동안 머물러 있었고 이번에 군영을 나온 것도 뜻밖의 일입니다. 여러 날 험한 길에서 갖은 고생을 다 겪었으리라 봅니다. 못내 걱정스럽던 차에 만나게 되니 실로 마음이 놓입니다.…"」

-〈선조실록〉(1596. 4. 20.(丙辰)-

「○4경(새벽)에 임금이 모화관에 가서 명나라의 정사(正使)를 작별하였다.

정사가 동틀 무렵에 임시처소에 오자 임금이 나가 맞이하여 마루에 올라가 절을 할 것을 청하였으나 정사는 당치 않다고 하였다. 임금이 재삼 청하면서 말하기를 "절을 하지 않으면 안심이 안 됩니다."라고 하니 정사가 말하기를 "아무래도 당치 않습니다."라고 하였다.

임금이 차 대접을 하겠다고 청하니 정사가 말하기를 "시키는 대로 따르겠습니다."라고 하였다.

……… ……… ………

선조: "다만 여행 중에 무사하기만을 빌 뿐입니다.
정사: 폐해가 많았습니다.
선조: 무슨 폐해가 있다고 두 번 세 번 말합니까. 미안합니다."
임금이 절을 할 것을 청하니, 정사가 말하기를 "내가 절을 하고 작별해야겠습니다."라고 하였다. 임금이 말하기를 "당치않은 말입니다."라고 하고는 곧 서로 두 번 절하고 작별하였다.」

-〈선조실록〉(1596. 4. 24.(庚申)-

4월 8일(甲辰). 종일 비. 비. 늦게 부체찰사와 마주 앉아 술이 취하도록 마시고, 관등(觀燈)하고 파했다.

4월 9일(乙巳). 맑다. 부체찰사가 나갔다. 그래서 포구로 나가 같이 배를 타고 이야기하며 작별했다.

4월 10일(丙午). 맑다. 들으니 어사(御使)가 들어온다고 하였다. 늦게 어사가 들어와 같이 이야기하고 불을 밝힌 다음에야 파했다.

4월 11일(丁未). 맑다. 어사와 마주 앉아 조용히 이야기하였다.
○장수들에게 잔치를 베풀어주고 활 10순을 쏘았다.

4월 12일(戊申). 맑다. 어사가 밥을 지어 군사들에게 먹이게 한 뒤 활 10순을 쏘고 종일 이야기하였다.

4월 13일(己酉). 맑다. 어사와 마주 앉아 이야기하였다. 늦게 포구로 나갔더니 남풍이 세게 불어 배를 출발시킬 수 없기에, 선인암(仙人巖)으로 가서 종일 이야기하고 어두워서야 작별하였다.

4월 14일(庚戌). 궂은비가 하루 종일 왔다. 홍주(洪州) 판관(朴崙)과 당진 만호(趙孝悅)가 교서에 숙배한 후에 충청우후 원유남(元裕男)에게 곤장을 때렸다. 당진 만호도 같이 벌을 받았다.

4월 15일(辛亥). 맑다. 단오절 진상품을 봉하여 곽언수(郭彦守)에게 주어 보냈다. 수상(柳成龍), 정(鄭琢) 판부사(判府事), 김명원(金命元) 판서, 윤자신(尹自新) 지사, 조사척(趙士惕), 신식(申湜), 남이신(南以信) 등에게 편지를 썼다.

4월 16일(壬寅). 맑다. 우수사와 경상수사와 가리포(李應彪), 방답(張

麟) 등과 함께 이야기하였다. 밤이 들어서야 파했다. 오늘 밤바다에는 달빛이 차게 비취고 티끌 한 점 일지 않았다. ○다시 땀을 흘렸다.(*〈난여문(亂汝文: 南右衛門)을 불러서 불을 지른 왜놈 3명을 물어서 붙잡아다 죽였다.〉-초고.)

4월 17일(癸丑). 맑다. 여필(汝弼)과 면(䩾)이 종을 데리고 돌아갔다.

4월 18일(甲寅). 맑다. 각 고을의 공문을 결재해 보냈다. ○늦게 충청우후(元裕男), 경상우후(李義得), 방답(張麟), 김 조방장(金浣)과 활 20순을 쏘았다. ○마도(馬島)의 군관이 복병하고 있던 곳에서 항복해온 왜놈 1명을 붙잡아 왔다.

4월 19일(乙卯). 맑다. 습열(濕熱) 증세로 침 20여 곳을 맞았다. ○오늘 남여문(南汝文: 南右衛門)을 통해 수길(秀吉)이 죽었다는 말을 들었으나 믿을 수 없다.(*수길이 죽는 것은 3년 후인 무술년 7월 초이다.-편역자.)

4월 20일(丙辰). 맑다. 경상수사가 내일 서로 만나자고 청해 왔다.

4월 21일(丁巳). 맑다. 경상수사의 진으로 가는 길에 우수사의 진에 들러서 같이 경상수사에게 같이 가자고 청하여, (셋이서) 하루 종일 활을 쏘았다.

4월 22일(戊午). 맑다. 부산 허내만(許乃萬)이 보낸 편지에서, 명나라 정사(李宗誠)는 달아났고 부사(楊方亨)는 여전히 왜의 진영 안에 있는데, 4월 초8일에 달아난 사연을 위에 보고했다고 하였다.(*명나라 정사 이종성(李宗誠)이 왜군의 진영에서 도망친 사건에 대해서는 앞에서 〈선조실록〉을 인용해 소개하였다.-편역자.)

4월 23일(己未).   맑다. 첨지 김경록(金敬祿)이 들어왔다. 일찍 아침을 먹고 나가 공무를 보고, 그와 같이 술을 마셨다. ○늦게 군사들 중에서 힘이 센 자들에게 씨름을 붙였다. 성복(成福)이란 자가 독판을 치므로 상을 주었다. ○충청우후 원유남(元裕男), 마량 첨사(金應璜), 당진 만호(趙孝悅), 홍주 판관(朴崙), 결성 현감(孫安國), 파지도 권관(宋世應), 옥포 만호(李曇) 등과 함께 활 10순을 쏘았다.

4월 24일(庚申).   맑다. 아침 식사 후 목욕하고 나와서 여러 장수들과 이야기하였다.

4월 25일(辛酉).   맑다. 우수사가 와서 이야기하였다. 목욕탕에 들어갔으나 물이 너무 뜨거워서 오래 있지 못하고 나왔다.

4월 26일(壬戌).   맑다. 경상수사가 와서 보았다. 체찰사(李元翼)의 군관도 왔다. ○목욕을 하였다.

4월 27일(癸亥).   맑다. 체찰사로부터 공문 회답이 왔다. ○목욕을 하였다.

〈투항해온 왜인의 왜국 사정 보고〉

「○경상좌도 관찰사 이용순(李用淳)이 급보를 올렸다.

"병사 고언백(高彦伯)의 보고에 의하면, 좌수영에 있는 노개질치

(路介㖿致: 왜적들 속에서 탈출해온 자이다.)가 와서 이렇게 고하였다고 합니다.

 '관백에게는 어린 자식 1명이 있을 뿐입니다. 관백의 나이는 62~63세이며, 체격이 왜소하고 별로 용감한 모습도 없는 주제에 중국을 침범한다고 큰소리치면서 정예 군사를 뽑고 무기, 새로운 배, 화약을 만들어서 날마다 말 달리고 총을 쏘며 검과 창 쓰기와 활쏘기를 일삼는다고 합니다.
왜인들은 전쟁을 싫어하고 고통스러워하며 관백을 원망하고 비난하는 사람이 수없이 많으며, 모두들 〈너희 나라에서는 왜 배를 많이 만들어가지고 해전을 하지 않는가? 해전만 한다면 일본은 백번 싸워도 이기지 못할 것이다.〉라고 합니다.
왜인들이 또 말하기를 〈명나라 정사(正使)가 도망쳐 간 사실을 심유격과 행장에게 알리니, 행장이 말하기를, 화친을 맺는 일이 이미 결정되어 사신을 데려올 날만 기다리고 있는데 이제 그만 도망쳐 나갔으니, 관백이 듣기만 하면 수직하던 왜놈은 반드시 엄중한 죄를 받을 것이다. 만약 화친 문제를 다시 토의하려면 언제 끝날지 알 수 없으니 명나라 사신이 도망친 사실을 숨긴 채 관백에게 알리지 말고 부사(副使)를 정사로 삼고, 부사는 다른 한인(漢人)으로 대신 시켜서 데리고 감으로써 양쪽 다 편리할 방도를 찾아야 한다.〉라고 했습니다.
행장과 유격 등의 의견이 결정된 다음에는 정확한 소식을 알리기 위한 배가 오늘이나 내일 중으로 나올 것입니다.
그리고 관백이 지시하기를 〈명나라 사신이 일본에 들어올 때는 군사 위용을 장하게 보여야겠으니 각 도의 군사를 모두 뽑아서 갑옷 차림을 화려하게 해가지고 4월 보름 경에는 대규모로 군사 훈련을 실시하도록 준비하라.

화친이 설사 이루어진다 하더라도 우리 군사는 2~3개 부대쯤 부산, 김해 등지에 그냥 남아있게 하지 않을 수 없다. 그냥 남아 있자면 군사가 외롭고 약해서 조선에서 쳐 없앨 우려가 없지 않을 것이니 명나라 사신을 내가 지정한 어느 곳에 머물러 두고 영영 내보내지 않도록 한다면 우리 군사가 토벌당할 우려가 없을 것이다.〉라고 하였답니다.'"」   -〈선조실록〉(1596. 4. 27.(癸亥)-

4월 28일(甲子).   맑다. 여러 장수들이 전부 와서 만났다. ○(아침저녁으로) 두 번 목욕하였다. (*〈경상수사는 뜸을 뜨느라고 오지 않았다〉.-초고.)

4월 29일(乙丑).   맑다. 한 번 목욕하였다.
(*〈남여문을 시켜서 항복한 왜놈 준사(俊沙), 고여음(古汝音)의 목을 베었다.〉-초고.)

4월 30일(丙寅).   맑다. 한 번 목욕하였다. ○부산 허내만(許乃萬)의 편지에서, 행장(行長)이 철군하여 갈 뜻이 있는 것 같다고 하였다. 김경록(金敬祿)이 돌아갔다. 어머님의 편지가 왔다.

1596(丙申)년 5월

(*이달, 나라 안에서 있었던 중요한 사건들을 〈선조수정실록〉에서 요약하면 다음과 같다.
○청정(淸正)이 목책을 불사르고 군사를 철수하여 바다를 건너갔다.
○명나라 조정에서는 왜국에 책봉문을 전하러 가는 사신의 부사(副使)였던 양방형(楊方亨)을 정사(正使)로, 심유경(沈惟敬)을 부사(副使)로 고쳐 임명하였다. 유격 진운홍(陳雲鴻)이 황제의 칙서를 가지고 와서 선포하였다.)

〈난중일기〉
5월 1일(丁卯). 흐리다. 경상수사(權俊)가 와서 보았다. ○한 번 목욕하였다.

〈명장 양방형과 왜장 소서행장간의 대화〉
「○접반사 황신(黃愼)이 급보를 올렸다.
"오늘 오후에 행장이 일본으로부터 돌아와서 배에서 내리는 길로 곧장 아문에 들어가 명나라 부사(楊方亨)를 만났습니다. 행장이 이렇게 말했습니다.

'내가 본국에 들어가 관백에게 두 대인의 뜻을 이야기하였더니 관백이 듣고 매우 기뻐하면서 즉시 군영을 소각하고 군사를 철수하겠다고 하였습니다. 문제가 이미 결정된 다음 낭고야(浪古耶)에 도착하여 곧바로 나오려는 순간에 이 대인(李宗誠)이 나갔다는 말을 듣고 처음에는 곧이듣지 않았습니다. 그 길로 일기도(一歧島)에 도착하여 비로소 소문이 정확하다는 것을 알고 도로 낭고야로 들어갔습니다.
나 역시 어찌할 바를 몰라서 심 유격과 서로 의논하였더니, 유격이 말하기를 〈이것은 그다지 큰 문제가 아니다. 정사는 나이가 젊고 술을 좋아하는데다 간사한 말을 믿고 경솔히 행동하게 되었다. 그러나 양 대인(楊方亨)이 그냥 있으므로 반드시 잘 처리할 것이다.〉라고 하였습니다.
내가 이어 심 대인에게 청하기를 〈관백은 나의 말을 믿지 않을 테니 대인이 정성(正成) 등을 데리고 들어가 관백을 만나서 그 사이의 곡절을 자세히 이야기해야만 의혹을 풀 수 있을 것이다.〉라고 하였습니다. 심 대인이 대답하기를 〈내가 관백을 만나고 사연을 빠짐없이 이야기하여 기어이 그로 하여금 기뻐하도록 만들겠으니 당신은 그냥 부산으로 가서 대인에게 잘 처리하도록 말하라.〉라고 하기에 즉시 나왔습니다.'
또 말하기를 '이것은 일본에도 있은 적이 없는 일입니다. 이 대인이 어떻게 이렇게까지 망동을 부린단 말입니까.' 라고 하니, 양 대인(楊方亨)이 말하기를 '일본뿐만이 아니다. 세상에서나 고금에 이런 형편없는 일이 어디 있겠는가. 요사스런 말에 속아서 이런 망동을 부린 데 대해서는 나도 비록 말은 하지만 당신을 대하여 이야기하기가 부끄럽다. 내가 이미 병부(兵部)에 통보를 보냈으니 조정의 처리가 있을 것이다. 그리고 요즘 건의할 문제가 있어서 당신이 돌아오기를 고대하고 있었다. 당신은 좀 쉬었다가 다시 와서 만나는 것이 좋겠다.'라고 하였습니다."」

－〈선조실록〉(1596. 5. 1.(丁卯)－

5월 2일(戊辰). 맑다. 일찍 목욕하고 진으로 돌아왔다. ○총통 두 자루를 부어 만들었다. ○김 조방장(金浣)과 조계종(趙繼宗: 영등 만호)이 와서 만나보았다. 우수사가 김인복(金仁福)의 목을 베어 효시하였다.

5월 3일(己巳). 가뭄이 너무 심하다. 걱정스러움을 어찌 다 말하랴. ○경상우후(李義得)가 와서 활 15순을 쏘았다.

(*명나라의 사신이 왜적의 군영에서 도망친 사건으로 인하여 명나라와 일본과의 강화 노력은 중대한 차질을 빚게 되면서 조정에서는 어떻게든 화친이 성사되도록 해야 한다는 쪽으로 의견이 바뀌어 갔다. 이런 상황에서 명나라 군사의 진정한 실력과 기여에 대한 회의까지 일어나게 된다.)

〈조정의 강화 대책회의〉
「○선조: "정사(正使)가 뛰쳐나온 지 이미 오래다. 영의정은 중국에서 어떻게 처리하리라고 생각하는가?
윤두수: 책봉 문제가 비록 구차스런 일이기는 하지만 기왕 승인한 바에는 명나라에서 반드시 약속한 일을 배반할 리가 없을 것입니다.
선조: 책봉 문제를 만약 허락하지 않았다면 곧장 군사와 군량을 요청해도 되겠지만, 이미 허락한 이상 우리나라로서는 먼저 배

반할 수가 없는 것이다.

윤선각(尹先覺): 나라 일이 이런 형편에서 믿을 것이란 오직 책봉문제인데, 지금 이렇게 되고 보니 헤어날 대책이 없습니다.

선조: 책봉문제는 그만둘 수 없다.

…… …… …… ……

선조: 명나라 군사가 비록 조선에 와서 적을 정벌했다고는 하지만 평양에서 승리한 뒤에는 지금까지 4년이 되었는데 수고한 일이 허사로 되었다.

유성룡: 당초에 개성에 주둔하고 있을 때 부대에는 당장 식량이 없었습니다. 제독이 성을 내며 신을 불러 뜰에다 꿇어앉히고 꾸짖기에 신이 울부짖으면서 절박한 정상을 호소했더니 제독도 눈물을 흘리면서 자기 부하 장수를 꾸짖기를 '너희들이 서하에 토벌 나갔을 때는 한 달 동안 식량이 없어도 후퇴를 하지 않았다. 그런데 이번에는 식량이 떨어진 지 겨우 며칠밖에 안 되었는데 어째서 화를 내느냐?'라고 하자, 여러 장수들은 모두 뜰에 내려가서 머리를 조아렸고, 신도 울며불며 절하여 사례하고 물러나왔습니다. 유 총병(劉綎)이 지금 팔게에 주둔하여 백성들의 폐단은 끝이 없지만 지금까지 아무런 보탬이 없으니 허사라고 말할 수 있습니다.

선조: 명나라의 병력을 가지고 부산의 왜적을 소멸시키는 것쯤이야 무엇이 어렵겠는가.

윤두수: 군량이 매우 부족하여 아마 군사행동을 못하는 것 같습니다.

선조: 치려고만 한다면 당당한 명나라로서 왜 쉽지 않겠는가. 육지로 군사를 내려 보내는 한편 식량을 나르면서 우리나라와 힘을 합쳐 치게 되면 될 것 같다.

유성룡: 왜적은 이미 주인 행세를 하고 있는데 명나라에서는 수천 리 길을 거쳐 와서 싸우려니 군사는 지치고 양식은 떨어져 주인과 손님처럼 형편이 달라졌으므로 형편이 곤란한 것입니다. 왜적만 걱정스러울 뿐 아니라 누르하치가 틈을 엿보고 움직이려는 것이 이미 하루나 한 달이 아닙니다. 만일 빈틈을 타서 마구 쳐들어오는 날이면 그 역시 무슨 수로 막아내겠습니까."」
－〈선조실록〉(1596. 5. 3.(己巳)－

〈명나라 군사 10만 명을 보낸다는 요동 도사의 공문〉

「○임금이 요동(遼東)에서 온 공문을 내보이면서 말했다.

(*그 공문의 요지는 이러하였다. 〈조선의 정탐을 책임진 관리들의 보고에 의하면 왜적의 동태가 이미 변하였으므로 군사를 파견하여 구원하는 것이 좋겠다고 하였다. 본 원과 병부에서는 이미 군사 10만 명을 징발하였으므로 기일을 정하여 압록강을 건널 것이다. 왜적과 인접한 지방의 조선 각 도의 모든 요새지에서는 관군을 뽑아 훈련하여 미리 방비하고 있도록 하라. 만일 왜적의 무리들이 갑자기 들이닥치거든 오로지 방어를 엄밀히 하고 굳건히 지키면서 큰 나라 군사가 도착하는 날을 기다려 결전에 협력함으로써 완전한 승리를 쟁취하기에 힘쓸 것이다. 만일 긴급한 적정이 있거든 파발을 띄워 급히 보고하도록 하라.〉)

"도사(都事)에서 이 공문을 보냈으니 우리의 입장에는 어떻게 대처할 것인가? 10만 명의 군사가 압록강을 건넌다는 말은 틀림없이 미리 퍼뜨리는 소문일 것이다. 그것이 어찌 쉬운 일이겠는가. 대체로 명나라에서는 책봉의 일이 틀림없이 성사되지 않을 것으로 보기 때문에 이런 말을 하였을 것이다.

정사가 군영을 도망쳐 나온 뒤에 왜적들 속에서 변동이 있다는 말은 없다 하더라도 한쪽으로 미리 군사와 군량을 요청하여 조치를 취하는 것이 어떻겠는가? 중국 조정에서도 의견이 일치하지 않으므로 반드시 우리나라의 말을 듣고 나서야 태도를 결정할 수 있을 것이다.……"」　　　　　－〈선조실록〉(1596. 5. 3.(己巳)－

〈조선통신사 파견 문제를 빨리 매듭지어야〉

「○접반사 황신이 급보를 올렸다.

"어제 저녁에 명나라 부사(楊方亨)가 신을 불러 이르기를 '통신사가 바다를 건너가는 문제를 국왕이 승인하려고 하지 않으니 어떻게 할 것인가?'라고 하기에, 신이 대답하기를 '내가 서울에 있을 때 의견이 결정되지 않았던 것인데 도중에 듣자니 유 천총(劉朝臣)이 이 한 가지 일로 올라갔다고 합니다. 그 뒤에 어떻게 처리되었는지 모르겠습니다.'라고 하였습니다.

부사가 말하기를 '어제 유 천총이 국왕이 기꺼이 승인하려하지 않는다고 알려왔다. 이것은 응당 승인해 주어야 하는데도 보내지 않고 있다. 당신의 생각에는 승인해야 한다고 보는가, 승인하지 않아야 한다고 보는가?'라고 하기에, 신이 대답하기를 '작은 나라는 이 적을 비단 영토를 빼앗고 아들딸들을 살해한 원수로 볼 뿐만 아니라 종묘를 불사르고 선대 임금의 무덤을 파헤치기까지 하였으므로 높고 낮은 신하와 백성들은 저마다 이 적과는 차마 한 하늘을 이고 같이 살 수 없다고 생각합니다. 그런데 하물며 놈들과 좋은 관계를 맺을 수 있겠습니까.'라고 하였습니다.

부사가 말하기를 '당신의 말이 옳다. 이것은 물론 만대를 두고 풀리지 않을 원수라는 것을 누가 모르겠는가. 그러나 통신사가 오지 않으면 책봉 문제가 해결되지 않을 것이고, 책봉문제가 해결되지 않아서는 왜적이 반드시 재침할 우려가 있고 무덤을 파헤치는 변고가 앞으로 또다시 있을 것이다. 원수도 끝내 갚지 못한데다가 재차 치욕을 당하게 된다면 어떻게 하겠는가.' 라고 하였습니다. 신이 말하기를 '어제 행장이 사람을 시켜 이 문제를 말했는데, 그는 우리나라 통신사가 들어간다면 관백은 의혹을 풀 수 있을 것이라고 하였습니다.' 라고 하니, 부사가 말하기를 '그가 말한 것은 이치에 매우 맞다. 본국에서 빨리 통신사를 임명해 보내야 할 것이다.' 라고 하였습니다."」   -〈선조실록〉(1596. 5. 4.(庚子)-

(*이후 조정에서는 일본의 요구 사항인 〈책봉〉 때에 명나라 사신을 따라갈 '통신사 파견 문제' 와 명나라의 지시 사항인 '10만 명의 명나라 군사를 위한 군량조달 문제' 를 두고 한없는 고민에 빠지게 된다.)

5월 4일(庚午). 맑다. 오늘은 어머님 생신날인데 술 한 잔 올리지 못하니 마음이 편치 못하였다. 우후(李夢龜)가 앞산에서 여신(癘神: 전염병을 옮기는 귀신)에게 제사를 지냈다.

5월 5일(辛未). 맑다. 회령 만호(閔廷鵬)가 교서에 숙배를 올린 후에 여러 장수들이 모여 오기에 그 길로 들어가 앉아서 위로하고 술 네 순배를 돌렸다. 경상수사가 술이 반쯤 취하여 그에게 씨름을 하도록 시켰더니, 낙안 군수 임계형(林季亨)이 제일 잘 했다. 밤이 깊도록 즐겁게 뛰놀도록 하였는데, 그것은 일부러 즐겁게 해 주려고 그런 게 아니라 오랫동안 고생한 장수들에게 그 노고를 풀어주고 싶었기 때문이었다.

5월 6일(壬申). 늦게 큰비가 와서 농사에 흡족하였다. 반가움을 어찌 다 말하랴. ○울(蔚)과 김대복(金大福)이 같은 배로 나갔다. ○어둘 녘에 총통과 숯을 넣어두는 창고에 불이 나서 다 타버렸다. 이는 감독관들이 부지런하지 못한 탓으로, 개탄할 일이다.

5월 7일(癸酉).   늦게 개었다. 이영남(李英男)이 들어왔다. 불러들여 조용히 옛날 일들을 이야기하였다.

〈백성을 학대한 충청병사 원균〉

(*이날 조정에서는 윤형(尹泂)이 선조에게 충청도병사로 있는 원균에 관한 일을 보고하고 있다.)

「 "신이 충청도 남포 지방에서 보았는데, 부역이 번다해서 백성들이 살아갈 수가 없습니다.……

병사 원균은 상당(上黨) 산성을 쌓을 때 형편에 따라 하지 않고 영락한 고을과 착실한 고을 구별 없이 각각 2~3백 명씩 뽑아내어 공사에 참가하도록 독촉하고 있습니다. 그러므로 자리가 잡히지 않은 사람들은 모조리 흩어지고 겨우 남아 있는 사람들도 앞으로 부지하지 못할 것입니다. 백성들이 배반하게 된다면 성을 아무리 든든하게 쌓은들 장차 누구와 같이 지키겠습니까.

더구나 이 농사철에 명령을 집행하기에 바빠서 백성들은 호미를 메고 농사지으러 나갈 수가 없습니다. 이래서 백성들의 원망은 더욱더 극도에 달하게 됩니다. 우선 농한기를 기다려서 집행하게 하는 것이 좋겠습니다. 빨리 비변사로 하여금 제발 잘 처리하도록 해야 할 것입니다.

본래 원균이 일을 제멋대로 하는 데 대하여 신이 논박하여 건의하려고 했으나 사간원(司諫院)에서는 중요한 직무를 수행하는 사람을 경솔히 논박할 수 없다고 하는 바람에 하지 못하였습니다."

김응남이 말하였다.

"윤형은 폐단을 보고 건의하는 것이지만, 원균과 같은 사람은 쉽사리 얻을 수 없는 사람입니다. 대체로 장수 가운데서 보병의 장수와 수군의 장수는 다른 점이 있습니다. (그런데 그 다른 점을 무시하고) 잘못 쓰면 성과를 거두지 못하는 것입니다. 원균은 바로 수군의 장수감이지만 이순신과 서로 사이가 나빠졌기 때문에 할 수 없습니다. 혹 경기수사로 임명하게 되면 자기 재주를 발휘할 수 있을 것입니다.
산성에 대해서는 신도 지난번에 농한기에 진행하기를 건의한 적이 있습니다."」　　　　　　　　　－〈선조실록〉(1596. 5. 7.(癸酉)－

(*〈선조실록〉 전편에 나오는 김응남의 발언을 보면, 항상 선조의 의중을 살펴서 그 비위에 맞는 말만 하고 있는데, 항상 말에 근거도 없고 논리도 전혀 맞지 않는다. 원균이 육군 장수감이 아니라 수군 장수감이라는 말은 전혀 사실과 다른 맹랑한 말이다.)

〈통신사를 파견해야 한다고 주장하는 명나라 부사 양방형〉

「○명나라 부사(楊方亨)의 공문이 왜적의 군영으로부터 왔다.
공문의 요지는 이러하였다.
"부산 군영의 정황과 바다 건너편에서 오는 소식은 모두 잠잠해서 이상이 없습니다.
통신사에 대한 한 가지 문제는 이전에도 공문으로 자세히 써서 올렸으니 어진 임금은 스스로 처분하리라고 짐작합니다. 두 나라가 한 하늘을 이고 같이 살 수 없다는 사리는 어린아이들도 잘 알고 있는 것입니다.
지금 우리 황제가 두 사신에게 바다를 건너고 산을 넘어오도록 지시하여 큰 은전을 베푸는 것은 두 나라의 분쟁을 풀고 이웃나라와의 좋은 관계를 맺도록 하자는 데 불과합니다. 이는 곧 모수(毛遂)가 말한 초(楚) 나라를 위해서이지 조(趙) 나라를 위해서가 아니라는 것입니다. 두 사신이 표신(標信)을 가지고 가는데 작은 나라 신하가 따라간다고 해서 적들에게 굽히는 것으로 되지는 않을 듯합니다."」 -〈선조실록〉(1596. 5. 7.(癸酉)-

5월 8일(甲戌). 맑다. 이영남(李英男)과 이야기하고 늦게 나가서 공무를 보았다. 경상수사가 와서 만나보았다. 활 10순을 쏘았다. ○몸이 불편하여 두 번이나 토했다. ○저녁에 완(莞)이 들어왔다. 김효성(金孝誠)과 비인(庇仁) 현감(申景澄)도 들어왔다.

5월 9일(乙亥). 맑다. 몸이 몹시 불편하다. 이영남과 서관(西關)의 일들을 이야기하였다. (*○부안의 전선(戰船)에 불이 났으나 크게 타지 않아서 다행이다.-초고.)

5월 10일(丙子). 맑다. 국기일이어서(太宗 대왕의 제삿날) 공무를 보지 않았다. 몸이 계속 불편하여 하루 종일 끙끙 앓았다.

5월 11일(丁丑). 맑다. 식후에 나가서 공무를 보았다. 비인 현감 신경징(申景澄)을 기일 어긴 죄로 벌을 주었다. ○몸이 불편하여 일찍 들어와서 끙끙 앓았다. ○거제(安衛), 영등포(趙繼宗)가 이영남과 같이 잤다.

5월 12일(戊寅). 맑다. 이영남이 돌아갔다. ○몸이 불편하여 하루 종일 끙끙 앓았다. ○김해 부사(白士霖)의 급보와 왜적에게 붙은 부산의 김필동(金弼同)의 편지가 왔는데, 수길(秀吉)이, 비록 명나라의 정사(李宗誠)는 (달아나고) 없을지라도 부사(楊方亨)는 그대로 남아 있으니, 화친을 맺고 철병하고 싶어 한다고 하였다.

5월 13일(己卯). 맑다. 부산 허내만(許乃萬)의 편지에, 청정(淸正)이 10일에 이미 그 군대를 거느리고 바다를 건너갔고, 각 진에 있는 왜적들도 앞으로 철거할 것이며, 부산의 왜적들은 장차 명나라 사신을 모시고 건너가려고 아직은 여전히 남아 있다고 하였다. ○오늘 활 9순을 쏘았다.

5월 14일(庚辰). 맑다. 김해 부사 백사림(白士霖)의 급보 내용 또한 허내만의 편지 내용과 같으므로, 순천 부사(朴晉)에게 그대로 전통해 주면서 그대로 차례차례 통문을 돌리도록 하였다. ○활 10순을 쏘았다. 결성 현감 손안국(孫安國)이 나갔다.

5월 15일(辛巳). 맑다. 새벽에 망궐례를 행하였다. 식후에 혼자 말을 달려 한산섬 뒷봉우리로 올라가 오도(五島)와 대마도를 바라보았다. ○늦게 조그마한 냇가로 돌아와 조방장, 거제(安衛)와 함께 점심을 먹고 저물어서야 진으로 돌아왔다.

5월 16일(壬午). 맑다. 충청 우후(元裕男), 홍주 판관(朴崙), 비인 현감(申景澄), 파지도(波知島) 권관(宋世應)과 우수사가 와서 만나보았다. (*○오늘 밤에는 정화수(井花水)가 마시고 싶다.-초고.)

〈왜적의 음모를 탐지하여 보고하라〉

「○임금이 지시문을 직접 써서 황신에게 내려 보냈다.

"네가 이달 10일에 작성한 보고서를 보았다. 왜적 청정이 이미 이달에 바다를 건너갔다고 했는데, 둥지를 틀고 있던 적이 하루아침에 근거 없이 급히 철수할 리는 만무한 것이다. 수길(秀吉)이 다시 침범하기 위하여 청정을 불러들여 같이 음모를 꾸미는 것이 아니겠는가? 너는 십분 자세히 탐지하여 기어이 실정을 알아내어 급히 보고하도록 하라."」 　-〈선조실록〉(1596. 5. 16.(壬午)-

「○황신이 급보를 올렸다.

"청정은 이미 진지를 철수했는데 졸병들은 아직도 3분의 2는 남아 있습니다. 안골포, 가덕도 등지에서는 각기 주관하는 장수는 먼저 들어가고 나머지 왜적들은 군량을 실어가는 것이 끝나는 대로 바다를 건너갈 것이라고 합니다.

관백이 정사(正使)가 군영을 나갔다는 기별을 듣자 이처럼 빨리 철수하는 데는 반드시 어떤 음흉한 모략이 그 속에 있을 것이라고 합니다."」 　-〈선조실록〉(1596. 5. 18.(甲申)-

5월 17일(癸未).　비. 하루 종일 비가 왔다. 농사에 아주 흡족하게 내렸다. 풍년이 들 것 같다.

5월 18일(甲申).　비가 잠깐 개기는 했으나 바다 안개는 걷히지 않았다. 늦게 나가서 공무를 보고 활을 쏘았다. ○저녁에 탐후선이 들어와서 어머님께서 평안하시다고 하였다.

5월 19일(乙酉).　맑다. 방답(張麟)이 모친상을 당했다는 소식을 듣고 우후(李夢龜)를 가장(假將)으로 정해 보냈다. ○활을 쏘았다. ○땀이 온 몸을 적셨다.

5월 20일(丙戌). 맑다. 웅천 현감 김충민(金忠敏)이 와서 보았다. 사도 첨사(黃世得)가 돌아왔다.

5월 21일(丁亥). 맑다. 우후(李夢龜)와 함께 활을 쏘았다.

〈좌의정 김응남이 보고한 명나라의 입장〉
　「○좌의정 김응남(金應南)이 장계를 올렸다.
　"…신이 진(陳) 유격을 만나 물었습니다.
　'대인이 북경에 있을 때 조정의 의견은 어떠했으며, 석 대인(石星)의 의견은 어떠했습니까?'
그가 말했습니다.
　'내가 수도에 있을 때 손(孫) 군문은 관백이 20만 명의 군사를 거느리고 나온다는 신무룡(愼懋龍), 사륭(謝隆) 등이 보낸 보고를 받고 조정에 건의하였으며, 조정에서는 이에 의하여 20여만 명의 군사를 징발하여 왜적을 물리치려고 하였고, 석 상서도 군사를 거느리고 가서 적을 치겠다고 자원하였습니다.
황제는, 석 상서는 바로 군사 일을 주관하는 중신이므로 나갈 수 없다고 하면서, 별도로 총병(摠兵)을 임명하여 파견하도록 하였던 것입니다. 그런데 마침 양 부사(楊方亨)의 게첩이 수도에 도착하자 왜적의 동태는 아직 변동이 없다는 것을 알고 중지했습니다.'"」
　　　　　　　　　　　　　　-〈선조실록〉(1596. 5. 21.(丁亥)-

5월 22일(戊子). 맑다. 충청우후 원유남(元裕男)과 홍주 판관 박륜(朴崙) 등과 함께 활을 쏘았다. ○홍우(洪祐)가 장계를 가지고 순찰사의 군영으로 갔다.

5월 23일(己丑). 흐리다. 충청우후들과 함께 활 15순을 쏘았다. 아침에 미조항 첨사 장의현(張義賢)이 교서에 숙배를 올린 후에 장흥으로 갔다.

5월 24일(庚寅). 흐리다. 국기일이어서(文宗大王의 제삿날) 공무를 보지 않았다. ○부산의 허내만(許乃萬)이 보낸 편지가 들어왔는데, 좌도 각 진의 왜적들은 벌써 전부 다 철거하고 다만 부산의 왜적들만 남아 있다고 하였다.
(＊○부산의 허내만에게 술쌀 10말과 소금 1섬을 보내며 성심을 다해 정탐하라고 하였다. -초고.)
(＊○허내만은 이순신이 적정에 관한 정보 수집을 위해 부산에 심어 놓은 개인 정보원이었던 것 같다.)

5월 25일(辛卯). 비. 하루 종일 비가 왔다. 혼자 누대 위에 앉았으니 온갖 생각이 다 일어났다. 우리나라 역사를 읽으니 개탄스런 생각이 많이 들었다.

5월 26일(壬辰). 음침한 안개는 걷히지 않고 남풍이 세게 불었다. 늦게 나가서 공무를 보았다. 충청우후(元裕男)와 우후(李夢龜) 등과 활을 쏘고 있을 때 경상수사도 와서 같이 활 10순을 쏘았다.

5월 27일(癸巳). 가랑비가 하루 종일 왔다. 충청우후(元裕男)와 좌우후(李夢龜)가 와서 종정도(從政圖) 놀이를 하였다.

5월 28일(甲午). 궂은비가 개지 않았다. 들으니 전라감사(洪世恭)가 파면되었다고 하고, 청정(淸正)은 부산으로 돌아왔다고 한다. 모두 믿을 수 없는 말들이다.

〈왜장 평조신(平調信)이 전해온 말〉
「○황신이 급보를 올렸다.
 "오늘 평조신(平調信)이 요시라를 통해 신에게 한 말은 이러했습니다.
 '행장이 조신에게, 너는 조선의 화친 문제를 맡았는데 지금까지 통신사가 오는 것을 볼 수 없으니 무슨 까닭인가 하고 추궁하였는데, 조신도 못 견딜 정도로 성가실 지경입니다.
 관백은 이전에 죽도 등 여러 진지들을 철수하도록 지시하였으나 죽도의 주관하는 장수들은 화친 문제가 끝나지 않았기 때문에 무턱대고 철수할 수 없다고 합니다. 어제 특별히 파견한 풍무수(豊茂守)가 여기에 와서 철수할 수 없다는 내용을 하나하나 진술하였기 때문에 행장도 당분간 머물러 있을 것을 승인하였습니다.
 평의지도 먼저 대마도로 가려고 하였으나 이 때문에 길을 떠날 계획을 결정짓지 못하고 있습니다. 만약 통신사가 내려온다는 정확한 기별을 듣게 된다면 즉시 떠나갈 것입니다.'
 그리고 명나라 부사는 박의검(朴義儉)에게 분부하여 사정을 직접 조정에 보고하도록 했기 때문에 여기서 대기하는 것도 중요하지만 부득이 올려 보냅니다."

○명나라 부사의 담당 통역관인 박의검(朴義儉)이 적의 군영으로부터 도착하였다.
 (*그가 문서로 보고한 요지는 이러하였다.
 "부사가 박의검에게 이르기를 '바다를 건너갈 통신사는 형편상 보내주지 않을 수 없다. 꼭 통신사란 이름을 붙일 필요야 있겠느냐.

그저 나를 따라갔다가 돌아오면 될 것이다. 보내주겠으면 빨리 보내주고 보내주지 않겠으면 역시 딱 잘라서 적들이 더 이상 기대를 갖지 않도록 해야 할 것이다. 그러나 보내주지 않는다면 반드시 불리할 것 같다. 그리고 듣자니 청정이 이전에 편지 연락을 여러 번 하였다고 하는데, 이것이 무슨 일인지 모르겠다. 나도 보았으면 하는데, 그가 쓴 것을 꼭 보내 달라.

그리고 내가 보낸 공문을 본국에서 무엇 때문에 이 정사(李宗誠)에게 보여주었는가? 전부터 나를 이 정사만큼 대우해주지 않았다는 것을 알 수 있다.' 라고 하였습니다.

신이 나올 때 행장과 조신은 사람을 두세 번이나 보내어 꼭 청정의 편지를 가지고 오라고 청하였습니다. 그들의 의도를 살펴보면, 그 편지를 받아 가지고 필시 청정을 몰래 모함할 계책을 꾸미려는 것이었습니다. 대체로 행장과 청정은 사이가 좋지 못합니다. 10일에 바다를 건너가면서 행장에게 연락도 하지 않고 선뜻 떠나간 것도 서로 모함하는 음모를 꾸미려는 것이었습니다."」

-〈선조실록〉(1596. 5. 28.(甲午)-

5월 29일(乙未). 궂은비가 저녁까지 왔다. 고성(趙凝道)과 거제(安衛)가 와서 만나보고 돌아갔다. (*○장모님의 제삿날이어서 공무를 보지 않았다.-초고.)

5월 30일(丙申). 흐리다. 곽언수(郭彦守)가 들어왔는데, 영상(柳成龍), 정(鄭琢) 판부사(判府事), 윤자신(尹自新) 지사(知事), 조사척(趙士惕), 신식(申湜), 남이신(南以信) 등의 편지를 가지고 왔다. 늦게 우수사에게 가서 만나보고 하루 종일 즐겁게 놀다가 돌아왔다.

1596(丙申)년 6월

(*이달 있었던 일본과의 강화 과정을 〈선조수정실록〉에 의거 요약하면 다음과 같다.

○돈녕부(敦寧府) 도정(都正) 황신(黃愼)과 전 부사 박홍장(朴弘長)을 통신사의 정사와 부사로 임명하였다.

심유경(沈惟敬) 등이 우리 사신에게 함께 가자고 여러 번 독촉하였지만 임금이 반대하면서 오랫동안 승인하지 않았다. 이때에 이르러 대신과 비변사의 여러 관리들이 여러 번 건의하기를, 사신의 칭호를 붙이지 말고 단지 두 사람만 뽑아 보내되, 따라가는 사신(從使)이라는 이름으로 따라가게 하는 것이 좋겠다고 하니, 임금이 승인하였다.

황신은 이때 유격의 접반사로 왜적의 군영에 2년 동안 있었는데, 조정의 유명한 관리들은 왜국에 가는 것을 회피하였다. 그래서 황신을 정사로 임명하면서 통정대부(通政大夫)의 품계를 올려주고 돈녕부(敦寧府) 도정(都正)으로 임명하였다. 영남의 무관인 전 부사 박홍장을 부사로 임명하여 군영으로부터 떠나보냈다.

○부산에 주둔한 왜적들이 이전처럼 농사를 짓고 성을 쌓으면서 무기와 짐짝 운반을 아직 다 끝내지 못했다고 말을 퍼뜨리고 있는데, 실상은 오랫동안 와 있으면서 병이 들고 쇠약해진 군사들을 철수하고

새 군사들로 교대시켜 20여 곳에 나누어 주둔시켰다.)

6월 1일(丁酉). 궂은비가 하루 종일 왔다. 늦게 충청우후(元裕男)와 본영의 우후(李夢龜), 박윤(朴崙: 홍주 판관), 신경징(申景澄: 비인 현감) 등을 불러와서 이야기하였다. ○남해(朴大男)가 도임장(到任狀)을 가지고 와서 바쳤다.

〈명나라 부사의 통역관 박의검이 보고한 왜적의 정황〉
「○양 부사(楊方亨)의 통역관 박의검(朴義儉)을 만나보았다.
선조: "부사는 어떻게 지내던가?"
박의검: 편안하게 지내고 있습니다.
선조: 정사가 무엇 때문에 군영을 나갔는가?
박의검: 정사와 부사가 있는 곳의 거리가 1마장쯤 되기 때문에 모든 일을 서로 잘 알지 못합니다.
대체로 정사는 사람이 원래 경험이 없고 비겁한 생각이 많았습니다. 데리고 있는 사람이나 왜인들에게까지도 자기 비위에 맞는 말이면 곧이듣고 귀에 거슬리는 말이면 믿지 않기 때문에 데리고 있는 사람들은 이구동성으로 책봉 문제가 끝내 성사되지 않을 것이 틀림없다고 말하면서 그의 뜻을 맞추어 주었습니다. 하루아침에 도망쳐 나간 것도 필시 이런 것과 관련이 있었을 것입니다.
그리고 곽(郭) 참군이란 사람은 복건성 사람으로 왜적에 붙잡혀 적들 속에 있은 지가 오래 되었습니다. 그가 정사의 비위를 맞추기 위하여 말하기를 '일본으로 들어가기만 하면 아마 난처한 문제가 많을 것입니다. 관백의 의도는 책봉을 요청하는 것뿐만 아니라 중국 황제의 딸도 데려가려고 합니다.' 라고 하였습니다.

정사는 그의 말을 옳게 받아들이고 은 20량을 주었다고 합니다.
선조: 그는 행장의 군영에 있는 사람인가?
박의검: 가덕도에 있는 사람입니다. 그는 은을 준 은혜를 잊지 못해서 거짓말을 많이 조작해내어 그렇게 만들어 놓았습니다. 정말 통분합니다.

그리고 사륭(謝隆)은 심 유격에게 죄를 지은 사람입니다. 그는 말하기를, 관백의 희망은 책봉 문제에만 있는 것이 아니라고 하였습니다. 이 내용을 손(孫) 군문에게 전달하고, 손 군문에서는 석 상서(石星)에게 연락하여 사륭을 부산으로 보냈기 때문에, 사륭이 부산에 오자마자 정사에게 말하기를 '내 말을 믿으면 살 것이고 믿지 않으면 잘못될 것입니다. 처음부터 관백이 요구하는 것은 매우 많아서 책봉 문제만이 아닙니다.' 라고 하였습니다. 정사가 도망치기 전에도 이런 말이 있었습니다.

그리고 정사는 흔히 마음에 병이 생겨 혹 바다 가운데로 배를 타고 나가기도 하고 혹 산마루로 오르기도 하였습니다.

4월 3일에는 왜적의 장수 7~8명과 모여서 술을 마시면서 저물도록 헤어지지 않았었는데 부사는 참가하지 않았습니다. 헤어질 무렵에 정사가 왜적에게 명주를 각각 5~6단씩 주면서 '밤중에 차관(差官)을 내보내겠는데 너희들은 단속하지 말도록 하라.' 고 하였습니다. 왜인은 그의 말을 믿고 의심하지 않았던 것인데, 그날 밤 2경에 전사는 옷을 바꿔 입은 다음 부하 6~7명을 데리고 가죽 상자를 가지고 나갔습니다. 다시 6~7명의 부하가 두 차례에 나누어 뒤따라 나가는데도 왜적들은 이상하게 여기지 않았으며 성문은 활짝 열려 있었습니다.

왕(王) 중군(中軍)이 30명을 데리고 나올 때에는 날이 밝은 지 벌써 오래 되었는데, 왜적이 그제야 깨달았기 때문에 부하 로예영(潞禮永)에 대해서는 왜적이 군사를 나누어 추격하여 도망치지 못하도록 했습니다.

선조: 용 부절(符節)은 어느 곳에다 보관하였는가?

박의검: 분실되었습니다.

선조: 나올 때 분실하였는가?

박의검: 용 부절과 칙서, 지시문(誥命) 등의 물건들을 전부 가죽 상자에 보관해 가지고 나오다가 그만 길에서 떨어뜨렸는데 어느 곳에서 떨어뜨렸는지 모르기 때문에 정사는 서울로 들어갈 때 집 심부름꾼인 이서(李恕)를 시켜서 가죽 상자 안에 들었던 물건이 떨어진 곳을 찾아보도록 하면서, 찾아내기만 하면 은 50량을 주겠다고 하였다는 것입니다.

정사가 도망쳐 나온 지 5~6일 만에 평조신이 관방(關防)의 풀숲 속에서 금 인장을 주워 부사에게 바쳤습니다.

어떤 사람의 말은, 용 부절은 중요한 물건이므로 정사가 중국에서 나올 때 가짜를 만들어가지고 왔다고 하였습니다. 신이 이 말을 부사에게 물어보았더니, 부사가 말하기를 '거기에 달린 끈을 보니 전부 낡은 끈이었다. 정말이지 새로 만든 것이 아니다.' 라고 하였습니다.

선조: 청정은 무슨 생각이 있어서 들어갔는가?

박의검: 심 유격(沈惟敬)이 행장과 함께 정월에 일본으로 들어가니 관백이 말하기를 '청정은 미리 철수하고, 그밖의 여러 진지들에서는 명나라 사신을 데리고 함께 들어오라.' 고 했기 때문에 유격이 통보를 써서 미리 보냈던 것입니다.

유격이 돌아오는 길에 낭고야(浪古耶)에 와서야 정사(李宗誠)가 도망쳐 나왔다는 말을 들었는데, 행장은 속으로 몹시 놀라서 유격에게 이르기를 '관백이 이 기별을 듣는다면 앞으로 큰 변이 생길 것입니다. 대인이 꼭 일본으로 다시 들어가서 관백을 만나 말을 잘 해야만 관백의 의심을 풀 수 있습니다.' 라고 하였습니다. 그래서 유격은 할 수 없이 행장, 현소(玄蘇), 평경직(平敬直) 등과 함께 도로 일본으로 향하였습니다. 경직이 먼저 일본으로 들어가서 이 도망친 사실을 이야기하니 관백이 처음에는 믿지 않는 것 같더니, 다시 유격이 도로 돌아온다는 말을 듣고서야 곧바로 말하기를 '그는 아마 우리 군사가 빨리 철수하지 않는 것을 의심하던 끝에 이런 행동을 한 것 같다.' 라고 하더라는 것입니다.

5월 7일에 일본에서 소식이 또 나온 바에 의하면, 청정의 진지는 앞서 말한 대로 모두 철수한다고 하기 때문에, 행장은 곧 청정에게 사람을 띄웠습니다.

8일부터 짐을 꾸리기 시작하는데 청정이 탈 배는 118척뿐이므로 우리나라 어선들을 전부 강제로 빼앗아서 방금 타고 가려는 중이었습니다.

행장이 그렇게 하는 것이 옳지 않다고 말하자 중지하고는 배가 채 준비되지 못한 것을 핑계로 18일에 들어가겠다고 하였습니다. 행장이 성을 내며, 네 맘대로 하라고 하자, 청정은 격분한 김에 그만 10일에 바다를 건너갔습니다.

신이 평조신(平調信)에게 가서 말하기를, '18일에 들어가겠다고 하더니 어째서 이처럼 갑자기 앞당겨 가버렸는가?' 라고 하니, 조신이 말하기를, 행장과 청정은 의견이 서로 맞지 않기 때문에 그런 것이라고 하였습니다.

부사는 이중군(李中軍)과 황신(黃愼)을 시켜서 군영을 소각한 것을 함께 입회하도록 하기 때문에 신도 함께 가서 둘러보니 적의 진지에 있는 방과 목책들은 전부 소각되었고, 현재 있는 배 47

척도 방금 바다를 건너가는 중이었습니다."」

-〈선조실록〉(1596. 6. 1.(丁酉)-

6월 2일(戊戌). 비가 그치지 않았다. 아침에 우후(李夢龜)가 방답(張麟)으로 가고 비인(庇仁) 현감 신경징(申景澄)도 나갔다. ○늦게 나가서 공무를 보고 활 10순을 쏘았다. 가죽 치마(皮裙)을 만들었다.

6월 3일(己亥). 흐리다. 아침에 제포(薺浦) 만호 성천유(成天裕)가 교서에 숙배를 올렸다. ○김양간(金良幹)이 농사 지을 소를 싣고 나갔다. ○금갑도(賈安策)가 와서 만나보았다.

6월 4일(庚子). 맑다. 식후에 나가 공무를 보았다. 가리포(李應彪), 임치(洪堅), 목포(方守慶), 남도(姜應彪), 충청 우후(元裕男)와 홍주 판관(朴崙) 등이 와서 활 7순을 쏘았다. 우수사가 와서 과녁을 다시 그려 붙이고 활 12순을 쏘고 파했다.

6월 5일(辛丑). 흐리다. 나가서 공무를 보고, 활 10순을 쏘았다.

6월 6일(壬寅). 맑다. 4도의 여러 장수들이 모두 모여 활을 쏘았다. 술과 음식을 먹이고 다시 또 활을 쏘아 승부를 겨루게 하고 파했다.

6월 7일(癸卯). 아침에는 흐리고 늦게 개었다. 충청 우후(元裕男) 등과 활 10순을 쏘았다.

6월 8일(甲辰). 맑다. 일찍 나가서 공무를 보고 활 15순을 쏘았다.

〈임금이 섭 유격을 만나보다〉

「○임금이 남별궁에서 섭 유격(葉鳴)을 만났다. (그는 손(孫) 군문의 차관(差官)이다.)」   -〈선조실록〉(1596. 6. 8.(甲辰)-

(*이때 섭 유격이 조선에 온 것은 일본과의 강화 교섭이 깨어질 경우에 대비하여 명나라 군사를 파견하기 위한 준비 과정의 일환으로 조선에서의 군량 공급 사정 등 상황 점검을 위해서였다.)

6월 9일(乙巳). 맑다. 일찍 나가서 공무를 보았다. 충청 우후(元裕男), 당포(*당진을 잘못 기록한 것으로, 만호 조효열(趙孝悅)을 말함), 여도(金仁英), 녹도(宋汝悰) 등과 함께 활을 쏘고 있을 때 경상수사가 와서 함께 20순을 쏘았다.

〈양방형, 부사에서 정사로 승급하다〉

(*이날에야 명나라의 부사로 있던 양방형이 정사로 승급하였음을 보고받는다. 이런 정보조차 조정에서는 사후에 조선 관리들의 보고서를 통해서야 알게 된다.)

「○접반사 황신이 급보를 올렸다.
"병부(兵部)의 차관(差官) 첨영상(詹永祥) 등이 공문을 가지고 나와서 말하기를 '본 부에서 건의하여 황제의 지시를 받아 이미 양 대인(楊方亨)을 정사로 승급시키고 심 대인(沈惟敬)을 부사로 임명하였으며, 조서, 칙서와 등급을 표시한 복장은 추후로 나온다.' 고 하였습니다."」   -〈선조실록〉(1596. 6. 9.(乙巳)-

6월 10일(丙午). 하루 종일 비가 왔다. 낮에 부산에서 (허내만의) 편지가 왔는데, 평의지(平義智)가 초 9일 이른 아침에 대마도로 들어갔다고 하였다.

6월 11일(丁未). 비. 비. 늦게 개었다. 활 10순을 쏘았다.

6월 12일(戊申). 맑다. 더위가 찌는 듯하였다. 충청우후 등을 불러 활 15순을 쏘았다.

〈접반사 황신의 적정 보고서〉

「○접반사 황신이 급보를 올렸다.
(*그 내용은 황신과 평조신(平調信) 사이의 대화 내용을 소개한 것이다.)

〈평조신: "어제 정성(正成)이 편지를 보내왔는데, 관백이 '정사는 갔더라도 양 사신(楊方亨)만이라도 데리고 들어오라. 조선의 통신사는 늦게 오게 되면 꼭 청해올 필요는 없다.' 고 하더라는 것입니다. 그런데 통신사는 언제쯤 내려오게 됩니까?

황신: 전날 양 사신이 박 통역관(朴義儉)을 일부러 서울로 보냈으니 한 열흘 지나면 소식이 있을 것입니다.

평조신: 통신사 문제만은 아직도 이렇다 저렇다 말이 없으니 조선의 일처리가 언제나 이렇습니다. 대단히 유감스럽습니다.

황신: 애당초 우리나라는 일본과 좋은 관계를 맺지 않은 것도 아니지만 일본이 약속을 배반하고 신의도 내버린 채 까닭 없이 싸움을 일으켜서 오늘까지 끌어오고 있습니다. 우리나라에서는 매번 통신사를 보냈던 것을 후회하고 있는데 무엇 때문에 지나간 잘못을 갑자기 되풀이하려고 하겠습니까.

평조신: 지난날 싸움을 일으킨 데 대해서는 우리도 나쁘다는 것을

알고 있습니다. 그러나 그 뒤에 여러 장수들은 '조선 땅은 대단히 좋다. 그냥 머물러 살고 싶다.'고 말하고 있습니다. 내가 관백에게 '몇 백 년 동안 좋은 관계를 맺어오고 있다가 하루아침에 이 모양을 만들었는데, 조선의 강토를 빼앗아서는 안 됩니다.'라고 극력 말했기 때문에 그만 철병을 승인한 것입니다.

황신: 적대국들 사이에 서로 침략한 일은 옛날부터 있었습니다. 일본이 이미 조선을 유린하였으니 조선에서도 일본을 유린할 수 있는 것으로, 다 같이 탓할 수 없는 것입니다. 단지 일본에서는 재물과 백성을 약탈해갔을 뿐만 아니라 종묘를 불태우고 조상들의 무덤까지 파헤쳤습니다. 이에 대해서는 우리나라의 어린이들까지도 꼭 복수를 해야 한다는 것을 알고 있습니다. 어떻게 다시 좋은 관계를 가질 수 있겠습니까.

평조신: 처음에 일본의 군사가 나온 것은 몇 만 명인지 모릅니다. 그 중에는 좋은 사람도 있고 나쁜 사람도 있습니다. 심지어는 같은 자리에서 잠자던 사람까지 죽이기도 했는데 무덤쯤이야 말할 게 있겠습니까. 이것은 여러 장수들도 모르고 있는데 무슨 수로 아무개가 한 짓이라는 것을 알겠습니까.

황신: 그것은 그렇지 않습니다. 듣자니 무덤을 팔 때에 어떤 왜장이 군사들을 데리고 직접 갔다고 합니다. 이것은 조선 사람이 목격한 것이므로 숨길 수 없습니다. 어떻게 해서라도 이 적을 찾아서 속 시원히 쳐 죽였으면 우리나라 사람들의 통분을 어느 정도 풀 수 있을 것입니다.

평조신: 당신이 그렇게 말하리라고는 생각지 못했습니다. 그렇다면 우리가 여기에 온 것은 참으로 헛일입니다. 이미 지나간 일을 왜 새삼스레 생각합니까.

황신: 사람의 마음이란 다 같은 법입니다. 일본에도 먼저 임금의

무덤이 있을 것입니다. 가령 우리가 일본의 먼저 임금의 무덤을 팠다고 한다면 일본 사람은 그것을 잊을 수 있겠습니까.

평조신: 나도 조선에서 일본을 원수로 여긴다는 것을 왜 모르겠습니까. 그러나 부끄러움을 참고 마치 평소부터 친숙한 듯이 생각하고 이곳으로 온 이상 우선 그런 것은 제쳐두고 말하지 말고 그저 좋은 낯으로 서로 대해주는 것이 옳을 것입니다. 이제 만일 그 전의 원한을 꺼내어 두 나라 사이의 화기(和氣)를 손상시킨다면 아마 일은 성사될 수 없을 것입니다.

그리고 문제를 처리하는 데는 현실을 잘 살펴보아야 합니다. 하늘의 이치로 말하면, 봄에는 만물을 생장시키고 가을에는 쌀쌀하게 죽이는 것이며, 사람의 일로 말하면 다 같은 사람이라도 누구는 어리석고 누구는 현명하며, 누구는 부유하고 누구는 가난한 것인데, 어찌 일정하겠습니까. 뒷날 조선이 다시 강대해져서 오늘의 일본처럼 일본을 유린하지 않을지 어떻게 알겠습니까. 그러니 현실이 이런 만큼 우선 그렇게 하지 않을 수 없는 것입니다.

내가 지난날 이덕형(李德馨)과 이야기할 때 이렇게 사실대로 말했는데도 그는 매번 내 말을 믿지 않았습니다. 지금은 내 말이 거짓말이 아니라는 것을 알 수 있을 것입니다.…

나는 이전에 여러 차례 조선의 높은 관리들과 이야기를 했지만 모두 마찬가지였습니다. 오직 김응서(金應瑞)만이 내 말을 잘 이해하였습니다.

우리들은 매번 이런 고비에 부닥칠 때마다 속으로 화가 치밀어 올라 다시 무기를 휘둘러 병력으로 위협하고 싶으나, 관백이 이미 화친을 맺을 것을 승인하였기 때문에 꾹 참고 그렇게 하지 못하는 것입니다.

황신: 승리와 패배는 고정된 것이 아니어서 이것도 한때이고 저것도 한때입니다. 만약 일본이 다시 군사를 출동시킨다면 우리나라에서도 반드시 대응할 방도가 있을 것입니다. 이렇게 되면 좋은 관계를 맺는다는 것은 더욱 더 성사될 날이 없을 것입니다. 그리고 우리나라가 여러 차례 실패했다고 하더라도 무원칙하게 우리를 위협해서는 안 될 것이니, 그런 식으로 말해서는 안 됩니다.

평조신: 나는 일본 사람이긴 하지만 언제나 조선을 잊을 수 없습니다. 처음 왔을 때 여러 부대 군사들이 혹시 조선 사람을 죽이게 되면 나는 그것이 설사 어린아이라 하더라도 늘 보호해준 결과 여러 장수들은 모두 나를 바보라고 하였습니다. 이제 통신사가 함께 가지 못하는데 대해서도 다른 사람들은 한 사람도 관심을 기울이지 않고 오직 나 혼자 걱정하고 있습니다.

내가 여기 온 것은 다른 생각이 있어서가 아닙니다. 단지, 관백은 이미 양 대인을 빨리 데리고 들어오라고 지시하였으나 조선의 통신사는 아직도 내려오지 않았기 때문입니다. 조금만 늦게 나온다면 설령 오더라도 일이 안 될 것이므로, 당신이 이런 내용을 보고해 달라는 것뿐입니다.

황신: 그렇다면 새 사신이 오지 않아도 곧 바다를 건너가겠다는 말입니까?

평조신: 어제 양 대인과 이야기한 바 있는데, 양 대인의 말이, "가지고 갈 칙서가 아직 도착하지 않았으니 부득이 칙서가 오기를 기다려야겠다. 내일은 사람을 수도로 보내어 사직서를 바치고 새로운 정사를 보내달라고 건의하는 동시에 칙서도 요청하겠다."고 하였습니다.

황신: 우리나라 통신사가 올지 안 올지는 나도 딱히 알 수가 없습

니다. 그러나 양 대인이 이미 연락을 취하였으니 그가 돌아오면
무슨 이야기가 있을 것입니다. 만약 국왕의 승인만 받는다면 명
나라의 새 사신이 나오기 전에 미처 임명해보내지 못할 리가 있
겠습니까. ……
통신사에 대한 문제는 저들이 여러 번 와서 이야기하였고 명나
라 사신도 여러 차례 독촉을 했습니다. 이 다음에 다시 말을 할
기회가 있으면 어떻게 말을 해야 할지 조정으로부터 빨리빨리
토의하여 지시를 내려주는 것이 어떻겠습니까?"」

－〈선조실록〉(1596. 6. 12.(戊申)－

6월 13일(己酉). 맑다. 경상수사(權俊)가 술을 차고 왔다. 활 15순을
쏘았다.

6월 14일(庚戌). 맑다. 일찍 나가서 활 15순을 쏘았다. 아침에 회(薈)
와 수원(壽元)이 같이 왔다. 어머님께서 평안하시다고 하였다.

6월 15일(辛亥). 맑다. 새벽에 망궐례를 행하였다. 늦게 나가서 공무
를 보았다. 충청우후(元裕男)와 조방장 김완(金浣) 등 여러 장수들
을 불러서 활 15순을 쏘았다. ○오늘 부산 허내만(許乃萬)이 와서
왜적의 상황을 전하기에 양식을 주어서 돌려보냈다.

6월 16일(壬子). 맑다. 늦게 경상수사가 와서 이야기하였다. ○나가서
공무를 보고 활 10순을 쏘았다. ○저녁에 김붕만(金鵬萬)과 배필
련(裵弼鍊) 등이 자리를 사 가지고 진에 왔다.

6월 17일(癸丑). 맑다. 우수사(李億祺)가 와서 활 15순을 쏘고 파했다.

6월 18일(甲寅). 맑다. 늦게 나가서 활 15순을 쏘았다.

〈조선통신사 파견문제에 관한 선조의 견해〉
(*이때 조정에서는 조선통신사 파견 문제를 놓고 끝없는 고민에 빠져 있었다. 왜란 종식을 위한 강화회담에서 왜국 측의 조선통신사 파견 요청 문제와 왜국의 속셈을 읽을 수 있는 〈선조실록〉의 기록을 소개한다.)

「○임금이 승정원에 지시하였다.
 "이제 적의 통역이 하는 말을 들어보면, 통신사가 들어간 다음에는 수길(秀吉)이 앞으로 웅천과 부산 등지에서 무역을 진행하는 문제를 요구할 것이라고 하니(*적의 통역이 전례를 들어 말을 했다면 이른바 무역을 진행하자는 말은 바로 3포에 왜인들이 거주하고 있던 사실을 가리킨 것일 것이다.) 이는 바로 내가 생각하던 바와 같다.
 우리나라에서는 이런 일이 있을지도 모른다는 생각에서 사람 보내기를 어렵게 여겼던 것인데, 적이 이제 입을 열었으니 앞으로 요구할 내용들이 이미 드러났다. 그들의 요구가 무역을 진행하자는 데만 그치지 않는다면 이런 때에 우리나라에서는 장차 어떻게 대응해야 할지 모르겠다.
 비록 무역을 진행하자는 한 가지 문제에 국한시키더라도, 앞으로 그것을 따를 것인지 따르지 않을 것인지? 만일 따른다면 변방 고을에 오늘처럼 둥지를 틀고 있으면서 때에 따라 끝없는 독살을 부리는 것이 끊어질 날이 없을 것이고, 따르지 않는다면 틀림없이 무력으로 위협해서 싸움의 참화는 역시 오늘과 같을 것이다. 그렇게 되면 멸망한 것이나 마찬가지이다.
 통신사를 보내야 한다는 의견은 과연 어떻겠는가? 그리고 적은 명나라 사신이 바다를 건너간다 하더라도 군사는 철수하지 않겠다는 의견을 이미 말했다. 명나라 사신이 들어가는데도 철수하지 않는데 통신사가 따라간다고 해서 기꺼이 스스로 철병할 리가 어디 있겠는가. 이 문제는 알기 어려울 것이다.

대체로 적이 다른 진지들은 걷어가지고 가면서 부산의 두서너 곳만은 그대로 눌러 있으면서 철거하지 않으니 내 생각에는 옛날 왜인들이 살던 것처럼 그냥 눌러앉아 있을까봐 걱정이다. 지금 적의 말끝이 이미 드러났으니 대단히 통분한 노릇이다. 이 한 조항은 나라의 존망과 승패에 관계되는 만큼 잘 생각해서 처리해야 할 것이다. 비변사에 말해 주도록 하라."」

―〈선조실록〉(1596. 6. 18.(甲寅)―

(**결국 조정에서는 6월 말까지도 통신사 파견문제를 결말짓지 못하였다.)

〈왜장 평조신이 보내온 편지〉

○경상우도 병사 김응서가 보고서를 올렸다.

"요시라(要時羅)가 조신(平調信)의 편지를 가지고 나와서 말했습니다.

(*그 요지는 이러하였다.

"귀국의 문제에 대하여 이전부터 흉금을 털어놓고 서로 연계를 가지려 하였으나 끝내 믿어주지 않아서 결국 이 지경에 이르렀으니 지나간 일은 다시 논할 필요가 없습니다. 다만 귀국의 일은 내가 전적으로 맡아서 있는 힘을 다해 왔으나 여러 해를 두고 연계를 맺었던 정분은 산산이 깨어지고 말았으니 부끄럽다고 할만합니다. 이달 보름 전까지 통신사를 보낸다면 나에게만 생색이 날 뿐 아니라 귀국에게는 한없는 복이 될 것입니다.")

'관백이 보낸 글 가운데는 〈명나라에서 책봉을 승인하는 문제가 지금 벌써 확정되었으니 정사(正使)가 미처 나오지 않더라도 부사(副使)를 데리고 바다를 건너와야 할 것이다. 조선은 이웃나라로서 다시 사이좋게 지낼 의향이 전혀 없으니 이것은 바로 일본을 깔보고 관계를 완전히 끊어버리려는 것이다. 굳이 청할 필요가 없다.〉라고 하였습니다.

그래서 부사는 정사에게 다시 청하여 같이 건너가려고 하였으나 이번 일로 중지되었지만, 이미 이달 안으로 바다를 건너가는 문제가 결정되었습니다. 그러므로 더 이상 조선에 기대를 걸 일은 없을 것입니다.

조신(調信)은 조선을 위하여 성의를 다한 보람이 없어져 버렸으므로 이 소식을 나에게 보고하게 하였습니다. 통신사에 대하여 승인하지 않는다면 각 진지는 철거할 수 없고 이전대로 눌러 있을 것입니다. 명나라 사신을 떠나보낸 뒤에는 다시 조선과 승부를 겨루게 될 것입니다.'

또 말하기를 '명나라 사신도 말하기를 〈나는 이곳의 사실을 가지고 조선에다 공문을 띄웠지만 지금까지 이렇다 저렇다 말이 없는 것으로 보아 틀림없이 나를 믿지 않는 모양이다. 이 다음에는 형편상 이 문제에 대해 입을 열기 곤란할 터이니 나의 도리로는 그저 황제의 지시를 받들고 빨리 바다를 건너가는 것뿐이다.〉라고 하였습니다.

나는 이제부터 드나들기가 불편하고 더는 전달할 일도 없으므로 형편상 다시 올 수 없습니다. 떠나는 오늘 섭섭함을 금할 수 없습니다.' 라고 하였습니다.

그놈의 교활한 말은 위협에 가까운 것 같아서 곧이들을 수 없습니다. 너무도 놀랍고 분하지만 들은 말을 보고하지 않을 수 없습니

다."」　　　　　　　　　　-〈선조실록〉(1596. 6. 18.(甲寅)-

○(*이날 오종도(吳宗道)가 가지고 올라온 양 사신(楊方亨)의 편지 내용은 그 요지가 이러하였다.)
「"책봉 문제를 오래도록 지연시키려고 하는데, 앞으로 어떠한 변동을 거쳐야만 결말이 나게 될지 모르겠다. 나는 이역 땅의 외로운 신하가 되어 정말로 괴롭다. 듣자니 관백은 병이 더해져서 책봉을 바라는 생각이 더욱 절박하다고 하며, 책봉을 일찍 받지 못해서 죽어도 눈을 감지 못하게 되는 것을 한탄하고 있다고 한다. 그러므로 날마다 몇 번이고 성의껏 요청하는 것이다.
나는 15일경에 돛을 달고 바다를 건너가게 된다. 만약 책봉에 대한 일이 하루라도 빨리 끝날수록 여론은 그만큼 빨리 잠잠해질 것이다. 황제가 보내는 고명(誥命)과 칙서는 당신이 재촉해 보내주기 바란다. 내가 혹은 대마도에 머무르거나 혹은 호옥(護屋)에 있으면서 기다리겠다."」　　　　　-〈선조실록〉(1596. 6. 19.(乙卯)-

6월 19일(乙卯).　맑다. 체찰사(李元翼)에게 공문을 만들어 보냈다.
○늦게 나가서 활 15순을 쏘았다.

6월 20일(丙辰).　맑다. 어제 아침에 곡포 권관 장후완(蔣後琬)이 교서에 숙배한 후, 평산포 만호(金軸)에게 기일 안에 오지 않은 일을 문책하니, 기일을 정해 주지 않았다고 대답하였다. 해괴하기 짝이 없어서 곤장 20대를 때렸다. ○낮에 남해 현감(朴大男)이 들어와서 교서에 숙배를 올린 뒤 같이 이야기하고 활을 쏘았다. 충청 우후(元裕男)도 왔다.

6월 21일(丁巳). 아침에 남해(朴大男)를 불러서 아침 식사를 같이 하고, 남해는 경상수사(權俊)에게 갔다가 저녁에 돌아와서 같이 이야기하였다.

6월 22일(戊午). 맑다. 조모님의 제삿날이어서 공무를 보지 않았다. 남해(朴大男)와 함께 종일 이야기하였다.

6월 23일(己未). 비. 종일 비가 왔다. 남해(朴大男)와 함께 이야기하였다. 늦게 남해가 경상수사에게 갔다. 조방장(金浣)과 충청 우후(元裕男), 여도(金仁英), 사도(黃世得) 등을 불러서 술과 고기를 먹여 주었다. 곤양 군수 이수일(李克一)이 와서 보았다. 하동(申蓁)도 왔는데 본 고을로 돌려보냈다.

6월 24일(庚申). 맑다. (*초복이다-초고). 일찍 나가서 공무를 보고 충청 우후와 함께 활 15순을 쏘았다. 경상수사도 와서 같이 쏘았다. 항복한 왜인 야여문(也汝文) 등이 저희 동류 신시노(信是老)를 죽이라고 청하므로, 죽이도록 지시하였다.

6월 25일(辛酉). 맑다. 일찍 나가서 공무를 보았다. 조방장(金浣), 충청우후(元裕男), 임치 첨사(洪堅), 목포 만호(方守慶), 마량 첨사(金應璜), 녹도 만호(宋汝悰), 당포 만호(安以命), 회령포 만호(閔廷鵬), 파지도 권관(宋世應) 등이 와서 철전 5순, 편전 3순, 활 5순을 쏘았다. ○남원 김홍(金軌)이 돌아간다고 보고하였다.

6월 26일(壬戌). 비. 비. 늦게 나가서 공무를 보았다. 철전과 편전을 각각 5순씩 쏘았다.

〈이순신과 원균에 대한 선조의 평가: 싹트는 의심과 모함〉
(*이날 별전에서 주역 강론이 끝난 후 이순신과 원균 두 장수에 대한 인물평이 임금과 신하들 사이에 오가고 있다. 명나라와 일본 사이에 책봉 문제를 성사시키기 위하여 명나라 사신이 일본으로 건너가고 조선의 통신사를 파견해야 하느냐 말아야 하느냐 하는 문제로 조정의 의견이 분분한 시점에서 이순신을 배척하고 원균을 등용하고 싶어 하는 선조의 의중이 조금씩 드러나기 시작하지만, 아직 노골적으로는 아니다. 그러나 이때 이미 정유년 3월의 비극(이순신의 하옥 사건)의 싹은 트고 있었다. 뿐만 아니라 선조와 문신들의 대화를 듣고 있으면, 남해 바다 사정에 대해서는 무지한 자들이 국가의 운명이 좌우될 수도 있는 중대한 전략적 문제에 대하여 너무나 함부로 입을 놀리고 있음도 느낄 수 있다. 이 모두가 이순신을 무시하거나 시기한데서 생긴 일로 보인다.)

선조: "외부 여론에서는 이순신을 어떤 사람이라고 하는가?
김응남(金應南): 이순신은 쓸만한 장수입니다. 그리고 원균의 경우에는, 비록 결점은 있으나, 대체로 청백하게 처신하며 용감하게 잘 싸우는 점은 있습니다.
선조: 순신이 초기에는 힘껏 싸웠으나 그 뒤에는 하찮은 적까지도 부지런히 잡지 않을 뿐만 아니라 또한 군사를 끌고 나가 적을 무찌르지 않는 데 대하여 나는 늘 의문을 가지고 있다. 또 세자가 남쪽으로 내려갔을 때 여러 번 사람을 보내어 불렀으나 오지 않았었다.
김응남: 원균이 당초에 사람을 보내어 순신을 불렀으나 순신이 오

지 않았기 때문에 원균이 통곡을 했다고 합니다. 원균이 이순신에게서 구원병을 청해서 싸웠는데 승리의 공로는 도리어 이순신이 윗자리를 차지했기 때문에 그 일로 두 장수의 사이가 서로 좋지 못하다고 합니다.

선조: 순신의 인품이 끝내 꼭 성공할 수 있는 사람인지 어떤지 모르겠다.

김응남: 알 수 없습니다. 장수와 군사들은 이순신이 일을 조용히 적절하게 처리한다고 합니다. 지금 거제의 진에는 원균을 보내야 할 것입니다. 만약 거제를 지키기로 한다면 이 사람이 아니고 누구를 시키겠습니까?

선조: 거제에서 철병한 뒤에 나도 물어보았고, 비변사에서도 군사를 주둔시켜 그곳을 지키려고 하지 않는 것은 아닌데, 한산도는 어떻게 할 것인가?

윤근수: 한산도는 지킬 필요가 없습니다.

선조: 한산도는 진을 비울 수 없다. 그런데 만일 지키기로 한다면 군사는 적고 세력이 갈라질 뿐만 아니라 군량은 어떻게 해결하겠는가?

김응남: 만일 거제를 지키면서 수군으로 왜적의 식량 보급로를 끊게 되면 적이 지나다닐 수 없을 것입니다.

선조: 강대한 적이 4~5년 동안 군사를 훈련하면서 꼼짝도 하지 않는 것은 아마 대포를 준비하기 때문이 아니겠는가. 만일 대포를 사용한다면 우리나라뿐만 아니라 중국에서도 맞서지 못할 것이다.

윤근수: 왜적의 배 바닥이 얇기 때문에 대포를 사용할 수 없을 것입니다. 진천뢰에 대해서는 우리나라 사람한테서 배웠습니다.

선조: 우리나라의 해전과 활 쏘는 기술은 배우지 않았는가?

김응남: 적이 활쏘기를 배우려고 하지만 힘줄이 찢어지고 갖풀이 풀어져서 활을 쏠 수가 없다고 합니다.……
우리나라 사람들이 적에게 많이 넘어갔는데, 그 중에는 활을 잘 쏘는 사람도 있고 대포를 잘 쏘는 사람도 있으니, 다시 군사를 동원해 가지고 나오기만 한다면 형편상 지탱해내기 곤란할 것입니다."」   -〈선조실록〉(1596. 6. 26.(壬戌)-

(*선조는 나라의 운명을 좌우할 중차대한 문제를 항상 그 방면의 전문가들은 젖혀두고 문외한들인 자들과 의논하고 있다. 전략상의 문제를 의논하는데 있어서 임금과 대신들 간의 대화를 들어보면 시정 일반 백성들의 귀동냥 정도의 정보나 분석력밖에 없음을 알 수 있다.

뿐만 아니라 이순신에 대하여, "군사를 끌고 나가 적을 무찌르는 일이 없기 때문에 내가 늘 의심스럽게 생각한다."라고 하면서 그의 공로를 폄하하고 있는데, 당시 정세는 명나라와 조선과 일본 세 나라 사이에 강화를 위한 국가간 공식 협상이 전개되고 있었고, 왜군들은 그것을 전제로 철수를 준비하고 있었고, 조정에서는 통신사 파견 문제가 심각하게 논의되어 결국 통신사를 파견하자는 쪽으로 결론을 내리고 있었던 때이다.

당연히 이순신의 혼자 결정으로 왜적들이 있는 부산 등지로 쳐들어갈 수 있는 그런 상황이 아니었다.

이런 사정을 잘 알고 있는 선조의 입에서 이런 이야기가 나오고 있다는 것 자체가 정상이 아니라고 할 수 있다. 결국, 이런 수준의 사람들에 의해 나라가 운영되었으니 죽어나는 것은 백성들밖에 더 있을 수 있겠는가.)

6월 27일(癸亥). 맑다. 나가서 공무를 보았다. 김 조방장(金浣), 충청

우후(元裕男), 가리포(李應彪), 당진포(趙孝悅), 안골포(禹壽) 등과 철전 5순, 편전 3순, 활 7순을 쏘았다.

6월 28일(甲子). 맑다. 국기일이어서(明宗大王의 제삿날) 공무를 보지 않았다. 고성 현감(趙凝道)이 급보하기를, 순찰사의 행차가 어제 벌써 사천 고을에 도착했다고 하였다. 오늘은 소비포(所非浦)에 당도할 것이다.

6월 29일(乙丑). 아침에는 흐렸고 저물어서야 개었다. 늦게 나가서 공무를 본 후 조방장(金浣), 충청 우후(元裕男)와 나주 통판(通判: 元宗義)과 함께 철전, 편전, 활 합하여 18순을 쏘았다.

1596(丙申)년 7월

(*이달 나라 안에서 있었던 중요한 사건을 〈선조수정실록〉에 의거 요약하면 다음과 같다.)

○충청도 홍산(鴻山)의 백성 이몽학(李夢鶴)이 군사를 모아 반란을 일으켰다. 몽학은 왕가의 서자 출신의 먼 후손이었다.

○이몽학은 부하들한테 죽었고, 역적의 무리는 무너져 흩어졌다.

○역적을 토벌한 공로를 평가하였다. 홍주 목사 홍가신(洪可臣)은 품계를 올려주고 승급시키도록 하였고, 병사 이시언(李時言)과 어사 이시발(李時發) 등에게도 공로를 평가해 주었다.

○임금이 세자에게 왕위를 물려주겠다는 지시를 내렸다. 이 지시는 한 달 후에 철회되었다.

○유격 장군 엽상(葉嚞)이 군문에서 파견한 관리로 서울에 왔다.)

7월 1일(丙寅). 맑다. 국기일이어서(仁宗大王 제삿날) 공무를 보지 않았다. 경상우도 순찰사(徐渻)가 진에 왔으나 오늘은 서로 만나보지 않았고, 그의 군관 나굉(羅浤)이 그 장수의 말을 전하러 여기에 왔다.

7월 2일(丁卯). 맑다. 경상우수영의 진에 가서 순찰사(徐渻)와 함께 두 시간이나 이야기하고 새 사정(射亭)으로 올라가서 편을 갈라 활을 쏘았다. 경상순찰사가 162점 졌다. 하루 종일 매우 즐거웠다.

〈선조의 하문에 대한 홍주 목사 홍가신(洪可臣)의 상소문〉

(*이해 4월 16일에 선조는 나라의 여러 가지 당면 문제를 말하고 이에 대한 의견을 널리 구하기 위하여 상소문을 올리도록 지시한 일이 있었다. 이에 대한 회답으로 올라온 글들 가운데 아마 가장 뛰어난 것이라고 인정되어 뽑혀서 이 날짜 〈선조실록〉에 실어놓은 듯한데, 당시 조선의 실정을 이해하는데, 특히 선조라는 인물을 이해하는 데 도움이 되는 명문장이기에 장문임을 무릅쓰고 그 대부분을 소개한다.)

「○홍주(洪州) 목사 홍가신(洪可臣)이 글을 올렸다

(*홍가신은 일찍이 선비로서 명망이 높았고 처신이 청렴하기로 유명하였다. 홍주 목사로 임명되자 힘껏 방어에 임하였다. 토적의 변란(충청도 홍산에서 일어난 이몽학(李夢鶴)의 내란 사건)이 성에 가까이 다가왔을 때 군사를 이끌고 마주 공격하여 토적의 무리를 궤멸시킨 결과 호서 지방이 안전하였다. 7월 17일과 20일자 〈난중일기〉 참조).

그 요지는 이러하였다.

"이번에 간하는 말을 요구하는 4월 16일자 지시를 갑자기 받았나이다. 대소 신하들과 백성들이 화란의 원인과 회복할 대책과 전하의 결함과 백성들의 고통에 대하여 극력 진술하도록 허락하시고, 마지막에 이르기를 "말이 비록 과격하더라도 앞으로 기꺼이 받아들일 것이다."라고 하셨사옵니다. 전하의 말씀은 참으로 훌륭하옵니다. 이야말로 위태로운 것을 편안한 것으로 바꾸고 재앙을 가시게 하여 상서로움을 이룩하게 할 좋은 기회이옵니다.……

신은 우선 전하의 지시 가운데 물어본 문제를 가지고 먼저 진술하겠나이다.

신이 읽어본 전하의 지시에는 "원수는 기어이 갚아야 하고, 정사는 내부를 정비하는 것이 바쁜데도 불구하고, 복수심을 높이고 정신을 가다듬는 생각이 혹시 고식적이고 구차하게 안일을 추구하는 데로 쏠리고 있었지 않은가?"라고 하셨사옵니다.

신이 듣자오니, 천지에 사무친 원한을 갚으려는 사람은 천지간에 사무친 원한을 잊지 않고 음식과 거처에 걸쳐 자신의 생활을 모두 평상시와는 완전히 다르게 한다고 하였나이다. 오왕(吳王) 부차(夫差)가 섶 위에 누워 쓴 것을 맛보면서(臥薪嘗膽) 드나들 때마다 부르짖은 것이 바로 이것이었습니다. 이렇게 되어야만 사람의 마음을 감동시킬 수 있어서 무슨 일이고 이룰 수 있는 것이옵니다.

전하께서는 서울로 돌아온 초기만 해도 신하들을 자주 접견하시고 부지런히 묻고 응답하면서 이전 날에 있었던 안일의 여독(餘毒)을 경계하며 정사를 잘하고 오랑캐를 물리칠 앞일을 도모하는 것 같았사온데, 세월이 흘러감에 따라 점차 해이해져 갔나이다. 대궐 안에 깊숙이 들어앉아 흰 쌀밥에 아름다운 옷차림을 하고 가까이 지내는 사람은 궁녀와 내시들뿐이옵니다.

한 달 동안 겨우 몇 차례 경연(經筵)을 열기는 하나 강의하는 관리는 임금의 마음을 계발하는 데 도움이 없고, 간(諫)하는 신하는 임금의 결함을 바로잡을 기개가 없으며, 상하가 모두 축 늘어져서 고무 격려하는 기풍이 떨쳐 일어나지 못하고 있나이다. 이처럼 행동하면서 그런 소원을 달성하고자 한다면(以若所爲求若所欲) 한 하늘을 같이 이고 살 수 없는 원수(不共戴天之讎)를 갚을 날이 없을 것이옵니다. 그러므로 전하께서 이토록 철저히 반성하는 것은 당연한 것이옵니다.……

읽어본 전하의 지시에는 "궁중의 일에 대해서는 언제나 엄격하고 조심성 있게 대하려고 하지 않는 것이 아니지만, 연줄을 타고 청탁하는 사사로운 길이 혹시 있지는 않은가?"라고 하셨나이다.
신은 듣기로, 궁중은 곧 임금의 집이옵니다. 세상의 임금 치고 어느 누가 집안을 바로잡아 안팎의 구분을 엄격히 하고 사사로운 은혜를 끊음으로써 임금의 덕을 방해하고 정사에 지장을 주는 일이 없도록 하고 싶지 않겠습니까마는, 결국 뜻대로 되지 않는 것은 자신을 잘 수양하지 못하는 것에서부터 아래에 지시하는 것이 전하 자신의 기호와 상반되기 때문이옵니다.
(은(殷) 나라의) 탕(湯) 임금은 성인이셨지만 여자의 청탁이 성행하고 선물꾸러미가 나도는 것이 가뭄이 들게 되는 원인이 될까봐 오히려 두려워했던 것입니다. 더구나 탕 임금보다 못한 사람들이야 말해 무엇 하겠나이까.
신은 멀리 외진 고을을 지키면서 한번도 서울에 발을 들여놓은 적이 없어서 궁중의 단속에 대해서는 물론 모르는 것이 있을 것이옵니다. 그러나 형체를 보지 않고 그림자만 가지고 관찰하거나, 속을 보지 않고 겉만 가지고 짐작하면, 관직의 임명에서부터 죄인의 심문이나 송사 처리의 기준을 모조리 원칙에 의거하여 하지 않았기 때문에 항간의 비방을 자아낸 지 오래되었나이다.

읽어본 전하의 지시에는 "옆에서 시중드는 무리들에게 저마다 규정을 따르게 하고 싶지 않은 것은 아니지만, 요사스런 자들이 그 속에 뒤섞여 들어와서 해독을 퍼뜨리고 있지는 않은가?"라고 하셨나이다.

신은 듣기에, 소인(小人)들의 본성은 기괴하고 음란하며 아양을 떨기 좋아함으로써 임금의 요구에 맞추려 하는 것이옵니다. 임금이 그것을 살피지 못하고 일단 그의 농락에 빠지게 되면 거기에 물들고 젖어들어 그들과 함께 변하여 원칙적인 생각은 점차 사라지고 교만하고 사치한 욕심이 날로 커져서 작게는 정사를 어지럽히고 크게는 나라를 망치는 것이옵니다.

(주(周) 나라의) 무왕(武王)은 성인이셨지만 그래도 그에게 '무익한 일을 만들어서 유익한 것을 해치지 말라. 소소한 행동을 조심하지 않으면 결국에는 큰 덕에 누를 끼칠 것이다.' 라는 말로 경계해 주었던 것입니다.

전하께서는 내시의 무리들 가운데 조금만 조심하지 않는 일이 있어도 즉시 해당 관청에 넘겨서 다스리게 하셨으니 음란하고 교묘한 짓을 하여 전하의 마음을 혼란시키는 폐해는 응당 없어야 할 것이옵니다. 그러나 이들은 오랫동안 전하를 조용한 자리에 모시고 있어서 안면으로나 정리로나 익숙해졌기 때문에 한가한 틈을 타서 비위를 맞추고 눈치를 잘 봅니다. 아무리 영특한 전하이기로서니 그런 일이 꼭 없으리라고 어떻게 보증할 수 있겠사옵니까. 신이 오가는 사람들에게서 들은 말에 의하면, 전하께서는 수레와 말, 옷과 노리개의 차림새나 장인이나 공인들의 기예(技藝)에 관한 일에 꽤 많은 관심을 가지고 있다고 하였나이다. 이것이 어찌 전하의 본심에서 나온 것이겠나이까.

어느 것이나 다 사랑받는 무리들이 옆에서 부추기고 떠받든 결과이니 전하께서는 응당 이런 것까지 돌이켜 보아야 할 것이옵니다.

읽어본 전하의 지시에는 "옛날에 적을 제어하는 사람은 반드시 어진 인재를 얻는 것으로써 승패를 가늠하였다. 지금 여러 신하들 가운데 위(魏) 나라를 보위한 단간목(段干木)과 초(楚) 나라를 물리친 계량(季梁)과 같은 사람이 있건만 전부 등용하지 못하고 있지는 않은가?"라고 하셨나이다.

신은 듣기로 '사나운 범이 있는 산에는 나물을 뜯으러 들어가지 않는다'(猛虎在山, 黎藿爲之不豫)고 하였습니다. 옛날에 적을 잘 제어하는 사람은 성과 해자가 공고한 것을 미덥게 생각하지 않고 오직 어진 인재를 얻는 것을 급선무로 삼았나이다. 예를 들면 춘추 시기에 위(魏) 나라 문후(文侯)는 단간목을 스승으로 삼아서 나라의 안전을 보장하였고, 수(隋) 나라 임금은 계량을 정승으로 등용하여 적을 물리쳤으니, 이것은 참으로 그들의 덕망과 위엄이 가까이 있는 적국 사람들의 마음을 틀어잡았기 때문이옵니다.

하늘이 어진 사람을 내는데 있어서는 어느 시대에나 인재가 없지 않사옵니다. 그래서 '인재는 다른 시대에서 꾸어오지 않는다'(才不借於異代)고 하였고, 또한 '조그마한 고을에도 반드시 충성하고 신의를 지키는 사람이 있다'(十室之邑, 必有忠信)고 하였나이다. 오늘 인재가 아무리 적다고 하지만 여러 신하들 가운데는 덕성이 순결하고 식견이 밝아서 함께 나라 일을 꾀할 만한 한두 사람이야 어찌 없겠으며, 뜻이 강개하고 풍채가 준수해서 간하는 일을 맡길 만한 한두 사람이 어찌 없겠나이까.

혹은 과거시험으로 국한하기도 하고 혹은 품계의 틀에 맞추기도 하여 전례에 따라 벼슬자리를 채우면서 평범하게 서열을 따르게만 하니, 아무리 세상에 드문 어진 인재와 남보다 뛰어난 인재가 있다고 한들 어떻게 빠짐없이 등용할 수 있겠나이까. 다 등용하지 못한다면 이것은 어진 사람을 믿지 않아서 나라가 텅 비게 되는 것과 같사옵니다. 텅 빈 나라에 대해서 적들은 무엇이 무서워서 우리를 깔보지 않겠나이까.

사람이 막다른 지경에 이르면 훌륭한 생각을 내는 것이고, 혼란이 극도에 달하면 잘 다스려질 것을 생각하기 마련이옵니다. 그러므로 전하의 오늘의 물음은 어진 사람을 정성껏 맞아들일 생각에서 나온 것이옵니다.

읽어본 전하의 지시에는 "옛날에 변방을 방비한 임금은 반드시 여러 관리들로 하여금 각자 의견을 다 말하도록 하였다. 지금 조정 안에도 여러 제후를 제재할만한 계포(季布)와 어사를 논박할만한 적산(狄山)과 같은 인물이 있는데도 그의 계책을 다 이용하지 못하고 있지는 않은가?"라고 하셨나이다.
신이 듣기로는 "세상 모든 일의 천변만화, 즉 사변(事變)은 끝이 없고 임금 한 사람의 지혜는 제한되어 있으므로, 제한되어 있는 지혜를 가지고 끝없는 사변을 처리하자면 어떻게 모든 문제를 일일이 잘 처리할 수 있겠는가."라고 하였나이다. 더구나 변방에 대한 계책을 세우고 적을 이해하는 문제는 반드시 조정의 의견을 널리 수집하여 옳고 그른 것을 서로 협의하여야 하고, 남의 의견을 덩달아 따르거나 억지로 맞추는 결함이 없도록 해야 할 것이옵니다. 그러나 지금은 그렇게 하지 않고 있사옵니다. 비변사의 관리로는 두서너 사람의 재상이 있을 뿐인데, 변방의 통보가 오면 의례히 당하관들을 시켜서 안건을 싸 가지고 그들의 집에 돌아가서 물어보게 하다보니, 대응책이 잘 되었는지 못되었는지에 대해서는 논의조차 하지 못하고 어느 재상이 뭐라고 하던가에 대해서만 묻곤 하나이다.
심지어 관청 모임이 있는 날에는 한 사람이 발언을 하게 되면 세 사람은 고개만 끄덕거리는 형편이며, 심한 사람은 듣는지 마는지 머리를 숙인 채 세상모르고 잠만 자는 형편입니다. 그리고 때로는 지나치게 비밀을 지키는 데서 제목조차 숨긴 채 봉해 올렸다가 봉해 내려 보내곤 하므로 아무리 이해관계와 잘잘못이 큰 것이라 한들 누구한테 물어보겠나이까. 지나간 일은 그만이지만 앞일은 그래도 고쳐나갈 수 있사옵니다. 전하께서 묻는 것은 여러 사람들의 의견을 듣자는 생각이 있었기 때문일 것이옵니다.

읽어본 전하의 지시에는 "억울하게 죽은 신하들에 대해서는 이미 표창을 하고 증직(贈職)을 하라고 지시했으나 땅속에 묻힌 사람들 가운데는 아직도 억울한 것을 해명하지 못한 사람이 있는 것은 아닌가?"라고 하셨나이다.

반역은 큰 죄악이고 사형은 중대한 법이옵니다. 중대한 법을 가져다가 큰 범죄자에게 씌운다면 어느 누가 통쾌하게 여기지 않겠나이까. 그러나 불행하게도 반역자가 높은 관리들 속에서 생겨나서 넝쿨처럼 뻗어가고 물결처럼 휘말리는 참화가 좋은 사람과 나쁜 사람을 가리지 않고 덮어씌워진다면, 세상 사람들의 마음은 틀림없이 분개해서 불평을 하게 될 것이옵니다.

역적 신하인 정여립(鄭汝立)은 속으로 엉뚱한 생각을 품고 막된 무리들을 가만히 규합하여 감히 반역을 일으킬 꾀를 꾸몄으므로 귀신의 처단이 그 자리에 당장 내려서 처자를 죽이는 형벌이 조상들에게까지 미쳤다는 것은 물론 응당한 일이옵니다.

그런데 두세 명의 조정 관리에 대하여 말하자면, 모두 한 시대의 이름 있는 사람으로서 단지 착한 것만 좋아하였지 사람을 가리지 않았으며, 말만 들어 보았지 행동은 관찰하지 않았기 때문에 편지를 주고받는 사이에 정사의 옳고 그른 것을 함부로 논의하였던 것이옵니다. 이것도 죄가 없지는 않으나 반역 모의에 함께 참가하여 불측한 짓을 획책했다는 데 대해서는 절대로 그럴 리가 없었을 것이옵니다.

그 근원을 따져보면 조정의 의견이 사분오열되고 사림(士林)의 논의가 대립되자 일종의 무리들이 뼈에 사무치도록 감정을 품어오다가 틈을 엿보아 일망타진할 흉계를 시도하려는 것이 하루나 한 달이 아니었사옵니다. 그런데 역적의 변란이 마침 이때에 일어나자 증인을 위협하고 유인하여 온갖 방법으로 죄를 덮어씌운 끝에 본인은 말할 것도 없고 늙은 어머니와 어린 자식들이 모두 엄혹한 형장 아래서 숨지고 말았던 것이옵니다(*정철 일당이 최영경을 심문하면서 굶겨 죽인 사건을 가리킴-역자).

지금까지 7~8년 동안 나라 안에 소문이 퍼져서 많은 사람들이 슬퍼하고 답답해하고 있나이다. 조정의 관리들은 대체로 여러 차례 해명해 주자고 말을 했지만 살육이 감행되던 끝에 사림의 기개가 죽어서 겨우 일단(一端)의 의견만 내놓았을 뿐 자기주장을 끝까지 세우지 못한 채 전하께서 스스로 깨달을 날만 기다려 왔던 것이옵니다. 세월은 점점 흘러가는데 모르기는 하지만 전하의 마음은 어느 때나 가서 깨닫게 될 것이며, 한없이 억울한 원한은 어느 때나 풀리게 되겠나이까. 전하의 마음이 어째서 최영경에 대해서는 명철하면서 이 사람에 대해서는 어둡사옵니까?(*이 사람이 누구를 지칭하는 것인지는 명확하지 않다.-역자)

읽어본 전하의 지시에는 "의심스러운 죄수에 대해서는 빨리 처결하여 놓아주라고 이미 지시했으나 옥중에는 아직도 깨끗이 처리되지 못한 죄수가 있지는 않은가?"라고 하셨사옵니다.

신이 듣기로는, 「주역(周易)」에 이르기를 "군자는 이것을 본떠서 명백하고 신중하게 형벌을 적용하여 죄수를 옥에 지체시키지 않는다."라고 하였나이다. 이것은 성인이 사물의 현상을 관찰하고 가르침을 준 것으로서 만대를 두고 변경할 수 없는 제도이옵니다. 지금 중앙과 지방의 죄수들에 대하여 정상으로나 법으로나 정당한 것은 해당 관청에서 제때에 판결하여 놓아주지만, 그 중에 범죄의 명목이 지나치게 엄중해서 정상이 딱한 것은 해당 관리들이 자의로 결정하지 못하고 시일을 지연시킴으로써 끝내 형틀이나 쇠고랑에 지쳐서 죽는 사람도 있나이다.

지금 중앙과 지방에 갇혀있는 사람들 중에 의심스러운 죄에 걸려 판결을 내리기 곤란하기 때문에 오래도록 옥중에 갇혀 있으면서 신소(伸訴)할 길이 없는 사람이 어찌 없다고 할 수 있겠나이까.

송사를 제때에 판결하고 죄수를 불쌍히 여기는 것에 대하여 성인은 특별히 관심을 기울였나이다. 전하가 오늘 물은 문제는 바로 형벌을 신중히 쓰고 죄수를 불쌍히 여기라는 옛사람의 생각일 것이옵니다.

읽어본 전하의 지시에는 "큰 일을 이룩하는 사람은 인심을 단합시키는 것을 위주로 하였는데, 사람들의 마음이 흉흉해서 마치 바람을 만난 파도와도 같다. 일단 급한 보고나 거짓말의 선동이 있기만 하면 고기떼처럼 놀라고 새떼처럼 흩어져버리며 견고한 의지가 없으니 인심을 어떻게 하면 고착시키겠는지 모르겠다."라고 하셨나이다.

신이 듣기로는 강토는 대단히 넓고 백성은 매우 많지만 그들의 심정이 임금과 결합되어 설령 뜻밖의 환란이 생긴다고 하더라도 차마 버리고 떠나가지 않는 것은 임금의 은혜와 믿음이 평소부터 백성들에게 스며들어 있기 때문이라고 하였나이다.

그러나 오늘날의 임금과 백성은 이와 다르옵니다. 위에서는 은혜와 믿음이 아래로 내려가지 않고, 밑에서는 심정이 위와 결합되지 못하고 있나이다. 서로 막혀 통하지 않고 관계가 전혀 없다보니 임금은 고립된 채 도움을 전혀 받지 못하고, 백성은 저마다 딴 생각을 가지게 되나이다.

궁중에서 미리 피난하는 소동이 매번 백성들의 관심거리로 되다보니 사람들이 모두 귀를 기울이고 짐을 꾸려놓고서 적이 오기도 전에 웅성웅성 하면서 안정되지 못하는 것은 괴상하게 여길 것도 없나이다. 전하가 묻는 의도는 실로 비장합니다만, 사람들의 마음을 결합시키는 데 어찌 한 가지 묘책이 없겠나이까.

읽어본 전하의 지시에는 "나라의 근본을 공고히 하는 사람은 백성을 안착시키는 것을 급선무로 삼았다. 그러나 마을들은 아우성을 치면서 마치 도탄 속에 빠진 것 같다. 비록 관대한 지시와 조세나 부역을 감면하라는 명령이 있어도 가혹한 아전들 때문에 실제 혜택이 끝내 미치지 못한다. 백성들을 어떻게 하면 편안하게 살리겠는지 모르겠다."라고 하셨사옵니다.

신이 듣기로는, 옛날 나라를 잘 다스리는 사람은 반드시 백성을 편안히 하기에 힘썼고, 백성을 편안히 하는 방도는 반드시 조세를 가볍게 하는 것을 우선했다고 하였나이다.

지금 전란을 겪은 끝에 재력은 이미 고갈되었고 적의 칼날 아래 살아남은 백성들은 이리저리 떠돌아다니면서 생활이 간고(艱苦)하나이다. 정말로 조정에서 조세를 경감해 주고 구제를 한다고 하더라도 10년 안으로는 생업을 회복하기가 쉽지 않을 것이옵니다. 그런데 상등과 중등의 조세를 풍년이 든 것처럼 갑자기 무겁게 매기고 각색 명목으로 징수하는 것이 날과 달을 따라 이름을 달리하나이다.

지시를 받고 나간 관리는 한 쪽으로 감면해 줄 것을 제의하는 반면에, 해당 조(曹)에서는 다른 한 쪽으로 보고를 올리라고 독촉하는 바람에 백성을 불쌍히 여기고 근심하시는 전하의 생각은 의례히 까다롭고 인색한 해당 관청의 의견에 걸려서 끝내 은혜를 베풀지 못하게 되고 마옵니다.

이것은 비록 중요한 군수물자를 마련하지 않을 수 없고, 광범한 비용을 마련하지 않을 수 없는 데서 출발한 것이기는 하겠지만, 그러나 가죽이 찢어지면 털이 붙어 있을 데가 없는 것처럼(皮盡毛無所傳), 백성들이 없으면 재물은 어디에서 나오겠나이까. 원망과 비방이 높다보면 백성의 험악한 마음도 두려운 것이옵니다.

전하께서 물으시는 것은 이것을 매우 우려하기 때문이겠지만, 백성들을 편안하게 살아가게 하는 방도에서야 무슨 별다른 수가 또 있겠나이까.

읽어본 전하의 지시에는 "표창과 책벌은 사람들의 마음을 격려하려는 것인데, 나라에 충성과 힘을 다한 사람은 실망하게 되는 반면에 요행수를 바라고 탐욕을 부리는 자가 기뻐하게 된다. 표창과 책벌을 어떻게 하면 고무하고 격려하는 것이 되겠는가?"라고 하셨나이다.

신은 듣기로, 표창과 책벌은 임금의 큰 권한이며 나라의 예리한 무기라고 하였나이다. 임금은 공명정대한 마음으로 위에서 임하고 재상은 반드시 공명정대한 도리를 밑에서 굳게 지켜나가야만 공로가 있는 사람은 실망하거나 맥을 놓을 염려가 없을 것이고, 공로가 없는 사람은 허위와 요행수로 벼슬을 따려는 생각을 버리게 될 것이옵니다. 그리고 백성들은 저마다 분발하여 형벌과 위엄이 자신에게 가해지기 전에 각성하고 고무되어 허위가 용납되지 못할 것이옵니다. 단지 공정한 원칙이 위아래에 실현되지 않기 때문에 표창과 처벌을 적중하게 실시하지 못하고, 고무하고 징계하는 것도 흔히 정당하게 하지 못하는 것이옵니다.

실례로, 요즘 군공(軍功)에 대한 한 가지 문제를 놓고 보더라도 두서가 전혀 없사옵니다. 충성과 절개를 떨치고도 우대의 은전을 받지 못하는가 하면, 연줄을 따라 아부하는 자들이 도리어 높은 자리에 참여하다 보니 '충성을 다한 사람은 실망하고 탐욕을 부리는 자가 기뻐하게 된다.'고 하신 전하의 말이 과연 문제가 되는 것이옵니다.

읽어본 전하의 지시에는 "기강(紀綱)은 사림(士林)의 기개를 떨쳐 세우는 것인데, 간악한 짓을 하고 죄를 범한 사람이 요행수로 모면하며 부대를 파멸시키고 일을 그르친 사람이 목숨을 보전하고 있으니 기강이 어찌 해이해지지 않겠는가."라고 하셨사옵니다.

신이 듣기로는 나라에 기강이 있는 것은 사람에게 맥(脈)이 있는 것과 같다고 하옵니다. 맥이 병들면 사지(四肢)는 설령 탈이 없다고 하더라도 믿을 것이 못되는 것처럼, 기강이 어지럽고 보면 나라가 비록 무사하다고 하더라도 자랑할 것이 못되옵니다.

이른바 기강이 서 있다는 것은 안으로 조정에서부터 밖으로 온 나라에 이르기까지 높고 낮은 사람의 신분이 정연하게 서고 어질고 어질지 못한 사람의 구별도 엄연한 등급이 있어서 공로 없는 사람은 표창을 받을 수 없고, 죄 있는 사람은 형벌을 벗어날 수 없는 것을 말하나이다.

이러한 정치를 쇠와 돌같이 굳게 지키고 이 명령을 사계절처럼 믿음성 있게 실시해서 공명정대한 원칙으로 이를 유지하는 동시에 한 쪽으로 치우치거나 이랬다저랬다 하는 사사로운 생각으로 파괴하는 일이 없어야 할 것이옵니다. 이렇게 되면 사람들의 마음이 왜

각성되지 않겠으며, 사람의 기개가 어찌 떨쳐 세워지지 않겠으며, 나라의 위력이 어찌 높아지지 않겠나이까.
단지 임금의 마음속에 자리 잡은 사사로운 잘못을 벗어버리지 못하였기 때문에 정사를 하는 과정에 공평한 조치를 철저히 취하지 않아서 기강이 해이해지고 풍속이 퇴폐해져서 나라 일이 결국 어쩔 수 없는 지경에 이르게 되는 것이옵니다.
실례로, 요즘 비겁하고도 무모하여 전 부대를 패멸시킨 사람을 적과의 역량이 비교조차 되지 않았다는 구실로 끝내 가벼운 죄에 해당시키니 '간악한 짓을 한 사람이 요행수로 모면하고 일을 그르친 자가 목숨을 보전한다.'고 한 전하의 말이 과연 문제로 되는 것이옵니다.

읽어본 전하의 지시에는 "전군의 생명을 어떻게 하면 적임자에게 맡겨서 나라를 보위하고 외적을 막는 일을 의뢰하겠는가?"라고 하셨사옵니다.
신이 듣기로는, 손자(孫子)는 말하기를 "장수는 나라의 보호자이다. 보호자가 주밀하면 나라는 반드시 강대해지고, 보호자에게 결함이 있으면 나라는 반드시 변동되는 것이다."라고 하였나이다. 대체로 장수 한 사람에게 나라의 존망과 전군의 생사가 달려 있는 만큼 적임자를 쉽사리 해결할 수 없는 것이며 그 임무를 경솔히 맡길 수 없는 것이옵니다.
옛날의 장수는 임명받은 날부터 자기 집은 잊고서 군사를 이끌고 한지(寒地)에서 잠을 자며, 자기 부모는 잊은 채 배고프고 목마를 때나, 춥고 더울 때나, 군사들과 고생을 같이 하며 술을 혼자 먹지 않고 강물에 쏟아 부어 고르게 마시게 하면서 군사들을 자식처럼 사랑하였나이다(*월왕 구천(勾踐)의 고사를 가리킴). 그러므로 죽음을 아끼지 않는 사람들의 힘에 의지하여 향하는 곳마다 승리하지 않은 적이 없었나이다.

지금 이른바 장수라고 하는 사람들은 다섯 가지 재주는 전혀 없는 반면에 일곱 가지 결함만을 가지고 있습니다. 그들 중에는 용감하면서 값없이 죽는 사람도 있고, 인자하면서 고식적으로 일하는 사람도 있고, 슬기로우면서 비겁한 사람도 있고, 청렴하면서 남을 사랑하지 않는 사람도 있고, 강기(剛氣)가 있으면서 자기 주견만을 내세우기 좋아하는 사람도 있는가 하면, 탐욕스럽게 잇속을 좋아하는 사람도 있고, 포악하면서 무모한 사람도 있나이다. 이것은 다 옛 사람들이 경계하는 것으로서 장수감으로 치지 않았나이다. 그런데 병사의 임무를 주어 전군의 생명을 맡긴다면, 이런 무리들로써는 나라를 보위하고 외적을 막는 임무를 감당하지 못할 것 같사옵니다.

읽어본 전하의 지시에는 "군정(軍政)을 어떻게 하면 요령을 얻어서 군사를 적에게 내어주는 근심이 없게 되겠는가?"라고 하셨사옵니다.
신이 듣기로는, … 대체로 문화만 성한 시기에는 군사를 준비하는 일이 언제나 부족하고, 무사태평한 세상에는 반드시 생각지도 않은 곳에서 화란(禍亂)이 생기는 법입니다. 옛날의 임금과 신하들은 편안한 시기에 살면서도 위태로울 때를 대비하였고(居安思危), 잘 다스려지는 세상에 살면서도 어지러울 경우를 경계하였으니(見治思亂), 더구나 훗날의 세상에서야 더 말할 것이 있겠나이까.

군사에 관한 일의 요령에는 대체로 세 가지가 있사옵니다. 군사의 실제 수효를 점검하는 것(討軍實)이 첫째이고, 무장을 정비하는 것(繕甲兵)이 둘째이며, 교련을 분명하게 하는 것(明敎閱)이 셋째이옵니다. 그러나 반드시 적임자를 얻어서 장수의 임기를 길게 하여 자신이 가르치고 자신이 쓰게 해주어야만 위아래가 서로 친근해져서 군사들이 즐겨 쓰이게 되는 것이옵니다. 옛날에 염파(廉頗)가 초(楚) 나라 장수가 되어 공적을 나타내지 못하자 조(趙)나라 군사를 쓰고 싶어 했던 것도 이 때문이었나이다.

지금의 군사에 관한 정사(政事)는 정말로 엉성합니다. 살았는지 죽었는지를 조사하여 군호(軍戶)와 딸린 인원을 고쳐 작성하는 것은 군사의 실제 수효를 점검하는데 유의한 것이라고 하겠으나 늙은이와 어린이가 절반이나 되는 형편이며, 깃발과 창, 칼과 총을 모두 새로운 규격대로 만드는 것은 무장을 정비하는 데 유의한 것이라고 하겠으나 옛날 그대로 너절한 형편이며, 대오를 집결하여 훈련을 부지런히 실시하는 것은 교련을 명백히 하려는 의도이긴 하나 무예가 법도에 어긋나는 형편이옵니다.

거느린 군사는 자기가 가르친 사람이 아니므로 아침저녁으로 바꾸는 폐단이 있고, 부리는 군사는 자기에게 속한 것이 아니므로 전심전력할 길이 없사옵니다.

군정이 이러하고서는 뒷날의 근심은 아마도 군사를 적에게 넘겨주는 데 그칠 뿐이 아닐 것이옵니다.

읽어본 전하의 지시에는 "이야기할 문제가 또한 이 몇 가지에만 그치지 않을 것이다."라고 하셨나이다. 이로써 전하께서 자신을 잘 알고 있으며 결함을 고치려는 생각이 간절함을 알 수 있는바, 이에 대하여 매우 존경하는 바이옵니다.

신이 일찍이 재삼 생각해본 결과 말할 만한 문제는 과연 한두 가지가 아니었사옵니다. 그러나 화란을 초래하는 원인은 인심을 잃은 데 있사옵니다. 「상서(尙書)」에 이르기를, "하늘이 총명하다는 것은 우리 백성이 총명하다는 것으로부터 알 수 있고, 하늘이 밝고도 두렵다는 것은 우리 백성이 밝고도 두렵다는 것으로부터 알 수 있다." 라고 하였나이다. 예로부터 하늘의 뜻이 오고 가는 것은 어느 때나 인심이 이탈되는가, 단합되는가에 달려 있지 않은 적이 없었나이다.

전하께서는 자질이 총명하고 영명한 기개가 드러나기 때문에 명령을 내리고 실시하는 과정에서는 언제나 자기 주견대로 나가는 단점이 있사옵니다. 이것이 인심을 잃게 하는 첫째 조건이옵니다. 사건을 논하는 신하가 한 마디 말만 전하의 뜻을 거슬렀다가는 그것을 포용하고 참아주지 못함으로써 말한 사람이 스스로 불안하여 물러가도록 만드니, 이것이 인심을 잃게 하는 둘째 조건이옵니다. 백성들을 찾아내어 변방에 이주시키는 것은 그만둘 수 없는 일이긴 하지만, 지시를 받들고 나간 관리들이 전하의 뜻을 맞추는 데 너무 지나치게 하다 보니 각박하게 독촉하고 몰아댐으로써 닭과 개도 남기지 않고 북쪽 변방으로 몰아내는 바람에 백에 하나도 사는 것이 없으니, 이것이 인심을 잃게 하는 셋째 조건이옵니다.
살림 밑천으로 땅을 차지하는 왕자들이 산과 진펄까지도 남겨놓지 않아서 백성들이 땔나무를 할 자리도 없게 만드니 이것이 인심을 잃게 하는 넷째 조건이옵니다.
시장의 이익을 농간질하는 궁중 사람들이 물건 값을 낮추어 강제로 사들이는 바람에 상인들이 왕왕 파산되게 되니, 이것이 인심을 잃게 하는 다섯째 조건이옵니다.
왕비 쪽의 미천한 서자들이 연줄을 따라 청탁의 길을 활짝 열어놓고 뇌물을 공공연히 바치기 때문에 위로는 전하의 거룩한 덕에 누를 끼치고 아래로는 자기네 이 속을 제멋대로 채우고 있으니, 이것이 인심을 잃게 하는 여섯째 조건이옵니다.

정사를 논의하는 신하들은 임금을 인도하는 직책을 가지고 있는데 당면한 폐해를 차자(箚子)로 논하다가 말이 임금이 언짢아하는 문제에 저촉되기만 하면 무관으로 강직되어 실패를 당하고 몰려나가게 되옵니다. 이런 때 조정 관리들은 혀를 깨물고 말을 하지 않으며, 온 나라 사람들은 듣고서 놀라게 되니, 이것이 인심을 잃게 하는 일곱째 조건이옵니다.

서자들에게 벼슬길을 틔워주고는 쌀을 바치게 하고 몸값을 치르게 하고는 곧바로 써주지 않음으로써 믿음을 잃고 원망을 쌓게 만들었으니, 이것이 인심을 잃게 하는 여덟 번째 조건이옵니다.

간악한 신하들이 감정을 품고 때를 타서 독살을 부리게 되자 살육이 벌어지던 끝에 죄 없는 사람에게까지 함부로 가해졌으니, 이것이 인심을 잃게 하는 아홉 번째 조건이옵니다.

종묘에 둔 옥쇄를 훔쳐낸 사람의 죄는 친족이라도 처단할 만하건만 그것을 잘못 산 사람들인데도 연루자를 너무 많이 내었고, 법을 맡은 관리는 공평하게 판결하지 않아서 백성들이 원한을 풀지 못하니, 이것이 인심을 잃게 하는 열 번째 조건이옵니다.

신이 이전에 〈오자지가(五子之歌)〉를 읽다가 '한 사람이 세 가지 잘못을 범했으니 원망이 어찌 밝은 데에서만 있겠는가. 드러나지 않는 것도 잘 단속하라(一人三失, 怨豈在明, 不見是圖).'고 한 대목에 이르러 책을 덮어놓고 한숨을 짓지 않을 수 없었나이다.

아, 전하의 잘못은 세 가지뿐만이 아니옵니다. 그러나 잃기 쉬운 것이 인심이지만 감동하기 쉬운 것도 사람의 마음이며(易失者人心, 而易感者亦人心也), 믿기 어려운 것이 하늘의 뜻이지만 돌리기 쉬운 것도 하늘의 뜻이옵니다(難諶者天命, 而易回者亦天意也). 옛사람이 이르기를 '하늘의 뜻에는 진심으로 응해야 하고 형식적으로 대해서는 안 된다'(應天以實不以文)고 하였나이다.

전하께서 정말 진심으로 지나간 과오를 뉘우치고 진심으로 지나간 과오를 고쳐서 인심에 순응하도록 하고 하늘의 뜻에 맞도록 힘쓴다면 재변을 가시게 할 수 있고 나라의 회복을 기대할 수 있사옵니다.

그러나 세상의 사변은 천 갈래 만 갈래이옵니다. 우선 마음을 큰 근본과 급선무에 두어 착실히 힘을 써야만 마치 벼리 줄을 들면 그물코가 바로 서고, 실마리를 찾으면 매듭이 풀리는 것과 같아서, 세상에는 바로잡지 못할 폐단이 없을 것이옵니다. 〈주역〉에서 이른바 "근본을 바로잡으면 만사가 잘 다스려진다(正其本 萬事理)"는 것은 이를 두고 한 말이옵니다.

이른바 큰 근본이란 것은 뜻을 세우는 것(立志)을 말하며, 급선무란 것은 어진 사람을 찾는 것(求賢)을 말하나이다. 신이 듣기로는, 뜻이란 마음이 움직여서 어떤 지향을 갖게 되는 것을 말하나이다(志者 心之動而有所之焉者也). 일을 하려는 사람은 이것을 견지하고 고수하여 평탄하거나 험난한 경우나 죽고 사는 문제에 직면하여서도 변하지 않는다면 세상에 못 해낼 일이 없을 것이옵니다.

옛날 월(越) 나라 임금 구천(勾踐)이 회계(會稽)에 머물러 있을 때 몸을 단련하고, 마음을 다지며, 정사를 잘하고, 형벌을 너그럽게 하며, 가난한 사람을 구제하고, 죽은 사람을 조문하며, 수레와 말을 준비하고 무장을 갖추며, 군사들과 고생을 같이 하는 등 일체 오(吳) 나라에 대해 원수 갚을 수 있는 일은 하지 않은 것이 없었고, 원수를 갚을 수 있는 일이 아닌 것은 돌아볼 겨를이 없었나이다. 이러했기 때문에 마침내 오 나라 임금 부차(夫差)로 하여금 눈을 가리고 자살하게 하고 오 나라를 망하게 하였던 것이옵니다.

지금 보잘것없는 작은 오랑캐가 우리의 준비 없는 틈을 타서 침입하는 바람에 공고한 성을 지켜내지 못했고, 세 수도가 전부 폐허가 되었나이다. 종묘와 무덤의 참화는 월나라가 부초산(夫椒山)에서 패전한 것과는 비교조차 되지 않는데도 불구하고 전하는 고심하고 격려하는 결심과, 의복, 음식에 대한 공급과, 정사를 하고 인재를 등용하는 방도에서 지난날의 행동과는 완전히 달라졌다는 말을 듣지 못했으니, 이는 원수를 갚겠다는 전하의 결의가 아직도 확고히 서지 못했기 때문이옵니다.

이제부터 앞으로는 비록 옛날 사람처럼 섶 위에서 자고 쓸개를 맛보지는(臥薪嘗膽) 못한다 하더라도, 화려한 옷과 가볍고 따뜻한 갖옷을 물리치고 입지 말 것이며, 아리따운 여색과 향기로운 술도 거절하고 가까이 하지 않는 반면에, 원대한 계책을 도모하고 눈앞의 향락을 경계하기를 신은 바라옵니다.
이렇게만 한다면 전하의 결심이 확고히 서지 못한 것은 근심하지 않아도 될 것이고, 이른바 큰 근본이란 것도 여기에 있을 것이옵니다. 이 뜻이 서기만 하면 어진 사람을 널리 구하여 나라를 함께 다스리는 일도 저절로 될 것이옵니다.

큰 일을 한 옛날 임금들은 재주와 지략이 뛰어나서 훌륭한 성과를 넉넉히 낼 수 있었으므로 다른 사람의 도움을 기다리지 않아도 되었지만, 그런데도 반드시 어진 인재를 널리 구했던 것은 서로 도움을 받는 입장에서 그러지 않을 수 없었기 때문입니다. 어진 인재를 얻기 전에는 겸손한 말과 두툼한 폐백으로 맞아들이고, 이미 얻은 다음에는 나라의 정사를 전적으로 맡긴 결과 기울어진 나라를 일으켜 세우고, 어지러운 판국을 바로잡고, 약한 것을 강한 것으로 바꾸어서 자기의 뜻대로 실천하는 것을 마치 손바닥 뒤집듯이 쉽게 했던 것이옵니다.

지금 전하께서는 원래 어진 인재를 간절히 찾았으며 전하의 정승들도 모두 명망을 지닌 사람들이었지만, 이 몇 해째 조정의 규율이 해이해지고 모든 정사가 번거롭기만 하여 나라를 회복할 가망이 어느 모로 보아도 막연하기에 신은 늘 한탄도 하고 의문을 가지게 되옵니다.

이것은 전하께서 어진 사람에게 일을 전적으로 맡기지 않고, 무겁게 책임을 지우지도 않으며, 친절히 대우하지도 않고, 성의껏 묻지도 않는 것은 아니옵니까? 아니면 정승들이 선비다운 점은 풍부하지만 덕량이 부족하며, 청렴과 조심성은 풍부하지만 강인한 의지가 부족하며, 임금의 뜻을 잘 받들기만 하면서 잘못을 바로잡는 것이 부족한 것은 아니옵니까?

상례(常例)나 따르고 옛것만 고수하는 사람을 좋아하여 온당한 것이 쓸만하다고 하며, 날카로운 말과 주견이 바른 의견을 내놓는 사람을 꺼려서 일을 저지를까봐 받아들이기 어려워하는 것은 아니옵니까? 한갓 종이쪽지의 문서놀음에만 정신을 팔면서 임금의 잘못을 시정하고 일을 바로잡아 나가는 데는 도리어 등한하며, 성을 쌓고 곡식을 수집하는 자질구레한 일에는 샅샅이 살피면서 백성을 보호하고 나라를 굳건히 하는 데는 미처 생각을 돌리지 못하는 것은 아니옵니까? 오늘은 큰일을 할 때가 아니라고 하면서 우선 현상이나 유지하고 허공에 떠서 당장에만 무사하기를 바라는 것은 아니옵니까? 전자의 말과 같다면 전하의 잘못이고, 후자의 말과 같다면 대신들의 잘못이라 할 것이옵니다.

그러나 백리해(百里奚)가 우(虞) 나라에서 벼슬할 때에는 우 나라가 망했지만, 진(秦) 나라에 가서는 진 나라가 패권을 잡게 되었는바, 그가 우 나라에서는 둔하였고 진 나라에서는 현명했던 것은 아니었나이다. 그를 잘 쓰는가, 잘 쓰지 못하는가, 그의 말을 받아들이는가, 받아들이지 않는가에 달린 것이옵니다.

신은 바라건대, 이제부터 전하께서는 이미 얻은 현자들에 대해서 본인을 등용할 뿐만 아니라 꼭 그의 말을 받아들이고, 말만 받아들일 것이 아니라 꼭 성과를 내도록 요구해야 할 것이옵니다. 매일 그들을 가까운 자리에 나오게 하여 당면한 정사의 적합 여부에 대하여 묻기도 하고, 자주 지시를 내려 보내어 정사하는 요점을 조항별로 진술하게 함으로써, 산골 초가집에 묻혀 사는 명망 있고 절개 높은 선비들이 점잖은 옷차림으로 전부 조정에 모이도록 한다면 있는 지혜를 모아 물샐 틈 없는 계책을 수립할 수 있을 것이며, 나라를 회복할 가망은 열에 아홉은 해결될 것이니, 이른바 급선무라는 것도 이것이 될 것이옵니다.

이렇게만 된다면 복수에 불타는 결의가 철저하지 못할까봐 염려할 것도 없고, 궁중의 사사로움이 통하는 길을 막을 일도 없을 것이고, 내시나 궁녀들이 난잡하게 들어오는 것을 방지할 일도 없을 것이옵니다.

화기가 넘치는 가운데 등용되지 못하는 인재가 없고, 정직한 말을 올릴 때 계책을 다하지 못하는 사람도 없을 것이며, 땅 속의 귀신도 원한을 씻게 되고, 온 나라 사람들의 억울함도 가시게 될 것이옵니다.

용맹도 있고 지략도 있는데 고기떼처럼 놀라고 새떼처럼 흩어져버리는 것을 근심할 필요가 어디 있겠으며, 백성이 번성하고 나라가 부강한데 가혹한 아전들에 대하여 무엇을 걱정하겠나이까. 한 사람을 표창하고 한 사람을 벌주는 것도 모두 다 고무와 징계로 된다면 큰 질서와 작은 규율이 어찌 혼란스러워질 리가 있겠나이까. 장수들은 누구나 적임자여서 변경에는 적의 침입을 알리는 소리가 끊어질 것이고, 군사에 관한 정사는 정비되지 않은 것이 없어서 무사들은 모두 용맹을 발휘할 것이옵니다. 내부의 정사가 철저한 이상 외적을 물리치는 것도 제대로 될 것이며, 인심이 감복하면 하늘의 상서로움도 나날이 나타나서 요(堯) 임금과 순(舜) 임금의 태평세상처럼 맑고 밝아서 나라를 회복하는 일에 유감이 없을 것이옵니다.

그러나 뜻을 세우고 어진 인재를 구하는 것이 실로 오늘날의 큰 근본이며 급선무이긴 하지만, 마음을 수양하고 사욕을 극복하는 학문이 또한 위의 두 가지 문제를 잘 실현하는 요령이 될 것이옵니다.

이제부터 전하께서는 마음을 수양하는 일에 깊은 관심을 기울여서 공경하고 조심하는 마음을 고수하고, 의리를 강구하는 마음을 함양하여 안과 밖이 함께 수양되어 중단함이 없게 하기를 신은 바라옵니다. 이렇게 하면 마음속에 하늘의 이치만 늘 보존되고 사람의 욕심은 거기에 복종하여 큰 근본과 급선무에 관한 일도 시종여일(始終如一)하여 공든 탑이 마지막에 무너질 우려가 없게 될 것이옵니다.

이밖에도 신은 또 한 가지 말할 것이 있사옵니다.
조정에서는 대신 두 사람을 갈라 임명하여 남북의 4개 도씩 맡아 체찰사의 임무를 수행하도록 하였으니, 이것은 곧 주(周)나라 때에 섬 지방을 나누어 다스리던 방법이옵니다.
동남쪽 전라도, 경상도의 지역과 서북쪽 함경도, 평안도의 지역에 막부(幕府)를 설치하고 관리들을 배치한 다음 고을에서 나오는 조세의 쌀과 노비들의 신역의 대가로 바치는 베를 적당히 공제하여 군량으로 저축하게 하기를 신은 바라옵니다.
또 그들로 하여금 변방 장수와 고을원의 현명 여부를 잘 판단하여 그 중에서 착실하고 믿음직하여 사람을 사랑하고 부지런하고 민첩해서 일을 잘 아는 사람 3~5명을 자체로 골라서 한 도에 한 사람씩 배치하여 군사에 관한 일을 전적으로 맡아보는 권한을 부여하도록 해야 할 것이옵니다. 그리하여 무기를 수리하고 군사를 훈련하는 등 일체 나라에 이익을 주고 백성들에게 편리를 도모하며 외적을 제어하고 변방을 공고히 할 수 있는 계책은 모두 형편에 따라 처리한 다음 차자(箚子)를 갖추어 건의하게 해야 할 것이옵니다.

중간에 일이 없을 때에는 오가면서 조회하도록 승인하여 임금 앞에서 직접 건의하게 하기도 해야 할 것이옵니다. 임기의 오래고 빠른 것은 따지지 말고 일이 정돈되는 것으로 기한을 정한다면 특이한 인재가 자기 포부를 발휘할 수 있고 변방의 방어가 허술하지 않아서 멀리 중국 군사의 힘을 빌리지 않고도 남북에 대한 조정의 근심을 늦출 수 있을 것이옵니다.

신은 일개 한미하고 멀리 떨어져 있는 사람으로서 오직 임금에게 충성하고 나라를 사랑할 줄만 알았지 세상을 따라 요령 있게 처신함으로써 세상 사람들에게 구차스럽게 용납되지는 못하옵니다. 지금 재변을 만나 반성하는 때에 비통하고 측은한 지시문을 읽고서 충성심이 속에서 북받쳐 올라 올리는 말을 자제할 줄 모르게 되었사옵니다.〉
임금이 비준하여 비변사에 내려 보냈다.」

(*사관은 말한다.
"이른바 바른 말을 요구한다는 것은 비단 요구할 뿐만 아니라 말을 받아들이려는 것이며, 받아들일 뿐만 아니라 실천에 옮기려는 것이다. 지금 홍가신이 올린 글을 보면 그 말이 모두 임금에게 충성하고 나라를 사랑하는 마음에서 우러나온 것으로서 간절하고도 정직하며 임금이 숨기는 문제까지 거론하고 당면한 결점까지 지적한 것들이다.
임금으로서는 응당 기꺼이 받아들여서 좋은 것은 거침없이 시행하고 나쁜 것은 당장 버려야 할 것들이다. 그런데 글이 올라왔어도 한 가지 문제를 채택했다거나 한 마디 말을 적어놓고서 정사에 적용했다는 말을 들어보지 못했다. 그저 좋은 의견이라고만 회답하였으니, 바른 말을 요구한다는 것은 빈 문서놀음에 지나지 않는 것이 아니겠는가.
옛날 임금들 가운데는 올린 글을 병풍에다 적어놓고 경계하는 글로 대신한 사람도 있었으니, 말만 요구한 데 그치지 않았다는 것을 대체로 알 수 있다.)」   −〈선조실록〉(1596. 7. 2.(丁未)−

「○충청도 순찰사 이정암(李廷馣)이 보고서를 올렸다.
"홍주 목사의 보고에 의하면, 고을에 갇힌 역적의 패거리인 임언무(林彦茂), 이광춘(李光春), 이명복(李命福), 이명회(李命檜) 등을 형틀에 묶어서 호송한다고 하였습니다.
홍주 목사는 평소에 인심을 얻었기 때문에 비록 갑작스러운 변고를 당하였어도 백성들이 배반하지 않고 위아래가 힘을 합쳐 성에 둘러서서 굳건히 지킨 결과 적의 무리가 놀라서 달아났고 원흉은 처단되었으니 이야말로 나라의 큰 복입니다. 성을 지켜낸 장수들에게 특별히 은전을 베풀지 않을 수 없습니다. 조정에서 참작하여 집행하도록 해야 할 것입니다."
임금이 비준하여 추국청(推鞫廳)에 내려 보냈다.」
―〈선조실록〉(1596. 7. 23.(戊子)―

7월 3일(戊辰). 맑다. 순찰사(徐渻)가 도사(都事)와 함께 군영에 와서 활을 쏘았는데, 순찰사편이 또 졌다. 밤이 깊어서 돌아갔다.

7월 4일(己巳). 맑다. 경상도 영으로 가서 순찰사와 서로 만나 이야기하였다. 조금 있다가 배에 올라 같이 앉아서 포구 밖으로 나가니 여러 배들이 밖에서 열을 지어 있었다. 하루 종일 이야기하면서 선인암(仙人巖: 한산면) 앞 바다에 이르러 닻을 풀고 헤어졌는데, 서로 바라보며 읍(揖)을 하였다. 그 길로 우수사, 경상수사와 같은 배를 타고 들어왔다.

7월 5일(庚午). 맑다. 늦게 나가서 활을 쏘았다. 충청우후(元裕男)도 와서 같이 쏘았다.

7월 6일(辛未). 맑다. 이른 아침에 나가 공무를 보았다. 거제(安衛), 웅천(金忠敏), 삼천포가 와서 보았다. 이곤변(李鯤變)의 편지도 왔는데, 글 속에서 입석(立石)의 잘못을 많이 말하고 있었다. 우스웠다.

7월 7일(壬申). 맑다. 경상수사(權俊)와 우수사가 여러 장수들과 같이 왔다. 활을 3관(三貫) 쏘았다.

7월 8일(癸酉). 맑다. 충청우후(元裕男)가 와서 활 10순을 쏘았다.

7월 9일(甲戌). 맑다. 경상수사가 와서, 통신사들이 타고 갈 배에 돛을 준비하기가 어렵다는 말을 많이 하였다.(*〈빌려 썼으면 하는 뜻이 그 말 속에 나타난다.〉-초고.) ○오후에 활 10순을 쏘았다.

〈원균, 전라도병사로 임명〉

「○원균을 전라도병사로 임명하였다.(*8월 4일에 가서 또 임명하였다는 기록이 나온다.)」　　　　　　-〈선조실록〉(1596. 7. 10.(甲戌)-

(*〈선조실록〉에 의하면, 이날 홍산군(洪山郡)에서 이몽학(李夢鶴)이 반란을 일으켰다는 보고가 조정에 올라왔다. 이 변란에 연루되었다는 혐의로 의병장 김덕령이 8월 초에 붙잡혀 하옥되어 신문을 받고 결국 처형당하게 된다.)

7월 10일(乙亥). 맑다. 체찰사(李元翼)의 전령에, 황 첨지(黃愼)가 이제 명나라 사신을 따라가는 상사(上使)가 되고 권황(權滉)이 부사가 되어 근일에 바다를 건너가려고 하니(*사실은 박홍장(朴弘章)이 부사로 갔고 권황은 가지 않았다.-역자), 타고 갈 배 3척을 정비하여 부산에 와서 정박해 있도록 하라고 하였다. 충청 우후(元裕男), 사량 만호(金聲玉), 지세포 만호, 옥포 만호(李曇), 홍주 판관(朴崙), 전(前) 적도 만호 고여우(高汝友) 등이 와서 보았다.
○경상수사가 급보하기를, 춘원도(春院島)에 왜선 1척이 와서 정박해 있다고 하므로 여러 장수들을 정해 보내어 수색하도록 하였다.
(*〈새벽에 꿈을 꾸었는데, 어떤 사람이 화살을 멀리 쏘는 꿈이었고, 또 어떤 사람은 갓을 발로 차서 깨뜨리는 꿈이었다. 스스로 점을 쳐보니, 화살을 멀리 쏘는 것은 적들이 멀리 도망가는 것이고, 또 갓을 발로 차서 깨뜨리는 것은, 갓이란 머리에 올려놓는 것이므로 발로 차는 것이 적의 머리, 곧 괴수였으니, 왜적들이 모조리 섬멸되는 점일 것이다.〉-초고)

7월 11일(丙子). 맑다. 아침에 체찰사에게서 통지가 온 배 준비에 관한 일로 공문을 만들어 보냈다. ○늦게 경상수사가 와서 바다를 건너갈 격군 문제를 의논하였다.(*사신을 따라 바다를 건너갈 격군들의 군량 23섬을 다시 찧었더니 21섬이 되었다. 2섬 1말이 준 셈이다.-초고.)

7월 12일(丁丑). 맑다. 바다를 건너갈 격군들의 군량으로 백미 20섬, 중미 40섬을 차사원(差使員) 변익성(邊翼星)과 수사 군관 정존극(鄭存極)이 받아갔다. ○동년(同年) 남치온(南致溫)이 왔다.

7월 13일(戊寅). 맑다. 명나라 사신을 따라갈 사람들이 타고 갈 배 3척을 정비하여 보냈다. ○늦게 활 13순을 쏘았다.
(*〈저녁에 항복한 왜인들이 연극놀이판을 벌렸는데, 장수된 자로서 그냥 볼 수 없었지만, 귀화한 왜인들이 뜰에서 놀게 해 달라고 간청하므로 금하지 않았다.〉-초고.)

7월 14일(己卯). 비. 저녁에 고성 현감 조응도(趙凝道)가 와서 이야기하였다.

7월 15일(庚辰). 비가 뿌렸다. 경상수사, 전라우수사가 같이 모여 활을 쏘고 헤어졌다.

〈조선통신사 파견을 주장하는 유성룡〉
(*그간 조정에서는 일본에 통신사 파견 문제를 놓고 찬반양론이 격돌하고 있었으나, 이때에 와서 비변사에서는 〈문서와 폐백〉을 주어 사람을 보내야 한다고 임금에게 건의하였다. 그러자 사헌부와 사간원에서 다시 반대하고 나왔다. 그러나 유성룡은 통신사를 보내야 한다고 주장하고 있다.)

「○사헌부와 사간원이 연합하여 건의하였다.
"신 등은 전하의 비답(批答)에 '여러 사람의 의견이 대부분 보내지 않을 수 없다고 하기 때문에 먼저 의견대로 집행할 것이다.' 라고 한 내용을 보고 통분한 생각이 북받쳐 오름을 금할 수 없습니다.
설령 적들의 요구를 따르면 분쟁을 풀고 싸움을 종식시키게 되고 따르지 않는다면 화란이 당장 일어난다고 하더라도, 이번의 조치는 오히려 부끄러운 노릇입니다. 하물며 저 오랑캐로 말하면 변덕이 온갖 형태로 나와서 별의별 요구를 다 하고 나올 텐데 문서나 폐백 한 가지를 받고서 아무런 말썽도 부리지 않으려 하겠습니까. 비변사의 의견은 처음에는 한사코 거절하려 했던 것인데 지금은 안팎의 근심이 겹쌓였으므로 형편상 그만둘 수 없다고 합니다. 처음에는 (명나라 사신을 따라가는) 사람으로 해서 보내겠다고 핑계를 대다가, 마지막에는 문서와 폐백을 보내줄 것을 승인까지 하였습니다. 저들이 차츰차츰 더 요구하면 우리도 차츰차츰 그 요구에 응하면서 위협에 굴복하여 조금도 어기지 못하다보면, 신 등은 모르긴 합니다만, 땅을 떼어내 주고 신하 행세를 하며 온 나라가 오랑캐로 되는 것까지 달갑게 여기지 않겠습니까.

만약 만 대를 두고도 잊지 못할 원수를 갚는 문제를 대단치 않은 것으로 간주해 버린다면 의리는 없어지고 사람의 도리는 다시 찾아볼 길이 없을 것입니다.

대체로 세상의 일은 의리에 의거해야지 원칙을 어기고 이치를 거슬리면서 성사시킬 수 있었던 사람은 있어본 적이 없습니다. 이런 고식적인 일을 해서 설사 눈앞의 화를 늦춘다고 하더라도 이 세상에서나 후세에서나 죄를 짓는 것은 면할 수 없을 터인데, 화를 늦출 리 만무한 것이야 더 말할 게 있겠습니까. 이래서 신 등이 대궐문 앞에 엎드려 굳이 간쟁(諫爭)하면서 그칠 줄 모르는 것입니다. 사람들의 의견에 구애됨이 없이 문서와 폐백에 대한 지시를 빨리 취소하기 바랍니다."

선조: "이 제안 내용을 대신이 보도록 하라.
유성룡: 이 문제를 가지고 서로 대립하는 것은 말이 되지 않습니다. 이원익(겸4도 도체찰사)의 보고서를 보았는데, 그 역시 질질 끌면서 결정짓지 못하는 것을 안타깝게 여기고 있습니다.
선조: 우의정의 의견도 빨리 보내자는 것인가?
유성룡: 그렇습니다.
선조: 이미 토의 결정된 것이니 그렇게 하는 것이 좋겠다.
유성룡: 통신사를 들여보내야만 우리나라가 어느 정도 지탱할 수 있을 것입니다. 최근에 발생한 역적의 변란도 왜적의 변란 때문

에 생긴 것입니다. 일에는 경중(輕重)과 대소(大小)가 있는 법인데 나라의 존망 문제를 놓고 어찌 신하 한 사람쯤 보내지 않을 수 있겠습니까.

선조: 이미 토의해서 결정하였으니 대간의 의견을 따를 수 없다."」　　　　　　　　　　　-〈선조실록〉(1596. 7. 15.(庚辰)-

7월 16일(辛巳). 새벽에 비가 오고 늦게는 개었다. 이날 충청도 홍주(洪州)의 격군으로 신평(新平) 사는 사갓집 종 걸복(杰福)이 도망가다가 잡혀왔기에 효시(梟示)하였다. ○하동(申蓁), 사천(奇直男)의 두 고을원이 왔다.

7월 17일(壬午). 비가 뿌렸다. 충청도 홍산(鴻山)에서 큰 도적들이 일어났기 때문에 홍산 군수 윤영현(尹英賢)이 잡히고, 서천 군수 박진국(朴振國)도 잡혀갔다고 한다. 바깥 도적도 없애지 못하고 있는 이때 안 도적이 이러하니 참으로 가슴 아픈 노릇이다.
○남치온(南致溫)과 고성(趙凝道), 사천(奇直男)이 돌아갔다.

7월 18일(癸未). 맑다. 공문을 결재하여 보냈다. ○충청 우후(元裕男)와 홍주 반자(半刺: 判官)가 충청도 도적들의 사건을 듣고 와서 보고하였다. ○저녁에 들으니, 항복한 왜인 연은기(戀隱己), 여이(汝耳), 여문(汝文) 등이 남여문(南汝文)을 해치려는 흉모를 하고 있다고 하였다.

〈김덕령을 체포하라!〉
「○충청도 순찰사의 종사관인 신경행(辛景行)이 보고서를 올렸다.

"김덕령(金德齡)에 대한 말이 여러 차례 적의 입에 올랐으니 필시 내막이 있을 것입니다. 한쪽으로 도원수와 전라도 순찰사에게 불시에 체포해 놓고 조정의 조치를 기다리라고 공문을 띄웠습니다." 임금이 비준하여 추국청에 내려 보냈다.」

-〈선조실록〉(1596. 7. 18.(癸未)-

7월 19일(甲申). 맑다. 남여문(南汝文)에게 연은기(戀隱己), 여이(汝耳), 여문(汝文) 등의 목을 베게 했다. ○우수사가 와서 보고 돌아갔다. ○경상 우후 이의득(李義得)과 충청 우후(元裕男), 다경포 만호 윤승남(尹承男)이 왔다.

7월 20일(乙酉). 맑다. 경상수사가 와서 보았다. ○본영의 탐후선이 들어왔다. 어머님께서 평안하시다고 하니 다행, 다행이다. 그편에 충청도의 토적(土賊: 李夢鶴)이 이시발(李時發: 巡安御使)의 포수에게 맞아서 즉사했다는 것을 알게 되었다. 다행이다.

7월 21일(丙戌). 맑다. 늦게 나가서 공무를 보았다. 거제(安衛)와 나주(魚聖伋), 홍주 판관(朴崙)이 옥포(李曇), 웅천(金忠敏), 당진포(趙孝悅)와 같이 왔다. 통신사가 요청하는 표범 가죽(豹皮)을 가지러 본영으로 배를 보냈다. (*아들 회(薈)가 방자 수(壽)에게 매를 때렸다고 하므로 아들을 뜰 아래로 잡아내어 타이르고 가르쳤다. --초고.)

7월 22일(丁亥). 맑다. 순천의 고을 관리가 보낸 글에, 충청도의 토적들이 홍산(鴻山) 땅에서 일어났으나 목이 베어졌다고 하였다. 그리고 홍주 등 세 고을이 포위되었다가 간신히 벗어났다고 하였다. 참으로 비통한 일이다. ○낙안의 교대선이 들어왔다.

7월 23일(戊子). 큰 비가 왔다. 홍주 판관 박륜(朴崙)이 돌아간다고 보고하였다.

7월 24일(己丑). 맑다. 국기일이다(文宗 顯德王后 權氏의 제삿날). ○오늘, 새로 우물 파는 데를 가보았다. 경상수사(權俊)도 왔다. 거제(安衛), 금갑도(李廷彪), 다경포(尹承男)도 뒤따라 왔다. 샘의 수맥이 깊이 들어가고 근원도 길었다. ○오후에 돌아와 활 3관(貫)을 쏘았다.

7월 25일(庚寅). 맑다. 표피(豹皮)와 화문석(花紋席)을 통신사에게 보냈다.

7월 26일(辛卯). 맑다. 이전(李筌)이 체찰사(李元翼)로부터 표험(標驗) 3부를 가져왔는데, 하나는 경상수사에게 보내고 하나는 전라수사에게 보냈다. ○금부 나장이 윤승남(尹承男)을 잡을 일로 내려왔다.

7월 27일(壬辰). 맑다. 늦게 활터(射場)로 달려가서 길 수리하는 일을 녹도(宋汝悰)에게 일러주었다. ○다경포 만호 윤승남이 잡혀갔다.

7월 28일(癸巳). 맑다. 늦게 충청 우후(元裕男)와 같이 활을 쏘았다.

7월 29일(甲午). 맑다. 경상수사와 우후(李夢龜)가 와서 보았다. 충청 우후(元裕男)도 왔다. 과거장을 개설하라는 체찰사(李元翼)의 공문이 왔다.

7월 30일(乙未).   맑다. 늦게 조방장(金浣)이 와서 활을 쏘았다.
　　　○저녁에 탐후선이 들어와서 어머님께서 평안하신 줄 알았다.
　　　○밀지(密旨) 2통이 내려왔다. 전마(戰馬)도 들어왔다.

1596(丙申)년 8월

(*이달 나라 안에서 있었던 주요 사건을 〈선조수정실록〉에서 소개하면 다음과 같다. 참으로 읽는 사람으로 하여금 한편으로는 분통터지고 한편으로는 서글프게 하는 사건이다. 전쟁이 끝났을 때 만약 이순신이 죽지 않고 살아남았다면 혹시 이러한 운명에 처하지 않았을까 하는 생각에서 그의 자살설이 꾸며지게 된 배경이 되기도 한 것으로 추정된다.)

「○의병장 김덕령(金德齡)이 옥에 갇혀 고문을 받고 죽었다.
김덕령이 이때에 와서 이몽학(李夢鶴)의 반란에 가담했다는 누명이 씌워져 붙잡혀 와서 옥에 갇히고 임금이 친히 신문하였다.
정언(正言) 김택룡(金澤龍)이 건의하기를 "나라가 조금 안정되었으니 한 사람의 장수가 무엇이 대단하겠습니까. 당장 형벌을 가하여 처단함으로써 뒷날의 우환거리를 없애야 할 것입니다." 라고 하였다.
의금부에서 건장한 군사 1백여 명을 동원하여 굵은 밧줄로 동여매 놓고 형장을 치면서 신문을 하였는데, 형장을 수백 대나 맞느라고 다리뼈가 다 부러졌지만 태연하게 해명하면서 말과 기색을 굽히지 않았으나, 결국 죽었다.
남도의 군사와 백성들은 그가 죄 없이 죽었다는 말을 듣고는 원통해 하고 가슴 아파하였으며, 이때부터 남쪽 지방의 군사와 백성들은 김덕령의 일을 교훈삼아 용맹하고 힘이 있는 사람들은 모두 자취를 감추고 더는 의병이라고 하면서 일어나지 않았다.)

8월 1일(丙申). 맑다. 새벽에 망궐례를 행하였다. ○늦게 파지도(波知島) 권관 송세응(宋世應)이 돌아갔다. ○오후에 활터로 가서 말을 달리고 저물어서 돌아왔다. ○부산에 갔던 곽언수(郭彦守)가 돌아와서 통신사의 답장을 전했다.

8월 2일(丁酉). 비가 몹시 왔다.

8월 3일(戊戌). 맑다가 간혹 비가 뿌렸다. 조방장(金浣), 우후(李夢龜), 충청 우후(元裕男)가 와서 보고 활을 쏘았다.

8월 4일(己亥). 맑다. 동풍이 크게 불었다. 회(薈), 면(葂), 완(莞) 등이 나갔다. 정선(鄭愃)도 나갔다. 정사립(鄭思立)이 휴가를 받아 갔다.
(*〈회(薈), 면(葂), 완(莞) 등이 나갔다. ○아내의 생일이어서 헌수배(獻酬杯)를 올리러 갔다. 누대에 앉아 이들을 전송하다가 바람에 몸 상하는 줄도 몰랐다. 활을 몇 순 쏘다가 그만 그치고 들어오니 몸이 언 거북같이 되어 두꺼운 옷을 입고 땀을 내었다. 저물어서 경상수사가 문병 차 왔다 갔다. 밤에는 낮보다 한결 더 아파서 끙끙 앓으며 밤을 지냈다.〉-초고.)
(*7월 9일자에 이어 이날 조정에서는 또다시 충청도병사 원균을 전라도병사로 임명한다. 원균이 임금에게 전임 인사를 하는 것은 8월 12일(丙午)이다.)

〈역적들, 의병장 김덕령을 모함하다〉

「○임금이 별전에서 죄인 김덕령(金德齡)을 직접 신문하였다.
김덕령은 나이 30살이다. 심문 안건은 이러하였다.
"역적 한현(韓絢), 이몽학(李夢鶴) 등과 결탁하여 남몰래 연계를 가지면서 반란 모의를 함으로써 서로 응원하였다. 나라가 위태롭고 어지러운 때에 반역을 도모한 죄상이 여러 역적들의 진술에서 이루 다 셀 수 없이 나왔다.
한현의 진술에 의하면, 장수는 김덕령이라고 하였으며, 또 이몽학과 박승립(朴承立)이 김덕령을 만나서 군사를 출동시킬 문제를 함께 의논했다고 하였다.
유규(劉赳)의 진술에 의하면, 전라도에 김 장군이 있는데 이름은 익호장군(翼虎將軍)이라고 하였고 이업(李業)의 진술에는 장후재(張後載)가 김덕령에게 연락을 하였는데, 덕령은 형편을 보아서 하자고 하였다고 말했다.
여러 역적들의 진술은 서로 토의한 것도 아닌데 내용이 같았다. 흉악한 모략과 비밀 계책이 백일하에 훤히 드러나서 숨길 수 없다. 그것을 조작한 경위를 실지대로 솔직히 진술하게 할 것이다."

그가 진술한 말은 이러하였다.
"도적들의 말은 설령 그렇다 하더라도, 그 말이 사실이라면 모략을 꾸미고 내왕한 형적이 반드시 백일하에 드러나야 할 것입니다. 제가 임금 앞에서 진술하는 말은 옳으면 옳다고 하고 그르면 그르다고 할 것이지 어찌 감히 털끝만치라도 숨기겠습니까.
제가 나라를 위해 3~4년 동안 친척과 조상의 무덤을 버리고 변방에서 고생스럽게 주둔해 있었으니 나라에서 만약 알아준다면 틀림없이 큰 표창을 해주었을 것입니다. 저는 헛소문이 났던 까닭에 저 적의 무리들은 나라에서 저를 쓰지 못하도록 하였으며, 계속하여 시기하고 모함할 계책을 꾸민 것입니다.

제가 임금을 우러러 드러내 밝히지 않는다면 어디 가서 해명하겠습니까. 7월 14일에 도원수가 전달한 명령에는 "호서의 지방 도적 몇 천 명이 갑자기 나타났다. 그것을 소멸하기 위하여 몇 십 명의 기병을 데리고 도착하라."고 하였습니다. 저는 이 지시를 받고 마음속으로 나의 칼을 시험할 때가 왔다고 생각하고 즉시 운봉(雲峯)으로 달려갔다가 적들이 이미 잡혔다는 말을 듣고 돌아왔습니다. 14일에 명령을 받았고, 15일에는 단계(丹溪)에서 숙영하고, 16일에는 함양(咸陽)에서 숙영하고, 17일에는 운봉에 채 못 갔을 때 도원수가 다시 명령을 전달하기를, 적이 이미 궤멸되어 달아났다고 하는 것이었습니다. 저는 도원수의 명령이 혹시 위조인가 싶어서 다시 자세히 보니 틀림없이 도원수의 명령이었습니다. 그리하여 저는 진지로 돌아왔습니다. 이밖에는 진술할 말이 없습니다.

만일 서로 음모하고 편지 연락을 가진 일이 있었다면 비단 그때뿐만 아니라 반드시 이전부터 연계를 가졌거나 편지가 오갔을 것입니다. 시기심을 품은 적들이 저를 모함하기 위하여 무슨 말인들 못하겠습니까. 어찌 그들의 말만 가지고 그렇다고 하겠습니까. 저는 더 이상 할 말이 없습니다.…"

임금이 말했다. "(김덕령을 따라다닌) 최담령(崔聃齡)을 빨리 잡아오는 것이 좋겠다. 당장 선전관을 보내도록 하라. 덕령은 사람을 죽인 것이 많은데 이것만 해도 죽일 만하다. 심지어 이빈(李賓)은 자기를 지휘하는 장수인데도 그를 죽이려 했다고 하였으니, 그 죄도 큰 것이다."라고 하였다.」　　-〈선조실록〉(1596. 8. 4.(己亥)-

8월 5일(庚子).　맑다. 몸이 불편하여 공무를 보지 못했다. 가리포(李應彪)가 와서 보았다.

8월 6일(辛丑). 흐렸으나 비는 오지 않았다. 아침에 김 조방장(金浣)과 충청 우후, 경상 우후(李義得) 등이 문병을 왔다. ○당포 만호(安以命)가 와서 말하기를, 자기 모친의 병환이 중하다고 하였다. ○경상수사와 우수사가 와서 보았다. 배 조방장(裵興立)이 들어왔다가 날이 저물어서 돌아갔다.

8월 7일(壬寅). 비. 비. 늦게 개었다. 몸이 불편하여 공무를 보지 않았다. 서울에 편지를 썼다. ○이날 밤 땀이 위아래 옷을 다 적셨다.

8월 8일(癸卯). 흐렸으나 비는 오지 않았다. 강희노(姜凞老)가 와서 남해(朴大男)의 병이 차츰 나아간다고 하였다. 같이 밤이 들도록 이야기하였다. ○의능(義能: 僧將)이 와서 생마(生麻) 120근을 바쳤다.

8월 9일(甲辰). 흐리다. 아침에 수인(守仁: 僧將)이 생마 330근을 바쳤다. ○마량 첨사 김응황(金應璜)이 아래에 있다가 나갔다. ○늦게 나가서 공무를 보고 활 10순을 쏘았다.

8월 10일(乙巳). 흐리다. 아침에 충청 우후가 문병을 왔다가 그대로 조방장(金浣)과 아침 식사를 같이 하였다. ○몸이 몹시 불편하여 두 시간이 넘게 베개를 베고 누워 있었다. ○늦게 두 조방장과 충청우후를 불러서 상화떡(霜花糕)을 같이 맛보았다. ○어둘 녘에 달빛은 비단 같고 나그네 회포가 그지없어 잠을 이루지 못하였다. (*〈아침에 송한련(宋漢連)에게 생마 40근을 그물을 만들기 위해 보내 주었다.〉-초고.)

8월 11일(丙午).   맑다. 큰 바람이 불었다. 배 조방장(裵興立)과 같이 아침 식사를 하고, 그와 같이 활터로 가서 말 달리는 것을 구경하고 돌아왔다. ○초저녁에 거제(安衛)가 급보하기를, 왜선 1척이 등산(登山)으로부터 송미포(松美浦)로 들어온다고 하였다. 밤 10시에 또 보고하기를, 아자포(阿自浦)로 옮겨가서 정박하고 있다고 하므로, 배를 지정하여 보낼 때쯤, 또 보고하기를, 견내량으로 넘어간다고 하였다. 그래서 복병장에게 쫓아가서 잡으라고 하였다.

〈원균에게 말을 하사하는 선조〉

「○전라도 병사 원균(元均)이 임지로 떠나는 인사를 올렸다.

임금이 말하기를 "경(卿)이 나라를 위하여 힘껏 일하였고 충성과 용맹을 발휘한 성의는 옛사람에 비해 보더라도 드문 일이다. 나는 이전부터 경을 좋게 여겨 왔는데 보답할 만한 것이 없다. 이제 멀리 떠나게 되는데 직접 바래주고 싶지만 마침 건강이 좋지 못하여 뜻대로 못한다. 내사복시(內司僕寺)에 있는 좋은 말 한 마리를 주어 나의 뜻을 표하니 경은 받으라."고 하였다.」

-〈선조실록〉(1596. 8. 11.(丙午)-

8월 12일(丁未).   맑다. 동풍이 몹시 불어 동쪽을 향해 가는 배는 도무지 내왕할 수가 없었다. 오랫동안 어머님의 안부를 듣지 못하여 몹시 답답하였다. ○우수사가 와서 보았다.

8월 13일(戊申).   흐리다. 동풍이 크게 불었다. 충청 우후와 활을 쏘았다. ○이날 밤 땀이 흘러 등을 적셨다.

8월 14일(己酉).　흐리다. 동풍이 연달아 불었다. 벼들이 상했다고 하였다. ○배 조방장(裵興立)과 충청우후와 함께 이야기하였다.

8월 15일(庚戌).　새벽에 비가 왔다. 늦게 우수사, 경상수사, 두 조방장(金浣, 裵興立)이 충청 우후, 경상 우후(李義得), 가리포(李應彪), 평산포(金軸) 등 19명의 장수와 함께 모여 이야기하였다.

8월 16일(辛亥).　맑다. 남풍이 크게 불었다. 강희노(姜熙老)가 남해로 돌아갔다. ○몸이 불편하여 하루 종일 누워서 끙끙 앓았다. ○저녁에 체찰사가 진주성(晋州城)에 도착했다는 공문이 왔다.

8월 17일(壬子).　맑다. 경상수사, 충청우후, 거제(安衛)가 와서 보았다. ○체찰사에게 문후(問候)드릴 사람을 내어보냈다.

8월 18일(癸丑).　개었다 비가 오다 하였다. 자정에 사문(赦文: 옛날 나라에 경사가 있을 때 죄인을 풀어주는 은사를 내리는 조칙문)을 가지고 오는 차사원(差使員)으로 구례 현감(李元春)이 들어왔다. ○땀이 시도 때도 없이 흘러내렸다.

8월 19일(甲寅).　흐렸다 개었다 하였다. 새벽에 여러 장수들과 함께 사문(赦文)에 숙배를 올리고 그대로 같이 아침 식사를 한 후, 구례(李元春)는 돌아가겠다고 하였다. ○송의연(宋義連)이 본영으로부터 들어오면서 울(蔚)의 편지를 가지고 왔는데, 어머님께서 내내 평안하시다니 다행, 다행이다. ○늦게 거제(安衛), 금갑도(李廷彪)가 와서 이야기하다.

〈고문당하여 죽은 의병장 김덕령〉

「○김덕령을 3차례 형장으로 신문하였다. 형장 30대를 쳤으나 이전의 진술과 차이가 없었다.
추국청에서 건의하였다. "김덕령을 3차례나 형장으로 신문하였으나 자복을 하지 않는 상황에서 형장을 더 쳐야겠으나 숨이 겨우 붙어서 이름도 대지 못합니다. 만약 곧바로 죽어버리게 되면 죄상을 알아낼 수 없을 것이므로 내일 고문할 것을 청합니다."
임금이 대답하였다. "건의한 대로 하라."」
-〈선조실록〉(1596. 8. 19.(甲寅)-

「○김덕령을 다시 신문하였다. 6차례 형장으로 신문하였으나 자복하지 않았다.」   -〈선조실록〉(1596. 8. 21.(丙辰)-

「○추국청에서 건의하였다.
"김덕령은 이미 형장을 맞고 죽었습니다. 이 사람은 이전부터 용맹하고 힘이 세다고 헛소문이 났었습니다. 이번에 죄를 받은 이유에 대하여 외부 사람들 속에서는 혹시 그 사건내막을 모르는 사람이 많을 것이고 그가 데리고 있던 부대 안의 장병들도 아마 의구심이 없지 않을 것입니다. 죄인 심문의 전후 사실을 자세히 갖추어 부대 안의 여러 군사들에게 알리는 동시에 남아있는 군사들도 다 무마해 줌으로써 스스로 안심하여 의심이 없도록 하는 것이 대책상 적합할 것입니다.…"」   -〈선조실록〉(1596. 8. 23.(戊午)-

「○승정원에 지시하였다.
"김덕령은 이미 죽었고 그의 군사를 통솔할 장수가 없다. 듣자니 그의 군사는 원래 수십여 명에 불과했다고 한다. 만일 헤쳐 버리겠

으면 그만이지만 헤치지 않겠으면 그를 대신하여 통솔할 장수가
있어야 할 것이다.
그의 별장인 최담령(崔聃齡)은 내가 이전에 그의 사람됨을 보았고
함께 이야기도 해보았는데 용맹이 남보다 뛰어나고 궁리도 있는
사람이었다. 또한 글을 좀 알 뿐만 아니라 설치는 태도도 없었다.
이 사람으로 그의 군사를 대신 통솔하도록 하려고 한다.
그러나 지극히 어려운 것은 사람을 아는 문제이다. 체찰사를 시켜
서 본인을 불러 그의 인품이 군사를 대신 통솔할 만한지를 알아보
고서 처리하도록 하는 것이 어떻겠는가? 이렇게 하면 부하들의 마
음도 안정시킬 수 있을 것이다. 비변사에 이야기하도록 하라."」
　　　　　　　　　　　-〈선조실록〉(1596. 8. 25.(庚申)-

　(*앞에서 의병장 김덕령(金德齡)을 역모에 가담했다는 〈모함〉을 덮어
씌워서 결국 형장을 쳐서 죽이는 과정을 보았다.
도원수 권율이 보낸 지휘 문서 한 통만 확인해보면 그의 무죄가 바로
밝혀질 텐데도, 선조와 조정의 높은 관리들은 "죄인들의 입에서 그의
이름이 오르내렸다"는 이유 하나만으로, 그간 집과 고향을 떠나 나라
를 위해 왜적과 싸우던 뛰어난 장수 하나를 이처럼 비참하게 죽이고
나서는 결국 그의 휘하에서 따르던 자(최담령)에게 그 부대를 대신 지
휘하게 하고 있는 것이다.
선조의 사람 쓰는 태도 가운데 가장 특징적인 것은, 그가 인사상의 최
대의 원칙인 "疑人勿用, 用人勿疑(의인물용, 용인물의)", 즉 "의심나는
사람은 쓰지 말고, 일단 쓴 사람은 의심하지 말라."는 고전적인 인사
원칙을 전혀 지키지 않고, 듣기 좋은 말을 하는 간신배들을 주로 중용
하고, 정작 나라를 위해 목숨까지 바치려는 사람들은 의심하여 죽이는
태도를 일관되게 유지하였다는 것이다.)

(*의병장 김덕령이 모함당하여 고문당하고 죽은 과정을 〈선조수정실록〉(1596년 8월)에서는 다음과 같이 기록하고 있다.)

「○의병장 김덕령(金德齡)이 옥에 갇혀 고문을 받고 죽었다. 김덕령이 (충청도 홍산(鴻山)에서 일어난 반란군을 진압하기 위한) 출동명령을 전달받은 즉시 부대를 이끌고 길을 떠났지만, 역적이 평정되었다는 소식을 듣고는 진으로 돌아갔다. 이때에 와서 (이몽학(李夢鶴)의 반란에 가담했다는 누명이 씌워져) 붙잡아다 신문하려고 했는데, 조정에서는 그가 본래 뛰어나게 용맹하고 힘이 세다는 말을 듣고는 잡히지 않으려 할까봐 근심하면서 여러 가지 방책을 세우고 도망치지 못하도록 해놓았다.

덕령이 붙잡혀 옥에 갇히자 임금이 친히 신문하였다. 덕령이 대질심문을 해도 믿을 만한 증거가 나오지 않았지만, 그의 뛰어난 평판을 병사 이시언(李時言) 등이 시기하여 왔고, 또 조정에서는 그가 용맹하고 사나워서 통제하기 어려울 것 같았으므로 적당한 기회에 제거하려던 참이었다. 그래서 많은 사람들이 내버려 두어서는 안 된다고 말했고 임금도 그렇게 생각했었다.

그러나 일단 대질심문까지 시킨 뒤에도 임금은 오히려 그를 죽이기 아까워하였으나 의금부 판사 최황(崔滉) 등은 당장 형장을 치면서 심문하자고 청하였다. 임금은 두세 번씩이나 망설였으나 결국 감히 구원하지는 못하였다.

정언(正言) 김택룡(金澤龍)이 건의하기를 "**나라가 조금 안정되었으니 한 사람의 장수가 무엇이 대단하겠습니까. 당장 형벌을 가하여 처단함으로써 뒷날의 우환거리를 없애야 할 것입니다.**"라고 하였다.

임금은 김덕령이 변란에 임할 때의 태도가 어떠하였는지 도원수에게 묻고 그의 부하들인 최담령(崔聃齡)과 최강(崔堈) 등에게도 따져 물어보도록 지시하였으나 그의 혐의에 관한 어떤 단서도 잡지 못했다.

김덕령이 옥에 갇혀 있은 지 여러 날이 되자 임금은 그가 변란이라도 꾸밀 것 같아서 자물쇠를 단단히 잠그라고 지시하였다.

의금부에서 건장한 군사 1백여 명을 동원하여 굵은 밧줄로 동여매 놓고 강대한 적을 방비하는 것처럼 밤낮 둘러싸고 지켰다. 결국 형장을 치면서 심문을 받았는데, 형장을 수백 대나 맞느라고 다리뼈가 다 부러졌지만 태연하게 해명하면서 말과 기색을 굽히지 않았다.

단지 말하기를, "신은 만 번 죽어 마땅한 죄를 지었습니다. 계사년에 어머니가 돌아가셨으나 3년 거상을 치르지 않고 한 하늘을 이고 살 수 없다는 원수를 갚으려고 부모의 정을 끊은 채 군복으로 갈아입고 무기를 들고 떨쳐 일어났습니다. 여러 해나 군사를 따라 다니면서도 조그마한 공로도 세우지 못하였으니 충성을 다하지 못하고 도리어 효성만 저버린 것이 되었습니다. 죄가 이 지경에까지 이르렀으니 만 번 죽어도 피할 길이 없습니다.

신은 지금 죽음에 임하여 더는 할 말이 없습니다. 다만 신이 모집한 용맹한 군사 최담령 등이 죄 없이 갇혀 있으니 죽이지 말고 써주기 바랍니다."

라고 하면서 처음부터 끝까지 다른 말을 하지 않고 죽었다.

김덕령은 군사를 일으킨 후 3년 동안에 왜적과 화의에 대한 논의가 한창 일어나는 바람에 왜적과 맞붙어 싸워보지는 못했지만, 왜적들은 그를 두려워하여 그의 진에 감히 접근하지 못하였다. 한번은 왜적이 진을 치고 있는 곳에서 범 두 마리를 맨손으로 때

려잡아 그들에게 팔아주니 왜적들이 탄복하였다.

이때에 와서 그가 죽었다는 말을 듣고 왜적들은 모두들 기뻐하면서 서로 축하하였다.

남도의 군사와 백성들이 늘 그를 크게 믿고 있었는데, 그가 죄 없이 죽었다는 말을 듣고는 원통해 하고 가슴 아파하지 않는 사람이 없었다. 이때부터 남쪽 지방의 군사와 백성들은 덕령의 일을 교훈삼아 용맹하고 힘이 있는 사람들은 모두 자취를 감추고 더 이상 의병(義兵)이라고 일어나지 않았다.

최담령과 최강령(崔崗領)을 용서하고 덕령이 모집하였던 군사들은 영남과 호남의 두 방어사에 나누어 소속시켰다.

최담령은 용맹이나 힘이 김덕령과 대등한 것으로 이름났는데, 이때부터는 어리석고 비겁한 척하면서 자신을 묻어버렸다. 덕령의 매부 이인경(李寅卿) 역시 대담하고 용감하였으며 지혜와 꾀가 있었다. 여러 번 싸움에 참가하여 왜적을 치는 데 공로가 있었지만 늘 김덕령이 당한 화를 교훈으로 삼았다. 그 후 변경 고을 수령으로 임명되었으나 즉시 아프다는 핑계를 대고 물러나서는 죽을 때까지 큰 장수로 되지 않았다. 그래서 제명대로 살다 죽을 수 있었다.」 —〈선조수정실록〉(1596년 8월)—

8월 20일(乙卯). 동풍이 크게 불었다. 새벽에 전선을 건조할 재목 끌어내릴 일로 전라우도 군사 300명, 경상도 100명, 충청도 300명, 전라좌도 390명을 송희립이 인솔하고 갔다. ○늦은 아침에 조카 봉(菶), 해(荄), 완(莞)과 아들 회(薈), 면(葂)이 최대성(崔大晟), 윤덕종(尹德種), 정선(鄭愃) 등과 같이 들어왔다.

8월 21일(丙辰). 맑다. 식후에 활터에 나가 앉아서 아들들에게 활쏘기도 익히고 또 말을 달리면서 활 쏘는 것도 익히게 하였다. 배 조방장(裵興立), 김 조방장(金浣)이 충청 우후와 함께 와서 점심을 같이 먹고 저물어서 돌아왔다.

8월 22일(丁巳). 맑다. 경상수사가 와서 만났다.

8월 23일(戊午). 맑다. 활터에 가보았다. 경상수사도 와서 같이 갔다.

8월 24일(己未). 맑다.

8월 25일(庚申). 맑다. 우수사, 경상수사가 와서 보고 돌아갔다.

(*이날 조정에서는 선조가 또다시 몸의 병을 핑계로 세자에게 양위를 하겠다는 말을 끄집어냄으로써 이의 철회를 요청하는 상소가(9월 2일까지 계속되었다.) 모든 신하들은 국가 대사를 손에서 놓고 그저 선조에게 양위해서는 안 된다고 극력 진술하면서 양위 의사를 거두어들이도록 하기 위하여 소란법석을 떨었다.)

8월 26일(辛酉). 맑다. 새벽에 배를 출발하여 사천에 이르러 유숙하였다. 충청 우후(元裕男)와 종일 이야기하고 헤어졌다.

8월 27일(壬戌). 맑다. 아침 일찍 출발하여 사천에 이르렀다. 오후에 그대로 진주성으로 향해 가서 체찰사(李元翼)를 만나 뵙고 하루 종일 의논하였다. 경상우도 병사 김응서(金應瑞)도 왔다가 곧 돌아갔다. ○저물어 진주 목사(羅廷彦)의 처소로 돌아와서 잤다.

8월 28일(癸亥). 맑다. 이른 아침에 체찰사한테 나아가서 하루 종일 보고하고 결재 받고, 초저녁이 된 뒤에야 진주 목사의 처소로 돌아와서 목사와 밤이 되도록 이야기하고 파했다.

8월 29일(甲子). 맑다. 일찍 출발하여 사천에 이르러 아침 식사를 한 후 그대로 배가 있는 곳으로 왔다. 고성(趙凝道)도 왔다. 삼천포와 이곤변(李鯤變)이 뒤따라 와서 밤이 되도록 이야기하고 구라량(仇羅梁)에서 잤다.

1596(丙申)년 윤8월

(*이 달에 있었던 나라 안 주요 사건을 〈선조수정실록〉에 의거 요약하면 다음과 같다.
○한 달 내내 선조의 양위 의사를 철회시키기 위한 신하들의 끈질긴 항의 시위가 계속되었다.
○한효순(韓孝純)을 한산도에 보내어 방어하고 있는 군사들에게 무과시험을 치러 합격시켰다. 통제사 이순신의 청에 따른 것이었다.)

윤8월 1일(乙丑). 맑다. 일식(日食)이 있었다. 이른 아침에 비망진(飛望津)에 이르러 이곤변(李鯤變) 등과 아침 식사를 같이 하고 서로 작별하였다. 저물어 진중에 이르니 우수사(李億祺), 경상수사(權俊)가 밖에 나와서 기다리고 있었다. 우수사와 서로 이야기하였다.

윤8월 2일(丙寅). 맑다. 여러 장수들이 와서 만나보았다. 늦게 경상수사와 우수사가 와서 이야기하였다.

윤8월 3일(丁卯). 맑다.

윤8월 4일(戊辰). 비. 비. 이날 밤 10시에 땀을 흘렸다.

윤8월 5일(己巳). 맑다. 활터에 가서 아이들이 말 달리며 활 쏘는 것을 구경하였다. ○하천수(河千壽)가 체찰사에게로 갔다.
(*이날 이순신은 체찰사 이원익에게 휴가를 청원하는 편지를 썼다.)

〈체찰사 이원익에게 올린 이순신의 휴가 청원서〉
「살펴보건데, 세상일에는 부득이한 경우도 있고, 인정에는 더할 수 없이 간절한 대목도 있는데, 이처럼 더할 수 없이 간절한 인정으로 부득이한 경우를 만나게 되면, 차라리 가정을 잊어야 할 큰 의리(즉, 국가 대사)에는 죄를 지을지언정 어버이를 위하는 사심(私心) 쪽으로 굽혀질 수밖에 없는 경우도 있는 듯합니다.

저에게는 늙으신 어머님이 계시는데, 올해 여든 하나입니다. 임진년 첫 무렵에 모두 함께 왜적에게 불태워질까 두려워서 혹시 구차하게라도 보전해 볼까 하여 마침내 온 가족이 배를 타고 남쪽으로 내려와 순천 땅에서 피난살이를 하였습니다. 그때에는 다만 모자가 서로 만나는 것만을 다행으로 여겼을 뿐 다른 것은 생각할 여유가 전혀 없었습니다.

그러다가 이듬해 계사년(癸巳年)에는 명나라 황제의 군사들이 휩쓸고 내려오니 적들은 숨고 도망가서, 이때 비로소 떠돌던 백성들은 자기 고향 땅을 그리워하게 되었습니다. 그러나 적들은 하도 음흉하여 속임수가 많고 온갖 나쁜 꾀들을 다 부리니, 비록 지금은 한 모퉁이에 진을 치고 있다고 하나 어찌 그냥 계속 가만히 있겠습니까. 만약 적들이 다시 무지막지하게 쳐들어온다면 이는 곧 어버이를 주린 범의 아가리 속에 남겨두는 격이 되겠기에 얼른 되돌아가지 못한 채 오늘에 이르렀습니다.

용렬한 재목에 지나지 않는 제가 외람되게도 무거운 소임을 맡고 있는바, 일에는 허술히 해서는 안 될 책임이 있고 몸은 자유로이 움직일 수 없는 처지여서, 다만 어버이 그리는 정만 더해 갈 뿐 자식 걱정하시는 어버이의 마음을 위로해 드리지 못하고 있습니다.

자식이 아침에 나가서 돌아오지 않으면 문밖에 서서 바라본다고 하시는데, 하물며 못 뵌 지가 이미 삼년이나 되었으니 오죽 하오리까.

얼마 전에 집의 하인 편에 글월을 보내셨는데, "늙은 몸에 병이 나날이 심해지니 남은 생이 얼마나 되겠느냐, 죽기 전에 너의 얼굴을 다시 한 번 보는 게 소원이다."고 하셨습니다.

아! 남이 듣더라도 눈물이 날 말씀인데, 그 자식의 마음이야 어떠하겠습니까. 그 말씀을 보고 난 이후부터는 마음이 더욱 산란하여 다른 일에는 관심조차 없어졌습니다.

제가 지난날 계미년(癸未年)에 함경도 건원보(乾原堡) 권관(權官)으로 있을 적에 부친께서 돌아가셔서 천리 길을 달려가서 상을 치룬 적이 있었으나, 살아 계실 때 약 한 첩 못 달여 드리고 돌아가실 때 영결조차 못했던지라, 그것이 평생의 한으로 남아 있습니다.

이제 모친께서는 연세가 이미 여든이 넘으시어 해가 서산에 닿은 듯한데, 만일 하루아침에 다시는 모실 길이 없는 슬픔을 만나게 된다면 이는 제가 또 한 번 불효자식이 될 뿐더러 모친께서도 지하에서 눈을 감으시지 못할 것입니다.

제 생각에는, 왜적들이 화친을 청해 왔으나 이는 말하자면 터무니없는 화친입니다. 황제의 사신들이 내려온 지가 언제인데 적들은 여태까지 바다를 건너가려는 흔적조차 보이지 않으니, 앞으로 닥쳐올 화란이 지난날의 그것보다 더 심할 듯합니다.
그러므로 이 겨울에 모친을 찾아가 뵙지 못하면 봄철 방비는 더욱 급박해져서 도저히 진영을 떠날 수가 없을 것입니다.
각하께서는 저의 이 애틋한 마음을 살피셔서 며칠간의 말미를 주신다면, 배를 타고 가서 한 번 뵘으로써 늙으신 어머님의 마음에 조금이나마 위로가 될 수 있을 것입니다.
혹시 그 사이에 무슨 변고가 생긴다면 어찌 각하의 허락을 받았다는 이유로 감히 중대한 일을 그르겠습니까.」

〈붙임: 답서〉

「지극한 정성에서 나오는 바는 피차간에 같습니다. 이 글은 다른 사람의 마음을 감동시킵니다. 그러나 공의(公義)에 관계된 일이므로 감히 얼른 가라거나 말라거나 하기가 어렵습니다.」

(*답서는 편지 뒤에 붙어 있었다.)
(*이원익(李元翼) 체찰사가 답서에서도 말했듯이, 참으로 읽는 사람의 마음을 감동시키는 글이다. 이처럼 감동시킬 수 있는 이유는, 이 글에 조금의 거짓도 과장도 없는 순수하고 진솔한 효도의 감정을 꾸밈없는 문장으로 그대로 표현하였기 때문이다.

편지에는 이것을 쓴 날자가 나타나 있지 않지만, 뒤에 이어지는 〈난중일기〉에서 보면, 진주에 있는 이원익 체찰사에게 이 편지를 하천수(河千壽) 편으로 보내고, 8일에 답서를 받고, 12일에 어머님을 찾아가 뵈었고, 그 후 체찰사의 연해안 순시를 동행하고, 10월 1일 어머니를 모시고 여수 본영으로 와서, 10월 7일에 수연 잔치를 베풀고, 10일에 어머니를 떠나서 한산도 본영으로 돌아온다.
따라서 이 휴가청원서를 쓴 것은 윤8월 5일경으로 추정된다.
이순신의 어머니는 당시 81세로 이듬해(丁酉年) 4월 11일 여수에서 아산으로 돌아가던 배 안에서 별세하였다.
정유년 이순신이 옥에서 풀려나온 것은 4월 1일이고, 백의종군 남행길에 아산에 들렀을 때에 모친상을 맞게 된다.)

윤8월 6일(庚午). 맑다. 식후에 경상수사와 우수사와 함께 활터에 가서 말 달리며 활 쏘는 것을 구경하고 저물어서 돌아왔다. ○방답첨사(張麟)가 진에 왔다.

윤8월 7일(辛未). 맑다. 아산의 종 향시(向是)가 들어왔다.

윤8월 8일(壬申). 맑다. 식후에 활터에 가서 말 달리며 활 쏘는 것을 구경하였다. 광양(李咸臨), 고성(趙凝道)이 시관(試官)으로 선정되어 들어왔다. 하천수(河千壽)가 진주로부터 돌아왔다.
(*수군진영 안에서 수군 병사들을 상대로 무관시험을 치르게 해달라는 이순신의 청이 받아들여져서 무관선발 시험을 치기 위한 시험 감독관이 정해져 온 것이다.)

윤8월 9일(癸酉). 맑다. 아침에 광양 현감(李咸臨)이 교서에 숙배를 올렸다. ○봉(菶), 회(薈)와 김대복(金大福)이 교지(官敎)에 숙배를 올리고 나서 그들과 이야기하였다. ○이날 저녁 우수사와 경상수사가 와서 이야기하였다.

윤8월 10일(甲戌). 맑다. 우수사, 경상수사, 배 조방장(裵興立)이 같이 왔다. 밤 10시에 파하고 돌아갔다.

윤8월 11일(乙亥). 맑다. 체찰사를 모시는 일로 출발하여 당포(唐浦)에 이르렀다. 초저녁에 체찰사에게 문안 갔던 사람들이 돌아왔는데, 14일에 떠난다고 하였다.

윤8월 12일(丙子). 맑다. 하루 종일 배를 빨리 저어 밤 10시에 어머님 앞에 이르니 백발이 무성하였는데, 나를 보고는 놀라 일어나셨다. 눈물을 머금고 서로 붙들고 앉아서 밤새도록 위로하여 마음을 기쁘게 해드렸다.

윤8월 13일(丁丑). 맑다. 아침 식사를 할 때 곁에서 모시고 앉아 진지를 떠드리니 대단히 기뻐하시는 빛이었다. 늦게 하직인사를 드리고 본영으로 돌아왔다. 오후 6시경(酉時)에 작은 배를 타고 밤새도록 노를 재촉하였다.

윤8월 14일(戊寅). 맑다. 새벽에 두치(豆峙)에 이르니 체찰사(李元翼)와 부사(韓孝純)가 어제 이미 와서 자고 갔다고 하였다. 점고(點考)하는 장소로 뒤따라 갔다가 소촌찰방(召村察訪)을 만날 수 있었다. 일찍 광양현에 도착했는데, 지나온 지역들이 온통 쑥대밭

이 되어 그 참혹한 꼴은 차마 눈으로 볼 수 없었다. 잠시 전선 정비하는 일을 면제해 주어 군사와 백성들의 수고를 덜어주어야겠다.

윤8월 15일(己卯). 맑다. 일찍 떠나 순천에 도착하니 체찰사 일행은 순천부 안으로 들어갔다고 하였다. 그래서 나는 정사준(鄭思竣)의 집에 투숙하였다. 순찰사도 와서 그와 같이 이야기하였다.

윤8월 16일(庚辰). 맑다. 이날은 그대로 (순천에) 머물렀다.

윤8월 17일(辛巳). 맑다. 늦게 (체찰사 일행과 함께) 낙안군(樂安郡)으로 향해 가니 이호문(李好文)과 이지남(李智男) 등이 와서 만났는데, 온갖 폐단들이 전적으로 수군 때문에 생긴다고 말했다.

윤8월 18일(壬午). 맑다. 종사관 김용(金涌)이 상경했다. 일찍 떠나 양강역(陽江驛)에 이르렀다. 점심을 먹은 후 산성(山城: 고흥군 남양면 대곡리)에 올라가서 멀리 바라보며 각 포구와 여러 섬들의 위치를 가리켜 주고 그 길로 흥양(興陽)으로 향했다. 저물어 흥양 고을에 이르러 향소(鄕所)의 청(廳)에서 잤다. ○어둘 녘에 이지화(李至和)가 와서 만나보았다.

윤8월 19일(癸未). 맑다. 출발하여 녹도(鹿島)로 향하여 가는 길에 도양(道陽)의 둔전을 살펴보았는데, 체찰사는 무척 기뻐하는 기색이었다. 녹도에 이르러 잤다.

윤8월 20일(甲申). 맑다. 일찍 떠나 배를 타고 체찰사와 부사와 함께 앉아 종일 군사에 관한 이야기를 하였다. 늦게 백사정(白沙汀)에 이르러 점심을 먹은 뒤에, 그 길로 장흥부에 이르러 나는 동헌에서 잤다. ○김응남(金應男)이 와서 만나보았다.

윤8월 21일(乙酉). 맑다. (장흥에서) 유숙하였다. 종사관 정경달(丁景達)이 와서 만나보았다.

윤8월 22일(丙戌). 맑다. 늦게 육군의 병영에 이르러 병사(元均)와 서로 만나보았다.

윤8월 23일(丁亥). 맑다. 병영에서 그대로 머물렀다.

윤8월 24일(戊子). (*체찰사는 따로 가고) 나는 부사와 함께 가리포(加里浦)로 갔는데, 가리포에 도착하니 우도 우후 이정충(李廷忠)이 먼저 와 있었다. 같이 남망(南望)으로 올라가보니 좌우로 적들이 다니는 길과 여러 섬들을 하나하나 똑똑히 파악할 수 있는 참으로 중요한 요충지였다. 그러나 형세가 몹시 외롭기 때문에 이진(李津)으로 옮겨 합칠 수밖에 없다.

윤8월 25일(己丑). 일찍 떠나 이진(李津: 해남군 북평면 이진리)에 도착했다. 점심을 먹은 후 그대로 해남으로 가는 도중에 김경록(金敬祿)이 술을 차고 와서 만나보았다. 어느새 날이 저물어 횃불을 들고 길을 걸어 밤 10시 경에 해남에 도착했다.

윤8월 25일(己丑). 맑다. 일찍 떠나 우수영(右水營)에 도착했다. 나는 태평정(太平亭)에서 자면서 우 우후(李廷忠)와 이야기하였다.

윤8월 27일(辛卯). 맑다. 체찰사(李元翼)가 진도(珍島)로부터 우수영(右水營)으로 들어왔다.

윤8월 28일(壬辰). 비가 조금 왔다. 우수영에서 머물렀다.

윤8월 29일(癸巳). 비가 조금 왔다. 이른 아침에 출발하여 남리역(南利驛: 해남군 황산면 남리리)에 도착했다. 오후에는 해남현(海南縣)에 도착했다. ○소국진(蘇國秦)을 본영으로 보냈다.

1596(丙申)년 9월

(*이 달에 있었던 주요 사건을 〈선조수정실록〉에서 발췌하여 기록하면 다음과 같다.
○이원익(李元翼)을 조정으로 소환하였다.
　이원익은 부임하는 곳마다 그곳 백성들의 고통을 알아보고는 규정 외의 부역을 면제해 주자고 건의하여 백성들을 안착시키는 데 전심전력하였으므로 백성들이 매우 기뻐하였다.
○황제의 조서를 전하러 가는 사신이 일본에 가니 관백이 숙소를 굉장히 훌륭하게 꾸며 접대하였다. 하루 밤에 지진이 일어나 숙소 건물이 넘어지자 곧 다시 장막을 치고 다른 건물에 맞아들였다.
　그러나 수길(秀吉)은 언행이 거만하여 다리에 종기가 났다고 거짓말을 하면서 절을 할 때 무릎을 굽히지 않았다. 사신 양방형(楊方亨) 등을 매우 정성스럽게 대접하다가도 갑자기 성을 내어 꾸짖기를 "우리가 조선의 신하와 두 왕자를 놓아 보내주었으니 조선에서는 응당 왕자가 와서 사례해야 할 텐도 벼슬이 낮은 신하가 왔으니 이것은 우리를 깔보는 것이다. 우리가 황제의 은혜를 받는 데 대해서는 더없이 감격하지만 조선에 대해서는 군사를 더 보내야겠다."라고 하였다.
　또 사람을 시켜 황신 등을 꾸짖기를 "조선은 네 가지 큰 죄를 지었다. 왕자를 놓아 보내준 후에도 아직까지 사례하러 오지 않았고, 사신은 한사코 지위 낮은 관리로 구차스럽게 채워 넣어 보냈다. 너희는 작은 나라로서 이전부터 우리를 깔보면서 해마다 공물도 바치지 않았고 조회하러 오지도 않았으며, 또 책봉문을 전달하러 오던 사신들이 도망쳐 돌아간 것도 모두가 너희 나라에서 한 짓이다."라고 하면서 임금의 편지와 예물을 다 받지 않았다.
행장은 황신 등을 사적으로 만나서 간사한 말로 겸손하게 사죄할 뿐이었다.)

9월 1일(甲午). 비가 뿌렸다. 새벽에 망궐례를 행하였다. 일찍 출발하여 석제원(石梯院: 강진군 성전면 성전리)에 이르렀다. 오후에는 영암에 도착하여 향사당(鄕社堂)에서 잤다. ○정랑(正郎) 조팽년(趙彭年)이 와서 만나보았다. 최숙남(崔淑男)도 와서 만나보았다.

9월 2일(乙未). 맑다. 영암(靈巖)에서 머물렀다

9월 3일(丙申). 맑다. 아침에 떠나서 나주(羅州)의 신원(新院)에 이르러 판관(元宗義)을 불러서 이야기하고, 저물어서 나주에 도착하였다.

〈명나라가 광해군의 세자 책봉을 허락하지 않는 이유〉
(*이 날짜 〈선조실록〉에는 명나라에서 선조의 차자인 광해군의 세자 책봉을 끈질기게 허락하지 않는 이유를 알 수 있게 해주는 명나라 내부의 정세 정보가 기록되어 있다.)
「○접반사 성이민(成以敏)이 보고서를 올렸다.
"부산에 들어가서 국왕이 보내는 예물을 올렸더니 진 유격(陳雲

鴻)이 재삼 사례하였습니다.
이어서 말하기를 '국왕의 대를 이을 아들(嗣子)에 대한 문제는 명나라에 건의하여 이미 결말이 났습니까?' 라고 하였습니다.
신이 잘 모르겠다고 대답하자, 유격이 말하기를 '천자께서도 둘째 아들이 국왕의 세자와 마찬가지로 현철(賢哲)하므로 천자께서는 그를 태자로 세울 생각을 하고 계시는데, 이것은 귀국의 국왕과 마찬가지입니다. 그런데 명나라의 여러 신하들은 맏아들을 세우던 선대 제왕의 법도에 따라 아직도 이를 말리고 있습니다. 국왕의 대를 이을 아들에 대하여 건의한 것은 오래지 않아 승인될 것입니다. 더구나 당신네 국왕은 아직 나이가 젊고 패기가 있어서 조정에 앉아 일을 처리하는 것을 보면 상상을 초월하고 있는데, 무슨 이유로 그간 부지런히 해오다가 이제 와서 게을러지려는 생각을 품고 자리를 물려주겠다는 지시를 자꾸 내리는지 모르겠습니다. 그럴 필요가 어디 있습니까.' 라고 하였습니다.
적의 소식에 대하여 물었더니, 명나라 사신과 통신사가 오래지 않아 돌아올 텐데 화친문제가 성사되는 것은 의심할 바 없다고 하였습니다."」 　　　　　　　　　-〈선조실록〉(1596. 9. 3.(丙申)-

9월 4일(丁酉). 맑다. 나주에서 머물렀다. 체찰사(李元翼)와 함께 문묘(文廟: 향교에 있음)에 배알하였다.

9월 5일(戊戌). 맑다. 나주에서 머물렀다.

9월 6일(己亥). 맑다. 먼저 무안(務安)으로 가겠다고 체찰사에게 보고하고 길에 올라 고막원(古莫院: 나주군 문평면 고막리)에 이르니, 나주 감목관(監牧官) 나덕준(羅德駿)이 뒤쫓아 와서 서로 만나보았는데, 이야기하는 중에 한심한 일들이 많았다. 그와 함께 오래 이야기하고 저물녘에 무안에 도착했다.

9월 7일(庚子). 맑다. 나주 감목관과 현감(南彦詳)과 함께 민폐(民弊)에 관해 여러 시간이나 이야기하였다. 정대청(鄭大淸)이 들어왔다고 하므로 청하여 같이 앉아 이야기하였다. ○늦게 떠나서 다경포(多慶浦: 무안군 망운면 성내리)에 이르러 영광 군수와 같이 이야기하였다.

9월 8일(辛丑). 맑다. 아침 식사에 고기반찬이 올랐으나 국기일이어서(世祖大王의 제삿날) 먹지 않았다. 아침 식사 후에 동산원(東山院: 무안군 현경면)에 이르러 말에게 먹이를 주고, 말을 재촉하여 임치진(臨淄鎭: 해제면 임수리)에 이르니 이공헌(李公獻)의 8살 난 딸아이가 자기 사촌의 계집종 수경(水卿) 등과 함께 들어와 인사를 올렸다. 이공헌(李公獻)을 생각하고 슬픔을 이기지 못하였다. 수경은 내어버려진 아이를 이염(李琰)의 집에서 거두어 기르는 것이라 하였다.

9월 9일(壬寅). 맑다. 임치 첨사 홍견(洪堅)을 불러서 방비 대책을 물어보았다. 아침 식사를 한 후 뒤쪽 성(城)에 올라가 형세를 살펴보고 동산원으로 돌아왔다. 오후에 함평(咸平) 현에 이르렀다. 도중에 한여경(韓汝景)을 만났으나 말 위에서 만나보기 곤란하여 그에게 한번 들어오라고 일렀다. 함평 현감(孫景祉)은 경차관(敬差官)을 맞으러 갔다고 하였다. 김억성(金億星)도 같이 왔다.

9월 10일(癸卯). 맑다. 함평에서 머물러 잤다. 아침 식전에 무안의 정대청(鄭大淸)이 와서 같이 이야기하였다. 그 고을의 유생(儒生)들이 많이 들어와서 폐단 되는 점들을 이야기하였다. 저녁에 도사(都事)가 들어와서 같이 이야기하였다.

9월 11일(甲辰). 맑다. 아침 식사 후에 영광으로 갔다. 도중에 신경덕(辛景德)을 만나 잠시 이야기하였다. 영광에 도착해서는 군수(金尙雋)가 교서에 숙배를 올린 뒤 들어와서 같이 이야기하였다.

9월 12일(乙巳). 비바람이 크게 불었다. 늦게 떠나 길을 가는데 10리쯤 되는 곳의 냇가에서 이광보(李光輔)와 한여경(韓汝璟)이 술을 차고 와서 기다리고 있었다. 그래서 말에서 내려 이야기하였다. 안세희(安世凞)도 왔다. 저물어서 무장(茂長)에 도착했다.

9월 13일(丙午). 맑다. 이중익(李仲翼)과 이광보(李光輔)가 또 와서 이야기하였다. 이중익이 어렵고 궁색한 생활에 대해 많은 말을 하므로 옷을 벗어 주었다. 종일 이야기하였다.

9월 14일(丁未). 맑다. 또 머물렀다.

9월 15일(戊申). 맑다. 체찰사가 고을에 이르렀으므로 들어가서 절하고 대책을 의논하였다.

(*9월 15일. 이날 선조는 수군을 위로하기 위한 잔치를 베풀어 주라는 내용의 교서를 내려 보냈으나, 이 교서가 언제 진영에 도착되어 집행되었는지는 〈난중일기〉에 기록이 없어서 알 수가 없다. 그리고 일부러

사람까지 보내어 전달하는 교서의 내용이 지극히 형식적이고 가식적이어서 사람의 마음에 전혀 감동을 주지 못하고 있다.

특히 온 백성들을 전쟁의 참화로 몰아넣어 어육(魚肉)이 되도록 만든 임금이 자신과 신하들의 잘못에 대한 진심에서 우러나오는 반성의 말은 하나도 하지 않고 기껏 술 몇 병 보내주면서 "너희들은 나의 이 은혜에 감동을 느끼고 나의 은혜를 뼛속 깊이 사무치도록 간직하여 목숨을 바칠 각오를 하라."고 강요하는 어투는, 아무리 임금의 교서라고 하지만, 전쟁터에서 고생하는 병사들에게 감동을 주기에는 턱없이 부족하다. 그래서 이순신은 이 교서의 내용에 대해서는 전혀 언급하지 않고 단지 군사들에게 음식 먹여줄 날짜를 선유관에게 말해 주었다는 사실만 기록해 두고 있다.(〈난중일기〉 9월 30일자 참조).

진심으로 사랑하고 아끼는 마음이 없이 하는 말은, 아무리 시경의 미사여구를 인용하여 고상하고 그럴듯하게 말하더라도, 듣는 사람에게 감동을 줄 수 없다. 진심에서가 아니라 손끝으로 쓴 글의 전형을 보는 듯하다.)

〈병조좌랑을 보내어 군사를 위로하고 잔치를 베풀어 주라는 교서(遣兵曹佐郞勞軍犒饋敎書)〉

「왕은 이와 같이 이르노라.

"나라가 감당하기 어려운 많은 고난에 직면하여 밖으로는 적을 막아낼 계책 마련에 급급하고 왕의 군사들은 집에 조용히 엎디어 있을 겨를도 없이 먼 길에서 전쟁에 시달리는 괴로움을 위로하고자 이에 한 마디 말로써 삼군(三軍)에 널리 고하노라.

돌아보건대, 저 한산도의 요충지는 실로 영남의 바다물이 서로 만나는 곳이어서 삼면을 억눌러, 마치 큰 호랑이와 범이 산에서 으르렁대면서 한 바다를 가로막아 사나운 무리들이 바다를 건너오는 길을 끊고 있듯이, 1천 척의 돛대를 띄워 수비를 완전히 하고 한 섬의 용감한 군사를 거느림으로써 그 위엄이 멀리 떨쳐 우리 변방을 든든히 하고 나라 안을 편안히 하였다.

생각건대, 이 도적들과 한 하늘을 같이 이고 있다는 것은 창피하여 나의 몸 둘 곳이 없었는데, 오직 너희들이 대의를 떨쳐 일찍 승첩한 큰 공로를 알리기에 그대들로써 만리장성을 삼았으니, 영남 쪽의 드높은 형세에 힘입을 만하였다.

적들은 올빼미 같은 악한 짓을 5년 동안이나 고치지 않고 있고, 살모사의 독은 아직도 한 쪽에 퍼져 있어 나라가 폐허가 되었는바 그 참화는 이에서 더 심할 수가 없다. 군사란 본래 흉기이지만 성인들도 부득이한 경우에는 이를 사용하였다. 이야말로 진(晉) 나라 왕실이 편안하지 않을 때 제(齊) 나라에 구원병을 요청함으로써 제 나라의 병사들이 더욱 괴로움을 겪게 되었던 바로 그것과 같은 경우이다.

갑옷을 오래 입어 서캐가 생겼을 터이니 어찌 창을 베고 자는 괴로움을 견딜 수 있을 것이며, 풍찬노숙(風餐露宿)하면서 기한이 지나도 갈려 나오지 못하고 외로이 떠다니는 상태이니 떠돌아다니는 나그네의 쓰라린 회포가 어찌 없을 것이며, 습기 차고 독한 안개 속에 병들어 죽어가는 근심 또한 많을 것이다.

너는 비록 저 시편에서 이른바 '그대와 함께 일한다(與子偕作)'는 식으로 말하고 있지만, 나는 실로 저 시편에서 이른바 '오직 너만 홀로 수고한다(惟爾獨賢)'고 한 것처럼 민망하게 여기는 바이다. 어미가 살아 있다면 응당 자식 돌아오길 고대하며 눈물 뿌릴 것이며, 나라 일로 멀리 떠난 아비를 그리는 경우라면 저 시편에서 이른바 '언덕 위에 올라가 아비 돌아오기를 기다리는(陟岵之思)' 그런 생각을 몇 번이나 하였을 것이다.

생각이 여기에 미치니 한시도 잊을 수 없는데, 하물며 이제 가을바람이 점점 더 차가워지고 저 바다는 한결 더 추워질 것임에랴.

어허, 너희들은 옷이 없는데 나만 두터운 갖옷(裘) 입고 있으니 이야말로 부끄러운 일이로다. 슬프도다. 너희들은 배고프고 목마른데 나만 기름진 음식을 대하고 있으니 어찌 편안하겠는가.
그래서 일부러 도감낭청(都監郞廳)의 병조좌랑 최동립(崔東立)을 너희에게 보내어 음식과 상을 내려주는 은혜를 베풀어서 위로하고 타이르는 의전을 보이는 바이니, 마음이란 멀어도 닿지 않는 곳이 없는 법, 어찌 얼굴을 직접 대하여 명령하고 귀를 잡아당겨 타이르는 것과 다를 것인가. 정성이 있으면 반드시 믿음이 생기는 법, 진실로 피부에 배어들고 뼛속에 사무치도록 할 수 있을 것이다. 나의 마음을 밀어서 너희들 뱃속에 담아 주나니, 너희들은 마땅히 나라를 위하여 몸을 바치도록 하라.

어허! 선물이라고 해야 한 병 막걸리밖에 안 되어 옛 사람의 은혜 나누어주는 풍도에 비추어보면 부끄럽지만, 은혜란 마치 솜옷 입는 것 같은지라, 나의 군사들이 충성을 다하여 남은 적들의 목을 마저 베고 한 척의 배도 돌아가지 못하게 함을 서서 볼 수 있기를 기대하노라. 백성들이 베개를 높이 베면 마침내 왕실이 편안해지고, 변방에서 투구를 벗어던지면서 국운이 저 태산이 숫돌만 해지고 황하가 허리띠만 해지도록 길이 융성해지기를 맹세하게 되는 그날을 기대하면서 이에 교시(敎示)하노니, 모두들 그렇게 알지어다."」　　　　－〈선조의 교서〉(1596. 9. 15.(戊申) 작성)－

9월 16일(己酉). 맑다. 체찰사가 길을 떠나 고창(高敞)에 들렀다가 다시 장성(長城)에 이르러 잤다.

9월 17일(庚戌). 맑다. 체찰사와 부사는 입암산성(立巖山城: 장성군 북상면 성내리)으로 가고 나는 혼자 진원현(珍原縣: 장성군 진원면 진원리)에 이르러 현령(沈倫)과 같이 이야기하였다. 종사관도 왔다. 저물어서 관아에 이르니 두 조카딸이 나와 앉아 있기에 오래 못 본 감회를 풀고 돌아서 작은 정자로 나와 현령과 여러 조카들과 같이 밤이 깊도록 이야기하였다.

9월 18일(辛亥). 비가 조금 왔다. 식사 후에 광주(光州)에 이르러 목사(崔鐵堅)와 같이 이야기하였다.

9월 19일(壬子). 비바람이 세게 쳤다. 종사관의 편지와 윤간(尹侃), 해(荄)의 문안편지가 왔다. ○이날 아침 광주 목사가 와서 같이 식사를 하였다. ○정오에 능성(綾城: 현감 李繼胤)이 들어와서, 체찰사가 곳간을 봉하고 광주 목사를 파직시켰다고 하였다.

9월 20일(癸丑). 비가 크게 왔다. 광주 목사가 길 떠나가는 것을 전송해 주려고 할 때 명나라 사람 2명이 찾아와서 이야기를 하자고 청하기에 술을 대접하였다. 하루 종일 비가 내리므로 멀리 갈 수 없어서 화순(和順)에 이르러 잤다.

9월 21일(甲寅). 개었다 비가 오다가 하였다. 일찍 능성(綾城: 화순면 능주면)에 이르러 최경루(最景樓)에 올라가서 연주산(連珠山)을 바라보았다.

9월 22일(乙卯). 맑다. 늦게 이양원(李楊院: 화순군 청풍면 이양리)으로 나가 보니 해운(海運) 판관이 먼저 와 있다가 내가 오는 것을 보고는 이야기하기를 청하므로 그와 같이 이야기하였다. 저물녘에 보성군(寶城郡)에 이르러 잤다.

9월 23일(丙辰). 맑다. 보성에 머물렀다. 국기일이어서(太祖 神懿高皇后 韓氏의 제삿날) 공무를 보지 않았다.

9월 24일(丁巳). 맑다. 일찍 출발하여 선 병사(宣居怡)의 집에 이르니 선 병사의 병이 지극히 중태여서 걱정이 되었다. 저물어서 낙안(樂安)에 도착하여 그곳에서 잤다.

〈전공 표창에서 소외된 격군들의 호소〉

(*이 날짜 〈선조실록〉에는 격군들이 전공 표창에서 소외된 데 대한 불평을 당시 대사간(大司諫)인 이정형(李廷馨)에게 호소하고 있음이 기록되어 있다.)

「○이정형(李廷馨)이 말했다.

"신이 지시를 받들고 영남으로 갔을 때 한산도 수군들이 있는 곳에 도착하니 배를 부리는 군사들이 찾아와서 호소하기를 '애초에 적과 마주쳤을 때 배를 앞으로 뒤로 몰면서 승리를 얻을 수 있도록 한 공로가 있었는데도 결국 아무런 표창도 받지 못했습니다. 이것은 배를 부린 공로가 적의 목을 벤 공로만 못한 것으로 되니 너무도 억울합니다.' 라고 하였습니다.

신이 이원익(李元翼)에게 이야기하여 이미 보고서를 올렸었습니다. 통제사(李舜臣)에게 지시를 내려 표창하게 한다면 원성이 없을 것입니다."

임금이 말하기를 "비변사에 말해 주어 알아서 처리하게 하라."라고 하였다.」   −〈선조실록〉(1596. 9. 24.(丁巳)−

9월 25일(戊午). 맑다. 순천에 이르러 부사(禹致績)와 같이 이야기하였다.

9월 26일(己未). 맑다. 순천에 머물렀다. 순천 부민(府民)들이 나를 위해 쇠고기와 술을 마련해 놓고 나오기를 청했다. 굳이 사양했으나 부사가 간청하기에 나가서 잠시 마시고 파했다.

9월 27일(庚申). 맑다. 일찍 떠나 어머님께서 계신 곳(古音川)에 이르러 어머님을 뵈었다.

9월 28일(辛酉). 남양 아저씨의 생신날이다. 본영으로 왔다.

9월 29일(壬戌). 맑다. 식후 동헌에 나가서 공무를 보았다.

9월 30일(癸亥). 맑다. 선유군관(宣諭軍官) 신석(申析)이 와서 군사들을 위로하기 위해 음식 먹여 줄 날짜를 말해 주었다.

〈명나라 사신과 조선통신사의 일본에서의 활동〉
    (*일본으로 떠나간 명나라 사신과 조선통신사의 9월 중의 활동에 관한 보고의 기록들을 이곳에서 순서대로 보기로 한다.)
「○경상감사 이용순(李用淳)이 보고서를 올렸다.
    "명나라 사신을 따라가는 소국(小國)의 신하 박홍장(朴弘長)이 보내온 통보는 이러합니다.

'이달(8월) 초열흘 날 대마도 부중에 도착하여 15일 동안 머물다가 일기도(一歧島)에 와 닿았으나 역시 순풍을 만나지 못하여 그대로 머물고 있습니다.
명나라 사신과 심 유격은 현재 오사포(五沙浦)에 있는데 책봉문과 칙사를 기다려서 관백과 만날 것이라고 합니다.
거치는 곳마다 왜인들은 아주 깎듯이 접대하고 있습니다. 조신(調信)도 친절히 행동하면서 성의를 다하여 일행을 호송하고 있습니다.'」
  —〈선조실록〉(1596. 9. 1.(甲午)—

「○돈녕부 도정 황신(黃愼)이 보고서를 보내왔다.
"8월 25일에 일기도에 도착하였고 28일에 랑고야(浪古耶)에 닿았습니다. 9월 4일에 적간관(赤干關)으로 가다가 청정의 부하들이 식량과 재목을 배에 가득 싣고 수도로 가는 것을 보았습니다. 통역관을 시켜서 따져 물었더니 그들은 말하기를 '청정이 집을 지으려고 우리들에게 재목을 날라 오라고 하였습니다.' 라고 하였습니다.
청정이 벌을 받았느냐고 물었더니, 그들은 말하기를 '공로가 있고 죄가 없는데 그럴 리가 있겠습니까.' 라고 하였습니다. 자세히 탐지하여 급보를 올리겠습니다."」
  —〈선조실록〉(1596. 9. 19.(壬子)—

1596(丙申)년 10월

(*이달의 〈난중일기〉는 11일까지만 있고, 그 후부터 1597년 3월 말까지의 〈난중일기〉는 발견되지 않고 있다.
*이 달에 있었던 주요 사건을 〈선조수정실록〉에 의거 요약하면 다음과 같다.
○황신(黃愼)이 일본에서 먼저 사람을 보내어 일본에서 책봉을 받지 않으려 한다는 사정과, 두 사신이 되돌아온다는 것을 보고하였다. 패문(牌文)이 먼저 오고 나서야 비로소 청정 등이 다시 군사를 동원하여 바다를 건너온다는 보고를 듣게 되었다.
○정기원(鄭期遠) 등을 파견하여 일본의 사정을 황제에게 보고하면서 많은 군사가 와서 구원해줄 것을 요청하게 하였다.)

10월 1일(甲子). 비가 오고 큰 바람이 불었다. 새벽에 망궐례를 행하고 곧 떠나서 어머님을 뵈러 갔다.

10월 2일(乙丑). 맑으나 큰 바람이 불어 배를 띄울 수가 없었다.

〈소학(小學) 책 하나 찍어낼 형편이 못 되었다.〉

(*당시 조선의 상황은 〈소학(小學)〉이란 책 한 권 발행하기도 쉽지 않을 정도로 철저히 파괴되고 재정이 거덜난 상태였다.)

「김시헌(金時獻)이 말했다.

"나라를 다시 일으켜 세우는 데는 무력(武力)을 쓰는 경우는 많지 못하므로 글공부 한 가지만은 언제나 숭상해야 합니다. 근래에 학교가 폐지되고 사람들이 글을 읽지 않는데도 글을 읽도록 고무하고 인재를 배양하기 위해 그 어떤 조치를 취했다는 말은 전혀 들어볼 수 없습니다.

전하께서는 항상 이조(吏曹)나 병조(兵曹)에 지시하여 인재를 구하려고 하시지만, 인재는 반드시 미리부터 양성해 내야만 구할 수 있는 것입니다. 지금 책들이 없어진 상태에서 다 갖출 수는 없겠지만 어떻게 해서라도 먼저 갖추어야 할 것은 〈소학(小學)〉입니다."

선조: "그 책의 판목(版木)은 있는가? 지시를 내려 보내 찾아낸다면 책을 찍어낼 수는 있겠는가? 찍어내려면 인쇄공이 있어야 할 텐데 급료를 주기 곤란할 것이다."」

―〈선조실록〉(1596. 10. 2.(乙丑)―

10월 3일(丙寅). 맑다. 어머님을 모시고 일행들과 함께 배에 올라 본영으로 돌아와서 하루 종일 즐거이 받들었다. 다행, 다행이다.

10월 4일(丁卯). 맑다. 동헌에 나가 공무를 보았다. 남해(朴大男)가 왔다.

10월 5일(戊辰). 흐리다. 남해와 이야기하였다.

(*이날 정오에 선조는 어전회의를 열어 이순신을 폄하고 원균을 띄

워 올리고 싶은 의중을 여러 대신들에게 넌지시 펼쳐 보이고 있다. 윤근수와 윤두수 등 원균 지지 세력들의 발언을 지금까지 보아온 역사적 사실을 염두에 두고 생각해보면 많은 것을 알 수 있다. 〈선조실록〉의 기사 내용은 〈난중일기〉 10월 11일자 다음에 소개한다.)

10월 6일(己巳). 비바람이 크게 불었다. 홍양(崔希亮)과 순천(禹致績)이 들어왔다.

10월 7일(庚午). 맑다. 일찍 잔치(壽宴)를 베풀고 하루 종일 즐겼다. 다행, 다행이다.

10월 8일(辛未). 맑다. 어머님께서 몸이 평안하시니 다행, 다행이다. 순천(禹致績)과 작별의 술잔을 들고 보냈다.

10월 9일(壬申). 맑다. 하루 종일 어머님을 모셨다.

10월 10일(癸酉). 맑다. 어머님을 하직하고 오후 2시경(未時)에 배를 타고 바람 따라 돛을 달고 밤새도록 노를 재촉하여 진으로 돌아왔다.

10월 11일(甲戌). 맑다.

(*1596(병신)년 10월 12일부터 1597(정유)년 2월 이순신이 붙잡혀가서 하옥되었다가 1597(정유)년 4월 1일에 풀려날 때까지, 즉 1596. 10월 12일부터 1597년 3월 30일까지의 〈난중일기〉는 발견되지 않고 있다. 이것은 이순신이 감옥에 갇혀 있을 때 그의 구명운동을 위하여, 그의

결백을 증명하기 위해, 그의 가장 최근의 4개월분 일기를 서울의 유성룡 대감에게 전달하고, 유성룡은 다시 그것을 정탁(鄭琢) 등 다른 사람들에게 보여주어 구명을 위한 상소문을 쓰도록 하는 과정에서 회수되지 못하고 유실되었기 때문인 것으로 추정되고 있다.
따라서 이하에서는 1596. 10. 5 이후부터 1597. 3. 30까지의 〈선조실록〉에서 당시 조선 조정의 논의들과 수군에 대한 사정을 짐작할 수 있는 기록들을 뽑아서 〈난중일기〉의 누락된 부분을 이해하는 데 참고 자료로 삼는다.)

〈통제사 이순신에 대해 싹트는 선조의 의심〉

(*〈선조실록〉에는 선조가 조정 대신들을 상대로 이순신과 원균을 대비시키면서 어떻게든 원균을 다시 등용하고 이순신을 배척하려는 의도를 숨긴 채 치밀한 여론 조성을 하고 있는 기사가 여러 번 되풀이된다. 이를 있는 그대로 다 옮겨 본다.
이 당시의 국내 정세는 명나라의 사신과 조선의 통신사들이 '수행원(隨行員)'이란 이름으로 일본의 왕을 책봉하기 위하여 일본에 건너갔으며, 명나라와 일본 사이에 화친이 성사되려는 상황이었으므로 왜군은 일부 철수하였고, 전쟁은 소강 국면으로 접어들었다.
이런 상황에서 선조는 지난 왜란에서 가장 혁혁한 공을 세웠던 이순신이 백성들의 칭송을 받고 있는 것을 부담스럽게 느꼈을 수도 있다. 이보다 먼저 그는 이미 의병장 김덕령(金德齡)을 전쟁이 끝난 뒤의 후환을 우려한 당시 관리들의 건의를 받아들여 역적 모의에 가담하였다는 누명을 씌워 붙잡아 와서 감옥에 처넣고 고문하여 죽인 적이 있었다(1596년 8월). 이제 선조는 그와 같은 수법을 이순신에게 적용하려는 음흉한 마음을 실천하기 시작한 것이다.)

(*이날 정오에 선조는 우상(右相) 겸 도체찰사 이원익(李元翼)을 불러들

여 만났다. 승지 이덕열(李德悅), 주서 조집(趙濈), 검열 장만(張晩), 유경종(柳慶宗)이 들어와 참석하였다. 이들 사이의 대화에서 당시 전라도 지방의 실정과, 선조의 이순신에 대한 불신과 그를 배척하려는 음흉한 음모의 싹이 돋아나고 있음을 볼 수 있다. 정유년 3월에 통제사 이순신을 붙잡아 와서 하옥시키고 고문하는 사건은 이미 이때부터 싹트고 있었던 것이다.)

「선조: "전라도에 가보았는가?

이원익: 처음으로 가보았습니다.

선조: 이 전에는 순찰나간 일이 없었는가?

이원익: 이전에 예조의 관리로 있을 때 감영에 잠깐 들렀을 뿐입니다.……

나라에서는 호남, 호서 지방에 대해서는 공물을 면제해 주기도 했지만 난리에 죽은 사람이 열에 일곱쯤 되고 두세 명이 겨우 살아 있는 셈이어서 전연 추슬러 일어설 가망이 없습니다. 게다가 고을 수령들조차 적임자가 못 되니 관청 일을 빙자하여 사리 사욕만 채우고 있습니다. 알면서 잘못을 범하는 사람도 있지만 몰라서 범하는 사람도 있습니다.

선조: 남방의 장수들은 다 똑똑한가? 제 직무에 충실한가?

이원익: 알 수 없습니다. 모두 힘껏 싸운 사람들이긴 하지만 상황에 맞게 능숙하게 대처한 장수는 별로 없습니다.

선조: 바닷가 지방들은 어떠하든가?

이원익: 가장 안절부절 못해 하고 있습니다. 왜 그러느냐고 물으면, 수군이 다 죽고 적의 기세가 걱정스럽기 때문이라고 합니다.

선조: 수군이 많이 죽었다는 것은, 굶어죽었다는 말인가?

이원익: 작년부터는 굶주린 사람이 없었지만 그 전에 흉년이 들었

을 때 많이 죽었습니다. 바닷가에서 노를 잘 젓는 사람들이 거의 다 죽었기 때문에 지금은 토지 8결을 기준하여 노를 젓는 군역을 지우고 있습니다.

선조: 키를 잡을 줄 모르는 사람도 배치해 보내는가?

이원익: 그렇습니다.

선조: 바닷가 마을들이 다 비었는가?

이원익: 그렇습니다.

선조: 부산, 안골포, 가덕도의 적들이 아직도 머물러 있는가? 언제나 철거할 것인가?

이원익: 적들은 처음부터 우리를 속였습니다. 그들이 물러갈 것인지 머물러 있을 것인지는 단정해서 말할 수 없습니다."

　　　　　　……… ……… ………

선조: "통제사 이순신은 열성을 다해 일하는가?

이원익: 그 사람은 명석하고 뛰어난 사람이어서 열심히 일을 합니다. 한산도에다 군량을 많이 쌓아 두었다고 합니다.

선조: 처음에는 왜적을 잡는 데 열성을 내더니만 그 뒤에는 들으니 태만해진 점이 없지 않다고 한다. 그의 사람됨이 어떠하던가?

이원익: 신이 보기에는 여러 장수들 가운데 가장 뛰어난 사람입니다. 전쟁터에서 처음에는 열성을 다하다가 나중에는 해이해진다는 문제에 대해서는 신으로서는 알지 못하는 일입니다.

선조: 그가 군사를 통솔하는 능력은 있는가?

이원익: 신의 생각에는 경상도 여러 장수들 중에서 이순신이 제일이라고 봅니다."」　　　－〈선조실록〉(1596. 10. 5.(戊辰)－

〈조선통신사의 접견조차 거절한 풍신수길〉

　　(＊이날 조정에 날아온 왜적의 동향 보고는 도저히 믿어지지 않을 정도

로 뜻밖의 것이었기에, 이 정보를 접한 조정에서는 논란만 하면서 믿으려 하지 않았으나, 그 후 결국 이 보고서대로 사태는 전개되어 갔다. 통신사를 보내느냐 마느냐, 보낸다면 어떤 명분으로 보낼 것인가를 두고 그토록 오랫동안 고민하다가 결국 〈수행원〉이란 이름으로 보냈던 것인데, 그를 관백이 만나주지조차 않았다는 것은 이만저만 큰 일이 아닐 수 없다. 결국 사태가 이런 상황으로 전개되자 화친의 가능성이 사라질지도 모른다는 불안감이 조정을 엄습하면서, 조정은 큰 혼란에 빠지게 된다.)

「○진(陳) 유격의 접반사 성이민(成以敏)이 보고서를 올렸다.
"이달 10일 저녁에 왜적의 장수 신니문(神泥門)이란 자가 신의 군관 최기(崔沂)를 가만히 불러내어 자기 방으로 맞아들여 자기 처를 시켜서 술상을 차리게 하였습니다. 그 처는 우리나라의 여자로서 최기와 평소부터 알고 있는 사이였습니다. 그 처가 곁에 있던 사람을 다 내보내고 나서 최기에게 말하기를 '관백이 통신사를 만나주지 않았다는 말을 들었습니까? 관백은 조선에서 통신사를 보내는 것을 질질 미루고 있고 또 모두 품계가 낮은 사람을 보내고 있다고 하였습니다. 이 때문에 관백은 화가 나서 만나주지 않은 것입니다.' 라고 하였습니다.

또한 적의 처가 말하기를 '관백이 특별히 청정을 보내어 심 유격을 데리고 낭고야(浪古耶)로 가게 하였습니다. 저쪽에서 소식을 끊고 있는데 왜 오는 배야 없겠습니까. 비밀에 붙이기 때문일 것입니다.' 라고 하자, 적의 장수가 손을 저으며 처를 꾸짖기를 '무슨 허튼 소리를 하는가. 이 말이 우리에게서 새어나가게 되면 큰일이 날 것이다. 아예 다시 그런 말을 하지 말라.' 고 하였습니다.

대체로 군영 안의 왜적들은 늘 말하기를 '관백은 청정이 싸움을 잘한다고 하여 행장을 대신하여 이곳을 지키도록 한 것이다.' 라고 하였습니다. 이런 말들을 한 지 오래였지만 통역관들이 듣고 거짓말일 거라고 하면서 신에게 알리지 않았던 것인데, 이제 과연 그것이 사실이라는 것을 알게 되었습니다.

그리고 통신사를 만나주지 않았다는 말은 여러 왜적들이 모두 숨김없이 말하고 있습니다. 중국의 장수들도 듣고서 해괴한 일이라고 말합니다. 그러나 정사(正使)가 억류당하고 있다는 데 대해서는 그들도 들을 수 없어서 지금 몹시 기다리고 있습니다.

사태는 앞으로 예측할 수 없을 지경입니다. 적들이 조약 체결과 관련하여 위협하는 정상은 불을 보듯 뻔한 것입니다."」

―〈선조실록〉(1596. 10. 19.(壬午)―

〈선조: 원균은 죽음도 겁내지 않는 청렴결백한 사람이다〉

(*이날 선조는 주역(周易) 강론이 끝난 후 신하들과 여러 장수들에 관한 인물평을 하는 형식으로 노골적으로 원균을 두둔하면서 그런 자신의 의중을 신하들에게 내비쳐 보이고 있다.)

「선조: "장수가 될만한 인물에 대하여 전번에 물어보았는데, 혹시 생각나는 것이 없는가?

이원익: 신은 식견이 밝지 못한데 어떻게 사람을 알아볼 수가 있겠습니까. 이전에는 백사림(白士霖)이 꽤 쓸만한 인물 같았는데, 그 말로에 대해서는 알지 못합니다.

선조: 반드시 두고두고 써보아야 알 수 있다.

이원익: 싸움터에 나서면 평상시와 다릅니다. 원균의 경우는 사람이 몹시 고집스럽고 까다로운 탓에 대체로 상급 관청에서 공문을 띄워 통제하려 하면 항상 맞서서 옥신각신하지만, 일단 싸움터에 나가서는 꽤 쓸만하다고 합니다.

선조: 원균에 대해서는 지난 계미년(癸未年-임진왜란이 일어나기 10년 전)부터 많이 들었다. 나라 일을 위해서는 매우 열성이 있을 뿐 아니라 죽음을 겁내지 않는다고 하더라.

이원익: 원균은 옛날에 전공(戰功)이 있었기 때문에 그나마 봐줄 수 있지 그렇지 않았다면 절대로 쓰지 못할 사람입니다.

김순명(金順命): 충청도 사람들은 그를 좋아하지 않습니다.

선조: 무뚝뚝하기 때문이다.

이원익: 원균에게는 미리 군사를 맡겨서는 안 됩니다. 싸움판에 가서 군사를 맡겨서 돌격을 시키는 것이 좋습니다. 평상시에 군사를 맡겼다가는 반드시 원망하고 배반하는 사람들이 많이 생겨날 것입니다. 【이원익의 이 말은 곧 원균은 일개 돌격대장 정도의 인물에 지나지 않는다는 것이다.】

선조: 이전에 대간들이 원균을 탐욕이 많다고 규탄하였다. 원균은 매우 청렴결백한 사람인데 탐욕스럽다고 하는 것은 무엇 때문인가?

김수(金睟: 戶曹判書): 이전에 조산(造山) 만호로 있을 때 어사 성락(成洛)이 보고서를 올려 표창한 적까지 있습니다.

이원익: 어찌 원균을 매우 청백하다고까지 할 수 있겠습니까.

조인득(趙仁得: 兵曹參議): 신이 이전에 함경도 종성(鍾城)에서 보았는데, 아무리 수많은 적을 만나도 마주칠 의지를 가지고 있었으며, 군사를 지휘하는 데도 매우 소박했습니다. 그가 탐욕스러운 사람인지는 모르겠습니다.

선조: 그만한 장수도 많지 않을 것이다.

이원익: 앞으로 과연 어떨지는 모르겠습니다."」

-〈선조실록〉(1596. 10. 21.(甲申)-

1596(丙申)년 11월

(*전달 12일 이후부터 1597년 3월 말까지의 〈난중일기〉는 발견되지 않으므로, 이 기간 동안의 사건들은 〈선조실록〉과 〈선조수정실록〉을 통하여 살펴본다.)

*이달에 있었던 주요 사건을 〈선조수정실록〉에 의거 요약한다.

○체찰사 이원익(李元翼)을 다시 파견하여 남쪽으로 내려 보냈다. 이때 화의 문제가 이미 틀어져 버렸다는 것을 듣고 조정에서는 매우 두려워하였다.

이원익 등이 들판을 말끔히 비워놓고 변란에 대처하자고 건의하니, 임금이 원익을 만나 남쪽으로 돌아가서 방어조치를 취하라고 타이르면서 말하기를, "경은 여러 장수들과 힘을 합쳐 목숨을 걸고 싸움으로써 내가 다시 의주로 피난 가는 재난이 생기지 않도록 하라."고 하였다.

임금이 눈물을 흘리면서 보내니 원익도 눈물을 흘리면서 물러나갔다. 그 길로 영남과 호남으로 급히 내려가서 종사관들을 나누어 보내어 우선 민간에서 곡식을 거두어 저장하되 일부는 산성에 들여놓고 일부는 요새지로 들여다 놓아 적을 피하고 물건 하나라도 남겨놓아 적에게 주지 말라고 하였다. 그러나 그 일은 결국 시행되지 못하였다.)

〈적들이 다시 쳐들어오겠는가?〉

(*이날 주역 강론이 끝난 후 임금과 신하들 사이의 대화 중 당시 정세에 관한 이야기를 통하여 왜적의 동향과 이를 이해하고 판단하는 조정의 능력을 엿볼 수 있다. 이에 앞서 왜적의 군영에 들어갔던 성이민(成以敏)이 보고하기를, 일본에 간 통신사 일행을 관백이 만나 주지도 않았고, 청정이 심유경과 같이 다시 많은 군사를 거느리고 조선으로 나오려 한다는 적정 보고가 있었다.)

「○선조: "명나라 사신이 책봉 문제로 들어갔는데 그들이 무슨 이유로 다시 덤벼들려고 한단 말인가?

윤근수: 평수길(平秀吉)의 속마음은 알 수 없습니다.

선조: 책봉이 그가 바라는 것이라면 수길의 속마음을 알기 어려울 것도 없다. 경은 그가 책봉 이외에 다른 문제를 더 요구하리라고 생각하는가? 비록 자기 요구에 차지 않는다고 해서 노엽게 생각할 수는 있겠지만, 아마도 다시 덤벼들지는 않을 것이다.

신잡: 우리나라에는 식량이 부족하므로, 적이 식량을 실어 나르지 않고 올 리는 물론 없을 것입니다.

선조: 가령 중국 군사의 대부대가 나온다면 우리나라 식량으로 공급할 수 있겠는가?

신잡: 1천여 섬의 쌀도 없는 상태이므로 결코 공급할 수 없습니다.

김응남: 적이 설령 다시 온다고 하더라도 감히 명나라로 곧장 밀고 올라가지는 못할 것입니다.

선조: 곧장 밀고 올라간다고 하더라도 결국 어떻게 될지 모를 일이다. 부산을 목으로 삼아 오래 눌러 붙어 있으면서 승부를 결판내지 않자는 것이 그들의 계책일 수도 있다.

신잡: 비록 책봉을 받는다고 하더라도 필시 순순히 받을 리가 없

을 것입니다. 그리고 바다의 바람세가 순조롭지 못한 상황에서 어떻게 그 기일을 꼭 찍을 수 있겠습니까.

선조: 장문포는 거제 땅인가?

윤근수: 한산도에 가깝습니다.

선조: 한산도는 목장으로 되어 있는가?

신잡: 본래 섬으로 되어 있습니다.

김응남: 섬의 크기는 남산만 합니다.

선조: 그 안에 배를 엄폐시킬 수 있는가?

김충원: 지형이 험하고 돌아가며 막혀 있어서 1만 척의 배를 엄폐시켜 놓더라도 바깥에서 알 수 없을 뿐만 아니라, 만일의 경우 적의 배가 들어오고 싶어도 들여다볼 수 없게 되어 있습니다.

선조: 지형이 평평하여 농사를 지을 수 있는가?

김응남: 이원익의 말에 의하면, 지형이 평평하여 놀고 있는 군사들을 시켜서 농사를 지을 수 있다고 합니다. 여유 있는 병력이 있다면 아무래도 거제를 지켜서 적의 길을 차단해야 할 것입니다.

윤근수: 적이 만일 거제를 차지하게 되면 우리나라의 일은 끝장입니다. 수영이 거제의 한쪽에 위치하고 있어서 김해와 연달아 있습니다. 적이 만약 부산으로부터 배를 끌고 곧장 들이친다면 무슨 군사로 항전하며 무슨 배로 들어가 지원하겠습니까. 우선 거제를 지키는 것이 제일 적합합니다.……

선조: 영남에 적을 차단할 군사가 있는가?

김응남: 관하에 1천여 명의 군사가 있다고는 하나 우선 생활부터 하려고 하기 때문에 현재는 모양이 말이 아닙니다."」

-〈선조실록〉(1596. 11. 1.(癸巳)-

〈중국 사람들은 토도 달지 않고 어떻게 한문을 읽는가?〉

(*이날 주역 강독이 끝난 후 임금과 신하들 간의 대화중에 당시 중국의 글인 〈한문〉에 대한 조선에서의 이해의 정도를 짐작할 수 있게 하는 한 가지 재미있는 대화가 있어서 참고로 소개한다.)

「○윤근수: "(경서를 읽을 때) 우리나라에서는 글자를 잘못 해석하곤 합니다. 너무나 우스운 노릇입니다.

선조: 則(즉), 而(이) 앞에서 다 구두를 떼어 읽게 되면 말이 유창하지 못하니 그래서는 안 될 것이다. 중국 사람들은 모두 토를 달지 않을 텐데 어떻게 읽는가?

윤근수: 중국 사람이 글을 읽는 것은 우리나라에 비하면 빠른 것 같습니다.

선조: 중국 사람은 글을 이해하기가 매우 쉽겠는데도 요즘 오가는 중국 장수들이 보낸 공문이 대단히 많지만 이해가 안 되는 곳들이 더러 있고 문맥도 이상한 것들이 있었다. 나는 정말로 재주 있는 선비를 만나보지 못하였다. 중국 사람들이 수많이 내왕하고 있지만 재주 있는 사람은 드물다.

김응남: 계사년에 신이 어떤 선비를 만났는데, 그는 경서나 역사책을 마구 섞어가면서 이야기하는 것이 아주 비범하였습니다. 그래서 중국에도 글을 잘하는 사람이 있다는 것을 알았습니다."」 −〈선조실록〉(1596. 11. 1.(癸巳)−

〈남해 바다 방비 대책을 통제사에게 맡기지 않는 선조〉

「○비변사에서 건의하였다.

"11월 초하룻날 아침 강론 때 윤근수가 거제 땅 장문포를 방비할 문제를 제기하자 전하께서는 우의정 및 비변사 관원들과 토의해서 처리하라고 하였습니다.

한산도는 1만 척의 배를 엄폐할 수 있을 뿐만 아니라 드나들면서 방어하기에도 편리하므로 결국 버릴 수 없는 지대입니다. 그래서 한산도를 비워두고 거제로 옮겨가지 못하고 있는 것입니다.

군사를 갈라서 지키려 한다면, 거제의 적은 물러갔다 하더라도 안골포와 가덕도의 적은 그대로 남아서 수시로 돌아다니고 있으니 불의의 근심이 절대로 없으리라고 보장하기는 어렵습니다. 그러므로 적은 수의 군사를 경솔히 선뜻 들여보낼 수도 없는 것입니다. 그러나 부산에 있는 적의 길을 막자면 거제를 지키지 않아서는 안 될 것인데도, 적이 물러간 지 한 해가 다 지나도록 그 지대를 지킬 대책을 세우지 않고 있는 것은 좋은 계책이 아닌 것 같습니다.

도체찰사가 이미 분부해서 올 가을부터 백성들에게 농사를 짓게 하는 한편, 이순신을 시켜 거기에 들어가 주둔하는 것이 적합하겠는지 어떨지를 조사하여 보고하라고 했다고 합니다. 조정에서도 통제사에게 지시를 내려 들어가서 지킬 대책을 여러 방면으로 헤아려 보고 자세히 보고하게 한 다음 다시 의논하여 처리하는 것이 어떻겠습니까?"

지시하기를 "건의한 대로 하라."」

-〈선조실록〉(1596. 11. 5.(丁酉)-

〈관백을 만나보지도 못한 조선통신사〉

「○황신의 군관 조덕수(趙德秀), 박정호(朴挺豪) 등이 황신과 박홍장(朴弘長)의 비밀보고서를 가지고 왔다. 그 요지는 이러하였다. "두 명나라 사신은 모두 일기도(一歧島)에 머물러 있었습니다. 관백은 명나라 사신만 만나고 우리나라 사신은 상대도 하지 않으면서 말하기를 '길을 빌려 큰 나라에 공물을 바치려 했던 것인데 조선에서 승인하지 않으니 대단히 무례하다. 그리고 명나라 사신이 올 때에 따라오지 않았을 뿐만 아니라 늦장을 부리면서 제 기일에 오지도 않았으니 한바탕 짓이겨서 승부를 결판내야겠다.'고 하였다고 합니다."」

「○임금이 별전에서 황신의 군관 조덕수, 박정호 등을 만나보았다.
선조: "적들 속의 소문이 어떠하던가. 숨김없이 모조리 다 이야기하라.
조덕수: 저희들이 들어갈 때에 관백이 있는 곳과의 거리를 사흘 길쯤 남겨놓고 조신(調信)이 먼저 관백에게로 갔습니다.
윤8월 18일에 고명(誥命), 칙서와 함께 큰 나라 사신과 저희들이 사개(沙盖)로 들어가서 각기 숙소에 들었습니다.
관백이 조신에게 이르기를, '5년 동안 끌어오던 전쟁을 마침내 종결지었으니 너의 공로는 가상하다. 그러나 큰 나라 사신을 접대하던 숙소가 지진 때에 모두 파괴되어 접대하기 곤란할 듯하다. 이제 다시 새 숙소를 짓고서 접대하려고 한다.'라고 하자, 세 장로가 말하기를 '큰 나라 사신이 우리나라에 오랫동안 머물러 있는데도 관백이 만나주지 않는다는 것은 도리에 크게 어긋납니다. 더구나 숙소를 지으려면 시일이 많이 걸릴 것이니 빨리 만나야 합니다.'라고 하였다고 합니다.
선조: 세 장로란 누구인가. 한 사람의 이름인가?
조덕수: 그것은 한 사람의 이름이 아니라 바로 길성(吉成), 장성(長成), 삼성(三成)이라고 부르는 세 사람의 중신을 이르는 이름입니다. 조신이 관백에게, 큰 나라 사신을 빨리 만나야 한다고 말하자, 관백이 웃으며 말하기를, '네 말이 옳다. 9월 초하루 날 오사개(五沙盖)에 가서 큰 나라 사신과 작은 나라 사신을 만나보

겠다.'라고 하였다고 합니다.……
　애당초 관백이 몹시 화를 내면서 통신사 일행을 모두 죽이려고 했습니다. 삼봉행(三奉行)이 들어가서 관백에게 말하기를 '예로부터 사신을 죽인 일은 없습니다. 만약 온 사람을 죽인다면 뒤 사람이 경계하면서 모두 일본을 무례한 나라로 인정할 것입니다. 설사 사신은 죽일 수 있다고 하더라도 무례하다는 이름은 면할 수 없습니다. 더구나 큰 나라 사신이 여기에 와 있으니 통신사를 죽여서는 절대로 안 됩니다.'라고 하자, 관백은 그 말을 옳게 여겨 그만 중지하였습니다."

-〈선조실록〉(1596. 11. 6.(戊戌)-

〈당시 조정에서 이해한 거북선의 모습〉

「○남이신(南以信): "우리나라의 큰 배가 들이받으면 언제나 적의 배 두세 척을 파괴시키곤 한다고 사람들마다 말합니다. 수군만 있으면 싸워서 쳐부술 수 있으니, 큰 적을 다 막아낼 수 있을지는 알 수 없으나, 군수물자를 수송하는 배쯤은 틀림없이 쳐부술 수 있다고 합니다.
　이제 관청 종, 개인집 종을 막론하고 신역(身役)을 면제해 주면서 전적으로 수군에 소속시킨다면 수군도 점차 충실해지고 백성들도 보전될 수 있을 것입니다. 얼마나 좋은 일입니까.
선조: 거북선은 어떻게 생겼는가?
남이신: 사면에 판자로 지붕을 만들었는데 모양이 거북 등과 같습니다. 곁의 양쪽 머리에는 쇠못을 꽂아 놓았습니다. 만일 왜적의 배를 만나 들이받기만 하면 적의 배가 모조리 부서져버립니다. 바다 싸움의 기구로는 이보다 더 좋은 것이 없습니다.
선조: 왜 많이 만들지 않는가?

조인득: 신이 황해도에 있을 때 거북선 1척을 만들었습니다. 칼을 꽂았는데 거북등처럼 생겼습니다. 그 격식이 대단히 신기하였습니다.
남이신: 싸움배는 가볍고 빠른 것을 좋게 칩니다. 당장의 걱정거리는 군사가 없는 것이지 배가 없는 것이 아닙니다. 바닷가에 거주하고 있는 관청의 종과 개인집 종을 전적으로 수군에다 배치한다면 나라를 위한 좋은 계책이 될 것입니다."」

-〈선조실록〉(1596. 11. 7.(己亥)-

(*자기 나라에서 개발한 최첨단 무기, 그것도 전쟁 중에 왜적을 막아내는 데 혁혁한 공을 세운 새로운 전함 거북선에 대한 관심과 이해의 수준이 이것밖에 되지 않았다. 그 기능과 장점에 대해 알고 있는 수준은 참으로 피상적이었고, 그것을 만드는 데 소요되는 물자의 공급에는 전혀 관심을 두지 않고 "왜 많이 만들지 않는가?"라고 묻는 임금의 질문에는 어이가 없다.)

(*이순신과 원균에 대한 저울질이 이날의 어전회의에서 다섯 번째로 계속된다. 이미 선조의 가슴속에는 어떻게든 이순신을 내치고 그 대신 원균을 기용하려는 의도가 노골적으로 드러나고 있음을 볼 수 있다.
이러한 분위기를 파악한 유성룡은 적극적으로 이순신을 두둔하지 못하고 적절히 타협점을 찾으려고 노력하고 있음을 그 언사에서 느낄 수 있다.
선조 및 윤두수를 비롯한 이순신을 모함하려는 세력들의 주장이 얼마나 임진왜란 발발 초기의 역사적 사실 관계를 왜곡하고 있으며 논리에도 맞지 않는 엉터리 주장인지를 생각하면서 그들의 모함의 말들을 들어보자.)

〈이순신을 겨냥한 모함의 말, 말, 말, 말들 ……
이순신이 공로를 세우게 된 것은 사실은 원균의 덕분이다?〉
「○오후 2시경(未時) 정각에 선조가 별전에서 대신들과 비변사의 담당 당상관들을 만나보았다.

　(*역사적 모함이 있었던 이날 회의의 참석자들은 다음과 같다.
　대신들로는 이산해(李山海), 유성룡(柳成龍), 윤두수(尹斗壽), 김응남(金應南), 정탁(鄭琢), 이원익(李元翼), 비변사의 담당 당상관들로는 김명원(金命元), 김수(金睟), 이덕형(李德馨), 유영경(柳永慶), 승지 이덕열(李德悅).)

선조: "각자가 품고 있는 생각들을 왜 말하지 않는가.
이산해: 전쟁이 일어난 지 다섯 해 째인데도 전연 좋은 계책이 없고 오직 화친을 맺을 것만 믿어왔던 것인데, 지금에 와서는 막다른 지경에 빠졌으니 이런 한심한 일이 어디 있습니까.
　대체로 바다 싸움은 육지 싸움과 다릅니다. 육지 싸움은 용이하지 않지만 바다 싸움에서는 적을 쳐서 이길 수 있습니다. 애당초 적의 장수를 사로잡을 때 원균을 다른 곳으로 이동시켰고 또한 요즘은 수군이 전혀 없어서 바다 싸움에서 성과를 거두었다는 말을 들어볼 수 없습니다. 대단히 분개할 일입니다.
　오늘의 계책으로는 호남과 영남 사이에 군사를 매복시켰다가 도중의 요충지에서 적을 차단하게 하는 것이 적을 방어하는 상책이 될 것이라고 봅니다.
　신은 병이 깊어져 평상시에도 두서없이 행동하면서 어쩔 바를 몰라 하였는데, 지금은 정신이 왔다 갔다 하여 생각한 바를 다 말씀드릴 수가 없습니다. ……
선조: 원균은 어떤 인물인가?
유성룡: 옛날에는 육지에서 싸움을 잘하는 장수는 바다 싸움에 서툴렀고, 바다 싸움을 잘하는 장수는 육지 싸움을 잘 못했습니

다. 그러나 원균은 목숨을 아끼지 않고 어디서나 용감하게 싸우는 것이 그의 장점입니다.

그러나 만약 지친 군사들을 무마하라고 요구한다면 그는 감당해 내지 못할 것입니다. 혹시 그 임무를 감당할만한 다른 사람이 있다면 등용하는 것도 좋을 것입니다.

정탁(鄭琢. 知中樞府事): 바다에서 싸우는 것이 그의 장점입니다. 이제 그의 단점을 버리고 장점을 쓰도록 하는 것이 나을 것입니다.

선조: 선거이(宣居怡)는 어디 병이 있는가?

이산해: 오래 전부터 중풍으로 앓아누워 있어서 일을 할 수 없습니다.

유성룡: 원균이 힘껏 싸웠다는 것은 사람들이 모두 아는 일이지만, 일단 바다 싸움이 있은 뒤로 잘못을 저지르자 영남의 수군들이 대부분 원망하고 있으므로 원균을 쓸 수 없다는 것은 분명합니다. 더구나 이순신과 원균의 사이가 나쁘다는 것은 조정에서도 다 아는 사실입니다.

신은 바다와 육지가 서로 다르지만 마땅히 서로 협력해야 한다고 생각했기 때문에 두 사람이 모여 협의하도록 하였으나 원균은 그저 성만 발끈 내는 것이었습니다.

선조: 이순신도 그렇던가?

이원익: 이순신은 자신에 대한 변명을 별로 하지 않았지만, 원균은 언제나 성을 내는 기색을 보였습니다. 옛날 장수들 가운데도 공로를 서로 다투는 사람은 있었지만 원균은 너무 심했습니다. 듣자니, 신이 올라온 뒤에도 원균은 이순신을 향해 분기에 찬 말을 많이 했다고 합니다.

이순신을 한산에서 옮기도록 해서는 절대로 안 됩니다. 만일 옮

기기만 하면 모든 일이 다 틀어져버릴 것입니다.
 그러므로 전하께서 지시를 내려 (원균을) 병사로 그냥 눌러 있게 하는 것이 나을 듯합니다. 아무리 조정에서 여러 모로 타이른다고 하더라도 그의 뜻을 꺾어서는 안 되겠기에, 이런 위급한 때에 마땅히 마음을 합쳐서 함께 난국을 타개해 나가야 한다고 신도 말해 주었지만, 원균은 노기가 가라앉지 않았습니다. 이래서야 곤란하지 않습니까?

선조: 곤란하겠다.

윤두수(尹斗壽, 判中樞府事): 원균은 신의 친척인데, 신은 오랫동안 그를 만나보지 못했습니다. 대체로 이순신이 후배이면서 벼슬은 원균의 윗자리에 있기 때문에 그렇게 발끈발끈 성을 내는 것입니다. 아마도 조정에서 참작하여 알아서 처리해 주는 것이 좋을 것입니다.

선조: 내가 이전에 들으니, 애당초 군사를 요청한 것은 사실은 원균이 한 일인데, 조정에서는 원균이 이순신만 못하다고 하였기 때문에, 그 때문에 원균이 이렇게 화를 내게 된 것이라고 하였다. 또 듣자니, 왜적을 잡을 때에는 매번 원균이 앞장을 섰었다고 한다.

유성룡: 원균은 단지 가선대부(嘉善大夫)인데 이순신은 정헌대부(正憲大夫)가 되었으니, 원균이 성을 내는 것은 바로 이 때문입니다.

선조: 내가 듣자니, 군사를 요청하여 바다에서 싸울 때 원균이 공로를 많이 세웠고 이순신은 원균을 따라다녔다고 한다.
 그리고 또 듣자니, 이순신이 왜적을 많이 잡았으므로 원균보다 낫기는 하지만, 이순신이 그렇게 공로를 세우게 된 것은 실제로는 원균 덕분이라고 한다.

이원익: 신이 조용히 원균에게 '당신의 공로가 결코 이순신을 능가할 수 없다.'라고 말해 주었더니, 원균이 말하기를 '처음에 이순신은 물러가 있으면서 구원해 주지 않았소. 천번만번 불러서야 비로소 군사를 데리고 왔었소.'라고 하였습니다.

원균은 본래 왜적이 쳐들어오는 지역에 있었으니 적과 마주치기 마련이고, 이순신이 원균과 같은 때에 나가 싸우지 못한 것은 사정이 그러하였기 때문에 그렇게 된 것입니다.

이덕열(李德悅: 左承旨): 이순신은 (원균이) 15번이나 불러서야 비로소 나가 적선 60척을 붙잡아 가지고 앞서서 자기 공로를 보고했다고 합니다.

이원익: 호남으로 적의 배가 쳐들어와 자기 진지로 돌입한다면 그 적도 수없이 많을 것이기 때문에 (그곳에 자기 군사를 배치해 두어야 하므로) 부득이 뒤에 가게 되었던 것입니다. 원균은 애초에 많은 실패를 하였습니다. 이순신이 따라가서 비록 자기 손으로 직접 적을 잡지는 않았다고 하더라도, 그의 부하들이 잡은 적들이 많았습니다. 만약 적의 목을 많이 벤 것을 가지고 말한다면 원균보다 많을 것입니다.

정탁: 그들이 서로 공로 다툼을 하는 그 심리를 놓고 말한다면 두 장수에게 다 같이 잘못이 있습니다. 그러나 이순신도 역시 만만치 않은 장수이니 전하께서 지시를 내리셔서 서로 화해를 하게 하는 동시에 앞으로 공로를 세우라고 요구하는 것이 어떻겠습니까?

이원익: 원균은 처음에 많은 실패를 하였지만 이순신은 한 번도 실패를 하지 않고 공로를 세웠습니다. 둘이서 서로 옥신각신하게 된 발단은 바로 여기서부터 시작된 것입니다."」

－〈선조실록〉(1596. 11. 7.(己亥)－

(*이 날 회의석상에서는 이어서 다시 임금이 어디로 피난가면 좋을지에 대한 논의가 계속되었는데, 이를 가만히 듣고 있던 사관(史官)이 자기 생각을 넌지시 적어 놓았는데, 참고할만한 말이다.)

「*사관은 말한다.

"적이라고 해서 항상 강한 것도 아니고, 우리라고 해서 항상 약한 것도 아니다. 사람들이 기꺼이 하겠다는 마음을 단합시키고 남은 군사들을 수습하여 죽음을 각오하고 성을 나서서 최후로 한 번 싸워 결판을 내겠다는 생각을 해야 할 터인데, 모두들 시들시들해져서 맥을 놓아버리고는 아무래도 멸망하고 말 것처럼 스스로 인정하고 있다.

임금이 사직을 위해서는 목숨까지 바쳐야 한다는 대의(大義)는 생각하지 않고 마치 새가 나뭇가지를 골라서 앉듯이 안전한 장소만 찾으려 하고 있는데, 상하가 서로 싸고돌면서 그것이 잘못이라는 것도 전혀 모르고 있다.

심지어 경연 자리에서까지 영변으로 들어갈 것인가, 강화도로 들어갈 것인가, 해주로 들어갈 것인가, 서도로 들어갈 것인가만 논의함으로써 아래 사람들의 맥이 풀리고 장수들의 기가 꺾이도록 만들었으니, 이래서야 어떻게 강대한 적을 소멸시키고 옛 터전을 회복할 수 있단 말인가."」   -〈선조실록〉(1596. 11. 7.(己亥)-

〈모함의 백미: 윤근수의 이순신 모함〉

「○해평부원군 윤근수(尹根壽)가 건의하였다.

"…적이 만약 다시 쳐들어온다면 그 전날 실패만 거듭하던 군사들을 가지고 맞서서야 어떻게 지탱해 낼 수 있겠습니까.…

신이 얼마 전에 원균을 도로 경상우수사로 임명하여 다시 수군을 거느리고 적이 오면 싸울 수 있도록 미리 준비시키자고 요청한 바가 있습니다. 그런데 원균이 현재 맡고 있는 (전라)병사의 후임을 물색하기 곤란하다는 보고만 있었습니다.

신이 언젠가 〈일본고(日本考)〉란 책을 본 적이 있는데, 거기에는 왜적은 육지 싸움에서는 우수하나 바다 싸움에서는 무능하다는 말이 명백히 씌어 있었습니다. 그리고 임진년 병란이 일어난 이후에 적의 예봉을 꺾어 놓은 것은 오직 수군이었고 육지 싸움에서는 모두 그만 못하였습니다.

또 듣자니, 적들은 수군을 특히 무서워하면서 접근하지 않고 피해 가곤 하지만 우리 육지의 군사는 하찮게 여긴다고 합니다.

임진년 바다 싸움에서 공로를 세운 여러 장수들을 꼽아보면 그 중에서도 원균이 제일 용감하고 강직하였습니다. 제 한 몸 바쳐서 용감히 떨쳐나서서 죽음을 회피하지 않았기 때문에 공적이 매우 드러났던 것입니다. 또한 바다 싸움에 능숙하여 적을 만나는 족족 마주치고 싸워서 이기기만 하였지 실패한 일이 없었기 때문에 군사들은 믿는 바가 있어서 겁을 내지 않았습니다.

그런데 지금 수군을 내어 놓고 기병이나 보병을 통솔하고 있으니, 병사(兵使)가 아무리 수사(水使)보다 (직위가)높다고 하더라도, 이 것이야말로 옛날 사람이 비난한 것처럼 그의 장점을 버리고 단점을 쓰게 한 것이니 인재를 잘못 등용한 것입니다.

더구나 지금 5명의 왜적의 장수와 대부대의 왜적이 겨울이나 봄에 나올 것이라는 소식이 들려오는 판에, 우리나라로서는 적을 바다에서 소멸시킬 계책을 세우기에 급급해야 할 것입니다. 만약 시기를 놓쳐서 적이 육지에 기어오르게 되면 아무리 많은 기병, 보병이 뒤에 있다고 하더라도 벌 떼처럼 날아드는 그 예봉을 무슨 수로 막아내겠습니까. 임진년의 사실에서 교훈을 찾아야 할 것입니다. 바다에서 소멸시켜버림으로써 적이 상륙하지 못하도록 만드는 것이 오늘 적을 막는 유일한 계책인 만큼, 수군의 장수로는 응당 여러 번 싸워서 승리한 사람을 골라 세워야 할 것입니다. 원균이 수군을 통솔한다면 꼭 승리할 수 있을 것이라고 기대할 수 있겠지만, 만일 적임자가 아닌 사람을 그 자리에 앉혀 놓는다면 적을 감당해 내지 못할 것입니다.

적이 일단 호남 방면으로 쳐들어가기만 하면 원균이 아무리 온 도의 기병, 보병을 거느리고 대장노릇을 한다고 하더라도 결코 바다 싸움에서와 같이 솜씨를 보여주지 못할 것입니다. 아무래도 그를 다시 수사로 임명하여 지난날 이미 시험해 본 우수한 재능을 발휘하도록 해야 할 것 같습니다.

육군 장수로 말하면 응당 적임자가 있을 터인데 장수로 원균을 대신할 사람이 왜 없겠습니까. 어떤 사람은 말하기를, '원균과 이순신이 서로 대립하고 있는 상황에서 이순신이 통제사로서 원균을 지휘해야 하는데 원균이 그 밑에 있기를 달가워하지 않을 것이다. 두 장수가 화목하지 않고서는 일이 제대로 되지 못할 듯하다.' 라고도 하지만, 신은 그렇게 생각하지 않습니다.

통제사의 직위는 일시적으로 둔 것이므로 계속 그냥 둘 수도 있고 없앨 수도 있는 것입니다.

이순신을 통제사의 직위에서 물러나게 할 수도 있는 것이고, 혹은 원균을 경상도 통제사로 임명하여 칭호와 지위가 이순신과 서로 대등하게 만들 수도 있는 것입니다.

신축성 있게 조절해서 안 될 것도 없을 것인바, 그 이유는 원균의 품계가 본래 이순신과 같았었기 때문입니다. 이야말로 나라의 존망에 관계되는 것이므로 전하를 성가시게 한다는 혐의도 미처 고려할 겨를 없이 다시 건의하게 된 것입니다.

신은 지난번에도 한산도의 수군을 빨리 거제의 장문포로 진주시켜야 한다고 건의하였습니다. 지금은 저 적들이 침입할 조짐이 이미 나타나서 불이 당장 눈썹에 옮겨 붙을 형편이니 잠시도 늦출 수 없습니다. 모두 거제로 진주시켜 바닷길을 차단하도록 해야 할 것입니다.

책봉하러 간 사신만 돌아오면 일체 오가는 적의 배들을 우리 수군이 제때에 차단하고 섬멸시켜 적의 길을 끊어버려야 할 것입니다. 만약 적의 장수가 나오는데도 수군의 여러 장수들이 적을 살육하기를 꺼려하면서 미처 막지 못하였다고 핑계를 대거든 즉시 군법으로 다룸으로써 군사 규율을 엄격히 세우도록 해야 할 것입니다. 빨리 글을 내려 보내서 이순신 등에게 엄격한 주의를 주어 시급히 거제로 진주하게 하기 바랍니다. 이러저러한 구실을 대지 못하도록 해야 합니다.

신이 이전에 경상감사로 있으면서 좌우도의 바닷가에 있는 각 진과 포구를 두루 순회한 적이 있습니다. 좌도의 개운포(開雲浦) 이북의 경우에는 판옥선을 부리는 것이 서툴렀습니다. 그 구조가 거추장스러워서 싸움에 사용하기는 곤란하였습니다. 대체로 바닷길이 좀 먼 경우에는 바다에서 내버리고 곧바로 작은 배를 사용하니 판옥선은 그저 소용없이 만들어 놓고 매어둘 뿐입니다.……

오늘의 큰 우환거리는 판옥선의 수효가 적은 데 있지 않고 배마다 배를 부릴 군사가 부족한 것이 걱정입니다. 빨리 좌수사에게 지시를 내려 미리 준비하였다가 제때에 집행하도록 하기 바랍니다."

(선조가) 대답하기를, "이처럼 글로 써서 건의한 데 대하여 대단히 기쁘게 생각한다."라고 하였다.」

-〈선조실록〉(1596. 11. 9.(辛丑)-

(*임진왜란 초기의 해전에 대한 기록이 생생하게 남아 있던 당시의 상황에서 윤근수가 선조에게 보고한 내용들은 온통 거짓말투성이이고 왕을 기만하는 내용들로 가득 차 있음을 알 수 있다.

난리 중에 있었던 일을 4년 반이 지난 시점에서 이야기하다 보니 전혀 사실과 다른 말을 하고 있음에도 선조는 그것이 거짓말임을 인식하지 못하고 있었던 것인가, 아니면 이미 딴 마음을 품고 있었기에 그에 부합되는 여론을 앞장서서 조성해 주는 윤근수가 고마웠기 때문이었을까. 아니, 그는 이미 누군가가 거짓말을 해주기를 적극 바라고 있었는지도 모른다.

패전한 장수가 구원을 요청하여 적을 쳐부수었다면, 당연히 그 공로는 구원하러 나가서 적을 쳐부순 장수에게 있는 것이고, 조선 수군이 강한 점은 어디까지나 이순신이 왜적과의 접근전을 피하고 대포를 이용한 함포 사격전을 편 사실에 있었다면, 그런 함포 사격전을 할 수 있는 배와 대포를 미리 준비하고 거북선을 고안해낸 장수에게 승전의 공로가 전적으로 있는 것이지, 어떻게 먼저 자신의 전함과 군사들을 다 잃어버리고 나서 다른 지역의 장수에게 구원을 요청한 장수에게 가장 큰 공로가 있다고 말할 수 있단 말인가.

마치 사물에 대한 판단능력이 완전히 결여된 바보 천치를 상대로 한 사기성 보고서를 읽고 있는 것 같다.

우리가 더욱 이해할 수 없는 것은, 지금도 이러한 간신배들의 주장에 근거하여 원균의 전공이 이러니저러니 운운하면서 마치 원균을 훌륭한 장수였던 것처럼 역사를 왜곡하고 있는 사람들이 있다는 것이다.)

〈분명히 드러난 왜적의 재침 의사〉

(*이때 명나라와 왜국간의 외교적 노력이 결실을 맺어 명나라 사신이 왜국으로 건너가서 관백을 왜왕으로 책봉하기에 이르렀다. 그러나 왜국은 조선의 통신사 파견이 늦어진 것을 핑계로 조선으로부터

의 철병을 공식적으로 거부하고 나옴으로써 조선은 다시 한 번 왜적의 침략을 눈앞에 두게 되는 위기상황에 놓이게 된다.

이를 당시 명나라 사신을 따라갔던 우리나라 관리의 왜국 정황 보고서를 인용하면서 조선 국왕이 명나라 조정에 올린 보고서를 통하여 살펴본다.

이것은 불과 몇 달 후에 이순신이 의도적으로 왕명을 무시하여 청정을 부산 앞바다에서 막지 않았다고 모함을 당하여 다음 해(정유년) 봄에 통제사의 지위를 박탈당하고 옥에 갇히게 되고, 이어서 7월에는 원균이 칠천량 해전에서 조선의 수군을 몽땅 바다에 침몰시키는 것과 관련된 일련의 사건의 단초에 해당하기 때문에 자세히 소개한다.)

「ㅇ조선 국왕은 긴급한 왜적의 정황과 관련하여 의정부의 보고를 받았는데, 그 보고서에 따라 알아본 바에 의하면, 올해 11월 6일 책봉하러 가는 명나라 사신을 따라간 황신(黃愼)과 박홍장(朴弘長) 등이 일본의 서쪽 경계인 낭고야(郞古耶: 나고야) 땅으로 돌아와서 처음 데리고 갔던 조덕수(趙德秀), 박정호(朴挺豪) 등을 먼저 내보내어 급보를 올렸는데 그 사연은 이러하였습니다.

"올해 윤8월 18일에 신 등이 일본 땅인 사포(沙浦)로 들어가 즉시 정사(正使)와 부사(副使)의 숙소에 가서 머물러 있는 동안 들은 바에 의하면, 적의 장수 조신(平調信)이 본국 통사 박대근(朴大根)을 보고 '당초에 길을 빌려 중국에 공물을 바치겠다는 일본의 제안을 조선에서는 들어주지 않았으며, 그 뒤에 심 유격(沈惟敬)이 두 나라 문제를 조정하려고 하는데도 조선에서 즉시 사례하러 오지 않았다는 이유로, 관백은 이번에 책봉하러 온 사신은 먼저 돌려보내고 조선의 사신은 당분간 억류해 두라고 하였다.'고 했습니다.

그달 29일에 두 사신은 오사포(五沙浦)로 떠나 9월 2일에 관백과 만났고 4일에 사포로 돌아왔습니다. 6일 날 밤중에 조신이 신에게 와서 말하기를 '어제 심 유격이 군사를 철수하고 화친을 맺는 문제를 가지고 관백과 상의하였는데, 관백은 〈명나라에서 사신을 보내어 나를 책봉하기 때문에 나는 우선 참고 있지만 조선과는 절대로 화친을 맺을 수 없다. 나는 다시 조선을 치고자 한다. 명나라 사신은 오래 머물러 있을 필요가 없으니 내일쯤 배를 타고 떠나가는 것이 좋겠다. 나는 다시 군사를 출동시켜 조선으로 가서 격전을 벌리겠다.〉고 하고는 이어서 청정 등을 불러 출병할 기일을 토의하였습니다.' 라고 하였습니다.

이달(9월) 8일에 정사 양방형(楊方亨)이 신에게 말하기를 '우리는 오늘이나 내일 중으로 배를 타고 떠나겠는데 당신들도 짐을 꾸려 가지고 우리를 따라서 함께 가는 수밖에 없다. 돌아가서 국왕에게 명백히 보고하고 명나라에도 이 사실을 보고해야 한다. 똑똑히 보고하지 않았다가는 큰 일을 그르치게 될까봐 우려된다.' 고 하였습니다.

이달(9월) 9일에 조신이 와서 말하기를 '어제 청정이 관백에게, 이번에 자기가 다시 조선으로 가게 되면 조선에서 왕자를 보내서 사례하도록 하겠는데, 만약 그쪽에서 달가워하지 않을 때에는 두 왕자를 사로잡아 오겠다고 하는 말을 들었습니다. 이로 인하여 관백은 청정 등 네 장수가 먼저 떠나 바다를 건너가고 대부대의 병력을 뒤따라 출동시키라고 명령하였습니다.' 라고 하였습니다.

사로잡혀간 우리나라 사람 염사근(廉士謹)이 신에게 넌지시 알리기를 '어제 왜적의 중 장성(長成)이 나에게 말하기를, 관백이 왕자가 오지 않았다는 말을 듣고 더욱 노발대발하면서 처음에는 사신을 찢어 죽이겠다고 하는 것을, 나와 삼성(三成)이 겨우 말렸다고 하였습니다. 그러나 청정 등이 이미 관백의 지시를 받고 올 겨울 안으로 바다를 건너가기로 하였고 다시 많은 군사를 내년 2월쯤 일제히 출동시키기로 하였습니다.' 라고 합니다."

또 이날 그 관리들이 보내온 보고서는 이러하였습니다.
"신 등은 같이 온 일행들과 함께 책봉하러 온 두 사신을 따라서 낭고야 지점에 와서 머물러 있으면서 바람을 기다리고 있는 중인데, 적의 장수 정성(正成)이 명나라에 사례하는 표문을 가지러 관백에게 가더니 이제야 돌아왔습니다. 명나라에 보내는 별지 가운데는 이렇게 씌어 있었습니다.

'전년에 조선에서 사신이 왔을 때 우리의 요구를 자세히 말해 주었으나 끝내 명나라에 알리지 않았고, 그 뒤로도 무례한 짓을 한 것이 많았으니 그것이 첫째 죄입니다.
조선에서는 화친 문제를 질질 끌고 있습니다. 싸움판에서 두 왕자와 그의 아내 이하 사람들을 사로잡았다가 심(沈) 도지휘(都指揮: 沈惟敬)가 황제의 지시를 전달함에 따라 관대히 용서해 주었으면 먼저 와서 사례해야 분수에 맞을 터인데도 명나라 사신이 바다를 건넌 지 몇 달이 지나도록 오지 않았으니, 이것이 둘째 죄입니다. 명나라와 일본이 화친을 맺는 문제도 조선이 방해를 했기 때문에 몇 해를 끌어왔으니 이것이 셋째 죄입니다.
우리나라 군사가 고생을 하면서 오랜 세월을 보내도록 한 것은 처음부터 명나라의 계책에서 나온 것인 줄 알고 있었으나, 조선에서 명나라 사신보다 뒤떨어져 온 것을 보면 조선이 중간에서 작간(作奸)을 부린 죄가 한두 가지만이 아니었음을 이제 다 알게 되었으니, (조선을) 명나라에서 쳐야 하겠습니까, 아니면 우리나라에서 쳐야 하겠습니까. 역시 황제의 지시에 따라 하겠습니다.' 라고 하였습니다.
이상 내용을 그대로 베껴서 보냅니다."

또 이날 그 관리가 보내온 급보에는 '신 등은 사태가 위급하다고 생각한 끝에 그곳으로 가는 배를 몰래 수소문하여 조덕수(趙德秀) 등을 먼저 내보내어 왜적의 정황을 구두로 보고하게 합니다.' 라고 하였습니다.
이 급보를 받고 조덕수, 박정호 등에게 물어보았더니 그들은 이렇게 말하였습니다.

'책봉하러 간 두 사신이 관백을 만날 때에는 본국의 역관들이 따라가는 것을 승인하지 않았기 때문에 그 자리에서 무슨 문제들이 논의되었는지 알 수 없습니다.
단지 본국에서 사로잡혀간 사람과 사신을 따라간 방자들의 말을 들어보면, 관백이 책봉하러 간 사신을 청하여 연회를 베풀었을 때 부사(副使) 심(沈惟敬)이 철병 문제에 대하여 언급하였으나 관백은 화를 내면서 들어보려고도 하지 않았기 때문에 두 사신은 곧바로 숙소로 돌아오고 말았다고 합니다.
부사 심(沈)이 다시 행장(行長)을 시켜서 관백에게 가서 상기 조항들을 가지고 토의하게 하였더니, 관백은 화를 내면서 〈심유경은 언제 한 번이라도 일본의 요구를 실현시키기 위해 힘써 본 적이 있느냐, 그는 단지 조선을 위해 노력할 뿐이다. 나는 다시는 그를 만나지 않겠다.〉고 하고는 명나라 사신에게 돌아갈 것을 요청하였으므로, 이튿날 아침에 사포로 돌아왔던 것입니다.'

이와 관련하여 앞서 이달 3일에 경상우도 병마절도사 김응서(金應瑞)가 보내온 급보를 보면 이러합니다.

'10월 23일에 왜적 임시고(臨時考)로부터 들은 말에 의하면, 청정이 관백에게 보고하기를, 자기가 이번에 한번 조선으로 나가기만 하면 비로 쓸 듯이 싹 쓸어 평정할 수 있겠는데 화친을 맺을 필요가 어디 있겠습니까 라고 하였고, 이 말을 듣고 관백은 많은 군사를 동원하여 조선으로 내보내려 한다고 하였습니다. 행장은 군사 출동을 늦추기 위하여 우선 명나라 사신의 여행 기일을 연장시키려 하고, 그런 소식이 조선에 미리 알려질까 봐 두려워서 일체 말을 꺼내지 못하게 하고 파발로 보고하는 것도 계속 가로막고 있다고 합니다. 이상 사실을 들은 바에 근거하여 자세히 보고합니다."」 　　　－〈선조실록〉(1596. 11. 10.(壬寅)－

〈윤두수, 원균에게 수군을 맡겨서 적을 막아내게 하자〉

「○정탁(鄭琢): "남쪽 세 도를 지켜내지 못한다면 수도도 어쩔 수 없을 것이고, 수도를 지켜내지 못한다면 다른 도들도 어쩔 수 없을 것입니다. 강화는 수도와 가까우면서도 남쪽으로 세 도에서의 운반이 보장되고 북쪽으로 큰 나라의 지원이 있습니다. 수도를 보전하려고 한다면 꼭 강화로 피난가야 할 것입니다.

윤두수: 왜적을 막는 데는 수군만한 것이 없습니다. 왜적의 배는 본래 가벼운데 왜적 장수의 배는 더욱 가볍고 날렵합니다. 그러므로 한바탕 총을 쏘고 나서 수군들을 장문포로 들어가게 하고, 원균으로 하여금 영등포를 지키고 있다가 적의 배가 올 때에 총

으로 맞받아치도록 한다면 손쉽게 될 것 같습니다.
정탁: 왜적은 수군을 대단히 무서워합니다. 이순신을 시켜 수군을 거느리고 적을 공격하게 한다면 청정의 선봉을 격파할 수 있습니다. 역량상 안 된다 하더라도 적의 기세를 좌절시킬 수는 있을 것입니다."」　　　－〈선조실록〉(1596. 11. 13.(乙巳)－

〈권율의 장계〉

「○11월 10일 부로 발송한 도원수 권율의 보고서는 이러하였다.
"신이 황신(黃愼)이 올린 보고서 사연을 보았습니다. 조정에서는 어떤 계책을 생각하고 있는지 모르겠습니다.
경상도 한 도를 놓고 따져본다면 아무리 전쟁의 피해를 입었다 하더라도 빠짐없이 동원한다면 1만여 명의 군사를 얻을 수 있습니다. 그런데 여러 고을의 수령들이 안일에 젖어 있은 지 이미 오래입니다. 이것이 당면한 큰 우환거리입니다.
호남과 호서에서도 군사 2~3만 명을 동원하고 승군(僧軍)까지 뽑아내어 함께 합세하여 적이 미처 날뛰기 전에 동쪽에서 기장, 울산으로부터 서쪽으로 함안, 의령에 이르기까지 군영으로 연결된 수백 리 간에 요새를 설치하고 그에 의거하여 지키는 한편, 수군을 부산 앞바다에 내세워서 적의 식량 운반의 길을 끊어버리게 해야 할 것입니다.
그렇게 되면 부산의 적들이 올해는 농사를 지은 것이 많지 못하여 우리 땅에서 나는 것으로는 모자라기 때문에 반드시 일본에서 계속 날라 와야만 식량을 댈 수 있을 것입니다. 그러나 밖으로는 우리 수군에 의하여 길이 막히고, 들어오더라도 우리 경계의 들판에까지 와서 약탈해갈 수는 없을 것이니, 한 달이 채 못 가서 네 진지에 주둔하고 있는 적들은 나가지도 들어오지도 못하게 되어 그 형세는 저절로 곤경에 처하게 될 것입니다.

게다가 요즘 화친 문제가 성사되지 않았다는 소문을 듣게 되면 왜적들 내부의 무식한 졸병들은 모두 투항할 생각을 하게 될 것이고, 나오지 못한 왜적의 대부대도 일단 이 기별을 알게 되면 틀림없이 의문을 가지면서 전진하기를 주저하게 될 것입니다. 이런 기회를 타서 우리의 신기한 계책을 쓴다면 여기 남아있는 적들은 저절로 소멸되고 말 것입니다.

단지 군량을 대기가 가장 어려운 문제이긴 하지만, 민간에 있는 곡식은 풍족한 셈입니다. 만일 무명 1백여 동쯤 마련해서 요새를 설치한 곳들에서 군량을 사들인다면 몇 만 섬의 쌀을 며칠 안 가서 해결할 수 있을 것입니다.

또한 군사가의 계책으로는 임기응변을 많이 쓰고 속임수도 꺼리지 말아야 한다고 봅니다.

일이 이쯤 된 바에는 왕자나 대신도 보내야 할 것입니다. 혹은 장사 길을 틔우도록 하여 화친을 요구하는 의향을 보이기도 하고, 혹은 평경직(平敬直)과 요시라(要時羅)에게 높은 벼슬을 주어 그들의 마음을 흐뭇하게 해주기도 해야 할 것입니다." …」

－〈선조실록〉(1596. 11. 16.(戊申)－

〈이순신이냐, 원균이냐〉

「선조: "수군을 이용하여 오가는 적의 배를 쳐부숴야 할 것이다.

이원익: 수군은 물론 긴급하지만 들판의 곡식을 말끔히 치우는 문제도 늦출 수 없습니다.

선조: 왜적은 5년 동안 연병(練兵)하였으니 필경 간사한 꾀가 있을 것이다. 우리나라의 활과 화살, 배에 관한 제도를 적들이 다 배워가지 않았겠는가. 그들이 만일 우리나라 배와 같은 배들을 만

들어 가지고 대포를 싣고 오는 날이면 재미가 없을 것이다.
이원익: 큰 배로는 깊은 바다를 건너올 수 없습니다. 적들의 배는 모두 새로 만들었으나 우리의 배만 못하고 견고하지 못합니다. 바다를 건너다니기에 편리하기 때문에 그렇게 만드는 것인데, 그들의 재주만은 정밀하지 않은 것이 아닙니다.

수군의 경우는 적들도 겁을 내고 있습니다. 적들의 배는 매우 얇기 때문에 우리 배로 들이받으면 부서지지 않는 것이 없습니다. 윤두수가 신에게 원균이 용감히 싸웠다고 하면서 기어코 쓰도록 권하기에, 신도 그렇게 하려고 생각합니다.

선조: 두 장수가 서로 좋지 않은 사이인데 무슨 일이 제대로 되겠는가. 원균이 끝내 이순신의 밑에 있으려고 하지 않을 것이니 그 사이가 대단히 나빠질 수 있다."」

－〈선조실록〉(1596. 11. 17.(己酉)－

〈적들을 상대로 이간책을 쓰자?〉

「○비변사에서 건의하였다.

"적들의 내부를 이간시키는 문제는 어제 경연에서 이미 건의하였습니다. 이제 김응서의 보고서를 보건대, 평행장 등이 자기의 공로가 이룩되지 못한 데 분개하여 자기 목을 찔러 죽으려고까지 했다고 합니다. 명나라 사신이 대마도에 체류하면서 제때에 바다를 건너오지 않는 것은 역시 그럴만한 까닭이 있을 것입니다. 지금이야 말로 적의 내부를 이간시키기 위하여 손을 써볼 만한 때가 아닌가 생각됩니다. 설사 손을 쓰다가 성과를 보지 못하더라도 크게 손해 날 것은 없을 것입니다.

전날에 요시라는 늘 행장의 말을 가지고 김응서에게 오간 적이 있었고, 얼마 전에는 요시라의 수하 마당고라(麻堂古羅)가 김응서의 군영에 와서 적정을 통보해 준 일이 있었습니다. 만약 무슨 손을 쓰기 위해 적들의 동향을 알아내려고 한다면 이 무리들만 통해도 길이 없지 않을 것입니다.

도원수 권율이 요시라에게 높은 벼슬을 주자고 한 것도 그 의도는 여기에 있는 것입니다. 이 내용을 도체찰사와 도원수에게 은밀히 지시하여 김응서에게 자세히 말해 주도록 해야 할 것입니다. 그리하여 김응서의 의견으로 다시 요시라에게 연락하고 평조신에게까지 전달되도록 해서 그들의 의향을 떠보고 그의 대답을 들어보면서 조치를 취하도록 해야 할 것입니다.

그리고 요시라, 평경직(平敬直) 등에게 벼슬을 주게 해서 그들의 마음을 얽매어 놓아야 할 것입니다.

그런데 이런 일들은 두툼한 상금을 찔러주지 않고서는 해낼 수 없는 것입니다. 해당 관청에 보관된 은 2백량을 내려 보내어 필요할 때 쓰도록 해야 할 것입니다.

그리고 공문만 가지고는 세밀한 것까지 다 알릴 수 없으므로 물정을 아는 선전관 한 사람에게 내막을 알려주어 빨리 떠나보내는 것이 어떻겠습니까."

임금이 대답하였다. "건의한 대로 하라. 이 두 왜적에게는 도원수의 건의대로 즉시 벼슬을 주고 임명장을 내려 보내어 신임을 보임으로써 그들의 마음을 얽매어 놓고 이어서 계책을 실현시켜 보는 것이 무방한 일일 것 같다. 정작 행장 등이 합심하지 않는다면 청정도 할 수 없을 것이다. 이 기회를 놓쳐서는 정말 안 되겠다. 충분히 헤아려서 잘 처리해야 할 것이다."」

-〈선조실록〉(1596. 11. 28.(庚申)-

(*왜적 내부를 교란시키려는 이간책은 군사 전략상 그 발상 자체를 탓

할 수는 없을지 모르나, 조선의 벼슬과 은 2백 냥이란 미끼로 적을 낚을 수 있으리라고 생각한 것 자체가 세상물정 모르는 치졸한 계책이었다. 결국 적들을 이간시키려는 이 계책은 도리어 적들에게 철저히 이용만 당하는 결과를 가져왔다. 다음 해 1월부터 3월 사이에 요시라에게 완벽하게 농락당하여, 왜적의 의도대로 이순신을 통제사의 지위에서 제거하고 대신 원균을 통제사로 삼음으로써 정유년 7월 17일의 비극을 초래하는 원인이 되고 만다.)

1596(丙申) 12월

(*앞에서 말한 것처럼, 이달 분 〈난중일기〉도 없다.
*이 달에 있었던 주요 사건을 〈선조수정실록〉에 의거 요약하면 다음과 같다.
○명나라의 사신들이 바다를 건너 돌아왔다.
○수길이 노린 것은 명나라 황제로부터 일본 왕으로 책봉이나 받는 것에 있지 않았다. 심유경(沈惟敬)은 행장의 말을 믿고 어떻게든 일을 성사시켜 보려고 했지만, 행장은 종잡을 수 없어서 이랬다저랬다 하였다.
○당시 심유경 등은, 행장이 청정과는 달리 진심으로 강화를 하려는 것으로 잘못 생각하였으며, 명나라에서도 속고 있었다.
저들의 의도는 사실 이순신을 없애려는 것이었다. 그가 강화하자는 논의를 하면서 오간 것은 명나라 사람들의 의향에 거짓 응한 것이었고, 사실은 교묘한 계책을 실행함으로써 명나라 군사를 해이하게 만들고 우리나라를 지치게 하면서 일단 군사를 휴식시켰다가 다시 쳐들어오려는 것이었다.
그래서 그때 황신이 임금에게 말하기를 "예로부터 적의 장수로부터 깊고 은밀한 계책이 새어나온 적이라고는 없었습니다. 행장과 청정에게서 다른 점을 보지 못한 이상 그의 말을 믿을 수 없습니다." 라고 하였던 것이다.
○부산에 있는 왜군의 진영을 몰래 불태웠다.)

〈왜적의 재침에 대비한 선조의 계책〉
「○임금이 승정원에 지시하였다.
"一. 한강을 끝까지 지키지 않을 수 없다. 한강을 지키지 않고 있다가 적이 성 밑에 들어와서 포위한 다음에 수도의 성을 지키려고 한다면 그 계책은 잘못된 것이다.

一. 청정(淸正)이 정월이나 2월 중에 나온다고 하니 미리 통제사를 시켜서 탐지하고 감시하게 해야 할 것이다. 혹 왜인에게 많은 뇌물을 먹여 그들이 나오는 기일을 알리도록 할 수도 있을 것이다. 바다를 건너올 때 마주쳐서 격멸하는 것이 제일 좋은 계책이지만 바다를 건너오는 기일을 알아내기는 어려울 것이다.

一. 옛날 사람들은 싸움을 할 때 혹 자객을 쓰기도 하였다. 지금 이 적들이 다시 기승을 부리는 것은 전적으로 청정 때문인데, 혹은 투항한 왜인들 중에서 모집하거나 혹은 모모한 사람들을 뽑아 보내어 시도해 볼 것이다. 성공만 한다면 그 패거리들은 저절로 궤멸될 것이다. 그러나 우리나라에서는 이런 일을 잘 해낼 것 같지 않다.
어떤 사람이 이것은 제왕으로서 할 일이 못된다고 하기에, 나는 대답하기를, '옛날에 화재가 나서 이웃집에 사다리를 빌리러 간 사람이 절을 하느라 팔을 들어 올렸다 도로 내렸다 하는가 하면 섬돌을 올라가는 것을 서로 사양하면서 걸어가더라는 말이 있다. 이 말이 그것과 무엇이 다르겠는가.' 라고 하였다.

一. 적들이 많이 와서 투항하겠다고 하면 이런 기회를 놓쳐서는 안 될 것이다. 우리나라는 땅이 좁고 계책이 옹졸해서 그들을 처리할 줄 모르고 있으니 애석한 노릇이다. 그 전부터 투항하는 왜적을 받아들이는 문제에 대하여 나는 해볼만한 일이라고 했지만 여러 가지 딴 소리들이 많았다.

어떤 사람은 저희 나라와 내통할 것이라고 하기도 하고, 어떤 사람은 적의 음모를 예측할 수 없다고 하기도 하였다. 투항해온 지 지금 여러 해째 되었지만 과연 저들이 저희 나라와 내통한 일이 있는가? 우리나라 사람들은 적에 대해 알아내는 것이 언제나 이러하다.

싸움하는 과정을 놓고 말한다면 왜적 한 사람을 잡는데도 막대한 힘이 들어야 하는데 제 발로 걸어온 적을 뿌리치고 받아들이지 않는다면 그것이야말로 옹졸한 짓이 아니겠는가.

一. 황신(黃愼)의 보고에 의하면, 모든 왜적이 나올지 안 나올지는 정확히 알 수 없으나, 설령 나온다고 하더라도 내년 봄 전으로 나오지는 못할 것이라고 하였다. 지금 적정에 대한 이러저러한 보고는 이 한 가지에 달려있는 것 같다. 조보(朝報)에 발표하여 민심을 안정시키도록 하라."」

「○돈녕부 도정(都正) 황신(黃愼)과 상호군 박홍장(朴弘長) 등이 급보를 올렸다.(11월 20일에 관인을 찍어 발송한 것이다.)

"신 등은 부산에 도착한 지 이미 여러 날이 되었습니다. 바람이 순조롭지 못하여 명나라 사신이 바다를 건너오는 기일이 늦어질지 빨라질지 알 수 없지만 기왕에 따라간 이상 우리들만 먼저 나오기 곤란하므로 부득이 당분간 지체하면서 명나라 사신 일행을 기다리는 중입니다.

처음 듣기로는 청정이 올 겨울에 나온다고 했습니다. 그러나 행장은 박대근(朴大根)에게 말하기를 '청정이 설령 나온다고 하더라도 반드시 군량을 모으고 무기를 손질한 후 행동할 것이니 정월이나 2월 중에 나오게 될 것 같다. 여러 적들은 오는 봄 전에 함께 출발하기는 곤란할 것 같다.'라고 하였다고 합니다."」

-〈선조실록〉(1596. 12. 5(丁卯)-

〈명나라 사신의 보고서와 풍신수길의 표문〉
「○돈녕부 도정(都正) 황신(黃愼)과 상호군 박홍장(朴弘長) 등이 책봉하러 갔던 명나라 사신들이 병부(兵部)에 올린 보고문 3통과 수길이 사례한 표문을 베껴서 올렸다.

(심 유격(沈惟敬)이 병부에 올린 보고문은 이러하였다.)
「"일본 국왕의 책봉을 마친 일에 대한 보고와 관련한 문제.
윤8월 18일에 본관 등은 황제께서 보내주신 용무늬를 그린 부절과 옥새를 찍은 문서 등을 받들고 당지에 도착하자 수길은 9월 2일로 날을 받아 대판(大坂)에서 맞이하여 책봉을 받기로 하였습니다. 본관이 미리 가서 예식 절차를 가르쳐주자 깎듯이 받아들였습니다. 기일이 되자 책봉하러 간 사신을 맞아들였습니다. 사신은 곧바로 중간 대청으로 나가서 고명(誥命)과 인장, 관, 띠, 옷들을 넘겨주었습니다. 수길은 여러 부하들을 데리고 다섯 번 절하고 세 번 머리를 조아리는 예식을 거행했습니다. 모든 사람들은 중국말을 익혀 만세를 부르고 황제의 대궐을 향하여 사례하기를 일일이 의식 절차대로 하였습니다.
예식이 끝나자 사신과 따라갔던 모든 관리들을 위하여 연회를 베풀었습니다. 이날 저녁에 수길은 본관의 숙소로 직접 찾아와서 사례하였고, 다음 날 아침에는 정사(正使) 양방형(楊方亨)을 만나서 사례한 다음 옷, 손칼, 갑옷, 말을 선물하고 말을 관리하는 여러 관리들에게도 손칼과 선물을 주었습니다. 황제의 은혜는 그지없다는 데 대하여 지극한 말을 하면서 재삼 위로의 말을 하는 것이었습니다.

본관이 특히 부산에 있는 군사를 빨리 철수하는 문제에 대하여 타이르자, 그는 말하기를 '지금 황제가 책봉하는 왕의 작위를 받았으니 군사는 즉시 철수해서 이웃나라와의 좋은 관계를 맺어야 할 것입니다. 그러나 조선에서 지난날에 맺힌 원한을 풀 것 같지 않습니다. 이어 황제의 처분을 받아야 하겠으니 다시 지시가 내릴 때까지 기다리겠습니다.' 라고 하였습니다. 본관이 정색을 하면서 타일렀더니 그 자리에서는 접수하였으나 아직도 실행하는 것을 볼 수 없습니다.

본관은 초 4일 날에 화천(和泉)으로 돌아와서 한편으로는 배를 준비시키고 다른 한편으로는 여러 차례나 독촉하면서 타일렀습니다. 초9일 날 배에 오르면서 본관이 정성(豊臣正成)과 행장(行長)을 일본으로 보냈더니 오는 도중에 회보하기를, 곧 지시대로 하겠다고 하였습니다. 명호옥(名護屋: 나고야)에 도착하여 본관은 다시 정성을 보내어 재촉하게 하고서 돌아올 날을 기다리고 있습니다.

속마음을 자세히 써서 급보를 띄워야겠기에 이를 위해 우선 보고서를 올립니다." 만력 24년 10월 일」

(*관백이 사례하는 표문은 이러하였다.――원주)
「"일본국왕 신 풍신수길(豊臣秀吉)은 정말 황공하여 머리를 조아리고 또 조아립니다.

생각하건대, 해와 달이 비치기에 모든 나라 사람들이 밝은 빛을 우러러 보고 강과 바닷물이 대지에 스며들듯이 황제의 덕화(德化)는 그지없이 퍼져갑니다. 거룩한 운수를 높이 받들었기에 크나큰 은혜가 널리 입혀졌으며, 삼가 조상들의 덕을 빛나게 하고 백성들의 마음을 안정시켰습니다. 멀건 가깝건, 크건 작건, 다 같이 혜택을 받았으니 요(堯), 순(舜)의 훌륭한 세상에 손색이 없고 위엄과 동작이 절도에 맞아 주(周)나라와 하(夏)나라의 높은 문화보다 더욱 빛납니다.

동쪽 섬나라에 있는 신이 중국의 성대한 은전을 입을 줄 어찌 생각이나 하였겠습니까. 고명(顧命)과 금 도장, 예의와 음악, 옷과 관은 모두 은총이 깃들어 있습니다. 신은 하나하나 받아 안으면서 더없이 감격하였습니다.

날을 받아 꼭 토산물을 갖추어 가지고 다시 대궐에 사례함으로써 지극한 충성을 삼가 다하려고 합니다. 어리석은 심정을 살펴보아 주기 바랍니다.

황제의 사신이 먼저 돌아가기에 그 편에 삼가 표문을 올리옵니다."」　　　　　　　　　－〈선조실록〉(1596. 12. 7(己巳)－

〈청정이 나올 때를 알아내어 수군이 맞이하여 치게 하자〉

「○비변사에서 건의하였다.

"… 왜적 청정(淸正)이 나올 때에 바닷가에서 맞이하여 치는 문제는 전하의 지시가 대단히 지당합니다. 왜적의 배가 부산과 대마도 사이를 연달아 오가고 있으니 그 구간은 적의 유일한 통로입니다. 만일 수군의 병력을 보강하여 맞이하여 쳐서 승리를 거둘 수만 있다면 청정이 오건 안 오건 문제될 것이 없습니다. 설사 다른 적의 배라도 한 번 승리해서 기세가 백배로 드높아지게 되면 이미 상륙한 적들은 돌아갈 길이 막힐까봐 무서워할 것이고, 추후로 오는 놈들은 소문을 듣고 겁에 질려 전진하지 못할 것입니다.

오늘의 계책으로는 이보다 더 나은 것이 없기 때문에 전번에 이원익(李元翼)이 내려갈 때에도 이것을 예견하고 수군의 여러 장수들과 토의해서 처리하기로 하였습니다.

이제 전하께서 지시한 대로 왜인에게 뇌물을 많이 써서 적이 바다를 건너오는 정보를 미리 알아 대처하기 위해서는 빨리 선전관을 보내어 도체찰사와 도원수 이하 사람들에게 은밀히 지시하여 시급히 그 문제를 비밀리에 토의하여 제때에 잘 처리하도록 하는 것이 좋겠습니다.

자객에 대한 문제는 병가에서 흔히 이용하여 왔습니다. 정작 성사시킬 수만 있다면 제왕으로서 할 노릇이 아니라고 해서 못할 것은 없습니다. 전날 주질지(酒叱只)의 일이 성사되었더라면 이 적을 제거할 수 있었을 것입니다. 이제 하려고 한다면 투항한 왜인 가운데서 그런 일을 할만한 사람을 시켜서 하되 완전히 비밀리에 하도록 해야 할 것입니다. 그렇지 않았다가는 도리어 화를 입을 수 있습니다.

이 한 조항은 도체찰사와 도원수에게 은밀히 지시하여 정황에 따라 형편을 보아가며 처리하도록 하는 것이 좋겠습니다."

대답하기를 "건의한 대로 하라."고 하였다.」

―〈선조실록〉(1596. 12. 8(庚午)―

(*전에 주질지(酒叱只)가 제안한 청정 암살계획에 대해서는 그렇게도 벌벌 떨면서 반대하던 선조가 이제 와서 자객을 이용하여 청정을 암살하자는 계책을 먼저 제안하고 나온 것에서도 그의 어리석음을 볼 수 있다. 주질지가 제안한 청정 암살 계획에 대해서는 1595(을미). 2. 29.일자 〈선조실록〉 참조.)

〈부산 왜군 진영의 대화재〉

(*이날(12월 12일) 부산의 왜군 진영에서 엄청난 규모의 화재 사건이 발생했는데, 이에 대한 보고를 이순신은 12월 27일자로 올리는데, 다른 한편으로 이원익 쪽에서도 이에 대한 보고가 올라감으로써, 후에 선조가 이순신을 남의 공로까지 가로챘다는 혐의로 단죄하는 단서가 된다. 이순신이 12월 27일자로 올린 장계는 다음해인 정유년(1597) 정월 초1일 조정에 도착한다. 〈선조실록〉(정유년 1월 1일) 참조.)

〈비변사의 대책 건의〉

「○비변사에서 건의하였다.

"비망기의 각 조항의 내용을 보건대 전하께서 제시한 계책들이 아주 자세합니다. 신 등은 어리석은 소견으로 상의해서 조항별로 건의하오니 전하께서 채택함에 있어서 참고하여 주시기 바라나이다.

一. 오늘 우리나라에서 믿고 있는 것은 오직 수군뿐입니다.
그러나 배의 척수가 적은데다가 배를 부리는 군사마저 그 전보다 많이 줄어들었기 때문에 대단히 걱정됩니다. 아무리 군사를 보충할 대책을 생각해도 길이 없습니다.
이제 수군을 격군(格軍)으로 돌려쓰려고 해도 수군의 원래 숫자가 너무 적기 때문에 갑자기 돌려쓸 수가 없습니다. 수군이 속해 있는 각 고을에서 육군과 관노(公賤), 사노(私賤)를 막론하고 현재 있는 장정들을 뽑을 수 있는 데까지 뽑아서 수군이 출동할 때에 우선 임시로 격군(格軍)으로 썼다가 일이 끝난 다음 도로 육군으로 돌리더라도 잘못될 것은 없을 듯합니다.
만일 남해의 군사에게 일체 부역을 면제시켜 주고 힘을 길러서 수군으로 쓰게 한다면 온 고을 백성의 수가 그다지 적지 않을 것이므로 어느 정도 도움을 받을 수 있을 것입니다. 오직 변방의 장수가 어떻게 무마하고 동원하는가에 달려 있습니다.

一. 제주는 외진 바다 가운데 자리 잡고 있기 때문에 구원할 길이 더욱 막연합니다. 만약 적들이 그곳을 차지하게 되면 그에 따르는 화가 차마 말할 수 없을 정도라는 것은 전하의 지시와 같습니다. 만약 명나라 군사가 그곳에 와서 주둔하고 있다는 것을 왜적들이 알게 되면 무서워하는 생각이 없지 않을 것입니다.
옛날 당나라 태종이 신라 사람들에게 당나라의 깃발을 꽂아놓도록 해서 고구려 사람들의 마음을 미혹시킨 것도 바로 그러한 술책이었으니, 서투른 방법이라 여기면서 단념할 일은 아닙니다.

이런 내용으로 빨리 통제사에게 밀지를 내려 명나라 군사의 모양대로 가장시켜, 명나라 군사가 제주에 와서 적정을 정찰하면서 합동으로 지키는 것이라고 소문을 퍼뜨려 기세를 올리도록 하는 것도 한 가지 계책입니다."… -〈선조실록〉(1596. 12. 16.(戊寅)-

〈통신사로 다녀온 황신의 귀국 보고〉
「○통신사 황신(黃愼)이 일본으로부터 돌아와서 글로 써서 보고하였다.
〈一. 평조신이 말하기를 '관백이 청정, 장정(長政), 길성(吉盛), 행장 등 네 장수를 먼저 나가게 하였으니 이 네 사람이 선봉으로 될 것입니다. 청정은 올 겨울에 먼저 바다를 건너게 될 것이고 장정과 길성은 겨울의 마지막 무렵이나 초봄에 나갈 것입니다. 청정 등이 먼저 나간다 하더라도 전날에 차지하고 있던 진지에 주둔해 있을 뿐이고 대부대는 내년 2월경에나 나가게 될 것입니다.' 라고 하였습니다.

신 등이 랑고야(浪古耶: 나고야)에 도착하던 날 장정은 이미 풍전주(豊前州)에서 떠나왔습니다. 그들이 바다를 건너게 될 시기를 탐문해 보니 휘하 군사들의 식량, 무기가 미처 준비되지 못하여 현재 날짜를 정하지 못하고 있다고 했습니다.

一. 신 등이 대포(大浦)에 있을 때 평행장이 통역관 박대근에게 말하기를 '청정이 설령 빨리 나오고 싶어도 반드시 무기를 손질하고 식량을 마련한 다음에야 바다를 건널 것인즉 형편상 정월이나 2월경에 가서나 나오게 될 것이고 대부대는 3월이나 4월경에 부산에 닿을 것이다.'라고 하였습니다.

一. 평행장이 또 박대근에게 말하기를 '앞으로도 조선에서는 왕자를 즐겨 보내려 하지 않겠지만, 그러나 명나라에서 지시하는 날에는 끝내 거절할 수도 없을 것이다. 만일 왕자를 보낼 것을 승인만 한다면 우리들은 미리 관백에게 가서 손수 쓴 서약서를 받아 가지고 와서 한편으로는 철병을 하고 다른 한편으로는 왕자를 데리고 바다를 건너가게 될 것이다. 절대로 오늘처럼 혼란을 조성하지는 않을 것이다.' 라고 하였습니다.

一. 평행장이 또 박대근에게 말하기를 '나는 조선에서는 무슨 문제가 제기될 때마다 반드시 명나라의 지시를 받는다는 것을 알고 있다.
명나라에 갔다 오자면 몇 달은 족히 걸릴 것이니 내년 2월쯤 회보가 올 것으로 잡고 그때까지는 기다릴 수 있다. 그 시기만 지나면 반드시 군사를 출동하게 될 것이다. 만약 조선에서 왕자를 보내겠다고 승인하는 한편 대신을 파견하여 군영 안에 와 있게 한다면 이에 근거하여 관백에게 급보를 올릴 수 있다.'고 하였습니다.

一. 심유격의 부하 왕천총(王千總)이란 사람이 신 황신에게 이렇게 말했습니다.
　'전날 사개(沙盖)에 있을 때 행장, 정성(正成), 조신(調信), 소서비(小西飛) 등 네 사람이 심 대인(沈惟敬)의 숙소로 찾아왔습니다. 행장이 대인을 보고 말하기를 〈조선에서 왕자를 보내려고 하겠습니까.〉라고 하자, 대인이 대답하기를 〈나는 여기서도 죽음을 마다하지 않을 것이고 수도에 가서도 죽음을 마다하지 않을 것이다. 조선에서 왕자를 어찌 보내겠다고 할 리가 있겠는가. 이것은 절대로 성사될 수 없을 것이다. 나는 허튼 소리를 하지 않는다.〉고 하였습니다. 소서비는 말하기를 〈왕자가 반드시 오려고 하지 않을 것입니다.〉라고 하였고, 조신(調信)은 웃으며 말하기를 〈왕자가 어쩌면 올 수도 있습니다. 내가 군사의 위력을 가지고 위협하기만 하면 그쪽에서 따르지 않을 수 없을 것입니다.〉라고 하였습니다.

一. 왕천총이 다시 신 황신에게 이렇게 말했습니다.
　'전날 관백이 자기 측근의 중 장문(張文)을 시켜서 대인에게 말하기를 〈조선에서 일본을 가로막아 중국과 관계를 갖지 못하도록 만들고 있으며 지금 왕자를 보내어 사과하려고도 하지 않으니 이것은 나를 너무나 무시하는 것입니다. 일본에서 토벌해야 하겠습니까, 명나라에서 토벌해야 하겠습니까?〉라고 하자, 대인이 말을 돌려서 대답하기를 〈너희들은 군사를 동원할 필요가 없다. 내가 돌아가서 너희를 대신하여 명나라 조정에 건의해서 죄를 주자고 하게 되면 조선에서는 반드시 앞으로 무슨 대책이 있을 것이다.〉라

고 하였습니다.'

一. 요시라(要時羅)는 말하기를 '내년 봄에 만약 재차 군사를 출동시키게 되면 평수가(平秀嘉)를 다시 대장으로 삼을 것이라고 합니다. 혹은 소조천륭경(小早川隆景)의 양자 금오(金吾)라는 자가 대장으로 될 것이라고도 하는데 이 자는 관백의 조카입니다.' 라고 하였습니다.

一. 조신이 통역관 박대근에게 말하기를 '우리들이 이제 다시 출동하게 되면 우선 전라도를 침범할 것인데, 조선에는 지금 저축된 곡식이 없으니 대부대의 먹는 문제가 걱정이다. 반드시 미리 양식을 운반해 놓아야 할 것이고 수군을 먼저 격파해야 할 것이다. 그래야만 수륙으로 동시에 진격할 수 있기 때문에 이미 여러 장수들이 이 계책에 대하여 토의하여 결정하였다.' 라고 하였습니다.

一. 조신이 또 역관 이언서(李彦瑞)에게 이렇게 말했습니다.
 '조선의 수군은 해전에 어느 정도 익숙하고 전선도 견고하기 때문에 만약 양쪽이 배를 늘어 세워 서로 버티면서 일진일퇴 하며 싸운다면 승리하기 어려울 것이다. 그러나 어두운 밤에 은밀히 행동하면서 불의에 들이치되 조선 배 1척마다 일본의 작은 배를 5~6척 혹은 7~8척씩 배치하여 화살도 무릅쓰고 들어가 일시에 돌격전을 벌이게 한다면 조선 수군을 격파할 수 있을 것이다.
지난 날 거제 싸움 때 나는 그 당시 삼포(森浦)에 있었는데 사람을 시켜서 거제 진지의 장수들에게 급히 이르기를, 아예 배에 올라 싸우지 말고 굳건히 지키다가 상대방이 뭍으로 올라온 후에 무기를 사용하라고 했었다. 그때 이 술책을 적용했기 때문에 조선 수군도 적당한 기회를 엿보지 못하고 물러갔던 것이다.' 라고 하였습니다.

一. 조신이 또 말하기를 '일본 사람은 제주도에 좋은 말이 있다는 말을 듣고 오래 전부터 침범하려고 했으나 뜻을 이루지 못하고 있다. 이번에는 제일 먼저 전라도를 칠 것이고 제주도가 그 다음 차례로 될 것이다.' 라고 하였습니다.

一. 요시라가 박대근에게 말하기를 '관백은 인심을 완전히 잃었고 나쁜 짓을 하면서 고치지 않으니 3년이나 5년이 못가서 결국 그 자리를 지키기 어렵게 될 것입니다. 이제 조선에서 왕자를 보내지 않고도 계책을 써서 얽어매 놓고 세월을 끌 수만 있다면 결국에는 무사하게 될 것이다.' 라고 하였습니다.
박대근이 말하기를 '어떤 것을 얽어매어 놓는 계책이라고 말하는가.' 라고 하자, 요시라는 이렇게 말했습니다.
 '청정과 장정은 빨리 오더라도 반드시 설날쯤에 가서야 오거나 혹은 설을 지내고 나서 오거나 할 것이다. 2월 이후에 가서 먼저 군량을 운반해 놓아야 할 테니, 대부대는 3~4월에나 가서 부산에 일제히 도착하게 될 것이다.
조선에서는 꼭 정월이나 2월 안으로 사람을 보내어 제의하기를 〈왕자는 나이가 어릴 뿐 아니라 병이 잦다. 지난 번 북쪽 지방에 있을 때 일처리를 잘못하여 지방 백성들이 그를 묶어서 부대로 보냈기 때문에, 국왕이 그가 범한 죄에 화를 내고 멀리 변방으로 쫓아냈다. 사람들은 모두 그를 못난 자로 보기 때문에 지금 국왕의 지시를 받들고 외국에 갈 형편이 못된다. 그래서 품계가 높은 재상을 시켜 관백 앞에 직접 가서 좋은 관계를 맺게 하려고 한다. 매사에서 문서와 예물교환 의식을 상례(常例)로 삼아야 할 것이다.〉라고 한다면, 행장이 이 내용을 관백에게 보고할 것이고, 관백은 반드시 그 말에 솔깃해서 제의를 승낙할 수도 있을 것이다. 이렇게 말이 오가면서 날짜를 끌게 되면 저쪽에서도 무슨 변고가 생길 수 있을 것이다.'

또 말하였습니다.
 '관백은 깊은 대궐 안에서 자란 사람이 아니고 민간의 고통을 모르는 사람도 아니다. 그는 천하게 살다가 갑자기 출세를 했기 때문에 걸어 다니기가 고생스러운 줄도 알고, 섶이나 쌀을 지고 다니는 고생도 알며, 남에게 봉변을 당하면 분한 줄도 알고, 남에게 칭찬을 들으면 기뻐할 줄도 아는 사람이다. 그럼에도 불구하고 그는 지금 부하들을 이처럼 학대하면서 수고시키는 것도 아랑곳하지 않고 있다.
일본 사람들은 고하를 막론하고 모두 원한이 뼛속까지 스며들어 있는 상황이므로, 끝마무리를 잘할 수가 없다는 것을 그 자신조차 잘 알고 있을 것이다. 그는 언제나 말하기를 〈나는 친조카를 데려다가 아들로 삼아서 그를 부유하게 해주고 귀하게도 만들어 주었건만 그는 도리어 나를 해치려고 하였다. 나는 물론 온 나라의 높고 낮은 사람들이 전부 나를 죽이려 한다는 것도 알고 있다. 내가 가만히 앉아서 화를 당하기보다는 차라리 위엄이나 부리다가 죽겠다.〉고 하는 것이다.
그의 생각은 대체로, 일본 사람들은 좀 편안해지면 반드시 불온한 음모를 꾸밀 것이기 때문에 해마다 고생을 시켜야 한다는 것인즉, 그는 반드시 싸움을 걷어치우지 않을 것이다. 앞으로 스스로 멸망을 가져오고야 말 것이다."라고 하였습니다.

一. 평행장이 신 등에게 말하기를 '조선에서는 아마도 왕자가 일본에 도착하면 억류당할 것이라고 생각하고 있겠지만, 그럴 리는 만무하다. 왕자가 오기만 하면 더는 다른 문제가 없을 것이다. 왕자가 아니고는 설사 모든 관리들이 다 온다고 하더라도 소용이 없을 것이다.' 라고 하였습니다.

一. 또 말하기를 '왕자가 오거나 안 오거나 간에 꼭 회답을 해주어야 한다. 내가 3~4월까지 기다리겠으니 대부대가 나가기 전에 꼭 연락해 준다면 대단히 좋겠다. 만일 군사가 출동한 다음에 형편을 보아 태도를 취하려 하다가는 때가 늦을 것이다.' 라고 하였습니다.

一. 평행장이 신 등에게 말하기를 '장정은 청정의 패인데 이 두 사람이 나오게 되면 우선 울산, 기장을 비롯한 옛 진지를 차지할 것이다. 관백이 이미 조선의 회답을 기다리라는 지시를 내린 만큼 그들도 감히 미리 덤비지는 못할 것이다. 그러나 그들이 혹시 발작을 일으켜 화친 문제를 파탄시키려 할 수도 있으니 역시 근심이 없지 않다. 경주 등지와 같은 곳에 미리 방비를 하고 그곳에 식량을 저축해 두는 것도 좋을 것이다.' 라고 하였습니다.
또 말하기를 '관백은 내가 처음부터 조선 문제에 관여했다고 해서 지난번에 나를 선봉으로 세웠다. 앞으로도 내가 다시 선봉이 되어 가게 될 것이다. 설령 부득이한 사정으로 서로 칼부림을 하는 때가 있더라도, 혹시 통지하고 싶은 것이 있으면 꼭 나에게 통지해주는 것이 좋겠다.' 라고 하였습니다."

「○오후 4시경(辛時)에 임금이 별전에서 황신(黃愼)을 불러들여 만났다.

선조: "네가 나라 일 때문에 이국땅에 오가면서 고생이 많았겠다.

황신: 사신의 임무를 제대로 수행하지 못하여 지시를 전달하지 못했습니다. 신의 죄는 만 번 죽어 마땅합니다.

선조: 이것은 사신의 죄가 아니다. 미안하게 생각하지 말라. 그런데 그곳 적정은 어떻던가?

황신: 신이 처음에 일본에 도착했을 때는 일이 매우 순조롭게 진행되는 편이었습니다. 행장, 정성 등이 마중 나와서 말하기를 '관백이 조서를 받들고 온 사신과 귀국의 사신이 왔다는 말을 듣고 속으로 혼자 좋아하면서 우리들을 독촉하여 즉시 교외에 나가 맞이하여 들어오라고 하기 때문에 우리들이 왔습니다.' 라고 하였습니다.

그러나 정작 지시를 전달하려는 날에 가서는 관백이 말하기를 '일본에서 중국과 거래를 트고자 하는데 조선에서 길을 빌려주지 않았으며, 그 뒤에 심 유격이 화친 대책을 강구할 때에도 조선은 군사를 요청하여 방해하였고, 또 그 뒤 명나라 사신이 부산 군영에 들어와 있을 때에도 조선에서는 한 명의 사신도 일본으로 함께 들여보내지 않고 있다가 명나라 사신이 일본으로 들어오는 날에 와서야 비로소 사신을 보냈다. 애당초 왕자의 생사고락은 다 내 손 안에 있었으나 나는 그를 우대하여 돌려보내 주었는데 그 쪽에서는 예절에 맞게 나를 대하지 않고 있다. 그래서 내가 노여워하는 것이니 찾아온 사신도 만나지 않겠다.' 라고 하고는, 내일은 명나라 사신만 만나겠다고 하는 것이었습니다.

이튿날 두 명나라 사신이 관백을 국왕으로 책봉하는 의식을 거행하자 관백은 뜰에 서서 다섯 번 절하고 세 번 머리를 조아리고 나서 주는 옷을 조심스럽게 받았으며, 그의 신하 40여 명도 모두 황제가 차등 있게 주는 물건들을 받았다고 합니다. 신은 관백이 참가하지 못하도록 금지하는 바람에 그 중간의 곡절을 직접 보지 못하여 자세히 알 수 없습니다. 남들로부터 전해들은 것이어서 일일이 다 믿기도 어렵습니다.

선조: 관백이 오사포(五沙浦)에서 책봉을 받았는가? 너희들과 두 명나라 사신은 모두 사포(沙浦)에 있었는가?

황신: 산성주(山城州: 일본의 수도이다.)는 오사포와 6~7리 떨어져 있습니다. 때마침 지진이 아주 심하여 수도가 파괴되었기 때문에 오사포로 나와서 접대하게 되었습니다. 관백은 청정의 참소를 곧이듣고 대단히 화가 나 있었습니다. 심지어 명나라 사신까지도 쫓아내 보내고자 하는 것을 그의 신하 세 봉행(장성, 길성, 삼성이다.)이 극력 간해서 말렸다고 합니다."

....

선조: "청정에 대해서는 일본 사람들이 무어라고 말하던가?

황신: 신이 앞서 부산에 있을 때 청정이 죄를 받았다는 말을 들었는데 그 뒤에 신이 일본에 들어갔을 때 과자포(瓜子浦: 즉 浪古耶)에 이르러 길에서 어떤 사람을 만나 물어보니 모두 거짓말이었습니다. 신이 사람을 시켜 조신에게 물어보니, 조신의 말이, '죄를 받았다는 말은 거짓말이다. 지금 관백이 다시 조선에 독수를 뻗치려 하는 계책은 바로 청정이 부추긴 것이다.' 라고 하였습니다.

선조: 관백이 명나라 사신과 우리나라 통신사를 다 죽이려고 하였다는데, 사실인가?

황신: 신의 일행을 죽이려고 하였는지 자세히 알 수 없습니다. 그런데 역관 박대근이 와서 신에게 말하기를 '관백이 우리 일행을 죽이고 책봉하러 온 사신까지 쫓아버리려고 하자 세 봉행(奉行)

이 말리며 말하기를 〈예로부터 사신을 죽인 나라는 없습니다. 그리고 방금 조선에 대하여 왕자를 보내지 않는다고 추궁하면서 사신을 먼저 죽인다면 이것은 돌아갈 길을 막아버리는 것입니다.〉라고 하였고, 장성도 말렸다고 합니다.' 라고 하였습니다.

선조: 청정이 앞으로 다시 나오겠다고 한다는데 사실인가?

황신: 청정은 2월이나 3월경에 나오겠는데, 나온다 하더라도 반드시 울산이나 기장과 같은 고을에 머물러 있으면서 관백의 명령을 기다릴 것이라고 합니다.

선조: 두 왕자가 와서 사례할 것을 요구한다는 말이 있던가?

황신: 신이 일본에서 부산으로 오려는 날 어스름에 행장이 와서 말했습니다.

 '사신이 먼 길에 오느라 수고하였는데, 화친 문제가 성사되지 않았으니 매우 미안하게 되었다. 관백이 처음에는 설사 왕자를 보내지 않더라도 명나라에서 특별히 사신을 보냈기 때문에 더없이 기뻐하였다. 그래서 화친 문제가 성사될 수 있을 것 같았는데, 때마침 명나라 사신 이(李宗誠)가 도망치는 바람에 매사가 틀어지게 되었다.

심지어 명나라 사신을 접견할 숙소마저 지진에 마구 흔들려서 보기에 너무나 참혹하게 되었다. 이 일로 관백은 조선에 대하여 화풀이를 하려고 하는 것이다. 앞으로의 일은 빨리 왕자를 보내어 사례하는 수밖에 없다. 대신이나 일반 관리들은 전원이 한꺼번에 다 오더라도 군사를 출동시키는가 안 시키는가 하는 문제에는 아무런 영향을 주지 못할 것이다.

더구나 우리 일본에서 왕자를 떼어 두었다가 일반 백성으로 만들겠는가, 나라의 왕으로 삼겠는가? 그저 와서 돌려보내준 데 대하여 사례하기만 하면 될 것이다.' 고 하였습니다.

그리고는 하늘을 우러러 맹세하여 말하기를 '돌아가서 국왕에게 보고하여 이 문제를 매듭짓게 된다면 대단히 좋겠다.' 라고 하였습니다.

신이 대답하기를 '왕자가 와서 사례할 리가 있겠는가. 더구나 내가 돌아가서 어떻게 그런 말을 입 밖에 내어 전하에게 건의할 수 있겠는가. 그것은 절대로 안 될 일이니 아예 바라지도 말라.' 고 하였습니다.

행장이 말하기를, '그렇다면 어떻게 하겠는가. 관백이 기어이 싸움을 하리라는 것은 의심할 바 없다. 조선에서 일단 싸우다가 실패하고 나서 다시 화친을 요구할 때에는 아무리 많은 사람들이 와서 비위를 맞춰가며 설득을 하더라도 좋은 수가 없을 것이다. 그때 가서 후회하지 말라. 일단 군사를 출동한 다음에는 나도 그 중간에서 편할 수 없을 것이다. 돌아가서 자세히 보고하기 바란다.' 라고 하였습니다.

신이 대답하기를 '싸움을 좋아하지는 않지만 적이 쳐들어오면 대응해야 할 것이고, 싸움이 아무리 고생스러워도 역시 피할 길이 없을 것이다. 이치에 맞는 말이라면 자연히 관계가 좋아져서 싸우지 않게 되겠지만, 화친해서 안 될 문제라면 한바탕 싸우는 것을 겁낼 것이 있겠는가. 제발 군사를 출동하겠다는 말로 나를 위협하지 말라.' 고 하자 그는 읍을 하고 나갔습니다.

이튿날 신이 일찍 일어나서 떠나려고 할 무렵에 정성(豊臣正成)이 숙소의 문 밖에 와 있다가 신을 만나서 말하기를, '나는 조선의 대답을 듣고 관백에게 가서 보고해야 하는데, 빨리 말해 주어야 합니다.' 라고 하였습니다.

그러자 행장이 말하기를 '그렇지 않습니다. 조선에서는 반드시 황제의 지시를 받은 다음에야 회답을 할 수 있을 것인데, 갔다가 돌아오려면 그 기간이 서너 달이나 네댓 달은 걸릴 것입니다. 내가 군사출동을 지연시켜 곧바로 출동하지 않도록 하겠으니 군사가 출동하기 전에 빨리 조치를 취해야 합니다.' 라고 하였습니다.

선조: 행장은 화친을 주장하고 청정은 싸움을 주장하여 두 사람의 하는 짓이 마치 모가 난 자루를 둥근 구멍에 끼우는 것처럼 서로 어긋나는 것은 무슨 까닭인가? 어떤 사람은 저희들끼리 각기 이쪽 저쪽(元隻)으로 나뉘어서 놀음을 하는 것이라고 하는데, 이 말이 혹시 비슷하게 맞는 말인가?

황신: 그들의 말을 들어보고 기색을 살펴보면 각자의 주관이 판이해서 맞지 않는 것 같습니다.

선조: 행장과 조신 등이 화친을 극력 주장하는 것은 무슨 까닭이며, 청정이 유독 전쟁을 주장하는 것은 무슨 까닭인가?

황신: 신은 사실 애당초 저희들 내부에서 벌어진 일에 대해서는 알지 못합니다. 대체로 사람의 심정은 남보다 올라서게 되면 좋아하고 남보다 낮아지면 싫어하는 법입니다.

그러므로 조신이 사포에 도착하자 장성에게 말하기를 '애당초 화친 문제에 힘을 쏟은 것이 끝내 허사가 되고 말았으니 나는 세 나라 사람들 보기에 부끄럽다. 차라리 내 목을 찔러 죽을까 보다.' 라고 하였습니다.

행장이 또 신에게 말하기를 '청정이 설사 다시 바다를 건너간다고 하더라도 울산이나 기장 사이에 머물러 있을 것이고 대부대를 이끌고 깊숙이 들어가지는 못할 것이다. 그의 의도는 대체로 화친을 파탄시키고 싸우기를 요구하는 것이다. 만약 경주 등지에다 무기를 힘껏 배치해 놓고 군량은 멀리 딴 곳에 가져다 둔다면, 청정이 싸우려고 해도 이쪽이 굳건히 지키고 있고, 포위하려고 해도 양식이 없을 것이니, 결국 스스로 주저앉을 수밖에 없을 것이다.'라고 하였습니다.

대체로 그는 우리를 도와주려는 사람인 것 같습니다.

선조: 적이 기어이 왕자를 보내라고 요구하는 것은 무슨 속셈인가?

황신: 그들이 처음에 왕자를 사로잡은 것은 일본에 공로를 세우자는 것이었고, 나중에 왕자를 석방한 것은 우리나라에 은혜를 바란 것이었습니다. 그런데 왕자가 놓여나온 뒤에 한 번도 사신을 보내어 사례하지 않았기 때문에 왕자가 다시 올 것을 굳이 요청해서 엉뚱한 기도를 이룩하려는 것입니다."

....

선조: "지진이 있었다는데 그 말이 사실인가?

황신: 신이 일본에 도착하기 전인 8월 달에 큰 지진이 있어서 사포, 오사포, 산성주에 있는 높은 집들이 쓰러졌다고 합니다.

선조: 네가 직접 보기에도 지진의 흔적이 있던가?

황신: 병고(兵庫) 지방에는 언덕이 꺼져서 그만 진펄로 되었고, 풍후(豊後) 지방에는 4~5천 호의 인가가 있었는데 전부 지진에 없어졌습니다. 남은 것이라고는 높은 지대에 나뭇가지가 곳곳에 보일 듯 말 듯할 뿐이었습니다.

선조: 살림집들이 다 빠져 들어갔단 말인가?

황신: 그 지대가 온통 큰 바다로 변하는 바람에 온전히 살아난 사람은 8~9명밖에 안 됩니다. 대체로 제일 높은 꼭대기로 기어 올라간 사람은 빠져 죽지 않았다고 합니다.

선조: 네가 일본으로 들어간 뒤에도 지진이 있었는가?

황신: 신이 8월부터 9월까지 사포에 20일 동안 머물러 있었는데 지진이 없는 날이 없었습니다. 사람의 몸뚱이를 들었다가 놓고 살림방들을 날려버리기까지 하는 지진은 열흘 만에 한 번씩 있

었고 그 밖에 소소한 지진은 하루 동안에도 두서너 번씩 있었습니다.

선조: 적이 우리나라의 기구들 가운데 배의 제도나 대포와 활과 화살을 만드는 법을 다 배워서 알고 있다던가?

황신: 활과 화살을 가져가지 않은 것은 아니지만 불을 달거나 활을 당겼다가 놓았다가 하는 것이 쉽지 않기 때문에 활과 화살에는 힘을 기울이지 않고 있습니다. 배를 부리는 재주는 왜인들이 본래 세련되어 있지만 그저 가볍고 **빠른** 것만 좋아하지 견고하고 두꺼운 것이 안전하다는 것을 모르기 때문에 우리나라 배의 제도도 배우지 않고 있었습니다. 대포는 없고 언제나 조총만 씁니다.

선조: 네가 일본으로 드나들 때에 매번 우리나라의 배를 탔는가?

황신: 신의 처음 생각에는 왜적의 배가 우리 배보다 아마 나을 것 같아서 부산에서 저쪽 일기도(一歧島)까지는 다 왜적의 배를 탔다가 적관(赤館)에 도착해서는 우리 배를 탔었고 돌아올 때에도 우리 배를 탔습니다.

선조: 판옥선을 탔는가?

황신: **이순신이 감독해서 만든 것인데 왜적의 배의 제도를 본뜬 것이었습니다.** 신이 일본에서 돌아오면서 부산으로 건너올 때 여러 왜적들이 말하기를, 바람이 반대 방향인 듯하니 아마 곧바로 부산에 대지 못할 것이라고 하였지만, 우리나라 사공에게 물으니 모두들 건널 수 있다고 하였습니다. 왜적은 굳이 말렸으나 들은 체도 하지 않고 절반쯤 건너오게 되자 왜적들이 좋아하면서 건널 수 있다고 하는 것이었습니다. 밤중에 부산에 배를 댔더니 부산군영의 왜적들이 보고 깜짝 놀랐습니다.

선조: 왜적에게 사로잡혀간 우리 백성들이 무슨 옷을 입고 있던가?

황신: 왜적의 옷을 입고 왜적의 말을 하였습니다. 우리나라의 말은 완전히 잊어버렸는지 알지도 못하는 것 같았습니다.

오억령(吳億齡): 왜적이 사례하는 표문은 왜적이 쓴 글이 아닌 것을 억지로 왜적이 지은 글처럼 만들어 놓은 것인데, 이것은 중국 사람이 지은 글 같습니다. 사례한다는 문제도 곧이듣기 어렵습니다.

황신: 세 장로가 가지고 온 표문을 도로 들여보냈더니 관백이 다시 정성(豊臣正成)을 시켜서 표문을 가지고 왔는데 도장이 찍혀 있지 않았습니다. 명나라 사신이 받지 않자 정성이 도로 들어가서 도장을 찍어 랑고야(浪古耶) 지경으로 가지고 와서 넘겨준 것입니다…….

7월 달에 조신이 신을 만나서 말하기를 '이제 듣자니 책봉하러 가자던 명나라 이 사신(李宗誠)이 도망치자 서울 안이 소란스러워지면서 국왕은 도성을 떠나려 하고 사대부들은 피난을 하는데, 육로로 가던 사람은 양주에서 도적을 만나고, 뱃길로 가던 사람은 강화에서 해적을 만났다고 한다. 우리 군사가 전방 지경을 다치지 않았는데도 이렇듯 겁을 내는 판인데, 더구나 우리가 다시 출동을 하는 날이면 당신네가 어떻게 지탱하겠는가.' 라고 하였습니다. 신은 그 말을 듣고 참으로 통분하였습니다.

선조: 서울의 간교한 무리들 가운데 (군사상 비밀을) 누설하는 자가 더러 있는 것 아닌가?

황신: 도성의 백성들이 간교한 짓을 할 뿐 아니라 남쪽의 군사들은 왜적이 원수라는 것도 모르고 마치 한 이웃처럼 사적으로 내왕하고 있습니다. 심지어 아전과 백성들은 한 달 동안에 절반은 관청에 나가서 심부름을 하고 절반은 왜적에게 가서 일을 해주는가 하면, 공납을 재촉하고 부역을 독촉하는 것도 이쪽인지 저

쪽인지 구별하기 어렵습니다. 이런 백성들이 이런 것쯤 내통하는 것이야 마다할 리 있겠습니까.

선조: 대마도는 우리나라의 땅이었는데 옛날에 왜적에게 빼앗겼다. 형편이 어떻던가? 혹시 가서 토벌한다면 쉽게 함락시킬 수 있겠든가?

황신: 지형을 살펴본 바에 의하면, 오늘처럼 피폐한 우리나라로서도 대마도쯤은 격파할 수 있을 것 같습니다. 풍의군(風猗郡)에는 배를 엄폐할 만한 곳이 가는 곳마다 아주 많기 때문에 쉽게 함락시킬 수 있습니다.

그리고 대마도는 외딴 바다에 따로 떨어져 있는 섬이기 때문에 순풍을 만나지 못하면 아무리 위급한 변고가 생겨도 즉시 일본에 알릴 수 없습니다. 더구나 그 지대에는 양식과 말먹이를 저축해 놓은 것이 없어서 형편상 절대로 오랜 기간 성을 지켜낼 수 없게 되어 있습니다.

선조: 적이 다시 임진년처럼 대규모로 침입할 기세이던가?

황신: 신은 자세한 것은 모르겠습니다. 그러나 다시 출동하는 날에는 잠시 도적질이나 하는 것과는 다를 것이므로 반드시 대규모로 들어올 것입니다. 조신(調信)은 늘 한탄하여 말하기를 '내가 이전에 조선에 들어갔을 때 군사를 데리고 깊숙이 들어갔기 때문에 일은 실속 없이 되고 아름답지 못한 이름만 남겼다. 지금은 농사를 지어 곡식을 쌓아놓고 우선 수군부터 공격하겠다.'라고 하였습니다.

선조: 수군을 저희들이 어떻게 공격할 수 있겠는가.

황진: 수군을 공격하지 않고는 식량을 운반할 길이 열리지 않을 것이라고 합니다.

선조: 우리나라는 힘이 약해서 지탱하기 어려울 듯하다. 그러나

명나라에서 내륙 땅이나 다름없이 보고 있는 우리나라에다 흉악한 추물들을 들여놓을 리가 있겠는가?

황신: 왜적은 명나라 군사를 우리나라 군사처럼 만만히 보지는 않지만, 그러나 별로 두려워하지도 않습니다.

선조: 그들이 아무리 뽐낸다 한들 황제의 위엄에 맞설 수야 있겠는가?

황신: 행장은 평양에서 격파 당했기 때문에 겁을 몹시 내지만 청정은 가는 곳마다 패배한 일이 없었기 때문에 무서워하는 것이 없습니다.

선조: 임진년에 침입했던 왜적의 수가 얼마나 된다고 하던가?

황신: 어떤 사람은 10만 명이라고 하고 어떤 사람은 20만 명이라고도 하는데 누구의 말이 옳은지 모르겠습니다. 그러나 진을 치고 군영을 설치하여 길에 죽 늘어놓은 것이 서울에서 북도로 뻗어가고 서울에서 다시 평양으로 뻗어가고 부산에서 한강으로 뻗쳤으니 20만 명의 군사가 아니고는 아마 그렇게 하지 못할 것입니다." ……

황신이 (이야기를 끝내고) 나가려고 하자, 임금이 "잠깐 앉아 있으라."고 하더니 내시를 시켜서 사관 앞에다 촛불을 옮겨놓고 기사 내용을 확인하도록 하였다.

조금 있다가 젊은 내시가 술상을 들고 나왔다. 임금이 황신에게 술 접대를 하고 나서 접견을 끝마치니 물시계가 3경을 알리었다.」

—〈선조실록〉(1596. 12. 21.(癸未)—

「○임금이 정청(政廳)에 지시하기를 "황신이 이국땅에 왕래하느라 고생이 많았으니 품계를 올려주도록 하라. 박홍장(朴弘長)은 이 문제로 인하여 그 당시에 품계를 올려주었으므로 함께 올리지 않는다."라고 하였다.」　　　　－〈선조실록〉(1596. 12. 22.(甲申)－

〈명나라 황제의 책봉을 거절한 풍신수길〉

「○명나라의 사신들이 바다를 건너 돌아왔다. 행장이 양산(梁山)까지 호송하여 송별연회를 베풀어주고 돌아갔다. 황신 등은 먼저 돌아왔다. 명나라의 두 사신이 돌아올 적에 행장 등만이 친절하게 대해 주었다.

수길은 비록 사례하는 척했지만 책봉하는 은전을 받지 않으면서 말하기를 "명나라의 두 사신은 조선의 사신과 함께 떠나가야 할 것입니다. 나는 군사를 동원하여 조선에 대하여 죄를 추궁할 것입니다."라고 하였으며, 또 사람들을 시켜서 두 사신들이 억류당하여 해를 입게 될 것이라고 떠들어대게 하였다. 조서를 전하러 갔던 사신은 즉시 서둘러 돌아왔는데 대마도에 이르러 순풍을 기다리면서 오랫동안 머물러 있다가 이때에 와서 바다를 건넜다.

황신이 서울에 도착하니 가선대부(嘉善大夫)의 품계를 올려주라고 지시하였다.

대간에서는 그가 사신으로 가서 임무를 완수하지 못했으니 공로는 없고 죄만 있다고 규탄하니, 임금이 말하기를 "나는 그가 고생만 하였기 때문에 표창하는 것이다. 만일 황신이 맡은 바 임무를 성사시켰다면 표창하지 않았을 것이다."라고 하였다. 대체로 임금의 의도는 화의가 성사되지 않은 것을 다행으로 여긴 것이었다.」
　　　　　　　　　　－〈선조수정실록〉(1596년 12월)－

〈강화를 추진한 행장의 속셈〉

「○수길이 노리는 것은 매우 커서 책봉이나 받는 데 그치지 않았다. 심유경(沈惟敬)은 행장의 말을 믿고 어떻게든 일을 성사시켜보려고 했지만 행장은 종잡을 수 없어서 이랬다저랬다 하였다.

당시 심유경 등은, 행장은 사실 청정과는 의견이 달라서 진심으로 강화하자는 의견을 내놓은 것으로 생각하였으며, 명나라에서도 역시 그렇게 믿고 있었다. 그러나 수길이 매우 횡포하게 나오면서, 조선에서 자기들을 깔본다는 핑계로 심지어 명나라 황제의 책봉하는 은전까지 받지 않은 이상, 이것은 화의하겠다는 논의와 매우 어그러지는 것이었다. 따라서 마땅히 행장을 추궁해야 할 것인데도 여전히 그를 믿고 있었다.

또 몰래 우리나라에서 정탐꾼 노릇을 하면서 이순신을 없애고 원균을 잘못되게 하여 패하게 하였으니 사실은 청정과 안팎으로 짜고 하는 짓이었다. 더구나 청정은 일본의 최고 유명한 장수이고 행장은 수길이 신임하는 신하인데 어찌 우리나라에서 기회를 엿보다가 살해하도록 몰래 알려줄 리가 있었겠는가. 이렇게 했다면 수길이가 어찌 강한 적이 되어 우리를 칠 수 있었겠는가.

그가 강화하자는 논의를 하면서 오간 것은 명나라 사람들의 의향에 거짓 응한 것이었고, 사실은 교묘한 계책을 실행함으로써 명나라 군사를 해이하게 만들고 우리나라를 지치게 하면서 일단 군사를 휴식시켰다가 다시 치고나오려는 것이었다. 그리하여 황제가 성을 내어 군사를 멀리 내보내게 한 다음 바다에 머물러 쉬고 있다가 달려드는 명나라 군사를 침으로써 기어이 이겨보려는 생각을 한 것이다.

그래서 그때 황신이 임금에게 말하기를 "예로부터 적의 장수에게서 깊고 은밀한 계책이 새어나온 적이라고는 없었습니다. 행장과 청정에게서 차이 나는 점을 보지 못한 이상 그 말을 믿을 수 없습

니다."라고 하였던 것이다.」　　－〈선조수정실록〉(1596년 12월)－

〈왜적의 재침에 대한 비변사의 대책〉
「○비변사에서 건의하였다.
"황신이 써서 보고한 내용은 대단히 자세합니다. 대체로 보면 2~3월이 지난 뒤에는 장차 왜적이 다시 출동할 우려가 있다는 것입니다. 심지어 전라도와 제주도를 먼저 침범하리라는 것과 또 수군과 맞서려고 한다는 것에 대해서는 이전에도 누누이 주의를 준 것이 한두 번이 아닙니다. 그러나 이 내용을 가지고 다시 도체찰사, 도원수, 경상도와 전라도 순찰사, 통제사, 제주목사 등 관리들에게 비밀지시를 내려 새로운 결의로 변란에 대처하게 하는 것이 좋겠습니다.

적이 꾀하고 있는 점은 세 가지입니다. 첫째는 경주와 좌도, 우도의 바닷가인 서생포, 부산, 안골포, 죽도, 거제, 가덕도 등지에 와서 주둔해 있으면서 포로로 잡은 백성들을 집결하여 둔전을 널리 개간하고, 한편으로 시장을 통해서 군량을 사들여 축적해 놓고 세력을 합쳐 진격하여 영남을 잠식하려는 것이며, 둘째는 호남을 먼저 침범하려는 것이며, 셋째는 지난날처럼 미친 듯이 앞으로 내달아 깊숙이 쳐들어가려는 것입니다. 이 세 가지 중에서 첫째의 것이 가장 우려되는 점입니다.
이제 황신의 보고서만 보아도 여러 적들이 한 말 가운데는 벌써 그런 속셈이 나타나고 있습니다. 그렇게 되면 대마도 등지에 있는 왜적들은 전부 우리 변경을 자기들의 소굴로 삼을 것입니다.
근거지가 일단 공고해지면 나그네가 주인 행세를 하더라도 더는 어쩔 수 없게 될 것이니, 이것이 바로 절박한 우환거리입니다. 경상도를 보전하지 못하는 날에는 호남과 호서, 강원도가 앞으로 하나하나 떨어져 나가도 막아내지 못할 것입니다.

가만히 따져보건대, 오늘날의 문제는 우리의 힘이 적의 세력을 얼마간 견제할 수만 있다면 지형이 좋은 지대를 택하여 성벽을 쌓고 많은 군사를 주둔시켜 지키면서 용감한 군사들을 뽑아서 나무를 하고 짐승을 먹이면서 농사를 짓는 적들을 골라 침으로써 그들을 불안에 떨게 하고 또 수군으로 바다를 차단하는 데 있습니다. 이렇게 하다가 하늘이 도와준다면 다행히 구원될 수 있을 것입니다. 그러나 적이 달려들 위험이 당장 눈앞에 닥쳐왔는데 남방에서 문제를 성사시킬 조치는 기한 내에 기대할 수 없습니다. 이것이 신 등이 밤낮으로 애를 태우는 점입니다.

그리고 조신(調信)의 말에, 조선은 해전에 능하고 배도 견고하기 때문에 서로 버티면서 일진일퇴하며 싸우다가는 반드시 이기기가 어려울 것이고, 만일 어두운 밤에 가만히 가서 불의의 행동으로 조선의 배 1척에 일본의 작은 배를 5~6척 혹은 7~8척씩 배치하여 동시에 육박전을 전개하면 뜻대로 될 수 있다고 하였습니다. 이것도 흉악한 적들의 교활한 계책이니만큼 우리 군사가 이에 대한 대응조치를 취하지 않다가는 기만당할 수 있습니다.

지난날 거제에서 싸울 때 우리나라 수군이 캄캄한 밤에 바다 가운데 진을 치고 있다가 적이 작은 배를 가지고 와서 덤비는 바람에 배 안의 군사들이 놀라서 소동을 일으켜 하마터면 실패할 뻔하였습니다. 이것은 이전에 한 번 경험한 것인데 적의 말이 이러하니 통제사에게 내려 보내는 지시 가운데 이 내용까지 자세히 언급하는 것이 어떻겠습니까."

지시하기를, "건의한 대로 하도록 하라."고 하였다.」
                                    -〈선조실록〉(1596. 12. 23.(乙酉)-

(*앞으로 불과 한두 달 후에는 왜적들이 다시 대규모로 쳐들어오리라는 이처럼 구체적인 정보를 일본에 갔다 온 사신 황신으로부터 직접 듣고 확인까지 한 선조가 그 후 취한 유일한 조치는 임진왜란이 발발한 이후 연전연승을 거두어 온 명장 통제사 이순신을 터무니없는 누명과 모함으로 붙잡아 와서 감옥에 가둔 후, 그간 해전에서 패하기만 하였을 뿐 혼자서는 승리해본 적이 한 번도 없는 원균을 이순신의 자리에 대신 앉힌 것이었다.

그 결과 막강하다던 조선의 수군은 이듬해인 정유년 7월 15일 칠천량 해전에서 왜군에 의해 전파되었고, 그리하여 조선 전역은 왜적의 칼날과 조총과 말발굽 아래 다시 무참히 짓밟히고 살육당하고 말게 된다.

오호, 통재라! 어리석은 데다 심성까지 뒤틀린 자를 임금으로 둔 백성들이 당할 수밖에 없는 고통과 참상의 예를 이보다 더 잘 보여주는 사례가 인류 역사상 어디 그리 흔하던가.)

〈군사기밀이 마구 새고 있다. 책임자를 처벌해야〉

「○사헌부에서 건의하였다.

"근래 계획하는 일들은 모두 군사상 막대한 기밀들입니다. 신들이 비록 보고 듣는 직책에 있다고는 해도 참여해 듣지 못하는데 시정(市井)에 떠들썩하게 먼저 전파되어 있으니, 나라의 체면은 뭐가 되며 이 무슨 기강입니까. 이는 반드시 큰 간첩이 주변에 귀를 기울이고 있기 때문이니, 매우 한심한 일입니다.

이런 일은 오직 비변사와 승정원(承政院)에서만 알 수 있는 것이므로 비밀을 지키지 못한 책임을 피할 수 없습니다. 비변사의 비밀

담당 낭청을 붙잡아 국문하고, 담당 당상관과 승지(承旨)·주서(注書)를 파직하고, 도승지는 교체하고 함께 참석한 승지도 책임을 추궁하기 바랍니다."
임금이 지시하였다.
"매우 놀랍다. 붙잡아 국문하는 것과 주서의 파직은 건의한 대로 하고, 담당 당상관과 도승지 이하는 모두 책임을 추궁하라."」
-〈선조실록〉(1596. 12. 28.(庚寅)-

〈통제사의 보고서까지 도중에 뜯어고치는 한심한 작태〉

(*며칠 전부터 선조와 비변사 당상관들 사이에 부산에 있는 왜적을 치는 문제에 대한 비밀 전략회의가 있었고, 그에 대한 비밀 지시가 내려갔으나, 그 비밀이란 것이 곧바로 장안에 소문으로 다 퍼지게 되자 선조는 한탄하면서 그 지시를 취소하고 원점에서 다시 상의하라고 지시한다. 당시의 군사비밀은 다음에 나오는 것과 같은 경로로도 누설되었다.

그리고 이 비밀지시란 것은 곧 이순신에게 배를 가지고 부산 앞바다로 나가서 기다리고 있다가 청정의 군사가 오면 맞받아치도록 하라는 내용이 아니었을까 추측해볼 수 있으나, 이에 대한 분명한 역사적 기록은 발견되지 않고 있다.)

「○사헌부에서 건의하였다.
"국가에서 언관(言官)을 설치한 뜻은 크고 작은 일들을 모두 듣고 알게 하려는 것인데, 군사 기밀이 비록 비밀일지라도 어찌 전혀 참여해 듣지 못하게 해야 할 이치가 있겠습니까. 근간에 비변사에서 비밀에 관한 일을 회답 보고할 때에 대간이라도 보여주지 말기를 요청하였다고 하니, 말도 안 되는 처사입니다. 비변사의 담당 당상관을 추궁하도록 명을 내리기를 바랍니다.
신 등이 듣자니, 선전관 조령(趙玲)은 통제사 이순신에게 보내는 지시를 가지고 갔다가 그의 보고서를 받아왔는데, 겉봉에는 떼어 본 흔적이 현저히 나타나고 속지에 씌어진 날짜에도 가필한 흔적이 있다고 하기에, 그 보고서를 가져다 보니 겉봉을 떼어 본 흔적은 이미 조사할 수 없게 되었지만(*이미 봉투가 개봉되어 있는 상태였으므로) 날자는 가필한 것이 분명하였습니다.
조령은 일정을 늦춘 죄를 모면하기 위하여 감히 통제사의 보고서를 고쳤으니 너무도 해괴한 일입니다. 먼저 파면시킨 다음 다시 신문하기 바랍니다.
승정원에서는 이미 그가 겉봉을 떼보고 글자를 가필한 사실을 알고 있으면서도 죄를 주자고 제때에 청하지 않았으니 그 역시 잘못입니다. 담당 승지를 추궁하기 바랍니다."
대답하기를 "건의한 대로 하라."고 하였다.」

-〈선조실록〉(1596. 12. 29.(辛卯)-

(*여기에서 논의되고 있는 조령(趙玲)이 가지고 간 선조의 밀지(密旨)의 내용과 이에 대한 이순신의 회답 장계의 내용이 어떤 것이었는지는 정확히 알 수 없다.
그러나 그 후의 상황 전개로 미루어 볼 때, 선조는 황신(黃愼)의 정보보고에 근거하여 이순신에게 배를 끌고 부산 앞바다로 나가서 수군의 세를 과시하면서 언제 올지 모르는 청정의 배를 기다렸다가 오는 것을 맞아 쳐부수라고 하는 것이었고, 이순신은 적이 말해주는 부정확한 정보에 근거하여 군사를 움직이는 것의 위험성과 부당함을 지적하면서 그대로 따르기 곤란하다고 거부했던 것이 아니었을까 추정된다.)

제3부

모함과 백의종군, 원균의 패전

(*임진년(1592) 4월 13일에 시작된 임진왜란이 5년 가까이 지나는 동안 명나라와 왜군 사이에는 강화회담이 진척되어 전쟁은 소강상태로 들어갔다. 그러자 한편에서 왜적의 침략을 저지하는 데 절대적인 공을 세운 이순신을 제거하기 위한 모함이 진행되다가, 1597년 정월에 가등청정이 재침해 오는 것을 사전에 나가서 치지 않았다는 이유로 1597년 2월 26일 이순신을 압송하여 가서 투옥하고 고문을 가한 다음 목숨만을 살려주어 백의종군하게 한다.

인간으로서는 견디기 어려운 고통과 수모를 참고 이순신은 다시 백의종군하다가 1597년 원균이 칠천량 해전에서 조선 수군을 전몰시키는 패배를 겪은 후 다시 삼도수군통제사에 임명된다.

패배한 뒤에 남은 소수의 쇠잔해진 군사들과 도망쳐서 겨우 보존된 소수의 배들을 모아 이순신은 다시 명량해전에서 기적과 같은 대승첩을 거둠으로써 다시 한번 조선을 구해낸다.)

1597(丁酉)년

「나라에 충성을 다했으나 죄가 이미 주어졌고, 부모님께 효도를 하려고 했으나 부모님 또한 돌아가셨다(竭忠於國, 而罪已至; 欲孝於親, 而親亦亡).」　　－〈행록(行錄)〉(1597. 4. 11.자에서)－

「지금 신에게는 아직도 12척의 배가 남아 있나이다. 신이 죽지 않은 한 적은 감히 우리를 업신여기지 못할 것입니다.(今臣戰船尙有十二, 臣若不死, 則敵不敢侮我矣).」
　　　　　　　　　　　　－〈선묘중흥지(宣廟中興誌)〉에서

「여러 장수들을 불러 모아 다짐하기를, "병법에서 이르기를, '죽고자 하면 살고, 살고자 하면 죽는다.'(必死則生, 必生則死)고 하였다. 그리고 또 이르기를, '한 사내가 길목을 지키면 천 명의 사내도 겁을 내게 할 수 있다.'(一夫當逕, 足懼千夫)고 하였다. 이것은 모두 오늘의 우리를 두고 한 말이다. 너희 여러 장수들은 살고자 하는 생각을 품지 말라. 만약 조금이라도 명령을 어기는 자 있으면 군법으로 다스릴 것이다."라고 두 번 세 번 거듭 엄중히 다짐하였다. 이날 밤 신인(神人)이 꿈에 나타나 이르기를 '여차여차하게 하면 크게 승리할 것이고, 여차여차하게 하면 패배할 것이다.'라고 하였다.」　　－〈난중일기〉(1597. 9. 15.)에서－

1597(丁酉)년 1월

(*병신년(1596) 10월 12일 이후부터 정유년(1597) 3월 30일까지의 〈난중일기〉는 발견되지 않는데, 그 이유는 이미 앞에서 설명하였다.
*이달 나라 안의 주요 사건들을 〈선조수정실록〉에 의거 요약하면 다음과 같다.
○도원수 권율이 경상우병사 김응서에게 의령의 산성으로 들어가 지키라고 지시하였으나 응서가 명령을 따르지 않았다.
○통제사 이순신이 급보를 올려 건의하기를, "명나라 사신이 이미 사신으로 갔다가 왔는데도 흉악한 적들은 계속 변경에 틀어 앉아 여전히 기회를 엿보다가 쳐들어올 궁리를 하고 있으니, 참으로 통분한 일입니다. 신은 수군을 뽑아 거느리고 부산 근처에 나가 주둔해 있으면서 적들이 오는 길목을 막고 한번 결사전을 벌여 하늘에 사무친 치욕을 씻으려고 합니다. 지휘할 일이 있으면 급히 회답 지시를 내려주시기 바랍니다."라고 하였다. 듣는 사람들이 장하게 여겼다.
(*〈선조수정실록〉의 이 기사는 매우 중요하다. 왜냐하면, 후에 임금이 부산 앞바다로 나가서 청정이 오는 것을 맞아 치라고 지시하였으나 싸우기를 겁내어 명령을 듣지 않았다는 모함의 주장에 대한 반증이 되기 때문이다.)
○경상좌도 방어사 권응수가 급보를 올리기를, 이달 13일에 왜적의 배 150여 척이 다대포에 와서 정박하였다고 하였다. 이것은 청정이 바

다를 건너온 것에 대한 보고였다.)

〈부산 화재 사건에 대한 이순신의 장계〉

  (*12월 12일에 부산에서 엄청난 화재 사건이 발생했는데, 이에 대한 보고가 이순신과 이원익 쪽에서 이중으로 올라감으로써 후에 선조가 이순신을 음해하는 단서로 된다. 이순신이 병신년(1596) 12월 27일자로 올린 장계는 정유년(1597) 1월 1일 조정에 도착하였다.)

「○(丙申年) 12월 27일자로 쓴 통제사 이순신의 장계는 이러하였다.

"신은 여러 장수들 가운데서 궁리(窮理)가 있고 담력이 있고 용맹한 사람들과, 군관과 직속 군사들 중에서 활을 잘 쏘고 용감한 사람들을 늘 진중에 머물러 있게 하여 그들과 함께 아침저녁으로 방도를 의논하면서 그 성실한 마음을 떠보기도 하고 비밀히 약속도 하고 적정을 탐지하기도 하였습니다.

거제 현령 안위(安衛)와 군관인 급제 김란서(金蘭瑞), 군관 신명학(辛鳴鶴) 등은 서로 두 번 세 번 비밀리에 의논하고 박의검(朴義儉)을 몰래 불러서 그와도 비밀히 의논하였더니, 의검도 기꺼이 응하였습니다. 다시 김란서 등에게 분명히 지시를 주어 목숨을 내놓고 맹세하여 굳게 약속하도록 하였습니다.

이달(12월) 12일에 김란서 등은 밤중에 약속대로 시간을 기다리고 있었는데, 마침 서북풍이 크게 불기에 바람결을 따라 불을 질렀습니다. 불길이 치솟아 오르면서 적들의 집 1천여 호와 화약이 쌓여 있는 2개의 창고, 무기와 여러 가지 물건과 군량 2만 6천여 섬이 쌓여 있는 곳간이 일시에 불타버렸고, 왜선 20여 척도 불이 번져 탔으며, 왜인 34명이 불에 타서 죽었습니다. 이야말로 하늘이 도운 것이었습니다.

원래 김란서는 통신사의 군관으로 자원하여 일본에 갔다 온 일이 있는데, 생사를 무릅쓰고 결국 이 일을 성공시켰습니다. 안위는 일상적으로 방도를 논의하는 과정에 원수에 대한 이야기가 나오기만 하면 의분이 북받치곤 하였는데, 목숨을 아랑곳하지 않고 자기의 군관인 김란서와 신명학 등을 거느리고 적진 속으로 들어가 온갖 계책을 씀으로써 흉악한 적들이 오랫동안 의거하고 있던 소굴을 일거에 불살라 버렸습니다.
심지어 군량, 무기, 화포의 여러 가지 기구들, 배와 왜적 34명을 모조리 불타 죽게 하였던 것입니다. 부산에 있던 많은 적들을 모두 태워버리지는 못했지만 적들의 기세를 꺾어 놓았으니 역시 한 가지 좋은 계책이었습니다.

일본에 갔다 온 경상도 수영의 도훈도 김득(金得)이 부산에 머물러 있으면서 그날 밤 불타는 모양을 목격하였는데, 이달 12일 밤 10시경에 부산에 있는 왜적의 진영 서북쪽에서 불이 일어나 적들의 집 1천여 호와 무기, 여러 가지 물건, 화포의 기구들, 군량이 쌓여 있는 창고가 모조리 불타서 재가 되어버렸다고 합니다.
왜적들은 서로 모여 발을 동동 구르고 통곡하면서 말하기를, '본국에서는 지진 때 집들이 무너져 무리로 죽은 사람들이 엄청나게 많았는데, 이제 이곳에서 또 이 지경으로 화재를 만났으니 우리들은 어디에서 죽을지 모르겠다.' 라고 하였다고 합니다. 이 말을 그대로 다 믿을 수는 없겠지만 그럴 리도 없지 않았을 것입니다.
안위, 김란서, 신명학 등은 성의껏 힘써 마침내 일을 성공시켰으니 더 없이 기특한 일입니다. 앞으로도 은밀하게 해야 할 일이 한두 가지가 아니기에 특별히 표창하여 앞날의 일을 고무해야 할 것입니다."」　　　　　　　　　　－〈선조실록〉(1597. 1. 1.(壬辰)－

〈부산 화재 사건에 대한 김신국의 보고〉

(*병신년(1596) 12월 27일에 이순신이 올린 부산 화재사건 관련 장계가 이해 정월 초1일에 조정에 보고된 직후인 1월 2일, 이조좌랑 김신국(金藎國)은 서면으로 이에 대하여 전혀 다른 내용의 보고를 하였다.)

「○얼마 전에 부산에 있는 적의 소굴을 불사른 경위에 대해서는 통제사 이순신이 이미 장계를 올렸다고 합니다.

그런데 도체찰사 이원익이 데리고 있는 군관 정희현(鄭希玄)은 전에 조방장(助防將)으로 오랫동안 밀양 등지에 있었고, 적들 속으로 드나드는 사람들은 대부분 정희현의 심복들입니다. 적의 병영에 몰래 불을 놓은 것은 이원익이 전적으로 정희현을 시켜서 한 일입니다.

정희현의 심복인 부산 수군 허수석(許守石)은 적들 속으로 허물없이 드나들었는데, 허수석의 아우가 당시 부산 군영의 성 밑에 살고 있어서 일이 성사되도록 주선할 수 있었습니다. 그래서 희현이 밀양에 가서 수석과 몰래 의논하고 기일을 약속하여 보냈습니다. 돌아와서 이원익에게 보고한 다음 손꼽아 기다리던 때에 수석이 부산 군영으로부터 급히 와서 불사른 경위를 보고하였으며, 상세한 보고가 뒤따라 도착하였습니다. 그리하여 원익은 수석이 한 일이라는 것을 명백히 알게 되었습니다.

저 이순신의 군관은 부사(副使)의 짐을 배로 운반하는 일 때문에 부산에 갔다가 마침 불이 일어난 날 도착하게 되었던 관계로 돌아가서 이순신에게 자기의 공로라고 보고하였습니다. 이순신은 애당초 그간의 사정을 모르고 급보를 올렸던 것입니다.

허수석은 벼슬로 표창해주기를 바랐지만, 원익은 또 수석에게 의지하여 다시 도모할 일이 있었으므로 그때 바로 벼슬로 표창하면 일이 누설될 우려가 있어서 이런 뜻으로 타이르고 은을 후하게 주어 보냈습니다.

그런데 조정에서 만일 내막을 모르고 이순신이 보고한 사람들에게 먼저 벼슬로 표창한다면 틀림없이 허수석은 질투심을 갖게 될 것입니다. 그리고 적들에게 알려져서 방비가 더욱 엄하게 될 것이니 이로 말미암아 기도하던 일도 할 수 없을 것 같아서 이원익이 신에게 부탁하여 보고하게 하는 것입니다.

그리고 이번에 비밀히 의논한 문제에 대해서는 이미 이원익의 장계에 자세히 적혀 있기에 구태여 글로 써서 보고하지 않겠습니다.」 −〈선조실록〉(1597. 1. 2.(癸巳)−

(*양쪽에서 올라온 보고서의 내용에 서로 차이가 있으면 그 진상을 알아보고 따져보려는 노력을 해야 할 터인데, 이 문제에 대한 언급이나 조사가 더 이상 전혀 없다가, 1월 27일자 어전회의에서 선조는 일방적으로 김신국(金藎國)의 말만 믿고 이순신이 거짓보고를 하여 자기를 속였다고 공개석상에서 매도하고 있다.)

〈이순신; 부산 앞바다로 나가서 적을 치겠습니다〉

「○통제사 이순신이 급히 건의하기를 "명나라 사신이 이미 사신으로 갔다 왔는데 흉악한 적들은 계속 변경에 틀어 앉아 여전히 기회를 엿보다가 쳐들어올 생각을 하고 있으니 참으로 더없이 통분한 일입니다.

신은 수군을 뽑아 거느리고 부산 근처에 나가 주둔해 있으면서 적들이 오는 길목을 막고 한번 결사전을 벌려 하늘에 사무친 치욕을 씻으려고 합니다. 지휘할 일이 있으면 급히 회답 지시를 내리기 바랍니다."라고 하였다. 듣는 사람들이 장하게 여겼다.」

－〈선조수정실록〉(1597년 1월)－

(*이순신이 올린 이 장계를 보면, 이달 하순에 선조가 주최한 어전회의에서 이순신이 부산 앞바다로 출정하지 않은 것을 두고 온갖 모함을 하고 있는 윤두수 이하 여러 대신들의 주장이 얼마나 터무니없는 것인지 알 수 있다.

그런데 이순신이 올린 이 장계가 어떻게 되어 당시 조정에 제대로 보고되어 〈선조실록〉에 수록되지 못하고 후에 보완정리된 〈선조수정실록〉에만 기록되어 있는지는 수수께끼로 남아 있다.

혹시 이것은 지난 해 12월 19일자에 선전관 조령(趙玲)이 날짜를 가필하여 보고함으로써 문제가 되었던 바로 그 장계일지도 모를 일이다.

이 장계 내용에도 나오듯이, 이순신도 부산 앞바다로 나가 적을 치려는 계획을 진작부터 하고 있었으나, 다만, 후에 요시라의 계교에 말려들어 상부에서 내려온 출격 지시는 이미 이순신 자신이 수집하여 알고 있던 적의 동태에 관한 정보와는 시기적으로 큰 차이가 있어서 실천 불가능하다고 판단하였기에 무시했을지도 모른다.)

〈항복한 왜인들이 전하는 적정 정보〉

「○병조에서 보고하였다.

"항복한 왜인 여여문(呂汝文)과 승태선구로(勝太善仇老) 등이 만나서 속에 있는 생각을 말하고자 하기에 오늘 신 덕형(李德馨)이 불러들여 만나서 은밀히 물었더니 여여문이 이렇게 말하였습니다.

'왜인들이 꺼려하는 것은 오직 수군입니다. 경상 좌도와 우도의 수군들에게 각각 배가 수백 척인데 모여 가지고 좌도로부터 우도로, 우도로부터 좌도로 오가면서 부산 바다로 들락날락 한다면 적들의 길이 끊어져서, 부산에 주둔하고 있는 적들은 자연히 고립되는 형편에 빠지고 대마도에서 오는 배들도 무서워서 함부로 나오지 못할 것이니 이것은 묘한 계책입니다.

일본이 군사를 출동시킨다는 기별이 있기는 하지만 2~3월 후에야 동풍이 불기 시작하므로 그 전에는 절대로 나오지 못합니다. 반드시 적들이 바다를 건너오기 전에 모든 방비를 빈틈없이 하고 기다리는 것이 좋을 것입니다.

전에 진중에 있을 때 들으니, 왜장들이 평양에서 패전한 다음부터는, 이제는 멀리 서울까지 갈 것 없이 경상도와 전라도 지역을 빼앗아 차지하고 군사를 주둔시킨 다음 힘껏 농사를 짓게 되면 조선은 반드시 그 속에서 저절로 말라버리고 말 것이라고 하는 것이 여러 사람들의 의견이었습니다. 여러 왜적들이 하는 말이 이러하니 이제 만일 다시 움직인다면 먼저 전라도로 침범할 것이 틀림없습니다.

적들이 올 중요한 길목에 지형이 험한 곳을 골라 진을 치고 군사를 매복시킨 다음 항복한 왜인들 중에서 영리하고 충성을 다할 사람을 골라서 그 안에 머물러 있게 하는 동시에 왜말을 잘 하는 통사도 함께 있도록 해야 할 것입니다. 그랬다가 적들이 올 때 왜말로 꾀어 들이면 그 기회를 타서 해볼 수 있을 것입니다.

왜인들이 꾀이는 말을 곧이듣는 경우, 항복한 왜인들 중에서 한두 사람이 높은 벼슬이나 많은 물건을 받은 것처럼 그들에게 자랑하면 적들은 틀림없이 앞을 다투어 나올 것이니, 그 수가 아무리 많아도 쉽게 약화시킬 수 있을 것입니다.
청정이 만일 뭍에 올라 주둔하게 되는 경우에는 그가 가까이 하고 신임하는 부하에게 뇌물을 많이 주어 계책을 쓰거나 혹은 군사를 출동하도록 유인하여 매복했다가 치거나 두 가지를 다 할 수 있습니다.……
그리고 우리 조선의 일을 보면 그저 하겠다고만 하면서 말만 많고 실천이 적습니다. 비유하자면, 사람들의 집에서 손님이 온다는 것을 미리 알면 대접할 준비를 미리 하였다가 대접해야 하는데, 그러지 않고 질질 끌면서 날자만 보내다가 갑자기 들이닥치면 다급해지지 않겠습니까.
해야 할 일은 빨리 해치워 기회를 놓치지 말아야 할 것입니다.'
대개 그들이 한 말을 되풀이 하면 이러한데, 그들이 우리를 위하여 충성을 다하려는 것은 거짓이 아닌 것 같아서 감히 이렇게 다 적어서 보고합니다."
지시하기를 "말한 대로 시행할 것이다. 그 말을 들어보니 우리나라로서는 부끄러운 일이다."라고 하였다.」

－〈선조실록〉(1597. 1. 4.(乙未)－

〈되풀이 논의되는 전공 평가방식의 문제〉
「○비변사에서 건의하였다.
"싸움터에서 목을 벤 것을 가지고 공로로 삼는다면 적을 몰아내는 데 전심전력하지 못할 뿐 아니라 목을 벨 때에 우리 군사가 도리어 상할 수 있습니다. 그래서 이전부터 목을 벤 것을 가지고 따지지 말자는 논의가 있었습니다.
그런데 해당 조에서는 증거를 따지기가 어렵다고 해서 전적으로 목을 벤 것을 가지고 공로를 평가하고 있는데, 이는 사실 적합하지 않습니다. 이제부터는 힘껏 싸워 적을 꺾어놓은 공로가 분명히 있는 각 진의 사람들에 대해서는 설사 목을 벤 것이 없더라도 먼저 표창하는 것이 타당할 것입니다.

그리고 변란이 일어난 초기에 혹시 목을 베고도 미처 상을 받지 못한 사람들이 있을 수 있는데, 군공청(軍功廳)으로 하여금 하나하나 조사케 하여 상을 줌으로써 그 마음을 위로하는 것이 좋겠습니다."

지시하였다. "건의한 대로 하라."」

-〈선조실록〉(1597. 1. 14.(乙巳)-

(*임진왜란이 일어난 초기에 이미 이순신은 이러한 방식으로 부하들의 전공을 평가해 왔고 또한 이 방법을 조정에 건의하였으나 일선 장수들을 신뢰할 줄 모르는 선조의 반대로 이 문제가 벌써 5년 째 거듭 논의되고 있는 실정이다. 선조는 이때 비변사의 건의를 승인하였음에도 불구하고 이 후에도 거듭 이것을 문제 삼는다.)

〈요시라의 간계, 그 핵심내용〉

「○경상도 병사 김응서(金應瑞)가 장계를 올렸다.

"이달 11일에 요시라(要時羅)가 와서 행장의 뜻을 이렇게 알렸습니다.

'청정이 7천 명의 군사를 거느리고 **이달 4일에 이미 대마도에 도착하였습니다**. 순풍이 불면 며칠 안에 건너오게 될 것입니다. 전날 약속한 일은 이미 완전히 준비되었습니까?

청정이 바다를 건너오면 크게 쳐들어오지는 못하겠지만 가까운 지경에서 노략질할 것만은 틀림없으니, 나오기 전에 미리 방비하여 간사한 꾀를 실현하지 못하게 하는 것이 나을 것입니다.

요즘은 계속 순풍이 불기 때문에 바다를 건너오기가 어렵지 않으니 수군을 빨리 거제도로 내보내어 머물게 하고 청정의 동정을 살피도록 해야 할 것입니다. 바다를 건너오는 날에 동풍이 크게 불면 반드시 거제도로 향해 올 것이니 그렇게 되면 형세는 공격하기에 쉽습니다. 만일 정동풍이 불어 곧바로 기장이나 서생포 지경으로 향한다면 배는 바다 가운데로 지나가게 되므로 거제와는 거리가 매우 멀어서 미처 가로막을 수 없을 것이니 이 계책을 시행하지 못할까봐 걱정입니다.

전선 50척을 급히 기장 지경으로 돌려대어 좌도의 수군과 합세하여 진을 치고 5~6척씩 부산이 바라보이는 곳에서 돌아치게 해야 할 것입니다. 그러면 우리 장수들이 청정에게 달려가 알리기를 〈조선에서는 너를 원수로 여겨 수많은 전선을 정비해 가지고 좌도와 우도로 나뉘어 정박하고 있다. 육군도 근처에 많이 주둔시켜 네가 나오는 날을 노리고 있으니 아예 경솔히 건너가지 말라.〉고 하겠습니다. 그렇게 하면 청정은 틀림없이 의심을 품어 감히 바다를 건너오지 못할 것이고, 지체하는 기간이면 조선에서는 반드시 준비할 수 있을 것이며, 행장도 그 동안의 일에 대하여 손을 쓸 것입니다. 설사 청정의 머리를 베지는 못하더라도 이보다 더 유력한 계책은 없을 것입니다.

배를 빨리 돌려대어 군사의 위력을 보임으로써 교활한 적들로 하여금 목을 움츠리고 나오지 못하게 만든다면 피차간에 다 좋게 되리라는 것을 어찌 다 말할 수 있겠습니까.

청정은 통신사를 보내지 못하도록 꾀할 당시 관백에게 말하기를 〈행장과 조신이 하는 짓은 다 쓸데없는 일입니다. 내가 다시 조선에 나가서 깃발 하나만 들게 되면 조선을 평정하여 일본에 합칠 수 있고 왕자도 사로잡아 태합 앞에 가져다 놓겠습니다. 이 일을 성공시키지 못할 경우에는 우리 집안을 모조리 없애버리도록 하십시오.〉라고 하였습니다. 그러면서 관백에게 군사와 말을 청했는데, 관백은 다만 그의 군사만을 허락하였습니다.

그가 그 섬으로 물러나와 며칠 간 머물러 있었는데, 관백이 다시 청정에게 지시하기를 〈너는 왜 빨리 바다를 건너가지 않는가? 어려운 문제라도 있는가? 말과 행동이 다르다.〉라고 하였습니다. 그래서 빨리 바다를 건너려고 대마도로 달려왔는데, 이제 만일 조선에서 가로막고 있다는 기별을 듣는다면 형편상 즉시 바다를 건너오지는 못할 것입니다.

이렇게 하면, 조선 땅에는 지킬만한 사람이 없어서 깃발 하나만 들고 나가면 평정할 수 있다던 청정의 말은 허튼소리로 돌아가고, 조선을 쳐부수기는 형편상 쉽지 않다고 한 행장의 말이 정확한 것으로 됩니다. 따라서 관백은 틀림없이 망발을 한 청정에게 죄를 주고 행장은 때를 만나게 될 것이니, 화의가 맺어지건 말건 간에 형편은 매우 좋게 될 것이니, 이것은 하나의 좋은 계책입니다.

그리고 원수가 내일 이곳에 당도한다는 것 같습니다.'"」

-〈선조실록〉(1597. 1. 19.(庚戌)-

〈가등청정; 13일에 이미 다대포에 도착하였다.〉

「○경상도를 비롯한 4도를 겸임한 도체찰사인 의정부 우의정 이원익이 장계를 올렸다.

"기장(機張) 현감 이정견(李廷堅)의 급보에 의하면, **청정이 이달 13일에 다대포에 와서 정박하였는데, 먼저 온 배가 2백여 척이라**고 하였습니다.

15일에 정견이 또 급보를 올리기를, 왜적의 큰 배 1척에 왜놈 70여 명과 왜장 희팔(喜八: 즉 金大夫이다)이 타고 곧바로 부산에 와서 패문(牌文)을 보였다고 하는데 그 내용은 이러합니다.

'일본국 풍신수길의 신하인 가등주계두 평청정(加藤主計頭平清正)은 태합 전하의 지시를 받고 다시 바다를 건너 이 도에 와서 곧 사람을 조선 측에 보냅니다. 그가 돌아와 보고할 때까지 경상좌도의 백성들이 이 글에 의심을 품지 말며 두려워 흩어지지 말 것입니다. 이와 관련하여 먼저 신하인 김대부(金大夫)를 보내서 통보하도록 합니다. 경장(慶長) 정유년 1월 1일 평청정(平清正)〉"」
○비변사에서 건의하였다.

"청정이 이미 바다를 건너왔으니 빈틈을 타서 곧바로 올라와 군사를 숨겼다가 불의에 들이칠 우려가 없지 않으니 경기, 충청, 영남, 호남 등지에 급히 지시를 내리는 문제에 대하여 회답 건의하고, 상중에 있는 모든 무신들을 불러내어 도성을 호위할 문제에 대하여 회답 건의하라는 지시를 받았습니다.

청정이 이미 바다를 건너왔으니 각 도에서는 방어조치를 취하는 것을 조금도 늦추어서는 안 되겠습니다. 경기, 충청, 영남, 호남 등 각 도에 선전관을 나누어 보내어 군사를 정비하고 요해처를 막아 각별히 변란에 대처하며 감시 결과를 통보하도록 급히 지시함으로써 뜻밖의 우환을 막는 것이 좋겠습니다."」

-〈선조실록〉(1597. 1. 21.(壬子)-

〈이순신을 모함하는 원균의 장계〉

　　(*이 날짜에 조정에서는 전라도 병사로 있던 원균이 이순신의 수군 전략을 비난하는 내용의 장계를 접수하였는데, 그 내용은 엉터리에다 다분히 이순신을 모함하는 내용들로 되어 있다. 한편, 이순신을 배척하려는 음모를 꾸미고 있던 선조에게는 이순신을 대신할 확실

한 대안을 발견한 듯한 기쁨을 느끼고 있음을 볼 수 있다.)

「○전라도 병마절도사 원균이 장계를 올렸다.
"신은 외람되게도 무거운 책임을 맡고 남쪽 변경의 병마사로 있으면서 우둔한 솜씨나마 다하여 만대의 원수를 갚으려 하였습니다. 그러나 스스로 생각건대 늙은 몸에 병이 이미 심할 대로 심한데다 나라에 보답한 것은 많지 못하여 전하를 우러러 통곡만 할 뿐입니다. 지금 변경에는 어려운 일이 많은 만큼 군사를 일으키고 많은 사람들을 움직이기에 겨를이 없어야 할 형편입니다. 여러 고을에 신칙하여 군사와 말을 정비하고 직접 군사들의 앞장을 서서 일거에 적을 쓸어버리고 말겠습니다.

그런데 수군과 육군에 대하여 말씀드린다면, 임진년 초기에 적의 육군은 줄곧 내쳐서 한 달 동안에 평양까지 쳐들어왔으나, 바다의 적들은 한 해가 지나도록 패전만 하고 끝내 남해 바다 서쪽으로는 오지 못하였습니다. 그러니 우리나라의 군사 위력은 오로지 해전에 달려 있을 뿐입니다.
  【*당시 자신은 왜적이 쳐들어왔다는 소문만 듣고도 자기 휘하의 배들을 전부 바다에 침몰시켜 버리고 도망갔었고, 적의 배가 서쪽으로 가지 못하게 된 것은 전적으로 이순신 때문이었다는 사실은 숨기고 전혀 언급하지 않고 있음에 유의할 것.-편역자】
신의 어리석은 생각으로는, 수백 척의 수군으로 영등포 앞으로 질러나가 가덕 뒤에 몰래 머물러 있으면서 경쾌선을 골라 가지고 서넛 또는 네댓 척씩 떼를 지어 절영도 바깥쪽에서 무력을 시위하게 하는 한편, 1백여 척이나 2백 척이 큰 바다에서 위력을 보여야 한다고 봅니다. 그렇게 하면 원래 바다 싸움에서 이기지 못하여 겁을 먹고 있는 청정(淸正)은 반드시 군사를 거두어 돌아가게 될 것입니다.
 바라건대 조정에서는 수군으로 바다에 나가 마주 침으로써 적들이 뭍에 오르지 못하게 한다면 반드시 걱정할 것이 없을 것입니다. 이 것은 신이 함부로 하는 말이 아닙니다.
 【*이것은 원균 자신이 생각해내어 '함부로 하는 말이 아니라', 일본의 첩자 요시라가 일러준 방법 그대로이다.】
 신은 전에 바다를 지킨 일이 있어서 이 문제에 대해서는 잘 알고 있는 만큼, 지금 침묵을 지키고 있을 수가 없기에 전하에게 말씀드리는 것입니다.」 -〈선조실록〉(1597. 1. 22.(癸丑)-

〈조선의 벼슬을 달라고 청하는 간교한 요시라〉
 「○경상도 우병사 김응서(金應瑞)가 서면으로 보고하였다.
 "요시라(要時羅)가 벼슬을 달라고 매우 간절하게 청하기에 신이 말하기를, '옷차림을 마련하고 규정대로 임금에게 사례한 다음에야 임명장을 받을 수 있다.' 라고 하였습니다. 그리고 은 80냥을 주면서 말을 꾸며서 이야기하기를, '조정에서는 너의 몸집의 크기를 알지 못하기 때문에 이 은을 보내어 나더러 마련해 주라고 하였는데 내가 미처 마련하지 못하여 그대로 은으로 준다.' 라고 하였더니 기뻐하는 기색이 눈에 가득하였고, 두 번 세 번이나 머리를 조아리며 절을 하였습니다."
 그 글을 비변사에 내려 보냈다.」
 -〈선조실록〉(1597. 1. 22.(癸丑)-

〈이순신을 모함하는 조정의 대신들과 모함의 백미(白眉)들〉
 (*왜적이 이미 재차 침략해온 상황에서 선조의 마음이 이미 이순신에게서 떠났음을 간파한 김응남과 윤두수의 발언은 임금의 비위를

맞추기 위해서는 어떤 거짓말도 서슴지 않는 간신배의 전형적인 모습을 보여주고 있다. 이날 그간 이순신을 꺼려하던 선조의 마음은 윤두수를 비롯한 서인들의 이해관계와 합치되어 드디어 이순신을 제거하려던 계획을 실행하기로 결심한다.)

「이산해(李山海: 領中樞府事): "요즘 와서 수군에 힘을 넣으면 의지할 수 있을 것입니다. 신이 지난번에 충청도에서 마침 원균을 만났는데, 원균이 하는 말이, '왜놈들이야 무슨 두려워할 나위나 있겠느냐.' 라고 하였습니다. 신이 처음에는 그 말을 듣고 망령된 소리로만 여겼는데, 이제 와서 보니 수군을 믿고 그런 말을 한 것 같습니다. 이번에 김신국(金藎國: 군기 선유관으로 이원익에게 내려갔다가 돌아왔다.)이 돌아왔기에 물었더니, 신국은 도체찰사(李元翼)도 수군을 믿고 있다고 하였습니다.

선조: 왜적의 우두머리(小西行長: 행장은 김응서에게 청정을 제거할 계책을 말해 주었는데, 유성룡 등이, 적들의 말을 함부로 믿다가 술책에 빠져들 수 있다고 하면서 경솔히 행동하지 못하게 하였다. 그래서 이 일이 일어난 것이다.)가 **손바닥을 펼쳐 보이듯 가르쳐 주었는데도 우리나라에서는 해내지 못하였으니, 우리나라는 참으로 천하에 용렬한 나라이다.**

오늘 장계를 보니 행장도 조선에서 하는 일은 늘 이 모양이라고 하였다고 한다. 이렇게까지 조롱당하고 있으니, 우리나라는 행장보다도 훨씬 못한 셈이다.

한산도의 장수(*통제사 이순신)**는 편안히 누워서 어떻게 할지를 모르고 있다.**

윤두수: 이순신은 왜적을 두려워하는 것이 아니라 사실은 싸우러 나가기를 싫어하는 것입니다. 임진년에 정운(鄭運)이 죽은 것도

절영도(絶影島)를 거쳐 배를 몰고 오다가 적의 화포에 맞아 죽었습니다.

이산해: 이순신은 정운과 원균이 없기 때문에 이렇게 머뭇거리는 것입니다.

김응남: 이순신이 싸우러 나가지 않으려 하자 정운이 목을 베려고 하였더니, 이순신은 무서워서 어쩔 수 없이 억지로 나가 싸웠습니다. 그러므로 해전에서 이긴 것은 사실은 정운이 격려해서 된 것입니다. 그래서 정언신(鄭彦信)은 늘 정운(鄭運)의 사람됨을 칭찬하였습니다. (* "이순신이 싸우러 나가지 않으려 하자 정운이 목을 베려고 하였더니, 이순신은 무서워서 어쩔 수 없이 억지로 나가 싸웠다." 니 이 무슨 얼토당토 않은 모함의 말인가.)

선조: 지금 이순신에게 어찌 청정(淸正)의 머리를 베어 오기를 바라겠는가. 그저 배를 띄워 시위나 하고, 바닷길을 따라 돌아나 다니다가 끝내 아무 일도 못할 것이니 참으로 한탄할 일이다. 오늘 도체찰사의 장계를 보니 군사를 끌고 나가 위력을 시위하기로 약속은 이미 되어 있다고 하였더라만.…

선조: (한탄하다가 한참 만에 한숨을 쉬면서) 우리나라는 다 되었다. 아, 이제 어떻게 하겠는가. 아, 어떻게 하겠는가. 아, 어떻게 하겠는가."」　　　　　　　　　　　　-〈선조실록〉(1597. 1. 23.(甲寅)-

〈왜적의 이간책에 속아 넘어간 황신〉

「○경상도에 간 위무사 황신(黃愼)이 장계를 올렸다.

"오늘 우병영의 직속 군사 송충인(宋忠仁)이 부산에서 돌아와서 말하기를, **이달 12일에 청정의 관할 하에 있는 왜선 150여 척이** 일시에 바다를 건너와 서생포에 머무르고 있고, 13일에는 청정이 자기 관할하의 왜선 130여 척을 거느리고 비를 무릅쓰고 바다를 건너왔는데 바람이 사나워서 가덕도에 머물러 있다가 14일에 다대포로 옮겨갔는데 이제 곧 서생포로 향할 것이라고 하였습니다.

평행장이 송충인을 불러서 이르기를 '조선에서 하는 일은 번번이 다 이 모양이다. 기회를 놓친 것이 아쉽다. 아쉽다. 그러나 다음에도 할 일이 있을 것이다.' 라고 하였답니다.

수군으로써 그들을 막자는 계책은 사실 좋은 계책인 것 같았는데 우리가 제때에 조치를 취하지 못하여 일을 그르쳤으니 통분하기 짝이 없습니다.

신의 망령된 생각으로는, 청정이 이미 뭍에 오르기는 하였으나 아직 군영과 보루를 설치하지 못하고 군사들이 새로 도착하여 돌을 나르고 목재를 운반하는 왜놈들이 산과 들에 널려 있으므로 이 기회를 타서 수군과 육군을 급히 정비하고 몰래 군사를 움직여 적을 칠 수 있을 것 같습니다.

또 반드시 행장과 단단히 짜고 두 적수들이 서로 겨루게 함으로써 행장이 우리에게 성의를 다하도록 만든 다음 그의 꾀를 가지고 우리 계책을 이루어 나간다면 우리는 목적을 달성할 수 있을 것입니다. 만일 적들의 소굴이 꾸려지고 그들의 세력이 가득 차는 날에는 설사 백 배의 힘을 들이더라도 사실 손을 대지 못할 것입니다. 신은 당분간 행장이 나오는 것을 기다려서 형세를 보아 가지고 손을 쓸 생각입니다."

그 글을 비변사에 내려 보냈다.」

－〈선조실록〉(1597. 1. 23.(甲寅)－

(*황신의 이 글은 이보다 앞서 그가 선조 앞에서 한 충고와는 완전히 상반되는 것이다. 행장의 말에 완전히 속아 넘어간 상태이다.)

〈왜적의 거짓 정보에 놀아나는 경상우병사 김응서〉

「○1월 17일에 올린 경상우병사 김응서(金應瑞)의 장계는 이러하였다.
"도원수가 행장에게 두루미 한 마리와 매 한 쌍을 보내라고 하기에 이달 6일에 신이 군사 송충인(宋忠仁)에게 주어서 들여보냈더니, 17일에 돌아와서 보고하기를, '이달 12일에 바람이 대단히 순조로워 청정의 관할 하에 있는 왜선 150여 척이 일시에 바다를 건너와 서생포에 머무르고 있고, 청정은 관할하의 배 130여 척을 거느리고 바다를 건너왔는데 동북풍이 불어와서 배를 통제하지 못하여 거제 길로 향해 가다가 가덕도에 머물렀으며, 14일에 다대포를 향해 가면서 진터를 살펴보았다.' 고 와서 알려주었습니다. 그러나 우리나라 수군은 미처 정비가 되지 않아서 맞이하여 치지 못하였습니다.
바람이 순조롭지 않았던 것은 사실 하늘이 우리를 도운 것인데, 사람들이 제 할 일을 다 하지 못해서 그만 앉은 채로 기회를 놓치고 말았으니 분함을 이기지 못하겠습니다.
행장도 몹시 통탄해 하면서 말하기를 '너희 나라에서 하는 일은 번번이 이 모양이니 뉘우친들 무슨 소용이 있겠는가. 청정이 이미 바다를 건넜으니 나는 전날에 한 말이 청정의 귀에 새어 들어갈까 봐 걱정이다. 모든 일을 되도록 치밀하게 하라.' 라고 하였으며, 또 송충인에게 말하기를 '이 다음에도 할 일이 있으면 너는 꼭 돌아와야 한다.' 라고 하였습니다. 그래서 곧 들여보내어 다시 유도하여 그 내막을 알아내 가지고 급보를 올릴 작정입니다.
대체로 우리나라에서 하는 일은 이렇게 질질 끌기 때문에 결코 성사될 수가 없으니 그저 혼자서 답답해할 뿐입니다.
충인이 돌아올 무렵에 임박하여 평경직(平景直)이 말하기를 '정성(豊臣正成)은 관백과 친한 사람인데, 병사는 범 가죽과 표범 가죽과 매를 선물하여 그 사람에게 신임을 얻어서 청정과 행장 간의 문제를 도모해볼 수 없겠는가?'라고 하였다고 합니다."
이 글을 비변사에 내려 보냈다.」

-〈선조실록〉(1597. 1. 23.(甲寅)-

(*이상 몇 개 보고서의 공통된 특징은, 1월 13일 청정이 다대포에 도착하기 전의 정보보고는 모두 왜적이 2~3월 후에야 군대를 움직일 것이라는 내용이었고, 청정이 이미 1월 13일에 조선에 도착하고 난 다음의 정보보고는 모두 1월 19일 이후에야 조정에 전해진다. 말하자면 사후 보고였던 것이다.

청정의 군대가 1월 4일에 이미 대마도에 도착했다고 요시라가 1월 11일에 김응서를 만나서 보고하였는데, 이것이 조정에는 1월 19일에 보고되었고,

청정의 군대가 1월 12일에 서생포에 도착하였다는 송충인(宋忠仁)의 보고는 위무사 황신(黃愼)의 장계를 통하여 1월 23일에야 조정에 보고되었고,

청정의 군대가 1월 13일에 이미 다대포에 도착했다는 기장 현감 이정견의 급보는 이원익의 장계를 통하여 조정에 1월 21일 보고되었다.

그리고 조선 수군이 바다에 나가 기다리다가 적을 맞아쳐야 한다는 원균의 장계는 1월 22일에 조정에 보고되었다.

이 모든 보고들로부터 알 수 있는 것은, 어떤 정보보고에 의하더라도, 요시라가 1월 11일자에 김응서에게 건의한 바 〈남해상에서의 청정 요격설〉은 시기적으로 이미 실기한 것이 되어 실현 불가능한 것이었음이 분명하다.

요시라의 보고(1. 11.) → 우병사 김응서의 장계(1. 19.) → 조정의 지시(?) → 이순신에게 전달(?) → 부산 앞바다로 출동(?)으로 군사작전의 지시가 전달되는 동안, 가등청정의 군사는 이미 벌써 부산 앞바다

의 다대포에 도착해서(1. 13.) 조선 수군의 출동에 대비하고 있었던 그런 상황이었다.

이런 상황에서 만약 이순신이 출동하였다면, 그는 결국 적의 유인에 말려들어 앞뒤로 적을 맞아 싸울 수 밖에 없는 어려운 상황에 놓이게 되었을 것이다.

이러한 사실로부터, 후에(1. 23.) 열린 조정에서의 〈이순신 탄핵〉논의는 그야말로 말도 되지 않는 모함의 말들만 한껏 나열해 놓은 그런 것이 되고 말았다.

이순신에게 부산 앞바다로 먼저 나가서 기다리고 있다가 바다를 건너오는 적을 맞받아치라고 지시하려면, 적이 오기 전에 분명한 정보와 작전 재량권을 주고 그에 어울리는 지시든 명령이든 내렸어야 하는데, 적정에 관한 사후 보고서에 근거하여, 사후적으로, 이순신에게 책임추궁을 하고 있는 모습이었던 것이다.)

〈이순신 제거를 위한 제7차 어전회의—이순신은 도저히 용서받을 수 없는 죄인이다〉(1597. 1. 27.)

(*선조는 이순신을 제거하기 위한 제7차 어전회의를 이날 열었다. 어리석은 군왕이 스스로 자신의 나라를 망치기 위한 음모와 모함을 결의하는 한심한 역사적 현장이다.

당시의 어전회의에 참석한 자들의 발언은 〈선조실록〉에 그대로 기록되어 있다가 400년이 지난 지금에 와서 다시 역사적 심판을 받게 되었는바, 그날 열린 어전회의의 토의 주제는, 다시 쳐들어온 가등청정(加藤淸正)의 군사들을 어떻게 쳐부술까 하는 것이 아니라, 적을 쳐부술 수 있는 유일한 장수 삼도수군통제사 이순신을, 그가 미리 마중 나가 기다렸다가 쳐부수지 않았다는 누명을 덮어 씌워 제거하려는 것이었으니, 왜적들이 오랫동안 절치부심 바라왔던 소망을 조선의 왕이 대신 이루어 주기 위해 소집된 비극적인 동시에 코미디 같은 최고회의가 바로 이날의 어전회의인 것이다.
이날 역사적 회의에 참석했던 대신들의 명단은 다음과 같다.
　(*사회자: 선조(宣祖).
　참석자: 영의정 유성룡(柳成龍). 판중추부사 윤두수(尹斗壽). 지중추부사 정탁(鄭琢). 좌의정 김응남(金應南). 영중추부사 이산해(李山海). 병조판서 이덕형(李德馨). 호조판서 김수(金晬). 이조참판 이정형(李廷馨). 좌승지 이덕열(李德悅))

「선조: "적선이 비록 2백 척이라고 하나 이는 매우 많은 것이다.
유성룡: 16개 부대가 거의 다 나온 모양입니다. 행장(行長)의 군사들이 두치(豆恥: 광양군 진상면 섬거리) 쪽 길로 가서 정탐한 것을 보면 전라도를 엿보는 것 같습니다.
선조: 전라도 등지는 방비가 전혀 없고 또 수군도 하나도 오는 자가 없다는데 어쩔 셈인가.
유성룡: 그곳에는 명령이 잘 통하지 않기 때문에 군사가 곧 나오지 않았습니다. 또 중간에 간사한 관리들이 권세를 농락하고 있어서 여러 장수들의 명령이 하나도 시행되지 않습니다. 어쩌다가 한번 명령이 떨어져도 걸핏하면 여러 달이 지나가며 오는 자도 있고 오지 않는 자도 있으니 참으로 한심한 상황입니다.
윤두수: 이번에 도원수가 길에서 왜적을 두세 놈 만났다는데, 만약 적들이 흉악한 목적을 이루게 된다면 나라에 어떠한 모욕이 될지 모를 일입니다. 체찰사(體察使)에게 글을 내려 보내어 함부로 단출한 일행으로 다니지 말게 하는 동시에 떨어져 다니는 왜적들을 모조리 쳐 없애게 하는 것이 어떻겠습니까.
이순신은 조정의 명령을 받아들이지 않고 싸움에 나가기 싫어서

한산도로 물러가 지키고 있는 바람에 큰 계책이 실현될 수 없었던 것이니. 이에 대하여 신하들로서 어느 누가 통분해 하지 않을 수 있겠습니까.

정탁: 이순신은 과연 죄가 있습니다.

선조: 순신은 어떤 자인지 모르겠다. 계미년【1583년. *이순신이 39세 때 녹둔도 둔전관으로 있을 때 오랑캐를 물리치고도 이일(李鎰) 병사의 모함으로 벌을 당한 일이 있음】이후로 사람들은 모두 그가 간사하다고들 말하고 있다. 이번에 비변사에서는, 여러 장수들이 그의 명령을 듣지 않고 고을 수령들도 그의 명령을 듣지 않는다고 말했는데, 그것은 다름 아니라 비변사에서 그를 두둔하기 때문이다. 명나라 관리들이 조정을 기만하고 못하는 짓이 없는데, 이런 못된 버릇을 우리나라 사람들이 모두 본받고 있는 것이다. 순신은 부산의 왜적 진영을 불태운 사건에 대해 조정에 거짓 보고를 하였다. 영의정도 여기 있지만, 이런 일은 반드시 없어야 할 일이다.

이제는 설사 그가 제 손으로 가등청정의 머리를 갖고 오더라도 결단코 그의 죄는 용서받지 못할 것이다.

유성룡: 이순신은 신과 같은 마을 사람입니다. 신은 젊었을 때부터 알고 있는데, 그는 자기 직책을 잘 감당해 낼 수 있는 사람이라고 여기고 있었습니다. 그는 평소부터 꼭 대장이 되고 싶어 했습니다.

선조: 그가 글은 아는가?

유성룡: 그는 강직하여 남에게 굽힐 줄 모릅니다. 그래서 신이 그를 수사(水使)로 추천하였고, 임진년의 공로로 정헌대부(正憲大夫)까지 주었는데, 너무 지나치게 되었습니다. 대체로 장수들이란 바라던 대로 되어 마음이 흡족해지면 반드시 교만해지고 나

태해지는 법입니다.

【*이 당시에는 유성룡조차 이순신을 제대로 이해하지 못하고 있었다.】

선조: 이순신을 너그럽게 용서해줄 수 없다. 일개 무장(武將)인 주제에 어찌 감히 조정을 업신여길 생각을 한단 말인가. 우의정(李元翼)이 내려가면서 말하기를, 평상시에는 원균을 장수로 임명할 수 없지만 적과 싸울 때에는 써야 한다고 하였다.

김응남: 수군으로는 원균 만한 사람이 없으니 이제 버려서는 안 되겠습니다. 【*간신의 모함성 발언이다.】

유성룡: 원균은 나라를 위한 정성이 적지 않습니다. 상당산성(上黨山城: 청주산성)을 쌓을 적에 원균은 흙집을 짓고 그 안에 들어가 살면서 직접 성 쌓는 일을 감독했다고 합니다.

선조: 그를 수군의 선봉으로 삼으려 한다.

김응남: 지당하신 말씀입니다.

이산해: 임진년 해전 때 원균과 이순신은 장계를 천천히 올리기로 서로 약속해 놓고는, 이순신이 밤중에 몰래 혼자서 장계를 올려 자기 공로라고 하였습니다. 이 때문에 원균은 이순신에게 원망을 품게 되었다고 합니다.

윤두수: 이순신을 전라·충청 통제사로 임명하고, 원균은 경상도 통제사로 임명하면 어떻겠습니까?

【*비록 이순신의 지휘권 일부를 박탈하여 원균에게 나누어 주자는 절충안 같지만, 사실은 노련한 모함꾼이 선조의 노기를 북돋우기 위해서 한 말이다.】

선조: 원균이 만일 적의 소굴로 곧바로 쳐들어간다면 누가 그를 막아내겠느냐.

김응남: 어사를 보내서 자세히 조사해 보도록 하는 것이 어떻겠습니까?

선조: 문관(文官)을 특별히 어사로 정하여 그간의 사정을 조사하게
하면 될 것이다.
윤두수·김응남: 이순신은 조용한 것 같지만 거짓이 많고 앞으로
나서지 않는 사람입니다.
선조(이덕형에게): 원균 문제를 급히 처리하도록 하라.
이덕형: 원균을 본래 수군으로 보내려고 했으나 논의가 일치되지
않아 이렇게 되었습니다. 요즘 변방 장수들의 문제를 보면, 이
운룡(李雲龍)같은 경우는 한두 놈의 도적을 보고도 나가 싸우지
않고 그저 가만히 앉아서 문서로 보고만 하고 있으니, 이런 사
람은 여느 때 같으면 어찌 처벌을 받지 않을 수 있겠습니까. 원
균을 좌도(左道)에 보내도 무방할 것 같습니다.
선조: 좌도에는 보낼 수 없다.
【*선조의 의도는 어디까지나 이순신을 삼도수군통제사의 자리에
서 끌어내리고 대신 원균을 앉히려는 것에 있었다.】
김수: 서성(徐渻)이 술자리를 마련하여 두 사람을 화해시키려고 했
더니, **원균이 이순신에게 '너에게는 아들 다섯이 있잖아!' 라고
하였다고 합니다.** 그가 얼마나 원망을 품고 속이 쓰려 하는지를
알 수 있습니다. 【*다섯 아들이란 권준, 배흥립, 김득광 등 부하 장수들
을 가리킨 것이다.】
이덕형: 군사 관계의 일이란 반드시 기강이 선 후에라야 앞과 뒤
를 알 수 있는 법인데, 전라도의 문제는 문란하기 짝이 없습니
다. 신이 군사 정원수 중에 군사에 관한 공부를 한 사람이 얼마
나 되는지 알아보기 위해서 8도에다 병조로 보고서를 올리라고
했더니, 황해도 같은 데서는 모두 이미 올라왔는데 전라도에서
는 감감 무소식입니다. 허술하기 짝이 없습니다.
선조: 일본에 사신을 보내는 문제는 어떻게 하겠는가? 만일 보내

지 않았다가는 후에 가서 뉘우치는 일이 없지 않을 것이다.
　【* 일본에 통신사 보내는 문제 하나를 가지고 그렇게도 오랫동안 질질 끌던 선조가, 이미 일본의 재침이 시작되자 다급해져서 일본에 사신을 보내야 한다고 재촉하고 나온 것이다.】
유성룡: 사태가 이미 급박하게 된 만큼 설령 보낸다고 하더라도 소용이 없을 것 같습니다.
선조: 사태를 두고 어렵다는 것인가, 아니면 의리상 어렵다는 것인가?
유성룡: 사태가 벌써 급한데 어떻게 의리를 생각하겠습니까.
선조: 의리야 아무리 엎어지고 자빠지게 된 형편이라 하더라도 어찌 생각하지 않을 수 있겠는가. 전에 황신이 간 데는 무슨 의리가 있었기에, 오늘 황제의 지시를 받들고 사신을 보내는 것만은 유독 의리가 아니라는 말인가?"」

－〈선조실록〉(1597. 1. 27.(戊午)－

「○임금이 별전에서 비변사의 대신들과 유사(有司: 관련된 직무를 맡고 있는 관리)인 당상관들을 불러들여 만났다.
　*참가자 명단: 이산해, 유성룡, 윤두수, 김응남, 정탁, 김명원, 김수, 이덕형, 유영경(柳永慶), 이정형(李廷馨), 노직(盧稷), 이덕열(李德悅), 조집(趙濈), 이순민(李舜民), 심액(沈詻), 이유홍(李惟弘)

윤두수: "전날 권율이 신에게 편지를 보내왔기에 보니까, 행장이 한창 강화를 한다고 하였지만 고성과 곤양 근처에는 적들이 함부로 드나들므로 이 사실을 행장에게 말하였더니, 행장은 그 적들은 자기의 무리가 아니므로 조선에서 그 적들을 죽이더라도 자기는 결코 가서 구원하지 않을 것이라고 말했다고 합니다.

신이 선거이(宣居怡)와 이순신 등을 시켜 군사를 거느리고 영등포에 머무르고 있는 적과 싸우게 했더니 장문포에 주둔하고 있던 왜적들이 구원하러 왔고, 장문포에 있는 적들과 싸우게 했더니 영등포에 있는 적들이 구원하러 왔습니다. 그런데도 행장의 군사는 뒤따라 와서 지원해야 할 터인데도 바라보기만 할 뿐 끝내 오지 않았습니다. 지금 이런 때에는 역시 오는 대로 치는 것이 좋겠습니다.

원수(권율)가 길에서 왜적 5~6명을 만났다고 하였는데, 그 적들이 만약 원수가 단출한 일행으로 다닌다는 것을 알았더라면 끔찍한 일이 생겼을 것입니다. 체찰사도 검박한 사람인데, 만일 경솔하게 처신한다면 안 되겠습니다.

지난번에 비변사에서 이순신의 죄상에 대하여 이미 건의하였으므로 이순신의 죄상에 대하여 전하는 이미 훤히 다 알고 있을 것입니다.

이번 문제에 대하여 온 나라 사람들은 모두 분개하고 있습니다. 행장이 다 알려주었는데도 해내지 못하였으니, 중요한 고비에 장수를 바꾸는 것은 어려운 문제지만, 이순신을 교체시켜야 할 것 같습니다.

정탁: 사실 죄가 있기는 하지만 위급한 때에 장수를 바꾸어서는 안 될 것입니다.

선조: 나는 아직 이순신이 어떤 사람인지 잘 모른다. 사람이 지혜가 적은 듯 하다. 임진년 이후로 한 번도 큰 공을 세운 것이 없고 이번 일로 말하더라도 하늘이 내려 준 기회를 이용하지 않았다. 법을 어긴 사람을 어떻게 번번이 용서할 수 있겠는가? 오히려 원균으로 대신하게 하는 것이 좋겠다.

중국 관리들은 이 제독 이하 조정을 속이지 않는 사람이 없는데 우리나라 사람들 중에 이런 것을 본받는 자가 많다.
적의 병영에 불을 지른 문제만 해도 김란서(金蘭瑞)와 안위(安衛)가 비밀리에 약속하고 한 일이라는데, 이순신은 마치 자기가 계책을 세워서 한 듯이 보고하였으므로 나는 대단히 언짢게 생각한다. 이런 사람은 설사 가등청정의 목을 베어온다고 하더라도 용서할 수 없다. [*부산의 화재와 관련하여 1월 1일자 〈선조실록〉에 소개된 이순신의 장계를 다시 한번 읽어볼 것. 선조가 장계 내용조차 제대로 이해하지 못하고 있음을 알 수 있다.]

이산해: 임진년에 원균의 공로가 많았다고 합니다.

선조: 공로가 없었다고 할 수는 없다. 대체로 앞장서는 것을 귀중히 여기는 것은 군사들이 그것을 보고 본받기 때문이다.

유성룡: 신은 이순신과 같은 마을에 집이 있었기 때문에 이순신의 사람됨을 잘 알고 있습니다.

선조: 서울 사람인가?

유성룡: 그렇습니다. 성종 때 사람인 이거(李琚)의 자손입니다. 신은 이순신이 맡은 일을 잘 감당해낼 수 있으리라고 생각했기 때문에 애당초 그를 추천하여 조산(造山) 만호로 임명하였던 것입니다.

선조: 그는 글을 잘 하는가?"

유성룡: 그렇습니다. 남에게 굽히지 않는 성품이므로 취할 점이 많습니다. 그래서 그가 어느 고을 수령으로 있을 때 신이 그를 전라 좌수사로 천거한 것입니다. 임진년에 차령을 지나는 길에 이순신은 정헌대부(正憲大夫)로 되고 원균은 가선대부(嘉善大夫)로 되었다는 말을 듣고, 신은 너무 지나치게 높은 벼슬로 표창했다고 생각했습니다. 무관인 장수란 뜻을 쉽게 이루면 쓸 수 없게 되는 법입니다.

선조: 그때 원균이 자기 아우 전(墺)을 보내어 이겼다는 보고를 했기 때문에 그렇게 표창한 것이다.

유성룡: 거제에 들어가 지키면 영등(永登)과 김해의 적들이 반드시 꺼려하겠지만, 오랫동안 한산도에만 틀어박혀 있어서는 별로 할 일이 없을 것입니다. 이번에 바다 길에서 역시 맞이하여 쳤어야 했는데, 그러지 않았으니 어찌 죄가 없을 수 있겠습니까. 하지만 교체하는 동안에 사태가 어려울 것 같았으므로 전날에는 그렇게 건의하였던 것입니다. 비변사에서 어찌 이순신 한 사람을 두둔할 리 있겠습니까?

선조: 순신은 전혀 용서해 줄 수 없고, 무장으로서 조정을 업신여기는 버릇에 대해서는 죄를 다스리지 않을 수 없다.

순신이 조산만호로 있을 때 김경눌(金景訥)도 녹둔도의 둔전 문제로 그곳에 있었는데, 순신과 김경눌이 평소 사이가 좋지 않았다. 한번은 순신이 야인 한 사람을 잡아서 밤중에 김경눌을 속였더니, 김경눌은 심지어 치마를 입고 달아나기까지 했다고 한다. 경눌은 속이 없는 사람이어서 그런 위험한 곳에서 경계를 하지 않았지만, 순신은 변방의 장수로서 그런 희롱을 해서는 안 되는 것이다. 나는 이 일에 대하여 일찍이 들었다."

이정형: 이순신은 저에게 이렇게 말했습니다. '거제에 들어가 지키는 것이 좋다는 것은 물론 안다. 그러나 한산도는 배를 감출 수 있어 적들이 깊은 실정을 모르지만, 거제는 그 속이 넓기는 하나 배를 감출 데가 없을 뿐더러 안골포의 적들을 건너편에 두고 서로 마주보고 있으므로 들어가 지키기가 어렵다.' 라고 했습니다. 그 말이 옳은 것 같습니다.

선조: 들어가서 지키기 어려울 것 같다고 했다는데, 경의 의견은 어떤가?

이정형: 신도 자세히는 알 수 없습니다. 그의 말이 그렇다는 것뿐입니다. 원균은 변란이 터진 초기부터 의분심에서 공을 세웠으나 단지 군사들을 돌보지 않아 민심을 잃었습니다.

선조: 성질이 포악한가?

이정형: 경상도 전체가 파괴된 것은 모두 원균 때문입니다.

선조: 우의정(李元翼)이 내려가면서 적과 맞서 싸울 때에는 쓸 수 있는 사람이라고 하였는데, 이제 짐작할 만하다.

김응남: 인심을 잃었다는 말은 지금은 덮어두고, 수군에 기용하는 것이 좋겠습니다.

선조: 이억기(李億祺)는 일찍이 본 적이 있는데 쓸만한 사람이다.

이정형: 원균만은 못합니다.

선조: 원균은 제 의견만 내세우면서 굽히거나 고치려 하지 않는다. 체찰사가 아무리 깨우쳐 주어도 고치지 않는다고 한다.

유성룡: 대체로 나라를 위하는 마음은 있습니다. 상당(上黨) 산성을 쌓을 때 움막을 만들고 거처하면서 공사를 감독하여 쌓았습니다.

이산해: 상당 산성을 쌓을 때에 그는 위엄을 가지고 공사를 감독했기 때문에 사람들이 많이 원망하였습니다.

이정형: 상당 산성 공사를 완공하기는 했지만 비가 와서 곧 무너지고 말았습니다.

선조: 체찰사가 이순신과 원균에게 명령하면 순신은 그것이 부당하더라도 앞에서는 복종하지만, 원균은 성을 벌컥 내면서 듣지 않는다고 하였다. 이것은 그의 공로를 덮어버린 것 때문인가? 원균을 좌도 수군에 소속시키고 또 누군가를 시켜서 두 사람을 눌러놓게 하는 것이 어떻겠는가?

이정형: 이순신과 원균은 형편으로 보아 서로 어울릴 수 없을 것

입니다.

김수: 원균은 늘 신에게 이순신이 자기 공로를 덮어버렸다는 말을 하였습니다.

이덕열: 이순신이 원균의 공로를 빼앗아 권준(權俊)의 공로로 만들었는데, 원균과는 의논도 없이 먼저 장계를 올렸습니다. 그때 왜적들의 배에서 여인을 잡아 가지고 사실을 알아낸 다음 앞질러 장계를 올렸다고 합니다.

선조: 그때 왜장이 3층 다락배에 관을 쓰고 앉아서 바둑을 두고 있었는데, 그 배는 몹시 얇게 만든 것이었기 때문에 우리 배와 서로 부딪치자 곧 깨어졌다고 한다. 왜선이 지금도 그곳에 있으니 배를 통째로 잡았다는 말은 헛소리가 아닌 것 같다.
전라도에서는 명나라 사신에 대한 치다꺼리 때문에 수군과 격군들을 제때에 정비하지 않았다고 하는데, 이런 일에 대해서는 모두 이순신에게 책임을 따질 수 없다.

김수: 부산의 적 군영을 불사른 일도 원래는 이순신이 안위와 비밀히 약속하였는데, 딴 사람이 앞질러 먼저 하였습니다. 그런데 이순신이 도리어 자기 공로라고 하였다고 하지만, 그 일은 자세히 알 수 없습니다.

이정형: 변경에서 있은 일을 멀리서 헤아릴 수는 없으니, 천천히 처리해야 할 것입니다.

김수: (부산에 불 지른 공로를 이순신이 가로챘다는) 그 말이 만약 사실이라면, 용서할 수 없습니다.

유성룡: 그것이 사실은 사실입니다. 그러나 이제부터라도 (그런 일이 없도록 하라고) 고무 격려해야 할 것입니다.

윤두수: 원균과 이순신을 모두 통제사로 임명하여 힘을 합치게 하는 것이 좋겠습니다.

선조: 비록 두 사람을 갈라서 통제사로 임명한다고 하더라도 그들을 화해시키고 견제할 사람이 있어야만 될 것이다. 원균이 앞장서서 싸움판에 뛰어드는데도 이순신이 물러나 앉아서 지원하지 않으면 형편이 어렵게 될 것 같다.

김응남: 그렇게 하면 이순신에게 무거운 죄를 지워야 할 것입니다.

선조: 문관으로 두 사람을 조절하게 해서 그들이 어렵게 여기는 데가 있게 해야 할 것이다. 그가 이미 통제사로 임명된 이상 수군을 모아야 할 터인데 왜 정비하지 않았는가?

유성룡: 겨울에는 수군들을 놓아 보낸다고 합니다.

김수: 의례히 10월에는 수군을 놓아 보내는 것이 규정으로 되어 있습니다. 그래서 미처 정비하지 못한 것입니다.

윤두수: 신이 남원에 있을 때 이순신이 군관을 남원에 보내어 군사를 모으는데, 심지어 그곳 병방(兵房)의 목을 자르기까지 했습니다.
백성들이 술렁거리고 통곡소리가 하늘에 사무치기에 군관을 불러 물어보았더니, 멀고 가까운 친척들을 붙잡아가기 때문이라는 것이었습니다. 이것으로 보면, 군사를 모을 때에 좋지 못한 일들이 많았던 것 같습니다.

············ ············ (中 略) ············ ············

선조: 원균에게 수군을 갈라 통솔하게 하는 데 대하여 판서는 어떻게 생각하는가?

이덕형: 그가 하려고 한다면 신의 생각에도 좋다고 봅니다. 그런데 서로 방해하는 폐단이 있을 것 같으니 반드시 중국의 제도에서 참장(參將)이 싸우는 경우 싸움을 감독하는 사람을 두는 것처럼 해야 할 것입니다.

윤두수: 종사관이 싸움을 감독하게 하는 것이 좋겠습니다.

선조: 반드시 전적으로 조절할 책임자를 보내는 것이 좋겠다.
유성룡: 한효순(韓孝純)에게 싸움을 감독하게 하는 것이 좋겠습니다.
선조: 반드시 아무나 한군데에 같이 있게 되면 그들도 틀림없이 조심을 할 것이다. 그리고 (전라도) 병사(원균)는 누구에게 대신 시키겠는가?
김수: 그곳 사람들은 나주 목사를 병사로 임명했으면 합니다.
유성룡: 글을 내려 보내 두 사람을 위로하고 격려하는 것이 좋겠습니다.
이덕형: 박진의 말에 의하면, 이순신의 군관이 원균한테 갔다가 돌아와서는 저들끼리 간사한 말을 선동하여 주장(主將)을 배척하였기 때문에 그 군관을 내쫓았다고 합니다. 두 사람 사이의 문제가 점점 이렇게 되어갑니다.
선조: 우리나라 사람들은 도량이 좁다.

············ ············ (中 略) ············ ············

선조: 할 수 있는 일은 빨리 하는 것이 좋다. 오늘 관리 인사이동 때 원균도 임명할 수 있겠는가?
이정형: 원균을 통제사로 임명하면 일이 안 될 것 같습니다. 경솔히 해서는 안 되겠으니 잘 살펴서 해야 할 것입니다.
이산해: 요시라(要時羅)와 행장(行長)을 후하게 대해 주지 않아서는 안 되겠습니다. 이 다음에도 또한 기대할 바가 있을 것입니다."」 　　　　　　　　　　－〈선조실록〉(1597. 1. 27.(戊午)－

〈원균을 경상우도 수군절도사로 임명하다〉
「○이날 이복남(李福男)을 전라도 병마수군절도사(兵馬水軍節度使)로, 원균을 경사우도 수군절도사로 임명하였다.」

—〈선조실록〉(1597. 1. 27.(戊午)—

〈원균에게 내린 선조의 비밀 유서〉

(*이날 선조는 유영순(柳永詢)을 통하여 은밀히 당시 전라병사 원균에게 경상우도 수군절도사 겸 경상도 수군통제사로 임명하는 유서(諭書)를 전하게 했다. 비록 사후적으로이기는 하지만 이 얼마나 어리석고, 무능하고, 한심하고, 뒤틀리고, 참담한 비극을 잉태한 역사적 문서인가. 선조의 인사 방식과 사람을 알아보는 능력이 이 짧은 한 장의 문서에 다 녹아 있다.)

「선조가 비망기(備忘記)로써 유영순(柳永詢)에게 전하였다.
〈우리나라에서 믿는 바라고는 오직 수군뿐인데, **통제사 이순신은 나라의 중대한 임무를 맡고서도 멋대로 속이고 또 적을 내버려둔 채 토벌하지 아니하여 적장 청정(淸正)으로 하여금 안심하고 바다를 건너올 수 있도록 하였다.** 나중에 마땅히 붙잡아다가 국문하고 용서하지 말아야겠지만 당장에는 적과 더불어 진을 마주하고 있기 때문에 우선 공로를 세우도록 하였다.
나는 본래부터 경(卿)의 충성과 용맹을 알고 있기에 이제 경을 경상우도 수군절도사 겸 경상도 통제사로 임명하는 것이니 경은 나라를 위해 한층 더 분발하여 힘쓰고 우선은 이순신과 합심하여 지난날의 감정을 모두 풀어버리도록 하라. 그리고 왜적들을 모조리 무찔러 나라를 구함으로써 이름을 역사에 남기고 공훈을 종묘 제기에 기록하여 영원히 남기도록 할지어다.
경은 삼가 받들도록 하라.」 —〈선조실록〉(1597. 1. 28.(己未)—

(*임금을 비롯하여 한 나라의 최고 대신들이 다 모여 앉아, 왜적이 재

침하여 나라가 장차 어떻게 될지 한치 앞을 알 수 없는 위급한 순간에, 지난 5년간 왜적의 침략으로 망할 위험에 처해 있던 나라를 지켜내는 데 가장 큰 공로를 세운 수군 장수 이순신을 삼도수군통제사의 직위에서 끌어내리기 위해 어떤 짓들을 하였는지가 그대로 다 기록되어 있는, 〈모함의 현장〉에서 녹음한 〈녹음테이프〉를 틀어놓고 듣는 기분이다.

한편, 자기를 향하여 이런 거대한 모함과 음모가 행해지고 있는 줄도 모르고 태평하게 중국(宋)의 역사를 읽고 자신의 느낀 바를 적고 있는 이순신의 인품과 정신은 저들에 비해 어떻다고 해야 할는지…)

〈이순신의 독후감 – 송사(宋史)를 읽고〉

(*이순신의 독후감 〈독송사(讀 宋史)〉는 정유년 일기 중에 들어 있었으나 날짜 기록이 없다. 따라서 이것을 쓴 정확한 날자는 알 수 없으나, 이순신이 이런 독서의 시간을 가질 수 있었던 것은 붙잡혀 서울로 압송되기 이전인 설날을 전후한 1월 초였을 것으로 여겨지므로, 그렇게 추정하여 1597년 1월에 싣는다. 이것이 초본에 정유년 10월 8일(乙丑) 뒷부분에 있었다고 해서 10월 30일 뒤에 실은 책도 있으나, 정유년의 옥사와 그 후의 상황에서는 전혀 독서할 시간을 가질 수 없는 상황이었다.)

〈신하된 자 임금을 섬김에는 죽음이 있을 뿐 다른 길은 없다〉

「오호! 이때가 어느 때인데 이강(李綱: 宋나라의 재상)은 떠나가고자 했는가? 간다면 또 어디로 간단 말인가? 무릇 신하된 자로서 임금을 섬김에는 죽음이 있을 뿐 다른 길은 없는 법이다. 그 당시는 종사의 위태로움이 마치 머리털 한 가락으로 천근의 무게를 달아 올림과 같았으니, 그때는 바로 신하된 자 몸을 내던져 나라의 은혜를 갚을 때였으므로, 떠나가겠다는 말은 정말이지 마음속에 싹도 틔워서는 안 되거늘 하물며 감히 입 밖으로 낸단 말인가.
그렇다면, 만일 내가 이강(李綱)이라면 어떻게 하였을까.
몸을 허물어 피를 토하고 읍소하며, 간담을 열어젖혀 쓸개를 뚝뚝 떨어뜨리면서 일이 이 지경에 이르렀으므로 화친할 수 없는 이유를 명백히 말할 것이며, 아무리 말해도 받아들여지지 않을 때에는 죽음을 택할 것이며, 그렇게도 할 수 없으면 잠시 화친하려는 그들의 계획을 따르며 몸을 그 사이에 참여시켜 온갖 일을 낱낱이 꾸리고 틈새를 기워 가다가, 죽음 속에서 살 길을 구하면 만에 하나라도 혹시 나라를 건질 방도가 있을 것이거늘, 이강은 계획을 이런 데서 찾지 않고 떠나가려고만 했으니, 이것이 어찌 신하된 자로서 몸을 던져 임금을 섬기는 의(義)라 하겠는가?」

(嗚呼! 玆何等時, 而綱欲去耶? 去又何之耶? 夫人臣事君, 有死無貳. 當是時也, 宗社之危, 僅如一髮之引千鈞, 玆正人臣捐軀, 報國之秋, 去之之言, 固不可萌諸心, 況敢出諸口耶? 然則爲綱, 計奈何? 毁形泣血, 披肝瀝膽, 明言事勢至此, 無可和之理, 言旣不從, 繼之以死, 又不然, 姑從其計, 身豫其間, 爲之委曲彌縫, 死中求生, 萬一或有可濟之理, 綱計不出此, 而欲求去, 玆豈人臣, 委身事君之義哉?)

(*이강(李綱): 일찍이 金나라가 宋나라를 침범하자, 송나라 조정에서는 화친을 주장하는 자들이 많았는데 이강은 전쟁을 주장하다가 귀양을 갔다.
그러나 고종(高宗)이 즉위하여 다시 불러들여 재상으로 삼았다. 그는 안으로 행정을 정비하고 밖으로 군사를 내어 국방을 튼튼히 함으로써 국세를 다시 회복하려고 했으나 방해를 받아 70일 만에 파면되어 물러나게 되자 그는 세상을 탄식하고 숨어버리려는 뜻을 가졌다.)
(**이 독후감은 이순신이 송사(宋史)를 읽다가 송 나라 재상 열전에 나

오는 이강(李綱) 부분에 이르러 느낀 바를 적은 것으로, 그가 당시 송사를 읽었다는 것으로부터 그의 평소 독서량이 매우 많았음을 알 수 있다. 왜냐 하면, 일반적으로 중국의 역사서를 읽는 데는 일정한 순서와 단계가 있기 때문이다. 춘추좌전, 전국책, 사기, 한서, 후한서, 자치통감, 통감절요 등을 읽은 후에 각 조대(朝代) 별 역사서를 읽는 것이 일반적인 사서의 독서 순서이기 때문이다.

이 한 가지 남아 전해지는 독후감으로부터 우리는 그가 덕장(德將)이었을 뿐만 아니라 평소에 많은 경서와 사서를 읽으면서 우주와 인간, 역사의 이치와 도리를 탐구하는 지장(智將)이기도 했음을 확인할 수 있다.

이 글은 무장으로서의 그의 인생관을 잘 보여주고 있다.

첫째, 원수와는 더불어 화친을 할 수 없다.

둘째, 아무리 주장해도 되지 않으면 죽음으로 자기 뜻을 표현한다.

셋째, 그렇게도 할 수 없으면 몸을 화친하는 외교정책에 던져 구국의 길을 찾아본다.

이 3가지 외에는 신하된 자로서 달리 선택할 길이 없는데, 어디로 도피하려 한다는 말인가, 하면서 이강의 현실도피 태도를 비판하고 있는 것이다.

"종사의 위태로움이 마치 머리털 한 가닥으로 천근의 무게를 달아 올림과 같을 때, 신하된 자는 몸을 내던져 나라의 은혜를 갚아야 하는 법. 이런 때에는 떠나가겠다는 말조차 마음속에 싹도 틔워서는 안 된다."는 그런 인생관으로 일관해 온 이순신이 무술년(1598) 11월 노량해전에서 승첩하는 순간 장렬하게 전사한 것을 두고 지금 와서 〈자살〉이니 〈은둔〉이니 하며 입방아를 놀리는 자들은 정유년 2월 당시 이순신을 모함하여 감옥에 쳐넣어 죽이려고 했던 자들과 같은 무리들임을 확언할 수 있다.)

1597(丁酉)년 2월

(*이 달에 있었던 주요 사건을 〈선조수정실록〉에서 발췌하여 기록한다.
○선조는 통제사 이순신을 옥에 가두고 원균을 대신 임명하라고 지시하였다.

이보다 앞서 행장(行長)과 경상우도 병사 김응서(金應瑞)가 연계를 가지고 요시라(要時羅)가 그 중간에서 오갔는데, 그의 말에는 행장과 청정이 서로 사이가 나쁘다는 듯한 암시가 있는 것을 우리나라에서는 그대로 믿었다. 이때 왜적이 다시 쳐들어올 계획을 하면서 우리 수군을 두려워하였고, 더욱이 이순신을 꺼려서 요시라를 보내어 말하기를 "화의 문제가 성사되지 않는 것은 전적으로 청정 때문입니다. 만일 이 사람을 없애버린다면 나의 원한이 풀릴 것이고 귀국의 근심도 없어질 것입니다. 모월, 모일에 청정이 모 섬에서 묵을 것이니 귀국에서 수군을 잠복시켜 기다린다면 체포할 수 있을 것입니다."라고 하였다.

김응서가 이것을 임금에게 보고하니, 임금이 황신(黃愼)을 보내어 이순신에게 비밀히 지시하였으나, 이순신은 말하기를 "바다 길이 험하여 왜적은 반드시 매복하고 기다릴 것이다. 전선을 많이 동원하면 왜적이 반드시 알아차릴 것이고, 적게 동원하면 도리어 습격을 받게 될 것이다."라고 하고는 집행하지 않았다.

이날 청정이 과연 다대포 앞바다에 왔다가 그 길로 서생포로 향하였는데, 사실은 행장과 함께 그리 많지 않은 군사로 우리를 꾀어낼 생각을 한 것이었다. 그런데도 조정에서는 지시를 따르지 않았다고 이순신을 옥에 가두고 고문하고는 전라남도 병사 원균을 통제사로 임명하였다.

○명나라 조정에서 우첨도어사(右僉都御使) 양호(楊鎬)를 경리(經理)로 임명하고, 병부상서 형개(邢玠)를 총독(摠督)으로, 군문(軍門) 마귀(麻貴)를 제독으로 임명하여 선대(宣大) 지방의 군사 1천 명을 거느리고 부총병(副摠兵) 양원(楊元)은 요동의 군사 3천 명을, 부총병 오유충(吳惟忠)은 남방군사 4천 명을, 유격 우백영(牛伯英)은 밀운(密雲)의 군사 2천 명을, 유격 진우충(陳愚衷)은 연수(延綏) 군사 2천 명을 거느리고 참정(參政) 소응궁(蕭應宮)과 감군(監軍) 호부랑중(戶部郞中) 동한유(董漢儒)는 군량을 맡아서 구원하러 나오게 하였다.

이보다 먼저 양방형(楊方亨)과 심유경(沈惟敬) 등이 황제의 지시를 욕되게 하고 돌아가자 명나라 조정에서는 풍신수길이 명나라의 큰 은혜를 저버리고 관군을 살해하면서 오랫동안 군사를 철수하지 않는다고 병부상서 석성(石星)을 옥에 가두었으며 심유경을 붙잡아 갔다.

조정에서 권협(權悏) 등을 연달아 파견하여 급한 형편을 알리니, 드디어 다시 군사를 동원하여 잇달아 나온 것이다.)

〈나라와 은혜를 저버린 이순신을 붙잡아 와서 죄를 주자〉

(*이날 사헌부에서는 이순신을 붙잡아 와서 죄를 주자고 청한다.)
「○사헌부에서 아뢰었다.

"통제사 이순신은 나라의 막대한 은혜를 입어 순서를 뛰어넘어 한껏 높은 자리에 올랐음에도 불구하고 힘을 다하여 은혜에 보답할 생각은 하지 않고 있습니다. 바다 가운데서 군사를 끼고 앉아 이미 다섯 해나 지내고 보니 군사들은 늙어 약해지고 일은 망쳐지고 있습니다. 방비할 여러 가지 일에 대해서는 전혀 손 한 번 대지 않고 그저 남의 공로나 가로채려고 기만하는 장계를 올렸습니다. 그리하여 결국 적의 배들이 바다를 덮으면서 밀려오는데도 오히려 길목을 지켰다거나 적의 선봉을 막아냈다는 말은 들어보지 못했습니다. 뒤에 떠난 배들이 곧바로 나와서 제멋대로 돌아다니도록 내버려 둔 채 아무런 손도 쓰지 않았습니다.

적들을 내버려 둔 채 치지 않고 나라와 은혜를 저버린 죄가 큽니다. 붙잡아다 신문하고 법대로 죄를 주기를 바랍니다."

선조: "천천히 처리하도록 하라."」

「○윤두수: "공주 목사 자리가 비어 있는데, 이암(李岩: 임금의 외척으로서 전에 청주 목사로 있을 때 백성들의 토지 면적을 슬그머니 줄여 자기가 써버렸다. 관청의 조세가 많이 줄어들었는데도 보고하는 자가 많이 저축되어 있다고 하였기 때문에 윤두수가 극력 추천한 것이다.)이 감당할 수 있습니다.

이산해: 공주는 가장 중요한 곳이므로 반드시 적임자를 구해야 합니다.

선조: 원균의 아우 전(元㙉)은 지금 어디 있는가? 그는 공로가 있을 뿐더러 힘이 장사이다.

이덕형: 이순신이 처음에 원균을 함정에 몰아넣을 때 '원균은 조정을 속이고 열두 살 나는 아들을 법에 어긋나게 군사상 공로를 세운 사람들 속에 넣었다.'라고 하였습니다. 그러자 원균은 '나의 아들은 벌써 열여덟 살이고 활쏘기와 말 타는 재주가 있다.'고 하였습니다.

이렇게 두 사람이 서로 티격태격 하였는데, 원균이 옳았기 때문에 이순신의 말은 궁색했습니다."」

−〈선조실록〉(1597. 2. 4.(乙丑)−

〈이순신을 붙잡아오라〉

(*이날 선조는 김홍미(金弘微)에게 이순신을 잡아올 때 주의할 사항을 은밀히 지시했다.)
「선조: "이순신을 잡아올 때 선전관에게 신표(信標)와 밀부(密符)를 주어서 잡아오되, 원균과 교대한 뒤에 잡아오라고 일러 보내도록 하라. 또 이순신이 만일 군사들을 거느리고 적과 대적하여 싸우고 있는 중이면 잡아오기가 불편할 터이니, 싸움이 끝나고 쉬는 틈을 보아 잡아오라고 일러 보내도록 하라."」

−〈선조실록〉(1597. 2. 6.(丁卯)−

〈수군통제사를 원균으로 경질하라〉

(*이 날짜로 선조는 비망기로 김홍미에게 통제사를 경질한다는 뜻을 전한다.)
「○비망기로 김홍미(金弘微)에게 지시하였다.
"이런 때에는, 만약 그가 힘써 싸우는 장수라면, 설사 잘못한 일이 있더라도 그리 대단한 일이 아니라면 심하게 추궁할 것 없이 그대로 써야 할 것이다. 수군은 지금 적과 맞붙어 싸우고 있기 때문에 그 형세가 매우 긴박하다.
그러나 통제사는 부득불 경질시킬 수밖에 없었다. 경상우수사를 교체시키는 문제와 관련하여, 나주 목사 권준(權俊)과 경상우수사 배흥립(裵興立)이 서로 규탄하면서 다투고 있으니, 이들로서는 아마도 일을 그르칠 것 같다. 수사로 합당한 사람을 빨리 의논하여 건의하도록 하라.

지나간 일은 그렇다 치고, 지금은 전적으로 수군에 힘을 불어넣어야 한다. 지금 조치를 취하더라도 제때 쓸 수 있을 것이다.

경상좌도의 수군은 몹시 약하니 위쪽 지대의 바닷가 여러 고을들에서 전선을 만들던 격군들을 다시 뽑아서 보충해 넣도록 하라. 황해도에서도 솜씨 있는 사람들을 시켜서 판옥선과 거북선 같은 배들을 많이 만들도록 조치를 빨리 취할 문제를 의논하여 보고하도록 하라."」 　　　　　　　　　　　　－〈선조실록〉(1597. 2. 7.(戊辰)－

〈심유경을 위한 송별연회〉

「○임금이 숭례문 밖의 남지(南池) 못가에 나가 명나라 심(沈惟敬) 부사를 위한 송별연회를 베풀었다. ……

선조: "행장(行長)이 우리나라의 변방 장수와 청정의 문제에 대하여 은밀히 꾀하는 일이 있게 되면 대인도 행장과 함께 청정의 문제에 대하여 은밀히 손을 쓰겠습니까?

행장이 비록 여러 차례 가르쳐 주기는 했지만 정말인지 거짓말인지 몰라서 선뜻 움직이지 못했습니다.

심유경: 앞으로 이용할 만한 기회가 있는데도 변방 장수가 제 마음대로 할 수 없어서 매번 조정에 물어본 다음에 한다면 오가는 사이에 일이 지체되어 가만히 앉아서 기회를 놓칠 수 있습니다. 미리 체찰사를 시켜서 할 만한 일이 있게 되면 물어보지 말고 처리하도록 하는 것이 좋을 것입니다.

선조: 저들 속에서 청정을 제거하는 일이 있게 되겠습니까? 과연 제거해 내기만 한다면 행장과 교섭하여 좋은 관계를 맺도록 하겠습니다.

심유경: 행장도 그럴 생각이 없지 않으며 청정도 그런 생각을 가

지고 있기 때문에 은밀히 서로 하려고 꾀하는 것입니다."」
-〈선조실록〉(1597. 2. 8.(己巳)-

〈도원수 권율의 장계를 붙잡고 내려 보내지 않는 선조〉
「○임금이 도원수 권율(權慄)이 올린 서면보고를 붙잡고 있으면서 내려 보내지 않았다. 그 서면보고는 이러하였다.
"경상우도의 수군들이 부산에 나아가 머무르고 있는데, 왜장들이 각기 무기를 들고 강가에 줄지어 서서 총을 쏘기도 하고 창과 칼을 휘두르기도 하였으며, 깃대에 둘러서서 날뛰며 나왔다 들어갔다 하였습니다. 그리고 요시라는 우리 수군이 타고 있는 배에 두세 번 왔다 갔으며, 행장도 직접 강가에 와서 여러 가지로 부하들을 말려서 총을 쏘아 조선 사람들을 상하게 하는 일이 없도록 하라고 하였습니다."」
-〈선조실록〉(1597. 2. 17.(戊寅)-

〈권율의 급보; 왜적에게 속고 있는 경상우병사 김응서〉
「○도원수 권율이 급보를 올렸다.
"부산포에서 정탐하던 직속 군사 이수경(李守京)이 보고하기를 '이달 10일 오전 8시경(辰時)에 우병사, 통제사, 우수사 및 각 진의 여러 장수들과 우리나라 배 2백여 척이 다대포로 건너가 머물렀습니다.
우병사는 송충인(宋忠仁), 두모악(豆毛岳), 김아동(金牙同) 등을 부산포에 있는 왜장 평행장(平行長)에게 보내어 비밀히 약속하였는데, 전날에 의논한대로 청정을 부산으로 끌어내다 그와 우리가 함께 죽여 버리고, 만일 오지 않을 경우에는 행장이 청정에게 가서 이야기를 나눌 때 우리나라에서 합심하여 쳐 죽이자는 것이었습니다. 배는 부산 서쪽 10리쯤 떨어진 초량항에 모였다가 큰 총통 1문을 쏜 다음 그대로 그곳에 머무르도록 하자고 하였습니다.' 라고 하였습니다.

배 안에서 비밀히 약속한 일은 정탐하는 사람이 얻어들을 수 있는 것이 못 되는데도 이처럼 명백히 보고한 것이 수상하기는 하지만 멀리서 헤아리기는 어려우므로 알린 대로 보고합니다.

좌도의 수군은 점차 앞으로 나가 우도의 수군과 합세하도록 수사 이운룡(李雲龍)에게 이미 명령하였습니다. 그리고 좌도의 병사와 방어사 등은 정예 군사를 뽑아서 경주와 울산 지경에 나가 머물러 있으면서 뜻밖의 변란에 대처하도록 하였습니다."

그 글을 비변사에 내려 보냈다.」

-〈선조실록〉(1597. 2. 20. (辛巳)-

〈싸움을 적과 상의해 가면서 하는 경상우병사 김응서〉

「○도원수 권율이 급보를 올렸다.

"경상우병사 김응서(金應瑞)의 급보는 이러합니다.

10일에 날씨가 순조로워 병사는 통제사, 경상우수사와 함께 일시에 전선 63척을 거느리고 날이 밝을 무렵 장문포(長門浦)에서 떠났습니다.

오후 2시경(未時)에 부산 앞바다에 이르러 정박하니 왜적들은 당황하여 분주히 돌아가더니 3백여 명의 군사를 내몰아 방어할 태세를 갖추는 것이었습니다. 해질 무렵에 수군이 물러나서 절영도에 정박하니 왜인들도 자기 진으로 도로 들어갔습니다.

날이 어두워지자 요시라가 배를 타고 나와 행장의 뜻이라고 하며 말하기를 '곧 사람을 보내어 문안하려 하였으나 주위에서들 말이 있을 것 같아서 즉시 사람을 보내지 못하였습니다.' 라고 하였습니다.

또 이렇게 비밀히 말하였습니다.

'행장이 미리 여러 진의 왜장들에게 호통치기를 〈지금 조선은 오랫동안 싸움을 하여 군사를 쓰는 방법도 잘 알고 있고 전선도 많이 마련해 놓았으므로 우리가 반드시 이기리라는 보장도 없다. 청정은 바다를 건너온 뒤 그 군사를 제멋대로 풀어놓아 걸핏하면 사람들을 죽이기 때문에 조선에서는 격분하여 이달 8일이나 9일이나 10일 사이에 틀림없이 수군을 부산 앞바다에 정박시키고 군량을 나르는 길을 끊어버리려 할 것인데, 그렇게 되면 우리는 앞으로 큰 낭패를 당하게 될 것이다. 어찌 근심하지 않을 수 있겠는가. 그리고 들으니, 조선 수군의 배가 거의 1천여 척에 달한다고 한다. 각 진들에서는 충분히 잘 살펴서 관하의 왜인들을 단속하여 제멋대로 날뛰지 못하게 하라. 그리하여 조선으로 하여금 화를 내도록 도발하지 말도록 하라.〉라고 하였습니다.

그런데 이번에 보니 수군은 그 숫자가 극히 적고 보기에 위엄도 없어서 우리가 퍼뜨린 말이 결국 거짓말로 되었으므로 스스로 부끄러운 생각이 듭니다.

이번의 이 계책은 다른 것이 아닙니다.

청정이 처음 관백한테서 지시를 받을 때 결심하며 말하기를, 〈조선 사람들은 이미 일본으로부터 잔인한 피해를 당하여 싸울만한 군사는 이미 남김없이 다 죽었습니다. 내가 군사를 거느리고 다시 나간다면 어찌 왕자가 와서 사죄하게만 하겠습니까. 땅까지도 빼앗을 수 있습니다. 나의 조치가 어떻게 행장과 같을 수 있겠습니까.〉라고 하였습니다.

관백이 청정의 말을 곧이듣고 마침내 약속을 배반하기까지 하였으니 매우 통분한 일입니다.

하루 이틀 안으로 전선을 더 모아 가지고 위력을 시위하게 되면,

정성(豊臣正成) 등이 청정에게 〈네가 다시 조선을 침범하려고 하면서 관백 앞에 맹세까지 하고 나왔으니, 너 자신이 빨리 물리쳐야만 할 것이다.〉라고 추궁하게 할 것이고, 그렇게 되면 그는 싸우려고 반드시 바다로 나올 것이니, 그때 덮치면 무난할 것입니다. 그렇게 하고 나면 일본 사람들이 조선을 업신여기지 못할 것이니, 이번 거사를 삼상하게 여기지 말아야 합니다.' 라고 하였습니다.

또 말하기를 '병사가 4~5일만 더 머무르게 되면 행장과 정성 등이 한 번 나와서 뵈올 것입니다.' 라고 하였습니다.

대체로 먼 길을 오게 될 수군은 지금 일제히 도착하지 못하였는데, 언제 모일지 기약할 수 없으므로 이 거사에 참여하지 못할 형편입니다. 그리고 외로운 군사가 오랫동안 적들 속에 있는 것도 사실 좋은 계책이 못됩니다. 설사 청정을 꾀어내려고 하더라도 요즘은 바람세가 순조롭지 못하고 서생포 앞바다는 동해와 접하여 파도가 몹시 사나우므로 적은 수의 배들이 돌아와서 머물기는 형편상 어렵습니다.

그래서 수군이 다 모인 뒤에 거사하려던 차에 통제사와 의논하고 12일에 배를 돌려 가덕도 동쪽 바다에 와서 머물렀더니, 왜적들이 숨어서 엿보고 있다가 나무꾼 아이 1명을 찍어 죽이고 5명을 사로잡아 갔습니다.

통제사는 병사에게 말하기를 '가덕도의 왜적들이 우리의 나무하는 아이를 죽였으니 죄를 따지지 않을 수 없다.' 라고 하였고, 병사의 의사도 그러하였습니다. 그래서 다시 배를 몰고 가니 적들은 맞서기 어렵다는 것을 알고 험한 지형에 의거하여 포를 쏘았습니다. 안골포 만호 우수(禹壽)는 타고 있던 배를 빨리 몰아 병사가 데리고 있는 항복한 왜인 17명을 옮겨 실은 다음 위험을 무릅쓰고 적진 앞으로 들어가서 대포를 많이 쏘았습니다. 왜적 10여 명이 눈앞에서 즉시 거꾸러져 죽었는데, 만호 우수도 적 한 놈을 쏘아 죽였습니다. 나아갔다 물러섰다 하면서 공격하다가 해질 무렵에 영등포 앞바다로 돌아왔습니다.

그리하여 적들이 쳐들어오기를 기다리고 있던 차에 14일 오후 2시경(未時)에 요시라가 안골포부터 배를 타고 우리가 진 치고 있는 곳으로 와서 이렇게 말했습니다.

'오늘 청정이 죽도와 안골포의 왜장 및 행장과 정성 등과 함께 안골포에 모여서 의논하기를, 조선의 수군이 이렇게 날뛰는데 칠 수 있겠는가. 칠 수 없다면 치지 말아야 한다고 하자, 여러 장수들은 명나라의 지시가 내려올 때까지는 충돌하지 말자고 맹세문에 서명을 하여 관백 앞으로 보내고, 지시를 따르지 않으면서 제멋대로 행동하는 자들은 목을 베자고 하였습니다.

그 밖의 장수들은 명나라에서 회답이 올 때까지는 거제, 칠원, 창원, 진해, 함안, 진주, 고성, 사천 지경으로 침범하지 말자고 역시 약속하고, 이후로 사냥을 한다는 핑계로 까닭 없이 깊이 들어가는 자는 잡아도 무방하다고 하였습니다.

청정이 처음에는 서명하지 않고 묻기를 〈조선의 전선 1척에 군사가 얼마나 타는가?〉라고 하니, 정성 등이 대답하기를 〈내가 드나드는 사람들을 통하여 자세히 들은 바에 의하면 1척에 격군 150명, 사부 100명, 화포군 60명이 탄다고 하였습니다.〉라고 하자, 청정이 말하기를 〈그렇다면 함부로 쳐들어갈 수 없다.〉라고 하고는 곧 서명하였습니다. 이제부터는 명나라의 지시가 있을 때까지 쳐들어올 리가 절대로 없습니다.

가덕도의 왜장도 와서 말하기를 〈어제 서로 포를 쏠 때에 우리 군관 6명과 졸병 8명이 탄환에 맞아 즉사하고 맞고도 죽지 않은 17명은 지금 누워서 앓고 있는데, 살지 죽을지 알기 어렵다. 참혹하기 그지없다.〉라고 하였습니다.
정성과 행장 등이 말하기를 〈그것은 네가 스스로 빚어낸 화이다. 무엇하러 먼저 건드려 가지고 성을 내게 한단 말이냐. 사로잡은 조선 사람들을 빨리 돌려보내라.〉고 하니, 곧 보내겠다고 하였습니다.'
통제사에게 통지하여 요시라가 도로 들어갈 때에 사로잡힌 사람들을 찾아서 돌려보내도록 타이르게 하였더니, 마땅히 데리고 가겠다고 분명히 말하였습니다.

요시라가 또 비밀히 말하기를 '지금 죽도, 안골포, 가덕도의 왜장들과 청정이 공모하기를 〈3월 초순쯤에 전라도와 경상도 두 도를 먼저 치면 조선은 왕자를 들여보내는 것을 아무래도 마다할 수 없을 것이다. 이 계책이 어떤가?〉라고 하니, 여러 왜장들은 모두 좋다고 하였으나, 오직 정성과 행장 등만은 안 된다고 대답하였습니다. 그러나 아무리 생각해봐도 이것을 중지시킬 방도가 전혀 없습니다. 병사가 행장에게 정식으로 편지를 쓰고 도장을 찍어서 보낸다면 여러 군데에 돌려 보인 뒤에 관백에게 들여보내어 그 계책을 막으려고 합니다.' 라고 하였습니다.
그래서 대답하기를 '어떤 말을 써주어야 하겠느냐?' 라고 하였더니, 그는 이렇게 말했습니다.
'〈이번에 배를 거느리고 이곳으로 온 것은 별다른 의도가 있는 것이 아니다. 전에 명나라 사신이 돌아갈 때 관백의 편지를 얻어 보았더니, 명나라에서 조치를 취하는 동안에는 싸우는 일이 전혀 없을 것이라는 말이 있었다.

그런데 일본의 여러 부대에서 떨어져 다니는 군사들이 자주 내륙지대에 모여서는 촌 아낙네들을 겁탈하기도 하고 혹은 백성들을 죽이기도 하면서 함부로 침범하고 있다. 이것은 여러 왜장들이 명령한 것으로서 관백의 지시를 무시하고 있는 것이니 괴이하기 짝이 없다.

그러니 명나라의 회답과 조치가 있을 동안은 이렇게 소란을 피우는 일을 단속하는 것이 어떻겠는가. 이 때문에 배를 거느리고 이곳에 와서 그 까닭을 따질 뿐이다.〉 이렇게 편지를 써주면 그들을 얽어매어 놓을 수 있을 것입니다.'

그래서 그의 소원대로 써주었습니다.

그리고 병사의 배들은 고립되어 서생포에 나가 정박할 수 없으며, 또 이제는 청정이 나와서 싸울 의사도 없으므로, 이곳에 있어도 소용이 없을 것이기에 15일이나 16일 경에 진으로 돌아갈 작정입니다.

지나오면서 왜적들의 진지를 탐지해 보니 성터를 다시 갖추었고 여러 가지 기구는 전보다 갑절이나 되어 나아가 치기는 형편상 어려울 것 같았습니다.

부산에는 왜적들이 겨우 7천여 명이고, 거처하는 집은 1천여 채이며, 배는 큰 것, 보통 것, 작은 것을 합쳐서 70여 척이었습니다. 안골포에는 왜적들이 1천여 명이고 집은 2백여 채, 배는 40여 척이었으며, 가덕도에는 왜적이 겨우 5백여 명이고 집은 1백 채, 배는 20여 척이었습니다. 죽도는 강어귀에서 멀리 떨어져 있어 정탐하지 못하였습니다.

급보의 내용은 이상과 같습니다.

수군의 여러 장수들의 보고는 아직 보지 못하였으나, 이번의 이 보고는 육지에서 정탐한 사람의 보고 내용과 크게 차이가 있으니 괴상하기 작이 없습니다. 만호가 탄 배에서 불이 난 이유와 정탐하는 배 2척을 빼앗기고 사람들이 잡혀간 사실에 대해서는 전혀 언급하지 않았는데, 감추려고 하는 것 같습니다. 이러한 곡절에 대해서 상세히 기록하여 다시 보고하겠습니다.'

그 글을 비변사에 내려 보냈다.」

-〈선조실록〉(1597. 2. 23.(甲申)-

〈봉수대 운영조차 제대로 하지 못하는 조선〉

「○이필형(李必亨: 獻納): "나라에서 봉수(烽燧)를 설치한 데에는 의도가 있습니다. 병법에도 봉수(烽燧)를 착실히 하고 척후를 멀리 내보낸다는 말이 있습니다. 그런데 지금 많은 적이 바다를 건너왔는데도 봉화는 여전히 급한 일을 알리지 않으니 설령 위급한 일이 있더라도 여기서는 알기 어렵습니다. 요즘 모든 일들이 해이해졌지만 봉수의 경우는 더욱 심합니다.

선조: 우리나라에서 봉수의 폐단은 쉽게 고치기 어렵다. 설령 군법을 적용한다고 해도 봉수군들에 대해서는 할 수 없다. 그래서 나는 번번이 없애버리려고 하면서도 하지 못하였다. 대체로 봉수대가 산꼭대기에 있기 때문에 구름이나 안개로 인하여 알아보기 어려운 것이다. 봉수군들이 우둔하거나 태만한 탓이 아니다.

김응남: 계미년에 북쪽에서 변란이 있었을 때에도 이런 까닭으로 빨리 전달할 수 없었습니다.

선조: 그래서 정승 정유길(鄭惟吉)이 말하기를 '변경에 경보(警報)가 있으면 봉화가 오르지 않다가 경보가 없으면 봉화가 오른다.'고 하였는데, 이것은 옛날부터 그랬던 것이다. 명나라의 봉

수제도는 어떤지 모르겠다.

노직(盧稷: 同知): 중국에서는 변경 방어를 위하여 5리에 한 군데씩 봉수대를 두는데, 간혹 두 군데 두기도 합니다. 단지 한 줄로 죽 두기만 하는 것이 아니라 가로세로 바둑돌을 펼쳐놓은 것처럼 두어서 일단 급한 일이 생기면 군사들이 즉시 함께 출동하게 됩니다. 그러므로 봉화를 올리고 연기를 피우는 것을 가지고 군사행동을 위한 약속으로 삼습니다.

선조: 우리나라의 봉수는 이전의 제도를 고칠 수 없겠는가?

김응남: 과거에 합격한 사람들을 보내어 지키게 하려고 해도 봉수대가 너무 많아서 고루 보낼 수가 없습니다. 파발군을 세우면 적당할 것 같습니다. 계미년(癸未年: 1583년)에 신이 병방(兵房) 승지로 있을 때에 통신 연락하는 사람을 띄워 보고하게 했더니 비록 빨리 전달하지는 못하였지만 봉수로 알리는 것보다는 나았습니다.

제주는 땅이 넓지 않기 때문에 전적으로 봉화를 가지고 급한 일을 알리면 목사는 제때에 군사를 동원하여 바다로 나갑니다. 단지 구름이 짙은 경우가 걱정될 뿐입니다.

선조: 강화도에서도 이렇게 봉화로 할 수 있겠는가? 강화는 둘레가 제주에 비하여 어떤가?

김응남: 제주가 좀 큽니다.

노직: 여주 이하의 강가에는 도체찰사가 작은 당집을 짓고 장대를 세워 밤에는 등불을 매달아 서로 호응하고 낮에는 깃발을 띄워 서로 바라보게 하였는데, 만일 급한 보고가 있으면 빨리 전달할 수 있을 것입니다.

선조: 장대를 높이 세우면 쉽사리 알아볼 수 있을 것이다. 강가에 몇 군데나 있는가?

노직: 여울 턱의 모래부리나 후미진 곳의 메 부리 등 서로 바라볼
수 있는 곳에는 다 설치하였습니다."」
-〈선조실록〉(1597. 2. 25.(丙戌)-

(*봉수대 시설 하나 효율적으로 설치하여 운영할 줄 모르는 사람들이 높은 자리를 차지하고 앉아서 나라를 운영해간 나라가 선조 당시의 조선이라는 나라였던 것이다.)

1597년 2월 26일(丁亥)
(*1597년 2월 26일(정해)에 이순신은 한산도에서 포박되어 서울로 향한다.)

〈통제사가 된 원균, 계속해서 이순신을 모함하다〉

(*1597년 2월 28일, 이순신의 통제사 자리를 대신 차지한 원균이 제일 먼저 한 일은 그를 모함하는 내용의 장계를 올린 것이다. 이것이 〈선조실록〉에는 3월 20일(庚戌)자에 기록되어 있다.)
「○2월 28일에 올린 통제사 원균의 장계는 이러하였다.
"부산포 앞바다에서 드나들면서 무력을 시위한 것과 가덕 등지에서 맞붙어 싸운 경위에 대해서는 전 통제사 이순신이 이미 장계를 올렸습니다.
그 당시의 일을 상세히 알아본 데 의하면, 본 수영의 도훈도 김안세(金安世)의 진술에서는, '전 통제사(李舜臣)가 부산 앞바다에 가서 드나들면서 무력을 시위할 때, 그가 탄 전선이 적진 아주 가까운 곳에서 조수가 밀려나가 얕아지는 바람에 배의 밑창이 걸려 주저앉게 되었습니다.
적들에게 거의 빼앗기게 되었을 때 배 위에 있던 군사들의 고함소

리를 듣고 안골포 만호 우수(禹壽)가 노를 빨리 저어 달려 들어가 이순신을 업고 간신히 우수의 배에 옮겨놓았습니다. 그러고 나서 이순신이 탔던 배는 안골포의 배꼬리에 묶어 매어 가지고 겨우 빠져나올 수 있었습니다.' 라고 하였습니다.

대체로 이번에 부산에서 일어난 일은 우리나라의 군사를 바다 가득히 빠져죽게 만들어 적들의 비웃음이나 샀을 뿐 이득을 본 것은 별로 없었으니 심히 통분한 일입니다. 여러 장수들과 함께 조정에서 처리하시기를 바랍니다.

나주 판관 어운급(魚雲級)은 적과 대치하고 있는 이러한 때에 불조심을 하지 않아 무기와 군량을 한꺼번에 불태웠습니다. 적진과 겨우 한 마장 되는 거리에서 스스로 가슴 아픈 우환을 빚어내어 도리어 적들이 밤새도록 구경하면서 의기양양하여 비웃게 만들었으니 통분하기 짝이 없습니다.

위에서 말한 어운급의 죄상에 대해서도 조사해 처리해야 할 것입니다."」

○비변사에서 회답할 일로 아뢰었다.

"부산 앞바다에서 무력을 시위한 일은 손해만 보고 아무런 이득도 없었을 뿐더러 심지어 수군의 실태를 적들이 전부 알게 만들었으니 더없이 한심한 일입니다.

안골포와 가덕도 두 곳에서 맞붙어 싸울 때 고을 현감과 변방 장수들이 패배한 내막을 신문하여 보고한 다음에 죄를 주도록 할 것이며, 나주 판관 어운급은 붙잡아 와서 신문해보고 나서 처리하도록 공문을 띄우는 것이 어떻겠습니까?"

건의한 대로 하라고 하였다."」 -〈선조실록〉(1597. 3. 20.(庚戌)-

(*원균이 이순신을 대신하여 통제사로 부임하자 첫 번째로 한 일이 이런 터무니없는 모함 장계를 올린 것이다.

그가 통제사가 되기 위해 그간 온갖 모함을 한 것은 그 자리에 앉아서 적을 물리치기 위한 것이 아니라 오로지 이순신의 자리를 빼앗음으로써 자신의 가슴속에 맺힌 전란 초기의 패전의 부끄러움, 그리고 열등의식과 원한을 풀려는 것이었으니, 이런 행동은 어찌 보면 흔히 볼 수 있는 일이라고 할 수도 있다.

통제사의 직책을 제수받은 직후 그가 보인 이러한 행동의 심리상태를 알 수 있게 해주는 글이 조선 중기의 유학자 안방준(安邦俊)이 쓴 문집 〈우산집(牛山集: 후에 증보판으로 은봉전서(隱峯全書)라는 이름으로 다시 발행됨)〉 가운데 〈백사(白沙) 이항복의 장수론에 대한 비판(白沙論壬辰將士辨)〉에 나오므로 소개한다.)

〈우산집(牛山集): 이순신의 자리를 빼앗아 통쾌해 하는 원균〉

「ㅇ백사(白沙) 이항복(李恒福)이 말하기를, "전하께서 일찍이 여러 장수들을 평하면서, '해전에서의 이순신과 원균의 공로와 권율의 행주(幸州) 승첩을 으뜸공로로 삼아야 마땅하다.' 라고 말씀하셨는데, 이 말씀은 바꾸지 못할 정론이다." 라고 해놓고는, 나중에 가서 또 말하기를 "원균은 특히 남으로 인해서 성공한 자인만큼 진실로 이순신과 더불어 맞설 수는 없다." 라고 하였으니, 백사는 어찌 그리도 잘못 생각을 하였을까?

적이 해군을 거느리고 호남을 향해 몰아칠 때, 이순신은 만 번 죽어도 좋다는 생각을 가지고 한산도를 차단하여 적으로 하여금 감히 서쪽으로 나오지 못하게 한 지 무릇 6년 동안에, 원균은 겁을 먹고 어찌할 줄 몰라 스스로 자기 휘하의 전선들을 몽땅 침몰시키고 바닷가에 숨어 엎디어 있는 것을 이순신이 끌어내어 진중에 두고, 군량을 넉넉히 보급해주고, 자기가 싸워 얻은 적의 머리까지도 원균에게 나누어줌으로써 원균으로 하여금 군법을 면하게 했을 뿐만 아니라 따라서 상까지 받게 했던 것이다.

그러므로 원균이 이순신에게 대해서는 그 양육 받은 은혜가 진실로 적지 않건마는, 원균은 득의(得意)한 후부터 도리어 시기하는 마음을 품고 무릇 이순신을 해치는 흉측한 짓이 극도에 이르러, 마침내 이순신이 스스로 〈바다의 왕(海王)〉으로 자처한다는 말까지 지어내어 퍼뜨리면서 모함하고, 청정(淸正)이 바다를 건너올 때 이순신이 머뭇거리고 진군하지 않았다고 무고하여, 결국 이순신은 잡혀가서 문초를 받게 되기까지에 이르게 된 것이다.

원균이 통제사를 대신한 지 얼마 되지도 않아 온 군사가 패망을 당했으니, 그에게는 목 베어 죽일 죄만 있지 기록할만한 공이 전혀 없는데도 이순신, 권율과 함께 나란히 으뜸공로자로 부르는 것은 도대체 무슨 이유인가?

대개 원균이 서울에서 살아서 그 족속들이 귀인들과 연결되고 또 아첨하는 시속 사람들이 많이 그의 편을 들었다. 그래서 임금을 속여 상과 벌이 거꾸로 베풀어졌던 것인데, 백사(白沙)는 그런 것을 듣지도 못했던가?

어전에서 공로를 논평할 적에 어찌 이와 같이 아뢰어서 우리 선왕으로 하여금 옳고 그름을 소상히 알게 하지 못하고, 물러나온 다음에야 말을 하며, 또 처음에는 "바꾸지 못할 정론이다."라고 해놓고는 다시 나중에 가서는 "이순신과 더불어 감히 맞설 수 없다."라고 하니, 정론이란 것이 과연 그런 것인가?

나의 중부(仲父) 동암공(東巖公)의 처가 바로 원씨(元氏)의 일가이기 때문에, 원균은 통제사로 부임하던 날 나의 중부를 찾아와 뵙고

"내가 이 직함을 영화로운 것으로 여기는 것이 아니라 오직 이순신에 대한 부끄러움을 씻게 된 것이 통쾌합니다."라고 하므로, 중부는 "영감이 능히 성심을 다하여 적을 무찔러 그 공로가 이순신보다 뛰어나야만 부끄러움을 씻었다고 할 수 있는 것이지, 그저 이순신의 직함을 대신하는 것으로 통쾌하게 여긴대서야 어찌 부끄러움을 씻었다고 할 수 있겠소."라고 하였다.

그러자 원균은 다시 "내가 적을 만나 싸우게 될 때 멀면 편전(片箭)을 쓰고, 가까우면 장전(長箭)을 쓰고, 맞부딪치는 경우에는 칼과 막대를 쓰면 이기지 못할 것이 없소."라고 하므로, 중부는 웃으면서 "대장으로서 칼과 막대를 쓰게까지 되어서야 될 말인가?" 하고 대답했다.

원균이 떠난 뒤에 중부가 나에게 **"원균의 인품을 보니 일은 다 글렀다."**라고 하며 한참동안이나 탄식하였다.

남쪽 사람들이 지금까지도 이 일을 이야기할 적에는 부르르 화를 내며 팔을 걷어붙이지 않는 사람이 없다.」

〈요시라의 이간책이 성공해 가는 과정〉

(*이달 6일에 이순신을 잡아오라는 임금의 밀명이 내려진 후, 이순신은 2월 26일에 붙잡혀서 서울로 압송되어 3월 4일에 옥에 갇히고, 3월 12일경에 혹독한 국문을 당하고, 3월 13일에는 선조가 이순신을 마땅히 죽여야 한다는 취지를 말한 후 신하들에게 그에게 내릴 형량을 의논해서 결정하라고 지시하였다.

그러면 여기서 "청정을 바다에서 맞아 쳐 죽이자"는 요시라(要時羅)의 이간책이 성공해 가는 과정을 간략하게 살펴보자.

1월 11일. 김응서를 만난 요시라는 이렇게 말하였다.

"조선 침략군 제1진의 지휘관으로 조선에 온 소서행장(小西行長)은 조선과 명나라에 대하여 화의를 성사시키고자 노력하고 있으나, 제2진의 지휘관 가등청정(加藤淸正)은 화의 자체를 반대하고 있으므로, 청정을 죽여 없애야만 화의가 성사될 수 있다.
그런데 지금 청정을 제거할 수 있는 절호의 기회가 왔으니, 조선 수군이 바다 길목에 매복해 있다가 청정이 일본으로부터 바다를 건너올 때 불시에 치면 틀림없이 그를 죽일 수 있다."
소서행장은 이와 같은 허위 정보를 요시라를 통하여 경상우병사 김응서(金應瑞)에게 전달하게 하였고, 김응서는 이 허위 정보를 도원수 권율에게 보고하였다.
권율로부터 이러한 정보보고를 받은 임금과 조정의 대신들은 깊이 검토도 해보지 않고 적이 전해준 거짓정보에 근거하여, 권율에게 청정을 치도록 수군통제사 이순신에게 전하라는 명령을 내렸다. 그리고 권율은 이 명령을 받은 후 그것을 한산도에 있는 이순신에게 전하였다.
그러나 이순신이 생각할 때는, 청정이 부산에 도착한다는 날짜로 보아서 그는 이미 부산에 도착해 있을 것이고, 따라서 이 정보는 적의 반간계(反間計)임이 불을 보듯 뻔하다는 판단이 들었다. 그래서 배를 이끌고 적을 맞아 치러가지 않았던 것이다.
한편, 그렇지 않아도 그를 미워하고 시기해 오던 선조는, 임금인 자신의 명령을 일개 무장에 지나지 않는 이순신이 거역하고 나온 것에 심히 불쾌해 했을 것이고, 그리고 그것을 좋은 구실로 삼아서, 〈이순신 탄핵〉 회의를 형식적으로 몇 차례 소집한 후, 그를 붙잡아 와서 죽여야 한다는 쪽으로 결론을 몰고 갔다.
이 과정에서 그를 죽여야만 하는 이유를 조작해내기 위하여 온갖 모함의 말들이 여러 사람들의 입에서 다 쏟아져 나왔다. 이런 모함의 말들은 이미 사전에 조성된 분위기에 의해 당연히 나오게끔 되어 있었다.

그러나 요시라가 전해준 이 계책은 함정에 불과하였음이 곧바로 밝혀졌다.

소위 〈남해상에서의 청정 요격 계획〉이란 것은 본래 허위 정보를 조선 조정에 주어서 이순신을 자신들이 싸우기 유리한 곳으로 끌어내어 조선 수군을 전멸시키려는 왜적의 계획이었던 것이다.

사실 행장이 조선 조정에게 청정이 바다를 건너오는 날이라고 알려준 그 때에는 이미 청정은 바다를 건너와서 부산의 가덕진에 있었던 것이다.

요시라가 김응서에게 이와 같은 정보를 발설한 것은 1597년 1월 11일이었고, 이 사실이 조정에 보고되고, 다시 조정에서 내려온 〈청정 요격 명령〉이 권율을 통하여 이순신에게 전해진 날짜는 아무리 빨라도 1월 19일 이후인데, 청정의 제1진은 1월 12일에는 서생포에, 그리고 청정이 직접 인솔하는 제2진은 1월 13일에 이미 가덕진에 도착해 있었던 것이다.

이런 뻔한 이간책을 사용한 행장의 계략은 이러한 것이었다.

만약 이순신이 속아 넘어가서 조선 함대가 한산도에서 출동해 주기만 한다면, 웅포와 안골포에 웅거하고 있는 왜군 부대가 1차 습격을 하고, 이 작전이 여의치 않을 경우에는 일본으로부터 건너오는 청정의 함대가 요격하며, 제3안은 웅포, 안골포의 왜군과 청정의 함대가 앞뒤로 협공을 함으로써 그들에게 가장 골칫거리였던 이순신의 조선 함대를 쳐부수려 했던 것이다.

이러한 왜적의 뻔한 이간책에 당시 이순신 한 사람만 빼놓고는 조선의 임금 이하 모든 대신들이 다 속아 넘어감으로써 (어쩌면 속으로는 허위 정보인 줄 다 알고 있었을지도 모르는 일이지만,) 결국 이순신은 적의 손에 의해서가 아니라 내부의 적들에 의해 제거당하고 마는 불행

한 사태가 벌어졌고, 결국 조선의 수군은 얼마 후에 무능하나 탐욕스
런 원균의 지휘 하에서 전멸을 당하고 마는 참상을 맞게 되었던 것이
다.)

〈왜적의 재침을 당하자 또 다시 양위 전교를 내리는 선조〉

  (*이 날짜로 선조는 또다시 병을 핑계로 양위의 뜻을 나타냄으로써 조
정을 또다시 혼란의 소용돌이 속으로 빠뜨린다. 왜적의 재침을 당하여
두려움과 극심한 스트레스를 받고 있었기 때문인 듯하다.)

 「○비망기로 좌승지 이덕열(李德悅)에게 지시하였다.

 "내가 고질병으로 견디기 어렵다는 데 대하여는 전날에 이미 모
두 다 말했으므로 이제 다시 다른 말을 더 할 필요가 없을 것이다.
이제 와서는 정신과 기력이 모조리 쇠약해져서 잠시도 견뎌낼 수
없는 형편이다. 적들의 형세는 나날이 성해지고 정사는 나날이 쌓
여 가는데 어떻게 처리해야 할지 모르겠다. 이런 몸을 가지고 정황
에 맞게 적을 막으려고 하면서 나부터 코를 감싸 쥐니 일이 잘못
된 것이 아니겠는가.…

그러지 않다가는 나라 일은 나날이 잘못되어 가고 종묘사직은 다
시 뒤집혀질 것이며, 따라서 대신들도 응당 그 책임을 져야 할 것
이다, 급히 의논하여 시행하도록 대신들에게 말해주도록 하라."」

            -〈선조실록〉(1597. 2. 29.(庚寅)-

1597(丁酉)년 3월

(*이달에 있었던 나라 안의 주요 사건을 요약하면 다음과 같다.)
○2월 26일에 한산도에서 포박되어 서울로 압송된 이순신은 3월 4일 서울에 도착하여 하옥되었다.
○명나라의 장수 양 포정(楊布政: 楊鎬)이 우리나라에 들어왔다.
○3월 13일에 한 차례 이순신을 국문한 후, 선조는 이순신을 더 국문하여 죽여야 한다고 말하고, 다만 그 형량을 대신들이 상의해서 결정하라고 지시한다.
○정탁을 비롯한 여러 대신들이 상소문을 올려 이순신의 목숨만은 살려주어 백의종군하도록 해야 한다고 하면서 구명운동을 전개하였다. 가장 대표적인 것이 정탁이 올린 〈신구차(伸救箚)〉란 구명상소문이다.
○4월 1일, 이순신이 옥에서 풀려나왔다.)

〈이순신, 서울에 압송되어 하옥되다〉

(*3월 4일 이순신은 압송되어 서울에 도착한 후 하옥되었다. 이때부터 국문을 당하고, 감옥에서 풀려나와, 다시 백의종군하게 되는 과정에 대한 기록을 〈징비록〉을 통해서 본다.)

〈징비록〉

「수군통제사 이순신을 잡아 옥에 가두었다. 처음에 원균은 이순신이 와서 구원해 준 것을 은덕으로 여겨 서로 좋게 지냈는데, 얼마 후부터는 공로를 다투어 차츰 사이가 벌어졌다.

원균은 본래 성질이 음흉하고 간사한데다 또 안팎으로 많은 사람들과 작당하여 순신을 모함하기에 있는 힘을 다했다. 그는 언제나 말하기를, "순신이 처음에 오려고 하지 않았는데 내가 여러 번 청해서야 할 수 없이 와서 적을 이겼으니, 공로로 치자면 내가 으뜸가는 공을 차지해야 마땅하다."고 하였다.

그때 조정의 의논이 둘로 나뉘어 각기 주장하는 바가 달랐으므로, 우상(右相) 이원익(李元翼)이 그렇지 않다는 점을 밝히고, 또 말하기를, "이순신과 원균은 각각 맡은 지역이 다르니, 처음에 곧 오지 않았다고 해도 크게 잘못된 일은 아니다."라고 하였다.

그 무렵 적의 장수 평행장(平行長)이 부하 요시라(要時羅)를 시켜서 경상우병사 김응서(金應瑞)의 진에 들락날락 하면서 은근한 태도를 표시하는 척하게 하였다. 청정(淸正)이 두 번째 나오려 할 때 요시라가 은밀히 김응서에게 말하기를, "우리 장수 행장이 말하기를, '이번에 화친이 못 이뤄진 것은 청정 때문이므로 나는 그를 심히 미워한다.' 고 하였습니다. 아무 날 청정이 바다를 건너올 터인데, 바다에서 길목을 지키고 있다가 치면 잡아 죽일 수 있을 것이니, 아무쪼록 기회를 잃지 말기 바랍니다."라고 하였다.

김응서가 그 사실을 위에 보고하였더니, 조정에서도 그 말을 믿었으며, 해평군(海平君) 윤근수(尹根壽)는 더욱 날뛰면서, 기회를 잃어서는 안 된다고 자주 상소를 올리고 이순신에게 나아가 싸우도록 재촉하게 하였다.
그러나 이순신은 적의 간사한 계략에 빠지는 것이라고 의심하고 여러 날 동안 늦추고 있었다.
그러는 사이에 요시라가 또 와서 말하기를, "청정이 이제는 벌써 육지에 내렸다. 조선에서는 어찌하여 길목을 지키지 않았습니까." 하면서 거짓으로 통탄스럽고 애석해 하는 듯한 모습을 보였다.

이 사실이 조정에 들리자 조정에서는 모두 나서서 이순신을 비난하였고, 대간(臺諫)들은 이순신을 잡아다가 국문을 하자고 청하였으며, 경상도 현풍 사람으로 현감을 지낸 박성(朴惺)이란 자는 한때는 추앙을 받던 자인데, 그 또한 상소하여 이순신을 사형에 처해야 옳다고 극력 주장하였으므로, 드디어 의금부 도사를 보내 이순신을 잡아오도록 하고 원균으로써 통제사를 대행케 하였던 것이다.

그러나 임금께서는 혹시 소문이 모두 진실이 아닐지도 모른다고 의심하여 특별히 성균관 사성(司成) 남이신(南以信)을 한산도로 내려 보내어 조사해 오도록 하였다.
남이신이 전라도에 들어서자 수많은 군사와 백성들이 길을 가로막고 이순신이 무고하게 잡혀갔다고 호소하였다. 그러나 남이신은 실제대로 보고하지 않고 결국 거짓 보고를 하였다.
 "청정이 7일 동안이나 섬에 머물러 있었으니, 만약 우리 군사가 가기만 했더라면 잡을 수도 있었는데, 이순신이 머뭇거리다가 그만 기회를 놓쳐버리고 말았습니다."

그리하여 이순신은 옥에 갇히게 되었고, 임금이 대신들에게 죄를
논의하게 했던바, 오직 판중추부사 정탁(鄭琢)만이 혼자 말하였다.
"이순신은 명장이니 죽여서는 안 됩니다. 군사상의 기밀에 있어
서 이롭고 해로운 것은 멀리서는 추측키 어려운 것인바, 그가 나아
가지 않은 것도 반드시 까닭이 없지는 않을 것이니, 너그러이 용서
하고 다시 공로를 세우게 합시다."
그리하여 한 차례 고문이 있은 후 사형을 면제하고 관직을 삭탈하
고 백의종군케 하였다.
이순신의 늙은 어머니가 아산에 있었는데, 순신이 옥에 갇혔다는
소식을 듣고 근심과 울분으로 돌아갔다. 순신은 감옥에서 나와서
중도에 아산에 들러 상복을 입고 곧 권율(權慄)의 휘하에 들어가
종군하니, 사람들이 그 이야기를 듣고 모두 슬퍼하였다.」

〈명나라 사신의 말: 조선은 우리의 속국이다.〉
「○2월에 명나라 사신이 곁의 사람들을 내보내고 조신(調信)과
함께 나눈 이야기의 내용은 이러하였다.
〈一. 명나라 사신이 말하기를 "조선은 바로 우리 명나라에 속한
나라이다. 조선에 무슨 일이 있으면 우리는 응당 돌봐 주어야
하고, 조선에 옳지 않은 점이 있으면 우리는 그 죄를 따지고, 그
래도 듣지 않으면 우리는 군사를 일으켜 그를 치는 것이다. 무
엇 때문에 너희 일본에서 이렇게 억지를 쓰려고 하는가. 이것은
도리가 아니다."라고 하였다.
一. 명나라 사신이 말하기를, "너희 국왕이 책봉을 받은 날에 유
격의 숙소에 와서 스스로 나에게 말하기를, 이제 책봉을 받은
만큼 모든 일을 잘 하겠는데, 일본사람들로 하여금 내가 국왕이
되었다는 것을 인정하고, 온 천하 사람들이 후세에 가서도 명나

라 황제가 승인하여 나를 왕으로 삼았다는 것을 인정하게 해달라고 청하였다. 그런데 오늘 무슨 연유로 남의 우롱하는 말을 듣고는 군사도 철수하지 않고 좋은 일도 하지 않는가? 말을 종잡을 수 없으니 어떻게 너희 나라 사람들인들 복종시킬 수 있겠는가?"라고 하였다.」　　　　－〈선조실록〉(1597. 3. 8.(戊戌)－

〈왜적의 침범 계획이 명백한데, 어떻게 할 것인가?〉

「○윤근수: "평조신(平調信)의 말에 의하면, 청정의 부하 군사들로서 추가로 나온 자들의 수가 매우 많다고 하니, 침범할 계획임을 알 수 있습니다. 듣건대 원균도 앞으로 한산도로 돌아갈 것이라고 합니다. 지난번에 적의 배 2백 척이 좌도와 우도에 나누어 정박하는 것을 막지 못하였으니 답답하기 그지없습니다. 또 듣건대 절영도에는 머무르고 있는 왜적이 없어서 원균 등은 장차 그리로 나가서 주둔할 작정이라고 합니다.

선조: 섬이 부산과 가까워서 수군이 머무르게 되면 양쪽으로부터 공격을 받을 텐데 어떻겠는가?

김명원: 배를 숨겨 닻을 내릴 곳이 없으므로 하루 이틀도 아닌 오랜 기간을 머물러 있게 할 수는 없습니다. 또 적의 배가 나오는 것은 순풍을 이용하게 되고 우리나라에서 적을 맞받아치는 것은 역풍을 이용하게 되기 때문에, 아무리 빈틈없는 태세를 갖춘다고 하더라도 당해내기가 어렵습니다.

선조: 명나라 군사가 오기는 오겠지만 군량을 이어대지 못하는 날에는 돌아가기 쉬울 텐데 어떻게 하겠는가?

김명원: 1만 명의 군량을 마련한다는 것도 더할 수 없이 어려운 일입니다."」　　　　－〈선조실록〉(1597. 3. 12.(壬寅)－
(*부산에 있는 적에게 완전히 노출되어 있는 절영도에 머물러 있겠

다는 원균의 전략은 패망을 자초하는 것이어서 군사에 완전히 어두운 선조와 김명원까지 은근히 걱정하고 있다.)

〈이순신은 용서해주지 말고 반드시 죽여야 한다〉

(*이날 선조는 우부승지(右副承旨) 김홍미(金弘微)에게 비망기를 전하면서, 대신들에게 이순신을 국문하여 조사하는 것이 어떨지 의논하라고 지시하였다.)

「선조: 이순신이 조정을 속이고 임금을 무시한 죄나, 적을 놓아주고 치지 않음으로써 나라를 저버린 죄나, 심지어 남의 공로를 가로채고 또 남을 죄에 몰아넣은 죄나(*원균의 서자가 나이가 십여 세나 되는데도 이순신이, 원균이 어린아이에게 공로를 평가해 주었다고 장계를 올린 것을 지적한 것임), 이것들은 모두 제멋대로 거리낌 없이 행동한 죄이다. 이렇게 수많은 죄상이 있는 만큼 법으로 보아서 용서할 수 없으니 법조문에 따라 처단해야 마땅할 것이다. **신하로서 임금을 속인 자는 반드시 죽이고 용서하지 말아야 한다.** 이제 끝까지 고문하여 그 내막을 밝혀낸 후 어떻게 처리할 것인지를 대신들에게 물어보도록 하라.」 －〈선조실록〉(1597. 3. 13.(癸卯)－

(*이순신을 반드시 죽이고야 말겠다는 선조의 말은 이미 군왕이 아니라 모함과 시기와 질투심으로 사리판단 능력이 마비된 자의 맹목적인 증오심의 발로이다. 다음은 이순신의 종사관으로 있던 정경달(丁景達)이 이순신이 잡혀서 서울로 압송된 후, 서울로 올라와서 이순신의 구명운동을 하는 과정에서 있었던 일을 기록해둔 것으로, 그의 문집 〈반곡집(盤谷集)〉에서 옮긴 것이다.)

〈반곡집(盤谷集)〉

「☆ 이순신이 원균의 모함을 당해 잡혀가므로 공(鄭景達)은 도체찰사 완평(完平) 이원익(李元翼) 정승에게 이르기를 "왜적이 겁내는 것은 이순신인데, 일이 이 지경에 이르렀으니 이제 이 나라도 어찌할 길이 없게 되었소."라고 하였다. 이정승이 이로써 장계를 올렸으나 조정에서는 듣지 않았다.

☆ 이 통제사가 참소를 당해 옥중에 있을 때 공(公)이 서애(西厓) 유성룡, 백사(白沙) 이항복 두 분을 찾아갔더니, 그들이 묻기를, "그대가 남쪽에서 왔으니 원균과 이순신의 옳고 그름(是非)에 대해 말해줄 수 있겠는가?"라고 하므로, 공(公)이 말하기를, "누가 옳고 누가 그른가는 말로써 해명할 게 아니라, 다만 보니 이순신이 붙잡혀가자 모든 군사들과 백성들이 울부짖지 않는 이가 없었으며, '이 공(公)이 죄를 입었으니 이제 우리들은 어떻게 살꼬.' 할 뿐이었소. 이것을 보면 그 시비를 알 수 있을 것이오."라고 대답하였다.」

⟨정탁의 신구차(伸救箚)-이순신의 구명을 청하는 상소문⟩

(*이순신이 붙잡혀간 후 이순신의 가족들은 그 무렵의 4개월분의 ⟨난중일기⟩와 ⟨임진장초⟩를 유성룡에게 건네주어 무죄를 밝히려고 노력하였으나, 유성룡은 자신이 직접 나서면 오히려 선조의 노여움만 부채질하여 역효과를 낼 것으로 생각하고 은밀히 우의정 정탁(鄭琢)에게 그 자료들을 넘겨주어 읽어보게 하였을 것이다.

⟨난중일기⟩를 읽고난 정탁은 그간 자신이 이순신에 대해 잘 알지 못했거나 잘못 알고 있었던 것을 깨닫고 이순신의 무죄를 확신하게 되었을 뿐 아니라, 그의 충성에 감동되어 왕에게 이순신의 구명상소를 올리는데, 이것이 정탁의 ⟨신구차(伸救箚)⟩, 즉 구명 상소문이다. 왕의 그릇됨을 알고 그것을 직설적으로 공격하는 상소문과는 달리,

비록 왕의 조처가 잘못되었음을 알고 있으면서도 왕의 체면을 최대한 살려주기 위해서 우선 옳다고 인정해주고 추켜올려준 다음 자기의 목적, 즉 '이순신의 구명'을 달성하려는 노련한 정치적 수완을 문장에서 읽을 수 있다.
그러나 이를 설명하는 과정에서 원균과 이순신에 관한 역사적 진실은 상당한정도 왜곡되고 있을 뿐만 아니라, 귀중한 역사적 자료인 〈난중일기〉가 여러 사람의 손을 거치는 중에 다시 회수되지 못하고 유실되어 버린 것은 참으로 안타까운 점이라 할 것이다.)

「엎드려 아뢰나이다.
이모(李某)는 그 몸이 큰 죄를 지어 죄명조차 엄중하건만 전하(聖上)께서는 즉각 극형에 처하지 않으시고 너그러이 문초하시다가 후에야 엄격히 추궁하도록 허락하시니, 이는 다만 옥사를 다스리는 체모와 순서만으로 그러시는 게 아니라, 실은 전하께서 인(仁)을 행하시려는 일념으로 기어이 그 진상을 밝혀냄으로써 혹시나 살릴 수 있는 길을 찾아보시려고 그렇게 하신 줄 아옵니다. 살리기를 좋아하시는 전하의 큰 덕이 죄를 범하여 죽을 자리에 놓여 있는 자에게까지 미치고 있사오니, 이에 신은 감격함을 이길 길이 없사옵니다.【당시 선조는 어떻게든 구실을 찾아내어 이순신을 죽이려고 했었다.】
신이 일찍 심문관(委官)에 임명되어 죄수를 문초해 본 적이 한두 번이 아닌데, 대개 보면 죄인들이 한 번 심문을 거치고는 그대로 상하여 쓰러져버리고 마는 자가 많아서, 설령 거기서 좀 더 밝혀내야 할 만한 사정이 있더라도 이미 목숨이 끊어진 뒤여서 어찌할 길이 없었으므로, 신은 일찍이 이를 안타깝게 생각해 왔습니다.

이제 이모(李某)가 이미 한 차례 형벌을 겪었는데 만일 또다시 형벌을 가한다면 무서운 문초로 인하여 목숨을 보전하지 못하여 혹시 전하의 살리기를 좋아하시는 본의를 상하게 하지나 않을까 걱정하는 바이옵니다.

저 임진년에 왜적의 배들이 바다를 덮고 적의 세력이 하늘을 찌르던 그 날, 국토를 지키던 신하들로서 성(城)을 버린 자가 많았고, 국방을 맡은 장수들로서 군사를 그대로 보전한 자가 적었으며, 또한 조정의 명령조차 거의 사방에 미치지 못할 적에, 이순신이 일어나 수군을 거느리고 저 원균과 더불어 적의 칼날을 꺾음으로써 국내 민심이 겨우 얼마쯤 생기를 얻게 되었고, 의사(義士)들은 다시 기운을 떨쳐 일어났으며, 적에게 붙었던 자들도 마음을 돌렸으니, 그의 공로야말로 참으로 컸사옵니다.

그리하여 조정에서도 이를 가상하게 여기고 높은 품계를 더하여 주며 통제사의 이름까지 내렸던 것이 실로 당연하지 않음이 없었사옵니다.

그런데, 군사들을 이끌고 나가 적을 무찌르던 첫 무렵에 있어서 **뛰쳐나가 앞장서는 용기로는 원균에게 미치지 못하였으므로 사람들이 더러 의심을 품기도 하였던바**, 그것은 그렇다고도 하겠으나, 원균이 거느린 배들은 마침 그때 조정의 지휘를 그릇 받들어 많이 침몰시켜 버렸기 때문에, 만일 이모(李某)의 온전한 군사가 없었더라면 장한 진세(陣勢)를 만들어 공로를 세울 길이 없었을 것입니다.

이모(李某)는 대장인지라 나갈 만함을 보고야 나갔으므로 시기를 잃지 않았으며, 그리하여 군사를 벌려 이름을 크게 떨쳤던 것입니다. 전쟁에 임하여 피하지 않는 용기로 말하면 원균이 더 뛰어나다고 하겠지만, 끝내 적세를 꺾어버린 공로로 말씀드리자면 이모(李某) 역시 원균에게 양보할 점이 많지 않습니다.

다만 그때에 원균에게도 그만큼 큰 공로가 없지 않았는데, 조정의 은전(恩典)이 온통 이모(李某)에게만 내려지고 원균에게는 도리어 부족하게 되어 그 점을 모두들 지금껏 청원하고 있는바, 그것은 과연 애석한 일이라 하겠습니다.

그러나 원균은 수군 거느리는 재주가 뛰어나고, 천성이 충실하며, 일에 임하여 피하지 않고 마구 무찌르기를 잘 하는 만큼, 두 장군이 마음과 힘을 합치기만 하면 적을 물리치기에 어렵지 않을 것이라고 여겨서 신이 매번 어전에서 이 말씀을 아뢰었던 것입니다.

그러나 조정에서는 두 장군이 서로 맞지 않기 때문에 원균을 다시 쓰지 않고 다만 이모(李某)만 남겨두어 수군의 일을 주관하게 했던 것인데, 그는 과연 적을 방어하는 일에 뛰어나서 부하 용사들이 모두 다 기꺼이 쓰였으므로 군사를 잃지 않았고, 그 당당한 진세가 전일과 같았는바, 왜적들이 우리 수군을 겁내는 까닭도 혹시 거기에 있지 않을까 합니다. 그가 변방을 진압함에 있어서 공로 있음이 대강 이와 같사옵니다.

혹은 이모(李某)가 한 번 공로를 세운 후에는 다시는 내세울 만한 공로가 별로 없다고 하면서 그를 대단치 않게 여기는 사람들도 있으나, 신은 그렇게 생각하지 않습니다. 지난 4, 5년 동안 명나라 장수들은 화친을 주장하고 또 일본을 신하의 나라로 봉하려는 일까지 있어서 우리나라의 모든 장수들은 그 틈에서 어떻게 할 길이 없었으므로, 이모(李某)가 다시 더 힘을 쓰지 못하게 된 것도 사실은 그의 죄가 아니었습니다.

요즘 왜적들이 또다시 쳐들어 왔는데 이모(李某)가 미쳐 손을 쓰지 못한 것도 거기에는 필시 무슨 그럴 만한 사정이 있을 것입니다. 대개 변방의 장수들이 한 번 움직이려고 하면 반드시 조정의 명령을 기다려야 되고, 장군 스스로는 제 마음대로 못하는데, 왜적들이 바다를 건너오기 전에 조정에서 비밀히 내린 분부가 그때 곧바로 전해졌는지도 모를 일이며, 또 바다의 바람 사정이 좋았는지 어떠했는지, 그리고 뱃길도 편했는지 어떠했는지 또한 알 수 없는 일이옵니다.

그리고 수군의 각자 담당에 어쩔 수 없는 사정이 있다는 것은 이미 도체찰사(都體察使: 李元翼)의 장계에서도 밝혀진 바이거니와, 군사들이 힘을 쓰지 못했던 것도 사정이 또한 그러했던 것인 만큼, 모든 책임을 단지 이모(李某)에게만 돌릴 수는 없사옵니다. 지난날의 장계 중에 진술된 일들 중에 허망하다거나 괴상하다는 것들(*부산의 방화 사건을 가리킴)은 아마도 이모(李某)가 아랫사람들이 과장하는 말을 얻어들은 것일 수도 있는바, 그 말들을 잘 살피지 못한 잘못은 있을 수 있습니다. 그렇지 않고, 이모(李某)가 정신병자가 아닌 이상, 감히 일부러 그렇게 했으리라고는 신은 도저히 생각할 수가 없사옵니다.

만약 난리가 일어나던 첫 무렵의 공로를 적어 올린 장계가 낱낱이 사실대로 쓴 것이 아니고 남의 공로를 탐내어 자기 공로로 만들어 속인 것이기 때문에 그것을 이유로 죄를 다스린다고 한다면, 이모(李某)인들 또한 무슨 변명할 말이 있겠습니까?

그러나 세상에 완전무결한 사람을 제외하고는 저와 남이 상대할 적에 남보다 높고자 하는 마음을 품지 않는 자 적고, 어름어름 하는 동안에 잘못되는 일이 많으므로, 윗사람이 그 저지른 일의 크고 작음을 자세히 살펴서 경중을 따라 처리할 수밖에 없는 것입니다.
대개 장수된 자는 군사와 백성들의 운명을 맡은 사람이며 국가의 안위(安危)와 관계되는 사람입니다. 그들의 소중함이 이와 같으므로 옛날부터 제왕들이 국방의 책임을 맡기고 은전(恩典)과 신의(信義)를 특별히 보여주어 큰 무엇이 있지 않으면 간곡히 보호하고 안전케 하여 그 임무를 다하게 하였으니, 그 큰 뜻이 여기에 있사옵니다.
무릇 인재란 나라의 보배이므로 비록 저 통역관이나 주판질하는 사람에 이르기까지 재주와 기술만 있으면 모두 다 마땅히 사랑하고 아껴야 하거늘, 하물며 장수의 재질을 가진 자로서 적을 막아내는 데 가장 관계가 깊은 사람을 오직 법률에만 맡기고 조금도 용서함이 없을 수 있겠습니까.
이모(李某)는 참으로 장수의 재질이 있사옵고 바다 싸움과 육지 싸움에 못하는 일이 없사온데, 이러한 인물은 과연 쉽게 얻지 못할 뿐만 아니라, 변방 백성들의 촉망을 받고 있고 또한 적들이 무서워하고 있는 자이온데, 그럼에도 불구하고 만일 죄명이 엄중하여 조금도 용서할 도리가 없다고 하고, 공로와 죄를 서로 비겨볼 만한 점이 있는지도 묻지 않고, 또 능력이 있고 없음도 생각지 않고, 그 위에다 사리를 살펴보지도 않고 끝내 큰 벌을 내리는 데까지 이르게 한다면, 공이 있는 자도 스스로 더 내켜서 하려고 하지 않을 것이고, 능력이 있는 자도 스스로 더 애쓰려 하지 않을 것입니다.
그러므로 비록 저 감정을 품고 있는 원균과 같은 사람까지도 또한 편안할 수 없을 것이며, 안팎 인심이 이 때문에 해이해질 것인바, 그것이 실로 걱정스럽고 위태한 일이며, 공연히 적들을 이롭게 해주어 기뻐하게 만드는 일만 될 것이옵니다.

일개 이모(李某)의 죽음이야 정말로 아깝지 않으나 국가에 대해서는 관계됨이 가볍지 않은 만큼 어찌 걱정할 만한 중대한 일이 아니겠나이까.

그러므로 옛날에도 장수는 갈지 아니하고 마침내 큰 공을 거두게 하였던 것인바, 진(秦)나라 목공(穆公)이 맹명(孟明)에게 한 일과 같은 것이 한 둘이 아니거니와, 신은 구태여 먼 옛날의 사실을 인용하고자 아니하고 다만 전하께서 하신 가까운 사실로써 말해보고자 하옵니다.

박명현(朴名賢) 또한 한때의 명장이었는데, 일찍 국법에 저촉되었으나 조정에서 특별히 그 죄를 용서해주었더니, 얼마 안 되어 충청도에 사변이 생겨 기축년(1589) 때보다 더한 바 있었을 때 명현이 나서서 일거에 평정시켜 나라에 공로를 세운 것이야말로 허물을 용서하고 일할 수 있게 한 보람이 나타난 것이옵니다.

이제 이모(李某)는 사형을 당할 만한 중죄를 범했으므로 죄명조차 극히 엄중함은 진실로 전하의 말씀과 같사오나, 이모(李某)도 또한 공론이 지극히 엄중하고 형벌 또한 무거워 생명을 보전할 가망이 없다는 것을 알 것이옵니다.

비옵건대 은혜로운 명령을 내리셔서 문초를 덜어주시고, 그로 하여금 공로를 세워 스스로 보람있게 하신다면 전하의 은혜를 천지 부모와 같이 받들어 목숨을 걸고 갚으려는 마음이 반드시 저 명현만 못하지 않을 것이오니, 전하 앞에서 나라를 다시 일으켜 공신각(功臣閣)에 초상이 걸릴 만한 일을 하는 신하들이 어찌 오늘의 죄수 가운데서 일어나지 않을 것이라 하오리까.

그러하오니 전하께서 장수를 거느리고 인재를 쓰는 길과, 공로와 재능을 헤아려 보는 법제와, 허물을 고쳐 스스로 새로워지는 길을 열어 주심이 일거에 이루어진다면 전하의 난리 평정하는 정치에 도움됨이 어찌 적다고 하오리까.」

－〈이순신의 구명을 청하는 상소문(伸救箚)－정탁(鄭琢)〉－

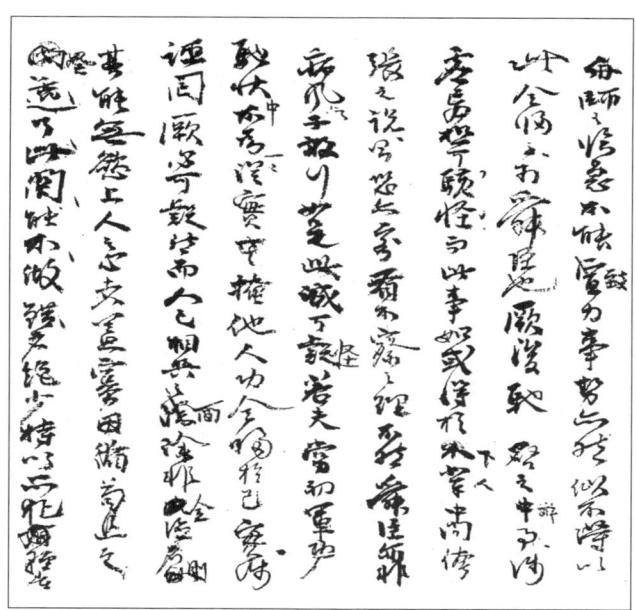

〈신구차 초고: 정탁의 12대손 정해상씨 소장〉

〈이순신을 추모하여 쓴 글: 이여(李畲)〉

　(*다음은 이순신이 죽은 후 114년 되는 신묘년(辛卯: 1712)에 이여(李畲)가 이순신을 추모하여 쓴 글로서, 이미 이순신 사후 1백여 년 경에도 이순신 장군의 자살설이 일부 사람들에 의해 제기되고 있었음을 보

여주는 문헌이다.
정유년의 옥사가 너무나 원통한 모함에 의해 일어난 것임을 알고 있던 민중들의 분노가 이런 자살설을 만들어내게 된 원인일 것으로 추정된다.)

「이때 원균은 안에서 선동 비방하고, 교활한 왜적들은 밖에서 모략함으로써 조정을 의혹케 하여 뭇사람들이 떠들어 공(公)을 꼭 사지(死地)에 집어넣으려고 하였던바, 이제 이 상소문(*鄭琢의 伸救箚)을 보면 공의 죄상이 꽤나 있는 것으로 되어 있으나, 이는 모두 원균 때문이었다.
만일 그때 선조의 명철하고 거룩하심이 아니었더라면 과연 저 두우(杜郵)에서 죽은 장수 백기(白起)의 죽음(*그는 스스로 자결하라는 진(秦) 왕의 명령을 받고 자살하였다)을 면하기가 또한 어렵지 않았겠는가.
원균은 처음에 패전한 장수로서 공(公)에 의지하여 적을 물리쳤던 것이므로, 원균의 공로야말로 모두 공(公)의 공로였던 것이다.
공(公)이 가고 원균이 대신하자 곧 그대로 패전하고 제 몸조차 적의 칼끝에 죽어 공(公)의 공로는 더욱 더 나타난 바라, 그러므로 공(公)의 옳고 그름은 구태여 변명할 것조차 없이 명확해졌다.
그러자 세상 사람들이 말하기를, 공(公)이 죽음에서 벗어난 뒤로 공로가 클수록 용납되기 어려울 것임을 스스로 알고 마침내 싸움에 임하여 스스로 자기 몸을 버렸으니 공(公)의 죽음은 본시부터 작정한 것이라고들 하는데, 그때 경우와 처지로 보면 또한 혹시 그 말에도 그럴듯한 점이 있다고 해야 할는지.
어허! 슬픈 일이로다.
공(公)이 돌아가신 뒤 114년 되는 신묘년(辛卯: 1712)년에 이여(李畬)는 쓴다.」

(*한 나라를 멸망의 위기에서 구해낸 장수를 전쟁 중에 포박하여 압송하여 도성으로 끌고 와서 하옥시키는 일은 세계사에서 그 유례를 찾아보기 어려운, 국가적으로 엄청난 중대 사건이다. 그런데도 〈선조실록〉과 〈선조수정실록〉에는 그 후 죄상을 어떻게 조사했고, 진실은 어떤 것으로 밝혀졌고, 따라서 그를 어떻게 처리했다는 등의 기록이 전혀 없다.

선조는 이순신을 잡아와서 일단 옥에 집어넣은 것으로, 그리고 이미 원균을 삼도수군통제사로 임명한 것으로 소기의 목적을 다 이루었다고 생각했을는지도 모르겠으나, 이 문제를 두고 조정에서 전혀 논의조차 없지는 않았을 것이다. 이로써 볼 때, 〈선조실록〉이 역사적 사건들을 기록함에 있어서 그 취사선택에 이해하기 어려운 점들도 있다.)

(*이상으로 선조가 이순신을 통제사의 자리에서 끌어내리고 원균을 그 자리에 앉히기 위해 음모를 꾸미고 그것을 추진하는 과정을 일곱 차례의 어전회의와 비망기(備忘記) 등을 통하여 살펴보았는데, 그 과정을 다시 요약하여 정리해 보면 다음과 같다.)

〈이순신 모함 일지〉

1597(丁酉)년 1월 28일: (마지막 어전 회의를 마친 다음 날) 선조가 유영순(柳永詢)을 통하여 그 당시 전라병사 원균에게 경상도 통제사로 임명하는 유서(諭書)를 내린다.

2월 4일: 사헌부에서 이순신을 잡아와서 죄를 주자고 주청한다.

2월 6일: 선조가 이순신을 잡아올 때 주의할 사항을 김홍미(金弘微)에게 지시한다.

2월 7일: 선조가 삼도수군통제사를 경질한다는 뜻을 발표한다.

2월 26일: 이순신이 한산도에서 포박되어 서울로 압송된다.

3월 4일: 이순신이 서울에 도착하여 하옥되었다.
3월 13일: 선조가 이순신을 더욱 국문하여 죽이는 것이 어떻겠는가를 대신들에게 의논하도록 한다. (*이 사이에 정탁을 비롯한 여러 많은 사람들의 구명 운동이 활발히 전개되었을 것이다.)
4월 1일: 옥에서 풀려나왔다.

그러나 이뿐만 아니라 이전부터 여러 차례에 걸쳐서 이순신에 대하여 시기하고 질시하는 말들과 이순신을 배척하면서 원균을 두둔하는 선조의 태도를 엿볼 수 있게 해주는 기록들이 많이 있었으니, 이를 차례대로 정리하면 다음과 같다.

1592년(선조 25년) 8월 24일.
1592년(선조 25년) 9월 1일.
1594년(선조 27년) 11월 22일.
1594년(선조 27년) 11월 28일.
1594년(선조 27년) 12월 1일.
1595년(선조 28년) 8월 15일.
1596년(선조 29년) 1월 12일.
1596년(선조 29년) 8월 11일.
1597년(선조 30년) 1월 23일의 〈선조실록〉.)

〈수군통제사 원균이 지휘한 수군의 첫 패배〉
「○경상감사 이용순(李用淳)의 서면보고는 이러하였다.
"이번 3월 10일에 작성하고 오늘 접수한 고성 유진장(留陣將)의 급보에 의하면, 이 고을의 판옥선에 사부와 격군 등 군졸 140여 명을 싣고 현령이 직접 거느리고 바다에 나갔는데, 이달 3월 9일

조라포(助羅浦) 지경의 고다포(古多浦)에서 왜적과 마주쳐 싸우다가 배가 통째로 깨어지고 현령은 죽었는데, 시체는 당일로 실어왔다고 합니다.
패전한 경위에 대해서는 신문 조사하여 보고할 계획입니다.
그리고 같은 지역 출신의 부지런하고 용맹한 사람을 특별히 골라서 2~3일 안으로 독촉하여 내려 보낼 것입니다."
그 글을 비변사에 내려 보냈다.」
―〈선조실록〉(1597. 3. 18.(戊申)―
(*이순신이 없는 조선 수군의 역량이란 것은 결국 이런 것이었음을 보여주는 첫 번째 패전 사례이다.)

〈동요하고 흩어진 민심들〉
「○비변사에서 건의하였다.
"청정이 다시 건너온 뒤로 인심이 동요하여 모두들 흩어질 생각만 하고 안착하여 살려는 생각을 하지 않습니다. 남쪽 세 도가 다 그러한 중에서도 충청도가 더욱 심합니다. 군사를 뽑은 이후부터 오늘까지 소동이 가라앉지 않아 망종 때가 가까웠는데도 보습을 잡은 사람이 매우 적습니다. 밭갈이도 하지 않고 씨도 뿌리지 않고서야 가을에 가서 무엇을 거두어들이겠습니까. 이것은 적이 오기 전에 스스로 망할 징조입니다.
전라도 바닷가의 백성들은 배 부리는 군사 일로 피해가 더 큽니다. 심지어 장사꾼과 길손들도 다닐 수 없고 도로는 막혀 사람들은 놀랍게 생각하고 있으며, 장차 변고가 일어날 것이니 참으로 간단한 문제가 아닙니다. 백성들을 안정시키고 돌볼 대책은 전적으로 순찰사에게 달려있는 만큼 이런 내용으로 다시 지시를 내려 보내야 할 것입니다."

지시하기를 "건의한 대로 하라."」

-〈선조실록〉(1597. 3. 19.(己酉)-

〈항복해온 왜군을 죽인 후 전공을 보고하는 원균〉

「○3월 19일에 작성한 도원수 권율(權慄)의 서면보고는 이러하였다.

"전라도 우수사 이억기의 급보는 이러합니다.

'3월 8일에 왜적의 대·중·소 배 3척이 거제도의 기문포(器間浦)에 와서 정박하였습니다. 그들이 뭍에 올라간 후 곧바로 통제사(元均)와 동시에 수군을 거느리고 배를 타고 떠나 밤새 노를 빨리 저어 9일 이른 아침에 기문포에 도착하였습니다.

왜선 3척이 바닷가에 매여 있고 왜적들은 모두 뭍에 올랐는데 숲 속에서 밥을 짓는 연기가 언뜻 피어오르고 왜인 3~4명이 칼을 번뜩이면서 언덕 위에 나서는 것이었습니다. 통제사가 투항한 왜인 남여문(南汝文) 등을 보내어 이해관계를 들어 타이르게 하였더니 숨어 있던 왜적 20여 명이 나왔습니다. 남여문이 왜적의 우두머리에게 조용히 타일러 말하니 숨어 있던 왜적들이 전부 나왔는데 대략 80여 명쯤 되었습니다.

그들은 우리 수군의 위엄이 대단한 것을 보고 엄습당하지나 않을까 의심하여 살 구멍을 찾으려고 안골포 만호 우수(禹壽)와 고성현령 조응도(趙凝道), 거제 현령 안위(安衛) 등이 탄 배에 앞을 다투어 올라와 투항하였으며, 우두머리 왜장은 군졸 7명을 데리고 통제사의 배에 와서 탔습니다. 그래서 술을 먹인 다음 배를 타고 나가도록 허락하였더니, 왜적들은 살아서 돌아가게 된 것이 기뻐서 벌려 서서 절을 하고 머리를 조아리며 사례하여 마지않았습니다. 그리하여 남김없이 배로 도로 내려가서 배 2척에 갈라 타고 바다에 떠서 돛을 올릴 때에, 통제사(元均)가 먼저 지자총통을 쏘고는 깃발로 지휘하고 나팔을 불자 여러 배들이 앞을 다투어 공격하였습니다. 그 중 제일 가볍고 빠른 조응도의 배가 맨 앞에서 달려 들어가 적의 배와 맞붙었는데, 왜인 20여 명이 배 위로 기어올라 왔습니다.

조응도와 사부와 격군 여럿이 적의 칼에 맞아서 더러는 물에 뛰어들어 헤엄치기도 하고 더러는 다른 배로 기어올랐는데, 살아난 사람의 수가 많았습니다. 조응도가 칼에 맞고 물에 뛰어든 것을 우수의 배가 건져 올렸으나, 그는 얼마 후 죽었습니다.

그 적들이 그대로 고성의 배를 타고 노를 저어 북쪽으로 달아날 때 여러 배들이 에워싸고 지자총통과 현자총통을 연달아 쏘자 좌우의 방패가 꿰뚫려 부서져 떨어지고 화살은 비 오듯 하니 왜적들은 당황하여 어쩔 줄을 몰라 했습니다.

임치(臨淄) 첨사 홍견(洪堅)과 흥덕 현감 이용제(李容濟)를 시켜서 중국제 불화살과 소나무 횃불 등으로 불을 일으켜 왜적의 배를 불살랐으며, 왜인들이 모두 배에서 뛰어내려 헤엄쳐서 육지로 향할 적에 쏘아 죽였습니다. 건져서 목을 벤 것이 모두 18개입니다. 판별하고 확인하여 올려 보냈는데, 통제사(元均)가 보내줄 것입니다.'"

이 글을 비변사에 내려 보냈다.」

○비변사에서 회답하여 건의하였다.

"지난번에 적의 머리를 벤 사람들에 대해서는 통제사가 그들의 군사상 공로를 평가할 것이고, 조응도와 같이 싸우다가 죽은 사람들에 대해서는 자세한 급보가 올라온 다음에 돌보아 주는 조치를 취하는 것이 타당할 것입니다. 이런 내용으로 통제사에게 공문을 띄우는 것이 어떻겠습니까."
건의한 대로 하라고 승인하였다.」

－〈선조실록〉(1597. 3. 24.(甲寅)－

(＊통제사 원균은 말하자면 항복해온 적에게 술을 먹여서 돌려보낸 후 그 뒤에서 총을 쏘아 죽인 셈이다. 그 전술의 치졸함과 비겁함의 극치를 보는 듯하다. 항복해온 적을 이런 식으로 공격하여 죽인 예는 전쟁 역사상 흔치 않은 일이라 하겠다. 그런데 더욱 한심한 것은, 이런 원균의 행위에 대하여 선조가 얼마나 대견해 하고 있는가 하는 것이다. 다음의 기사를 보라.)

〈원균, 왜적의 나무꾼을 죽여 전공을 보고하여 임금으로부터 용맹하다고 칭찬받다〉

「○비망기로 우승지 정광적(鄭光績)에게 지시하였다.

"통제사 원균(元均)은 임명받자마자 곧바로 용맹을 떨쳐 적의 배 3척을 붙잡고 적의 머리 47개를 베어 바쳤으니 대단히 기특한 일이다. 원균과 공로를 세운 자들을 곧 표창하는 동시에 관리를 보내어 군사들을 한턱 잘 먹임으로써 장수와 군사들을 격려하는 문제를 의논하여 건의하도록 하라.

적의 머리와 보고서를 가지고 온 사람도 함께 참작하여 표창하도록 비변사에 말해 주도록 하라."」

「○비변사에서 회답하여 건의하였다.

"원균이 바친 적의 머리가 만일 나무하러 다니는 왜인들의 것이라면 침입한 왜인을 죽인 것과는 차이가 있습니다.

그러나 힘껏 싸워 적의 머리를 벤 공로는 물론 기특한 만큼 여러 장수를 격려하기 위해서도 표창은 해야 할 것 같습니다. 그러나 은 전을 베푸는 일은 중대한 문제이므로 아래 사람들이 경솔하게 의논할 수는 없습니다.

공로를 세운 부하들에 대해서는 군사상 공로를 평가한 장계가 올라온 다음에 표창하고, 군사들을 잘 먹이는 문제는 따로 관리를 보낼 것 없이 (부체찰사) 한효순(韓孝純)에게 가서 먹여주고 위로하게 해도 무방할 것입니다.

보고서를 가지고 온 임시 판관 이익경(李益慶)은 승급시켜 주고, 수군 김영추(金永秋)에게는 신역을 면제시켜 주는 것이 어떻겠습니까."

임금이 대답하였다.

"**나무하러 다니는 왜인들이 없지 않을 것이나 그래도 역시 적은 적이다.** 군사를 나누어 보낸 기록을 보면 나무하는 왜인이 아닌 것이 분명하니 보통의 왜인은 아닌 것 같다. 표창하는 문제와 군사들에게 음식을 먹이는 문제는 건의한 대로 하라.

그리고 원균에게는 품계를 올려주거나 은을 주는 것이 마땅할 것 같다. 하지만 이전에는 반드시 노획한 무기를 확인하였는데, 거기에는 나름의 의도가 있는 만큼, 무기를 바칠 때까지 기다렸다가 참작하여 시행하는 것이 좋겠다. 승급시키고 신역을 면제하는 것은 건의한 대로 시행할 것이다."」

—〈선조실록〉(1597. 3. 25.(乙卯)—

(*선조는 자신이 이순신을 제거하고 원균을 통제사로 임명한 일을 잘한 일이라 합리화하고 싶은 심리상태에 있었는데, 이때 올라온 원균의 승첩 장계는 그것을 합리화하기에 좋은 자료가 되었으므로 몹시 흥분하여 어떻게든 큰 상을 주고 싶어 하였다.

이런 태도는 이순신이 통제사로 있는 동안에는, 아무리 큰 승첩을 거두었을 때에도, 한 번도 보이지 않았던 태도이다.

그러나 원균의 이 전공이 과연 왜적의 수군들과 싸워서 거둔 참된 전승의 공로였던가?

다음의 글들을 보면 전공 보고에 혈안이 되어 있는 원균의 행태가 드러난다. 임진년 당시 이순신의 뒤를 따라다니면서 죽은 왜적의 목 베기에 전념하던 태도와, 그 후 불쌍한 우리나라 어민들의 목까지 베어 자기의 전공으로 보고하던 흉측한 행태를 다시 보여준 것이다.)

「○3월 22일에 작성한 경상우병사 김응서(金應瑞)의 보고서는 이러하였다.

"이달 19일 김해도에 머무르고 있는 왜장 풍무수(豊茂守)가 데리고 있는 왜인 3명을 내보내어 신에게 묻기를, '우리 군사 32명이 보통 배 1척을 타고 나무를 하러 거제도의 옥포 지경에 가서 머무르고 있었는데, 조선 수군이 유인하여 몰래 죽여서 한 사람도 돌아오지 못하였습니다. 사람을 보내어 그 까닭을 알아보니, 수군의 여러 장수들은 모두 우병사가 잡아 죽이라고 시켰다고 하였습니다. 우리는 즉시 바닷가 지방에 군사를 출동시켜 백성들을 약탈함으로써 분풀이를 하려고 하였으나, 병사에게 물어보지도 않고 멋대로 함부로 나가기부터 한다면 우리도 마찬가지로 신의를 지키지 않는 무리로 되어버리겠기에 먼저 사람을 보내어 문의하는 것입니다.'라고 하였는데, 이곳에 온 왜인은 말을 할 때 목이 다 메었습니다. 신이 잘 타이르기를 '너희들이 우리 경내에 와서 틀어 앉아 있은 지가 지금 6년이 되는데 아직도 철거하지 않고 있으니 아무리 서신이 오간다고 해도 서로 믿을 수 없다. 우리나라에서는 분발하여 한 번 싸울 생각이 있지만 명나라의 의향을 몰라서 아직 참고 있는 것이다. 너희들이 싸우려고 하면 우리는 응당 수군과 육군이 함께 대응하여 나서기가 무엇이 어렵겠는가. 싸울 테면 싸우고 말 테면 말고 너희들 마음대로 하라.'고 하였습니다.

그 왜인이 대답하기를 '조선의 장수들은 도량이 깊지 못하여 작은 이속에만 매달리면서 큰 일을 생각지 않고 불화를 조성하고 있습니다. 이래서는 일이 결코 끝나지 않을 것이니 몹시 안타깝습니다. 우리가 어찌 감히 싸울 수 있겠습니까. 그러나 조선의 여러 장수들 자신이 분쟁을 일으키는 데야 어떻게 하겠습니까.'라고 하였습니다.

신이 대답하기를 '잠복하고 있는 수군들이 거제도에 있으면서 안팎을 순찰하고 있는데, 이런 때에 만나게 되면 아래 장수들은 왜적인지 아닌지를 분간하지 못하여 죽이는 일이 없지 않을 것이다. 그러나 어찌 사소한 문제로 앙심을 품고 무턱대고 개별적으로 싸움을 벌이겠는가. 이번 일은 명나라의 처분에 달려 있는 만큼 두 나라의 장수들은 그저 군사를 거느리고 명나라의 지시를 기다리기만 해야 할 것이다.'라고 하였습니다.

이렇게 타일렀더니 왜인들은 예, 예, 하면서 머리를 조아렸습니다. 그래서 술을 먹이고 도로 들여보냈는데, 바닷가 지방을 약탈하겠다는 말은 아마 그럴 수도 있으리라고 봅니다.

22일에 요시라가 행장과 조신(調信)의 편지를 가지고 또 나와서 말했습니다.

 '15명이 탄 평행장(平行長) 관하의 배 1척과 32명이 탄 죽도의 풍무수(豊茂守) 관하의 배 1척이 나무를 베러 거제도에 갔다가 마침 조선 수군과 마주치게 되었습니다. 수군은 그 배에 타고 있던 왜인 15명을 유인하여 총칼을 모두 빼앗고는 묶어놓고 죽이려 하였습니다.

이때 한 왜인이 말하기를 〈우리들은 도적질을 하는 왜인들이 아니라 평행장 관하에 있는 요시라와 같은 왜인들인데, 공문을 가지고 왔다.〉고 하였습니다. 그러자 한 장수가 말하기를 〈그렇다면 심사신(沈惟敬)이 지금 남쪽에 있으면서 서로 좋은 관계를 맺으려 하고 있는 때에 경솔히 죽이는 것은 타당치 않다. 행장의 관하라면 더욱 죽여서는 안 될 것이다.〉라고 하면서 도로 풀어놓아 주었습니다.

그 왜인이 부산에 돌아와서 이런 내용을 자세히 전달하자 행장은 곧 나를 조선의 수군이 매복하고 있는 것으로 보내어 실정을 알아보도록 하였습니다. 그리고 나서 총과 칼을 찾아 가지고 돌아올 때 행장은 왜인 15명을 거느리고 배를 타고 옥포 앞바다로 출발하다가 도중에서 저를 만나 말하기를 〈공문을 가지고 있지 않은 경우에는 조선 수군이 만나기만 하면 바로 쏘아 죽인다고 하는데, 증명서를 만들어주면 위급한 때에 내보일 수 있을 것이다.〉라고 하였습니다. 그래서 저는 조선국의 중추부 첨지 요시라의 밑에 있는 자들이 나무를 하러 옥포 지경으로 가니 단속하지 말라고 쓰고 서명을 하여 보냈는데, 이 증명서는 고려하지도 않고 조선의 전선들이 또 이들을 유인하여 죽였습니다.

그리고 죽도의 왜인 32명은 배 안으로 불러다가 술까지 먹이면서 후하게 대접하는 척하였습니다. 왜인들이 내색을 알지 못하고 마음 놓고 배를 타고 돌아올 때 여러 배들이 불의에 포를 쏘아 그 왜인들을 모조리 죽였으니, 어찌 이럴 수가 있습니까. 나무를 하러 간 보잘것없는 한두 척의 왜인의 배를 잡아 보았자 승패에 관계되는 것도 아닌데, 조선의 여러 장수들은 자기의 공로를 내세울 목적에서 번번이 이런 일을 저지르고 있으니 괴상하기 짝이 없습니다. 정성(正成)과 조신(調信)이 바다를 건너가서 한창 두 나라 사이의 문제를 처리하고 있는데, 그들이 이 소식을 듣게 되면 일에 장애를 가져오고 또한 화를 빚어낼 우려도 없지 않을 것입니다.
우리나라의 장수인 행장(行長)과 의지(宗義智) 등은 이 문제 때문에 속이 상해 있습니다. 지나간 해에 거제도에서 군사를 철수할 때 다른 왜장들은 전부 철수해서는 안 되며 한두 부대를 남겨두어 조선 수군의 동정을 살펴야 한다고 했지만, 행장만은 남겨두건 안 두건 관계없다고 하면서 그곳에 있던 군사를 전부 철수시켰던 것입니다. 이번 일이 터지자 여러 장수들은 그 탓을 모두 행장에게 뒤집어씌우고 있고 행장도 불안하게 되어, 대단히 언짢아하고 있습니다.
조신(調信)이 갔다가 돌아올 때까지는 수군은 당분간 나가지 말고 가만히 있으면서 말썽을 일으키지 않음으로써 두 나라의 백성들을 편안하게 하는 것이 어떻겠습니까.
죽도와 안골포와 가덕도의 왜장들이 이번 사건 때문에 격분한 군사들을 내몰아 바닷가 지방들을 들이치고 백성들을 죽이고 약탈하려는 것을 행장이 간신히 말려놓고는 저를 보낸 것입니다. 앞으로의 일은 알 수 없으니 군사를 온전히 갖추어 변란에 대처하는 것이 역시 좋겠습니다. 이렇게 와서 알리는 말을 내가 거짓말을 전한다고 여기지 말고 미리 백성들을 피난시키는 것이 어떻겠습니까.'
신이 대답하기를 '도적이 든다고 해서 백성들이 뭣 때문에 꼭 피난 가겠는가. 내가 직접 군사를 거느리고 마주 나가서 싸우게 되면 그때 무슨 어렵고 위태로운 일이 있겠는가.' 라고 하였더니, 요시라가 말하기를 '관계도 없는 일로 무고한 백성들을 마구 물불 속에 몰아넣는다면 어찌 애처롭지 않겠습니까. 제가 풍무수(豊茂守)에게 다시 돌아가서 그의 기도를 막으려고 하는데, 만일 뜻대로 되지 않으면 미리 통지할 작정입니다.' 라고 하였습니다.

행장과 조신의 편지 2통을 도체찰사 앞으로 보낼 것입니다."
그 글을 비변사에 내려 보냈다.」

-〈선조실록〉(1597. 3. 25.(乙卯)-

〈부산성(富山城)은 도저히 지켜낼 수 없을 것 같다〉

「○도체찰사 이원익의 서면 건의는 이러하였다.

"비변사에서 비준을 받아 내려 보낸 공문을 접수하였습니다. 공문에는 '부산성(富山城)의 형편이 더없이 어려워 아무래도 지켜 낼 수 없겠으니, 도체찰사에게 보고하고 그가 시키는 대로 하라.'고 하였습니다.

부산(富山) 문제로 말하면, 민심이 소란할 뿐 아니라 성의 둘레가 너무 크고 군사 수는 적고 약하여 그 형편을 보건대 아무래도 지켜내지 못할 것 같습니다. 만일 억지로 지키게 한다면 무너지지 않으면 반드시 함락당하고 말 것이니, 미리 손을 쓰는 것이 제일 타당할 것 같습니다.

전날 황신(黃愼)이 올라갈 때에 이미 보고하도록 하였습니다만, 이번에 도원수 권율과 다시 협의한 결과 그 역시 그렇게 생각하고 있었습니다. 장수와 고을 수령들에게 가족들은 공산성(公山城)에 옮겨두고 군사를 거느리고 부산(富山)에 주둔하게 하되 군사 행동을 할 보루처럼 하였다가 적이 오면 나가서 맞받아치도록 해야 할 것입니다."

그 글을 비변사에 내려 보냈다.」

-〈선조실록〉(1597. 3. 26.(丙辰)-

〈왜의 나무꾼 죽인 일을 항의하는 왜장의 편지〉

「○도원수 권율이 올린 장계는 이러하였다.

"경상병사 김응서(金應瑞)가 급히 보내온 왜인들의 편지를 올려 보냅니다.
〈조선 병마절도사 김씨(金應瑞) 귀하에게 올립니다.
전날 귀하와 거제도 안에서 나무를 베는 문제에 대하여 굳게 약속을 하였기 때문에 뱃길로 나무를 베어 오게 하였습니다. 지난번에 우리 부대 안의 수부 15명이 오도(五島)의 배 1척을 타고 나무를 베러 갔다가 돌아올 때 배가 통째로 약탈당하여 간 곳을 모르고 있습니다.
또한 김해에 있는 부대의 수부 32명이 큰 배 1척을 타고 나무를 베러 갔을 때 한 배에 탔던 사람들이 전부 살해되고 그 배까지 빼앗겼으니 어찌 이럴 수가 있을 수 있습니까. 이것은 중대한 일에 허물이 될 뿐입니다. 김해의 장수는 몹시 화가 나서 이빨을 갈면서 바다와 육지에서 싸워 치욕을 씻고 원수를 갚으려 하는 것을 제가 애써 참아야 한다고 타일렀습니다. 오로지 김(金應瑞) 절도사의 서신만을 믿고 그렇게 한 것인데, 어째서 귀하는 신의도 없고 충성도 없습니까.
속담에 이르기를 '털끝만한 차이로부터 천리나 되는 틈이 벌어진다(毫釐之差, 千里之謬)'고 하였는데, 만일 사람을 죽이고 배를 빼앗는 자그마한 이익을 위하여 큰 일을 그르친다면 그것은 귀하가 일본에 대하여 신의를 지키지 않는 것이 되는 동시에 조선에도 충성스럽지 못한 것이 될 뿐입니다. 이제부터는, 만일 신의를 지키지 않는다면, 일본은 군사를 거제도에 주둔시키고 산성을 쌓고 나무를 벨 것이니, 귀하는 원망하지 말기 바랍니다.
이것은 조선이 신의를 지키지 않은 것이지 일본이 신의를 지키지 않는 것이 아닙니다.
이 밖의 문제는 모두 첨지 요시라를 통하여 말씀 올리기로 하겠습니다. 부디 양해하여 주시기 바랍니다.
　　　　　　정유년 3월 17일. 풍신행장(豊臣行長). 서명.」
　　　　　　　　　　　　－〈선조실록〉(1597. 3. 30.(庚申)－
(*원균의 전공이란 것의 실체는 결국 이런 것이었다.)

〈왕자의 왜국 파견을 독촉하는 가등청정〉

「○송운(松雲)과 청정이 주고받은 대화의 내용은 이러합니다.

청정: "6년 전에 심유격과 소서비(小西飛)가 태합 전하에게 보고하기를, 왕자 형제를 놓아 돌려보내 주면 조선 국왕이 바다를 건너가서 복종하고 예절을 차리게 될 것이라고 하기에 잠시 싸움을 중지하였던 것입니다. 국왕이 바다를 건너가지 않은 것은 그렇다 치더라도, 왕자들 형제 가운데 한 사람도 아직 바다를 건너가서 사례하지 않으니 이것은 은혜를 잊은 것이 아니겠습니까. 이것은 조선 국왕이 거짓말을 한 것입니까, 명나라가 그렇게 하도록 시킨 것입니까. 또는 행장과 심유격의 소행입니까? 이에 대하여 알고자 합니다.

송운: 조선과 일본은 2백 년 동안 이웃나라로 사귀면서 신의를 지키면서 화목하게 지내왔습니다. 그런데 일본은 하루아침 사이에 명분 없이 군사를 동원하여 우리의 강토를 짓밟고 우리의 백성들을 살육하였으며, 우리의 종묘와 사직을 폐허로 만들었을 뿐만 아니라 우리의 왕자를 사로잡았습니다.

신하된 사람의 심정으로서야 어찌 종묘와 사직을 안정시키고 왕자를 돌려오려고 하지 않겠으며, 임금의 마음으로서야 어찌 장군에게 사례하려는 개인적인 생각이 없었겠습니까. 그러나 지금 명나라 장수들이 온 나라에 두루 차 있는데 어찌 부끄러운 줄도 모르고 사례할 경황이 있겠습니까. 더구나 왕자들의 문제로 어떻게 임금이 바다를 건너갈 수 있겠습니까. ……

청정: 만일 일본과 이웃으로 사귀고 서로 왕래하였다면, 5년 전에 명나라를 정벌하려고 할 때 조선을 선봉으로 내세우고 길도 빌리려고 하는 것을 모두 따르지 않고 크게 거역하였으니, 이것이 어찌 이웃으로 사귀고 좋은 관계를 맺는 것이겠습니까.

송운: 우리나라는 예의를 지키는 나라로서 원래 군신(君臣)과 부자(父子) 간의 명분이 있는데다가, 뒤에 명나라의 속국으로 되자 군신 간의 의리가 정해져서 성심으로 섬기면서 하늘이 무너지고 땅이 꺼져도 변함이 없었습니다. 어찌 일본과 함께 명나라를 치는 것 같은 도리에 어긋나는 큰 반역죄를 저지를 수 있겠습니까. 이것은 신하가 임금을 배반하고 아들이 아버지를 거역하는 것인데, 천하에 어찌 이런 도리가 있을 수 있겠습니까. ……

청정: 5년 전 4월에 조선 서울에서 심유격과 평행장이 화의 문제를 약속할 때, 왕자 형제를 돌려보내면 국왕이 일본에 건너가서 사례할 것이라고 하여 이것을 태합에게 보고하였으며, 조선 8도를 떼어 일본에 소속시킬 것이라고 하여 이것도 태합에게 보고하였습니다. 그래서 왜군은 모두 서울로부터 남쪽으로 내려와 이 바닷가에 있으면서 기다리게 되었던 것입니다. 그리고 왕자를 놓아 보내고는 태합도 5년 전부터 지난해 8월까지 싸움을 중지하고 기다렸던 것입니다.

이렇게 하였지만 국왕은 바다를 건너가 사례하지 않았고, 땅을 떼어 일본에 소속시키지도 않았으며, 또한 왕자 형제들 중에서 한 사람을 일본에 건너보내지도 않고 다만 낮은 벼슬에 있는 신하를 보내어 사례하는 척하였습니다. 이 때문에 태합은 몹시 화가 나서 사신을 만나주지 않았던 것입니다.

송운: 5년 전에 일본 군사가 서울에서 나갈 때에 왕자를 놓아 보

내면 국왕이 친히 바다를 건너가서 사례할 것이라는 말은 어떤 사람의 입에서 나왔으며, 조선의 땅을 떼어 일본에 소속시킬 것이라는 말은 또 어떤 사람의 입에서 나왔습니까? 심대인에게서 나왔습니까, 행장이 만들어낸 말입니까? 일본이 바로 그때 설령 왕자 1백 명을 사로잡아 가지고 돌려보내지 않는다고 한들 어떻게 임금이 바다를 건너가서 사례할 리가 있겠습니까.

청정: 귀국은 청정에게 은혜를 입었는데 청정과는 일을 의논하지 않고 도리어 다른 사람과 일을 꾸미고 있으니, 이것은 귀국의 잘못이 아닙니까? 명나라에서 시켜서 그렇게 하는 것입니까?

송운: 다른 사람과 의논하는 것은 우리나라가 은혜를 저버려서 그런 것도 아니고 명나라에서 시켜서 그런 것도 아닙니다. 다만 심유격과 행장이 4년 전에 약속한 것은 우리들이 알 바가 아닙니다. ……

청정: 강화가 성사되지 않으면 왜군이 바다 가득히 건너와서 조선에 불을 질러 모조리 태워버릴 것이니, 그것은 바위로 달걀을 짓누르고 빗자루로 먼지를 쓰는 것이나 다름없을 것입니다.

송운: 싸움에서 이기고 지는 것은 기약하기 어려우며, 멸망의 화는 어느 편의 차례가 될지 알 수 없는 일입니다. 귀국의 군사가 설령 바다를 메우듯이 건너온다고 해도 명나라의 많은 군사와 우리나라의 군사가 어찌 바다를 건너오는 군사만 못하겠습니까.

청정: 태합의 속마음은 왕자 두 사람 중에서 임해군 한 사람만 바다를 건너와서 태합 전하에게 사례할 것을 요구하는 것입니다. 그렇게 되면 천하가 당장 태평하게 될 것이니, 대사는 돌아가서 조정에 알려 국왕에게 보고함으로써 왕자를 보내오도록 해야 할 것입니다.

송운: 왕자가 바다를 건너가는 것은 형편상 어렵지 않을 것 같으

나 의리상 절대로 안 될 일입니다. 왕자 자신을 놓고 논한다면 설령 바다를 건너가서 태합 앞에 사례한다고 해도 무방하겠지만, 나라의 입장을 두고 논한다면 왕자를 보내어 임금의 원수에게 사례하게 할 수는 없으므로 절대로 보낼 수 없을 것입니다. 더구나 우리나라의 왕자는 천자의 지시가 없이는 명나라에 들어가서 찾아뵙는 일도 할 수 없는데 하물며 바다를 건너가서 원수의 얼굴을 볼 수 있겠습니까."」

-〈선조실록〉(1597. 3. 30.(庚申)-

1597(丁酉)년 4월

(*이달부터 〈난중일기〉는 다시 계속된다. 눈물 없이 읽을 수 없는 일기들이다.
*이달 나라 안에 있었던 주요 사건들은 이러하였다.
○2월 26일 붙잡아 올려 3월 4일 하옥시켰다가 3월 13일 한 차례 국문한 후 죽이려고 하였던 이순신을 우의정 정탁 등 여러 사람들의 구명 운동으로 석방하여 백의종군케 하였다.)

4월 1일(辛酉). 맑다. 옥문 밖으로 나왔다. 남문 밖 윤간(尹侃)의 종의 집에 이르러 조카 봉(菶), 분(芬), 아들 울(蔚) 그리고 사행(士行)들과 함께 고향에서 멀리 떨어진 곳에서 한 방에 같이 앉아 오래도록 이야기하였다. 지사(知事) 자신(尹自新)이 와서 위로해 주었고, 비변랑(備邊郎) 이순지(李純智)가 와서 만나보았다. 윤 지사가 돌아가더니 저녁 식사 후에 술을 가지고 다시 왔다. 기헌(耆獻)도 왔다. 영공(令公) 이순신(李純信)이 술병을 차고 와서 같이 취하면서 성의를 다해 주었다.

영의정(柳成龍), 판부사 정탁(鄭琢), 판서 심희수(沈喜壽), 좌의정 김명원(金命元), 참판 이정형(李廷馨), 대사헌 노직(盧稷), 동지 최원(崔遠), 동지 곽찬(郭嶸) 등이 사람을 보내어 문안하였다.

(*죄인의 누명을 쓰고 붙잡혀 와서 감옥에 갇혀 고문까지 당한 후 한 달 만에 석방되어 나올 때의 심정은 얼마나 참담하고 외로웠을까.
그리고 이럴 때 찾아와서 위로해주는 사람들이 얼마나 고마웠을까. 그래서 이순신은 찾아와준 사람들의 이름 하나하나를 다 〈일기〉에 기록해 두고 있다.
그런데 정작 이순신이 가장 만나서 위로받고 싶고 억울함을 털어놓고 싶었을 영의정 유성룡은 직접 찾아와 위로해주지 않고 사람을 대신 보내어 위로해주는 데 그쳤다. 비록 이순신이라 하더라도 조금은 서운했을 것이다. 시대의 고금을 불문하고, 세상인심을 헤아려 볼 수 있기도 한 대목이다.)

4월 2일(壬戌). 비. 하루 종일 비가 왔다. 여러 조카들과 함께 이야기하였다. 방업(方業)이 음식을 풍성히 차려 가지고 왔다.

4월 3일(癸亥). 맑다. 일찍 남쪽을 향해 길을 떠났다. 금오랑(金吾郎: 의금부 도사) 이사빈(李士贇), 서리(書吏) 이수영(李壽永), 나장(羅將) 한언향(韓彦香)은 먼저 수원부에 도착했다. 나는 인덕원(仁德院: 수원군 과천면 인덕원)에서 말에게 여물을 먹이고(*조용히 누워 쉬다가—초고) 저물어 수원에 들어가니, 신복룡(愼伏龍)이 우연히 왔다가 내 행색을 보고는 술을 가지고 와서 위로해주었다. 수원 부사 유영건(柳永健)이 나와서 보았다.

4월 4일(甲子). 맑다. 일찍 길을 떠나 독성(禿城: 수원군 성호면 양산리) 아래에 이르니 반자(半刺: 판관) 조발(趙撥)이 천막을 치고 술을 준비하여 기다리고 있었다. 도착하여 술을 취하도록 마시고 길을 떠나 곧장 진위(振威)의 구로(舊路: 북면 봉남리)를 거쳐 냇가에서 말을 쉬게 한 후 오산(吾山)의 황천상(黃天祥)의 집에 이르러 점심을 먹었다. 황(黃)은 내 짐이 무겁다고 말을 내어주어 실어 보내니 고맙기 그지없었다. 수탄(水灘)을 거쳐 평택현(平澤縣) 이내은(李內隱)의 손자 집에 이르니 대접이 매우 융숭하였다.

〈모든 문서는 먼저 사관이 본 뒤에 임금에게 올려야〉

「○승지 김홍미(金弘微)가 부체찰사 한효순(韓孝純)의 보고서를 임금 앞에 직접 올렸다.

사관이 나서며 말했다. "일체의 장계는 반드시 사관이 본 뒤에 올리는 것이 바로 규례로 되어 있습니다. 그런데 이번에 직접 올린 것은 원칙상 매우 온당하지 못한 일이기에 지적합니다."라고 하니 임금이 말하기를 "승지가 우연히 한 일이다."라고 하였다.

사관이 말하기를 "아무리 우연히 한 일이라 하더라도 신 등은 사관으로 있는 만큼 이 문제를 지적하지 않을 수 없습니다."라고 하니 임금이 "지적하는 의도는 알겠다."라고 하였다.」

-〈선조실록〉(1597. 4. 4.(甲子)-

(*당시 임금에게 올려지는 장계는 반드시 먼저 사관이 그것을 보고 기록한 뒤에 임금에게 올려졌음을 알 수 있다.)

4월 5일(乙丑). 맑다. 해가 뜨는 대로 길을 떠나 바로 선영(先塋)에 이르러 곡을 하고 절을 했다. 그 길로 조카 뢰(蕾)의 집에 이르러 사당에 절하고, 남양 아저씨가 세상을 떠났다는 소식을 들었다. (*〈저물어 집에 이르러 장인 장모님의 신위 앞에 절을 하였다.〉란 기사가 더 적혀 있다.-초고)

4월 6일(丙寅). 맑다. 멀고 가까운 친척과 아는 이들이 모두 모여와서 오랫동안 만나보지 못한 정을 풀고 떠나갔다.

4월 7일(丁卯). 맑다. 금오랑(金吾郎)이 아산 고을로부터 오기에 나는 가서 매우 은근하게 대해 주었다. 홍(洪) 찰방(察訪), 이(李) 별좌(別坐), 윤효원(尹孝元)이 와서 만나보았다. 금오랑은 홍백(興伯)의 집에서 잤다.

4월 8일(戊辰). 맑다. 자리를 마련하여 남양 아저씨를 곡하고 상복을 입었다. 늦게 홍백(興伯)의 집에 도착하여 도사(都事)를 맞이하였다.

4월 9일(己巳). 동네 사람들이 각자 술병을 차고 와서 먼 길 떠나는 것을 위로하기에 인정상 거절하기 어려워 몹시 취한 후 파했다. 도사는 술을 잘 마시면서도 실수하지는 않는다.

4월 10일(庚午). 맑다. 아침 식후에 홍백(興伯)의 집으로 가서 도사와 같이 이야기하였다.

4월 11일(辛未). 맑다. 새벽에 꿈자리가 몹시 산란하여 마음이 극히 불안했다. 병드신 어머님을 생각하니 나도 몰래 눈물이 흘러내렸다. 그래서 종을 보내어 소식을 알아오게 하였다. 도사는 온양으로 돌아갔다.
(*이순신은 이틀 후에 어머니의 부음을 듣게 된다.)

4월 12일(壬申). 맑다. 종 태문(太文)이 안흥량(安興梁: 충남 서산군 근흥면)으로부터 들어와 편지를 전하는데, 초9일에 어머님과 위아래 여러 사람들이 모두 무사히 안흥에 도착하여 그곳에 머물러 있다고 하였다. 아들 울(蔚)을 먼저 해정(海汀)으로 보냈다.

4월 13일(癸酉). 맑다. 일찍 아침을 먹은 후 어머님을 마중하려고 해정(海汀)으로 가는 길에 홍(洪) 찰방의 집에 잠깐 들러 이야기하는 동안, 아들 울(蔚)이 종 애수(愛壽)를 보내며 하는 말이, 아직까지 배가 도착했다는 소식이 없느냐고 하였다. 또 들으니, 황천상(黃天祥)이 홍백(興伯)의 집에 와 있다고 하였다. 홍(洪)과 작별하고 흥백의 집에 이르렀는데, 조금 있다가 종 순화(順花)가 배에서 와서 어머님의 부고를 전하였다. 뛰쳐나가며 가슴을 치고 펄쩍펄쩍 뛰었는데, 하늘이 온통 캄캄하였다. 곧 해암(蟹巖: 아산군 인주면 해암리)으로 달려가니 배가 이미 도착해 있었다. 가슴이 찢어지듯 애통함을 어찌 다 적을 수 있으랴.

〈출동 대기 상태에 있는 왜적의 배들〉
(*이 날짜 조정에서의 논의를 읽어보면 다가올 7월의 해전을 예상할 수 있다.)
「유성룡: "유정(惟政)이 말하기를 '울산에 청정의 배 5백여 척이 대어 있는데, 마치 성곽 모양으로 바다 어귀에 정박하고 있습니다. 만약 불을 지르려고 하면 혹시 그렇게 할 수 있는 길도 있겠지만, 우리나라의 형편으로서야 어떻게 해낼 수 있겠습니까. 김태허(金太虛)가 거느린 군사 1백여 명이 바닷가에 있는데 왜적들이 바라보고 웃으면서, 저것들이 무엇을 하겠는가, 라고 하였다고 합니다. 다만 적들은 지금 군량을 이어댈 형편이 못되기 때문에 우선 머물러 있는데, 가을이 되면 틀림없이 출동할 것입니다.' 라고 하였습니다.
　신은 애당초 적들이 7월이나 8월 사이에 꼭 출동하지 않을까 의심해 왔는데, 유정도 그렇게 말하는 것이었습니다.
선조: 오늘 중에 유정이 올린 글을 보니, 왜적들이 중국을 침범하려고 그 산천과 도로에 대하여 물었는데, 적들의 무리가 다 건너오기 전에 꼭 쳐야지 그렇게 하지 않으면 후회할 날이 있을 것이라고 하였다.
이산해: 중국은 원망을 살까봐 삼가고 싸우지 않는데, 안골포의 적 같은 것은 급히 쳐야 할 것 같습니다. 장수들도 칠 수 있다고 말하고 있습니다.
선조: 안골포의 적을 칠만한 형편이 되는가?
윤두수: 원전(元埏)과 같은 사람은 몹시 치고 싶어합니다.
선조: 그곳은 육지와 잇닿아 있는가?
이항복: 그렇습니다. 만일 이 포구와 가덕의 적들만 없다면 우리나라의 전선이 내왕하는 데도 지장이 없게 될 것입니다.
이산해: 체찰사, 원수와 협의한다면 그 형편을 알 수 있을 것입니다.」
　　　　　　　　　　　-〈선조실록〉(1597. 4. 13.(癸酉)-

〈중 유정(惟政)의 적정 보고〉

「○중 유정이 글을 올렸다. 그 요지는 이러하였다.
　"왜적들은 아직도 군사를 많이 모아 경내에 주둔한 채 우물거리면서 가지 않습니다. 강화를 하려는 듯이 하면서도 하지 않으며, 쳐들어오려는 듯이 하면서도 쳐들어오지도 않고 위협하고 모욕하고 공갈을 하는 등 못하는 짓이 없는데, 그들의 일관된 속셈은 그저 중국을 침범하려는 데 있을 뿐입니다.
　그들은 말하기를 '조선에서는 이미 황윤길 등을 보내어 공물을 바치고 항복을 청하였으니 이것은 벌써 우리에게 신하로 복종한 것이다. 그러므로 우리의 말에 대해서는 마땅히 복종해야 할 것인데, 길을 빌리라는 말만은 듣지 않기 때문에 불화가 조성된 것이다. 그러니 잘못은 조선에 있다.'고 합니다. 가슴 아픈 것으로 말하면 어찌 끝이 있겠습니까.

왜인 중(僧)인 청한(淸韓)이란 자가 신에게 중국의 산천 형편과 도로의 거리, 군사의 수효를 물었으며, 또 명나라 사람들은 제일 우둔하고 비겁하다고 말했습니다. 신이 대답하기를 '우리들은 다 중인데 그저 불법에 관한 이야기나 할 것이지 중국에 관한 문제는 당신이나 나나 논할 바가 아니다.'라고 하였습니다. 그랬더니 청한은 입을 다물고 더는 말하지 않았습니다.

신이 전날 들어갔을 때는 왜인 중 일진(一眞)과 서로 이야기를 하였는데, 이번에는 그가 없기에 신이 일진이 간 곳을 물었더니 곧 일진의 편지를 내보이는 것이었습니다. 그 편지에는 '5월에 많은 군사가 나갈 때 나도 따라 가겠다.'라는 말이 있었습니다. 이것은 그냥 놀라게 하기 위해서 하는 말은 아닌 것 같습니다."

ㅡ〈선조실록〉(1597. 4. 13.(癸酉)ㅡ

〈왜적 방비를 전적으로 명나라에 의존하는 수밖에〉

「○비변사에서 건의하였다.

"영국(甯國) 윤(胤)이 가지고 온 공문 5통을 보았습니다.
【*그것은 시랑 손광(孫鑛)의 공문이었다. 공문의 내용은 대략 이러하였다.】
〈군사에 관한 계책은 사전에 짜놓지 않아서는 안 되는데, 반드시 자기의 주관을 버리고 자기의 공정한 마음을 터놓으며, 자기의 허심한 생각을 넓히고 자기의 실제적인 일을 두루 살펴야 한다. 그리고 많은 사람들의 의견을 일일이 채택하여 실정을 참작하고 일정한 견해에 근거하여 잘 활용하며, 계책이 정해진 다음에 군사를 일으키고, 성의를 기울인 다음에 일을 하며, 떠돌아다니는 의견을 쓸어버리고 구속을 깨뜨려버려야 한다. 이렇게 계책을 짜는 일을 앞세워야 한다.

지리에 밝지 않아서는 안 되는 만큼 조선 8도의 지형 상태를 하나하나 그릴 것이다. 요컨대 어디가 험하고 어디가 평탄하며, 어디에 군사를 잠복시킬 수 있고 어디에 군사를 주둔시킬 수 있는가. 그리고 어디에서 바다로 나가 군량을 날라 오는 길을 끊을 수 있고, 어디에서 몰래 나가 들이칠 수 있는가를 보아야 하는데, 바닷가 일대가 더욱 중요하다. 부산의 바닷가를 따라 나와 곧바로 안쪽 지대를 거쳐 두 직속 지역과 산동, 절강, 복건, 광동에 이르기까지 마치 만리 장사진을 친 것처럼 연결되어야 하며 곳곳에서 요해처를 살펴 방어에 물샐 틈이 없어야 한다.

군량을 미리 마련하지 않아서는 안 된다. 현물은 그 나라에서 구하여 나누어 주고 값은 명나라 조정과 의논하여 마련하면 우리에게는 머나먼 길에 식량을 나르는 고통이 없게 되고, 그들은 없는 것을 해결하는 이득을 보게 될 것이다. 총독을 시켜 조선에 공문을 빨리 띄워 많은 군사가 모이기 전에 재능 있는 작은 나라의 관리를 선발해서 각 도의 군량에 대하여 어디에 있는 곡식은 언제까지 댈 수 있고, 어디의 곡식은 쓰기에 모자라며, 어떻게 운반하고 어떻게 처리할 것인가를 상세히 조사하게 할 것이다. 만일 그곳에 있는 현물이 모자라면 중국에서도 도와줌으로써 군사들은 배불리 먹고 말들은 잘 뛰게 함으로써 앞으로 명령을 받들 수 있도록 해야 할 것이다.〉

다른 공문은 이러하였다.
〈조선에서는 오랫동안 태평스럽게 지내오느라 외적의 침입을 막고 나라 안을 잘 다스리는 일에 아무런 관심도 돌리지 않았다.
별일이 없으면 붓이나 휘두르는 것으로 즐기고, 일이 생기면 팔짱만 끼고 어찌할 방도를 모른다. 이 때문에 왜놈들이 잘 알고 쳐들어와서 함락시킨 것인데, 화를 입고 낭패를 당한 뒤에도 여전히 큰 교훈을 찾으려 하는 대신 왜놈들이 가면 편안히 즐기고 왜놈들이 오면 울기만 한다.
오늘의 조선은 수(隋) 나라나 당(唐) 나라 때의 조선이 아니며, 우리나라(明)가 서던 초기의 조선도 아니다. 자주 우리에게 군사를 동원하여 오랫동안 지키게끔 하고 있는데, 끝날 때가 없다. 오래 가게 되면 중국도 곤경에 빠져 적의 침입을 받게 될 것 같은데, 이것은 두 나라가 다 곤경에 빠지는 길이다.

가장 안전한 계책으로는 중국의 정사를 본받아 다스리는 것보다 나은 것이 없을 것이다. 평양, 서울, 부산 세 곳은 조선의 풍요한 곳으로서 성이 높고 해자가 깊어 믿을 만하므로 크게 걱정할 것은 없을 것이다. 각각 큰 성을 수축해야 할 텐데, 만일 그 나라에서 손쓸 방도를 모르면 순무(巡撫)와 사도(司道)의 의견을 들어서 병부의 보좌관들 중 청렴하고 능력 있는 관리를 골라서 내보내어 처리하도록 하면 될 것이다. 그 성을 흙으로 쌓을 수 있으면 흙으로 쌓되 벽돌을 섞어서 쓰고, 돌을 다듬을 수 있으면 돌을 다듬어 쌓되 회로 틈을 메우면 될 것이다.

그리고 비용과 자재와 인부가 소요될 것인데, 모두 총독(總督)과 무원(撫院)에서 시키는 대로 그 도에 가서 그 나라 사람들과 모여 의논하여 처리하도록 해야 할 것이다. 만약 모두 일시에 쌓을 힘이 있으면 일시에 쌓고, 그렇게 할 수 없으면 시기와 힘을 헤아려서 차례차례 쌓도록 해야 할 것이다. 그런데 순무, 사도가 머물러 있을 곳을 빨리 지어야 할 것이다.

부산에서 압록강까지 봉수대를 죽 만들고 봉화를 올려야 할 것이다. 육지에 봉수대가 있고 바다에서도 봉화를 올리면 서로 지원하고 협동하는 데 좋을 것이다.

그 나라 백성들은 왜적이 쳐들어온다는 소문만 듣고도 달아나지 않으면 항복하고, 항복하지 않으면 죽고 만다. 그러니 사실 성이 있어야 마을 사람들을 들여놓아 떠돌아다니는 사람들을 보호하고 달아나거나 죽지 않고 살아가게 할 수 있다.

변란에 대처하는 계책으로는 성을 든든히 하고, 들을 말끔히 비우는 것은 다 좋은 것이다. 적합한 지형을 보아 이곳에는 일반 밭을 두고, 저곳에는 둔전을 두며, 평상시에는 곡식을 모아 창고에 저장하였다가 때가 다가오면 성안으로 옮겨서 보관해야 할 것이다. 그리하여 일단 유사시에 군사를 동원하고 그것을 먹이면 군사와 군량문제가 다 해결될 것이다.

평양, 서울, 부산 세 성에는 모두 많은 군사를 주둔시켜 각각 한 사람의 대장이 거느리고 일상적으로 훈련을 하게 한다면 공격을 하고 방어를 하는 데 다 적합할 것이다. …

그러나 가만히 생각하면, 조선은 극히 영락되어 이런 일들을 혹시 감당해내지 못할 것 같고, 그렇다고 우리가 대신 맡아 하게 되면 의심을 하고 꺼려할 것 같다. 하지만 적들을 모조리 쓸어버리기는 끝내 어려운 일이고, 많은 군사가 다시 동원되기도 결국 어려운 일인 만큼, 시기로 보나 형편으로 보나 절대로 그만둘 수 없다. 나라를 지키는데 있어서 요새지를 설치하는 것은 옛날부터 그렇게 해 오는 것으로서, 비록 소 잃고 외양간 고치는 격이라 하더라도 오히려 늦지는 않을 것이다."」   -〈선조실록〉(1597. 4. 13.(癸酉)-

4월 14일(甲戌). 맑다. 홍(洪) 찰방, 이(李) 별좌가 들어와서 곡을 하고 관을 정돈하였다. 관은 본영에서 준비해 온 것으로 (오는 동안) 전혀 흠이 생긴 데가 없다고 하였다.

4월 15일(乙亥). 맑다. 늦게 입관하였다. 오종수(吳從壽)가 극진한 마음으로 호상해 주니, 뼈가 가루가 되도록 잊을 수 없다. 천안 군수가 들어와 행상을 마련해 주고, 전경복(全慶福)씨가 연일 와서 진심으로 상복 만드는 일 등을 돌보아 주었다. 슬픈 가운데 감사한 말을 어찌 다하랴.

4월 16일(丙子). 궂은비가 내렸다. 배를 끌어 중방포(中方浦)로 옮겨 대고 영구를 상여에 올려 싣고 집으로 돌아오며 마을을 바라보니 찢어지듯 아픈 가슴을 어찌 말로 다할 수 있으랴. 집에 이르러 빈소를 차렸다. 비는 크게 퍼붓는데 남쪽으로 내려가는 일도 급하고, 울부짖으며 다만 어서 죽기만을 기다릴 뿐이었다. 천안 군수가 돌아갔다.

4월 17일(丁丑). 맑다. 금오랑의 서리(書吏) 이수영(李壽永)이 공주로부터 와서 길 가기를 재촉하였다.

4월 18일(戊寅). 비. 하루 종일 비가 왔다. 몸이 몹시 불편했다. 빈소 앞에서 곡만 하다가 종 금수(今守)의 집으로 물러 나왔다.

4월 19일(己卯). 맑다. 일찍 길을 떠나면서 어머님의 빈소 앞에서 하직을 고하고 곡을 하였다. 천지간에 나와 같은 이런 일이 또 어디 있으랴. 차라리 일찍 죽는 것만 못하다. 뢰(蕾)의 집에 이르러 조상의 사당에 하직을 고하고, 그 길로 보산원(寶山院: 광덕면 보산원리)에 이르니 천안 군수가 먼저 와서 말에서 내려 냇가에서 쉬고 있었다. 임천(林川) 군수 한술(韓述)이 서울로 올라가는 도중에 앞길을 지나다가 우리 일행의 소식을 듣고 들어 와서 조문을 하고 갔다. 아들 회(薈), 면(葂), 봉(菶), 해(荄), 분(芬), 완(莞)과 변 주부(卞存緖)가 함께 천안까지 따라 왔다. 원인남(元仁男)도 와서 만나보고, 작별한 뒤 말에 올랐다. 일신역(日新驛: 공주군 장기면 신관리)에 이르러 잤다. 저녁에 비가 뿌렸다.

(*4월 19일자 〈선조실록〉에는 3월 29일자로 원균이 올린 장계가 실려 있는데, 앞으로의 선조와 원균의 관계 및 7월 16일자 칠천량에서의 패전을 이해하는 데 중요한 단서가 되는 문서이다.)

〈허황된 원균의 건의: 정예군사 30만 명 충원을 요청하다〉
「○3월 29일에 올린 (3도 수군통제사 겸) 전라좌수사 원균의 보고서 내용은 이러하였다.
"신이 수영(水營)에 온 이후 가덕, 안골, 죽도, 부산으로 드나드는 적들이 서로 바짝 붙어서 힘을 의지하고 있는데 그 수효는 수만 명에 지나지 않으며, 병력은 외로운 것 같고, 형세도 약해 보입니다. 그 중에서도 안골포와 가덕도 두 곳의 적은 3~4천명도 되지 못하여 형세가 매우 외롭습니다. 만일 육군이 내몰기만 한다면 수군이 이를 섬멸시키기는 대나무를 쪼개는 것보다 쉬울 것입니다.

이제부터 우리 군사가 장수포(長藪浦) 등지로 나가서 진을 치면 뒤 걱정은 조금도 없을 것이고, 다대포, 서평포, 부산포에서 날마다 위력을 시위하면 회복책(恢復策)은 거의 이루어질 수 있을 것입니다.

그렇게 하지 않고 서로 대치하고 있으면서 세월만 보낸다면 1년도 못가서 우리 군사가 먼저 지쳐버릴 것입니다. 내년에 더욱 심해지고 내후년에는 더욱더 심해져서 군사가 약해지고 군량이 떨어진 뒤에는 제아무리 슬기로운 사람이 나타나서 군사를 늘이려고 한들 어찌할 수 없을 것입니다.

어리석은 신의 망령된 생각으로는, 우리나라의 군사는 그 수를 헤아릴 수 없이 많으므로, 늙은이와 허약한 사람을 제쳐놓고라도 정예 군사 30여만 명은 추려낼 수 있으리라고 봅니다.

그리고 지금은 봄철로서 가뭄이 들어 땅이 굳으니 말을 달리고 군사를 움직일 때는 바로 이때입니다. 반드시 4월이나 5월 사이에 수군과 육군이 크게 일어나 한번 결판을 내야 할 것입니다.

만일 시간을 질질 끌다가 7, 8월에 가서 장마로 땅이 진탕이 되어 기병과 보병도 행동하기 불편해지면 그때에는 땅에서는 싸우지 못할 것 같습니다. 더구나 가을 추수 이전부터 바람이 점점 강해져서 파도가 하늘에 닿아 배를 움직이기 매우 어렵게 되면, 그때 가서는 바다에서도 싸우지 못할 것 같습니다. 신이 4~5월 중에 거사를 해야 한다고 말하는 것은 이 점을 우려하기 때문입니다.

그리고 행장과 요시라 등은 거짓으로 강화를 하자고 하지만 그 내막은 알 수 없는 것입니다. 기회를 타서 함께 들이쳐 남김없이 쓸어버린다면 아마 조금이나마 수치를 씻을 수 있을 것입니다. 조정에서는 빨리 잘 조치하기 바랍니다."
그 글을 비변사에 내려 보냈다.」

－〈선조실록〉(1597. 4. 19.(己卯)－

(*당시 조선에서 30만 명의 정예 군사를 무슨 수로 뽑아낼 수 있단 말인가? 그의 비현실적인 제안에 선조조차 어이가 없어서 아무런 말도 하지 않고 그냥 비변사에 내려 보내고 있다.)

〈왜적의 장수 소서행장이 원균에게 보낸 편지〉

「○(4월 19일자에 접수된) 행장의 편지는 이러하였다.

"조선 수군대장 앞으로 보냅니다.

전날 김 절도사(金應瑞)와 굳게 약속한 것이 있어서 김해 군영의 배, 안골포 군영의 배, 우리 군영 중 오도(五島)의 배가 거제도에서 재목을 찍을 때 조선의 배들이 불문곡직하고 그 사람들을 죽이고 그 배까지 빼앗아갔는데, 이것이 무슨 도리입니까? 이것은 틀림없이 큰일을 앞두고 하나의 부스럼처럼 될 것입니다.

그 일 때문에 일본의 여러 군영들에서는 분노하여 이를 갈면서 바다와 육지에서 싸워서 원수를 갚고 치욕을 씻겠다고 말하고 있습니다. 그래서 나는 애써 여러 장수들에게 타이르기를 억지로라도 참고 한번 옳고 그른 것을 따진 다음에 명나라의 석 대인(石星)에게 문서를 보내는 동시에 조선 국왕에게도 보내고, 그렇게 한 다음 바다와 육지에서 싸워서 원수를 갚고 치욕도 씻는 것이 좋을 것이라고 하였습니다.

그랬더니 또 여러 장수들이 말하기를, '그렇다면 네가 시키는 대로 하겠으니 살아남은 사람들이 산속으로 도망쳐 들어갔을 수도 있으니 거제도를 뒤져서 의심을 시원히 풀어주기 바란다.' 고 하였습니다. 그래서 이제 특별히 첨지 벼슬을 받은 요시라(要時羅)를 시켜서 문서를 상세히 만들어 귀하에게 알리는 바입니다.

어째서 이렇게도 심히 약속을 위반하고 믿음을 저버리는 것입니까. 작은 이익을 위해서 큰 일을 망치게 되면 이것은 조선에게는 불충이 되며 또 일본에게는 불신이 될 뿐입니다. 충성스럽지 못하고 신뢰가 없는 자가 어떻게 하늘과 땅 사이에 용납될 수 있겠습니까. 일의 잘잘못에 대하여 명백히 써서 자세한 회답을 보내주기 바랍니다. 삼가 양해하여 주기 바랍니다.

정유년 4월 9일. 풍신행장(豊臣行長).〉

그 글을 비변사에 내려 보냈다.」

−〈선조실록〉(1597. 4. 19.(己卯)−

〈생각이 부족한 원균의 장계: 무슨 수로 30만 명을?〉

「ㅇ비변사에서 건의하였다.

"통제사 원균의 장계에 의하면, 안골과 가덕 두 곳에 있는 적들은 형세가 외롭고 약하므로 만일 육군이 내몰기만 한다면 수군은 쉽게 적을 섬멸할 것이라고 하였으며, 또 우리나라는 30만 명의 정예 군사를 얻을 수 있으니 4월과 5월 사이에 수군과 육군이 대대적으로 출동하여 한번 결판을 내자고 하였습니다.

적을 치려는 그의 의사는 매우 확고합니다. 신 등도 오늘의 형편으로는 오래 끌기 어려우리라고 생각합니다. 대체로 적들은 험한 지형을 차지하고는 둔전을 경작하고 군량을 운반하는 등 주인이 손님을 대하는 자세를 취하고 편안히 지내면서 우리가 지쳐버리기를 기다리고 있습니다. 우리나라의 수군과 육군은 날로 지쳐가니 나중에 가서는 저절로 무너질 형편입니다. 만일 틈을 탈 수 있는 기회만 있다면 한번 결판을 내는 것도 불가피할 것 같습니다.
그쪽에 혹시 틈을 탈 기회가 마련되었는데도 우리가 그 기회를 이용하지 않는다면, 형편은 자연히 팔짱을 끼고 곁에서 구경만 하는 꼴이 되어 가만히 앉아서 기회를 놓치고 말 것입니다. 오늘의 사태가 바로 그러합니다. 만일 그 힘이 적을 눌러놓을 수 있다면 응당 때를 정하여 천둥치듯이 미처 귀도 막을 새 없이 쳐야지 뭣 하러 천리밖에 가서 싸움을 하자고 청하겠습니까.
안골은 지형이 육지에 잇닿아 있어서 육군이 혹시 나아가 싸울 수도 있지만, 가덕은 바다 가운데 있으므로 수군이 아니고는 나아가 싸울 수가 없습니다.
장계의 내용은 생각이 부족한 것 같습니다. 그리고 30만 명의 정예군사도 4월과 5월 안으로는 쉽사리 마련해내지 못할 것입니다. 그러나 그때에 적을 치는 일을 늦출 수 없다는 의향만은 사실 원균이 진술한 것과 같습니다.
이 문제는 도체찰사와 도원수가 마땅히 형편을 보아가며 시기가 좋겠는지 나쁘겠는지를 헤아려 좋을 대로 처리해야 하고, 멀리 있는 조정에서 이래라 저래라 할 수는 없는 것입니다.
이런 내용으로 도체찰사와 도원수에게 급히 비밀지시를 내려 보내되, 다시 형편을 살펴보고 한편으로는 급보를 올리는 동시에 가능하다고 생각되면 기회를 놓치지 않도록 하라고 지시하는 것이 어떻겠습니까."
지시하기를, "나는 될 수 없으리라고 생각한다. 그러나 시험 삼아 지시를 내려 보내는 것도 무방하겠다."라고 하였다.」

－〈선조실록〉(1597. 4. 22.(壬午)－

(*1~2만 명의 군사 동원도 쉽지 않았던 것이 당시의 현실인데 뚱딴지 같이 30만 명의 군사를 쉽게 동원할 수 있다고 주장하는 원균의 장계에 선조는 그만 할 말을 잃고 시큰둥해 하는 표정이 역력하다. 지금 있는 군사로 기회를 보아 치려면 치고 말테면 말 일이지, 되지도 않을 요구는 하지 말라는 투의 지시이다.)

4월 20일(庚辰). 맑다. 공주 정천동(定天洞)에서 아침을 먹고, 저녁에는 니성(尼城: 공주군 노성면 읍내리)에 도착하니 고을원이 반가이 대접해 주었다. (*군청 동헌에서 잤다-초고.) 김덕장(金德章)이 우연히 와서 서로 만나보고, 도사(都事)도 와서 보았다.

4월 21일(辛巳). 맑다. 일찍 떠나 은원(恩院: 논산군 은진면 연서리)에 이르니 김익(金漑)이 우연히 왔다고 하였다. 임달영(任達英)이 곡식을 사러 은진포(恩津浦)에 왔다고 하였는데, 그 행색이 몹시 수상하였다. 저녁에는 여산(礪山: 익산군 여산면 여산리) 관노의 집에서 잤다. 한밤중에 혼자 앉아 있으니 비참한 생각이 들어 견디기 어려웠다.

4월 22일(壬午). 맑다. 정오에 삼례(參禮: 익산군 삼례면 삼례리) 역리(驛吏)의 집에 이르러 점심을 먹었고, 저녁에는 전주 남문 밖 이의신(李義臣)의 집에서 잤다. 판관(判官) 박근(朴勤)이 와서 보았다. 전주 부윤(府尹)도 후한 대접을 해주었다.

4월 23일(癸未). 맑다. 일찍 떠나서 오원역(烏原驛: 임실군 오천면 선천리)에 이르러 아침을 먹었다. 저물어서 임실현(任實縣)에 들어가 잤다. 군수는 나를 규례대로 대우해 주었다(*죄인 다루듯 쌀쌀하게 대해 주었다는 뜻이다-편역자). 군수는 홍언순(洪彦純)이다.

4월 24일(甲申). 맑다. 일찍 떠나서 남원 십리 바깥에 있는 이희경(李喜慶)의 종의 집에 도착해서 잤다.

4월 25일(乙酉). 비가 올 것 같았다. 아침 식후에 길을 떠나 운봉(雲峯: 남원군 운봉면)의 박산취(朴山就)의 집에 들어가니 비가 크게 퍼부어 머리조차 밖으로 내밀 수 없었다. 거기서 들으니, 원수(權慄)는 먼저 순천으로 갔다고 하므로, 곧 사람을 금오랑(金吾郎)에게 보내어 그대로 머물러 있게 하였다. 현감(南侃)은 병으로 나오지 않았다.

4월 26일(丙戌). 흐리고 개지 않았다. 아침 일찍 식사를 하고 길을 떠나 구례현(求禮縣)의 손인필(孫仁弼)의 집에 이르렀다. 현감(李元春)이 급히 나와서 만나보고 매우 융숭하게 대접해 주었다. 김오랑도 와서 보았다.

4월 27일(丁亥). 맑다. 일찍 떠나서 (송치(松峙: 승주군 서면) 아래 이르니 구례 현감이 점심을 지어 보냈다-초고) 순천 송원(松院: 서면 송원리)에 이르자 이득종(李得宗)과 정선(鄭愃)이 와서 문안하였다. 저녁에 정원명(鄭元溟)의 집에 이르니 원수(權慄)가 내가 온 것을 알고 군관 권승경(權承慶)을 보내어 조문을 하고 또 안부도 묻는데, 위로하는 말이 매우 은근하였다. ○저녁에 부사가 와서 만나보았다. 정사준(鄭思竣)도 와서 원공(元均)의 도리에 어긋나고 망령되고 전도된 처사에 관해 많은 말을 하였다.

4월 28일(戊子). 맑다. 아침에 원수가 또 군관 권승경(權承慶)을 보내어 문안하며, "상중에 몸이 피곤할 터이니 기운이 조금 회복되거든 나오도록 하십시오."라고 전하였다. 그리고 또 "지금 들으니, 친하게 지내던 군관이 현재 통제영에 있다고 하여 편지와 공문을 보내서 나오도록 하였으니, 데리고 가서 간호하게 하십시오."라고 하면서 편지와 공문을 만들어 보내왔다.

4월 29일(己丑). 맑다. 신(愼) 사과(司果)와 응원(應元)이 와서 만나보았다. 병사(李福男)도 원수로부터 의논을 들으려고 순천부로 들어왔다고 하였다.

4월 30일(庚寅). 아침에는 흐리고 저물어선 비가 왔다. 병사 이복남(李福男)이 아침 식사 전에 와서 만나보고 원공(元均)에 관한 일을 많이 이야기하였다. 감사(監司)도 원수에게 왔다가 군관을 보내어 안부를 물었다.

1597(丁酉)년 5월

(*이달에 있었던 나라 안의 주요 사건들을 〈선조수정실록〉에 의거 요약하면 다음과 같다.
○이때 군량이 떨어져서 백성들이 곡식을 바치고 높은 벼슬을 받게 하면서 천한 사람들에게까지 벼슬을 주었으므로, 벼슬길이 더없이 문란해졌다.
○부총병 양원(楊元)이 군사 3천 명을 거느리고 서울에 먼저 도착하여 여러 달 머물러 있다가 남쪽으로 내려갔다. 예조참판 정기원(鄭期遠)을 접반사로 임명하였다.
이보다 먼저 참장(參將) 낙상지(駱尙志)가 남원성을 증축하였는데, 양원이 내려와서 그것을 지켜야 한다고 하였다. 여러 사람들의 의견은 모두 성 바깥에 있는 교룡산성(蛟龍山城)이 견고하여 믿음직하다고 하였지만, 양원은 그런 의견을 따르지 않았다.)

5월 1일(辛卯). 비. 비. 신(愼) 사과(司果)가 머물러 있으면서 이야기하였다. (*순찰사(巡察使)와 병사(兵使)는 원수(元帥)가 머무는 정사준(鄭思竣)의 집에 같이 모여서 술을 마시며 즐겁게 논다고 하였다.-초고)

5월 2일(壬辰). 늦게 개었다. 원수(權慄)는 보성으로 가고, 병사(李福

男)는 본영으로 가고, 순찰사(朴弘老)는 담양 가는 길에 와서 만나 보고 돌아갔다. 순천 부사(禹致績)도 와서 보았다. 진흥국(陳興國)이 좌영(左營)으로부터 와서 눈물을 뿌리면서 원균(元均)의 일을 말하였다. 이형복(李亨福), 신홍수(申弘壽)도 왔다. 남원의 종 말석(末石)이가 아산에서 와서, 어머님의 영연(靈筵)을 편안히 모셨다고 전하였다. 홀로 빈 동헌에 앉아 있으니 비통한 마음 견디기 힘들었다.

5월 3일(癸巳). 맑다. 이기남(李奇男)이 찾아와서 만나보았다. ○아들 울(蔚)의 이름을 열(荐)로 고쳤다. 싹이 돋아나기 시작하거나 초목이 기운차게 자란다는 뜻으로, 그 뜻이 매우 좋다. ○늦게 강소초(姜所酢)가 와서 보고 곡을 하였다. 오후 4시경(申時)에 비가 뿌렸다. 저녁에 순천 부사(禹致績)가 와서 만나보았다.

5월 4일(甲午). 비가 왔다. 이날은 바로 어머님의 생신날이니 비통한 마음을 참기 어려웠다. 새벽닭이 울 때 일어나 앉아서 눈물만 줄줄 흘렸다. ○오후에 비가 몹시 내렸다. 정사준(鄭思竣)이 오고 이수원(李壽元)도 왔다.

5월 5일(乙未). 맑다. 새벽 꿈자리가 몹시 사나웠다. 아침에 부사가 찾아왔다. 늦게 충청우후 원유남(元裕男)이 한산도로부터 와서 원공(元公: 元均)의 흉측하고 패악한 일들에 대해 많이 전하고 또 진중 장졸들의 마음이 이반(離叛)하므로 앞으로 일이 어찌 될지 알 수 없다고 하였다. ○이날은 단오절인데도 천리 밖 멀리 종군하여 어머님의 영연(靈筵)을 멀리 떠나와 장례도 못 지냈으니, 무슨 죄로 이런 갚음을 당하는가. 가슴이 찢어지는 듯 아팠다. (*〈나와 같은 운수는 고금(古今)에 둘도 없을 것이다. 다만 때를 잘못 만난 것을 한탄할 뿐이다.〉-초고.)

5월 6일(丙申). 맑다. 능성(綾城) 현감 이계명(李繼命)도 복상(服喪) 중에 기용된 사람인데, 늦게 찾아와서 만나보고 돌아갔다. 정원명(鄭元溟)이 한산에서 돌아왔다.(*〈흉측한 사람(元均)의 못된 짓에 대해 많이 전했다.〉-초고.) 부체찰사(韓孝純)가 좌영(左營)으로 나와서 병으로 몸조리를 하고 있다고 전하였다. 우수사(李億祺)가 편지를 보내어 조상(弔喪)하였다.
(*〈꿈에 죽은 두 형들과 서로 부둥켜안고 통곡하며 "장사도 못 지내고 천리 먼 길에 종군을 하니 누가 그 일을 맡아 할 것이냐, 어찌한단 말이냐."고 하였는데, 이는 두 형들의 혼령이 천리를 따라온 것인지라, 슬픈 생각을 금할 길 없다. 아침저녁으로 그립고 슬픈 생각에 눈물이 엉겨서 피가 되건만 하늘은 어찌하여 아무 말 없고 나를 살펴주지 아니하는가. 어째서 빨리 죽여주지 않는가.〉-초고.)

5월 7일(丁酉). 맑다. 아침에 정혜사(定惠寺)의 중 덕수(德修)가 와서 짚신 한 켤레를 바치므로 거절하고 받지 않았으나, 두세 번 거듭 간절히 말하므로 값을 쳐서 주어 보냈다. (*〈짚신은 곧 정원명(鄭元溟)에게 주었다.〉-초고.) ○송대기(宋大器), 유몽길(柳夢吉)이 와서 보았다. 서산 군수(安适)가 한산에서 왔고(*〈흉측한 자(元均)의 못된 짓을 많이 전했다.〉-초고), 이원룡(李元龍)은 수영(水營)에서 돌아왔다.

5월 8일(戊戌). 맑다. 아침에 중 수인(守仁)이 밥 할 중 두우(杜宇)를 데리고 왔다.(*〈이날 새벽에 맹호를 두들겨 죽이고 껍질을 벗기고서 휘두르는 꿈을 꿨는데, 무슨 징조인지 모르겠다.〉-초고.) ○조종(趙琮)이 이름을 환(瑍)으로 고치고 찾아왔다. ○원령(元令: 元均)이 편지를 보내어 조상하였는데, 이는 원수(權慄)가 명령을 해서 한 것이었다. (*〈이경신(李敬信)이 한산도로부터 와서 음흉한 원균의 일에 대해 많이 말하였다. 또 원균이 데리고 온 서리(書吏)를 곡식 사들이라는 명목으로 육지로 보내 놓고 그 처를 사통하려 했으나 그 처가 악을 쓰며 따르지 않고 밖으로 뛰쳐나가면서 큰소리를 질렀다고 하는 것이었다. 원균은 온갖 계략으로 나를 모함하는데, 이 또한 운수 소치이다. 그가 뇌물로 실어 보내는 짐이 서울로 가는 길에 잇달았으며, 그리고 나를 모함하고 헐뜯는 일이 날이 갈수록 심해 가니, 다만 내가 때를 못 만난 것을 한탄할 따름이다.〉-초고.)

〈서울에 온 명나라 장수를 접대하는 선조의 모습〉

(*이날 명나라의 총병 양원(楊元)이 서울에 도착하였다. 그와 조선의 임금 사이의 대화를 통해 조선과 명나라의 관계를 살펴본다.)

「○양 총병(楊摠兵)이 왔다. 임금이 모화관에 가서 맞아 위로하는 의식을 가졌다.

선조: "명나라에서 우리나라를 구제해 주니 그 은혜는 실로 끝이 없습니다.

양원: 지난날에 군사를 편성해 가지고 나와서 다만 2개 성을 회복하였을 뿐 왜놈들을 섬멸하지 못했습니다. 이제 국왕을 뵙게 되면서 나는 대단히 부끄럽게 생각합니다.

선조: 전에 이미 은혜를 입었는데 이번에 또다시 나와 주었으니 사례하는 인사를 드리려 합니다.

양원: 수고스럽게 그럴 것 없습니다.

(선조가 재차 사례하는 인사를 하겠다고 하자 총병이 말했다.)

양원: 적을 섬멸한 뒤에 사례 인사를 하는 것이 좋겠습니다.

(선조가 양총병과 절을 하고 읍을 한 다음 자리에 앉았다.)

양원: 왜적을 방어할 가장 긴요한 곳은 어디입니까?

선조: 조령(鳥嶺: 문경새재) 이남은 너무나 파괴되어 많은 군사가 머물 수 없습니다. 남원은 바로 전라도의 요해처로서 딴 도에 비하여 어느 정도 온전한 편입니다. 이곳이 어떻겠습니까?

양원: 나도 지시를 받고 나온 이상 조선 장수들과 무엇이 다르겠습니까. 그저 요해처가 어디인지를 알고 굳게 지키려 할 따름입니다. 그런데 내가 머물 곳은 반드시 말을 달리기에 편리한 곳이어야 되겠습니다. 그리고 오(吳) 총병이 오면 어디를 지켜야 하겠습니까?

선조: 남원이 말을 달리기에 편리합니다. 그래서 우리나라의 의견으로는 대인이 그곳에 머무르고 오 대인은 충주에 주둔하였으면 합니다.

양원: 그렇게 하면 좋겠습니다. 그런데 우리나라의 지시는 이와 다르니 빨리 공문을 띄워야 할 것입니다. 그리고 남원에는 군량이 있습니까?

선조: 군량을 간신히 마련하기는 하였으나 온 나라가 거덜난 나머지 저축한 것이 넉넉하지는 못합니다.

양원: 군량이 넉넉해야만 성을 지켜낼 수 있습니다. 넉넉하지 못하면 3천 명의 군사가 먹을 것을 어떻게 공급하겠습니까?

선조: 만일 3만 명이 반달쯤 먹을 것이라면 계속 대기 어렵겠지만 3천 명이 먹을 것이라면 어찌 마련하지 못하겠습니까.

양원: 권율과 김응서가 거느린 군사는 얼마나 되며 또 어떤 일을 담당하고 있습니까?

(선조가 이항복을 불러서 물어보았더니 대답하였다.)

이항복: 성윤문(成允文)과 김응서(金應瑞)가 거느린 군사가 각각 2천 명이며, 권율은 다만 휘하의 군사들만 거느리고 있고, 여러 장수들이 거느리고 있는 군사들은 좌도와 우도를 합쳐 겨우 1만

여 명입니다.

양원: 나는 반드시 품계가 높은 소국의 신하와 함께 지휘해야겠으니 김응서, 성윤문과 함께 힘을 합쳐 일하겠습니다. 그리고 남원성은 견고하지 못하므로 반드시 고쳐 쌓아야 하겠는데, 고을 원인 최렴(崔濂)과 전주 부윤인 박경신(朴慶新)이 힘을 합쳐 쌓는 것이 좋겠습니다.

선조: 성을 수축하는 문제는 분부대로 하겠습니다. 그리고 대인은 일체 명령할 것이 있으면 권율에게 하는 것이 좋겠습니다.

양원: 나로 말하면 명나라 조정에서는 극히 중요한 인물이며 나의 권한도 (조선) 국왕보다 많습니다. 지금 황제의 지시를 받들고 나온 만큼 군사들이 만일 법을 어기는 경우가 있으면 즉시 해당하는 형벌을 적용할 것입니다. 그런데 귀국은 매사에 게을리 하고 있으니 반드시 단단히 단속해야 하겠습니다.

선조: 소국의 신하는 마땅히 말씀대로 할 것입니다. 소국의 장수들에게 죄가 있을 경우에는 대인께서 응당 추궁해야 할 것입니다.

양원: (선조에게 들으라는 듯이 큰 소리로 통역관에게 이르기를,) 너희 나라 사람들은 원래 비겁하여 적을 보기만 하면 달아나기에 정신이 없는데, 뒷날에도 만약 다시 그렇게 한다면 내 손으로 목을 베어버릴 것이다. 이제 성을 수축하고 굳게 지킨다면 전라도 한 개 도는 철옹성같이 될 것이다.

선조: 우리나라를 위해서 이렇게 분부하니 매우 감사합니다. 마땅히 가르침대로 거듭 단속하겠습니다. (그리고 이항복에게 지시하였다.) 총병의 의도에 대하여 먼저 여러 장수들에게 지시를 내리도록 하라.

양원: 군사가들에겐 원래 이길 때도 있고 질 때도 있는 법인데, 내

가 어떻게 귀국 사람들처럼 적을 보면 군사들을 이끌고 도망치
겠습니까. 스스로 죽기를 각오할 뿐입니다.
　　(임금이 양원에게 차 대접을 하고 나서 예물 목록을 주니 양총병이
　말했다.)
양원: 주는 예물이 퍽 많은데, 이번에는 받을 수 없습니다. 뒷날
　　성공한 뒤에는 아무리 많아도 어찌 사양하겠습니까. 전날 평양
　　싸움에서 이긴 뒤에는 국왕이 후하게 예물을 주었어도 마음 놓
　　고 받았던 것입니다.
선조: 대인이 거듭 우리나라에 왔는데 이런 인사가 없어서야 되겠
　　습니까.
양원: 전에 보낸 것을 이미 받았으니 이것은 절대로 받을 수 없습
　　니다."
　　임금이 절하는 의식을 하자고 청하니 양원은 읍을 하고 그만두자
　　고 청하였다.」　　　　　　　-〈선조실록〉(1597. 5. 8.(戊戌)-

(*명나라 장수를 대하는 조선 국왕의 태도나 자세에서 한없는 비애와
함께 자존심이 땅바닥에 떨어져 짓뭉개지는 수모와 고통을 느끼지 않
을 수 없다. 이 모두가 못난 임금을 둔 국민들의 서러움일 것이다.)

5월 9일(己亥). 흐리다. 아침에 이형립(李亨立)이 와서 보았다. 순천급
　　제(及第) 강승훈(姜承勳)이 모집에 응모해 왔다. (*〈종 한경(漢京)이
　　보성에서 말을 끌고 왔다.〉-초고.)

〈조선의 모든 장수들은 양 총병의 지휘를 받으라!〉
　　「○비변사에서 건의하였다.
　　"양 총병이 우리나라의 여러 장수들에게 원수 이하가 그의 통제

를 받게 되었음을 알리기 위하여 내려보낼 공문의 내용을 먼저 보겠다고 하니, 오늘 중으로 회보하지 않아서는 안 되겠습니다.
이제 이런 내용으로 도원수(權慄)에게 지시를 내릴까 합니다.

'명나라의 많은 군사가 왜적을 정벌하려고 황제의 지시를 받고 나왔다. 황제가 파견한 양 총병이 선봉 부대를 거느리고 앞으로 나아가 전라도와 경상도 지방에 머무르면서 군사에 관한 일을 도맡아 통제하게 될 것이다.
대체로 군사에 관한 일에서는 엄격한 것을 중요시하며, 옛날에도 이르기를, 위엄이 사랑보다 앞서야 반드시 이길 수 있다고 하였다. 그런데 우리나라에서는 군사상 명령이 엄격하지 않아 사람들의 마음이 풀리고 군사에 관계되는 일들이 거의 다 해이해지고 있다.
이제부터 만일 종전처럼 게을리 하고 지체시켜 군사 관계의 중요한 일을 그르치는 자가 있으면 총병이 일체 중한 법으로 다스리고 절대로 가볍게 용서하지 않을 것이다. 경(卿)은 여러 진의 장수들인 김응서, 성윤문, 고언백(高彦伯), 권응수(權應銖), 박명현(朴名賢) 이하를 단단히 타일러서 지시를 받들어 한결같이 집행하며 군령을 어기는 일이 없도록 할 것이다.'
이런 내용으로 지시문을 만들고 특별히 선전관을 파견하는 것이 어떻겠습니까?"
지시하기를 "건의한 대로 하도록 하라."고 하였다.」

−〈선조실록〉(1597. 5. 9.(己亥)−

(*조선의 군사 통수권이 명나라로 넘어갔음을 공식적으로 알리는 통지문이다. 외교관계에서뿐만 아니라 군사상으로도 완전히 속국으로 전락하였음을 선포한 역사적 문건이다.)

5월 10일(庚子). 궂은비가 내렸다. 늦게 큰 비가 왔다. 집주인이 보리밥을 지어 들여왔다. 부사(副使)도 조문하는 글을 보내왔다. 녹도만호 송여종(宋汝悰)도 위문품을 보내왔다.(*〈송여종이 삼과 종이 두 가지를 부의로 보내왔다. 전라도 순찰사가 백미와 중품 쌀 각각 20말과 콩, 소금도 구해서 군관 편으로 보낸다고 말했다.〉-초고.)

5월 11일(辛丑). 맑다. 전 광양 군수 김성(金惺)이 체찰사(李元翼)의 군관으로서 (*〈화살대 구할 일로〉-초고.) 순천에 왔다가 그 길에 와서 보았다. (*〈소문을 많이 전하는데 그 소문이란 게 모두 흉측한 자(元均)에 대한 일이었다.〉-초고.) ○부체찰사(副使)가 마을에 이르렀는데 정사립(鄭思立)과 양정언(梁廷彦)이 와서 전하기를, 부체찰사가 찾아와 보고자 한다고 하였으나, 나는 몸이 불편하여 만날 수 없다고 거절하였다.

5월 12일(壬寅). 맑다. 이원용(李元龍)을 보내어 부체찰사(副使)에게 문안하였더니, 부체찰사도 김덕린(金德麟)을 나에게 보내어 문안하였다. (*〈아침에 아들 열(荵)을 부체찰사 있는 곳에 보냈다. 남해 현령이 조문 편지를 보내고 또 쌀 2섬, 참기름 2되, 꿀 5되, 조 1섬, 미역 2동을 보내왔다.〉-초고.) 저녁에 향사당(鄕社堂)으로 가서 부체찰사와 같이 밤 늦도록 이야기하고, 자정 무렵에야 숙소로 돌아왔다.

〈조정에 앉아서 바다 위 싸움을 지휘하는 조선의 문신들〉
「○비변사에서 건의하였다.
 "도원수 권율의 장계를 보니, 지금 한산도에 도착한 수군의 배가 134척이고, 이미 떠났으나 도착하지 못한 것이 5~6척이며, 특별하게 만들게 되어 20일 경에 완성할 것이 48척이라고 하였습니다.

통틀어 계산하면 앞으로 180여 척에 달할 것인데, 이것은 바로 큰 판옥선들입니다. 이 밖의 기세를 돋울만한 전선의 수도 틀림없이 많을 것입니다.

애당초 수군을 모은 목적은 단지 바다 길을 끊어 적들로 하여금 뒤가 염려되어 돌아보게 하자는 것이었습니다. 이렇게 하면 육지에 있는 적들은 소굴이 아무리 견고하더라도 형편상 동요되지 않을 수 없을 것이니, 이야말로 오늘의 큰 계책입니다.

그런데 어떤 사람들은 말하기를, 적군이 지금 안골포와 가덕도에 둥지를 틀고 있으므로 우리나라 수군이 그곳을 지나서 부산으로 가는 길을 가로막기는 어려울 것이라고 하는데, 사실상 형편은 그러합니다.

처음에는 두 적이 서로 뜻이 맞지 않아서 행장의 입장에서는 가만히 앉아서 이기는지 지는지 두고 보거나 하려는 생각이 없지 않았기 때문에 한산도의 수군이 한번 부산에 갔다 올 수 있었습니다. 이제 권율의 장계를 보아도 역시 본래의 의도는 수군을 크게 벌려서 나오는 배들을 막자는 것이었는데, 요즘에 와서 수군은 거제 등지에서 적선을 수색하여 잡기 위해 드나드는 데 지나지 않으며 부산 앞바다로는 왕래하지 않기 때문에 군량을 실은 적선들이 아무 거리낌 없이 계속 나오게 하니 대단히 언짢다고 하였습니다. 그 말이 매우 옳은 말입니다.

지금 수군의 배들과 격군들이 대강 모였으니 통제사 원균에게 다시 형편을 살펴보고 거제와 옥포 등지로 나아가 주둔하면서 망을 보다가 부산과 대마도의 통로를 차단할 계책을 세우도록 해야 할 것입니다.

설령 큰 싸움은 못하더라도 배들을 세 함대로 나누어 절영도 앞바다에 교대로 드나들게 하여 뒤 함대가 잇달아 나가면 앞의 함대가 되돌아오는 식으로 수군들이 계속 오가게 한다면, 부산과 서생포에 올라와 있는 적들은 모두 군량 보급길이 끊어질까봐 걱정할 것이고, 계속해서 나오던 적선들도 틀림없이 바다를 건너기가 어렵지 않을까 의심하고 주저하면서 제멋대로 돌아다니지는 못할 것입니다. 이렇게 되면 적들의 세력은 앞뒤가 끊어질 것이므로 해볼 수 있을 것입니다.

대체로 군사를 움직임에는 기회를 잘 타는 것을 중요하게 여깁니다. 그리고 강한 적은 피하고 틈이 있는 적은 친다는 말도 있습니다. 그런데 지금 어떤 사람들은 곧바로 적들의 소굴을 치자고 하는데, 이것은 바로 강한 적을 치는 것으로서 병가(兵家)들이 꺼리는 일입니다. 반드시 우리의 장점을 이용하여 적의 약한 고리를 억눌러 놓아야 이길 수 있는 것입니다.

요즘 적들의 형편을 보면 오랫동안 둥지를 틀고 있으면서 나오지 않고 늘 큰 소리로 위협하지만, 흉한 무리들이 아직 다 모이지 못했고 군량도 이어대지 못하고 있으니, 이때야말로 기회를 타서 침으로써 이길 수 있는 때입니다.

육지 싸움에 대하여 말한다면, 사실 쉽게 할 수 없습니다. 그러나 지난날 행주와 파주에서 하듯이 먼저 지형을 골라서 요해지를 정비한 다음 굳게 지킴으로써 적들이 당해낼 수 없는 형세를 이루어야 할 것입니다.

이렇게 하여 정예 군사들을 엄밀히 뽑아서 부대를 나누고 장수를 열씩 또는 다섯씩 묶어 밤낮으로 들이침으로써 나무를 하거나 농사를 짓는 적들이 뒤숭숭하여 불안하게 만든다면, 적들은 틀림없이 홧김에 들고 일어나 우리 진지로 쳐들어올 것입니다. 이것은 바로 군사 전략가들이 사람을 끌어들이는 꾀인데, 이를 제어하기란 매우 쉽습니다.

만약 행주 싸움에서처럼 우리 군사가 이기고 적들의 형세가 꺾이게 되면 적들의 기세는 곧바로 꺾여지고 말 것입니다. 그리하여 수군과 육군이 이 기회를 탄다면 이기지 못할 리가 없을 것입니다. 신 등의 어리석은 소견은 이러한데, 이것은 경솔하고 망령되게 행동하는 것과는 차이가 있습니다. 청컨대 이러한 내용으로 도체찰사(李元翼)와 도원수(權慄)에게 비밀 지시를 내려 다시 잘 헤아려 수군과 육군의 여러 장수들과 약속하고 기회를 놓치는 일이 없도록 하라고 해야 합니다. 즉시 선전관으로 하여금 급히 밤낮을 가리지 말고 달려가게 하는 것이 어떻겠습니까?"

대답하기를 "올린 글의 내용은 매우 정당하다. 그러나 나의 소견에는 그렇지 않은 점이 있다. 체찰사도 아마 나름대로 생각이 있을 것이니 스스로 적절하게 지휘할 것이다. 지시를 내릴 필요는 없겠다."라고 하였다.」　　　　　　　　　　－〈선조실록〉(1597. 5. 12.(壬寅)－

〈6~7월경에 쳐들어가겠다는 왜적의 통보〉

「○병조판서 이항복이 삼가 보고합니다.

〈올해 5월 12일 경상도 등 도체찰사 이원익의 급보에 의하면, 정탐병 박기남(朴奇男)의 보고에는 "올해 4월 24일 큰 배 3척이 일본으로부터 바다를 건너왔는데 몰래 알아본 결과 각 배들에 싸움말 10여 마리씩을 실었으며, 또 왜인들이 하는 말을 들은대, 조선에서 만일 화친을 맺지 않을 경우에는 일본이 많은 군사로 올해 6~7월경에 대대적으로 바다를 건너와 먼저 전라도 지방을 치고 멋대로 분탕질을 하겠다."고 하였다는 것이었습니다.

이것은 적정을 보고한 것으로서 마땅히 자세히 보고하여야 하겠기에 이렇게 삼가 보고합니다. 만력 25년 5월 12일.〉」

－〈선조실록〉(1597. 5. 12.(壬寅)－

5월 13일(癸卯). 맑다. 지난 밤 부체찰사(副使)가 말하기를, 체찰사가 보낸 편지에서 영공(令公: 元均)의 일에 대해 많이 탄식하더라고 하였다. 순천 부사(禹致績)가 노자를 보내주었는데, 미안하였다.

〈명나라 장수에게 먼저 절을 올리는 선조〉

　　(*이 날짜 〈선조실록〉의 기사를 통하여 국왕인 선조가 명나라 장수 총병 양원(楊元)을 대하는 태도를 볼 수 있다.
　　평소 그가 자기 나라의 유능한 신하들을 이런 마음과 자세로 대했던들, 그들은 더욱 지혜를 짜내고 분골쇄신 노력하였을 터이니, 어찌 나라가 이 지경이 되었겠는가. 생각할수록 아쉽고 분하다.)

「○임금이 남별궁에 가서 양 총병(楊元)을 접견하였다.
　　(*임금이 절을 올리겠다고 청하니, 양 총병이 말했다.)
양원: "전날 교외에서 맞이할 때 이미 절을 하였으니 그저 읍(揖)이나 하기 바랍니다.
선조: 대인이 이제 숙소에 처음 왔으니 절하는 예절을 차리려고 합니다. 제사가 연달아 있었기에 오래 지체시켜 황송하기 그지없습니다.
양원: 나도 맡은 일을 끝내지 못하여 그것이 끝나기를 기다리다보니 이제야 비로소 만나 뵙게 되었습니다.
그리고는 이어서 차 대접을 하였다.
선조: 대인의 명령이 엄하고도 명백하여 조금도 폐를 끼치는 일이 없으니 참으로 감격스럽습니다. 다만 우리나라가 거덜나서 여러 가지 공급(供給)이 마음에 맞지 않을 것 같아 더욱 부끄럽습니다.
양원: 아마 사람과 말들이 귀국에 해를 끼칠 것입니다. 이렇게 큰

집에는 내가 와서 있고 국왕은 여염(閭閻)집에 거처하고 있으니 너무 미안합니다.

선조: 말씀만 들어도 대단히 감사합니다.

양원: 오랫동안 민가(民家)에서 거처하면 불편할 것입니다. 만일 옛 대궐 터에 몇 채의 집을 짓고 거처한다면 백성들의 마음도 틀림없이 안정될 것입니다. 국왕은 그렇게 할 생각이 없습니까?

선조: 만약 토목공사를 벌린다면 마땅히 먼저 종묘부터 지어야 할 터인데도, 백성들이 기진맥진하여 공사를 시작할 수가 없습니다.

양원: 호남에 있는 군사들을 조사하였더니 그 수가 1,500명이었습니다. 그런데 전부 명색뿐이고 실속이 없습니다. 만일 급한 일이 생길 경우에는 성윤문(成允文)이 거느린 군사가 와서 협력하여 함께 방어할 수 있겠습니까? 오(吳) 유격(遊擊)이 와도 협력하여 방어할 일이 있습니까?

선조: (이항복을 불러서 물었다) 전라도의 군사 1,500명은 누가 거느리고 있는가? 그리고 지금 있는 군사가 그것뿐인가?

이항복: 그것을 이복남(李福男)이 거느리고 있는데, 인원수는 그 정도밖에 되지 않습니다.

선조(양 총병에게): 오 총병은 조령을 지켜야 하고 우리나라의 여러 장수들은 좌도와 우도에 나뉘어 주둔하면서 해당 지역을 방어해야 할 것입니다. 그리고 호남에 경보가 있게 되면 영남에도 근심이 없기 어려우니, 저쪽을 버리고 이쪽에만 모일 수는 없습니다. 충청도에도 여러 장수들이 있으니 대인의 분부를 들으면 힘을 합쳐 방어할 수 있을 것입니다.

양원: 그렇다면 좋습니다. 그리고 여러 장수들은 누가 지휘할 수 있습니까?

선조: 원수(元帥)가 있습니다.

양원: 한산도의 수군이 겨우 1만 명인데, 싸움에 지쳐서 쓸 만한 사람은 5천명도 채 되지 않는다고 합니다. 적들이 만일 물길을 따라 한쪽으로는 한강으로 곧바로 쳐들어오고 한쪽으로는 임진강으로 곧바로 쳐들어오면 이거야말로 몹시 걱정스러운 일입니다. 어떻게 하겠습니까?

선조: 저 적들이 이전에 수군에게 여지없이 패했는데, 지금 한창 틈을 노리면서 수군과 육군이 함께 쳐들어올 궁리를 하고 있습니다. 우리나라는 이 점을 걱정하여 황제에게 수군을 요청하여 방어에 대한 도움을 받으려는 것입니다. 만일 대인께서 다시 문서로 요청해 준다면 더 없이 다행이겠습니다. 군사가 바다 길로 오게 되면 군량을 나르는 데도 매우 편리할 것입니다.

양원: 수군이 그렇게 요긴하기 때문에 손(孫) 군문(軍門)이 이미 1만여 명을 뽑아 놓았습니다. 그리고 한산도의 군사들은 벌써 오랫동안의 싸움에서 보나마나 극도로 지쳤을 것이니, 반드시 더욱 신칙(申飭)하여 힘껏 지키도록 해야 하겠습니다. 내가 남원을 지키고 오총병이 조령을 지키면 적을 막을 수 있으니 국왕은 마음을 놓기 바랍니다. 그리고 옛사람들의 말에 '두 사람이 마음을 합치면 쇠라도 잘라낸다(二人同心, 其利斷金)'고 하였으니, 귀국의 장수들이 마음을 합쳐 일을 한다면 그까짓 하찮은 것들을 쓸어버리기야 무슨 문제가 되겠습니까.

그리고, 내가 이곳에 와서 귀국의 사정을 보니 늘 군사기밀을 누설하여 적들의 귀에 들어가게 하는데, 이 문제에 대하여 반드시 더 엄하게 단속해야 할 것입니다.

명나라는 귀국의 일로 이미 온 나라의 재물이 거덜나고 백성들이 피폐해 있습니다. 국왕의 성의를 보아 끝까지 구원하려다 보니 이렇게 된 것입니다. 도대체 천하의 군사를 가지고 어찌 하찮은 것들과 충돌하는 것을 근심하겠습니까. 아무리 많은 왜적인들 명나라 군사를 어찌할 수 있겠습니까. 국왕은 다만 명나라의 지극한 뜻을 알고 더욱 힘써야 할 것입니다.

선조: 우리나라가 오늘까지 보전된 것은 모두 황제의 은혜인데 어찌 황제의 뜻을 받들고 떨쳐 일어나서 적을 막으려 하지 않겠습니까.

············ ············ ············

양원: 내가 데리고 있는 역관(譯官)이 나를 따라 오랫동안 수고했는데 어떤 벼슬을 주어 그의 마음을 위로해주기 바랍니다.

선조: 그것은 직분상 응당 해야 할 일인데 어찌 표창하겠습니까. 그러나 대인의 분부가 그러하니 따라야 할 것입니다."

끝날 무렵에 선조가 절을 하겠다고 하자 양원이 말하기를, "그렇게 할 수 없습니다."고 하면서 읍(揖)을 하고 파했다.」

-〈선조실록〉(1597. 5. 13.(癸卯)-

5월 14일(甲辰). 맑다. 아침에 순천 부사(禹致績)가 와서 만나보고 돌아갔고, 부체찰사는 부유(富有: 승주군 주암면 창촌리)로 향해 갔다. ○정사준(鄭思竣), 정사립(鄭思立), 양정언(梁廷彦)들이 와서 나를 모시고 가겠다고 고하기에, 일찍 아침을 먹고 길을 떠나 송치(松峙: 승주군 서면) 밑에 이르러 말을 쉬었다. (*〈혼자 바위 위에 앉아 한 시간이 넘도록 곤하게 잤다.〉-초고). 운봉(雲峯)과 박산취(朴山就)가 왔다. 저물녘에 찬수강(粲水江: 승주군 황전면)에 도착하였다. 말에서 내려 걸어서 강을 건너 구례 고을(孫仁弼의 집)에 이르니, 구례 현감(李元春)이 찾아와서 만나보았다.

5월 15일(乙巳). 비가 오다 개었다 하였다. (*〈주인집이 너무 낮고 깨끗하지 못하여 파리가 벌 떼처럼 모여들어 밥을 먹을 수 없으므로 관아의 정자로 옮겨왔더니 남풍이 바로 불어 들어오는 것이었다.〉-초고). 구례 현감과 하루 종일 같이 이야기하였다.

〈막대기를 들고 싸우러 온 명나라 군사들〉

「○정오(午時)에 대신들과 비변사의 담당 당상관들을 편전으로 불러들여 만나보았다.

    (*참석자: 영의정 유성룡, 중추부 판사 윤두수, 좌의정 김응남, 형조판서 김명원, 병조판서 이항복, 중추부 동지 류영경, 이조참판 이정형 등 외에 6명.)

선조: "양 총병(楊元)은 어느 날 (남원으로)출발하려 하는가?

유성룡: 모승선(毛承先)이 아침에 신의 집에 왔기에 물어보았더니, 아직 떠날 기일을 정하지 못했다고 하였습니다.

선조: 중국 관리가 재상들의 집에 가면 어떻게 접대하는가?

김응남: 전에 섭(葉) 유격(遊擊)이 신의 집에 두 번 온 것을 차 대신 꿀물로 접대하였습니다.

유성룡: 모승선이 와서, 쇠로 만든 창을 보내주었으면 좋겠다고 말했습니다.

선조: 무기를 가지고 오지 않았는가?

이항복: 요동의 군사는 본래 무기가 없습니다. 전에 조 총병(趙承勳)이 주둔하고 있는 곳에서 보니, 활을 가지고 있는 사람은 겨우 천 명에 백 명 정도였고, 그 나머지는 모두 막대기를 가지고 있었습니다.

선조: 무기가 그 모양이면 적과 마주쳐서 무엇으로 막겠는가. 전에 모화관에서 명나라 군사를 보니 무기가 전혀 없기에 그때도

물어본 적이 있었다. 그런데 무기는 변변치 못하지만 군사들의 위용은 정숙한 것이 우리나라에 비할 바가 아니었다.

마귀(麻貴)와 그 밖의 장수들이 한꺼번에 나오게 되면 곧 적을 섬멸시킬 수 있겠는가? 만일 그렇지 않고 오래 끄는 날에는 어떻게 막아낼 수 있겠는가.

이항복: 공문에도 경솔하게 함부로 싸우지 말라는 말이 있었는데, 이것으로 보면 틀림없이 오래 끌게 될 것입니다.

유성룡: 조령 이북은 한 치의 땅도 잃은 것이 없으니 조선으로 하여금 조선을 지키게 하고, 한 해 뒤에는 조선의 식량으로 공급할 것이라고 한 것으로 볼 때, 지탱해낼 형편이 전혀 없습니다. 신의 생각으로는 명나라 군사로써 기세를 떨쳐 보이고 우리 군사로 해치우는 것이 좋겠습니다. 형편상 오래 끌 수는 없습니다.

선조: 하지만 명나라 공문에서 경솔하게 싸우는 것을 경계하고 있으니 잘 생각하지 않고 싸운다면 뒷날에 걱정이 생길 것 같다.

유성룡: 공문에는 또한 기회를 보아서 싸움을 결판내라는 말도 있습니다. 원래 공격하거나 방어하는 기회를 멀리 앉아서 헤아릴 수는 없습니다. 물론 적의 소굴로 경솔하게 달려들어서는 안 되겠지만, 만일 행주와 독성(禿城)처럼 유리한 지형을 차지하고 지키면서 적의 많은 군사가 모이지 못하고 군량이 넉넉하지 못한 틈을 타서 군사를 풀어 들이친다면 혹시 성공할 수 있을 것 같기도 합니다." 」 －〈선조실록〉(1597. 5. 15.(乙巳)－

5월 16일(丙午). 맑다. 저녁에 남원의 탐후인(探候人)이 돌아와서 전하기를, 체찰사(李元翼)가 내일 곡성(谷城)을 거쳐 본 고을(求禮)로 들어와서 며칠 묵은 뒤, 진주(晉州)로 갈 것이라고 하였다.

5월 17일(丁未). 맑다. 남원의 탐후인이 와서 전하기를, 원수(權慄)가 운봉(雲峯) 길로 가지 않고 양 총병(楊元)을 영접할 일 때문에 완산(完山)으로 달려갔다고 하였다. 내 꼴이 말이 아니어서 민망, 민망하였다.

5월 18일(戊申). 맑다. 동풍이 몹시 불었다. 김종려(金宗麗) 영공(令公)이 남원으로부터 와서 만나보았다. 충청수영의 아전(營吏) 이엽(李熀)이 한산으로부터 왔기에 아산의 집으로 보내는 편지를 부쳤다.(*〈아침술에 취해서 날뛰는 모습이 가증스럽다.〉-초고)

〈명나라 군사의 동정과 왜국의 국내 사정〉
  (*이때 명나라는 이미 군사를 조선으로 파견하여 떠나보내었다.)
  「○의주부윤 황진(黃璡)이 급보를 올렸다.
  "오(吳) 총병은 남방군사 5천 명을 거느리고 5월 7일에 떠나 구련성에 도착하여 머물고 있는데, 하루 이틀 어간에 압록강을 건너게 되며, 마(麻) 제독은 이달 4일에 광녕을 떠나 요동으로 향했는데, 거느린 군사는 7천 명이라고 합니다."」
                          -〈선조실록〉(1597. 5. 18.(戊申)-

〈요시라가 말해 준 왜적의 내부 사정〉
  (*한편, 이 당시 왜적의 동향은 경상우병사 김응서가 요시라로부터 듣고 올린 정보보고서로 짐작할 수 있다.)
  「○경상우병사 김응서(金應瑞)가 보고서를 올렸다.
  "이달 9일에 요시라(要時羅)가 나와서 신을 만나자고 청하는 것을 신이 공교롭게도 산성에 가 있었으므로 만나지 못하다가, 12일에 만나서 온 까닭을 물었더니, 이렇게 대답하였습니다.

'평조신(平調信)이 들어가서 관백을 보고 조선의 왕자를 오게 하는 것은 어렵겠다는 것과, 조선의 대신이 폐백을 가지고 와서 좋은 관계를 맺게 하자고 말했더니, 관백이 대답하기를, 〈왕자는 사실 어렵겠으니 대신이 와서 좋은 관계를 맺게 하는 것도 무방할 것 같다.〉고 하였습니다. 그래서 약속을 받아 가지고 나오는데 경도(京都)에서 이틀 길쯤 왔을 때 가덕에 머물고 있는 왜장이 조선 수군이 우리 수군을 살해한 문제를 관백에게 보고했습니다.
그리고 청정(淸正)이 또다시 사람을 보내어 이렇게 급보를 올렸습니다.

'이번에 조선의 승장(僧將) 송운(宋雲)을 만났더니, 왕자와 대신이 가서 좋은 관계를 맺는 문제는 조선에서 마음대로 할 수 있는 것이 아니라 모두 명나라의 처분에 달려 있다고 했습니다. 이것을 가지고 서로 따지다가는 10년이 지나도 결말을 보지 못할 것입니다. 행장(行長)과 정성(正成), 조신(調信)의 무리들은 조선으로부터 뇌물을 받아먹고 그 은혜를 저버릴 수 없어서 공모하고 있습니다. 그래서 크고 작은 일들을 사실대로 보고하지 않는데, 이번에 조신이 들어간 것도 조선에서 허락한 것이 아닙니다.
전날 제가 제의했던 계책대로 3~4월 중에 바다를 건너 2개 도를 쳐들어가 빼앗았더라면 왕자를 오게 할 수도 있었고 서신과 폐백을 보내오게 하는 문제도 매듭지을 수 있었을 것입니다.
그런데 행장 등의 충성스럽지 못한 말만 듣게 되니 군사가 바다를 건너는 문제가 지연되었고, 조치를 잘못 취한 결과 도리어 조선이 우리를 업신여기는 마음을 가지게 하였으니 통분하기 짝이 없습니다.
문제는 제때에 많은 군사를 출동시켜 호남 지방으로 쳐들어감으로써 조선에서 믿고 있는 곳을 쳐부수는 것으로서, 그렇게만 하면 조선에서 스스로 먼저 화친을 청해 올 것입니다.'라고 하면서 행장 등의 죄를 따졌습니다.
관백이 이 글을 보고는 몹시 화를 내면서 곧 사람을 시켜 조신을 붙잡아다 무거운 형벌을 내리려고 하면서 말하기를, '이제 청정이 보낸 글을 보건대 너희들이 나를 속인 것이 이미 드러났으니 그 죄를 용서하기 어렵다.'라고 하였습니다.
그러나 조신은 전날부터 청정과 사이가 나빴다는 점 때문에 겨우 죄를 면하게 되었습니다.
그런데 오사포(吾沙浦)로 돌아왔을 때에 관백이 또 사람을 시켜 조신을 불러들였으므로, 그는 관백이 있는 후신(厚信)이란 곳으로 들어갔다고 하는데, 그 후의 일에 대해서는 아직 전해온 것이 없어서 알 수 없습니다.
관백의 도장이 찍힌 문서가 이달 5일에 나왔는데, 4개 부대로 나누어 장수를 정했습니다. 행장은 공로를 세워 스스로 충성을 보이도록 선봉으로 정하고, 청정은 두 번째로 나가고, 다음은 안골, 가덕, 죽도의 왜적들이 차례로 나가도록 되어 있습니다. 행장은 의령과 진주 방면으로, 청정은 경주와 대구 방면으로 하여 모두 호남 지방에 모인 다음 전라도 땅을 전부 짓밟아버리고는 다시 강화 문제를 요구할 것이라고 합니다. 그 지시가 이미 도착하였으므로 이제는 화친을 하건 말건 간에 어쨌든 전라도로 몰고 들어가지 않을 수 없게 되었습니다.
그리고 새로 모집한 군사 15만 명이 6월 초에 나와서 일부는 군영에 머물러 있고 일부는 뒤따라 쳐들어가게 될 것입니다. 선봉은 오는 초하루에 떠나도록 하였으나, 여러 장수들의 의견이 무기가 채 갖추어지지 못한 상태에서 갑자기 떠날 수는 없다고 하여 7월 보름날로 정하였습니다.

관백의 문서에는 또 이르기를 '지금은 군량을 계속 공급하기 어려우므로 깊이 들어가서는 안 된다. 전라도를 짓밟은 다음에는 곧바로 군사들을 돌려 진강(鎭江)에서부터 영일(迎日)의 바닷가에 이르기까지 진을 치고 있으면서 조선에 화친을 할 것인지 말 것인지를 물어야 할 것이다. 그리고 군사를 쉬게 한 지 여러 해가 지나도 조선에서 응하지 않을 경우에는 가끔씩 슬그머니 쳐들어가서 조선 군사들과 백성들이 모여 있는 풍요한 곳을 쓸어버리면, 우리나라의 군사는 지치지 않는 반면 조선의 군사와 백성들은 스스로 기진 맥진해 버리고 말 것이다. 그 기한은 기약할 수 없다. 내가 죽더라도 뒤에 또 자손들이 있으니 여러 장수들이 힘을 다한다면 반드시 조선에서는 화친을 하자고 빌며 사정할 것이다.' 라고 하였습니다. 그러니 관백의 생각은 당장 어쩌자는 것이 아닙니다. 이렇게 생각하고 모든 일을 처리해 나가면 좋겠습니다.

나는 싸우는 진중에 있지만 생사를 가리지 않고 일이 있으면 곧 보고드리겠습니다. 나의 말이 사실이지 아닌지는 지내본 뒤에 확인할 수 있을 것입니다.

그리고 이번 공격은 진주를 함락시킨 것과 다름없이 성을 들이쳐서 짓부숴버림으로써 기어코 이겨 보자는 것입니다. 그러니 연도의 고을들에서는 설사 산성이라고 하더라도 그것이 아주 험한 곳이 아니라면 억지로 쌓게 하지 말 것입니다. 길가에 있는 백성들과 관청에서는 재물을 전부 옮겨 들판을 말끔히 비우고 기다린다면 매우 좋겠습니다.'

신이 대답하기를, '명나라 군사가 지금 벌써 많이 나오고 있고 우리 군사도 정비된 만큼 마땅히 한번 싸워 결판을 낼 뿐이다.' 라고 하니, 대답하기를 '우리도 그것을 모르는 것은 아닙니다. 그러나 관백의 이런 지시가 이미 내린 상황에서는 설사 죽더라도 그만둘 수 없습니다. 조신이 오면 곧 다시 와서 알리겠습니다.' 라고 하였습니다.
13일에 그는 제 소굴로 돌아갔습니다.
그의 말과 기색으로 보아 확실한 것 같으니 여러 부대에 명령을 내려 변란에 대처하도록 신칙하도록 해야 할 것입니다. 그러나 요시라의 말은 너무나 예측할 수 없는 것들이어서 적들의 정황을 상세히 정탐하여 사실인지 아닌지를 알아볼 생각에서, 장사한다는 핑계로 신의 군사 송인충(宋仁忠)을 부산으로 들여보내고, 정승헌(鄭承憲)을 김해로 들여보냈습니다. 돌아오면 즉시 사실대로 급보를 올리겠습니다."〉
이 글을 비변사에 내려 보냈다.」

―〈선조실록〉(1597. 5. 18.(戊申)―

5월 19일(己酉). 맑다. 체찰사가 고을로 들어올 것이라고 하는데 성안에 그대로 머물러 있기가 미안하여 동문 바깥에 있는 장세호(張世豪)의 집으로 옮겨 나갔다. 구례 현감(李元春)이 와서 보았다. 저녁에 체찰사가 고을로 들어왔다.

5월 20일(庚戌). 맑다. 김 첨지(金敬老)가 와서 보았다. 체찰사가 내가 머물고 있다는 말을 듣고는 먼저 군관 이지각(李知覺)을 보내더니, 조금 있다가 또 군관을 보내어 조문하면서, 일찍 상을 당한 소식을 듣지 못했다가 이제야 듣고 놀라며 애도한다고 하였다. 그리고 다시, 저녁에 만나볼 수 있겠는지를 묻기에, 나는, 저녁에 마땅히 가서 뵙겠노라고 대답하였다. 어둘 녘에 가서 뵙고 절을 하니, 체찰사는 소복을 입고 나를 맞이하였다. 조용히 일을 의논하고 나올 무렵에 남(南) 종사(從事)가 사람을 보내어 문안하였다.

(*〈체찰사와 밤이 깊도록 이야기하는 가운데, 일찍이 밀지(密旨)가 있었는데, 거기에도 말하기 곤란한 말들이 많이 들어 있었으니 그 뜻을 알지 못하겠다고 하였다. 또 말하기를, '흉악한 인간 원균(元均)의 하는 일은 무고가 극심한데도 임금이 그것을 굽어 살피지 못하니, 장차 나랏일을 어찌해야 하겠는가, 라고 하였다.' -초고.)

5월 21일(辛亥). 맑다. 박천(博川) 유해(柳海)가 서울에서 내려와서, 한산으로 가서 공을 세우겠다고 하였다.
(*〈유해가 또 말하기를, 과천 좌수 안홍제(安弘濟) 등이 이(李) 상궁에게 말과 스무 살짜리 계집종을 바치고 방면되어 나갔다고 하였다. 안홍제는 본래 죽을 죄도 아닌데 여러 번 형벌을 받고 거의 죽을 지경에 이르렀다가 물건을 바친 후에 석방되었다는 것이다. 안팎이 다 바치는 물건의 많고 적음을 보고 죄의 경중을 결정하게 되니 그 결말이 어떻게 될는지 모르겠다. 이런 것을 가리켜 소위 돈만 있으면 바로 죽은 사람의 혼도 되돌려 올 수 있다는 것인가?〉-초고.)

5월 22일(壬子). 맑다. 유 박천(柳博川)이 승평(昇平: 순천시)으로 가서 그 길로 한산으로 갈 예정이라고 하기에 전라도, 경상도의 두 수사(水使)와 가리포(李應彪) 등에게 보낼 문안편지를 써서 보냈다. ○늦게 체찰사의 종사관 김광엽(金光燁)이 진주에서 고을로 들어오고, 배백기(裵伯起: 裵興立의 字)도 온다고 하였다. 회포를 터놓을 수 있을 터이니 다행, 다행이다. 배(裵) 동지(同知)와 구례 현감이 와서 보았다.

5월 23일(癸丑). 아침에 정사룡(鄭思龍)과 이사순(李士順)이 와서 만나보았다.(*〈원공의 말을 많이 전하였다.〉-초고.) 늦게 배(裵) 동지는 한산으로 돌아갔다. ○체찰사가 사람을 보내어 부르기에 가서 뵙고 조용히 의논했는데, 시국(時局)이 이미 잘못 돌아가고 있음을 무척 분하게 여기면서, 단지 죽을 날만 기다린다고 하였다. 내일 초계(草溪: 권율 원수가 진을 치고 있는 곳)로 가겠다고 하였더니, 체찰사가 이대백(李大伯)이 모은 쌀 두 섬을 주기에, 성 밖 주인(張世豪) 집으로 보내주었다.

5월 24일(甲寅). 맑다. 아침에 광양의 (高應命의 아들) 고언선(高彦善)이 와서 만나보았다. 한산의 사정을 많이 전해 주었다. ○체찰사(李元翼)가 군관 이지각(李知覺)을 보내어 안부를 묻고, 경상우도의 연해안 지도를 그리고 싶으나 그릴 방도가 없으니 본대로 그려서 보내주면 고맙겠다고 하였다. 나는 거절할 수가 없어서 그림을 그려서 보내주었다.

5월 25일(乙卯). 비가 왔다. 아침에 떠나려 하다가 비에 막혀서 멈추었다. (*〈혼자 촌가에 앉아 있으니 착잡한 마음 그지없다. 슬픈 생각을 어찌 다 말하랴.〉-초고.)

〈명나라 군사 제2진, 압록강을 건너오다〉
　　(*이달 5월 16일 명나라 군사들이 제2차로 압록강을 건너왔는데, 그 보고서가 5월 25일에야 조정에 도착하였다.)
　「○의주 부윤 황진(黃璡)과 황치경(黃致敬)이 연명으로 보고서를 올렸다.
　"이 달 16일에 오(吳) 총병이 군사를 거느리고 강을 건너왔는데, 데리고 있는 관리들과 군사들은 모두 3,997명이며 말과 노새가 모두 325마리입니다.
　이어서 예물 목록과 예물을 가져다 주었더니 대답하기를 '이 나라는 물자가 다 거덜나서 이런 물건들이 모두 백성들에게서 나온 것이니 받을 수 없습니다. 하지만 국왕의 두터운 뜻을 저버릴 수는 없으니 다만 기름 먹인 종이 자리와 종이 묶음만을 받아 두겠습니다.' 라고 하였습니다.

또 말하기를 '내가 이제 군사를 거느리고 조령(鳥嶺)을 지키게 되는데, 다만 염려되는 것은 이 나라 지방의 산천과 도로 상태를 아직 자세히 알지 못하고 있다는 것입니다. 꼭 지도 두 벌을 만들고 설명을 써서 보내주어 내가 환히 볼 수 있도록 해주었으면 고맙겠습니다.' 라고 하였습니다.

이튿날 이른 아침에 총병은 관청에 앉아서 참장관(參將官)들을 불러서 거듭 간곡히 타일러 피해를 끼치는 일이 없도록 하라고 하였습니다. 또 양(楊) 어사(察院)가 수길과 행장 등에게 보내는 격문의 초고 2통을 내어 와서 보여주었으므로, 이에 신 등이 베껴서 올립니다.”」　　　　　　－〈선조실록〉(1597. 5. 25.(乙卯)－

〈명나라 황제가 풍신수길에게 보낸 공문〉

「○명나라 황제가 평수길에게 보낸 공문은 이러하였다.

"대명 황제는 너 평수길(平秀吉)을 일본 왕으로 책봉해 줄 것을 조선에서 요청해온 것과 관련하여 너의 공순한 태도를 가상히 여김과 동시에 두 나라가 서로 싸워 하늘의 화기(和氣)를 손상시키는 것을 참지 못하여 사신을 보내어 바다를 건너가서 너 수길을 일본 왕으로 책봉하기로 하였던 것이다.

너는 그 칭호(稱號)로 여러 섬의 우두머리로 된 만큼, 마땅히 황제의 은혜에 감격하여 싸움을 그만두고 덕을 수양함으로써 여생을 즐기고 어린 자식에게 복을 남겨 길이 누려가야 할 것이었다.

그런데 어찌하여 사신이 돌아오자마자 곧바로 지시를 거역하고 맹세를 저버리고는 조선에서 보낸 글을 구실삼아 다시 부산과 기장 등지로 침범한단 말인가.
이번에 조선에서 달려와 보고하자 황제는 진노하여 이미 사신을 잡아다 추궁하였고, 병부(兵部) 총독을 두고 따로 경략(經略)을 세웠다. 경략은 너의 죄를 묻기 위해 군사를 일으켜 바다로 나가는 바, 너는 너의 힘을 믿고 즉시 조선에 항거하여 나섰겠지만 이기기를 기대하기는 어려울 것이다.
명나라에게 있어서 하찮은 너의 일본은 66개 섬 중에서 한 개 섬에 지나지 않는다. 더구나 너는 이미 왕으로 책봉 받은 만큼 이미 황제의 신하로 된 것이다. 신하로서 임금에게 항거한다면 하늘의 이치가 용서하지 않을 것이고 귀신이 처단할 것이다. 지난해에 너의 나라에 큰 지진이 일어난 것도 그것의 징조였다. 그런데도 조용히 복은 빌지 않고 날마다 싸우려고만 한단 말인가.
너는 벌써 60살이 넘었으니 남은 수명이 얼마나 되겠으며, 아들은 열 살도 못되는 외롭고 연약한 아이이니 무엇을 믿겠는가. 듣건대 여러 섬의 우두머리들은 오직 틈만 노리면서 너에게 보복할 생각만 한다는데, 너는 군사를 해산하여 쉬게 함으로써 인심을 안정시킬 생각은 하지 않고 사나운 장수들이 다른 나라에서 군사를 거느리도록 하고 있다.
하루아침 사이에 여러 섬에서 내란이 터져 나라 안에 화가 미치는 날에는 즉시 청정을 비롯한 여러 장수들이 제각각 임금이 될 것을 꿈꿀 터이니 어찌 너의 밑에 오래 있으려 하겠으며, 앞으로는 또 뭣 하러 너의 아들 밑에 있으려 하겠는가.
이치로 보나 형편으로 보나 너는 빨리 싸움을 그만두고 조선과 좋은 관계를 맺고 명나라의 위엄에 의지하여 흘겨보는 여러 섬들의 눈초리를 묵묵히 눌러 놓는 편이 차라리 나을 것이다.

전에 네가 청한바 명나라 조정이 너와 처리해야 할 일이란 무슨 일인지 명백히 보고해 올리도록 할 것이다. 조정의 도량은 천지와 같아서 너와 조선을 다 같은 신하로 보고 있으며 절대로 한 쪽에 치우치는 일이 없다. 그런데 네가 만일 스스로 뉘우침이 없이 네 마음대로 수십만의 군사로 조선을 짓누른다면, 명나라에서는 어진 마음과 은혜를 베풀어 물에 빠진 사람을 구원할 것이며 의리로써 반드시 역적을 칠 것이다.

그렇지만 역시 많은 군사를 멀리 보내어 수고시키지 않으려고 단지 기병과 보병 10만 명만 동원하여 부산을 들이침으로써 조선이 순조롭게 되도록 도울 것이다. 그리고 복건(福建)과 절강(浙江)의 수군 10만 명을 두 길로 나누어 층루선(層樓船)으로 남쪽 바다를 거쳐 너 수길과 오사포(吾沙浦)에서 만날 것인데, 그것은 단지 산성군(山城君: 일본 왕)이 편안히 있는지를 알아보려는 것 뿐이다. 너는 신중히 생각하도록 하라."

-〈선조실록〉(1597. 5. 25.(乙卯)-

〈명나라 장수 양호(楊鎬)가 소서행장에게 보낸 격문〉

○명나라 장수 양호가 평행장(平行長)에게 보낸 격문은 이러하였다.

"조선의 군무를 관리하도록 황제가 파견한 도찰원(都察院) 우첨도어사(右僉 都御史) 양(楊鎬)은 너 풍신행장에게 지시한다.

조정에서는, 앞서 조선에서 수길을 왕으로 책봉하자고 청하였고, 너도 여러 번 병부에 편지를 보내어 제의하면서 진심으로 순종하겠다고 말하기에, 특별히 사신을 보내어 바다를 건너가서 수길에게 일본 국왕을 책봉하였고 너 행장에게도 각각 차등 있게 벼슬을 주었다.

이것은 그야말로 천지 같은 크나큰 사랑이며 두터운 은덕으로서 일본과 조선 사람들이 모두 우리의 백성인 만큼 서로 살육하는 것을 차마 볼 수 없어서 양쪽의 분노를 풀어 서로 사이좋게 지내게 하려는 의도였다.

수길은 이미 책봉을 받았으므로 벌써 신하로 되었는데도 곧바로 맹세를 저버리고는 또 왜인 무리들을 거느리고 건너와서 부산과 기장 등 여러 곳을 점령하고 헛소리로 협박을 하니, 이야말로 하늘을 크게 거역하는 행동이다.

하늘을 거역하는 자는 화를 당하는 법인바, 지난해 가을에 일어난 지진이 바로 그 징조를 보인 것이다. 하늘이 어찌 임금을 내쫓고 나라를 빼앗고 여러 섬의 무고한 백성들을 즐겨 죽이면서 흉악한 속셈을 드러내 놓는데도 재앙을 내리지 않을 수 있겠는가.

네가 만일 수길에게 충성한다면 마땅히 그를 말려서 말하기를, '명나라는 의리로 보아 배반할 수 없고, 힘으로 보아 대적할 수 없다. 조선은 이미 모든 일을 다 준비해 놓고 있는 반면에 일본은 사람마다 스스로 두려움을 느끼고 있다. 마땅히 내란을 막고 외부의 공격을 받는 일이 없어야 할 것이니, 미리 싸움을 그만둠으로써 여생을 편히 지내고 어린 자식이나 돌본다면 천지 귀신들이 혹시 내려다보고 화를 복으로 만들어 줄 것이다.' 라고 간해야 한다. 이것이 너의 충성일 것이다.

그런데 너는 청정과 겉으로는 그렇지 않은 척하면서 사실은 몰래 서로 도와 조선을 빼앗으려 하고 있다. 딴 나라로 군사를 몰아냄으로써 일본 사람들로 하여금 고향을 떠나 바다를 건너가게 하고, 가족과 친척을 버리고 근심과 고통을 겪게 하면서 몇 해를 두고 군사를 해산시키지 않고 있다. 근본에 보답하는 일이 허사로 돌아가고 제 집 울타리 안에 화가 미치리라는 데 대해서는 생각조차 하지 않고 있다.

어질지도 않고 의롭지도 않으며 충성스럽지도 못하고 지혜롭지도 못한 60여 살이 넘는 수길과 단 하나뿐인 열 일고여덟 살짜리 젖내 나는 어린애가 어떻게 너의 진짜 임금이 될 수 있다고 온 나라가 떠받들면서 그 밑에 있기를 달갑게 여기고 거부하지 않는 것인가.

또한 군사를 거느리고 그 힘에 의지하여 틈을 보아 일을 꾸며 임금을 죽인 역적을 친 다음 66개의 섬의 심복을 끌어 모아 산성의 옛 임금을 도로 올려놓음으로써 다시 천하의 큰 충신이 되어 아름다운 이름을 만대에 전하려고 하지 않는가.

만약 산성군을 돕지 못할 형편이라면 왜 대장부로서 스스로 중국과 연관을 맺고 왕으로 책봉 받으려 하지 않고 죽어가는 늙은 우두머리인 일개 수길을 섬기려고 하는가.

늙은 우두머리가 만약 제 뜻을 펴는 날에는, 너희들은 장차 어린 자기 자식에게 불리하리라 여겨서, 반드시 너의 친족과 청정의 집안을 멸족시킴으로써 뒷날의 우환을 제거하려고 할 것이다. 그때 가서 너희들이 별별 계책을 다 쓰려고 해도 그때는 이미 때가 늦을 것이다.

이번에 조선에서 달려와 보고하기에 조정에서는 크게 노하여 즉시 남북의 군사로 곧바로 쳐 나아갈 작정이다. 그런데 너는 유격 장군 심유경(沈惟敬)과 교제가 두텁고, 또 그가 여러 번 말하기를, 너에게는 원래 딴 마음이 없고 아직도 본 도찰원의 처분을 기다리고 있으며, 또 군사를 가까운 지경에 머물러 둔 채 앞으로 나오지 않고 있다고 하였다. 우선 너희들은 순종하는가, 거역하는가 하는 태도와, 어느 것을 이롭게 여기고 어느 것을 해롭게 여기는가 하는 본심을 보여주어야 할 것이다.

청정 따위는 일개 거친 무관(武官)에 지나지 않는다. 너의 부하가
그 머리를 잘라다 바친다면 마땅히 많은 돈을 줄 것이며, 일본의
임금 자리를 옮겨 너를 책봉할 것이다. 너는 이로운 일을 도모해야
할 것이다."」　　　　　　　　-〈선조실록〉(1597. 5. 25.(乙卯)-

5월 26일(丙辰). 하루 종일 큰 비가 왔다. 비를 무릅쓰고 길을 떠나려
는데, 막 떠나려 할 때 사량 만호 변익성(邊翼星)이 왔다.(*〈무슨
신문 받을 일이 있어 이종호(李宗浩)가 그를 잡아 체찰사한테로 왔다고 하였
다.〉-초고.) 잠깐 서로 만나보고 길을 떠나 석주관(石柱關)에 이르
니 비가 퍼붓듯이 왔다. 엎어지며 자빠지며 간신히 악양(岳陽) 이
정란(李廷鸞)의 집에 이르렀으나 문을 닫아 걸어놓고 거절하였다.
김덕령(金德齡)의 아우 덕린(德麟)이 빌려서 들어와 살고 있었다.
나는 아들 열(蕵)을 시켜서 억지로 사정하게 해서 들어가 잤다.
행장(行裝)이 몽땅 다 젖었다.

5월 27일(丁巳). 흐렸다 개었다 하였다. (*〈아침에 젖은 옷을 바람에 걸어
말리느라.〉-초고.) 늦게 출발하여 두치(豆峙)의 최춘룡(崔春龍)의 집
에 도착했다. 유기룡(柳起龍)이 와서 만나보았다. (*〈사량 만호 이종
호(李宗浩)가 먼저 와 있었다. 변익성(邊翼星)은 곤장 20대를 맞고 몸을 움직
이지 못한다고 하였다.〉-초고.)

5월 28일(戊午). 흐렸으나 비는 오지 않았다. 늦게 출발하여 하동(河
東)에 이르니 현감(申蓁)이 서로 만나보게 된 것을 반가워하면서
성 안의 별사(別舍)로 맞아들여 간절한 정을 베풀어 주었다. (*〈그
리고 원(元均)이 미친 짓을 많이 한다고 날이 저물도록 이야기하였다. 변익성
도 왔다.〉-초고.)

5월 29일(己未). 흐리다. 몸이 몹시 불편하였다. 그래서 그대로 머물면서 조리하였다. 현감(申蓁)이 정겨운 이야기를 많이 했다.

1597(丁酉)년 6월

(*이달에 있었던 주요 사건은 다음과 같다.
　○수군의 여러 장수들이 한산도로부터 바다로 나가 거제도에서 왜적과 맞붙어 싸웠는데, 보성 군수 안홍국(安弘國)이 죽었다.)

6월 1일(庚申). 비. 비. 일찍 떠나 청수역(淸水驛: 하동군 옥종면 정수리)의 시냇가 정자에서 말을 쉬고, 저물어 진주 땅 접경에 있는 단성 땅 박호원(朴好元)의 머슴의 집에 들어가니 주인이 반가이 맞아주기는 하였으나 숙소가 좋지 못하여 간신히 밤을 지냈다.

6월 2일(辛酉). 비가 오다 개었다 하였다. 일찍 떠나 단계(丹溪: 산청군 신등면 단계리)에서 아침을 먹고 늦게 삼가현(三嘉縣)에 이르니, 삼가 현감(申孝業)은 이미 산성(山城)으로 가고 없어서 빈 관아에서 잤다.

6월 3일(壬戌). 비. 비. 길을 떠날 수 없어서 머물러 유숙하였다.
(*〈도원수의 군관 유홍(柳泓)이 흥양에서 와서 길이 험하다고 일러 주었다. 아침에 종들이 고을 사람들에게서 밥을 얻어먹었다는 말을 듣고 종들에게 매

를 때리고 밥쌀을 도로 갚아주었다.〉-초고.)

6월 4일(癸亥). 맑다. 일찍 떠나려는데 현감(申孝業)이 문안하는 글을 보내며 노자까지 보내왔다. 합천(陜川) 땅 고을에서 10리쯤 떨어진 괴목정(槐木亭)이 있는 곳에 이르러 아침 식사를 하고, 너무 더워서 한참 동안 말을 쉬게 한 후 5리쯤 앞으로 나가니 갈래길이 나왔다. 한 길은 바로 고을로 들어가는 길이었고 한 길은 초계(草溪)로 가는 길이었다. 그래서 강을 건너지 않고 가다가 10리쯤 가니 원수(權慄)의 진영이 바라보였다. (어릴 적 친구인) 문보(文珤)가 묵고 있는 집에 들어가 잤다.

○고갯길을 끼고 올 때 기암(奇巖)이 천 길이나 되고 강물이 구비치고 깊기도 하였으며, 길은 험준하고 위태로웠다. 만약 이런 험한 곳을 눌러서 지킨다면 일만 장병으로도 지나가기가 어려울 것이다. 이곳은 모여곡(毛汝谷)이란 곳이다.

6월 5일(甲子). 맑다. 아침에 초계 군수(李惟儉)가 달려오기에 곧 불러들여 이야기하였다. 식후에 중군 이덕필(李德弼)도 달려와서 옛날 이야기를 하였다. 조금 있으니 심준(沈俊)이 와서 만나보았다. 저녁에 이승서(李承緒)가 와서 파수병과 복병들이 도망간 일을 말했다. (*〈이날 아침 구례 사람과 하동 현감(申蓁)이 보내준 종과 말들을 모두 돌려보냈다.〉-초고.)

6월 6일(乙丑). 맑다. (*〈자는 방을 새로 도배하고 군관 휴식소 두 칸을 만들었다.〉-초고.) 모여곡(毛汝谷)의 주인집의 이웃에 사는 윤감(尹鑑), 문익신(文益新)이 와서 만나보았다. 주인집이 과부의 집이어서 곧 다른 집으로 옮겼다.

6월 7일(丙寅). 맑다. 원수의 군관 박응사(朴應泗)와 유홍(柳泓) 등이 와서 만나보았다. 원수의 종사관 황여일(黃汝一)이 사람을 보내어 문안하므로 곧 고마워하더라는 말을 전하라고 하며 보냈다.

6월 8일(丁卯). 맑다. 오후에 원수(權慄)가 진에 도착하였기에 나는 곧 가서 만나보고 원수와 두 시간이 넘게 이야기하였다. 원수가 박성(朴惺)이 올린 글의 초본을 꺼내 보여주었는데, 원수의 처사에 허술한 점이 많다고 박성은 진술하고 있었다. 원수는 스스로 불안하여 체찰사(李元翼) 앞으로 글을 올렸다고 하였다. 저물어서 돌아왔는데, 몸이 불편하여 저녁 식사를 하지 않았다.

6월 9일(戊辰). 궂은비가 내렸다. 늦게 정상명(鄭翔溟)을 원수의 처소로 보내어 문안인사를 드리게 하였다. 처음으로 노마료(奴馬料: 종과 말을 거두는 데 드는 비용)를 받았다. 이날은 여필(汝弼)의 생일인데, 혼자 진중에 앉아 있으니 마음이 어떠하겠는가.

6월 10일(己巳). 맑다. 원수의 종사관(黃汝一)이 삼척 사람 홍연해(洪漣海)를 보내어 문안하면서, 자기는 늦게 와서 만나보겠다고 하였다. 연해는 홍견(洪堅)의 삼촌의 조카이다. 어려서 대말(竹馬)을 타고 같이 놀던 서철(徐徹)이 합천 땅 동면 율진(栗津)에 사는데, 내가 왔다는 말을 듣고 찾아와서 만나보았다. 아이 때 이름은 서갈박지(徐加乙朴只)였는데, 음식을 대접해 보냈다.
○ 저녁에 원수의 종사관 황여일이 와서 만나보았다. 임진년 때 적을 무찌른 일에 대하여 한참 동안 신나게 말하다가, 산성에 험고한 요새를 쌓지 않은 데 대하여, 그리고 현재 토벌과 방비의 대책

이 허술한 것 등에 대하여 한탄하였다.

〈원수나 도체찰사의 명령을 무시하는 원균〉
「○도체찰사 우의정 이원익(李元翼)이 급보를 올렸다.
"대적이 바다를 건너오기 전에 전부 동원하여 한바탕 결전을 벌이려고 하나 적의 세력을 헤아려 보면 크게 염려되는 바 있습니다. 도원수 권율(權慄)도 군사를 동원하여 적의 목책을 공격하는 것은 절대로 할 수 없다고 말하고 있는데, 밤낮으로 생각해 보아도 좋은 대책이 서지 않습니다.
오는 적들을 차단하고 섬멸하자면 오직 수군에 기대할 수밖에 없는데, 요즘 수군은 한 번도 바다로 나간 일이 없으니, 아무리 형편이 그렇더라도 역시 안타깝기 그지없습니다.…
신의 종사관인 남이신(南以信)을 빨리 한산도로 보내어 새로 만든 전선과 그 전에 있던 전선들을 모두 합쳐 절반은 한산도 등지에 머물러 있게 하고 절반은 몰운(沒雲) 등지의 바다로 나아가도록 해야 하겠습니다.
물론 오랫동안 정박해 있을 곳이 없다고 하더라도 돌아가면서 계속 왔다 갔다 한다면 아마도 피아간(彼我間)에 대등한 세력을 이루게 될 것입니다. 안골포 등지에 왜적이 있더라도 본진에 남겨둔 배를 배후의 계책에 쓸 수 있을 것이고, 또한 바다를 건너오는 적이 있더라도 바다에 나간 배를 목전(目前)의 일에 쓸 수 있을 것입니다. 그러므로 통제사 원균(元均) 등 각 장수들과 잘 의논하여 실행하도록 지시하여 보냈습니다.
그런데 우리나라의 모든 일은 매번 기회를 놓치곤 하는데, 이것이 걱정되는 문제입니다."
임금이 장계를 비변사에 내려 보냈다.

○비변사에서 회답하여 건의하였다.

"전쟁에서의 기회는 잠깐 동안에 결정됩니다. 진격이나 퇴각, 늦추거나 서두르는 것은 주장이 그때그때의 상황에 맞게 어떻게 처리하는가에 달려 있지만, 그러나 조정에서도 멀리서 통제할 수가 있습니다. …

바닷길을 차단하자는 문제도 그 전부터 강조해온 문제인데, 그 계책은 아직 한 번도 효과를 보지 못하였으니 참으로 개탄할 일입니다. 다시 그 일이 가능한지 알아보아서 진격하되 기회를 놓치지 말라는 뜻으로 지시하는 공문을 띄우는 것이 어떻겠습니까?"
건의한 대로 승인하였다.」 ―〈선조실록〉(1597. 6. 10.(己巳)―

(*원균이 이순신을 모함한 말, 즉 수군의 배를 대거 끌고 가서 세를 과시하면 왜적들은 겁이 나서 감히 쳐들어오지 못하게 될 터인데도, 이순신은 겁쟁이어서 그렇게 하지 않고 있다는 모함의 말을 믿고 그를 통제사에 앉혀 주었는데, 왜 지금까지 한 번도 나가서 세를 과시하지 않아서 아무런 성과가 없느냐는 힐난의 뜻이 비변사 관리들의 건의문에 담겨 있다.)

6월 11일(庚午). 맑다. 중복(中伏)이어서 쇠라도 녹일 것 같고 땅은 찌는 듯하였다. 명나라에서 보낸 경략(經略)의 군문(軍門) 이문경(李文卿)이 와서 만나본 후 부채를 선물로 주어 보냈다. ○어제 저녁 원수의 종사관(黃汝一)과 이야기할 때 변흥백(卞興伯)의 종이 집안 편지를 가지고 와서 전해주었다. 그 편에 어머님의 영연(靈筵)이 평안하신 줄은 알았으나, 쓰린 마음을 어찌 다 말하랴. 그런데 흥백이 나를 만나기 위해 여기까지 왔다가 만나보지 못하고 그냥 청도로 돌아갔다니, 참으로 섭섭했다. 흥백에게 편지를 써서 보냈다. ○아들 열이 토사곽란(吐瀉癨亂)을 만나 고통스러워서 밤새도록 끙끙 앓았다. 닭이 울고 나서야 좀 덜해졌다. ○이날 아침 한산진의 여러 사람들에게 편지를 14장이나 썼다.

〈지휘체계를 무시하고 수륙연합 공격을 주장하는 원균〉

「○수군통제사이며 전라좌도 수군절도사인 원균이 급보를 올렸다.
"신이 지난해 11월 15일에 안골포를 먼저 공격하자는 계책을 자세히 보고하였으나 지시를 기다리는 동안 시일이 지나가서 앉은 채 기회를 놓쳐버렸으니 안타깝기 그지없습니다.
전에는 적들이 거제와 웅천 등지를 차지하고 있었지만 거리가 좀 멀기 때문에 수군들이 장수포와 다대포로 드나들었습니다. 그런데 화친한다는 핑계를 대고 나온 이후부터 군사를 철수한다는 소문을 내고는 거제의 적들은 안골포에 들어가 차지하고 있고, 김해의 적들은 죽도에 들어가 차지하고 있는데, 길목을 장악하고 버티고 앉아서 위세를 부리며 서로 의지하여 우리의 뱃길을 막고 있으므로 부산 앞바다로 나가 적의 무리를 차단한다는 것은 더 이상 기대할 수 없게 되었습니다. 설령 군사를 많이 동원할 수 있다고 하더라도 전진하자면 배를 머물러 둘 곳이 없고, 퇴각하자면 뒷근심이 있을 것이니, 이것은 참으로 승산을 기대하기 어려운 일입니다.
신의 생각으로는 반드시 수군과 육군이 함께 진격하여 안골포의 적을 해치워야만 적들을 차단할 수 있는 길을 얻을 수 있게 되어 회복할 수 있는 형세가 충분히 마련되리라고 봅니다.
비변사에서도 헤아려보지 않은 것은 아니겠으나 신이 변방에 있으면서 적정을 알아본 바에 의하면, 오늘날의 계책으로는 이보다 더 좋은 계책이 없습니다.
조정에서 특별히 조치를 취하여 빨리 지시를 내리도록 해야 할 것입니다."
건의한 글을 비변사에 내려 보냈다.

○비변사에서 회답하여 건의하였다.
 "원균의 의견은 반드시 육군으로 안골포와 가덕의 적들을 먼저 공격하자는 것이고, 도원수와 체찰사의 의견은 그런 것이 아니라 수군들을 나누어 다대포 등지로 오가게 함으로써 바다를 막자는 것입니다. 이것은 중대한 문제이므로 모든 장수들의 계책이 응당 하나로 결정된 다음에 처리해야지 서로 의견이 달라 기회를 놓쳐서는 안 될 것입니다.
 신 등도 지도를 가지고 지형을 조사하고 또 해변의 지형에 대해서도 잘 알아보았습니다. 사람들은 말하기를 '안골포는 김해와 죽도에서 아주 가깝고 지형이 바다 가운데로 뻗어 들어갔기 때문에 군사들이 육지로부터 공격한다면 적들이 뒤에서 엄습할 염려가 없지 않다.' 고 합니다.
 도원수는 진격하는 것을 어렵게 여기고 있는데 반드시 나름대로 보는 바가 있는 것 같습니다.
 대개 여러 부대들의 일은 체찰사의 통제 하에 있으므로 도원수와 여러 장수들은 응당 체찰사에게 문의하여 지시를 받아서 진격하거나 퇴각해야 할 것입니다.
 그런데 요즘 남쪽의 장수들(원균을 지칭한 것임)은 자신이 직접 조정에다 처리해 주기를 청하는 경우가 많은데, 이것은 지휘체계를 유지하려는 생각이 도무지 없는 것입니다. 이상의 사연에 대해 도체찰사와 도원수에게 모두 지시를 내리는 것이 어떻겠습니까?"
 건의한 대로 하라고 승인하였다.」

－〈선조실록〉(1597. 6. 11.(庚午)－

(*당시 조선수군의 지휘체계는 비변사(王)-도체찰사(李元翼)-도원수(權慄)-삼도수군통제사(元均)-삼도의 수사(水使)로 되어 있었다.
원균은 임진년 때부터 이미 이런 지휘체계를 무시하고 제멋대로 타도에 구원을 요청하고, 삼도수군통제사 이순신의 지휘를 따르지 않고, 조정에 직접 작전지시를 요청하고 하는데, 이번에 처음으로 비변사에 의해 이 점이 지적되고 있다.)

6월 12일(辛未). 맑다. 종 한경(漢京)과 종 인(仁)을 한산진으로 보냈다. 전라우수사(李億祺), 충청수사(崔湖), 경상수사(裵楔), 가리포(李應彪), 녹도(宋汝悰), 여도(金仁英), 사도(黃世得), 배동지(裵興立), 김조방장(金浣), 거제(安衛), 영등(趙繼宗), 남해(朴大男), 하동(申蓁), 순천(禹致績)에게 편지를 썼다.
○늦게 승장(僧將) 처영(處英)이 와서 만나보고 부채와 짚신을 바치기에, 대신 물건으로 보상해주어 보냈다.
○낮에 중군장(李德弼)이 군사를 거느리고 적에게로 갔다는 말을 들었으나, 무슨 일인지 몰랐다. 그런데 원수에게 가서 보니, 우병사(金應瑞)의 보고에, 부산의 적들은 창원 등지로 떠나려 하고 서생포의 적들은 경주로 진을 옮기고 있다고 하였으므로, 복병을 보내서 길을 막고 군대의 위세를 뽐내려 했다고 하였다. ○병사의 우후 김자헌(金自獻)이 일이 있어서 원수에게 와서 인사를 하였다. 나 또한 김자헌을 만나보고 늦게 달빛을 이고 돌아왔다.

6월 13일(壬申). 맑다. 병사의 우후 김자헌(金自獻)이 찾아와서 두 시간이 넘도록 이야기하였다. 한참 동안 이야기하다가 점심을 대접해 보냈다. 이날 낮에 왕골을 쪄서 말렸다. 어두워져서 청주의 이희남(李喜男)의 종이 들어와서, 그의 주인이 우병사(右兵使)에게 와서 방어하게 되었으므로 지금 원수의 진 근처에 왔는데, 날이 저물어서 그곳에서 묵고 있다고 하였다.

〈경상도 방어사 권응수(權應銖)의 적정 보고〉

「○경상도 방어사 권응수(權應銖)가 보고서를 올렸다.

"초이튿날 어둠이 깃들 무렵 일본에서 나온 왜인이 적정에 대하여 말하기를 '일본의 많은 군사들이 이달 10일에 모두 배를 타고 그믐 때쯤엔 이곳에 도착하여 그대로 주둔하게 될 것이다. 먼저 주둔하고 있던 적들은 7월 중에 대대적으로 출동하여 조선을 곧바로 치고는 또 각 도의 여러 고을들에 널려서 주둔하게 될 것이다.'라고 하였습니다. 그리고 지난 4월 7일과 8일 사이에 군량을 실은 배 40여 척이 나오던 중 일기도(一歧島)와 대마도 사이에서 풍랑을 만나 깨졌다고 합니다."」 　-〈선조실록〉(1597. 6. 13.(壬申)-

6월 14일(癸酉). 흐리되 비는 오지 않았다. 이른 아침에 이희남(李喜男)이 들어와서, 아산의 영연(靈筵)과 위아래가 모두 다 무사하다고 하였으나, 쓰리고 그리운 마음을 어찌 다 말하랴. 아침 식후에 이희남은 편지를 가지고 우병사(金應瑞)에게로 갔다.

〈명나라 장수 오유충(吳惟忠)을 영접하는 선조의 자세〉

「○오 부총병(吳惟忠)이 왔다. 임금이 모화관에 가서 맞이하고 위로하였다.

초저녁에 송석경(宋錫慶)이 부총병을 문안한 뒤에 와서 말했다.

"부총병이 '오늘은 저물었으니 임금은 대궐로 돌아가도록 하고, 도성 안으로 들어간 다음 나중에 서로 인사를 하도록 하기 바란다.'고 하였습니다."
　이어서 검열 이지완(李志完)을 보내어, 임금이 이미 성밖으로 나왔으므로 맞이하고 위로하는 의식을 그만둘 수 없다는 의사를 전하게 하였다.
　오후 8시경에 부총병이 도착하여 섬돌 위의 장막을 친 휴식처로 들어갔다가 잠시 후에 나오고, 임금은 간이 휴식처에서 나와 서로 읍을 하고 절을 하는 자리로 나아갔다.
　오유충이 말하기를 "조복(朝服)이 상자 속에 들어 있는데 나오지 않아서 푸른 옷차림으로 절을 하게 되어 미안합니다."라고 하였다. 임금이 말하기를 "두 번 절 할 것을 청합니다."라고 하자, 오유충이 말하기를 "지시대로 하겠습니다."라고 하였다.(임금이 그에게 먼저 절을 하였다.)
　그 다음에 오유충이 역시 두 번 절을 하여 사례하겠다고 하자, 임금은 사양하면서 감히 받지 못하겠다고 하였으나, 오유충이 굳이 하겠다고 청하자, 임금이 말하기를 "억지로 막을 수는 없습니다."라고 하였다.
　오유충이 자리를 바꾸어 절을 하겠다고 청하자, 임금이 말하기를 "그 절은 절대로 받지 못하겠습니다."라고 하였다. 그리하여 사례하는 절만 하였다.」　　　－〈선조실록〉(1597. 6. 14.(癸酉)－

〈수군을 부산 앞바다로 나가게 해서 위세를 보이도록 하자〉
　「○비변사에서 건의하였다.
　"…적들의 배가 연달아 바다를 건너와서 가덕, 안골, 부산, 서생포에 나뉘어 진을 치니 다시 충돌할 기세인 것만은 아주 명백합니다. 그러므로 우리나라의 여러 장수들은 응당 제때에 병력을 넉넉히 집결시켜 세력을 연합하여 무기들을 갖춤으로써 앞뒤에서 견제하고 막을 계책을 세워야 하겠습니다.
그리고 안으로는 명나라 군사로써 위세를 보이고 밖으로는 수군으로써 바다 길을 견제하고 요충지를 방어하고 여기저기에 복병을 포치(布置)함으로써 적을 맞이할 계책을 먼저 정한다면 어느 정도 견뎌낼 수 있을 것이니, 그저 명나라 군사만 믿고 팔짱을 끼고 편안히 앉아 있다가 낭패를 보게 되어서는 안 될 것입니다.
장계를 보면, 이미 강에 모인 수군의 병력이 벌써 2만여 명에 달한다고 하니 병력은 충분합니다. 그러니 응당 몇 개의 부대로 나누어 교대로 부산 앞바다로 오가게 함으로써 적들로 하여금 겁을 먹고 감히 발동하지 못하게 해야 할 것입니다. 이것이 하나의 계책입니다. 만일 날짜를 지연시킨다면 수많은 군사들이 군량이 다 떨어지고 흩어져서 다시 거사할 수 없게 될 것입니다.
이러한 내용에 대하여 선전관을 파견하여 도체찰사와 도원수에게 지시를 내려 여러 장수들을 신칙하도록 하는 동시에 요즘의 적정을 조사해서 급히 보고하게 하는 것이 어떻겠습니까?"
대답하기를 "사실 적들이 물러갈 리가 없다. 수군을 나누어서 오가게 한다는 말도 생소하지만, 수군들에게 경계시키지 않아서는 안 되겠다. 그리고 적정에 대해서는 쉽사리 말할 수 없으니 다시 의논해 가지고 살펴서 조치를 취해야 할 것이다."라고 하였다.」
―〈선조실록〉(1597. 6. 14.(癸酉)―

(*원균을 믿었던 선조의 마음속에 불안감이 싹트고 있다. 그동안 장계를 통하여 원균의 행동을 보아온 탓에 그에 대한 믿음이 흔들리고 있음을 그의 언사에서 감지할 수 있다.)

〈긴박하게 움직이는 왜적의 동태〉
「○경상도 우병사 김응서가 비밀 장계를 올렸다.

(*그 내용은 대체로 정승헌이 왜장 풍무수(豊茂守)와 왜적의 동태 문제를 문답한 것이었다. 관백이 50만 명을 동원한 중에서 우선 30만 명을 떠나보내어 전라도, 경상도, 제주도 등지를 짓밟아 놓고 의령과 경주의 산성을 기어이 쳐부수고야 말겠다는 것인데, 6~7월 사이에 출동한다고 하였다.)

「○도원수 권율(權慄)이 비밀 장계를 올렸다.
(*그 내용은 대체로 행장이 김응서에게 보낸 편지 1통을 올려 보낸다는 것이었다. 그 편지에는, 〈조선의 김 병마사 귀하에게 알립니다. 일본으로부터 평조신이 돌아왔으므로 곧 요시라를 심부름으로 보내게 될 것이니, 귀하에게 크고 작은 문제들을 지금 다 보고할 필요는 없다고 봅니다. 오래지 않아 일본 군사들이 바다를 건너와서 머무르게 될 것입니다. 밤낮으로 속을 태운들 이제 와서 무슨 소용이 있겠습니까? 삼가 밝게 살펴주기 바랍니다. 정유년 6월 3일. 풍신행장〉이라고 씌어 있었다.) ―〈선조실록〉(1597. 6. 14.(癸酉)―

〈요시라가 전한 풍신수길의 조선 출격 명령〉

「○경상 우병사 김응서가 급보를 올렸다.
"이달 6일에 요시라가 와서 신을 만나자고 하기에 신이 7일에 산성에서 내려가서 오게 된 사유를 물었더니, 이렇게 대답하는 것이었습니다.
'평조신이 2일날 부산에 도착하여 이러한 기별을 보내왔습니다. 조신이 일본으로 들어갔더니, 관백이 묻기를 〈조선에서는 왕자를 보내겠는가, 안 보내겠는가?〉라고 하기에, 조신이 대답하기를 〈왕자를 오게 할 수는 없습니다.〉라고 하였더니, 관백이 말하기를 〈그렇다면 무슨 조건으로 강화를 하겠는가?〉라고 하였답니다. 그래서 조신이 말하기를 〈만약 해마다 대신이 와서 예물을 바치는 조건으로 좋은 관계를 맺자고 한다면 일은 성취될 수 있을 것입니다.〉라고 하였답니다.

관백이 처음에는 그렇게 여겼는데, 훗날에 다시 묻기를 〈조선에서는 너에게 그렇게 말하라고 허락하더냐?〉라고 하더랍니다.

그래서 조신은, 조선에서 수긍할는지도 알 수 없고 또 뒤탈이 있을까봐 두려워서 사실대로 대답하였더니, 관백이 버럭 화를 내면서 말하기를 〈이렇게 확실하지도 않은 일로 부대를 버리고 나에게 와서 물으니 너의 죄는 죽여 마땅하다.〉라고 하면서 곧 여러 장수들에게 속히 바다를 건너가라고 하였답니다.

그리고 여러 장수들을 모아놓고 군령을 내리기를 〈조선에서는 매번 이렇게 우리를 속이고 있으니 나는 분을 참을 수 없다. 조선에서는 믿는 구석이 있어서 우리의 말을 듣지 않는데 그것은 바로 전라도와 충청도 2개 도가 아직도 완전하기 때문이다.

너희들은 8월 1일에 곧바로 전라도 등지로 들어가서 곡식을 베어 식량을 마련하고 산성을 격파하도록 하라. 그리고 지킬 만한 힘이 있으면 2개 도에 머물러 있으면서 제주도를 치고, 안 되겠으면 군사를 철수하여 고성으로부터 서생포에 이르기까지 진지를 연결하여 조선이 화의를 청할 때까지 기다리도록 하라.

행장(行長)은 고성을 차지하고, 의지(義智)는 거제를 차지하고, 죽도의 군사들은 창원, 죽도, 부산을 차지하도록 하라. 그리고 다른 장수들은 기장을 차지하도록 하라. 그리고 안골의 군사들은 가적을 차지하고, 가덕의 군사들과 청정은 서생포로 들어가서 주둔하고, 그 나머지는 본국으로 들어오도록 하라.

조선에서 끝내 화의를 청하지 않으면 하루 길쯤 되는 곳이나 혹은 5~6일 길쯤 되는 데를 수시로 쳐들어가서 노략질함으로써 기어코 화의를 성취시키도록 하라. 그리고 산성이 있는 곳은 죽는 한이 있더라도 격파하지 않아서는 안 되겠으니 너희들은 있는 힘을 다하도록 하라. 나의 말을 따르지 않을 경우에는 너희들의 처자식들을 모조리 죽여 버릴 것이다.〉라고 하였습니다.

그래서 조신이, 그래서는 안 된다는 것을 극력 진술하면서 말하기를, 〈조선은 지금 무장상태가 전날과 같지 않고 또 수군이 있어서 형세가 우리에게 매우 불리합니다.〉라고 하였더니, 관백이 눈을 부릅뜨고 꾸짖기를 〈너는 그렇게도 생각이 없으니 큰 일을 어떻게 이루어 내겠느냐? 경상도와 전라도, 충청도 같은 도들을 파괴하면 수군은 형편상 저절로 없어져버릴 것인데 무엇이 무서운가. 조선의 군사가 좀 강해지기는 했어도 말할 만한 것이 못된다.〉라고 하였답니다.

조신이 또 말하기를, 〈명나라 군사가 많이 내려와서 이미 전라도에 이르렀는데 이것도 곤란한 사정입니다.〉라고 하자, 관백이 말하기를 〈계사년(1593)에도 명나라의 대군이 근처에 있었지만 진주를 공격해서 함락시킬 수 있었다. 명나라 군사가 왔다고 하더라도 왜 진격하여 싸우지 못하겠는가. 너의 그 말은 조선을 두둔해서 하는 말에 지나지 않는다. 모든 것은 여러 장수들이 그때그때 정세를 보고 어떻게 하는가에 달려 있다. 싸움에 관한 문제는 멀리 있으면서 헤아리기는 어려우니 가능하다면 깊이 들어갈 것이고, 안 될 것 같으면 그만두라.〉고 하였답니다.

조신은 다시 할 말이 없어서 가만히 있다가 물러나왔는데, 6월 그믐경이나 7월 초에 대병력으로 일시에 바다를 건너올 것이라고 합니다.

평행장(平行長)이 나에게 말하기를, 〈관백의 의도는 싸움을 하지 않고 조선의 땅을 빼앗으려는 것이며, 조선이 강화를 하려 하지 않으므로 무력을 시위하여 화의를 성취시키려는 것입니다.

이번의 조치는 다만 전라도를 침범한 다음 바닷가로 군사들을 철수시키는 것인데, 군사들을 출동시킬 경우에는 청정(淸正)의 부대는 경주를 거쳐 밀양이나 대구로 길을 잡아 전라도로 갈 것이고, 나는 의령과 진주를 거치게 될 것입니다.

그러나 지나가게 될 지점의 산성에 있는 노쇠한 늙은이와 연약한 어린아이들을 북쪽의 도(道)로 옮기고 장정들을 뽑아서 들어가 지키면서 싸우게 하는 동시에, 경상우도로부터 전라도에 이르기까지 햇곡식을 베어서 들을 말끔히 비워놓고 대기한다면, 우리들이 설령 간다고 하더라도 들에는 약탈할 것이 없어서 군사들은 곡식 구경도 못하게 될 것입니다. 그리하여 전라도 한 지경을 다 분탕질하지 못하더라도 곧 군사를 돌릴 것이니, 그렇게 되면 일본 사람들은 형편상 낭패를 보게 될 것입니다.

이런 사유를 관백에게 알리면 관백은 틀림없이 자기 계책을 실행할 수 없다고 할 것이며, 또한 그전처럼 좋은 관계를 맺자는 말을 하지 않을 수 없을 것입니다.

이런 내용을 병사한테 알려서 미리 들을 말끔히 비우도록 하는 것이 어떻겠는가?〉라고 하였습니다.

아마 내가 한 말을 거짓말이라고 생각할 수도 있겠지만, 나는 진정으로 말했습니다. 전날 진주의 변란에 대해서도 미리 통지하였으나 나의 말을 믿지 않다가 결국 함락되었으니, 잘된 것이 무엇입니까. 이번 일도 진주 사건이 있었던 때와 다름이 없습니다. 살아남은 백성들을 어떻게 차마 적들의 손에 몰아넣어 죽일 수 있습니까.…

군량과 무기와 마소와 노인과 어린아이들을 모두 다 섬으로 옮기든가 혹은 깊숙한 곳에 숨기고, 마을에는 한 되의 곡식도 없게 하는 동시에 장정들을 뽑아 비록 맞붙어 싸우지는 못하더라도 왜병들이 있는 곳에 나타나서 싸움도 하고 야간공격도 하게 해야 합니다. 이렇게 막는다면 일본도 꺼리는 바가 없지 않을 것입니다.
오늘날 일본의 여러 장수들이 근심하는 것은 식량이 다 떨어져 가고 있다는 것입니다. 만약 식량을 마련할 길이 없게 되면 10여 일이 못 가서 도로 물러갈 것입니다. 경상도 변방에서는 힘써 농사를 지어 곡식이 아주 잘 되었는데, 베어 버리는 것이 좋겠습니다. 그렇게 하지 않으면 도적들에게 식량을 대주는 꼴이 됩니다. 나의 말을 거짓으로 여기지 말아야 할 것입니다.
요즘 새로운 군사들이 나오면 나는 마산포로 부대를 옮기게 됩니다. 그리고 나는 죽도의 왜장과 서로 마음을 같이 하고 있으므로 7월 전까지는 비록 졸병들이라 할지라도 도적질하러 나가지 못하게 하겠으나, 안골포와 가덕의 왜병들은 청정과 마음을 같이 하고 있기 때문에 우리로서는 금지시킬 수가 없습니다. 싸움을 하기로 이미 작정한 만큼 요즘 안골포의 왜병들은 반드시 밤을 타서 함안, 진주, 진해, 고성 지경을 침입할 것입니다. 그러니 그곳 백성들을 미리 옮겨놓아야 할 것입니다. 아무리 농사를 잘 지었다 하더라도 결국 먹지 못하게 될 것입니다.
사냥을 나가거나 도적질하러 나가는 왜병들에 대해서는 복병을 하였다가 소멸시키거나 붙잡아도 무방할 것입니다. 좌도에도 그러한 폐단이 없지 않을 것인데, 요충지대를 차단하고 있다가 역시 소멸시키거나 붙잡아도 무방할 것입니다.
나는 군사를 동원하는 날짜에 대해서까지 숨김없이 모두 말했는데, 이러한 내용을 조선에서는 잘 헤아려서 처리해야 할 것입니다. 이러한 말이 만약 왜적에게 흘러 들어가고 관백한테까지 보고된다면 나의 가족들이 몰살을 당할 것은 틀림없으니 꼭 비밀을 지켜주기 바랍니다.
조선에서 이런 기미를 알지 못하고 잘못 대응하여 일본 사람들에게 이득을 보게 한다면, 병란은 10년이 가도 언제 끝날지 기약할 수 없게 될 것입니다. 나도 가슴이 아파서 이런 말을 하는 것입니다.'
요시라가 자기 생각을 말하기를, '새로 올 군사 15만 명과 이곳에 있던 왜병 3만 명을 합쳐 모두 18만 명인데, 3~4만 명은 진에 머물러 있고 그 나머지 군사들로써 깊숙이 들어갔다가, 군영과 연락이 없게 되면 10월 그믐 경에는 연해 지방의 진영으로 돌아올 것입니다. 그 후에도 강화의 실마리는 없지 않을 것입니다.
행장의 말과 내가 한 말은 일이 지나간 뒤에 증명될 것입니다. 지금은 이미 싸울 기일까지 정해 놓고 있어서 형편상 드나들기가 어렵습니다. 그러나 대군이 바다를 건너오면 죽음을 무릅쓰고 한번 나와서 보고를 올리려고 생각하고 있습니다. 설령 진중에 있게 되더라도 그들의 내막을 통지하려고 하는데, 우리들이 전라도로 깊숙이 들어간 뒤에 병사께서 멀리 경상도에 있게 되면 통지할 길이 없으니 이것이 걱정입니다. 우리들은 무슨 일을 통해서라도 싸움을 그만두게 하려고 생각하고 있습니다.' 라고 하였습니다.
신은 대답하기를 '설령 너희들의 군사가 100만 명이 나온다고 하더라도 지금은 무서울 것이 없다. 무기가 날카롭고 군사들이 용감하며 방어시설이 튼튼한 데다 명나라 군사들까지 많이 나왔으니 하루아침이면 모조리 짓밟을 수 있다.' 고 하자, 그는 대답하기를
 '만일 그렇게만 된다면 일본 사람들은 이길 수 없다는 핑계로 제 땅으로 돌아갈 수 있으니 어찌 싫다고 하겠습니까. 조선의 수군이 이미 정비되었는지 안 되었는지 모르겠으나, 지금은 나가서 싸워도 무방할 것입니다.' 라고 하였습니다.

왜인의 교활한 말을 다 믿을 수는 없지만, 그가 와서 한 말을 보고
하지 않을 수 없기에 사유를 써서 급히 보고합니다. 평행장이 보낸
편지 한 통은 도체찰사한테 보냈습니다. 싸울 기일이 정해졌다는
것은 의심할 바 없습니다. 그리고 안골포의 왜적들이 침입할 것이
라는 말도 그럴 이유가 없지 않습니다. 그렇기 때문에 신이 거느리
고 있는 군사들과 군관들, 투항한 왜인들과 진 곁에 있는 별장들에
게도 지시를 내려 협력하여 군사를 매복시켰다가 소멸할 작정입니
다."
보고서를 비변사에 내려 보냈다.」

-〈선조실록〉(1597. 6. 14.(癸酉)-

6월 15일(甲戌). 맑다. 오늘은 보름인데 몸이 군중에 있으므로 어머니
의 신위(神位)를 진설(陳設)하고 곡을 할 수 없으니, 그리운 마음
을 어찌 다 말하랴. 초계 군수가 떡을 마련하여 보내왔다. 원수의
종사관 황여일이 군관을 보내어 전하기를, 원수가 산성으로 가려
한다고 하였다. 나도 뒤를 따라 큰 냇가에까지 이르렀다가, 혹시
다른 의견이 있을까 염려되어 냇가에 앉은 채 정상명(鄭翔溟)을
보내어 병이 났다고 보고하게 하고 그대로 돌아왔다.

6월 16일(乙亥). 맑다. 하루 종일 혼자 앉아 있었다. 아무도 들여다보
는 사람이 없었다. 아들 열(蒸)과 이원룡(李元龍)을 불러들여 책을
매어서 변씨(卞氏) 족보를 쓰게 하였다. ○저녁에 이희남(李喜男)
이 언문 편지를 보냈는데, 병사가 보내주지 않는다고 하였다. ○
열(蒸)과 정상명(鄭翔溟)이 큰 내에 가서 전마(戰馬)를 씻겨가지고
돌아왔다. 변광조(卞光祖)가 찾아와서 만나보았다.

6월 17일(丙子). 흐리되 비는 오지 않았다. 아침 식후에 원수한테 갔더니, 원공(元公: 元均)의 바르지 못한 점을 많이 말하고, 또 비변사에서 내려온 공문을 보여주었다. 그 공문에는, "원균의 장계 내용에 의하면, 수군과 육군이 함께 나아가 먼저 안골포의 적을 무찌른 후에 수군이 부산 등지로 나아가야 한다고 하였는데, 안골포의 적들을 먼저 칠 수는 없겠는가?"라고 하였다. 이에 대하여 원수가 올린 장계의 내용은, "통제사 원균은 앞으로 나아가려고 하지 않고 안골포의 적들을 먼저 쳐야 한다는 말만 되풀이하고 있습니다. 그러나 수군의 많은 장수들이 그와 다른 생각을 하자 원균은 안으로 들어가서 밖으로 나오지 않으니, 그는 여러 장수들과 더불어 결코 합의를 보지 못할 것이므로, 일을 그르칠 것이 뻔합니다."라고 하였다.

○ 원수에게 건의하여 이희남(李喜男)과 변존서(卞存緖), 윤선각(尹先覺) 등에게 공문을 띄워 독촉해서 이리로 오게 하였다. 돌아올 때 황 종사관(黃汝一)을 만나 두 시간 넘게 의논하고 묵고 있는 집으로 돌아왔다. 희남의 종을 의령(宜寧)의 산성(山城)으로 보내고 청도에는 파발로 공문을 띄웠다.

6월 18일(丁丑). 흐리되 비는 오지 않았다. 황 종사관(黃汝一)이 자기 종을 보내어 문안하였다. 늦게 윤감(尹鑑)이 떡을 만들어 보내왔다. 명나라 사람 섭성(葉盛)이 초계(草溪)로부터 와서 같이 이야기하였다. 그가 또 말하기를, "명나라 사람 주언룡(朱彦龍)이 일찍이 일본에 사로잡혀갔다가 이번에 나왔는데, 그가 말하기를, 적병 10만 명이 이미 사자마(沙自麻)나 또는 대마도에 이르렀을 것이며, 행장은 의령을 거쳐서 곧바로 전라도를 치려고 하며, 청정은 경주와 대구 등지로 옮겨갔다가 그대로 안동으로 가려고 한다고 하였다."고 하였다. ○저물녘에 원수가 사천(泗川)에 가려고 한다는 연락이 왔기에 곧 사복(司僕) 정상명(鄭翔溟)을 보내어 무슨 일로 가려고 하는지 물어보았더니, 수군의 일 때문에 가려고 한다고 하였다.

〈행장이 심유경(沈惟敬)에게 올린 글〉

「○왜장 행장이 명나라 유격장 심 대인(沈惟敬)에게 글을 올려 보냈다.

"전날 명나라에서 조선에 지시하여 대신을 보내어 우리나라에 사례하도록 하였으므로, 변변치 못한 행장은 삼가 접수하고 풍신정성(豊臣正成)과 평조신(平調信)을 시켜서 우리나라의 왕에게 상세히 진술하게 하였습니다. 끝까지 다 보고 우리나라의 왕이 두 사람에게 말하기를, '비록 조선에서 예절을 지키지 않고 신의가 없기는 하지만 그것이 명나라의 처분인대야 어떻게 하겠는가. 좋건 싫건 우선 명나라의 지시를 받들어 이웃나라와 사귀어야 하겠다.' 라고 하였습니다.

그러나 의논하고 있는 사이에 조선 거제도의 순찰하는 배가 큰 배 5척을 탈취하고 2백여 명을 죽였습니다. 이에 대하여 각 부대의 여러 장수들이 서면보고를 자세히 써서 우리나라의 왕에게 알린 결과, 우리나라의 왕은 대단히 화를 내면서 말하기를 '아무리 명나라의 처분을 들으려고 하여도 조선에서 명나라 황제의 말을 듣지 않고 작은 이속에 탐이 나서 처음부터 큰 일을 망쳐놓았다. 그러니 죽는 한이 있어도 원수를 갚은 다음에야 명나라의 처분을 공순히 듣겠다.' 고 하였습니다. 그래서 지금 군사를 늘이고 군량을 운반하여 조선에서 승부를 결판내려고 생각하고 있을 뿐입니다.

바라건대 대인은 우리나라를 탓하지 말아야 할 것입니다. 이것은 조선에서 믿음과 의리를 잃고 작은 이속을 탐내기 때문에 생긴 일입니다. 나머지 문제에 대해서는 조신이 아마 대인에게 보고할 것입니다. 삼가 글을 올려 보고합니다."

정유년 6월 2일. 풍신행장(豊臣行長).」

-〈선조실록〉(1597. 6. 18.(丁丑)-

6월 19일(戊寅). 새벽에 닭이 세 번 울자 문을 나서서 원수 진영에 이르니 날이 밝았는데, 원수와 황 종사관이 나와 앉아 있었다. 원수(權慄)가 나에게 원공(元公: 元均)의 일을 말하기를, "통제사(元均)의 일은 말을 할 수가 없다. 그는 조정에 청하여 안골과 가덕의 적들을 모조리 무찌른 뒤에 수군이 나아가 토벌해야 한다고 하였는데, 이게 도대체 무슨 심보인가. 질질 끌면서 나아가지 않으려는 뜻에 불과하기 때문에, 내가 사천으로 가서 독촉을 해야겠다."고 하였다. 내가 위에서 내려온 밀지(密旨)를 보니, 〈안골포에 있는 적들을 경솔하게 들어가 쳐서는 안 된다.〉고 하였다. ○정오에 변덕기(卞德基), 덕장(德章: 右營의 아전), 변경완(卞慶琬), 변경남(卞慶男)이 와서 만나보았다. 진사 이일장(李日章)도 왔다. 밤에 소나기가 크게 내려서 처마에서 떨어지는 물줄기가 들어붓는 것 같았다.

6월 20일(己卯). 비. 하루 종일 비가 왔다. 늦은 아침에 (어릴 적 친구들인) 서철(徐徹), 윤감(尹鑑), 문익신(文益新), 문보(文珤), 변유(卞瑜) 등이 찾아와서 만나보았다. 오후에 노마료(奴馬料: 종과 말 등의 유지비)를 받아왔다. 병든 말이 차츰 나아지고 있었다.

6월 21일(庚辰). 비가 오다 개었다 하였다. 영덕(盈德) 현령 배진경(裵晉慶)이 원수를 만나러 왔다가 원수가 사천으로 가고 없자 나를 찾아와서 좌도(左道)의 사정을 많이 전해 주었다. 황 종사관이 사람을 보내어 문안을 하였다. ○저녁에 변존서(卞存緖), 윤선각(尹先覺)이 와서 밤새 이야기하였다. 작은 워라말(月羅馬)이 먹지를 않는다. 더위를 먹었나보다.

6월 22일(辛巳). 개었다 비가 오다 하였다. 아침에 초계 군수가 연포국(軟泡: 무. 두부. 다시마. 고기 등을 넣고 끓인 맑은 국)을 끓여가지고 와서 권하기는 했으나, 오만한 기색이 많았다. 그의 하는 짓이 말할 수 없이 무례하였다.
○늦게 이희남(李喜男)이 들어와서 우병사(右兵使)의 편지를 전하였다. 낮에 정순신(鄭舜信), 정사겸(鄭思謙), 윤감, 문익신, 문보 등이 찾아왔고, 이어서 이선손(李先孫)도 찾아왔다.

〈자기 처자식들을 제일 먼저 피난시키려는 선조〉
「○오전 10시경(巳時)에 임금이 별전에 나가 대신들과 비변사의 담당 당상관들을 불러들여 만났다.
  (*참가자: 유성룡, 윤두수, 김응남, 김명원, 유영경, 노직, 윤돈, 송석경, 허체, 이지완, 정혹익.)
선조: "적들의 형세가 저러한 상태에서 마 도독과 양 경리가 앞으로 도착하고 명나라 군사들이 나온다고 하더라도 적을 칠 것으로 기대하기는 어려우며, 식량이 떨어질 것이 염려되니 일이 매우 어렵게 되었다. 마 도독과 양 경리가 오기 전에 왕비를 피난시키려고 하는데 잘 생각해서 결정하도록 하라.
유성룡: 우리나라의 형편에 대하여 명나라가 모르지 않을 것이니,

이런 때에 경솔하게 행동하여서는 아니 되옵니다.
　선조: 어찌 명나라 사람들이 모를 것이라고 생각하겠는가. 그러나 어린아이들만 모였으니 결국 무엇을 해내겠는가. 저 적들은 모두 10만 명으로서 충청도와 전라도를 짓밟아 놓을 생각을 가지고 있는데, 오 총병과 양 총병이 어떻게 막아내겠는가.
　　전에 조 총병이 패하고 돌아갈 때 평양에서부터 하루 동안에 가산까지 달려갔는데 명나라 군사란 역시 믿을 만한 것이 못 된다. 양총병의 군사들도 문란한 군사가 되어서 조승훈이 한 것처럼 우리나라에 허물을 덮어씌우면 어떻게 하겠는가. 그리고 마 도독이 거느린 군사는 남방 군사에 비할만한 것이 못 된다. 남 총병이 남원을 지키겠다고 하는 것도 근거 없는 말이다. 보나마나 지켜낼 도리가 없을 것이다.…
　김응남: 전하께서 만일 경솔하게 움직이신다면 도성 안은 틀림없이 모두 동요할 것이니 매우 염려되옵니다.
　선조: 그것은 할 수 없다는 말인가. 결국 어떻게 해야 하겠는가?
　윤두수: 만일 강화로 피난시키면 형편상 편리할 것 같은데, 다만 인심이 동요될까 걱정되니 요량하여 처리하는 것이 좋겠나이다.
　유성룡: 전하께서는 강화로 피난시키려고 하시옵니까?
　선조: 나는 결정할 수가 없다. 왕비를 좋은 곳으로 옮기게 하고 나는 남쪽으로 내려가려고 할 뿐이다."」

　　　　　　　　　　　　　　-〈선조실록〉(1597. 6. 18.(丁丑)-

〈선조의 비겁한 처사에 반대하고 나온 신하들〉
　「○헌납(獻納) 김대래(金大來)가 와서 건의하였다.
　"어제 비밀리에 내려 보낸 비망기를 보면, 옹주들을 당분간 강화도로 피신시키라는 지시가 있었습니다.

지금 변경의 적정이 긴급하고 인심이 뒤숭숭한데 대궐 안에서부터 먼저 움직인다면 백성들의 원망을 사게 될 것이며, 도성 백성들은 놀라 흩어져서 당장 도성은 텅 비고 말 것입니다.
명나라 장수들이 전후하여 계속 오가고 있는데 지시하신 조치를 들으면 뭐라고 하겠나이까.…
앞질러 동요를 일으킴으로써 돌이킬 수 없는 후회를 가져와서는 절대로 안 될 것이옵니다. 여러 궁들을 피난시키라는 지시를 빨리 취소하시기 바라나이다."
대답하였다. "거론하지 말라."」

-〈선조실록〉(1597. 6. 22.(辛巳)-

「○승정원에서 건의하였다.
"민간에서 떠도는 말을 들으니, 여러 궁방에서 떠날 차비를 그만두지 않고 있으며, 심지어 전하께서는, 대간들이 지금 고집을 부리더라도 너희들은 빨리 피난을 가야 한다고 지시하였다는 말까지 있습니다.
신 등은 처음에는 이 말을 믿지 않았습니다. 길에 사복시(司僕寺)의 말들이 꼬리를 물고 있고, 또 전하의 친척들과 외척들이 모두 새로 만든 수레와 안장을 갖춘 말들을 대낮에 끌고 다니는 사람들을 보고는 '강화만이 편안한 곳이니 먼저 총애 받는 곳으로 나가야 하겠다.'고 하면서 마을로 다니며 자랑을 하고 서로 이끌고 가려고 하며, 어리석은 백성들이 저마다 본받으려 하는 것을 보고서야 비로소 신 등은 전하께서 3사의 논의를 완강히 거절하면서 옹주가 가는 것을 곧 중지시키지 않고 곧 내일로 기일을 정하고 있다는 것을 알게 되었습니다.
사태가 급박하게 되었으니 신 등은 무슨 말로 전하에게 말씀을 올려야할지 모르겠습니다.……
　신 등은 생각하기를, 궁가(宮家)의 가족들을 피난시키는 일을 중지하지 않는다면 온 나라의 모든 조치들이 다 허사로 돌아가리라고 봅니다. 이 말이 벌써 도성 부근에 퍼진 결과 심지어 도성 부근 사람들 가운데는 소문이 진짜인지 알아보러 오는 사람들까지 있습니다.
　그래서 신 등은 이 말이 이미 호서 지방에 미치고 나아가서 호남 지방에까지 미쳐서 군사들의 마음이 모두 해이해지지 않을까 걱정하였습니다. 더구나 명나라 장수들이 들으면 그들이 어떻게 생각하겠으며, 명나라 조정에서 알면 얼마나 책망하겠습니까.
　신 등이 이때에 극력 간하여 전하로 하여금 느끼고 깨닫도록 하지 못한다면 뒷날 아무리 목숨을 바쳐 섬긴다고 해도 충성스럽지 못한 사람으로 될 수밖에 없습니다. 더구나 신 등은 전하의 가장 가까이 있는 사람으로서 듣고 본 것을 모두 말씀드리지 않는다면 그 죄는 더해질 것이기에 죽음을 무릅쓰고 건의드리는 바입니다."
　지시하였다. "건의한 뜻은 다 알겠다. 그러나 이미 결정한 일이니 이제 와서 고치기는 어렵다."」
　　　　　　　　　　　　　-〈선조실록〉(1597. 6. 24.(癸未)-
　(*끝까지 읽어내기조차 힘들고, 답답하고, 한심하고, 분하고, 침을 뱉어주고 싶고, 주먹으로 갈겨주고 싶은 그런 역사적 사실의 기록이다.)

6월 23일(壬午).　아침에 불화살(火箭)을 다시 다듬었다. ○늦게 우병사가 편지를 보내고 겸하여 크고 작은 환도(環刀)를 보내왔다. 그러나 가지고 온 사람이 물에 빠뜨려 장식과 칼집을 망가뜨렸으니 유감스럽다. 나굉(羅宏)의 아들 재흥(羅再興)이 자기 아버지의 편지를 가지고 찾아왔다. 또 어려운 살림에 노자(路資)까지 보내주어 미안, 미안하였다. 이방(李芳)이 찾아왔다. 방(芳)은 아산 이몽서(李夢瑞)의 둘째 아들이다.

6월 24일(癸未). 새벽안개가 사방에 자욱하였다. 오늘은 입추(立秋)날이다. 아침에 수사 권언경(權彦卿)의 종 세공(世功)과 감손(甘孫)이 와서 무밭에 관한 일을 말하였다. 무밭을 갈고 씨 뿌리는 일을 감독할 관원으로 이원룡(李元龍), 이희남(李喜男), 정상명(鄭翔溟), 문임수(文林守) 등을 정해 보냈다.
○생원 안극가(安克可)가 와서 보고 세상일을 이야기하였다. 합천 군수(吳澐)가 조언형(曹彦亨)을 보내어 안부를 물었다. 날씨가 지독하게 더워서 찌는 듯하였다.

6월 25일(甲申). 맑다. 무씨를 다시 뿌리도록 지시했다. 황 종사관이 와서 보고 군사 문제를 의논하였다. 원수가 금명간 진으로 돌아올 것이라고 하였다. ○저녁에 종 한경(漢京)이 한산도에서 돌아왔는데, 보성 군수 안홍국(安弘國)이 왜적의 총에 맞아 죽었다는 소식을 듣고 놀라움과 슬픔을 이길 수 없었다. 적은 하나도 잡지 못하고 먼저 두 장수만 잃어 버렸으니 통탄스러움을 어찌 다 말하랴. 거제 현령(安衛)도 사람을 시켜 미역을 보내왔다.

(*6월 18일 이후 왕비와 옹주 등을 먼저 피난시키려는 선조의 지시를 김대래 등 신하들이 반대하고 나오자 이날 선조는 다시 '임금 노릇 힘들어서 못해 먹겠다.'는 식으로 토라져서인지 또다시 양위의 전교를 내린다. 이 일로 조정은 다시 '양위의 전교를 거두어 주소서!' 하고 간청하는 신하들의 부르짖는 소리와 호소가 연이어 터져 나와 며칠 동안

계속되었다.)

6월 26일(乙酉). 맑다. 중군장(中軍將) 이덕필(李德弼)과 변홍달(卞弘達), 심준(沈俊) 등이 찾아왔다. 아산의 종 평세(平世)가 들어와서 어머님의 영연(靈筵)이 평안하시고, 여러 집안 상하가 모두 무고하다고 하였다. 다만, 석 달이나 날이 가물어 농사가 결딴나서 가망이 없다고 하였다. 그리고 장삿날은 7월 27일로 하려다가 미루어 8월 초4일로 택했다고 하였다. 지극한 그리움과 슬픔을 어찌 다 말하랴.

○경상우병사(金應瑞)가 체찰사(李元翼)에게 "아산의 이방(李芳), 청주의 이희남(李喜男)이 복병하기 싫어서 원수(權慄)의 진영 곁으로 피해 있다."고 보고한 일 때문에, 체찰사가 원수에게 공문을 보내왔다. 원수는 크게 노하여 공문을 만들어 보냈다. 병사 김응서의 속뜻을 알지 못하겠다. 이날 작은 워라말(月羅馬)이 죽어서 내다 버렸다.

(*이방과 이희남이 원수의 진영 곁에 와 있었던 것은 복병하기 싫어서 임지를 임의로 이탈한 것이 아니라, 원수 권율의 지시로 이순신을 모시고 있으면서 여러 가지 심부름을 하도록 했기 때문이다. 그런데 병사 김응남이 이를 사실과 다르게 제찰사에게 보고한 것이다.)

〈계속해서 군사 지휘체계를 무시하고 명령을 거역하는 원균〉
「○비변사에서 건의하였다.
"체찰사를 대신(大臣)으로 임명하고 도원수를 주장(主將)으로 임명하였는데도 군사 통수권한이 수군(*즉, 수군통제사 원균)에게까지 시행되지 않는다는 것은 매우 놀랄 일입니다. 명령에 복종하지 않는 데 대해서는 응당 적용하는 법이 있는데도 다만 사람이 드세다느니, 미련하다느니 하는 몇 글자로 조정에 급보를 띄우는 것은 안 될 일입니다. 남쪽 지방의 일 중에서 이 한 가지만을 보더라도 극히 우려됩니다.

요즘에 이르러 남풍이 계속 불면서 적의 전선들이 연달아 와서 정박하고 있습니다.

비록 우리나라의 배들이 오랜 기간 바다 가운데 있으면서 일일이 차단하고 칠 수는 없다고 하더라도, 현재 있는 배들을 모두 몇 개 선단으로 나누되, 가령 배설(裵楔)이 경상우도의 배로써 한 개 선단을 만들고, 이억기(李億祺)가 전라우도의 배로써 한 개 선단을 만들고, 최호(崔湖)가 충청도의 배들로 한 개 선단을 만들고, 원균이 거느리고 있는 배로 한 개 선단을 만들어서 한산도를 굳게 지켜 근거지로 삼는 동시에, 선단별로 나누어 번갈아 나가서 서로 바라보이는 바다 가운데서 혹은 가기도 하고 혹은 오기도 하며, 일정한 장소가 없이 혹은 멀리 혹은 가까이 가기도 하면서, 징과 북을 쳐서 서로 들리게 하고, 깃발로 연락을 하며, 따로 옥포와 조라포의 바라보이는 곳에 가짜 군사를 배치하여 위세를 보인다면, 적선은 반드시 우리나라의 수군이 대대적으로 집결한 것으로 생각할 것입니다.

그리고 명나라 군사가 여기에 합세한 줄로 의심하게 되고, 육지에 있는 놈들은 뒤가 켕기게 될 것이고, 계속 오던 놈들은 요격당하거나 차단당하지 않을까 걱정하게 될 것입니다. 이렇게 하면 싸우는 데서 얻게 될 이점이 적지 않을 것입니다.

지금 염탐하는 사람의 말에 의하면, 대마도에 도착한 왜선들은 그 수가 헤아릴 수 없을 정도인데, 우리나라의 전선이 많을 것이라는 의심 때문에 곧바로 나오지 못한다고 합니다. 그 말을 꼭 믿을 수는 없지만, 일의 형편을 생각하면 또한 그럴듯하기도 합니다.

그런데 어찌하여, 조응도(趙凝道)가 잘못하여 패배한 사실을 하나의 교훈으로 삼는다고 하면서 지나치게 위축되어 한산도 해상과 거제 등지에 깊숙이 숨겨두고 감히 한 척의 배도 내보내지 않음으로써 먼저 약점을 내보이는 것입니까.

만일 적들이 승세를 타서 거제에 대대적으로 달려들어 다시 소굴로 만든다면 명나라 군사가 아무리 뒤따라 나온다고 하더라도 형편상 어찌할 수가 없을 것입니다.

청컨대 이러한 내용으로 다시 지시를 내려, 군법을 거듭 강조하는 동시에 순간의 안일을 도모하지 못하게 함으로써 큰 일을 성사시키도록 하는 것이 어떻겠습니까?"

대답하였다. "건의한 대로 하라"

-〈선조실록〉(1597. 6. 26.(乙酉)-

(*비변사의 작전 건의가 타당한지 않은지는 차치하고, 원균(元均)이 선조의 총애를 믿고 공식적인 군 지휘계통의 명령을 무시하고 있음을 볼 수 있다.)

6월 27일(丙戌). 맑다. 노응린(盧應麟), 박진삼(朴晉參)이 찾아와서 만나보았다. 이희남(李喜男), 이방(李芳)이 체찰사의 행차가 이르는 곳으로 갔다.

6월 28일(丁亥). 맑다. 황해도 백천(白川)에 사는 별장(別將) 조신옥(趙信玉), 홍대방(洪大邦)이 찾아와서 만나보았다. ○초계(草溪)의 아전이 보고서에서, "원수(權慄)가 내일 남원으로 가신다."고 하였다. 이날 새벽 꿈자리가 매우 어지러웠다. 종 한경(漢京)이 물건을 사러 가서 돌아오지 않았다.

⟨이런 저런 핑계만 대고 명령에 불복종하는 원균⟩

「○도원수 권율(權慄)이 장계를 올렸다.

"통제사 원균(元均)은 늘 육군으로 먼저 안골포 등지의 적을 쳐야 한다는 핑계를 대면서 바다에서 군사의 위력을 보임으로써 오는 적들을 막을 생각을 하지 않으니, 신은 분하기 짝이 없습니다.

혹 심부름꾼을 보내기도 하고, 혹 돌아가는 인편에 자세히 이야기해 주어 따끔하게 책망하기도 하고, 심지어 세 번씩이나 도체찰사에게 군관을 보내기도 했습니다.

남이신(南以信)도 체찰사의 지시를 받고 한산도로 들어가 앉아서 독촉을 하게 되어서야 어쩔 수 없이 18일에 비로소 배를 출발시켰는데, 큰 배와 작은 배 총 1백여 척이 가덕도 앞바다를 향해 갔습니다. 이것은 남이신의 힘에 의한 것이지 어찌 원균의 생각이겠습니까.

그렇더라도 이처럼 끊임없이 번갈아 휴식하면서 뒤의 것이 나아가고 앞의 것이 돌아오는 식으로 한다면, 저쪽에 있는 적들은 의심스럽고 두려워서 감히 바다를 건너올 생각을 못할 것이며, 혹시 돛을 달고 온다고 하더라도 파도에 부딪쳐 부서지고 말 것이며, 이쪽에 있는 적들은 형세가 고립되고 식량이 떨어져서 앞으로 나아가지도 물러가지도 못하게 될 것입니다.

이러한 때에 명나라 군사와 협력하여 결심하고 나아가 접근전을 벌인다면 왜 안 될 리가 있겠습니까. 신은 당분간 사천(泗川)에 가서 머물러 있으면서 해상의 소식을 기다리겠습니다."」

－⟨선조실록⟩(1597. 6. 28.(丁亥)－

(*도원수 권율이 보고한 이러한 작전이 과연 적의 침입을 저지하는 데 유효한 전략인지 아닌지는 차치하고, 애초에 이러한 작전을 조정

에 건의한 것은 원균 자신이었다. 그 당시 그가 이런 작전을 건의한 목적은 통제사 이순신을 모함하여 통제사 자리를 자기가 대신 차지하려는 목적에서 그렇게 하였던 것이지, 이러한 작전 자체가 왜적의 재침을 유효하게 막을 수 있다는 확신을 갖고 그렇게 했던 것은 아니었다.)

6월 29일(戊子). 맑다. 이희남(李喜男), 이방(李芳)들이 돌아왔다. 중군장(李德弼)이 심준(沈俊)과 함께 와서 전하기를, 심 유격(沈惟敬)이 붙잡혀 갔는데, 양 총병(楊元)이 삼가(三嘉)로 와서 그를 결박해서 보내더라고 하였다.

〈원균의 거듭되는 패전 – 불길한 조짐〉
「○경상도 도체찰사 이원익(李元翼)이 장계를 올렸다.
"신의 종사관인 남이신(南以信)이 이달 19일 오후 6시경(戌時)에 급보한 내용은 이러합니다.

'18일에 한산도에서 배를 출발시켰는데, 날이 저물었으므로 장문포에서 잤습니다. 이튿날 일찍이 통제사 원균과 한 배에 같이 타고 부대를 나누어 선단을 만든 다음 학익진을 치고 곧바로 안골포에 있는 적의 소굴로 진격하였습니다. 그러자 적의 무리들은 전부 줄지어 섰는데, 혹은 바닷가에 매복하기도 하고 혹은 바위 틈에 무기를 설치하기도 하였습니다.
여러 장수들이 용맹한 정예 군사들을 거느리고 북을 치고 함성을 지르며 전진하였더니 적들도 배를 타고 대항하여 싸우러 나왔습니다. 서로 맞붙어 한창 싸우는데 대포알과 화살이 함께 떨어지면서 바닷가가 온통 진동하였습니다. 군사들은 물러설 생각을 하지 않고 적의 배로 돌진해 들어가 많이 살상하였습니다. 적들은 마침내 견디지 못하고 간신히 언덕 위로 달아났습니다. 그리하여 놈들이 탔던 배 2척을 빼앗았습니다.

그리고 가덕도로 향했는데, 가덕도의 적들은 이미 안골포에 와서 구원하고 있었기 때문에, 적들은 다시 배를 타고 자기 소굴로 들어갔습니다. 그리하여 우리 수군은 급히 노를 저어 추격하여 거의 모든 적선들을 붙잡게 되었을 때, 적들은 배를 버리고 작은 섬으로 도망쳐 들어갔습니다. 여러 장수들이 포위하고 활을 마구 쏘아댔으나 다만 그 배들을 빼앗았을 뿐입니다.

이어 섬 속으로 들어가 보았으나 땅에 핏자국만 흥건하였을 뿐 종적을 찾을 수 없었습니다.

수군이 싸움을 그만 끝내고 돌아오려고 할 무렵에 안골포의 적들이 또 역습해 왔습니다. 우리 군사들이 돌아서서 접전하게 되었는데 적들은 맨몸으로 나서서 조금도 두려워하지 않았습니다. 더러는 배의 고물 쪽에 둘러서고 더러는 배의 좌우 쪽을 끼고 총을 쏘아댔는데, 총알이 비 오듯 하였습니다. 그래서 우리 군사들도 방패에 의지하여 화살을 다발로 쏘아댔습니다.

물가 쪽으로 유인하여 나오게 하려다가 날이 저물어서 그만두고 돌아왔습니다.

평산 만호 김축(金軸)은 눈 아래에 탄알을 맞았는데 즉시 뽑아냈고, 군졸들 중에 중상을 입은 사람은 한 사람도 없습니다. 그런데 보성 군수 안홍국(安弘國)이 결국 총알에 맞아 이마로부터 뇌수를 관통하였으므로 그 자리에서 넘어져 죽었으니 슬프기 그지없습니다.'

지금 배 위에 있기 때문에 자세히 기록하지 못한다는 것을 급보로 보내왔습니다.

그리고 요즘 많은 적들이 대마도에 가득 모였는데, 그들이 바다를 건너오게 되는 것은 틀림없이 6~7월에 동남풍이 불 때를 넘기지 않을 것입니다. 바로 이러한 기회에 수군이 바닷길로 오가게 되면 적과 서로 맞서서 차단하여 죽일 수도 있고, 두려워서 주저하도록 하기에 유익하겠으므로, 전선들을 정비하여 바다로 드나들게 하였습니다.

가덕도와 안골포 등지의 적진은 바로 드나드는 길목이기 때문에 할 수 없이 서로 접전하였는데, 보성 군수 안홍국(安弘國)이 총알에 맞아 죽기까지 하였으니 대단히 놀랍고도 슬픈 일입니다."」

-〈선조실록〉(1597. 6. 29.(戊子)-

6월 30일(己丑). 맑다. 새벽에 정상명(鄭翔溟)을 보내어 체찰사에게 안부를 묻게 하였다. 이날 몹시 더워서 찌는 듯하였다. 흥양의 신여량(申汝樑), 신제운(申霽雲) 등이 찾아와서 만나보았다. 연해안 지방에는 비가 알맞게 왔다고 하였다.

1597(丁酉)년 7월

(*이 달에 있었던 주요 사건을 〈선조수정실록〉에 의거 요약하면 다음과 같다.

○제독 마귀(麻貴)가 군사를 거느리고 서울로 들어왔다.
○(7월 16일에) 왜군이 수군을 들이쳐서 격파하였다. 통제사 원균은 싸움에 패하여 죽었고, 전라수사 이억기와 충청수사 최호(崔湖) 등도 죽었으며, 경상우수사 배설(裵楔)은 달아나서 죽음을 면하였다.

처음 원균이 한산도에 이르러 이전에 이순신이 정해 놓았던 군율과 제도를 모조리 변경하고 형벌을 마구 적용하는 바람에 군사들의 마음이 모두 이탈하였다. 원균은 적을 두려워하면서 머뭇거리고 있으므로 권율이 불러다가 형장을 쳤더니, 원균이 울분을 품고 물러가서는 수군을 거느리고 절영도에 이르러 여러 군사들을 싸움으로 내몰았다.

왜적은 우리 군사들을 피로하게 만들려고 우리 배에 가까이 다가들었다가는 곧바로 피해 가기를 되풀이하였다. 밤이 깊어지고 바람이 세차게 일자 우리 배들이 사방으로 흩어졌는데, 원균이 남아있는 배들을 수습하여 가덕도로 돌아왔다. 군사들이 몹시 목이 말라 앞 다투어 배에서 내려 물을 먹으려고 할 때, 왜적이 갑자기 뛰쳐나오면서 덮치는 바람에 원균 등은 당황하여 어쩔 줄을 모르면서 급히 배를 끌고 고성 추원포(秋原浦)로 물러나서 진을 치고 있었다.

왜적의 배가 수많이 많이 달려들어 여러 겹으로 에워싸니 원균은 몹시 놀라 여러 장수들과 함께 싸웠지만 맞설 수가 없었다. 배설이 먼저 도망치자 많은 군사들이 크게 무너졌고, 이억기와 최호 등은 물에 뛰어들어 죽었다. 원균은 육지에 내렸다가 왜적에게 죽었다. 배설이 도망쳐서 한산도에 이른 것을 조정에서는 처단하라고 지시하였다.

○이순신을 다시 불러내어 통제사로 임명하였다.

이때 한산도에서 패전 보고가 들어오니 조정과 민간에서는 모두 깜짝 놀랐다. 임금이 비변사의 여러 신하들을 불러들여 물으니 모두 다 황송해 하고 얼떨떨해 하면서 대답할 줄 몰랐다. 김명원(金命元)과 병조판서 이항복(李恒福)이 당장 급히 취해야 대책은 오직 이순신을 불러내어 다시 통제사로 임명하는 길뿐이라고 말하니, 임금이 그 의견을 따랐다.)

7월 1일(庚寅). 새벽에 비가 오고 늦게 개었다. 명나라 사람 셋이 와서 부산으로 가는 길이라고 하였다. 송대립(宋大立)과 송득운(宋得運)이 함께 왔다. 송득운이 원수의 진영을 왕래했는데, 오는 길에 보니 황 종사관(黃汝一)이 큰 냇가에서 피리(笛)를 들으며 놀고 있더라고 하였다. 이날은 바로 인종(仁宗)의 제삿날인데, 참으로 놀랄 일이다.

7월 2일(辛卯). 맑다. 늦게 신제운(申霽雲)과 평해(平海) 사는 정인서(鄭仁恕)가 종사관의 심부름으로 이곳에 문안하러 왔다. 오늘은 바로 돌아가신 아버님의 생신날인데, 천리 밖에 와서 군문(軍門)에 소속되어 있으니, 이런 일이 어디 또 있을 것인가.

〈명나라 도독 마귀(麻貴)를 영접하는 선조의 태도〉

「○도독 마귀(麻貴)가 왔다. 임금이 모화관에 가서 영접하고 위로 하였다.

도독이 이르자 임금은 섬돌 아래로 내려가 읍(揖)을 하였다. 읍을 한 후 사양하다가 올라와서는 자리에 나아가서 차 대접을 한 다음 또 술대접을 하였다.

선조: "내가 제후(諸侯)의 나라를 지키면서 직책을 다하지 못하였기 때문에 갑자기 도적의 화를 입게 되어 두 번씩이나 명나라 군사에게 수고를 시키게 하였으니 황송하기 그지없습니다.

마귀(麻貴): 국왕은 교외에 멀리 나오느라 수고한 데다 날씨까지 몹시 더운데 들어가서 쉬기 바랍니다."」

―〈선조실록〉(1597. 7. 2.(辛卯)―

(*조선의 처지가 처지인지라 이해하지 못할 것도 없으나, 명색이 한 나라의 임금이라면서 스스로 일개 명나라 장수 앞에서 하는 말과 행동이 이러하니, 참으로 서글픔을 금할 수 없다.)

7월 3일(壬辰). 맑다. 새벽에 앉아 있으니 싸늘한 기운이 뼈에까지 스며들어 비통한 마음이 더욱 극심했다. 제사에 쓸 조과(造果)와 밀가루를 장만했다. 늦게 정읍(井邑)의 군사 이량(李良), 최언환(崔彦環), 건손(巾孫) 등 세 사람을 심부름꾼으로 쓰라고 보내왔다. ○ 늦게 장준완(蔣俊琬)이 남해로부터 와서, 남해 현령(朴大男)의 병이 위중하다고 전하여 답답하기 짝이 없었다. 합천 군수 오운(吳澐)이 와서 보고 산성(山城)의 일에 대해 많이 이야기하였다. ○ 오후에 원수의 진영으로 가서 황 종사관(黃汝一)과 이야기하였다. 종사관은 전적(典籍) 박안의(朴安義)와 활을 쏘았다. 그때 좌병사

(左兵使)의 군관이 항복한 왜인 두 명을 압송해 왔는데, 청정(淸正)의 부하라고 하였다. 날이 저물어 돌아왔다. 고령 현감이 성주(星州)에 갇혔다는 말을 들었다.

7월 4일(癸巳). 맑다. 황 종사관이 정인서(鄭仁恕)를 보내어 안부를 물었다. 이방(李芳)과 유황(柳滉)이 왔다. 자진 입대하는 군인 양점(梁霑), 찬(纘), 기(紀) 등이 방비처로 왔다. 변여량(卞汝良), 변회보(卞懷寶), 황언기(黃彦己) 등이 모두 급제하여 찾아왔다. 어두워지면서 비가 크게 내려 밤새도록 그치지 않았다.

7월 5일(甲午). 비가 왔다. 이른 아침에 초계(草溪) 군수가 체찰사의 종사관 남이신(南以信)이 경내(境內)를 지나간다고 하면서 산성(山城)으로부터 와서 문 앞을 지나갔다. 늦게 변존서(卞存緖)가 마흘방(馬訖坊)으로 갔다.

7월 6일(乙未). 맑다. 변존서가 마흘방에서 돌아왔다. 안각(安珏) 형제도 변흥백(卞興伯)을 따라서 왔다.

7월 7일(丙申). 맑다. 오늘 칠석(七夕)을 맞으니 슬프고 그리움을 어찌 다 말하랴. 꿈에 원공(元均)과 만났는데, 내가 원공의 윗자리에 앉아 밥상을 받는데, 원공이 기쁜 기색을 띠는 것 같았다. 무슨 징조인지 모르겠다. 박영남(朴永男)이 한산도로부터 왔는데, 그 주장(主將: 元均)이 실책과 과오로 죄를 받기 위해 원수(權慄)에게 붙들려갔다고 하였다. 초계 군수가 햇물건들을 갖추어 보내왔다. 아침에 안각(安珏) 형제가 찾아왔다. 저물어서 흥양의 박응사(朴應泗)가 찾아오고, 심준(沈俊) 등도 왔다. 의령 현감 김전(金銓)이 고령(高靈)으로부터 와서, 병사(金應瑞)의 처사에 전도된 것들이 많다고 하였다.

(*이날 원균은 그동안 권율의 명령을 무시하고 잘 따르지 않다가 결국 붙들려가서 곤장을 맞게 된다. 열흘 후 칠천량에서의 처참한 패전의 비극이 시작되는 계기이다. 그래서 이순신의 꿈에까지 원균이 나타나게 되었던 것은 아닐까?)

7월 8일(丁酉). 맑다. 아침에 이방(李芳)이 찾아왔기에 밥을 먹여 보냈다. 그에게서 원수(權慄)가 구례로부터 이미 곤양에 이르렀다는 말을 들었다. 늦게 집주인 이어해(李於海)와 최태보(崔台輔)가 찾아왔다. 저녁에는 송대립(宋大立), 유홍(柳泓), 박영남(朴永男)이 왔다. 송대립과 유홍 두 사람은 밤이 깊어지자 돌아갔다.

7월 9일(戊戌). 맑다. 내일 열(薆)을 아산으로 보내려고 제사에 쓸 과일을 봉했다. 늦게 윤감(尹鑑), 문보(文珤) 등이 술을 가지고 와서 열(薆)과 변 주부(卞存緒) 등을 전별(餞別)하고 돌아갔다. 이날 밤 달빛이 대낮처럼 밝아서 부모님 그리워하는 슬픔으로 눈물을 흘렸다. 밤이 깊도록 잠을 이루지 못했다.

〈명나라 장수 양원(楊元)이 생각하는 수군 전략〉

「○임금이 양 총병(楊元)의 숙소로 가서 영접하여 위로하는 예식을 거행하였다.…

양총병: "듣자니 적들은 랑고야(浪古耶: 나고야)에 군량을 쌓아놓고 있다는데, 귀국의 전선을 거느리고 그들이 식량을 실어오는 길을 끊어버린다면 적들은 반드시 말라죽을 것이며, 그러면 싸우

지 않고도 완전히 승리할 수 있습니다. 내가 이미 이 내용을 가지고 권율, 박홍로(朴弘老)와 직접 의논하였는데, 청컨대 국왕도 이 두 사람에게 분부하는 것이 어떻겠습니까?

선조: 우리나라는 여러 번 수군들을 보내어 그 계책을 실현하려고 하였습니다. 그런데 가덕도와 안골포에 있는 적들의 소굴 사이로 길이 나 있어서 형세가 몹시 곤란하므로 일을 쉽사리 성사시키지 못하고 있습니다. 만약 육군으로 안골포의 적을 먼저 친다면 아마 계획을 실행할 수도 있을 것인데, 오직 대인이 도모하기에 달려 있습니다.

양총병: 그렇습니다. 저의 종이 가서 적의 형세를 정탐하였는데, 적선은 30척도 안 됩니다. 만일 귀국의 수군이 불시에 나가서 밤을 이용하여 기습한다면 성공할 수 있을 것입니다. 꼭 이런 내용으로 원수에게 지시를 내리는 것이 좋겠습니다."」

–〈선조실록〉(1597. 7. 9.(戊戌)–

7월 10일(己亥). 맑다. 열(苾)과 변존서를 보내려고 앉아서 날이 새기를 기다렸다. 일찍 아침 식사를 하고 나서 스스로 감정을 억누르지 못하여 통곡하며 보냈다. 내가 무슨 죄를 지었기에 이런 처지에 이르렀는가. 구례에서 온 말을 타고 가니 더욱 염려가 되었다. ○열(苾)등이 막 떠나자 황 종사관이 와서 두 시간 넘게 이야기하였다. 저녁에 혼자 빈 방에 앉아 있으니 마음이 몹시 편치 않아 밤이 깊도록 잠을 이루지 못했다.

〈비변사에서 건의한 수군 전략〉

「○비변사에서 건의하였다.

"적병들이 아무리 해안 지방을 나누어 차지하고 있다고 하지만 군량을 이어대고 군사를 보충 받는 길은 바다 가운데 있습니다. 그래서 적들은 우리나라의 수군을 두려워하고 있는 것입니다.

만약 수군을 나누어 교대로 나가 바다 가운데로 드나들면서 식량을 실어오는 길을 끊어놓는다면 그것은 적의 약점을 치고 급소를 틀어잡는 것이 될 것입니다. 오늘의 대책으로는 사실 이보다 더 나은 것이 없습니다.

다만 근심스러운 것은 여러 장수들이 명령을 잘 받들지 않고 할 수 없이 나갔다가 앞을 다투어 돌아오게 됨으로써 크게 형세를 벌려 적의 간담을 서늘하게 하지 못하는 것입니다.

지금 양 총병의 분부가 이러한 만큼 그를 접견하였을 때 문답한 내용을 자세히 열거하여 도체찰사와 도원수에게 지시를 내리기 바랍니다. 그리하여 급히 전날에 분부한 사항에 따라 수군의 여러 장수들을 엄하게 휘어잡고 시기를 잘 선택함으로써 기회를 놓쳐서 큰 일을 망치는 일이 없도록 하는 것이 어떻겠습니까?"

임금이 지시하였다. "건의한 대로 할 것이다. 그리고 원균에게도 아울러 말을 만들어 지시를 내리되 '여전히 위축되어 물러서기만 함으로써 적들을 제멋대로 날치게 만든다면 나라에 법이 있는 이상 나도 사사로이 용서하기는 어렵다.' 고 전하도록 하라."」

-〈선조실록〉(1597. 7. 10.(己亥)-

7월 11일(庚子). 맑다. 열(蒕)이 가는 것을 생각하고 있으니 마음이 견딜 수 없이 아팠다. 더위가 너무 기승을 부리니 걱정을 금할 수 없었다. 늦게 변홍달(卞弘達), 신제운(申霽雲), 임중형(林仲亨) 등이 찾아왔다. 혼자 빈 방에 앉아 있으니 그리운 마음을 어찌하랴, 비통해 마지않았다. 종 태문(太文)과 종이(終伊)가 순천으로 갔다.

7월 12일(辛丑). 맑다. 합천(吳瀁)이 햅쌀과 수박을 보내왔다. 점심밥을 지을 때 방응원(方應元), 현응진(玄應辰), 홍우공(洪禹功), 임영립(林英立) 등이 박명현(朴名賢)으로부터 와서 함께 식사를 했다. 종 평세(平世)가 열(蒞)을 따라 갔다가 돌아와서 잘 갔다고 전해주었다. 다행이다. 그러나 슬프고 한탄스러움을 어찌 말하랴. 이희남(李喜男)이 사철 쑥 백 묶음을 베어 왔다.

7월 13일(壬寅). 맑다. 남해가 편지와 음식물을 많이 보내주었다. 또 전마(戰馬)를 가져가라고 하였다. 늦게 이태수(李台壽), 조신옥(趙信玉), 홍대방(洪大邦)이 와서 적을 토벌할 일을 이야기하였다.

7월 14일(癸卯). 맑다. 새벽에 꿈을 꾸었는데, 나와 체찰사가 함께 어떤 곳에 이르니 시체가 많이 널려 있어서 혹은 밟기도 하고 혹은 목을 베기도 하는 꿈이었다. 이른 아침에 전마를 끌고 올 일로 정상명(鄭翔溟)을 남해로 보냈다. 방응원(方應元), 윤선각(尹先覺), 현응진(玄應辰), 홍우공(洪禹功) 등과 함께 이야기하였다. 홍우공은 자기 아버지가 병이 나서 종군하고 싶지 않다고 하더니, 나에게는 팔이 아프다고 핑계를 대니, 놀랄 일이다.
○황 종사관이 정인서(鄭仁恕)를 보내어 안부를 묻고, 또 김해 사람으로 왜적에게 붙었던 김억(金億)이 보고한 글을 보여주었는데, "이달 7일 왜선 5백여 척이 부산으로 나왔고, 9일에는 왜선 1천 척이 합세하여 우리 수군과 절영도 앞바다에서 싸웠는데, 우리 전선 5척이 표류하다가 두모포(豆毛浦)에 대었고 또 7척은 간 곳을 모른다."고 하였다. 이 말을 들으니 분함을 이기지 못하여 곧 황 종사관에게로 달려가서 의논하였다.

날씨가 비가 올 징조가 다분하므로 돌아왔는데, 집에 이르자마자 비가 쏟아졌다. 밤 10시경에 날씨가 개어서 달빛이 대낮보다 두 배나 맑고 밝았다. 회포를 어찌 다 말하랴.

〈칠천량 전투 직전의 왜적의 동태〉

「○도체찰사 이원익(李元翼)이 급보를 올렸다.

"이달 8일에 왜선 6백여 척이 일본으로부터 와서 부산 앞바다에 정박하였습니다. 우도의 수군들이 이미 7일에 밤을 이용하여 강을 건너 다대포 앞바다에 줄지어 정박하였으며, 8일에는 적선 10여 척을 붙잡았습니다."」　　　－〈선조실록〉(1597. 7. 14.(癸卯)－

7월 15일(甲辰). 비가 오다 개었다 하였다. 늦게 조신옥(趙信玉), 홍대방(洪大邦) 등과 여기 있는 윤선각(尹先覺)에 이르기까지 아홉 사람을 불러들여 떡을 차려 먹였다. 가장 늦게 중군장 이덕필(李德弼)이 왔다. 그 편에 우리 수군 20여 척이 적에게 패했다는 소식을 들었는데 참으로 통탄할 노릇이다. 통제하고 방어할 길이 없으니 지극히 한스럽다. 어두울 무렵에 비가 크게 내렸다.

7월 16일(乙巳). 비가 오다 개었다 하면서 끝까지 흐린 채 맑게 개지는 않았다. 아침 식사 후에 손응남(孫應男)을 중군장(李德弼)의 처소로 보내서 수군의 사정을 알아보게 하였더니, 그가 돌아와서 중군장의 말을 전하기를, 좌병사(左兵使)의 긴급 보고를 보니 불리한 일이 많다고 하였다. 그러나 자세하게 말하지 않으니 답답한 노릇이다.

늦게 변의정(卞義禎)이라는 사람이 수박 두 덩이를 가지고 왔는데, 그 모습이 어리숭하고 못생겼다. 궁벽한 촌구석에 사는 사람이라 배우지 못하고 가난하게 사니 그럴 수밖에 없을 것이다. 그러나 그 또한 순박한 태도이다. 이날 낮에 이희남(李喜男)을 시켜 칼을 갈게 했더니 아주 예리하게 갈았다. 적의 괴수를 잘라도 될 것 같았다.

저녁에 영암 송진면(松進面)에 사는 개인집 종 세남(世男)이 서생포(西生浦)로부터 맨몸으로 왔기에 그 까닭을 물어보았더니,

"7월 5일에 우후(虞侯)가 타는 배의 격군이 되어 칠천량(漆川梁: 거제군 장목면)에 도착해서 자고, 6일에 옥포(玉浦)로 들어갔다가, 7일 새벽에 말곶(末串)을 거쳐 다대포(多大浦)에 도착하니 왜선 8척이 정박하고 있었습니다. 그래서 여러 배들이 곧바로 돌진하였더니 왜적들은 모조리 육지로 올라가고 빈 배만 남겨두었습니다. 우리 수군들은 그것을 끌어내다 불태우고 그 길로 부산 절영도 바깥 바다로 향해 갔습니다.

그때 마침 대마도로부터 건너오는 적선 1천여 척과 마주쳐서 서로 맞붙어 싸우려고 했으나, 왜선들은 흩어져서 회피하므로 결국 잡아 섬멸시킬 수가 없었습니다. 그런데 저(世男)가 탄 배와 다른 배 6척은 배를 제어하지 못하여 표류하다가 서생포 앞바다에까지 이르렀습니다. 그곳에서 육지로 올라가다가 적들에 의해 거의 다 살육을 당하고, 저만 혼자서 수풀 속으로 들어가 기어서 겨우 목숨을 살려 간신히 여기까지 왔습니다."

라고 하였다.

듣고 보니 참으로 놀랄 일이었다. 우리나라에서 믿는 것은 오직 수군뿐인데, 수군이 이러하다면 다시 더 무엇을 바랄 것인가. 생각할수록 분하여 가슴이 온통 찢어질 것만 같았다. 또 선장 이엽

(李嬅)이 왜적에게 붙들려갔다고 하니, 더욱 통분하였다.

(*이날 칠천량 해전에서 조선 수군이 전멸에 가까운 패배를 당하여 통제사 원균과 여러 장수들이 전사하였으나, 이 소식을 이순신은 이틀 후에 듣게 된다.)

7월 17일(丙午). 비. 이희남(李喜男)을 황 종사관에게 보내어 세남(世男)의 말을 전하였다.

7월 18일(丁未). 맑다. 새벽에 이덕필(李德弼)과 변홍달(卞弘達)이 와서 전하기를, "16일 새벽에 수군이 대패했는데, 통제사 원균(元均)과 전라우수사 이억기, 충청수사 최호(崔湖) 및 여러 장수 등 많은 사람이 해를 입었다."고 하였다.
통곡하지 않을 수 없었다. 조금 있다가 원수(權慄)가 와서 말하기를, "일이 이미 이 지경이 되었으니 어떻게 해볼 도리가 없다."라고 하였다. 오전 10시경(巳時)까지 이야기했으나 대책을 세울 수가 없었다.
나는 "내가 연해안 지대로 가서 직접 보고 듣고 한 연후에 대책을 세우겠다."고 했더니 원수가 기뻐하였다. 나는 송대립(宋大立), 유황(柳滉), 윤선각(尹先覺), 방응원(方應元), 현응진(玄應辰), 임영립(林英立), 이원룡(李元龍), 이희남(李喜男), 홍우공(洪禹功) 등과 함께 길을 떠나 삼가현(三嘉縣)에 이르니, 삼가 현령이 새로 부임하여 나와서 기다렸다. 한치겸(韓致謙)도 왔다.

(*7월 16일 새벽에 원균이 칠천량에서 대패한 소식을 조정에서는 6일 후인 7월 22일에야 보고받게 된다. 선전관 김식(金軾)이 한산도의 사정을 알아가지고 돌아와서 처음으로 보고한 것이다. 원균의 패

전 소식을 접한 조정에서의 반응과 그 대책 마련을 위한 회의 모습과 이순신의 태도를 비교해보면 확연히 대비가 된다. *〈난중일기〉 7. 29.일자 뒷부분에 실린 〈선조실록〉(1597. 7. 22.) 기사 참조.)

(*이날 원균이 대패하게 된 전체 과정을 살펴보기 위하여 〈조야첨재(朝野僉載)〉와 〈징비록〉에서 옮겨본다. 〈조야첨재〉는 숙종 때 편찬된 편년체 역사서로, 저자는 윤형기(尹衡器)라는 설, 윤득운(尹得運)이란 설, 윤형성(尹衡成)이란 설 등이 있어 정확히 알 수 없다. 내용은 정사보다는 야사를 중심으로 서술되어 있으나 조선왕조의 역대를 개략적으로 알 수 있는 좋은 자료이다.
- 〈한국민족문화대백과사전〉)

〈조야첨재(朝野僉載)〉

「☆왜적이 수군을 습격하자 통제사 원균이 싸우다가 패하여 죽었다.
원균이 이순신을 대신하자 전날의 모든 제도를 다 변경하고 남의 의견을 듣지 않고 제멋대로 처리하니 병졸들이 분하게 여기고 원망했다. 술을 즐기고 취하면 성만 내며 형벌에 법도가 없으므로 호령이 시행되지 않았다.
그때 행장(行長)이 또 요시라(要時羅)를 보내어 김응서(金應瑞)를 속여서 말하기를 "청정(淸正)이 거느린 왜선이 어느 날 많이 나오니 조선의 수군들이 나가서 공격하면 쳐부술 수가 있을 것이다."라고 하였다.
김응서가 그것을 믿고 원수(권율)에게 말하여 원균에게 진격할 것을 재촉하니, 원균은 진작 이순신이 적을 치지 않고 머뭇거렸다는 이유로 모함을 했던 적이 있으므로, 원수(權慄)의 지시를 따르지 않을 수가 없었다. 그래서 전선을 전부 다 거느리고 나가자, 언덕 위에 있던 왜적이 배가 나가는 것을 보고 서로 연락을 취하였다.

절영도(絶影島)에 이르러 왜선이 바다 가운데 들락날락 하는 것을 보고 원균이 모든 군사를 독촉하여 진군하자, 왜적은 우리 수군을 지치게 할 의도로 짐짓 우리 배에 접근했다가는 도로 피하며 싸우지는 않는 것이었다.

밤이 깊어지고 바람이 세어지자 우리 배는 사방으로 흩어지고 표류하여 갈 바를 몰랐다. 원균이 간신히 남은 배를 수습하여 가덕도(加德島)로 돌아오자, 군사들은 갈증이 심하여 서로 다투어 배에서 내려 물을 마셨다.

적들이 몰래 기어 섬 속으로부터 뛰어나와 덮치자 우리 군사 4백여 명을 잃어버리고 원균은 칠천도(漆川島)로 물러나와 술에 취해 누워버리니, 모든 장수는 앞일을 의논하고자 하였으나 그를 만나 볼 수가 없었다. 그날 밤중에 적선이 와서 습격하니 우리 군사가 크게 패했다.

원균은 바닷가로 달려가서 배를 버리고 육지로 올라가 달아나려고 했으나 몸이 뚱뚱하여 숲 아래 앉아서 쉬자, 부하들은 다 흩어지고 마침내 적에게 잡혀 죽었다.

경상우수사 배설(裵楔)은 자기가 거느린 배들과 몰래 약속하여 달아났으므로 그 군사들만은 온전하였다. 그는 한산도로 돌아와서 불을 질러 가옥, 양곡, 무기를 태워버리고 섬 속에 머물러 있는 백성들에게 적을 피해 옮겨가게 하였다.

한산도가 적에게 떨어지자 적들은 이긴 기세를 타고 서쪽으로 향하니 남해, 순천이 차례로 함몰되고 두치(豆峙) 나루에 이르러 육지에 내려 몰아치니 호남(湖南)과 호서(湖西)가 크게 흔들렸다.」

〈징비록〉

「○정유년 8월 7일(*날짜 기록 착오임) 한산도의 수군이 패하였다. 이 싸움에서 통제사 원균과 전라우수사 이억기가 전사했고 경상우수사 배설은 도망쳐 죽음을 모면했다.

이에 앞서 한산도에 도착한 원균은 이순신이 시행한 제도를 모두 바꾸고 이순신이 신임하던 장수와 병사들 또한 모두 쫓아냈다. 특히 이영남은 예전에 자신이 패하여 도망친 사실을 상세히 알고 있다고 해서 더욱 미워하였다. 이렇게 되자 군사들 마음속에는 원망만이 가득 차게 되었다.

이순신이 한산도에 머무르고 있을 때 운주당(運籌堂)이라는 집을 지었다. 그는 그곳에서 장수들과 밤낮을 가리지 않고 전투를 연구하면서 지냈는데, 아무리 졸병이라 하여도 군사에 관한 내용이라면 언제든지 와서 자유롭게 말할 수 있게 하였다. 그러자 모든 병사들이 군사에 정통하게 되었으며, 전투를 시작하기 전에는 장수들과 의논하여 계책을 결정하였던 까닭에 싸움에서 패하는 일이 없었다.

그런데 원균은 그 집에 첩을 데려다가 함께 살면서 이중 울타리를 쳐놓아 장수들조차 그를 보기 힘들었다. 또한 술을 좋아해서 술주정이 다반사였다. 군중에서는 형벌이 시도 때도 없이 이루어져 병사들은 이렇게 수군거렸다.

"왜놈들을 만나면 달아나는 수밖에 없네그려."

장수들 또한 그를 비웃으며 두려워하지도 않아 지휘관으로서의 품위나 명령이 지켜지질 않았다.

그때 적이 쳐들어왔다.

소서행장은 요시라를 다시 김응서에게 보내어 소식을 전하였다.
"우리 배가 모일(某日)에 출발할 것이니 중간쯤에서 맞아 싸우는 것이 좋을 것입니다."

도원수 권율은 이 소식이 믿을 만하다고 생각했으며, 더욱이 이순신이 머뭇거리다가 죄를 받은 것을 알고 있었기 때문에 원균에게 빨리 공격할 것을 명령하였다. 원균 또한 자신이 이순신이 나가 싸우지 않았다고 비난한 덕에 그 자리에 대신 임명되었기 때문에, 싸움이 어려운 줄 알면서도 출전할 수밖에 없었다.

우리 배가 출전하자 언덕 위의 적진에서는 우리 측 움직임을 파악하면서 동정을 살피는 것이었다. 원균이 절영도에 이르자 바람이 불기 시작하면서 물결이 높아졌으며 날은 저물기 시작했는데 배가 정박할 곳도 마땅치 않았다.

그때 적의 배가 바다 한가운데 나타나자 이를 본 원균은 군사들에게 공격을 명령했다. 그러나 한산도로부터 쉴 틈도 없이 하루 종일 배를 저어 온 군사들은 배고픔과 목마름에 지쳐 더 이상 움직이기도 힘들었다. 배들은 이리저리 흔들리고 앞서거니 뒤서거니 해서 대열을 정비할 수 없었다.

왜적들은 우리 군사들을 지치게 하기 위하여 가까이 다가왔다가는 멀리 달아나기를 반복하면서 싸우지도 않았다. 밤이 깊어지고 바람이 점점 세지자 우리 배들은 사방으로 흩어져 표류하기 시작하였다. 원균은 겨우 남은 배를 모아 가덕도에 닿을 수 있었다. 섬에 닿자마자 병사들은 다투어 내려 물을 찾았다.

우리 군사들이 허둥지둥 물을 찾아다닐 순간, 갑자기 왜적이 섬에서 나타나 덮치는 것이었다. 결국 4백여 군사를 잃고 원균은 다시 물러나 거제의 칠천도(漆川島)에 도착했다.

당시 고성에 머물고 있던 권율은 아무 성과도 거두지 못한다고 문책하여 원균을 불러 곤장을 쳤다. 진으로 돌아온 원균은 분한 마음에 술만 마셔대더니 그만 누워버렸고, 장수들이 군사를 의논하고자 했으나 만날 수조차 없었다.

그날 밤 왜적의 배가 기습, 우리 진영은 무너져버렸다.

원균은 배를 버리고 언덕으로 기어올라 달아나려고 했으나 몸이 비대하여 소나무 밑에 주저앉고 말았다. 수행하는 사람도 없이 혼자였던 그는 왜적에게 죽었다고도 하고 도망쳐 죽음을 모면했다고도 하는데 정확한 사실은 알 수가 없다. 이억기는 배 위에서 바다에 뛰어들어 죽었다.

이에 앞서 배설은 원균을 만나 여러 번 권고하였다.

"이러다가는 반드시 패하고 말 것입니다."

그날도 배설은 이렇게 간하였다.

"칠천도는 물이 얕고 좁아 배를 움직이기 어렵습니다. 진을 다른 곳으로 옮기는 것이 좋겠습니다."

그러나 원균은 듣지 않았다. 배설은 자기 수하의 배만을 이끌고 지키고 있다가 적이 공격해오자 달아났기 때문에 그의 군사들은 화를 면할 수 있었다. 한산도에 도착한 그는 무기와 양곡, 건물 등을 모두 불태워버리고 남아 있는 백성들과 함께 대피하였다.

한산도를 격파하자 적들의 기세는 서쪽을 향해 나아갔다.

남해, 순천이 차례로 함락되었으며, 두치진에 이른 적들은 육지로 올라 남원을 포위하였다. 이렇게 되자 충청과 전라도가 모두 전란에 휩싸이게 되었다.

왜적들은 싸움을 시작한 이래 오직 수군에게만 패하였는데, 이를 분하게 여긴 수길(秀吉)은 행장(行長)에게 어떻게 해서든 조선의 수군을 무찌르라고 명령을 내렸다. 정면으로 붙어서는 이길 수 없다고 판단한 행장은 계략을 꾸몄다. 김응서에게 호감을 사면서 한편으로는 이를 이용해 이순신이 모함에 빠지도록 술수를 부렸고, 그런 후에는 원균을 바다 한가운데로 유인해 습격한 것이다. 그의 간교한 계략에 빠져 큰 피해를 입었으니 이 또한 얼마나 슬픈 일인가!」

7월 19일(戊申). 비. 비. 단성(丹城)의 동산산성(東山山城)에 올라가 그 형세를 살펴보니 매우 험준하여 적이 엿볼 수 없을 것 같았다. 그대로 단성에서 잤다.

7월 20일(己酉). 하루 종일 비. 비가 왔다. 단성 현감이 와서 만나보았다. 정오에 진주 정개산성(鼎盖山城) 아래 강정(江亭)에 이르니 진주 목사(羅廷彦)가 와서 만나보았다. 굴동(屈洞: 진양군 수곡면 창촌리) 이희만(李希萬)의 집에서 잤다.

〈수군이 패한 줄도 모르고 기생 끼고 술 마시고 바둑 두는…〉
(*이미 4일 전인 7월 16일에 조선의 수군이 대패하여 전몰당한 엄청난 비극이 벌어졌으나, 조정에서는 이날까지도 그런 소식을 모르고 있을 뿐 아니라 그들이 중시한 것들은 이런 것이었다.)

「(*하루 전인 7월 19일(戊申)에 임금이 남별궁에 가서 소 안찰(蕭按察)과 마(麻貴) 도독을 접견하여 연회를 베풀면서 음악을 연주한 일이 있었다.)
○사간원에서 건의하였다.
"어제 마 도독(麻貴)과 소 안찰(蕭按察)을 접견할 때 연회를 차려 주인과 손님이 서로 즐긴 것은 지극히 엄숙하고도 중대한 예절이었습니다.

대체로 연회 때 여자 악공은 평상시에도 쓰지 않았던 것입니다. 더구나 오늘날 종묘와 사직이 폐허가 되고 적들을 아직 치지 못하여 임금과 신하, 윗사람과 아랫사람들이 한창 고생을 참아가며 원수를 갚을 생각을 하고 있는 중에야 더 말할 게 있겠습니까.

그러기에 어제 명나라 장수를 접견할 때 예조(禮曹)에서 여자 악공을 쓰지 말아야 할 사유를 적어서 올린 결과 전하의 결재까지 받았던 것입니다. 그런데 각 부(部)로 하여금 민간의 천한 기생들의 이름을 적어 가지고 중국 사람들이 모인 곳에 불러다 줌으로써 뜻밖의 요구까지 들어주었으니, 보기에도 놀랍고 너무나 어이없는 일이 벌어졌습니다.

게다가 연회가 끝나기도 전에 두 장수가 그 자리에서 바둑을 두고 놀았으며, 심지어 전하께서는 자리를 옮겨 옆에서 구경까지 하였으니 서로 공경하는 뜻이 전혀 없었습니다. 보기에도 놀랍고 전에 없었던 일이어서 온 나라의 신하와 백성들이 수치로 여기면서 가슴 아파하고 있습니다. 어찌 이처럼 심할 수 있습니까.

명나라 장수들이 하는 일에 대하여 직접 말릴 수는 없다고 하더라도 좋은 말로 거듭 타일렀더라면 아마도 깨달을 수 있었을 것입니다. 그런데 승정원과 홍문관에서는 예식이 잘못되어 가는 것을 눈으로 보면서도 명나라 장수에게 말 한 마디 건네지 않아 결국 임금으로 하여금 주인과 손님간의 성대한 예식을 여지없이 훼손시키게 하였습니다. 해당 관리들의 과오를 추궁하라고 지시하기 바랍니다."

대답하였다. "그 자리에서 바둑을 둔 것은 너무나 어이없는 일이어서 나는 즉시 그 뜻을 승지에게 말하였다. 그러나 그들이 하는 말이 '중국의 풍습이 이러하니 못난 사람들이 하는 짓을 구경이나 하는 것이 좋겠습니다.' 라고 하였다. 그들이 하자는 것을 말리기도 어려웠다. 혹시 말리는 것을 언짢게 여기고 속으로 싫어한다면 그 손해가 적지 않을 것이다. 예절이야 그들이 지키지 않은 것이지 우리에게야 무슨 관계가 있겠는가. 그러나 공경스럽지 못하여 나온 행동이 아니라 아마도 소탈하기 때문일 수도 있을 것이다. 또 특별히 다른 의도가 있었는지 어찌 알겠는가. 꼭 과오를 추궁할 것은 없다."」　　　　　－〈선조실록〉(1597. 7. 20.(己酉)－

(*패전의 대책을 수립하기 위하여 병든 몸으로, 백의종군하는 몸으로, 떨쳐 일어나 연해안 지방의 사정을 보고 듣기 위하여 달려가고 있는 이순신과, 명나라 장수들과 술과 연회를 즐기고, 바둑을 두고 있는 임금 선조와, 그러한 행동이 예의에 어긋난다고 간하고 있는 신하들. 하늘과 땅처럼 대비되는 모습들이다.)

7월 21일(庚戌).　맑다. 일찍 떠나서 곤양군(昆陽郡)에 이르니 군수 이천추(李天樞)도 고을에 있었고, 백성들도 본업에 힘쓰거나 혹은 올벼를 거두기도 하고, 혹은 보리농사 준비를 하고 있었다. 오후에 노량(露梁: 이 노량은 남해 노량의 건너편인 하동군 금양면 노량리임)에 이르니 거제 현감 안위(安衛)와 영등포 만호 조계종(趙繼宗) 등 10여 명이 와서 통곡을 하였고, 피해서 나온 군사와 백성들도 울부짖지 않는 이가 없었다. 그러나 경상수사(裵楔)는 도망가고 보이지 않았다.

경상우후 이의득(李義得)이 찾아왔기에 만나서 패할 당시의 정황을 물어보았다. 사람들은 모두 울면서 말하기를, "대장(元均)이 적을 보고는 먼저 달아나 뭍으로 올라가고 여러 장수들도 그를 따라 뭍으로 달아났기 때문에 이런 일이 생겼다"고 하면서, "대장의 잘못은 일일이 다 말로 형언할 수가 없다. 그의 살점을 뜯어

먹고 싶다."고 하였다.
거제 소속 배 위에서 자고 현감(安衛)과 함께 새벽 2시가 되도록 이야기하느라 잠시도 눈을 붙이지 못했다. 그래서 눈병(眼疾)을 얻었다.

〈급박한 사정을 보고하는 이원익의 급보〉
「○이원익이 급보를 올렸다.
"적들의 배가 이미 바다를 건너왔는데 그 수는 대단히 많습니다. 방어하는 데는 군사들이 많으면 많을수록 좋지만 경상도에 현재 있는 군량은 그 수량이 넉넉하지 못합니다. 만일 명나라의 군사들이 기회를 타서 전진한다면 우리 군사들의 군량이 떨어질 형편에 있습니다. 군사가 아무리 많아도 정예롭지 못하면 소용이 없습니다. 얼마간의 정예 군사를 뽑아서 내려 보내주면, 순찰사와 의논하여 어떤 방법으로든지 군량을 마련해서 이어댈 작정입니다."
비변사에서 회답하여 건의하였다.
"적병이 이미 건너온 만큼 사태는 급박하게 되었습니다. 그런데 여러 곳에 주둔하고 있는 군사들의 수가 만일 적다면 도 안을 방어할 일이 몹시 걱정됩니다. 병조로 하여금 무과 시험 출신의 무인들 가운데서 정예롭고 용감한 사람들을 뽑아서 급히 내려 보내는 것이 어떻겠습니까?"
건의한 대로 하라고 승인하였다.」
―〈선조실록〉(1597. 7. 21.(庚戌)―

7월 22일(辛亥). 맑다. 아침에 배설(裵楔)이 찾아와서 만나보니 원공(元均)이 패하여 도망친 일을 많이 이야기하였다. 늦게 남해 현령 박대남(朴大男)이 있는 곳에 갔더니 그의 병세는 이미 거의 회복

불능의 상태였다. 전마(戰馬)를 끌고 갈 일을 다시 이야기했더니, 남해 현령은 종 평세(平世)와 군사 1명을 보내라고 하였다. 오후에 곤양에 이르러 몸이 불편해서 그대로 잤다.

(*이날 한산도에서의 통제사 원균이 지휘하던 조선 수군의 참패 소식이 조정에 전해지자 선조와 대신 등 온 조정은 완전히 정신적인 공황 상태에 빠져든다. 그 자세한 모습은 7월 29일자 〈난중일기〉 뒷부분에서 소개되는 〈선조실록〉에 상세히 기록되어 있다. 그 전에 이미 사태 수습에 나서고 있는 이순신의 모습과 대비하여 읽어보면 그 차이점이 분명히 드러난다.)

7월 23일(壬子). 비가 오다 개었다 하였다. 공문을 작성하여 송대립(宋大立)에게 주어 먼저 원수부로 보내고, 뒤따라 가다가 십오리원(十五里院: 곤명면 봉계리)에 이르니 배백기(裵伯起: 裵興立의 字)의 부인이 먼저 도착해 있었다. 말에서 내려 잠시 쉬다가 진주 운곡(雲谷: 屈洞)의 전날 잤던 곳에 이르러 잤다. 배백기(裵興立)도 왔다.

7월 24일(癸丑). 비. 비. 한치겸(韓致謙), 이안인(李安仁)이 부체찰사에게로 돌아갔다. 식후에 이흥훈(李弘勛)의 집으로 옮겼다. 방응원(方應元)이 정개산성(鼎盖山城)으로부터 와서 전하기를, 황 종사관이 산성으로 와서 연해안의 사정을 보고 들은 대로 전하더라고 하였다. 배 조방장(裵慶男)이 와서 만나보고 술을 주며 위로하였다.

7월 25일(甲寅). 맑다. 황 종사관이 편지를 보내어 안부를 물었다. 조방장 김언공(金彦恭)이 찾아왔다가 원수부(元帥府)로 갔다. 배수립(裵樹立)과 이곳의 집주인 이홍훈(李弘勛)도 찾아왔다. 남해 현령 박대남(朴大男)이 사람을 보내어 내일 들어오겠다고 하였다. 저녁에 배백기(裵伯起: 裵興立)의 병을 보러 갔더니 고통이 극심하여 크게 염려되었다. 송득운(宋得運)을 황 종사관에게 보내어 문안하였다.

7월 26일(乙卯). 비가 오다 개었다 하였다. 일찍 식사를 하고 정성(鼎城: 鼎盖山城) 아래의 송정(松亭)으로 가서 황 종사관, 진주목사와 함께 이야기하고, 늦게 숙소로 돌아왔다.

7월 27일(丙辰). 비. 하루 종일 비가 왔다. 이른 아침에 정성(鼎城) 건너편에 있는 손경례(孫景禮)의 집으로 옮겨서 머물렀다. 늦게 동지(同知) 이천(李薦)과 판관 정제(鄭霽)가 체찰사로부터 와서 명령을 전했다. 함께 저녁 식사를 하였다. 이(李) 동지는 배 조방장(裵慶男)의 처소에서 잤다.

7월 28일(丁巳). 비. 비. 이희량(李希良)이 와서 만나보았다. 초저녁에 동지(同知) 이천(李薦), 진주목사(羅廷彦)가 소촌찰방(召村察訪) 이시경(李蓍慶)과 함께 와서 대응책을 논의하였다.

7월 29일(戊午). 비가 오다 개었다 하였다. 아침에 이군거(李君擧: 동지 李薦의 字)와 같이 식사를 하고 그를 체찰사한테 보냈다. 늦게 냇가로 나가 군사를 점고하고 말을 달렸는데, 원수(元帥)가 보낸 사람들은 모두 말도 없고 활도 없어서 소용이 없었다. 참으로 탄식할 노릇이었다. 남해 군수(朴大男)가 와서 만나보았다. 밤새도록 큰 비가 내렸다.

〈원균의 패전 소식을 접한 조정의 모습과 대책회의〉

(*7월 22일자로 통제사 원균과 조선 수군 전체가 왜적에게 참패당했다는 소식을 접한 선조 이하 조정 대신들의 갈팡질팡하는 모습을 〈선조실록〉의 기록을 통해 살펴본다. 그런 중에서도 이순신을 무리하게 원균으로 갈아 치운 결과 이런 사태를 초래한 데 전적인 책임이 있는 선조는 이 모든 사태를 '하늘'에 돌리고 있는데, 당황하여 횡설수설하는 그의 무책임한 태도는 한편으로 측은하기까지 하다.)

「○선전관 김식(金軾)이 한산도의 사정을 알아 가지고 돌아와서 서면으로 보고하였다.

"15일 밤 2경(밤 10시경)에 왜적의 배 5~6척이 불의에 야습하여 우리나라의 전선 4척에 불을 질러 다 불타고 침몰되었습니다. 우리나라의 여러 장수들은 당황한 가운데 배를 움직여 간신히 진을 쳤습니다.

닭이 울 무렵 그 수를 헤아릴 수 없을 정도로 많은 왜적의 배가 형도(荊島) 등지를 서너 겹으로 에워쌌는데, 죽 들어찬 것이 끝이 없었습니다. 한편으로는 싸우고 한편으로는 물러났으나 형세상 대적할 수 없어서 우리 수군은 고성 땅 추원포(秋原浦)로 퇴각하여 머물렀는데 적들의 기세는 하늘을 찌를 듯하였습니다. 우리나라의 전선들은 전부 불타거나 침몰되고 여러 장수들과 군사들은 불에 타고 물에 빠지고 하여 모두 죽었습니다. 신은 통제사 원균과 순천 부사 우치적(禹致績)과 함께 몸을 빼어 뭍으로 올라왔는데, 원균은 늙어서 걸음도 제대로 걷지 못하여 맨몸으로 칼을 집고 소나무 밑에 무릎을 세우고 오뚝 앉아 있었습니다. 신이 달려가다가 돌아다보니 왜놈들 6~7명이 칼을 휘두르면서 원균이 있는 곳으로 다가갔는데, 원균의 생사에 대해서는 자세히 알 수 없습니다. 경상우수사 배설(裵楔)과 옥포(李曇)와 안골포(禹壽) 만호들은 겨우 살아났습니다. 여러 배들이 당하여 불길이 하늘에 가득 찼었고, 왜적의 배들은 무수히 한산도로 향하였습니다."」

(*이전에 이순신을 탄핵할 때의 어전회의의 모습과 그때 그처럼 당당하게 큰소리로 이순신을 모함하던 대신들의 입이 이날 선전관 김식의 보고를 접한 후에는 모두들 마치 입에 자물쇠를 채워놓은 것처럼 벙어리가 되어 있고 선조 혼자서 황설수설, 안절부절못하는 모습이 다음에서 보듯이 무척 인상적으로 대비된다.)

〈선조: 이번의 패배는 사람이 아니라 하늘이 한 일이다〉

「○임금이 별전에 나가서 대신들과 비변사 당상관들을 불러들여 만났다.

이날 어전회의 참가자는 다음과 같다.

(영의정 유성룡(柳成龍). 판중추부사 윤두수(尹斗壽). 우의정 김응남(金應南). 지중추부사 정탁(鄭琢). 형조판서 김명원(金命元). 병조판서 이항복(李恒福). 병조참판 유영경(柳永慶). 상호군(上護軍) 노직(盧稷). 좌승지 정광적(鄭光績). 주서(注書) 박승업(朴承業). 가주서(假注書) 이성(李惺). 검열 임수정(任守正). 검열 이필영(李必榮)).

선조(김식의 보고서를 보여주며): "수군 전부가 침몰된 상황에서 지금은 어찌할 수가 없다. 대신은 도독과 안찰(按察)의 아문(衙門)으로 가서 알리도록 하라.

충청도와 전라도에 배가 남아 있는지 모르겠으나, 어찌 할 수 없다고 해서 어찌 그냥 가만 내버려 둘 수 있겠는가? 지금은 남아 있는 배들을 수습하여 방어대책을 세우는 길밖에 없다.

　　(좌우의 신하들이 묵묵히 입을 다물고 있고 말 한마디 하는 사람이 없자, 선조가 언성을 높여 말했다.)

대신들은 왜 대답이 없는가? 그냥 내버려두고 앞으로 아무 것도 하지 않으려는 것인가? 대답을 안 하고 있으면 왜적들이 스스로 물러가고 나라 일도 잘 되어갈 수 있기라도 하다는 것인가?

유성룡: 대답을 안 하려는 것이 아니라 너무나 기가 막히고 상황이 절박하여 대책이 떠오르지 않아 미처 말씀드리지 못하고 있는 것입니다.

선조: 전군이 패전한 것은 하늘이 그렇게 한 일인데 어떻게 하겠는가?(全軍覆沒, 天也. 奈何.) 원균은 죽었다 하더라도 어찌 다른 사람이 없겠는가? 각 도의 배들을 수습하여 빨리 방비를 해야 할 것이다. 원균은 척후선도 배치하지 않았던가? 왜 한산도로 물러나서 지키지 않았을까?

유성룡: 한산도에 거의 다 가서 칠천도(七川島)에 도착하였는데 밤 10시경에 적들이 어둠을 타고 몰래 들어와 불시에 대포를 쏘아 우리의 전선 4척을 불태워 버렸으므로 당황한 가운데 추격해 가서 잡지 못하였습니다.

다음날, 날이 밝자 적들이 사방으로 포위해 와서 우리 군사는 하는 수 없이 고성(固城)으로 향해 가다가 육지에 올랐습니다. 그런데 적들이 먼저 내려서 진을 치고 있었기 때문에 우리 군사는 미처 손도 써 보지 못하고 모조리 잡혀 죽었다고 합니다.

선조: 한산도를 고수하면서 강한 위세를 보여주었어야만 했을 것이다. 그런데 기어코 몰아내라고 독촉하다가 결국 이런 패배를

가져왔으니, 이것은 사람이 한 것이 아니라 사실은 하늘이 한 일이다(此非人之所爲, 天實爲之). 이제 와서 말해 봐도 소용없다. 그러나 어찌 할 수 없다고 하면서 아무 일도 안 하고 그냥 내버려둘 수야 있겠는가? 남은 배들을 수습하여 충청도와 전라도 지경을 지켜야 할 것이다.

이항복: 지금의 대책으로는 통제사와 수사들을 빨리 새로 임명해 보내어 방어대책을 세우게 하는 것이 제일입니다.

선조: 그 말이 맞다. 그런데 적들의 수가 매우 많았다거나 당초에 풍랑이 어떠했다는 등의 말은 역시 근거 없는 말이다. 끝내 당해 내지 못할 바에야 한산도로 물러났더라면 형세도 매우 좋고 차단하기에도 편리했을 것이다. 그런데 버리고 지키지 않은 것은 아주 잘못된 계책이었다.

원균이 전에 말하기를, 절영도 앞바다로 나가기는 어려울 것이라고 하더니, 지금 결국 이 지경에 이르렀다. 내가 전에도 말했지만, 그 적들이 6년 동안이나 버티고 있었는데 어떻게 한 장의 책봉의 글이나 받고 물러가려 하겠는가. 대체로 적들의 배는 전보다 매우 커졌다고 하던데, 사실인가?

김응남: 그렇습니다.

선조: 대포와 불화살도 싣고 왔는가?

김명원: 그것은 알 수 없으나, 김식의 말에 의하면, 왜적들이 육박해 오는 바람에 우리 배의 장수들과 군사들은 손도 써보지 못하고 패했다고 합니다.

정광적: 우리 군사는 다만 일곱 자루의 대포를 가지고 쏘았다고 하니 참으로 가슴 아픈 일입니다.

선조: 평수길이 늘 말하기를, 조선의 수군을 격파해야만 육군을 칠 수 있다고 하더니, 이제 과연 그렇게 되었구나.

노직: 9일 날 싸움에서 군사들은 겁을 먹고 화살 한 대 쏘지 못했다고 합니다.

선조: 이미 지나간 일을 말해서 무슨 소용이 있겠는가? 한편으로는 통제사를 임명해 보내어 남은 배들을 수습하게 하고, 한편으로는 도독부에 보고하는 동시에 명나라 조정에 보고해야 할 것이다.

【*선조도 염치가 있어서 차마 이순신의 이름을 거명하면서 그를 다시 통제사로 임명하겠다는 말을 입 밖에 내지 못하고 있다.】

선조(이항복에게): 전체 군사가 모조리 침몰되었는가? 그래도 도망쳐서 살아난 사람도 있지 않겠는가?

이항복: 넓은 바다라면 패하더라도 혹시 도망쳐 나올 수 있겠지만, 이번에는 그렇지 않고 좁은 곳에 주둔해 있다가 갑자기 적의 배를 만나는 바람에 급해져서 육지에 오르게 되었는데, 아마 전군이 침몰되었을 것입니다.

선조(해도를 찾아내어 짚어가며 이항복에게): 퇴각할 때 견내량을 못 미쳐 고성 땅에서 적을 만났기 때문에 이번의 패전이 있었던가? 저쪽을 거쳐서 왔더라면 쉽게 한산도로 퇴각할 수 있었을 텐데 이쪽을 거쳐서 왔기 때문에 패전하게 되었는가?

이항복: 그렇습니다.

유성룡: 만일 한산도를 잃게 되면 적들은 틀림없이 요충지인 남해를 차지하게 될 것입니다.

선조: 영의정은 남해에 대하여 근심하는가?

유성룡: 어찌 남해에 대해서만 근심하겠습니까?

선조: 이것이 어찌 단지 사람의 계책이 잘못되어서이겠는가? 하늘이 그리 한 일인데 어떻게 하겠는가?

김명원: 만일 장수를 파견한다면 누구를 보냈으면 좋겠습니까?

이항복: 오늘의 일은 이 문제에 달려 있을 뿐입니다.
선조: 【*선조 자신도 대안은 이순신을 다시 통제사로 임명하는 것뿐임을 잘 알고 있으면서도, 얼마 전에 자기가 주도하여 이순신을 파직시키고 죽이려고까지 했던 일도 있고 해서 차마 선뜻 이 문제를 더 이상 결정짓지 못하고 자기변명을 위해 딴소리로 방향을 돌리고 있다.】
원균은 처음에 가려고 하지 않았다. 남이신(南以信)의 말을 들어보면, 배설(裵楔)도 말하기를 '군사 규율대로 하더라도 나 혼자 죽는 것이야 어쩔 수 없지만 어떻게 군사들을 몽땅 죽음의 땅으로 내몰 수 있겠는가?'라고 했다고 한다. 대체로 모든 일이란 형편을 보아 가며 해야 하는 것이고 또 요해처를 고수했어야 옳았을 것이다. 그런데 도원수가 원균을 독촉하는 바람에 이런 패배를 당하게 된 것이다.
【*선조는 급해지자 자신의 잘못을 도원수 권율에게 전가하는 비열한 모습을 드러내 보이고 있다.】
우리나라는 지금 적의 군사 형편을 모르면서 늘 중국 군사, 중국 군사 하는데, 적들이 만일 침입해 온다면 수천 명의 명나라 군사로 막아낼 수 있겠는가. 이 말을 들으면 아마 나를 비겁하다고 할 것이며 그들로부터 비웃음을 사겠지만, 마 도독(馬貴)의 군사는 아직 1만 명도 안 되고 양원(楊元)의 군사는 3천 명에 불과하다. 어떻게 혼자서 남원을 지켜내겠는가.
적들이 만약 호남의 바닷가를 돌아와서 정박한다면 남원 같은 고을은 큰길 가운데 놓인 가마와 같은데 양원이 혼자 지켜낼 수 있겠는가. 명나라 군사가 많이 집결하면 서쪽의 도들은 그래도 지켜낼 수 있겠으나 남쪽의 세 도는 수습하기 어려울 것이다.
이항복: 적들이 만약 광양(光陽)과 순천(順天)으로 쳐들어온다면 양원 혼자서 지켜낼 수가 없습니다.

유성룡: 명나라 군사는 지금 믿을 형편이 못되니 마땅히 남은 배들을 가지고 강화(江華) 등지를 방어해야 할 것입니다.

윤두수: 설사 남은 배가 있다고 하더라도 군사를 얻기가 어려울 것입니다. **당분간 통제사를 임명하지 말고 각 도의 수사들로 하여금 군사를 모아서 각각 자기 지방을 지키도록 하는 것이 어떻겠습니까?**

【*나라가 누란(累卵)의 위기에 처해 있는데도 윤두수, 윤근수 일당들은 여전히 자기들이 한 행위에 대한 반성은커녕 머리 속으로 당파적 이해와 사리 계산에 바쁜 모습이다.】

유성룡: 산동(山東)의 명나라 수군이 나온다고 하지만 바람이 점차 세져 가고 있으니 꼭 오리라 믿기가 어렵습니다.

선조: 명나라 군사가 오더라도 적들이 어찌 두려워하겠는가. 많은 사람들이 명나라 군사가 나오게 되면 왜적들은 물러갈 것이라고들 하지만, 그 말은 틀린 말이다. 아무리 한담을 해보아야 승패에 도움 될 것은 없다. 대신이 우선 도독과 안찰사에게 가서 보고하는 동시에 한편으로는 수군을 수습하는 일뿐이다. 이밖에 다른 좋은 대책은 없다.

내 말이 지나치게 걱정하는 것 같지만, 명나라 장수들은 늘 우리 수군을 믿고 있었는데, 【*명나라 장수들이 조선 수군을 믿었던 것은 이순신이 통제사로 있으면서 왜적과의 싸움에서 연전연승하였기 때문이지 무조건 조선 수군을 믿었던 것은 아닌데도 그런 사실을 인식하지 못하고 있다.】 이제 이렇게 된 것을 보면 물러갈 염려가 없지 않다. 만일 그렇게 되면 어떻게 하겠는가?

이항복: 아마 경솔하게 물러가지는 않을 것입니다.

선조: 한산도가 적과 가까이 있으므로 외로운 군사로는 지켜낼 수 없다. 전라우도로 물러나서 지키는 것이 그래도 좋겠다.

유성룡: 그러면 남해는 꼭 빼앗기게 됩니다.

선조: 나는 모르긴 하지만 지금 수군이 패했다는 기별이 전해졌을 것이고 따라서 남쪽 지방의 인심은 모두 놀라서 소란을 일으키고 있을 것이므로 더는 어떻게 해 볼 수 없으리라고 본다. 그러나 어떻게 하는 수 없다고 해서 하지 않을 수 있겠는가? 어떻게 죽음을 기다리면서 약을 안 쓸 수 있겠는가. 그저 안타깝고 딱하다는 말만 하고 있으면 적들이 스스로 물러가 주겠는가?

유성룡: 혹시 남해와 진도를 지키려 노력해보다가 안 되면 물러나서 그곳을 차지하는 것이 좋겠습니다.

선조: 우리나라는 위에 명나라가 있기 때문에 끝내 왜적의 차지가 되지는 않을 테니, 모든 일들을 더욱 힘써 하도록 하라."」

「○비망기로 승정원에 지시하였다.

"오늘 접견한 자리에서 대신들은 기가 꺾여서 입을 열지 못하였다. 아! 평상시에는 그토록 의논에 열중하고 빠짐없이 계책을 세웠으며 심지어 누구를 막론하고 도성을 지키자고 하면서 나를 비겁하다고 조롱까지 하더니 어째서 오늘은 그처럼 기가 죽었는가. 마음속으로 걱정이나 하고 있어서야 적들이 물러가겠는가?…
오늘 나라일이 절박하긴 하지만 위에는 명나라가 있고 그리고 명나라 장수들이 온 나라에 배치되어 있는데 우리나라가 왜 끝내 떨쳐 일어나지 못하겠는가. 싸움에서 이기고 지는 것은 병가지상사(兵家之常事)이니, 한산도의 패전을 근심할 것은 없다. 한(漢)나라 고조(高祖)는 열 번 싸워 아홉 번 패하였으나 결국은 온 천하를 차지하였던 것이다. 팽성 싸움에서 50만의 군사가 죽었으나 한나라 조정의 대신들이 이 때문에 기가 죽었다는 말은 들어보지 못하였다.
옛날의 제왕들과 문무 재상들은 혼자서 말을 타고 달리기도 하였으며, 여러 날 먹지 못하여 사경에 처한 경우도 많았으나, 엎어졌다가는 다시 떨쳐 일어나 끝내 성공하였던 것이다.
나는 비록 민첩하지 못하지만 명나라 장수들의 뒤를 따라 군사를 거느리고 동쪽과 서쪽으로 달릴 것이며, 군사와 백성들만을 죽게 내버려 두지는 않으려 한다.
이러한 때에 대신들이 그렇게 하는 것은 옳지 않다. 다만 그 동안에 처리할 문제들에 대해서는 주밀하게 하지 않아서는 안 되겠으니, 이런 내용을 비변사에 말해주도록 하라."」

「○조집(趙濈)을 사간언 정언(正言)으로, 이순신을 전라좌도수군절도사 겸 경상·전라·충청 삼도통제사로, 권준(權俊)을 충청도 수군절도사로 임명하였다.」   -〈선조실록〉(1597. 7. 22(辛亥)-

(*이날의 어전회의에서 누가 이순신을 추천하여 다시 통제사로 임명하도록 건의했는지 〈선조실록〉에는 나타나 있지 않다. 그러나 〈선조수정실록〉에는 "경림군 김명원(金命元)과 병조판서 이항복(李恒福)이, 당장 조처해야 할 것은 오직 이순신을 다시 불러내어 통제사로 임명하는 것뿐이라고 말하니, 임금이 그 의견을 따랐다."고 하였다.
그리고 유성룡의 〈징비록〉에 의하면 "경림군 김명원과 병조판서 이항복이 조용히 아뢰기를 '이는 원균의 죄입니다. 생각건대 마땅히 이순신을 다시 일으켜서 통제사로 삼아야 할 것입니다.' 라고 하여 그대로 좇으셨다."라고 하였다. 이순신을 다시 삼도수군통제사로 임명하는 교서(敎書)를 이순신은 다음 달인 8월 7일에야 받게 된다.)

〈패배하여 죽기 직전의 원균의 태도〉
「○도원수 권율(權慄)이 장계를 올렸다.
"통제사 원균의 보고에 의하면 '선단을 나누어 교대로 나가서 왔다 갔다 하는 문제를 가지고 3도의 수사들과 모여서 의논을 한즉, 그들은 말하기를, 반드시 패배할 것을 훤히 알기 때문에 부산의 절영도(絕影島)에는 절대로 왔다 갔다 할 수 없다는 것이며, 또 장수가 외지에 나와 있는 경우에는 임금의 지시를 받지 않을 수도 있다고 하였습니다. 어리석고 용렬한 통제사로서는 처리할 수가 없습니다.'라고 하였습니다. 이것은 곧 여러 장수들이 임금의 지시를 포기하겠다는 뜻입니다. 이러한 무리들은 결코 용서하기 어려우니, 조정에서 시원스럽게 결단을 내리도록 해야 할 것입니다." (선조는) 비망기로 승정원에 지시하였다. "이 장계를 역사책에 자세히 기록해 두도록 하라."」 -〈선조실록〉(1597. 7. 25.(甲寅)-

(*전란 중에 변방으로부터 수많은 장계들이 올라왔으나 선조가 유독 이 장계만을 "역사책에 자세히 기록해 두도록 하라"고 한 이유는 무엇일까? 장황함을 무릅쓰고 한번 자세히 추론해 보도록 한다.

7월 16일 칠천량 해전 이전에 제기된 두 가지 전략적 견해는, 하나는 많은 배들을 이끌고 나가서 절영도 앞바다에서 왔다 갔다 함으로써 적들이 겁이 나서 도망가도록 하자는 전술이었고, 다른 하나는 그것은 반드시 조선 수군에게 패배를 가져다 줄 전술이므로 결코 취해서는 안 된다는 것이었다.

첫 번째 전술은 권율 자신만의 견해라기보다 선조의 견해이기도 했고, 선조가 그런 견해를 갖도록 제안한 것은 본래 요시라의 이간책에 근거한 것이었으며 또한 원균 자신의 건의에 의한 것이기도 했다.

그리고 두 번째 전술은 삼도 수사들의 견해라기보다 삼도통제사로 있을 당시의 이순신의 견해였다.

그런데 원균은 반년 전 삼도통제사 이순신을 모함하기 위하여 왕에게 장계를 올리면서 "대규모 선단으로 부산 앞바다를 왔다 갔다 하면 적들이 겁이 나서 도망갈 터인데, 통제사 이순신은 겁쟁이어서 아무 것도 안 하고 한산도에 웅크리고만 있다."고 모함을 하였다.

이에 윤두수 이하 서인(西人)들이 가세하여 이순신을 제거해 버리고 원균을 삼도통제사로 임명하여 원균이 제안한 전술을 실천하도록 해야 한다고 선조를 부추겼다.

전략 전술적 사고에는 무지하지만 언제나 목숨을 버릴 각오가 되어 있다고 큰소리를 쳐온 원균의 호언장담에 호감을 가졌던 선조는 통제사 이순신을 붙잡아 와서 하옥시킨 다음 원균을 통제사로 임명해 줌으로써 그가 제안했던 전술을 실천할 수 있도록 해주었다. 그리고 또한 선조의 내면에는 이순신에게 더욱 큰 승리의 기회를 주기 싫다는 시기심과 질투심도 작용했을 것이다.

그러나 삼도통제사가 된 후 원균은 자신이 제안한 전술을 실행하기 위하여 삼도 수군 장수들을 소집하여 의논해보니, 의외로 모두들 그것은 스스로 사지(死地)로 뛰어드는 최악의 전술이라고 하면서 반대하고 나왔다. 그리고 비록 왕의 명령이라 하더라도 결코 따라서는 안 된다고 하면서 강경하게 반대하고 나왔다.

여기서부터 원균의 딜레마가 시작되었다.

자기가 이순신을 모함하면서 선조에게 건의한 계책이 바로 배를 끌고 나가 부산 앞바다에서 왔다 갔다 하면서 위세를 과시하자는 것이었고, 그 건의를 받아들인 선조가 자기와 반대 의견을 가지고 있던 이순신을 붙잡아 옥에 가두기까지 한 후 자신을 삼도수군통제사로 임명해주고는 자기가 건의했던 계책을 실천하라고 요구하고 나왔다.

그런데 막상 현지에 내려와서 부하 장수들과 상의해 보니, 모두들 그것은 곧 군사들을 죽음으로 내모는 결코 채택해서는 안 될 전술이라고 반대하고 나오니, 원균 자신은 어느 쪽을 선택해야 좋을지 몰라 갈팡질팡하게 되었고, 그래서 술로 나날을 보내게 되었던 것이다.

이런 처지에 있을 때 선조는 원균에게, "왜 네가 건의한 대로 할 수 있도록 통제사로 임명해 주기까지 했는데도 나가서 "왔다 갔다 하지 않는가?"라고 하면서, "빨리 나가서 왔다 갔다 하라."고 선전관까지 보내어 독촉했다.

권율이 "이러한 무리들은 결코 용서하기 어려우니, 조정에서 시원스럽게 결단을 내려달라."고 건의한 것은, 사실은 원균의 말을 듣고 이순신을 붙잡아 간 선조에게, "임금인 당신이 한 일이니 당신이 직접 해결하라."는 비난이 은연중에 담겨 있는 장계이기도 했다.

권율이 이 장계를 쓴 것은 원균이 싸움에 패배하여 죽기 하루나 이틀 전쯤의 일로 추정되는데, 선조가 이 장계를 받아본 것은 원균의 패전과 전사 소식을 접하고 난 직후였으므로, 그는 자신의 잘못된 판단이 얼마나 엄청난 결과를 초래했는지 뼛속 깊이 자책하면서도 한편으로는 차마 그것을 자기 입으로 솔직히 인정하지 못하고 단지 '하늘이 한 일' 운운하면서 변명하기에 급급하던 참담한 상황에서 이 장계를 받아보게 되었기 때문에, 그 순간 그의 머리 속에서는 지난 반년 간의 여러 사건들이 주마등처럼 뇌리를 스쳤을 것이며, 자괴감과 자책감도 동시에 느꼈을 것이다.

선조가 "역사책에 기록해 두라."고 지시한 것은 이런 배경에서 나오게 된 말일 것으로 추측된다. —편역자.)

〈원균이 진주로 달아났다는 권율의 잘못된 보고〉

「○ 7월 21일에 발송한 도원수 권율의 장계는 이러하였다.

"신의 군관인 최영길(崔永吉)이 한산도로부터 오늘에야 비로소 나와서 말하기를, '원균이 죽음을 면하고 진주(晋州)로 가더라는 말이 전해지고 있습니다. 사량(蛇梁)에 현재 도착해 있는 큰 배는 18척이고, 전라도의 배 20여 척은 본도에 흩어져 있습니다.

한산도에 머물러 있던 군사와 백성들, 남자와 여자들, 무기들은 여러 배에 모아 싣고 남김없이 창선도(昌善島)에 이르렀는데, 군량 1만여 섬은 한꺼번에 실어 나를 수가 없었습니다. 불에 탄 배의 군사들을 제외하고 패하여 달아났던 배들은 모두 육지와 잇닿은 곳에 배를 대었기 때문에 죽은 사람이 많지 않습니다.' 라고 하였습니다.

최영길을 뒤따라 올려 보내겠습니다. 흩어진 배들을 수습할 일로 이순신을 사량으로 들여보내려고 합니다."」

－〈선조실록〉(1597. 7. 26.(乙卯)－

「○사간원에서 건의하였다.

"수군이 패배한 지 벌써 열흘이 지났으나 바다 사정을 전혀 들을 수가 없습니다.

그리하여 처음에 패하게 된 사정과 장수와 군졸들의 생사 여부, 배와 무기의 유무, 한산도의 군량과 군사와 백성들의 처리 문제, 3도 수군의 수습 상황에 대하여 아직도 자세히 모르고 있습니다.

심지어 흩어져서 살아남은 사람들과 새로 모인 사람들이 붙어 의지할 데가 없고 형편이 외롭게 되어 모두들 의구심을 품고 있으니, 지시를 내려 타이르는 조치를 서둘러 취해야 하겠습니다.

청컨대, 시종관 한 명을 특별히 파견하여 밤낮으로 급히 달려가서

한편으로는 변방의 사정을 알아보게 하는 동시에 한편으로는 군사
들을 위로하고 돌봐주도록 해야 할 것입니다."
말하였다. "건의한 대로 하라."」

-〈선조실록〉(1597. 7. 27.(丙辰)-

〈원균의 전사를 알리는 권율의 수정 보고〉

「○권율이 보고서를 올렸다.

"진주목사 나정언(羅廷彦)의 급보에 의하면, 무과시험에 새로 합격한 정사헌(鄭思憲)과 이맹(李孟) 등이 수군이 패하여 흩어진 뒤에 '통제사는 견내량의 뭍에 올랐는데 적들이 무수히 쫓아간 것으로 보아 살해당한 것이 틀림없습니다. 전라우수사(李億祺)와 충청수사(崔湖)의 조방장인 배흥립(裵興立)과 안세희(安世熙), 가리포 첨사 이응표(李應彪), 함평 현감 손경지(孫景祉), 별장(別將) 유해(柳海) 등은 살해되기도 하고 물에 빠져 죽기도 하였으며, 그 나머지 죽은 사람들의 수는 알 수 없습니다. 경상우수사(裵楔)와 옥포 만호(李曇), 영등포(趙繼宗)와 안골포 만호(禹壽) 그리고 딴 배 7척은 한산도로 가고 있는 것을 보았습니다.' 라고 보고했습니다.

별장 이상 되는 여러 장수들이 이토록 많이 죽었으니 비통하기 그지없습니다.

도체찰사(李元翼)의 회답 공문에 의하면, 배흥립(裵興立) 등이 살아있는지 급히 알아보는 동시에 살아있는 사람들을 전라좌수사와 우수사 그리고 충청수영의 임시 장수로 임명하여 일을 맡아보게 하라고 하였습니다.

그런데 실제로 정사헌(鄭思憲) 등이 와서 보고한 것과 같다면, 임시 장수로 보낼만한 사람이 전혀 없습니다. 영남과 호남 지방에 현재 군역도 지지 않고 직무도 없는 사람들 중에도 임명해 보낼만한

사람이 없습니다. 사태가 이처럼 급박하지만 임시변통으로 처리할
수가 없으니 딱하기 그지없습니다.(*백의종군 하고 있는 이순신을 자기
임의로 등용할 수 없어서 답답하다는 뜻을 암시한 말이다.)
조정에서 급히 조치를 취해야 할 것입니다."」
-〈선조실록〉(1597. 7. 28.(丁巳)-

(*조정에서는 패전 후 열흘이 지나도록 원균의 생사에 관한 정확한
진상을 아직 모르고 있었다. 그런데 남원의 의병장이던 조경남(趙慶
男)이 쓴 임진왜란 때의 야사〈난중잡록(亂中雜錄)〉에는 이런 내용
이 기록되어 있다.
 "원균의 몸뚱이는 살찌고 장대했는데, 한 끼 식사로 한 말 밥을 먹
었고, 또 생선이면 다섯 사람의 몫을, 닭이나 꿩은 서너 마리씩 먹
었다. 그래서 언제나 배가 무거워서 잘 걷지 못했기 때문에 이때 패
전했을 때에도 앉아서 화를 당했던 것이라고 사람들은 모두 비웃었
다. 그 중에 곡성 사는 생원 오천뢰(吳天賚)란 사람이 지은 시는 이
러했다.

閑山一島國南門 (한산일도국남문)	한산도 저 섬은 나라의 남쪽 관문
底事朝政易將頻 (저사조정역장빈)	무슨 일로 조정에선 장수 자주 바꾸었나.
不是元均初負國 (불시원균초부국)	원균이 나라를 저버린 게 아니라
元均之腹負元均 (원균지복부원균)	원균의 배가 원균을 배반했네.)

〈원균의 패전 책임과 김완(金浣)의 분전〉
「○도체찰사 이원익(李元翼)이 장계를 올렸다.
 "수군의 각 장수들에 대한 생사와 행방을 지난번에 태안 군수 이
광영(李光英)의 말에 근거하여 이미 보고하였는데, 그 뒤에 다시
조사해 보니 먼저 한 말과 달랐습니다. 권율에게 지시를 내려 무사

들을 나누어 보내어 사실을 조사해본 뒤에 보고할 생각입니다.
임진년 이후 장수들 중에서 달아난 사람들을 법에 의해 처단한 적이 한 번도 없었으므로 오늘에 와서는 버릇처럼 되어 예삿일로 여기고 있습니다.
이번에 수군들이 처음부터 적과 맞붙어 힘껏 싸우다가 패전한 것이 아닙니다. 산 사람이건 죽은 사람이건 그들은 모두 달아났다가 돌아오고 있었던 자들입니다. 여러 사람들의 말을 참고해 보면, 힘껏 싸우다가 바다에서 죽은 사람은 오직 조방장 김완(金浣)뿐이었다고 합니다.
그 많은 사람들에게 다 군법을 집행할 수는 없겠지만, 원균은 주장으로서 응당 군사를 잃은 경우의 법조문에 따라 처단해야 할 것입니다. 경상우수사 배설(裵楔)과 조방장 배흥립(裵興立)은 여러 장수들의 우두머리였으므로, 배흥립에 대해서 우선 군법을 집행해야 할 것입니다.
그리고 배설은 전선을 거느리고 현재 바다에 나가 있는데 이 사람을 제거한다면 바닷길이 완전히 비겠기에 당분간 기다렸다가 뒷날에 가서 의논하여 처리해야 할 것입니다."」

－〈선조실록〉(1597. 8. 5.(癸亥)－

○비변사: "패전한 수군 장수들에 대해서는 원래 그에 해당한 법조문이 있는 만큼 장계대로 집행해야 할 것입니다. 고을 수령과 변방 장수들은 응당 간 곳을 찾아서 등급을 나누어 죄를 지우되 그 가운데서 먼저 퇴각할 것을 주장하고 서로 구원하지 않은 자에 대해서는 실태를 자세히 조사해 가지고 모두 군법에 넘겨야 할 것입니다. 배설은 수군을 거느리고 현재 바다에 나가 있으므로 당분간 기다렸다가 훗날에 가서 의논하여 처리하더라도 안

될 것은 없을 것입니다. 이런 내용으로 공문을 띄우는 것이 어떻겠습니까?

선조: 원균을 죽이려고 하면 원균이 속으로 복종하지 않을 것 같으니 참작해서 처리해야 할 것이다.

(*이미 죽은 지 20일이나 지났으나 여전히 아직 죽지 않고 살아 있을지도 모른다는 일말의 기대를 하면서 그를 두둔하고 있다.)

비변사: 원균이 군사를 잃은 죄로 말하자면 원래 용서하기 어렵습니다. 그러나 그동안 잘못한 죄를 전적으로 원균에게만 덮어씌울 수는 없을 것 같습니다. 당분간 원균이 나타날 때까지 기다렸다가 다시 의논하여 처리하는 것이 어떻겠습니까?

선조: 그렇게 하라."」　　　　－〈선조실록〉(1597. 8. 5.(癸亥)－

(*이때까지도 여전히 선조는 원균에 대해서만은 비이성적인 사고로 일관하고 있다. 패전에 대한 책임을 다른 장수들에게는 엄히 물어야 한다고 하면서 주장인 원균에 대해서만은 "원균을 죽이려고 하면 원균이 속으로 복종하지 않을 테니…"라고 말이 안 되는 소리를 하고 있다. 명령에 따라 행동한 부하 다른 장수들은 어느 누군들 속으로 복종하겠는가?)

「○양 총병(楊元)이 웃으면서 말하였다.

"이번에 누국안(婁國安)의 말을 들으니, 수군이 접전할 때 오직 한 척의 배에 탄 장수(*金浣을 지칭)와 군사들만 항거할 생각을 하고 그 나머지는 모두 저희들이 먼저 물에 뛰어들거나 혹은 뭍으로 올라 달아났는데, 적들이 비웃어 말하기를, '우리가 조선의 군사를 패배시킨 것이 아니라 조선은 스스로 패배하였다. 만일 대병력으로 곧장 남원으로 쳐들어간다면 누가 우리에게 맞서겠는가?' 라고 하더라고 하였습니다. 당신네 나라 사람들은 야무지지 못하고 겁이 많아서 적들을 만나기만 하면 달아나고 마니 장차 어떻게 하겠습니까?"」   ―〈선조실록〉(1597. 8. 6.(甲子)―

〈원균의 패전은 도원수 권율의 책임이다?〉

「○사헌부에서 아뢰었다.

"도원수 권율은 오랫동안 적과 대치하고 있으면서 군사상 대응책은 하나도 세운 것이 없습니다.

지난번에 수군의 싸움은 물론 조정의 지시가 있어서 한 것이지만, 원수로서는 역량과 때를 헤아려서 적과 맞서기 어려운 상황에 대하여 조정에 급보를 띄워 보고하여 후회되는 일이 없도록 했어야 할 것입니다.

그런데 그렇게 할 생각은 하지 않고 망령되게도 제멋대로 원균에게 엄하게 형장을 쳐서 독촉함으로써 결국 6년 동안 (이순신이) 경영하면서 가까스로 이루어 놓은 수군을 일거에 하나도 남김없이 패망하게 만들고 허다한 산성도 또한 한 곳도 지켜내지 못하게 함으로써 적들이 고스란히 호남에까지 들어오게 하였습니다.

군사와 백성들이 붕괴되어 흩어져서 남원이 이미 함락되고 고을들까지 유린당하게 되었습니다. 그리하여 적의 칼날이 미친 곳마다 온 들판에 시체가 나뒹굴게 되어 그 참상이 임진년보다 더 혹심하게 되었으며, 적들이 경기의 고을에까지 접근하게 되어 도성을 거의 지켜내지 못하게 하였으니, 그는 나라를 망친 원수라 하겠습니다.

그의 죄상으로 말하면 법조문대로 적용하더라도 부족할 것이 없는데, 더구나 몸을 빼서 먼저 피신하고 영남으로부터 서울로 도망쳐 와서는 한강 여울을 지키려 한다는 구실로 태연히 장계를 올렸으니, 이것이 과연 군사 통솔을 맡은 원수의 체면이겠습니까? 사람들의 울분이 극도에 이르렀으니 권율이 장차 무슨 면목으로 다시 임금을 만나고 여러 장수들에게 지시를 내릴 수 있겠습니까?"
대답하였다: "권율이 수군을 독촉하여 내보낸 것은 혹시 성공할 수도 있을 것이라고 생각하였기 때문이고, 서울로 온 것은 사실은 올라오라는 나의 지시가 있었기 때문이다."」
－〈선조실록〉(1597. 11. 4.(辛卯)－

(*혹시 성공할 수도 있을 것이라는 요행수를 바라고 그렇게 하도록 하기 위해서 온갖 음모를 획책하여 통제사를 이순신에서 원균으로 바꾼 것은 바로 선조와 조정의 문관들 자신이었던 것이다.)

〈왜군 측에서 본 원균의 패전 원인〉

「○체찰사 한효순(韓孝純)이 무안(務安)에 사는 군자감 첨정(僉正) 정기수(鄭麒壽)를 만나서 물어 보았더니, 그는 이렇게 말하였다.
"지난 해 9월 22일 무안에서 분탕질을 하던 적에게 붙잡혀 배에 실려서 10월 25일 경상도 남해도에 가 닿았습니다. 거기서 임진년에 사로잡혀간 사람들을 만나 10여 일간 같이 있었기 때문에 안면이 서로 친숙하게 되었는데, 적정에 대한 사실들을 모두 말해 주었습니다.
하루는 이렇게 말해 주었습니다.
'지난 6월에 있은 해전 때에 왜적이 수길에게 보고하기를, 〈조선의 수군이 대단히 많아서 공격하기가 쉽지 않다.〉라고 하자, 수길은 왜적 장수 7명을 보내어 싸움을 지휘하게 하였다.
왜적 장수들은 한산의 수군이 90리 사이에 펼쳐져 있는 것을 가서 보고 깜짝 놀라면서 말하기를 〈과연 대단하다. 맞설 수 없다.〉라고 하고 곧 철수하려고 하였다.
그런데 바로 그때 소서행장의 부대에 속한 왜적 졸병 한 놈이 우

리나라 수군이 모두 좁은 바다목을 차지하고 있어서 배를 자유롭
게 이동시키지 못하는 것을 보고는 불의에 나가 밤에 잠복해 있는
군사를 습격하였다. 그 바람에 우리의 수군 장수들은 당황하여 어
쩔 줄 몰라 하다가 수많은 적이 쳐들어온 줄로 알고 모조리 육지
로 내려서 도망가 버리고 말았다. 그래서 패배하게 되었다.'
또 이런 말도 하였습니다.
 '조선의 수군은 정예롭고 용맹하다. 한산에서 뜻을 이룬 것은 요
행수로 된 것이다. 그런 요행수가 여러 번 있지는 않을 것이다.' 라
고 하였습니다."」   -〈선조실록〉(1598. 2. 23.(戊寅)-

〈사관(史官)이 본 원균의 패전 책임〉
「○임금이 말하였다
 "작년에 한산 싸움에서 패배한 것과 관련하여 수군의 여러 장수
들의 공로와 죄를 제때에 조사 규명하여 법에 따라 처결했어야 했
는데, 그저 임시 미봉책이나 쓰는 버릇을 따르면서 인정보다도 위
엄을 중요시해야 하는 교훈을 생각하지 않았다. …
이렇게만 하다가는 설사 한신(韓信)이나 백기(伯起) 같은 장수라 하
더라도 제대로 일을 해내지 못할 것이다."
비변사에서 건의하였다.
 "원균은 주장으로서 지휘를 잘못한 결과 적들이 불의에 쳐들어오
게 되어 전군이 패하게 되었던 것입니다. 그 죄는 다 주장에게 있
습니다. 하지만 그 아래 있던 여러 장수들의 공로와 죄에 대해서도
표창과 징벌을 실시함으로써 군율을 바로잡지 않을 수 없습니
다."
선조: "원균 한 사람에게만 그 죄를 덮어씌우지 말라."(이산해와 윤
두수가 그렇게 만든 것이었다.-원주)」

(*사관(史臣)은 말한다.

〈한산 싸움에서 패배한 데 대하여 원균은 사지를 찢어 죽여야 할 것이며 그 아래의 장수와 군사들에게는 아무런 죄도 없다. 왜 그런가?

원균이라는 자는 거칠고 포악스런 일개 몰지각한 자였다. 처음에 이순신과 공로를 다투면서 온갖 수단을 다하여 헐뜯더니 이순신을 통제사 자리에서 쫓아내고 자신이 그 자리에 대신 들어섰던 것이다. 단번에 적을 소멸할 것처럼 겉으로 큰 소리를 쳤지만 지략이 모자랐고, 군사가 패배하게 되자 배를 버리고 뭍으로 달아남으로써 군사들로 하여금 모조리 목숨을 잃게 만들었던 것이다.

당시의 죄에 대하여 누가 그 책임을 져야 하겠는가.

한산 싸움에서 일단 실패하자 호남이 계속 함락되었고, 호남이 함락되자 나라 일이 다시는 어쩔 수 없게 되었던 것이다. 현재의 일을 눈으로 보니 가슴이 찢어지고 뼈가 부셔지는 듯하다.〉」

―〈선조실록〉(1598. 4. 2.(丙辰)―

(*사관은, 비록 한산 싸움에서의 패배의 책임이 전적으로 원균에게 있는 것처럼 말하고 있지만, 사실 그의 마음속에는 원균과 그를 두둔하는 세력들의 모함에 넘어가서 이순신을 옥에 가두고 통제사의 직위에서 파면한 후 원균을 그 자리에 앉힌 결과 패배를 초래한 최고 인사권자 선조에게 그 전적인 책임이 있다고 생각하여 특별히 이 부분에서 자신의 의견을 기록해 둔 것은 아닐까 생각된다.)

1597(丁酉)년 8월

(*이달에 있었던 주요 사건을 〈선조수정실록〉에 의거 요약하면 다음과 같다.

○왜적이 안음(安陰)의 황석(黃石) 산성을 함락시켰다. 현감 곽준(郭䞭)과 전 함양군수 조종도(趙宗道)가 죽었다.

처음 청정(淸正)이 서생포로부터 서쪽으로 전라도로 들어가 행장(行長)과 힘을 합쳐 남원(南原)을 치려고 하니 원수(권율) 이하 모두 이 소식을 듣고 떠나버렸다.

안음 현감 곽준(郭䞭)은 고을 수령으로 있은 지 겨우 2년인데 아전과 백성들의 신임을 얻었다. 체찰사 이원익(李元翼)은 황석 산성이 호남과 영남의 목구멍에 해당하므로 왜적이 틀림없이 쳐들어올 것이라고 여겨서 세 고을의 군사를 배속시킨 다음 곽준에게 지키라고 지시하였고, 김해 부사 백사림(白士霖)으로 하여금 돕게 하였다. 왜적이 수없이 많이 달려들어 남쪽으로 들이치는 것을 곽준은 밤낮으로 싸움을 지휘하면서 게을리 하지 않았다.

백사림은 사태가 위급하다는 것을 알아차리고 밧줄을 드리워 처자들에게 성벽을 넘어가게 하고는 도망쳤다. 곽준의 아들과 사위, 아전과 백성들이 모두 울부짖으며 미리 살 궁리를 하자고 청하자, 곽준이 웃으면서 말하기를, "여기가 내가 죽을 곳이다. 무슨 궁리를 더 하겠는가."라고 하고는 걸상에 걸터앉아 얼굴 빛 하나 변하지 않 앉는데, 결국 살해당하였다. 두 아들 이상(履常)과 이후(履厚)가 부친의 시체를 부둥켜안고 왜적을 꾸짖으니, 왜적은 그들을 함께 죽였다.)

8월 1일(己未). 큰비가 와서 물이 불어 넘쳤다. 이 찰방(李蓍慶)이 찾아와 만났다.

8월 2일(庚申). 잠깐 개었다. 혼자 수루에 앉아 있으니 회포가 이루 말할 수 없었고, 비통한 마음을 걷잡을 수 없었다. 이날 밤 꿈에 왕명(王命)을 받게 될 조짐이 보였다.

8월 3일(辛酉). 이른 아침에 선전관 양호(梁護)가 교서(敎書)와 유서(諭書)를 가지고 들어왔다. 그것은 곧 삼도수군통제사로서 임명한다는 것이었다. 교서와 유서에 숙배를 올린 후 서장(書狀)을 받았다는 회답 장계를 써서 봉해 올리고, 그날로 출발하여 곧장 두치(豆峙)를 경유하는 길로 올랐다.
초저녁에 행보역(行步驛: 하동군 횡천면 여의리)에 이르러 말을 쉬고, 자정이 넘어서 다시 길을 떠나 두치에 이르니 날이 밝으려 하였다. 남해 현령(朴大男)은 길을 잃어 강정(江亭)으로 잘못 들어갔으므로, 말에서 내려서 불러오게 하였다.
쌍계동(雙溪洞: 하동군 화개면 탑리)이 이르니 삐죽삐죽한 돌들이 어지럽게 흩어져 있는데 새로 내린 비로 물이 불어 있었다. 간신히 건너서 석주관(石柱關: 구례군 토지면 연곡)에 이르니 이원춘(李元春)과 유해수(柳海守)가 복병하고 있다가 나를 만나보고는 적을 토벌할 일에 대해 많은 이야기를 하였다.

저물어 구례현(求禮縣)에 이르니 경내 전체가 적막하였다. 성문 밖(구례읍 봉북리)의 전날 묵었던 집에 가서 잤는데, 그 집 주인은 벌써 산속으로 피난 갔다고 하였다. 곧 손인필(孫仁弼)이 찾아왔는데 곡식까지 지고 왔고, 손응남(孫應男)은 이른 감을 가져와 바쳤다.

(*1597년 8월 3일. 원균이 왜적에게 패하여 전 조선의 수군을 바다에 침몰시킨 것은 7월 16일이고, 이 소식이 조정에 전해진 것은 7월 22일(辛亥)이다.
급보를 받은 선조는 긴급 어전회의를 소집하여 대책을 논의하고, 그 다음 날(7월 23일)로 이순신을 다시 삼도수군통제사로 임명하는 교서를 내렸는데, 이것이 이순신에게 도착한 것은 8월 3일이다. 사정이 다급해지자 이순신에게 다시 아양을 떨고 있는 듯한 선조의 모습이 보기에도 참으로 민망하다.)

〈상중에 다시 삼도통제사를 임명하는 교서〉

「왕은 이와 같이 이르노라.
아! 나라가 의지하여 보장(保障)으로 생각해온 것은 오직 수군뿐인데, 하늘이 화(禍) 내린 것을 후회하지 않고 다시 흉한 칼날이 번득이게 함으로써 마침내 우리 대군(大軍)이 한 차례의 싸움에서 모두 다 없어졌으니, 이후 바닷가 여러 고을들을 그 누가 막아낼 수 있겠는가. 한산을 이미 잃어버렸으니 적들이 무엇을 꺼려하겠는가.
초미(焦眉)의 위급함이 조석(朝夕)으로 닥쳐온 상황에서, 지금 당장 세워야 할 방책은 흩어져 도망간 군사들을 불러 모으고 배들을 거두어 모아 급히 요해처에 튼튼한 큰 진영을 세우는 길뿐이다. 그렇게 함으로써 도망갔던 무리들이 돌아갈 곳 있음을 알게 될 것이고,

한창 덤벼들던 적들 또한 막아낼 수 있을 것이다.

그러나 이 일을 책임질 수 있는 사람은 위엄과 은혜와 지혜와 재능에 있어서 평소 안팎으로 존경을 받던 이가 아니면 이런 막중한 임무를 감당해낼 수 없을 것이다.

생각건대 그대의 명성은 일찍이 수사(水使)로 임명되던 그날부터 크게 드러났고, 그대의 공로와 업적은 임진년의 큰 승첩이 있은 후부터 크게 떨쳐서 변방의 군사들은 마음속으로 그대를 만리장성처럼 든든하게 믿어 왔었는데, 지난번에 그대의 직책을 교체시키고 그대로 하여금 죄를 이고 백의종군 하도록 하였던 것은 역시 나의 모책(謀策)이 좋지 못하였기 때문에 그렇게 된 것이며, 그 결과 오늘의 이런 패전의 욕됨을 만나게 된 것이니, 더 이상 무슨 말을 하겠는가, 더 이상 무슨 말을 하겠는가.

이제 특히 그대를 상복 입은 채로 기용하고, 또한 그대를 평복(白衣) 입은 가운데서 뽑아내어 다시 옛날같이 전라좌수사 겸 충청·전라·경상 삼도수군통제사로 임명하는 바이니, 그대는 부임하는 날 먼저 부하들을 불러 어루만져 주고 흩어져 도망간 자들을 찾아내어 단결시켜 수군 진영을 만들고, 나아가 형세를 장악함으로써 군대의 위풍을 다시 한 번 떨치게 한다면, 이미 흩어졌던 민심도 다시 안정시킬 수 있을 것이며, 적들 또한 우리 편이 방비하고 있음을 듣고 감히 방자하게 두 번 다시 들고 일어나지 못할 것이니, 그대는 힘쓸지어다.

수사(水使) 이하 모두 다 그대가 지휘하고 통제하되, 만약 일에 임하여 규율을 어기는 자가 있거든 누구든 군법대로 처단하도록 하라. 그대가 나라를 위해 자기 몸을 잊고, 기회를 보아 나아가고 물러남은 이미 그대의 능력을 다 시험해 보아서 알고 있는 바이니, 내 어찌 감히 많은 말을 보태겠는가.

아! 저 육항(孫陸抗: 중국 삼국시대의 오(吳)나라 장수)이 국경의 강 언덕 고을을 두 번째 맡아서 변방의 군사 임무를 완수했으며, 저 왕손(王遜: 명나라 때의 관리(御使). 성질이 곧아 남의 모함에 빠져 귀양 갔다가 다시 풀려나 복직되었음)이 죄인의 몸으로 적을 소탕한 공로를 세웠던 것처럼, 그대는 충의(忠義)의 마음을 더욱 굳건히 하여 나라 구제해 주기를 바라는 나의 소망을 이루어주기 바라면서, 이에 교서(敎書)를 내리는 것이니 생각하여 잘 알지어다.」

—상중에 다시 삼도통제사를 임명하는 교서
(起復授三道統制使敎書)(1597. 7. 23.)—

(*이 글을 읽으면서 속에서 치밀어 오르는 분노를 주체할 수 없는 것은 편역자 혼자만의 생각일까. 한 나라의 임금은 신하에 대하여 이렇게 뻔뻔해도 되는 것인가? 어째서 "저번에는 내가 크게 잘못하였다."고 솔직히 사과하지 못하는가? 왜 이런 시기의 이런 글에서 중국의 손육항(孫陸抗) 이야기가 인용되고 왕손(王遜)의 이야기가 인용되는가? 한마디로 가증스런 느낌마저 드는 교서이다. 이순신의 일기에서 교서의 내용에 대해서는 한 마디도 언급하지 않은 이유가 아마도 이런 데 있지 않았을까 생각된다.)

8월 4일(壬戌). 맑다. 압록강원(鴨綠江院: 곡성군 죽곡면 압록리)에 이르러 말에 여물을 먹였다. 고산(高山) 현감(崔鎭剛)이 군사들 교부(交付)할 일로 왔다가 수군에 관한 일을 많이 말했다. 정오에 곡성(谷城)에 이르니 관아와 여염집들이 모두 텅 비어 있었다. 그 고을에서 잤다. 남해(朴大男)는 남원으로 직행하였다.

8월 5일(癸亥). 맑다. 옥과(玉果: 곡성군 옥과면) 땅에 이르니 피난 가는 사람들로 길이 가득 메었기에, 말에서 내려 타이르고 고을로 들어갈 때 이기남(李奇男) 부자를 만났다. 고을에 이르니 정사준(鄭思竣)과 사립(鄭思立)이 마중 나왔다. 옥과 현감(洪堯佐)이 병을 핑계대고 나오지 않다가 잡아내어 처벌하려고 하니 찾아왔다.

〈선조: 지금의 위기는 나의 말을 듣지 않았기 때문이다〉

(*이날 선조는 대신들을 불러들여 어전회의를 하면서 왕비 등을 피난가지 못하게 말린 신하들을 원망하면서 온갖 황설수설을 다 늘어놓을 뿐만 아니라, 지금의 사태가 일어난 것은 모두 신하들이 왕비 등을 피난시키겠다는 자기 말을 듣지 않았기 때문이라는 어이없는 소리까지 하고 있다. 그동안 자기 말은 항상 다 맞았다는 억지소리이다.)

「○임금이 별전에 나가서 대신들과 비변사의 당상관들을 불러들여 만났다.
(*참가자: 돈녕부사 이산해(李山海), 영의정 유성룡(柳成龍), 판중추부사 윤두수(尹斗壽), 좌의정 김응남(金應南), 지중추부사 정탁(鄭琢), 형조판서 김명원(金命元), 병조참판 노직(盧稷), 우부승지 권희(權憘), 가주서 권진(權縉), 허적(許樀), 검열 임수정(任守正), 이필영(李必榮))

선조: "적정에 대한 보고가 날로 급하여 적들이 당장 쳐들어오지 않을까 걱정이다. 왕비가 이곳에 있는데 정세가 더욱 위급해지면 어떻게 대책을 세워야 하겠는가. 그 전부터 비변사에서는 나의 말을 듣지 않았다. 그러나 내가 어찌 꼭 겁을 먹고 무모한 짓을 하겠는가. 나도 피난 가는 것이 곤란하리라는 것을 알고 있다. 그러나 갑자기 변란이 일어나면 사태가 매우 난처하게 될 것이다. 경 등은 깊이 생각하여 잘 처리해야 할 것이다.

유성룡: 외부에서 감히 말은 하지 않고 있지만 왜 그 일에 대하여 생각을 하지 않겠습니까. 다만 명나라의 장수가 와 있는 상황에서 사정이 전과는 다르므로 한 가지 행동도 고려해야 할 바가 매우 많습니다.

선조: 명나라 장수들이 들어오면 형편이 매우 어려워질 것이기에 도착하기 전에 제때에 조치를 취하려고 하였는데, 삼사(三司)에서 논박하고 대신들이 건의하는 등 숱한 사설들을 늘어놓은 것이 한 두 번이 아니었다. 이제 이 지경에 이르렀으니 장차 어떻게 하겠는가?

유성룡: 말씀을 올린 것은 부득이한 일이었습니다.

선조: 전날 비변사에서는 모두들 말하기를, 명나라 장수가 오면 왜적들은 스스로 물러갈 것이라고 하였는데, 지금 과연 그렇게 되었는가? 명나라 장수가 오면 마음대로 할 수 없다는 것을 나는 전에도 말하였다. 외부 사람들은 모두 명나라 장수를 믿어야 한다고 하나, 지금 마 도독(麻貴)의 군사는 겨우 1만여 명이다. 어떻게 10만 명의 적을 당해낼 수 있겠는가. 더구나 그들은 왜병들과 싸워본 경험이 없지 않은가?

그리고 들으니, 마 도독은 지금 남쪽으로 내려가려 한다고 한다. 싸움에서 이기고 지는 것은 병가에서 보통 있는 일이다. 물론 낭패당하는 지경까지는 가지 않더라도, 만약 난처한 일이라도 생긴다면 그때는 어디로 피해 가거나 도성으로 퇴각하여 지키게 되면 명나라 군사의 명성과 위신만 손상되고 흉악한 적들은 더욱 제멋대로 날뛰게 될 것이니, 차라리 남쪽으로 내려가지 않는 편이 낫겠다.

사람들은 모두 나를 비겁하다고 하니 이제 더 이상 말하지 않겠지만 반드시 잘 생각하여 처리해야 할 것이다." …

선조: "도독이 만일 적을 물리치면 다행이지만 혹시 불행하게도 패하는 날에는 어려운 처지에 빠질 것이다. 설령 승리한다고 하더라도 어떻게 꼭 올해 안으로 적들을 다 소멸시킬 수 있겠는가. 만일 몇 해 동안 끌게 된다면 뒷날의 계책이 염려되지 않을 수 없다."…

선조: "내가 자신을 믿는 것은 아니지만 종전에 내가 한 말들이 들어맞고 틀리지 않았다는 것을 사람들이 모두 다 알고 있다. 현재 확인되지 않는 것은 명나라 군사들이 난동을 부릴 것이라고 한 말뿐이다. 사태가 위급해지면 명나라 군사들에 의한 화가 차마 말할 수 없이 될 것이다.

전날 왕비가 해주에 있을 때 적들이 도성 부근에 머물러 있기에 천천히 형편을 보아가며 데려오자고 하니, 대신들이 글을 올리고 삼사(三司)에서 차자(箚子)를 올리고 해서 끝내 돌아오게 하고야 말았다. 그래서 오늘과 같은 낭패를 보게 되었는데, 이것도 나의 말이 맞았다는 것을 확인해주는 것이다.

수군을 억지로 부산의 절영도 앞바다로 내보내게 한 결과 패전을 당하게 하였으니 이 무슨 짓인가? 내 비록 말로써 분명히 나타내지는 않았지만, 매번 조심하지 않아서는 안 된다는 지시를 내렸던 것이다.

【*통제사 이순신이 부산 절영도 앞바다로 나가서 시위를 벌이라는 임금의 명령에 따르지 않았다는 이유로 전란 중에 현역 장수를 붙잡아 와서 감옥에 가두고, 고문하고, 죽이려고 하였고, 그리고 그 능력이 전혀 실증된 적이 없는 원균을 수군통제사로 삼음으로써 패전을 초래한 사람이 누구였던가? 한 나라의 임금의 모습이 아니라 모든 것을 남의 탓으로 돌리는, 무능하면서도 비뚤어진 심사를 가진 가증스런 소인배의 모습을 보는 것 같다.】

지금 명나라 장수들이 남원과 전주에 나뉘어 머무르고 있다고는 하지만, 적들이 10만의 병력으로 쳐들어온다면 수천 명의 군사가 당해낼 수 있겠는가. 남쪽의 일이 이 지경에 이르렀다면 도성에 있는 명나라 군사들인들 믿을 수가 있겠는가. 명나라 군사를 믿을 수 없다는 것은 뻔한 일이다.

그렇다고 해서 내가 물러나서 피난가려는 것은 아니다. 종묘사직과 세 궁궐을 어떻게 하겠는가? 나는 명나라 장수를 따라 나서야 하겠는데, 먼저 왕비를 피난시키지 않을 수 없다. 하룻밤 사이에 무슨 일이 일어날지 알 수 없는 일이다. 전방에 믿을 만한 장수가 한 사람도 없다. 이런 때에 일을 잘 처리하지 못한다면 일이 급해지고 난 다음에 후회한들 무슨 소용이 있겠는가?

권희: 지금은 명나라 장수가 있기 때문에 형편이 임진년과는 다릅니다.

선조: 일이 난처하게 되리라는 점에 대해서는 내가 이미 말하였다. 마음대로 할 수 없으리라는 말은 전부터 해왔다. 비록 내가 평소에 어루만져 길러온 백성들이라 할지라도 사태가 위급해지는 날에는 난동을 부리지 않으리라고 단언할 수가 없다. 이러한 사실에 대하여 전혀 생각들을 하지 않고 그저 인심이 흔들릴 것이라는 말들만 하고 있으니 이해할 수 없다.

김응남: 지난해에 신과 이원익(李元翼)을 접견하였을 때 전하께서는 지시하시기를, '청정(淸正)이 바다를 건너오면 도성을 지키기 어려울 것이니 왕비의 처소를 옮겨야겠다.' 고 하였습니다. 그런데 지금은 그렇게 할 수가 없습니다. 명나라 장수들이 도성 안에 들어와 있는 상황에서 왕비를 피난시킬 조치를 취하기는 매우 어렵습니다. 천천히 형편을 보아가면서 잘 생각하여 처리하는 것이 옳을 것입니다.

선조: 비변사에서는 그저 말공부하기만 좋아하지 말고 법대로 말하

는 것이 좋겠다. 다시 계책을 생각해보도록 하라."」
　　　　　　　　　　　　　－〈선조실록〉(1597. 8. 5.(癸亥)－

8월 6일(甲子).　맑다. 이날은 옥과(玉果)에서 머물렀다. 초저녁에 송대립(宋大立) 등이 적을 정탐하고 왔다.

8월 7일(乙丑).　맑다. 일찍 떠나 곧바로 순천으로 갔다. 길에서 선전관 원집(元潗)을 만나 밀지(密旨)를 받았다. 병사(兵使) 관하의 군사들이 모두 패하여 돌아가는데 그 행렬이 길 위에 연달아 있었으므로 말 3필과 활과 화살 약간을 빼앗아 왔다. 곡성의 강정(江亭: 석곡면 유향리)에서 잤다.

〈왜장: 감히 우리를 상대로 싸우려 하지 말고 피하라〉
　「○경상우도 병사 김응서가 급보를 올렸다.
　"염탐꾼이 와서 보고한 바에 의하면, 적장 풍무수(豊茂守)가 의령을 지키는 장수에게 말하기를 '싸워보려고 한다면 아무리 철석 같이 지킨다고 해도 봄눈처럼 녹아날 터이니 차라리 산성에서 나와서 피하는 편이 더 나을 것이다. 만일 전라도로 쳐들어가는 날에는 사람들을 모조리 죽이고 짐승들도 벗어나지 못할 것이다. 명나라의 4백 개 고을까지도 집어삼키려는 판인데 하물며 조선의 8도야 더 말할 나위가 있겠는가. 이것은 관백이 여러 장수들과 맹세한 말이다.'라고 하였습니다."」　　－〈선조실록〉(1597. 8. 7.(乙丑)－

〈믿을 것은 민심뿐인데, 민심이 흩어지고서야…〉
　「○사간원에서 건의하였다.

"신 등은 왕비가 앞으로 피난가게 된다는 말을 듣고 당황하고 안타까운 마음으로 모여앉아 통곡하면서 어찌할 바를 모르고 있습니다.

전하께서는 수군이 한 번 패했다고 해서 어쩔 수 없다고 포기하고 이러한 조치를 취한 것입니까? 적정이 아무리 급하다 하더라도 아직까지 깊이 들어오지 않은 이상 응당 임금과 신하 상하가 힘을 다하고 마음을 합치어 방어하기에 여념이 없어야 할 것인데, 어떻게 스스로 먼저 경솔하게 움직임으로서 백성들의 원망을 살 수 있겠습니까.

이번에 마 도독이 천자의 지시를 받고 와서 수도를 지키면서 우리나라와 힘을 합쳐 오직 전진하여 적을 칠 책임을 지고 있습니다. 그런데 만일 이런 말을 듣고 그것을 가지고 허물로 삼는다면 명나라 군사들은 철수할 것이고 우리나라의 큰 일은 망치고 말 것입니다. 지난번에 여러 왕자들이 강화로 간 일 때문에 수도의 백성들이 놀라서 흩어졌으며 아직도 수습하지 못하고 있습니다. 그런데 이제 또 이런 조치가 있다면 인심은 더욱 놀랄 것이며 도성 안은 텅 비어 장차 나라가 나라 구실을 할 수 없게 될 것인데, 전하는 누구와 더불어 지키겠습니까.

임금이 믿을 것이란 민심뿐인데 흩어지고 무너져가는 형세는 날로 더 심해가고 있습니다. 이런 때에 아무리 분발하고 떨쳐 일어나 진정시키려고 힘써도 되지 못할까 걱정되는데, 더구나 왕비가 피난감으로써 백성들의 마음을 크게 흔들어놓고 스스로 멸망을 재촉하는 데야 더 말할 게 있겠습니까.……

큰 계책을 단단히 정하고 왕비를 경솔히 피난시키지 말게 함으로써 인심을 안정시키기 바랍니다."」

－〈선조실록〉(1597. 8. 7.(乙丑)－

〈선조: 너희는 가족을 피난시키면서 왜 나는 못하게 하는가〉
「○비망기로 좌부승지 김신원(金信元)에게 지시하였다.
 "듣자니 조정 관리의 가족들이 많이 피난 갔다고 한다. 왕비에 대해서는 억지로 머물러 있게 해달라고 건의하기까지 하였는데, 이 무슨 심보인가. 그것이 충성스러운 짓인가, 아닌가. 그 까닭을 알고 싶다. 비변사에 물어보도록 하라."

비변사에서 회답하여 보고하였다.
 "이런 시기에 조정 관리의 가족들 중에 피난 간 사람들이 많다는 것은 놀랍기 그지없습니다. 여러 사람들의 마음이 뒤숭숭해지면 일이 난처한 점이 없지 않습니다.
왕비가 갑자기 거동하게 되면 온 나라 사람들이 또 흩어질 우려가 있습니다. 이것이 바로 여러 신하들이 다 같이 안타깝게 생각하는 바이며, 바른 말 하는 관리들의 건의도 여기에서 나왔을 것입니다. 이제 전하의 지시를 받고 보니 더 없이 황송하고 미안한 생각을 금할 수 없습니다."
비망기로 지시하였다.
 "바른 말 하는 관리들은 어째서 임금에 대해서는 바른 말을 하면서 신하들에 대해서는 바른 말을 못 하는가. 옛 사람이 말하기를 '임금의 잘못에 대해서는 논하기 쉬우나 조정 관리들의 잘못에 대해서는 논하기 어렵다.' 고 하였는데, 믿을 만한 말이다."」
   -〈선조실록〉(1597. 8. 8.(丙寅)-

8월 8일(丙寅). 새벽에 떠나 부유창(富有倉: 승주군 주암면 창촌면)에서 아침을 먹었는데, 병사 이복남(李福男)이 불을 지르도록 명령을 내렸기 때문에 모두 불타고 재만 남아 있어서 보이는 모습이 참

담하였다. 광양 현감 구덕령(具德齡), 나주 판관 원종의(元宗義)
등이 부유창 밑에 있다가 내가 왔다는 말을 듣고 급히 배경남(裵
慶男)과 함께 구치(鳩峙)로 달아났다. 내가 즉시 명령을 전하자 함
께 찾아왔기에 그들이 이리저리 옮겨 피해 다닌 것을 꾸짖자, 그
들은 모두 병사 이복남에게 죄를 돌렸다. 곧장 길을 떠나 순천에
이르니 성 안팎에 인적이 드물었다. 중 혜희(惠凞)가 와서 인사를
하므로 의병장(義兵將) 임명장을 주었다. 관사와 곳간의 곡식과
군기 등이 그대로 있었으나 병사는 그것들을 처치하지도 않고 달
아났으니, 탄식할 노릇이다. 총통(銃筒)같은 것은 옮겨서 땅에 묻
어 감추고, 장편전은 군관들이 나누어 가지고 순천에서 잤다.

〈왜적들, 진주까지 쳐들어오다〉

「○도체찰사 이원익(李元翼)이 급보를 올렸다.
"왜적들이 진주의 남강에 배다리를 만들어 놓고 강을 건넜으며,
이 달 초사흗날에는 벌써 진주에 들어왔습니다."
「○비망기로 승정원에 지시하였다.
"듣건대 흉악한 적들이 초사흗날에 벌써 진주를 함락시켰다고 하
니 적정이 매우 위급하다. 경은 유성룡(柳成龍)한테 가서 군사를
거느리고 충청도와 경기의 지경에 나가 적들이 다닐 수 있는 가장
중요한 곳에 파수를 세우라고 지시하도록 하라."」
　　　　　　　　　　　　　-〈선조실록〉(1597. 8. 8.(丙寅)-

8월 9일(丁卯). 맑다. 일찍 떠나 낙안(樂安: 승주군 낙안면)에 이르니 많
은 사람들이 5리나 나와서 환영하였다. 도망가고 흩어진 까닭을
물으니 모두들 하는 말이, 병사(兵使)가 적이 가까이까지 왔다고
겁을 먹고는 창고에 불을 지르고 물러갔기 때문에 그래서 인민(人

民)들도 흩어져 도망간 것이라고 하였다.
군(郡)에 이르니 관사와 창고의 곡식들이 모두 다 불타버렸다. 관리와 촌민들이 모두 눈물을 흘리며 와서 보았다. 오후에 길을 떠나 십리쯤 오니 늙은이들이 길 가에 늘어서서 다투어 술병을 바쳤는데, 받지 않으면 울면서 강권하였다.
저녁에 보성(寶城)의 조양창(兆陽倉: 오성면(烏城面) 오성리)에 이르니 사람은 하나도 없었으나 창고의 곡식은 봉해진 채 그대로 있었으므로 군관 4명을 시켜서 수직(守直)하게 하고, 나는 김안도(金安道)의 집에서 잤는데, 그 집 주인은 벌써 피난을 가고 없었다. 순천 부사 우치적(禹致績)과 김제(金堤) 군수 고봉상(高鳳翔)이 찾아와서 인사를 하였다.

8월 10일(戊辰). 맑다. 몸이 몹시 불편하여 그대로 김안도의 집에서 머물렀다. 동지(同知) 배흥립(裵興立)도 같이 머물렀다.

8월 11일(己巳). 아침에 양산원(梁山沅)의 집으로 옮겼다. 이 집 주인은 벌써 곡식을 배에 가득 싣고 바다 위로 피난갔다고 하였다. 송희립(宋希立)과 최대성(崔大晟)이 찾아왔다.

8월 12일(庚午). 맑다. 장계 초안을 작성하면서 그대로 유숙하였다. ○거제 현령(安衛)과 발포 만호(蘇季男)가 들어와서 명령을 들었다. 그 편에 배설(裵楔)이 겁을 먹고 벌벌 떨던 모양을 전해 듣고 괘씸하고 한탄스러움을 이기지 못하였다. 권세 있는 자에게 아첨하여 능력이 미치지 못하는 자리에까지 승진하면 군사(軍事)를 크게 그르치게 된다. 조정에서 반성함이 없으니 이 일을 어찌할꼬.

〈자기 처자식부터 먼저 피난시키려는 선조〉

「○비망기로 승정원에 지시하였다.

"내인과 어린 왕자들을 당분간 해주로 피난시키도록 하라. 인부와 말에 대해서는 사복시(司僕寺)로 하여금 담당 내시의 말을 들어 조치를 취하도록 하라. 그리고 선전관과 왕궁을 호위하는 군사, 포수 약간 명을 뽑아서 호송하도록 하라."」

「○사헌부에서 건의하였다.

"신 등은 어린 왕자와 궁중 내인들을 당분간 피난 보낸다는 말을 듣고 안타까운 심정을 누를 길 없어 가슴을 두드리며 죽으려 하나 죽지 못하고 있습니다.

처음 명나라에 군사를 청하고 양식을 청한 것은 전하께서 장차 도성을 함께 지키며 흉악한 적들을 함께 침으로써 옛 제도를 회복하고 종묘사직을 안정시키려는 계획이었는바, 그 의도는 참으로 훌륭하였습니다.

그래서 온 나라의 신하와 백성들은 모두 기뻐서 손뼉을 치면서 명나라 군사가 오기만 손꼽아 기다렸습니다.

그들이 도착하자 든든히 믿고 복수할 날만 기다리고 있었는데, 불행하게도 뜬소문이 한번 떠돌자 사람들의 마음이 흩어지고 말았으니 참으로 놀랍고 분하기 그지없습니다. 그런데 지금 병조로 하여금 1백여 명의 군사를 차출하라고 하였고, 오는 15일에는 여러 후궁들과 왕자와 공주들, 세자의 시녀들을 해주(海州)로 떠나보낸다는 말이 사복시(司僕寺)에서 보낸 공문에 나와 있는데, 도대체 이게 무슨 조처입니까?

뜬소문은 오히려 가라앉힐 수도 있겠지만, 전하의 지시가 그러하니 높고 낮은 군사들과 백성들은 더 이상 바랄 것이 없어져서 모두들 하는 말이, '대궐에서부터 이렇게 행동하는데 우리들만 홀로 남아 빈 성을 지키다가 헛되이 죽을 수는 없다.'고 합니다.
이제 살아남은 얼마 안 되는 백성들마저 모두 달아나 버린다면, 인심이란 원래 나무랄 수도 없는 것인데, 장차 어떻게 그러지 말라고 할 수 있겠습니까. 성 안이 텅 비더라도 명나라 군사들은 계속 남아서 우리나라를 위하여 화를 당해 가면서까지 지켜주겠습니까? 그들 역시 황제에게 보고하고는 하루아침에 군사를 거두어 가지고 서쪽으로 돌아가 버린다면, 다음 날은 흉악한 적들이 필경 들이닥칠 것입니다. 그렇게 되면 나라가 다시 망할 뿐만 아니라 임금과 신하, 윗사람과 아랫사람들이 모두 장차 도륙을 당하고 말 터인데, 전하께서 아무리 후궁들을 보존하려 한들 보존할 수 있겠습니까? 이 때문에 신하와 백성들은 통곡하면서 죽으려 하고 있는데 유독 전하의 생각만이 이에 미치지 못하고 있으므로 신 등은 저으기 의혹을 품게 됩니다.
다시 형편을 보아가면서 천천히 처리해도 될 일을 무엇 때문에 서둘러 내보냄으로써 명나라 장수의 크나큰 노여움을 사서 헤아릴 수 없는 우환을 초래하려 하는 것입니까.
임금의 한 몸은 종묘사직과 관련되어 있으며, 종묘사직의 존망은 이번 조처에 달려 있습니다. 신 등은 가슴이 막히고 기가 질려서 무어라고 말씀 올릴 바를 모르겠습니다. 더 깊이 생각해 보시고 후궁과 왕자를 내보내라는 지시를 빨리 중지하시기 바랍니다."
　　(*거의 같은 내용으로 승정원, 홍문관에서도 건의하였다.)
임금이 말했다. "매번 시끄럽게 굴지 말라"」
　　　　　　　　　　　-〈선조실록〉(1597. 8. 12.(庚午)-

「○사헌부와 사간원에서 연합하여 건의하였다.

"반드시 지켜야 할 것은 도성(都城)입니다. 일단 도성이 비게 되면 나라를 지키기 어렵습니다. 보존하여야 할 것은 사람들의 마음입니다. 사람들의 마음이 흩어지면 모으기 어렵습니다.

지난번에 도성의 남녀들이 한번 떠도는 말을 듣자마자 며칠 사이에 서울 안이 텅 비어버리고 말았습니다. 더러는 강가로 나가고 더러는 교외로 나갔습니다. 그런데 군사를 뽑고 말을 준비하여 후궁들을 서쪽으로 내려 보내라는 지시를 듣자 사람들의 마음은 더욱 더 의지할 데가 없어지게 되었으니 틀림없이 흩어져서 죽고 말 것입니다.

모두가 말하기를, '명나라 장수들은 그래도 꼭 지켜내기 위하여 매일같이 형세를 돌아보고 있는데, 우리나라의 임금과 신하들은 나라가 망하는 것은 생각지도 않고 늘 달아나는 것만 상책으로 여기고 있다.' 라고들 합니다.

백성들이란 지극히 어리석지만 신통하게도 말하는 것을 보면 매우 절박한 문제들입니다. 전하의 판단은 백성들이 보고 듣는 것에 달려 있으며, 나라의 존망을 결정하는 계기는 오늘에 결정되는 것입니다. 그러므로 신 등은 통곡을 금치 못하면서 차라리 먼저 죽어서 피난 가는 모습을 보지 않았으면 합니다.

전하께서 먼저 결심을 확고히 하신 후 스스로 힘쓰고 스스로 분발하여 꼭 지키겠다는 생각을 가지신다면 인심은 돌아설 것이고 하늘이 내려준 운명을 이어나갈 수 있을 것입니다.

어떻게 먼저 동요하면서 적들이 아직 깊이 들어오기도 전에 갑자기 후궁들을 피난 보냄으로써 온 나라가 쳐다보고 실망케 하며, 심지어 임진년 난리 때보다 더 심하게 원망하는 마음을 먹게 하겠습니까.

전하께서 아무리 깊숙한 대궐에 거처한다고 하더라도 왜 듣지 못하였겠습니까. 임금은 배와 같고 백성은 물과 같습니다. 백성들은 '나를 돌보아 주면 임금이고, 나를 못살게 굴면 원수이다.' 라고 생각합니다. 오늘 먼저 임금된 도리를 잃어버리고 구제할 계책을 생각지 않는다면 백성들이 원수로 여기는 것도 마땅하지 않겠습니까.

오늘 후궁들이 피난 가는 것을 중지시키면 후궁들을 보존할 수 있을 것이지만, 오늘 후궁들이 피난 가는 것을 중지시키지 않는다면 후궁들을 보존할 수 없으며, 전하의 몸도 보존하기 어려울 것으로 생각합니다. 신 등이 눈물을 머금고 와서 대궐문을 두드리며 계속 간하는 것은 이 때문입니다.

전하의 밝은 판단은 옛날의 제왕보다 못하지 않은데 이처럼 위험한 시기에 어떻게 신 등의 말을 듣고서야 알겠습니까마는, 이미 겪은 변란을 다시 겪을 우려가 없지 않아서 그러는 것입니다.

전쟁의 승패는 원래 병가에게 있어서 예정하기 어려운 것입니다. 옛날의 제왕은 한 개 여단의 군사를 가지고 나라를 회복하였는데, 이것은 바로 강한지 약한지, 용감한지 비겁한지는 먼저 자신의 뜻을 확고히 결정하는지 못하는지에 달려 있기 때문입니다.

전하께서는 더 곰곰이 생각하시고 신중히 고쳐 헤아리셔서 기어코 복수할 것이며, 사사로운 생각에 사로잡히지 말고 후궁들과 왕자들이 피난 가는 것을 중지시키기 바랍니다."

임금이 말하였다. "이미 지시하였다."」

-〈선조실록〉(1597. 8. 14.(壬申)-

「○홍문관에서 차자(箚子)를 올렸다.

"…듣건대 궁녀와 어린 왕자들을 임시로 지방으로 피난시킨다고 하는데, 전하께서 어찌하여 멸망으로 재촉하는 이런 조치를 취하였는지 모르겠습니다.
민간 백성들이야 전하께서 지금 적을 치기에 주력할 줄로 알고 있지 오늘의 조치에 깊은 생각이 있는 줄 어찌 알겠습니까. 틀림없이 서로 말하기를 '임금이 직접 싸움하러 나가겠다고 한 지시는 단지 우리를 속이려는 속셈에서 나온 것일 뿐, 나라를 버리려는 징조가 실제로 오늘에 와서 나타났다.'고 하면서 서로 잇달아 무너져서 안팎이 온통 망가지게 될 것입니다. 만약 그렇게 된다면 적의 칼날이 미치기 전에 변란이 먼저 일어나게 될 것입니다.
명나라에서도 틀림없이 꾸짖어 말하기를 '우리가 수천 리 먼 길을 와서 밤낮으로 애쓰는 것은 바로 너희 나라를 보전하기 위해서인데, 지금 너희 임금과 신하들은 오직 자기 처자가 있는 줄만 알지 나라가 있는 줄은 모른다.'고 하면서 군사를 거두어서 서쪽으로 돌아갈 것입니다. 그러면 우리나라의 일은 결국 차마 말 못할 지경에 이르고 말 것입니다.
전하는 신 등의 말을 어리석고 망령된 것으로 여기지 말고 곧 뉘우치고 깨달음으로써 신하와 백성들의 간절한 소망을 풀어주기 바랍니다."」   -〈선조실록〉(1597. 8. 14.(壬申)-

「○사헌부와 사간원에서 연합하여 건의하고 또 건의하였다.
"후궁들을 미리 피난 보내려는 조치는 민심이 흩어지는가 단합되는가, 하늘로부터 받은 운수가 가버리는가 머물러 있는가, 종묘와 사직이 보존되는가 망하는가, 나라가 승리하는가 패하는가 하는 기회나 운수와 관련된 극히 중요한 것으로서 사실 경솔히 해서는 안 되는 것이었습니다. 전하의 명철한 생각이 이에 미치지 못하지 않을 것인데도 꼭 후궁들을 먼저 보내려고 하는 것은, 앞으로 나라 일이 잘못되면 어찌할 수 없으리라는 생각에서 그렇게 하는 것입니까?
　지금 적들의 세력이 아무리 강하다고 하더라도 아직까지 깊이 들어오지 않은 상황에서는 응당 명나라 장수와 협력하여 도성을 사수하면서 뒤에 나올 대군이 도착할 때까지 기다려야 할 것입니다. 그런데 스스로 먼저 동요됨으로써 인심을 다시 잃어서야 어찌 되겠습니까. 인심을 한번 잃는 날에는 다시 단합시킬 수 없는데 어찌 한심한 일이 아니겠습니까. 그렇지 않으면 전하께서 속으로 '나는 굳게 지키겠지만 왕자와 궁녀들을 임시로 피난시키는 것이야 안될 게 무엇인가?' 라고 생각하시는 것입니까. 그러나 그것은 절대로 그렇지 않습니다.
　임금의 행동은 모든 사람들이 보고 듣게 되며, 백만 백성이 따라 나서는가 배반하는가 하는 것은 오직 임금 한 사람에게 달려 있습니다. 이제 만일 후궁들을 일단 떠나보낸다면 아직 흩어지지 않은 도성 사람들과 먼 지방으로 짐을 지고 떠난 백성들이 흙 담 무너지듯 와해되고 말 것이니, 도성을 아무리 든든히 지키려고 해도 안 될 것입니다.
　마 장수(麻貴)는 대군을 거느리고 도성에 주둔해 있으면서 밤낮으로 성을 순찰하고 군사들을 단속하여 기어코 성을 지켜낼 계책을 세우고 있는데 전하께서 밤낮으로 급급해 하고 있는 것은 오직 대궐 안에 관한 것뿐이니, 세상에서 들으면 장차 무어라고 하겠습니까. 명나라 장수가 군사를 거두어 가지고 당장 돌아갈 수 있을 뿐만 아니라, 예측할 수 없는 우환이 모두 여기에서 생겨날 수 있습니다. 어찌 크게 근심할 바가 아니겠습니까.
　옛날부터 어지러운 판국을 바로잡고 정상상태로 돌아가게 한 임금은 모두 다 위험한 고비를 넘고 어려운 길을 걸어 위태롭게 되었다가 다시 편안하게 되었던 것입니다. 한편으로는 지키고 한편으

로는 피난 가면서 능히 어려운 시국을 수습한 사람이 있었다는 말
은 들어보지 못하였습니다.
　전하께서 아침에 후궁들을 피난 보내면 도성은 저녁에 가서는 텅
비어 버리고 말 것입니다. 이것이야말로 뻔한 이치인데 어찌하여
이렇게도 생각하지 못하는 것입니까. 다시 더 곰곰이 생각하여 후
궁들과 왕자들을 먼저 피난 보내라고 한 지시를 빨리 중지시키기
바랍니다."
　임금이 말하였다. "이미 중지하라고 하였다. 뒤따라 적당히 처리
하겠으니 번거롭게 굴지 말도록 하라."」
　　　　　　　　　　　　　　　　　　－〈선조실록〉(1597. 8. 15.(癸酉)－

8월 13일(辛未). 맑다. 거제 현령(安衛)과 발포 만호(蘇季男) 등은 돌
아가고 우후 이몽구(李夢龜)는 전령을 받고 들어왔는데, 본영의
군기를 하나도 옮겨 싣지 않은 일로 곤장 80대를 때려서 보냈다.
○하동 현감 신진(申蓁)이 와서 전하기를, 초3일 내가 떠난 뒤에
진주 정개(鼎盖) 산성과 벽견(碧堅) 산성에 있던 군사들이 뿔뿔이
흩어져서 저절로 무너졌다고 하였다. 통탄할 노릇이다.

8월 14일(壬申). 맑다. 아침에 각종 장계 7통을 봉하여 윤선각(尹先覺)
으로 하여금 가져가도록 하였다. 오후에 어사(任夢正)와 만날 일
로 보성에 이르러 열선루(列仙樓)에서 잤다. 이날 밤 큰 비가 내
렸다.

8월 15일(癸酉). 비. 비. 늦게 개었다. 열선루(列仙樓) 위에 나와 앉아
있으니 선전관 박천봉(朴天鳳)이 유서(諭書)를 가지고 왔다. 그것
은 8월 7일에 발행한 것이었다. 곧 받았다는 장계를 작성하였다.

보성의 군기를 점검하여 네 마리 말 위에 갈라 실었다. 과음으로 잠을 이루지 못하였다.

8월 16일(甲戌). 맑다. 선전관 박천봉이 돌아갔다. 아침에 보성 군수에게 지시하여, 군관들을 굴암(屈巖)으로 보내어 난을 피해 달아난 관리들을 수색하게 하였다. 나주 목사(裵應褧)와 어사 임몽정(任夢正)에게 답장을 써서 보냈다. 박사명(朴士明)의 집으로 사람을 보냈더니, 박사명의 집은 이미 텅 비어 있더라고 하였다. 오후에 궁장(弓匠: 활 만드는 장인) 이지(李智)와 태귀생(太貴生)이 찾아왔다. 선의(先衣), 대남(大男)도 들어오고 김희방(金希邦), 김붕만(金鵬萬)도 찾아왔다.

8월 17일(乙亥). 맑다. 아침 식사 후에 장흥 땅 백사정(白沙汀)에 이르러 말에게 먹이를 먹이고 군영구미(軍營龜尾: 강진군 고군면)에 이르니 온 고을이 이미 무인지경이 되어 있었다. 장흥 사람들이 많은 군량을 훔쳐내어 옮겼으므로 잡아다가 곤장을 때렸다. 수사 배설(裵楔)이 배를 보내 주지 않았는데, 그가 약속을 위반한 것은 참으로 통탄스러운 일이다.

8월 18일(丙子). 맑다. 회령포(會寧浦: 장흥군 대덕면 회진리)로 갔더니, 수사 배설은 수질(水疾)을 핑계대고 나와 보지 않았다. 다른 장수들은 와서 만났다. 관사에서 잤다.

〈남원 함락과 도망치는 명나라 장수 양원(楊元)〉

「○왜적들이 남원성을 공격하여 함락시켰는데, 양 부총병(楊元)은 서문으로 빠져나와 겨우 몸을 피하였다. 이달 12일 적들이 남원을 에워싸고 밤낮으로 공격하였는데, 부총병의 군사는 화살이 다 떨어지고 힘이 다 떨어졌다. 16일 밤에 적들이 남문을 격파하고 올라오자 부총병은 형세가 급해서 다만 3백여 명을 데리고 서문으로 빠져나왔는데, 2발의 탄환을 맞고 10여 명만 데리고 돌아왔다.」

「○임금이 별전에 나가 대신들을 접견하였다.
김응남: "남원을 지켜내지 못하였으니 이런 기막힌 일이 어디 있습니까.
윤두수: 우리나라의 일로 명나라 군사가 이 지경에 이르렀으니 얼마나 기막힌 일입니까. 비단 나라의 존망에 관계될 뿐만 아니라 세상 일이 이로부터 틀어지게 되었습니다.
선조: 내가 전날에 말하지 않았는가. 총병이 남원을 지키는 것을 지혜로운 일이라고 하겠는가? 3천 명의 조촐한 군사로써 어떻게 한창 기승을 부리는 적들을 당해낼 수 있단 말인가?
김응남: 대개 총병은 왜적을 방어할 줄 모릅니다. 그래서 이 지경에 이르게 되었습니다.
선조: 나는 비변사에서 잘못하였다고 생각한다. 총병을 남원으로 들여보내어 이 지경에 이르게 하였으니 그것이 무슨 의도에서였는가?
윤두수: 처음에야 꼭 지켜낼 줄로 생각하였지 결국 이렇게까지 될 줄이야 어떻게 알았겠습니까?
선조: 나는 남원으로 가겠다는 총병의 말을 듣고 벌써 의심하였다.……
김응남: 전날 지시한 왕비의 피난 문제를 결정지으려고 합니다. 뱃길로 해서 황해도에 가는 것이 어떻겠습니까?……

선조: 뱃길은 위험하니 그렇게 할 수 없다. 다른 말 말고 빨리 피
　　난 보내야 한다.
윤두수: 해주를 거쳐 황주에 가서 형편을 보아서 영변으로 가는
　　것이 좋겠습니다.
선조: 전날에는 한산도의 수군이 바닷길을 차단하고 있었기 때문
　　에 마음이 든든하였으나 지금은 갈 수가 없다. 더구나 이 초가
　　을철에 바람도 매우 센데 도중에 풍랑을 만날 수 있다. 어떻게
　　그렇지 않을 것이라고 보장할 수 있겠느냐?……
　　다른 일은 그만두고 왕비를 피난시키는 문제나 빨리 의논하여
　　결정하여야겠다. 세자가 종묘와 사직과 왕비를 모시고 먼저 떠
　　나가는 것이 좋겠다. 세자가 여기 있어야 무슨 할 일이 있겠는
　　가? 도독도 말하기를, 성안이 싸움터로 될 테니 먼저 피난시키
　　는 것이 좋겠다고 하였다.
윤두수: 그렇다면 세자가 먼저 나가도 무방하겠습니다.
선조: 늘 나더러 겁을 낸다고 하더니 빨리 처리하지 않을 수 없게
　　되었다."」

「ㅇ사헌부에서 건의하였다.
　"수군의 패배는 사실 비변사의 계책이 좋지 않아서 그렇게 된 것
이므로 다른 사람을 탓할 여지가 없습니다.
다만 변란이 일어난 뒤로 군사에 관한 정사가 엄숙하지 못하여 여
러 곳에서 패배한 장수들 중 어느 한 사람에 대해서도 군법을 적
용한 적이 없으므로 사람들은 분개하고 있으며, 날이 갈수록 더 심
해지고 있습니다.
지난번에 한산도 싸움에서 여러 장수들 가운데는 간혹 온전한 배
를 가지고 도망치기도 하고 간혹 뭍으로 올라와 달아나면서도 주

장을 구원하지 않았습니다. 그런지 이미 한 달이 지났는데도 군법에 넘기지 않고 있어서 많은 사람들이 놀라고 있습니다. 오늘날 전라도의 군사와 백성들이 달아나서 성을 비운 것도 이것을 본뜬 것이니 극히 원통한 일입니다.
수군의 배를 거느린 각 장수들 중에 공을 세운 사람을 제외하고 주장을 구원하지 않은 자에 대해서는 도체찰사를 시켜 법조문에 따라 목을 베도록 함으로써 군정을 엄숙히 하기 바랍니다."
임금이 말하였다. "건의한 대로 하라."」

-〈선조실록〉(1597. 8. 18.(丙子)-

(*비변사의 건의를 들어보면, 끝까지 원균을 두둔하는 선조의 의중을 살펴서 엄정해야 할 처벌의 잣대를 왜곡하고 있음을 느낄 수 있다. 패전의 총책임이 있는 주장 원균에 대한 처벌은 생각조차 하지 않고 있다.)

8월 19일(丁丑). 맑다. 여러 장수들은 교서에 숙배(肅拜)를 올렸으나, 배설은 고개를 숙이지 않았다. 그 건방진 태도는 이루 다 말할 수 없었다. 그 영리(營吏)에게 곤장을 때렸다. 회령 만호 민정붕(閔廷鵬)이 전선에 쓸 양식을 사사로이 피난민 위덕의(魏德毅) 등에게 넘겨주고 술과 음식을 받아먹었기 때문에 곤장 20대를 때렸다.

8월 20일(戊寅). 맑다. 앞 포구가 협착하기 때문에 진을 이진(梨津: 해남군 북평면 이진리)으로 옮겼다. 몸이 몹시 불편하여 식음(食飮)을 전폐하고 끙끙 앓았다.

8월 21일(己卯). 맑다. 새벽에 곽란(霍亂)을 만나 몹시 앓다가 인사불성이 되었다. (이날 하루 종일 앓고 밤에는) 밤새도록 앉아서 날이 밝기를 기다렸다.

〈남원까지 함락되고 말았으니 이제는…〉

「○사헌부에서 건의하였다.

"전라도에서 믿고 나라를 다스릴만한 고을은 단지 남원과 전주뿐입니다. 그런데 우리나라의 군사와 백성들은 흩어져 달아나고 명나라 장수의 외로운 군사들만 홀로 지킨 결과 남원은 함락되고 말았습니다. 전주로 말하면 아직 흉악한 적들이 그 경내에 이르지 않은 만큼 부윤 박경신(朴慶新)으로서는 응당 지성껏 군사와 백성들을 타일러 죽기를 각오하고 스스로 지켜야 했습니다. 그런데 경신은 자신부터 먼저 겁을 먹고 곧장 달아날 생각부터 하면서 창고를 처리하고 노약자들을 먼저 몰아냈습니다. 심지어 말하기를 '적과 자기를 아는 것이 착한 일을 많이 하는 일단이다. 적들에게 재물을 넘겨주는 것을 옛사람들은 경계하였다. 이것을 대인은 슬기로운 사람의 일로 간주할지언정 그것을 겁내는 일로 간주하지는 않을 것이다.' 라고 하면서 품첩을 써 주었는데, 이른바 경신이 착한 일을 많이 한다는 것이 무슨 뜻인지 모르겠습니다. 남원과 전주 2개 고을이 모두 패배하였으니 전라도 전체를 잃어버린 것이며, 전라도를 잃어버렸으니 나라의 존망이 이에 따라 결정될 것입니다."

「○사간원에서 건의하였다.

"수도에서 남원 소식을 한번 듣자마자 며칠 사이에 거의 다 달아나고 남아있는 사람은 없으며, 그들도 짐을 지고 왕비가 움직이기를 기다리고 있습니다. 그런데 이제 또 전주 사태에 대하여 듣고 혼란이 더 심해지고 있습니다. 이때에 잘 처리하지 않는다면 도성이 비어버릴 걱정이 눈앞에 닥쳐올 것입니다. 명나라 장수가 만일 이 점을 말하면서 군사를 거두어가지고 물러간다면 장차 무슨 말로 말리겠는지 모르겠습니다."

- 〈선조실록〉(1597. 8. 21.(己卯)-

8월 22일(庚辰).   맑다. 곽란이 점점 더 심해져 몸을 움직일 수가 없었다.

8월 23일(辛巳).   맑다. 병세가 너무 중하여 배에서 거처하기가 편치 않았다. 전쟁 중인 것도 아니어서 배에서 내려 바다 밖으로 나와서 잤다.

8월 24일(壬午).   맑다. 일찍 도괘(刀掛) 땅에 이르러 아침 식사를 하고, 정오에 어란포(於蘭浦: 해남군 송지면(松旨面) 어란리) 앞바다에 이르니 곳곳이 모두 이미 텅 비었기에 바다에서 잤다.

〈도망쳐 나온 명나라 장수를 영접하는 선조〉
「○임금이 남대문 밖에 나가 양 부총병(楊元)을 영접하여 위로하였다.
부총병이 사람을 시켜서 사례하였다. "일부러 와서 영접해 주니 감격스럽기 그지없습니다. 나는 창에 찔려서 일어날 수가 없어 절도 하지 못하겠으니 더욱 황송합니다."
임금은 길 왼쪽에 서고 양 부총병은 메는 남여(籃輿) 위에 누워 있었다. 임금이 남여를 붙잡고 눈물을 흘리면서 말하기를 "대인이 우리나라의 일 때문에 이런 기막힌 지경에 이르렀으므로 비통한 마음을 누를 길이 없습니다."라고 하자, 부총병도 눈물을 흘리면서 말하기를 "후하게 돌봐주어 대단히 감사합니다."라고 하고는 드디어 지나가버렸다. 임금은 눈물을 흘리면서 더 없는 비애에 잠겼고 곁에 있던 사람들도 감격의 눈물을 흘리지 않은 사람이 없었다.」 —〈선조실록〉(1597. 8. 24.(壬午)—

8월 25일(癸未). 맑다. 당포(唐浦) 보자기(鮑作)가 피난민의 소 두 마리를 훔쳐 끌고 가면서 적이 왔다고 헛소문을 냈다. 나는 이미 그 사실을 알고 배를 굳게 매고 움직이지 않고 있다가 즉시 체포하게 했더니, 과연 생각한 그대로였다. 헛소문을 낸 놈 2명의 목을 베어서 효시했더니, 군대 안이 안정되다. 이때 배설(裵楔)은 이미 도망쳤다.

8월 26일(甲申). 정탐꾼 임준영(任俊英)이 말을 달려 와서 보고하기를, 적선이 이미 이진(梨津)에 도착했다고 하였다. ○우수사(金億秋)가 왔다.

8월 27일(乙酉). 맑다. 그대로 머물렀다. 배설이 찾아왔는데 겁을 먹고 있는 기색이 많았으므로, 나는 그에게 "왜 수사는 그저 피하려고만 하는가." 하였다.

〈나라가 위급해지자 도망치기에 바쁜 관리들〉
「○비변사에서 건의하였다.
"나라 일이 몹시 위급함에도 불구하고 안팎의 관리들 가운데는 밤중에 꼬리를 물고 달아나서 제 목숨이나 건져보려고 생각하는 사람들이 많은데, 신하로서의 의리가 전혀 없습니다. 만일 법조문

을 명확히 세우고 엄하게 단속하지 않는다면 며칠 안으로 텅 비어
버릴 염려가 없지 않으니 통분하기 그지없습니다.
 바라건대 사법 관청으로 하여금 빨리 각 관청의 관리들 중에 자기
의 직책을 내버리고 숨어살면서 나오지 않는 자들을 조사하여 모
두 관리대장에서 삭제하고 영영 등용하지 말게 하는 동시에, 관청
에 이름을 써 붙임으로써 신하들에게 경계가 되게 하고, 아전들과
하인들은 외진 섬에 군사로 보내도록 지시를 받아 실행하는 것이
어떻겠습니까?"
 임금이 말하였다. "건의한 대로 하라."」
―〈선조실록〉(1597. 8. 27.(乙酉)―

 (*자기 혼자 살겠다고 도망가는 모범은 이미 임금인 선조가 보여주
었으니, 그런 풍조가 전국적으로 모든 관리들 사이에 만연하는 것은
너무나 당연하다. 그런데도 그런 자들을 색출하여 처벌하자는 건의
를 받고 즉시 승인하는 임금의 모습에서 뻔뻔스러움을 느끼지 않을
수 없다.)

8월 28일(丙戌). 맑다. 오전 6시경(卯時)에 적선 8척이 뜻밖에 갑자기
 쳐들어오자 여러 배들은 겁을 먹고 경상수사는 피해서 물러나려
 고만 하였다. 내가 동요하지 않고 깃발을 휘두르며 추격하라고
 명령을 내리니 적선들은 물러갔다. 여러 배들이 뒤쫓아서 갈두(葛
 頭: 해남군 송지면 갈두)까지 갔다가 돌아왔다. 저녁에는 진을 장도
 (獐島)로 옮겼다.

8월 29일(丁亥). 맑다. 아침에 벽파진(碧波津: 진도군 고군면 벽파리)으로
 건너가 진을 쳤다.

8월 30일(戊子). 맑다. 계속 진을 치고 벽파진에 머물러 있었다. 배설은 적이 대거 쳐들어올까봐 겁을 내고 도망가려고만 하였다. 그러나 관하의 여러 장수들이 찾기도 하였고, 나도 그 사정을 알고 있었지만 드러나지 않은 것을 먼저 발설하는 것은 장수가 취할 행동이 아니므로 몰래 참고 있었는데, 배설이 자기 종을 보내어 청원서를 제출하기를, 병세가 몹시 중하므로 몸조리를 해야겠다고 하였다. 나는 육지로 나가서 조리하라고 하였다. 배설은 우수영에서 육지로 올라갔다.

제4부

기적의 명량대첩과 최후의 노량해전

(*칠천량 해전에서의 대패로 조선 수군은 완전히 전멸되다시피 한 상황에서 이순신은 다시 수군을 재건하여 1597년 9월 16일 명량해전에서 단지 13척의 배로 333척의 왜적의 배를 대파하는 기적과 같은 승리를 거둠으로써 멸망 직전의 조선을 다시 구해낸다.

그 후 진린(陳璘)의 명나라의 수군과 공동으로 왜적의 수군을 남해바다에서 압박해 가던 이순신은 마지막으로 도망가는 왜적의 수군을 노량에서 대파한 후 자신도 그 싸움에서 전사함으로써 정유재란이 끝남과 동시에 조선의 성웅 이순신의 일생도 막을 내린다.)

1597(丁酉)년 9월

(*이 달에 있었던 주요 사건을 〈선조수정실록〉에 의거 요약하면 다음과 같다.

○왜적이 남원을 함락시켰다. 총병 양원(楊元)은 도망쳐 돌아오고 총병 중군 이신방(李新芳), 천총(千總) 장표(蔣表)와 모승선(毛承先), 접반사 정기원(鄭期遠), 병사 이복남(李福男), 방어사 오응정(吳應井), 조방장 김경로(金敬老), 별장 신호(申浩), 부사 임현(任鉉), 판관 이덕회(李德恢), 구례 현감 이원춘(李元春) 등은 모두 죽었다.

처음 왜적의 장수 행장(行長)과 의지(宗義智) 등이 길을 나누어 군사를 몰고 와서 성을 여러 겹으로 에워쌌다. 이때 양원과 이신방은 동쪽 문에서, 천총 장표는 남쪽 문에서, 모승선은 서쪽 문에서, 이복남은 북쪽 문에서 여러 날 동안 서로 대치하고 있었다. 적군들이 나뭇가지로 참호를 메우고 밤중에 성벽에 달라붙어 성으로 기어올라와서는 총을 마구 쏘아대자 성안이 큰 혼란에 빠졌다.

양원은 부하 두어 명과 함께 포위망을 뚫고 달아나 겨우 자기 몸만 죽음을 면하였고 명나라 군사와 우리 군사들은 거의 다 칼날에 찍혀 죽었다. 남원이 일단 함락되자 전주 이북은 일거에 와해되어 사태를 어떻게 할 수가 없었다. 뒤에 명나라 조정에서는 양원의 목을 베어 우리나라에 효시하였다.

○경리 양호(楊鎬)가 부총병 해생(解生) 등을 시켜서 직산(稷山)에서 적군을 크게 격파하였다.

이에 앞서 왜적이 남원을 함락시킨 때부터 이긴 기세를 타서 계속 밀고 올라와 경기 부근까지 다가왔다. 경리 양호가 평양에 있다가 이 소식을 듣고 급히 서울로 들어와서 제독을 불러놓고 싸우지 않은 죄상을 따진 다음 제독과 함께 방책을 세웠다.

용맹한 정예 기병들을 몰래 선발하여 해생, 우백영(牛伯英), 양등산(楊登山), 파귀(頗貴) 등으로 하여금 거느리고 가서 직산에서 적을 맞받아치게 하였는데, 여러 부대들과 우리나라 사람들은 모두 전혀 알지 못하였다. 해생 등이 직산의 소사평(素沙坪)에 군사를 매복시키고 적이 대열을 짓지 못한 틈을 타서 날쌘 기병들을 풀어 쳐들어가자 적들은 흩어져 달아났는데, 죽은 자가 매우 많았다. 또 유격 파새(擺賽)를 시켜서 2천 명의 기병을 거느리고 따라가서 네 장수들과 합세하여 쫓아가 치게 하였는데 또 격파하였다.

○통제사 이순신이 진도 벽파정(碧波亭) 밑에서 왜적을 쳐부수고 그 장수 마다시(馬多時)를 죽였다.

이순신이 진도에 이르러 전선을 거두어 모아 10여 척을 얻었다. 이때 바다 연안의 백성들로 배를 타고 피난한 사람들은 이순신이 왔다는 말을 듣고 기뻐하지 않는 사람이 없었다. 이순신이 여기저기에 사람을 보내어 불러들여서 군사의 뒤에 있으면서 군사의 위력을 돋보이게 하였다.

적장 마다시는 해전을 잘 하기로 이름난 자인데, 배 200여 척을 거느리고 서해로 쳐들어가려다가 벽파정 밑에서 서로 마주치게 된 것이다. 이순신이 배 12척에 대포를 싣고 밀물을 이용하여 물 흐름을 따라서 내쳐 치고 들어가니 적들은 패하여 달아나고 이로써 군사의 위력이 다시 크게 떨쳤다.)

9월 1일(戊子). 맑다. 점세(占世)가 탐라(耽羅: 濟州)로부터 소 다섯 마리를 특별히 신고 나와서 바쳤다.

9월 2일(己丑). 맑다. 이날 새벽에 배설(裵楔)이 도망을 갔다.
 (*배설(裵楔): 경상도 성주(星州) 사람으로 덕룡(德龍)의 아들인데 그의 다른 행적은 전연 알 길이 없다. 그는 정유년 두 번째 난리 때에 경상우수사의 몸으로 원균과 함께 나가 싸우다가 형세가 기울어짐을 보고 물러나 한산도의 모든 시설을 불태우고 도망갔었다. 충무공이 새로 통제사의 임명을 받은 뒤에 언제나 그 아래에 있으면서도 항상 겁을 먹고 도망가려고만 했던 것은 〈난중일기〉 여러 군데 적혀 있는 기사로써도 알 수 있다.
 그러다 마지막 정유년 8월 30일에 충무공에게 병을 치료해야겠다고 말하여 승낙을 받고 우수영(海南郡 門內面)으로 와서는 그길로 9월 2일에 도망치고 말았다. 그런데 그의 한산도 패전의 책임을 물으려고 잡으려 하였으나 꼭꼭 숨어 있어 잡히지 않았는데, 전쟁이 끝난 뒤인 선조실록 무술년 12월 23일자 기록을 보면, 병조판서 홍여순(洪汝淳)이 비밀장계를 올려 배설을 잡아오는 자에게 후한 상을 주자고 청한 일까지 있었다. 그래도 역시 그를 잡지 못하고 있다가 결국 그 이듬해인 기해년(1599) 3월 6일에 권율 도원수가 선산 땅에서 잡아 서울로 올려 보내어 사형에 처했다.
 칠천량 패전 당시부터 그는 이미 심한 전쟁공포증을 앓고 있었던 정신병 환자였던 것으로 추정된다. *1597. 10. 11.(戊辰) 〈선조실록〉 참조.)

〈명나라 조정에 보고한 남원 함락의 전말〉
 (*이 날짜의 선조실록에 있는 남원 함락의 사정을 알아본다.)
 「○총독경략군문(總督經略軍門)과 경리조선군무도찰원(經理朝鮮軍務都察院)에 공문을 띄웠다.

"조선 국왕은 남원을 방어하지 못한 사유를 조사해서 보고합니다. 양 총병을 따라다니는 통역관 박의성(朴義成)이 남원에서 빠져나와 말하기를, 성이 함락될 때에 총병은 1백여 명의 기병을 데리고 여러 겹 포위를 뚫고 나갔으며, 본 도의 병마절도사 이복남(李福男)과 별장 신호(申浩)와 구례현감 이원춘(李原春)은 성 안에서 싸우다가 견디지 못하여 총병의 사후(伺候) 정기원(鄭期遠)과 부사 임현(任鉉), 판관 이덕회(李德恢), 통역관 이춘란(李春蘭) 및 관병과 함께 모두 7백여 명이 피살되었다고 합니다.

한산도에서 패전한 뒤에 적들이 곧장 서울을 칠 기세가 뚜렷하기에 작은 나라의 신하 이원익은 성주에 주둔하여 추풍령과 조령, 죽령 등지를 막고 있었고, 권율은 고령에 주둔하면서 좌도와 우도를 지휘하여 동쪽 길과 서쪽 길을 방어하고 있었는데, 그 중간에 적들이 꽉 차서 소식이 끊어지는 바람에 어느 성이 포위되었는지 몰랐습니다. 나는 멀리 천리 밖에 있으면서 발을 구르며 호소하였지만 형편상 미치지 못하였습니다.

전라병마절도사 이복남과 방어사 오응태(吳應台) 등을 재촉하여 본 도의 군사를 거느리고 가서 구원하도록 하였는데, 오응태는 방어사로 새로 임명되어 아직 군사를 불러 모으지 못하였기 때문에 오직 이복남만이 정예군사 1천여 명을 데리고 적진을 향하여 마주쳐들어갔는데, 성 안으로 뚫고 들어갔을 때에는 거느린 군사가 겨우 7백여 명이었습니다. 그리하여 명나라 군사를 도와서 싸웠으나 결국 화살이 떨어지고 힘이 진하여 마침내 함락되고 말았습니다. 온 성에 널린 시체는 모두 황제께서 보낸 군사의 시체였습니다. 이역 땅을 도와주려 왔다가 적의 칼날에 쓰러진 데 대하여 나는 가슴을 치고 눈물을 흘리고 있으며, 침식마저 모두 잊어버리고 있습니다. 그리하여 해당 관청에 지시하여 제단을 만들고 제사를 지내주도록 하였습니다.
 대체로 이것은 모두 내가 속국을 지키지 못하고 다섯 해 동안이나 떨쳐 일어나지 못해서 황제의 군사를 다시금 수고시켜 이 변경 땅에서 싸우게 만든 결과입니다. 죄가 사실 나 자신에게 있으므로 스스로 변명할 여지조차 없습니다.
 바라건대 귀 원에서는 하찮은 정성을 불쌍히 여기고 쇠약한 우리 나라를 생각하여 부족한 점을 용서해 주고 더 극진하게 구제해 준다면 더 다행한 일이 없겠습니다."」
 　　　　　　　　　　　　-〈선조실록〉(1597. 9. 2.(己丑)-

〈왜적과 화의하라고 압력을 가하는 명나라 장수〉

「ㅇ경리의 접반사 이덕형이 급보를 올렸다.
 "소 안찰(蕭按察)이 신을 불러 종이쪽지를 주었는데, 그 내용인즉 대체로 우리나라로 하여금 강화하라고 위협하는 것이었습니다. 심지어 말하기를 '너희 나라는 사태를 헤아리지 못하고 그저 명나라 군사가 와서 싸워주기만 바라고 있다. 그러니 싸워서 이겨도 곧 3년이면 반드시 망할 것이며, 이기지 못하면 화가 눈앞에 다가올 것이다.'라고 하였습니다.
 그러면서 회보할 것을 급히 재촉하기에, 신이 황급히 써 주기를 '작은 나라가 이미 망할 고비에 이르렀는데 자신을 보전할 계책에 대하여 어찌 깊이 생각하지 않을 수 있겠습니까. 이번에 수도로 가는 차에 다시 임금에게 말씀드리겠습니다.'라고 하였더니, 안찰은 그것을 보고 몹시 성을 내면서 꾸짖기를 '못난이 같으니라고. 또 결론을 짓지 않고 곧 이렇게 미루어버리고 마는가. 나는 다시는 조선의 일에 대하여 알려고도 하지 않겠다.'라고 하였습니다."」
 　　　　　　　　　　　　-〈선조실록〉(1597. 9. 2.(己丑)-

9월 3일(庚寅).   비가 왔다. 밤에는 북풍이 불었다.

9월 4일(辛卯).   북풍이 크게 불었다. 배들을 겨우 보전하였다.

9월 5일(壬辰).   북풍이 크게 불었다.

9월 6일(癸巳).   맑다. 바람은 조금 그쳤으나 물결은 자지 않았다. 추위가 엄습하니 격군들 때문에 크게 염려되었다.

9월 7일(甲午).   맑다. 바람이 비로소 진정되었다. 탐망 군관 임중형(林仲亨)이 와서 보고하기를, 적선 55척 중 13척이 벌써 어란포(於蘭浦: 해남군 송지면 어란리) 앞바다에 이르렀는데, 그 의도가 우리 수군을 노리는 것 같다고 하므로, 각 배에 엄중히 경계하도록 지시하였다. 오후 4시경에 적선 13척이 바로 우리 배를 향해 오는지라 우리 배들도 역시 닻을 들고 바다로 나가 맞아 싸우니 적들은 배를 돌려 급히 달아났다. 추격하여 먼 바다에까지 나가니 바람과 물이 모두 역류(逆流)여서 배를 움직일 수 없기에 도로 벽파진으로 돌아왔다. 이날 밤 반드시 야습(夜襲)이 있을 것만 같아서 각 배에 정비하여 대기하라고 명령하였던바, 밤 10시경에 과연 적선들이 대포를 쏘며 습격해 왔다. 여러 배의 병사들이 겁을 먹는 것 같아서 다시금 엄명을 내리고 내가 탄 배가 곧장 앞으로 나가서 적선을 향해 대포를 쏘자 천지가 진동하였다. 적들은 당해내지 못할 줄 알고 네 번이나 나왔다 물러갔다 하면서 대포만 쏠 따름이더니, 자정 무렵이 되어서 물러갔다.

9월 8일(乙未). 맑다. 적선은 오지 않았다. 여러 장수들을 불러 대책을 의논하였다. 우수사 김억추(金億秋)는 겨우 일개 만호로나 적합한 인물이지 수사의 직책을 맡을 만한 인물이 못 되는데, 좌의정 김응남(金應南)이 개인적으로 친한 사이라고 해서 억지로 임명해 보냈으니, 이러고도 조정에 사람이 있다고 하겠는가. 다만 불행한 시국만 한탄할 따름이다.

9월 9일(丙申). 맑다. 오늘은 중양절(重陽節)이다. 나는 비록 상제의 몸이지만 명절날에 여러 장병들을 먹이지 않을 수 없어서 제주에서 보내온 소 5마리를 녹도(宋汝悰)와 안골포(禹壽) 두 만호에게 주어 잡도록 하여 장병들을 먹여주었다. 적선 2척이 어란포로부터 감보도(甘甫島: 진도군 고군면)로 곧바로 들어와서 우리 배가 많은지 적은지 정탐하므로 영등포 만호 조계종(趙繼宗)이 뒤를 끝까지 추격했더니, 적들은 황급히 배에 실었던 물건들을 모조리 바다에 던져 버리고 달아나므로, 결국 따라잡지 못하고 말았다.

9월 10일(丁酉). 맑다. 적들이 멀리 달아나 숨어버렸다.

9월 11일(戊戌). 흐리고 비가 왔다. 배 위에 홀로 앉아 있으니 그리운 생각에 눈물이 흘렀다. 천지간에 나 같은 사람이 어디 또 있으랴. 아들 회(薈)가 나의 심정을 알고 몹시 불안해하였다.

〈텅 빈 도성과 관아들〉

「○이때에 변경에서 들어오는 경보가 나날이 다급해져 갔기 때문에 도성은 텅 비었으며, 각 관청의 하인들은 열에 하나도 남지 않앉으므로 모든 일이 말이 아니었다. 그리하여 각 도에서 뽑아 올린 군사들을 나누어 보내어 각 창고를 지키게 하였다.
○경기 방어사 유렴(柳濂)이 무한산성(無限山城)을 지키다가 적병이 가까이 다가왔다는 소문을 듣고는 밤중에 성 안의 창고와 무기에 불을 지르고 어둠을 타서 도망쳤다.」
―〈선조실록〉(1597. 9. 11.(戊戌)―

9월 12일(己亥). 비. 비. 선실에 앉아 있으니 마음이 산란하였다.

9월 13일(庚子). 맑다. 북풍이 크게 불었다. 꿈이 범상하지 않았다. 임진년에 크게 이겼을 때의 꿈과 비슷하였다. 꿈의 징조가 무엇인지 모르겠다.

〈도원수 권율의 보고: 의병들이 일어나지 않습니다.〉
「○임금이 별전에 나가 여러 신하들이 참석한 가운데 도원수 권율을 만나보았다.
선조: "원수는 많은 수고를 하였다.
권율: 임무를 맡은 지 5년 동안 공로라고는 티끌만치도 없으니 죄는 만 번 죽어 마땅하옵니다.
선조: 대체로 적의 형세는 어떠한가?
권율: 적의 형세는 임진년보다 못합니다. 그러나 인심이 무너져서 도리어 변란 초기보다 못합니다. 김응서는 단지 2백여 명을 거느리고 있을 뿐이나 그 자신이 군사들의 앞장에 서서 싸우고 있습니다. 때문에 적의 큰 세력을 꺾어놓지는 못하지만 적들의 머리를 얼마간 벤 것이 있습니다. 충청병사 이시언(李時言)은 처음에 2천여 명을 거느리고 있었는데, 경상도로 갔다가 전라도로

돌아와 보니 모조리 달아나고 겨우 50여 명이 남았다고 했습니다.

선조: 어째서 그렇게 흩어졌는가? 지금은 의리를 내세워 군사를 일으키는 사람이 없는가?

권율: 사람들은 모두 적의 선봉부대가 다시 침입해오자 더는 어찌할 도리가 없다고 생각하면서 그렇게 하였습니다.

신은 전에 경상도에서 정인홍(鄭仁弘)이 군사를 모집하는 것을 보았습니다. 그는 비록 늙고 병든 몸이었지만 원래 선비들 속에서 명망이 있어서 근방에 있는 선비 출신의 젊은이들을 모아서 의병을 일으켜 임금에게 충성을 다할 수 있었습니다. 그래서 도체찰사 이원익도 그를 고무하였습니다. 이밖에는 듣지 못하였습니다. 이시발(李時發)이 훈련시킨 군사들도 그 5분의 1이 흩어졌습니다."
　　　　　　　　　　　　　-〈선조실록〉(1597. 9. 13.(庚子)-

(*1년 전에 왜적과 강화를 추진하면서 전쟁이 약간 소강상태에 들어가자 그간 목숨을 바쳐가며 충성을 바친 의병들(김덕령 등)에게 억울한 누명을 씌워서 고문으로 죽인 것이 임금인 선조이고 조정의 높은 신하들이었다. 그리고 특히 이순신의 경우와 같은 일도 있었다. 그리고 왜적이 다시 쳐들어오자 누구보다 먼저 도망을 가려고 한 임금과 그 처자식들이었다. 이런 임금과 조정의 행동을 보고서도 또다시 의병을 일으키려는 백성이 없을 것은 당연한 일이다. 지금 자신의 처지가 다급해지자 '의병'을 바라는 선조의 뻔뻔함을 볼 수 있다.)

9월 14일(辛丑). 맑다. 북풍이 크게 불었다. 벽파진(碧波津) 건너편에 신호 연기가 오르기에 배를 보내어 실어와 보니 바로 임준영(任俊英)이었다. 임준영이 육지를 정탐한 후 달려와서 보고하기를,

"적선 2백여 척 중에 55척은 벌써 어란포 앞바다로 들어왔다."
고 하였다.

그리고 또 보고하였다. "사로잡혀 갔다가 도망쳐 돌아온 사람인 중걸(仲乞)이 말하기를, '이달 초 6일 달마산(達磨山: 해남)으로 피난 갔다가 왜적에게 붙잡혀 묶여서 왜선에 실렸는데, 이름을 모르는 어떤 김해 사람이 왜장에게 사정해서 묶은 것을 풀어 주었습니다. 그날 밤 왜놈들이 깊이 잠든 사이에 김해 사람이 저의 귀에다 대고 가만히 말하기를,〈왜놈들이 모여서 의논하는 말을 들으니, 조선 수군 10여 척이 우리(왜적의) 배를 추격하여 혹은 쏘아 죽이고 또 배를 불태우기도 했으니 보복하지 않을 수 없다. 그러니 여러 배를 불러 모아서 조선 수군을 다 죽여 버린 후에 바로 경강(京江)으로 올라가자고 하더라.〉고 했습니다.' 라고 하였습니다."

이들의 말을 비록 다 믿기는 어려워도 역시 그럴 수도 없지 않으므로, 전령선(傳令船)을 우수영으로 띄워 보내어 피난민들에게 어서 뭍으로 올라가도록 타이르라고 하였다.

9월 15일(壬寅). 맑다. 벽파정(碧波亭) 뒤에 명량(鳴梁: 울돌목)이 있는데, 몇 척 안 되는 적은 수의 전선으로 명량을 등지고 진을 칠 수는 없으므로, 조수(潮水)를 타고 진을 우수영 앞바다로 옮겼다. 그리고 여러 장수들을 불러 모아 다짐하기를, "병법에서 이르기를, '죽고자 하면 살고 살고자 하면 죽는다.(必死則生, 必生則死)'고 하였다. 그리고 또 이르기를, '한 사내가 길목을 지키면 천 명의 사내도 겁을 내게 할 수 있다.(一夫當逕, 足懼千夫)'고 하였다. 이것은 모두 오늘의 우리를 두고 한 말이다. 너희 여러 장수들은 살고자 하는 생각을 품지 말라. 만약 조금이라도 명령을 어기는 자 있다면 군법으로 다스릴 것이다."라고 두 번 세 번 거듭 엄중히 다짐하였다.

이날 밤 신인(神人)이 꿈에 나타나 이르기를 "여차여차 하면 크게 승리할 것이고, 여차여차 하면 패배할 것이다."라고 하였다.

(*지성(至誠)이면 감천(感天)이라 했던가.

수많은 위대한 승리, 원균의 터무니없는 모함과 무고, 죽음 직전까지 이르렀던 고문, 백의종군의 수모, 견디기 힘든 병마와의 싸움, 시도 때도 없이 흘러내리는 식은땀, 조선 수군의 대패, 그런 상황에서 통제사로 재임용. 인간으로서는 차마 견디기 어려운 이러한 일련의 고통을 겪으면서도 일편단심 나라 지키기만 생각하는 이순신의 마음이 비로소 하늘에 닿아, 하늘과 서로 통하는 그런 경지에 도달한 것이 아닌가 생각된다. 그래서 9월 16일의 명량대첩이 있은 날의 일기에서 그는 그 승리를 〈천행(天幸)〉으로 돌리고 있는 것은 아닐까?

지금까지의 이순신이 한 사람의 무장으로서 지장(智將), 덕장(德將), 용장(勇將)을 겸비한 단계에 있었다고 한다면, 이제 그는 이미 신장(神將), 성장(聖將)의 경지에 도달하였음을 알 수 있다.

아니, 나라에 대한 지성(至誠)과 백성들에 대한 애정과 측은지심(惻隱之心)에서 자신의 목숨을 기꺼이 바치고자 함으로써 그는 이미 천지(天地)와 서로 통하는 도인(道人) 또는 성인(聖人)의 반열에 올라섰다고 해야 할 것이다.

이렇게 보면, 오늘날 우리가 그를 〈성웅(聖雄) 이순신〉이라 부르는 데에 전혀 무리나 과장이 없을 뿐만 아니라, 어쩌면 오히려 부족한 감마저 있는 것 같다.

역자는 정유년 옥사 이후의 〈난중일기〉를 다시 번역하면서 예수가 십자가에 못 박히기 전, 죽음에 대한 공포로 절규하면서 여호와를 향하여, 가능하다면 이 무거운 짐을 벗겨 달라고 기도하던 모습을, 그리고 머리에 가시 면류관을 쓴 채 자신이 못 박혀 죽을 십자가를 직접 어깨에 메고 골고다 산 위로 뚜벅뚜벅 걸어가던 예수의 모습을 연상하였음을 밝혀 둔다.)

〈당시 도성 안의 모습〉

「○승정원에서 건의하였다.

"도성에 사는 백성들이 몽땅 피난가고 남아 있는 사람이 거의 없습니다. 지금 남아있는 사람들이란 노약자들과 의지가지없는 사람들에 지나지 않습니다.

전하께서는 의지가지없는 아이들과 여인들을 염려하여 특별히 쌀을 주라는 지시를 내리셨으나…… 호조의 관리는 군량이 걱정된다고 하면서 그 전체 수량을 떼어 줄 수 없다고 합니다."」

-〈선조실록〉(1597. 9. 15.(壬寅)-

〈명량 대첩〉

9월 16일(癸卯). 맑다. 이른 아침에 별망군(別望軍: 별도로 조직된 정탐군)이 나와서 보고하기를, "부지기수로 많은 적선들이 명량(鳴梁)을 거쳐 우리 배를 향해 들어오고 있다."고 하였다. 곧 여러 배에 명령을 내려 닻을 들어올리고 바다로 나가니 적선 330여 척이 우리 여러 배들을 에워쌌다. 여러 장수들은 스스로 중과부적(衆寡不敵)이라고 여기고는 문득 회피할 생각만 하였다. 우수사 김억추(金億秋)는 이미 저 멀리 아득한 곳으로 물러나 있었다.

나는 노를 독촉하여 앞으로 돌진해 들어가면서 지자(地字)·현자(玄字) 등 각종 총통들을 마구 쏘아대니 대포 소리가 마치 바람

불듯 우레 치듯 하였다. 군관들도 배 위로 나와 촘촘히 늘어서서 빗발같이 쏘아내니 적도들은 당해내지 못하고 다가섰다 물러났다 하였다.

그러나 적선들이 워낙 여러 겹으로 둘러싸고 있어서 장차 형세를 예측할 수 없었으므로, 한 배 안에 있는 사람들은 서로 돌아보며 겁에 질려 안색이 파랗게 변하였다. 나는 부드럽게 타이르기를 "적선이 비록 1천척이라 하더라도 우리 배를 당해내지 못할 것이니, 절대로 동요하지 말고 있는 힘을 다해 적을 쏘라."고 하였다. 그리고 여러 장수의 배들을 돌아보니 그들은 먼 바다로 물러나서 바라만 보고 앞으로 나오지 않는 것이었다.

나는 배를 돌려서 곧바로 중군장 김응함(金應諴)의 배로 가서 먼저 그의 목을 베어 효시하고 싶었으나, 내 배가 머리를 돌리면 여러 배들은 차차 멀리 물러나고 적선들이 점점 더 가까이 접근해 온다면 사세가 크게 그르쳐질까봐 곧 호각을 불어 중군의 영하기(令下旗)를 세우게 하고, 또 초요기(招搖旗)를 세우게 하였다.

그러자 중군장 미조항 첨사 김응함의 배도 차츰 내 배로 접근해 왔는데, 거제 현령 안위(安衛)의 배가 먼저 이르렀다. 나는 배 위에 서서 직접 안위를 부르며 말했다. "안위야, 네가 군법에 죽고 싶으냐. 네가 군법에 죽고 싶으냐. 도망간다고 어디 가서 살 것이냐"고 하니, 안위도 황급히 적선 속으로 돌진해 들어갔다. 다시 김응함을 부르며 말했다. "너는 중군장(中軍將)이 되어서 멀리 피하고 대장을 구원하지 않으니 어찌 그 죄를 면할 것이냐. 당장 처형하고 싶지만 적세 또한 급하므로 우선 공을 세우도록 해주겠다"고 하였다.

두 배가 곧바로 들어가 접전할 때, 적장이 그 휘하의 배 3척을 지휘하여 한꺼번에 안위의 배에 개미떼처럼 달라붙어 서로 먼저 올라가려고 하였다. 안위와 그 배 위에 타고 있는 사람들은 죽기를 각오하고 마구 치니(*〈어떤 자는 모난 몽둥이를 쥐고, 어떤 자는 긴 창을 잡고, 또 어떤 자는 큰 자갈돌 덩어리로 마구 치고 때리며.〉-초고.) 거의 기진맥진한 상태가 되었다. 나는 배를 돌려 곧바로 들어가서 빗발치듯 마구 쏘아대어 적선 3척을 남김없이 무찔렀다. 그때 녹도 만호 송여종(宋汝悰)과 평산포 대장(代將) 정응두(鄭應斗)의 배가 잇달아 와서 협력하여 적을 쏘았다.

항복해 온 왜인 준사(俊沙)라는 자는 안골포의 적진에서 투항해 온 자인데, 그가 내 배 위에 타고 있다가 내려다보며 말하기를, "저 무늬 있는 붉은 비단옷을 입은 놈이 안골포의 적장 마다시(馬多時)입니다."라고 하였다. 내가 물 긷는 군사인 김석손(金石孫: *초고에는 김돌손(金乭孫))을 시켜서 갈고리로 뱃머리 위로 끌어올리게 했더니, 준사가 펄쩍펄쩍 뛰면서 말하기를, "맞다, 마다시(馬多時)다."고 하였다. 그래서 곧바로 그의 몸을 토막내라고 명령하니 적들의 기세가 크게 꺾였다.

우리 여러 배들이 일제히 북을 올리며 나란히 전진하면서 각각 지자포, 현자포를 쏘고 또 화살을 빗발같이 쏘아대니 그 소리가 강과 산을 진동시켰다. 적선 30척을 들이받아 깨뜨리자 적선들은 물러나 달아났으며, 다시는 우리 수군에 감히 가까이 오지 못하였는데, 이번의 승리야말로 실로 천행(天幸)이었다. (*〈싸움하던 바다에서 그대로 정박해 있고 싶었으나〉-초고) 물결이 극히 험하고 (*〈또 바람조차 역풍인데다〉-초고.) 우리 수군의 형세 또한 외롭고 위태롭기 때문에 진을 당사도(唐笥島: 무안군 암태면)로 옮겼다.

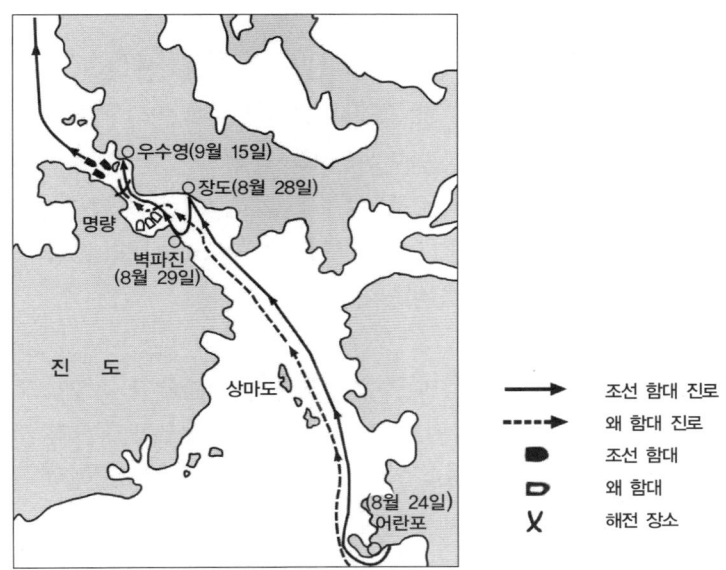

− 명량, 벽파진, 장도, 어란포, 우수영, 당사도 등이 표기된 지도 −
〈명량 해전도〉

(*이날의 〈난중일기〉가 현재 남아 있는 명량대첩(鳴梁大捷)에 관한 가장 상세한 기록이다. 이전까지의 관례로 보아 이순신은 이보다 더 상세한 기록을 장계로 조정에 보고하였음이 분명한데, 그 장계의 온전한 내용이 전해지지 않고 있다. 정유 옥사 이후 다시 삼도수군통제사로 제수되어 처음 올린 승첩의 장계이고, 그리고 이때는 이순신의 전사로부터 그리 멀지도 않은 시점인데, 이 장계가 임진년의 장계들과 함께 조정에 보관되어 있지도 않았고 선조실록에도 자세히 기재되지 않은 것은 이해하기 어려운 일이다. 아마도 이순신의 사후, 조정에서 권세를 잡고 있던 서인들이 선조의 의중을 읽고, 그리고 자신들의 과오를 감추기 위해, 그 후 의도적으로 이 장계를 묵살하고 〈선조실록〉에도 기록하지 않고 없애

버린 것은 아닌지 의심할 수밖에 없다.

이순신의 사후에까지도 이순신에 대한 선조의 감정은 결코 좋은 것이 아니었음을 사후에 그의 공로를 평가하는 데 인색하였던 점, 그의 공로를 원균과 함께 같은 선무 1등 공신으로 평가하면서 원균을 계속 추켜올리고 있는 점, 충무공(忠武公)이란 시호도 선조 때 내려진 것이 아니라 인조(仁祖) 때 와서야 비로소 내려진 점 등등을 생각하면 있을 수 있는 일이다.

이 〈벽파진에서 왜적을 무찌른 장계(碧波破倭兵狀)〉가 조정에 도달한 것이 분명하다는 점은 10월 20일(丁丑)에 선조가 종묘와 사직을 다시 모셔오게 된 공로를 명나라 장수 양 경리(楊鎬)에게 돌리면서, "통제사 이순신이 약간의 적을 잡았으나 그것은 그가 응당 해야 할 일을 한 것뿐입니다. 큰 공로도 아니고 자랑할 것도 없는데 대인이 상으로 은과 비단을 주어 표창하였는바, 나는 속으로 미안하게 생각합니다."라고 하자, 양 경리가 "이순신은 의협심이 강한 훌륭한 사나이입니다. 흩어지고 없어진 전선들을 수습하고, 좌절당하고 패배한 뒤끝에 큰 공을 세운 것은 대단히 칭찬할만하기 때문에 은과 비단을 좀 주어 나의 기쁜 마음을 표시하였을 따름입니다."라고 한 대화를 통해서 알 수 있다.

그리고 또 11월 9일자에 명나라 총병부(總兵府)에 보내는 공문 가운데서 이 벽파진(鳴梁) 대첩의 내용을 극히 간략하게나마 인용 보고하고 있는 점으로 보아서도 확실할 뿐 아니라, 〈난중일기〉 11월 16일자에는, 전공에 대한 포상과 상금, 명나라 장수 양경리가 붉은 비단 천을 내려 보내주어 받았다고 기록되어 있는 것으로 보아서 분명한 사실이다.

그렇다면 왜 이처럼 중요한 전투의 승첩장계 내용을 이전의 다른 장계와는 달리 별도로 〈선조실록〉에 기록하지도 않았고, 또 그 후 조정에서의 모든 전쟁대책 회의에서 단 한 번도, 어느 누구의 입을 통해서도, 언급되지 않았느냐 하는 것이다.

이순신의 조카 이분(李芬)이 지은 이순신의 〈행록(行錄)〉중 정유년 9월 16일자 기록에 명량대첩에 관한 설명이 상당히 자세하게 소개되고 있는데, 그곳에 나오는 기록 중에서 선조와 관련된 부분은 믿기 어려운 점이 있다. 선조가 크게 기뻐하면서 양 경리(楊鎬)에게 장계를 갖다 보여주라고 지시했다는 것도 실록의 앞뒤 관계를 살펴보면 사실로 인정하기 어렵다. 어차피 〈행록(行錄)〉은 공표될 것을 전제로 쓴 글이기에 다분히 임금을 의식하지 않을 수 없었다는 점도 염두에 두어야 할 것이다.

*편역자는 이순신의 수많은 해전에서의 승리들 가운데서도 이 명량(울돌목) 대첩을 가장 위대한 승리로 꼽아야 한다고 생각한다. 이 점에 대해서는 다른 많은 이순신 연구자들과 생각을 같이한다. 이 명량대첩은 말하자면 구약성경에 나오는 다윗과 골리앗의 싸움과 같았고, 불가능을 가능하게 만들어낸 기적과 같은 승리였던 것이다.
패전의 악몽으로 인하여 심리적으로 한껏 위축되어 사기가 꺾인 소수의 조선 병사들과 12척의 함대를 가지고, 대승의 경험으로 사기가 고조된 왜적 수군과 적선 300척을 상대로 싸워서 대승하였다는 것은 이전의 어떤 해전에서도 있어보지 못한 기적과 같은, 통쾌 무비한 승리이자, 이순신 자신이 말한 것처럼, 〈천행〉 바로 그것이었다고도 할 수 있는 것이다.
여기서 다시, 조선 수군이 칠천량 해전에서 패배한 후, 당시 백의종군하던 이순신이 다시 삼도수군통제사로 임명되어 흩어진 군사들과 12척의 배를 끌어 모아 왜적의 대 함대를 격파시킴으로써 적의 조선침략 기도를 완전히 좌절시킨 9월 16일자 명량대첩에 이르기까지의 경과를 전투일지 형식으로 정리해 본다.
수없이 반복해서 보아도 싫증나지 않는 〈명화〉를 보는 것마냥, 읽을 때마다 새로운 감동과 감흥을 주는 승첩의 과정이고 장면이기에, 책의 부피가 많이 늘어나는 부담을 무릅쓰고 다시 한번 정리해 둔다.)

〈명량대첩(鳴梁大捷) 총정리〉
−〈칠천량 패전〉에서 〈명량대첩〉에 이르기까지의 전투일지−

7월 14일. 이순신이 새벽에 꿈을 꾸었다. 체찰사와 함께 어떤 곳에 이르니 시체가 많이 널려 있어서 혹은 밟기도 하고 혹은 목을 베기도 하는 꿈이었다.(*하늘은 그에게 이틀 후에 일어날 원균의 패전을 미리 예시해 주었던 것이 아닐까?)

7월 16일. 새벽에 원균의 함대가 칠천량 전투에서 전패하였다.

7월 18일. 도원수 권율(權慄)이 원수부의 참모들을 대동하고 이순신을 찾아와서 난국을 타개할 수 있는 대책을 물었다.
이순신은 "내가 연해안 지대로 가서 직접 보고 듣고 한 연후에 대책을 세우겠다."고 한 후 과거 통제사 시절 그의 부하들이었으며 지금은 원수부에 속해 있는 송대립(宋大立) 등 9명의 군관을 대동하고 남은 전선이 정박해 있는 하동(河東)의 노량진(鷺梁津)을 향해 달려갔다.

7월 20일. 진주에 도착, 진주 목사 나정언(羅廷彦)과 상의하였다.

7월 21일. 곤양(昆陽)을 거쳐 목적지인 노량에 도착했다.
그곳에는 거제 현감 안위(安衛)와 영등포 만호 조계종(趙繼宗) 경상 우후 이의득(李義得) 등 10여 명의 군관과 군사들, 백성들도 와 있었는데, 모두들 이순신을 보고 울부짖었다. 그들로부터 패할 당시의 정황을 들었다. 거제 소속 배 위에서 자고 거제 현감 안위(安衛)와 새벽까지 이야기하느라 눈을 붙이지 못하여 눈병을 얻었다. 경상수사 배설(裵楔)은 도망가고 없었다.

7월 22일. 아침에 배설(裵楔)이 찾아와 만나 그간의 사정을 듣고, 남해 현령 박대남(朴大男)이 있는 곳에 가서 그의 병세를 살피고 곤양으로 돌아왔다.

7월 23일. 경상우수사 배설은 원균 함대가 전멸하던 날 밤(7월 15일), 미리 겁을 먹고 12척의 전선을 이끌고 함대를 이탈하여 이곳 하동 노량으로 도망쳐 와 있었는데, 그 12척의 패잔선을 점검해 보니 수리가 필요했다. 그리고 출발하여 진주 운곡에 이르러 잤다. 이때 배흥립(裵興立)도 찾아와 만났다.

7월 24일부터 8월 2일까지. 진주에 머물면서 여러 사람들을 만나고 도원수부와 여러 가지 문제를 상의하였다.

8월 2일. 밤에 왕명(王命)을 받게 될 조짐을 보이는 꿈을 꾸었다.

8월 3일. 이른 새벽에 〈삼도수군통제사로서 임명한다〉는 교서(敎

書)와 유서(諭書)를 받았다. 이날로 곧바로 출발하여 두치를 경유하는 길로 올랐다. 행보역(行步驛)에 이르러 말을 쉬고, 자정이 넘어서 다시 길을 떠나 두치에 이르니 날이 밝으려 하였다.

쌍계동(雙溪洞)의 계곡을 간신히 건너서 석주관(石柱關)에 이르러 이원춘(李元春)과 유해수(柳海守)를 만나보고 적을 토벌할 일에 대해 이야기를 나눈 후 구례현(求禮縣)에 이르러 성문 밖의 전날 묵었던 집에 가서 잤다. 손인필(孫仁弼)과 손응남(孫應男)이 곡식과 덜 익은 감을 가져와 바쳤다.

(*한편, 선조의 명령으로 원균의 배를 타고 칠천량 해전에 처음부터 끝까지 종군한 선전관 김식은 기적적으로 살아남아 서울로 돌아갔다. 그는 원균 함대의 괴멸 과정을 소상히 선조에게 보고하였다. 이때가 7월 22일이었으니, 원균이 패전한 날로부터 6일째 되는 날이었다. 왕은 급히 대신들을 소집하여 사후 대책을 의논해 보았으나, 이미 조선 수군이 전멸한 상태에서 무슨 뾰족한 수가 있을 리 없었다.

이순신을 죄인으로 몰아 죽이려 했던 선조는 뻔뻔스럽게도 다시 이순신을 삼도 수군통제사로 임명하면서 자신의 왕조를 구해 주기를 청하였다. 이로써 1597년 7월 23일자로 된 삼도수군통제사 임명장이 8월 3일 이른 아침에 이순신에게 도착한다. 이때부터 이순신의 마음은 더욱 급해졌고, 그의 움직임은 더욱 빨라졌다. 상대는 수백 척의 대형 전함을 보유하고 있으나 이순신에게는 12척의 판옥선이 있을 뿐이었다. 이순신은 하루 빨리 전선도 더 확보해야 했고, 배를 움직일 병사와 전투병들도 모집해야 했다. 이때는 배에 딸린 병사들의 태반이 종적을 감춘 뒤였다. 또 군량미도 구해야 했고, 탄약과 화살, 대포 등 모든 것이 부족했다.

선조는 이순신에게 의무만 지웠을 뿐 쌀 한 톨 지원하지 않았다. 따라서 이순신은 9명의 군관들을 이끌고 이 모든 보급품들을 스스로 해결하기 위해 이곳저곳 헤매고 다녀야 했다.)

8월 4일(壬戌). 고산(高山) 현감(崔鎭剛)이 군사들 넘겨줄 일로 왔다가 수군에 관한 일을 많이 말했다. 정오에 곡성(谷城)에 이르니 관아와 여염집들이 모두 텅 비어 있었다. 그 고을에서 잤다. 남해 현감(朴大男)은 남원으로 직행하였다.

8월 5일(癸亥). 옥과(玉果) 땅에 이르니 피난 가는 사람들로 길이 가득 메었기에, 말에서 내려 타이르고 고을로 들어갈 때 이기남(李奇男) 부자를 만났다. 고을에 이르니 정사준(鄭思竣)과 사립(鄭思立)이 마중 나왔다. 옥과 현감(洪堯佐)이 병을 핑계대고 나오지 않다가 잡아내어 처벌하려고 하니 찾아왔다.

8월 4일. 이렇게 출발한 이순신 일행은 압록강원(鴨綠江院: 곡성군 죽곡면 압록리)에 이르고 곡성(谷城)에 이르러 그곳에서 잤다.

8월 5일. 옥과 땅에 이르니 피난 가는 사람들로 길이 가득 메었다. 말에서 내려 타이르고 고을로 들어가서 옛 부하들인 이기남(李奇男: 거북선 돌격대장), 정사준(鄭思竣), 정사립(鄭思立) 등을 만났다. 옥과 현감 홍요좌(洪堯佐)는 병을 핑계대고 나오지 않다가 잡아내어 처벌하려고 하니 찾아왔다.

8월 6일. 옥과(玉果)에 머무르면서 적정을 정탐하고 온 송대립(宋大立)으로부터 보고를 받았다.

8월 7일. 순천으로 가는 길에서 선전관 원집(元潗)을 만나 밀지(密旨)를 받았다. 길 위에서 패하여 돌아가는 전라병사 이복남의 부하들을 만나, 그들을 모두 수군으로 편입시켰고, 또 그들로부터 말 3필과 활과 화살 약간을 빼앗아서 병기를 확보하였다. 곡성의 강정(江亭: 석곡면 유향리)에 도착하여 그곳에서 잤다.

8월 8일. 부유창(富有倉)을 지나는데, 그 일대는 전라병사 이복남(李福男)이 불을 질러 모두 타버리고 재만 남아 있는 참담한 모습이었다. 광양 현감 구덕령(具德齡), 나주 판관 원종의(元宗義), 배경남(裵慶男) 등이 그곳에 있다가 이순신이 왔다는 말을 듣고는 구치(鳩峙)로 달아나는 것을 명령을 전하여 불러오자, 그들은 모든 잘못을 전라병사 이복남에게 돌렸다.
해질 무렵 순천에 도착하니 모두들 피난 가버리고 성 안은 텅 비어 있었다. 무능한 관리들이 도망가기에 바빠 적군에게 도움이 될 군기 창고를 파괴하지 않은 채 그대로 방치해 놓았는데, 도리어 관리들의 이러한 실책으로 많은 병장기와 장편전 등 무기를 확보할 수 있었다. 중 혜희(惠凞)에게 의병장(義兵將) 임명장을 주었다.

8월 9일. 순천을 떠나 낙안(樂安)에 이르니 관사와 창고의 곡식들이 모두 불타버렸다. 관리와 촌민들이 모두 눈물을 흘리며 와서 보았다. 오후에 길을 떠나 십리쯤 오니 늙은이들이 길가에 늘어서서 다투어 술병을 바쳤는데, 받지 않으면 울면서 강권하였다. 그곳에 먼저 와 있던 순천 부사 우치적과 김제 군수 고봉상등이 가담하여 왔다. 나라 창고가 있는 보성의 조양창(兆陽倉)으로 향하였다. 초저녁에 도착해보니 그곳에도 지키는 사람 하나 없이 창고가 봉인된 채 있었다.

(*이리하여 이순신은 조선 군관들의 무책임한 행동으로 인해 많은 보급품을 확보할 수 있었다. 이로써 빈손으로 시작한 이순신의 조선 수군 재건은 최소한의 군병과 병기 그리고 군량미를 확보할 수 있게 되었다. 참으로 궁색한 모습이었지만 적의 공격을 앉아서 당하지만은 않게 된 것이다.)

8월 10일. 아파서 움직이지 못하여 13일까지 보성에 머물렀다.

8월 11일부터 13일까지. 보성 양산원(梁山沅)의 집에 머물면서 몸조리를 하면서 송희립, 최대성(崔大晟), 거제 현령 안위, 발포 만호 소계남(蘇季男) 등을 만나서 그들과의 대화를 통하여 그간의 사정을 파악하고 경상우수사 배설에 관한 인물파악을 하였다.

8월 14일. 어사(任夢正)와 만날 일로 보성에 이르러 열선루(列仙樓)에서 잤다. 이날 밤부터 연속 이틀 동안 큰비가 내렸다.

8월 15일. 보성의 군기를 점검하여 네 마리 말 위에 갈라 실었다. 선전관 박천봉(朴天鳳)이 유서(諭書)를 가지고 왔는데, 그것은 8월 7일에 발행한 것이었다.

8월 16일. 아침에 보성 군수에게 지시하여, 군관들을 굴암(屈巖)으로 보내어 난을 피해 달아난 관리들을 수색케 하였다. 이날 궁장(弓匠) 이지(李智)와 태귀생(太貴生), 선의(先衣), 대남(大男), 김희방(金希邦), 김붕만(金鵬萬) 등이 찾아와서 합류하였다.

8월 17일. 장흥으로 갔더니 그곳도 모두들 피난 가서 무인지경이 되어 있었다. 배를 보내주겠다고 약속한 수사 배설이 배를 보내 주지 않고 약속을 어겼다.

8월 18일. 령포(會寧浦)로 갔는데, 다른 장수들은 찾아왔으나 수사 배설은 병을 핑계대고 나오지 않았다.

8월 19일. 선전관 박천봉(朴天鳳)이 가지고 온 유서(諭書)를 상 위에 올려놓고 여러 장수들이 숙배(肅拜)의 예를 올렸는데, 배설만은 고개도 숙이지 않았다. 그 건방진 태도가 미웠으나 수사를 직접 곤장 칠 권한은 없었기 때문에 대신에 그의 영리(營吏)에게 곤장을 때리고 다짐하였다.
 "우리들이 지금 임금의 명령을 다 같이 받들었으니, 의리상 같이 죽는 것이 마땅하다. 사태가 여기까지 이르렀는데 한번 죽음으로써 나라에 보답하는 것이 무엇이 그리 아까울 것이냐! 오직 죽음이 있을 뿐이다."라고 하였다.

8월 20일. 진을 이진(梨津)으로 옮겼다. 몸이 불편하여 식음을 전폐하고 끙끙 앓았다.

8월 21일. 토사와 곽란을 만나 몹시 앓다가 인사불성이 되었다. 하루 종일 앓고 밤에는 밤새도록 앉아서 날이 밝기를 기다렸다.

8월 22일. 곽란이 점점 더 심해져 몸을 움직일 수가 없었다.

8월 23일. 병세가 너무 중하여 더 이상 배에서 거처할 수 없어서 배에서 내려 바다 밖으로 나가서 잤다.

8월 24일. 일찍 도괘(刀掛)에 이르러 아침 식사를 하고, 정오에 어란포(於蘭浦) 앞바다에 이르렀다.

(*그런데 이 무렵, 조정에서는 급한 상황에서 이순신을 다시 통제사에 임명하기는 했으나 깨어지다 만 배 몇 척을 가지고 5백여 척이나 되는 왜적을 당해낸다는 것은 불가능한 일이라고 판단하여 이순신에게 수군을 해산시키고 육지로 올라와 육군과 합세하여 싸우도록 하라는 지시가 내려왔다. 그러나 이순신은 단 12척의 배를 가지고라도 바다에서 적을 막아야 한다고 판단하였다. 그래서 장계를 올렸다. 이것이 저 유명한 "신에게는 아직도 12척의 배가 남아있나이다(今臣戰船尙有十二.)"라는 말이 담겨 있는 장계이다.

"저 임진년으로부터 5,6년 동안 적들이 감히 전라도와 충청도로 바로 쳐들어오지 못한 것은 수군이 그 길목을 누르고 있었기 때문입니다. 신에게는 아직도 12척의 배가 남아있습니다. 죽을힘을 다해 항거해 싸운다면 오히려 해 볼만합니다(今臣戰船尙有十二. 出死力拒戰, 則猶可爲也).

지금 만일 수군을 전부 없애버린다면 이는 곧 적들이 크게 좋아할 일로서, 호남을 거쳐 한강까지 곧바로 쳐들어갈 터인데, 신이 걱정하는 바는 바로 이것입니다. 전선의 수는 비록 적지만, 신이 죽지 않은 한, 적은 우리를 업신여기지 못할 것입니다(戰船雖寡, 微臣不死, 則敵不敢侮我矣.)"

(*이분(李芬) 저, 〈이충무공 행록(行錄)〉)

언뜻 생각하면 당랑거철(螳螂拒轍) 식의 무모함이 담겨있는 듯한 호언장담이지만, 죽음으로써 배수의 진을 쳤을 때에만 할 수 있는 말로서, 또한 실제로 맞는 말이었다. 그러나 "내가 죽지 않은 한, 적은 우리를 업신여기지 못할 것이다(微臣不死, 則敵不敢侮我

矣)"라는 자신감에 가득찬 이순신의 말을 통하여 바로 풍전등화와 같은 처지에 있었던 당시의 조선을 구해낸 것은 이순신, 오직 이순신 한 사람의 힘이었음을 알 수 있다.

그러나 이때에 왜적은 이미 조선 수군의 배를 찾아서 회령포에 접근하고 있었는데, 이순신이 토사곽란으로 인사불성이 되어 있던 때에 만약 적이 조선 수군의 소재를 알고 쳐들어 왔다면 미미한 전력의 이순신 함대는 흔적도 없이 사라지고 말았을 것이다. 불과 하루 차이로 위기의 순간을 넘긴 것이다. 이것은 이순신이 통제사에 임명되자마자 서둘러 이 지역에 먼저 도착했기 때문에 가능했던 행운이었다.

그리고 이것에는 하늘의 도움이 크게 작용했다고 봐야 할 것이다. 그리고 또 대첩 전 밤의 꿈에 신인이 나타나서 계시해 준 승리의 비결도 있었다. 이런 여러 가지 사정들을 종합적으로 이해하고 나면 이순신이 승첩을 "천행이었다."고 한 말에 동감할 수 있을 것이다.)

8월 25일. 당포 보자기가 피난민의 소 두 마리를 훔쳐 끌고 가면서 적이 왔다고 헛소문을 냈다. 이순신은 이미 그것이 헛소문이란 것을 알고 배를 굳게 매어놓고 움직이지 않고 있다가 그자를 즉시 체포하게 하여 헛소문을 낸 2명의 목을 베어서 효시하니 군대 안이 안정되다. 이때 배설은 이미 도망쳤다.

8월 26일. 탐정꾼 임준영(任俊英)이 왜적의 적후선이 이미 이진(梨津)까지 와 있다고 보고하였다. 전라우수사 김억추가 와서 합류하였다.

8월 27일. 그대로 머물렀는데 배설이 찾아왔기에 보니 겁에 질려 있었다.

   (*이때 이순신은 구례. 곡성. 옥과. 순천. 낙안. 보성 등지를 돌며 신병과 군량미, 그리고 많은 전투용 병기들을 거두어들여 최소한 한 차례의 해전을 치를 수 있게 되었다. 그런데 여기서 우리가 염두에 두어야 할 것은, 이 많은 병참품들을 왜군보다 불과 하루 정도 앞질러 이순신이 먼저 거두었다는 것이다. 만약 이순신이 아니었더라면 이 모든 것들이 모조리 왜병들 손에 넘어가버릴 뻔했던 것이다.)

8월 28일. 이른 아침 적선 8척이 뜻밖에 갑자기 쳐들어오자 여러 배들은 겁을 먹고 경상수사는 달아나려고 했다. 이순신이 동요하지 않고 깃발을 휘두르며 추격하라고 명령을 내리니 적선들은 포기하고 물러갔다. 여러 배들이 뒤쫓아서 갈두(葛頭)까지 갔다가 돌아왔다. 저녁에 진을 장도(獐島)로 옮겼다.

8월 29일. 적들이 추적해오고 있음을 간파한 이순신은 슬그머니 벽파진(碧波津)으로 진을 옮기고 9월 6일까지 기다렸다.

8월 30일. 배설은 적이 대거 쳐들어올까봐 겁을 내고 도망가려고만 했다. 그는 결국 자기 종을 보내어, 병세가 몹시 중하여 몸조리를 해야겠다고 거짓말을 하면서 청원서를 제출하자, 이순신은 육지로 나가서 조리하라고 하였다. 배설은 우수영에서 육지로 올라갔다.

9월 2일. 배설이 결국 도망을 치고 말았다.

9월 3일부터 9월 5일까지. 북풍이 크게 불어 배들을 겨우 보전하였다.

9월 6일. 바람은 조금 그쳤으나 물결은 자지 않았으며 추위가 엄습하여 격군들이 크게 고통을 받는 상황이 되었다.

9월 7일. 적선 55척 중 13척이 벌써 어란포(於蘭浦) 앞바다에 이르렀다는 보고가 있자 이순신은 각 배에 엄중히 경계하도록 지시하였다.
오후 4시경에 적선 13척이 조선 수군의 배를 향해 오자 조선 수군들도 닻을 들고 바다로 나가 맞아 싸우니 적들은 배를 돌려 급히 달아났다. 추격하여 먼 바다에까지 나가니 바람과 물이 모두 역류여서 배를 움직일 수가 없어서 도로 벽파진으로 돌아왔다.
이날 밤 이순신은 반드시 야습(夜襲)이 있을 것으로 예상하여 각 배에 정비하여 대기하라고 명령하였다. 과연 밤 10시경에 적선들이 대포를 쏘며 습격해 왔다.
조선 수군 병사들이 겁을 먹고 뒤로 물러나려 하자 이순신은 다시 엄명을 내리고 자신이 탄 배를 곧장 앞으로 나가도록 하여 적선을 향해 천지가 진동하도록 대포를 쏘아댔다. 적들은 당해내지 못할 줄 알고 여러 번 나왔다 물러갔다 하면서 대포만 쏘다가 결국 자정 무렵이 되어서 물러갔다.

(*한편, 조선 수군의 패잔선 무리가 이진에 있다는 정보에 따라 일본의 척후선단이 추격해 와 보니, 조선의 패잔선단은 겁에 질려 벽파진으로 도망쳐 버리고 없었다. 3도 연합함대를 격파한 자신들의 용맹한 군함을 보고 도망치는 꼴이 가여울 정도였다. 이때까지 왜군

들은 도망치는 12척의 선단을 이순신이 지휘하고 있다는 것을 모르고 있었던 것이다.

8월 28일 이른 아침에 왜선들은 조선의 패잔선들을 잡기 위해 기세 좋게 달려들었다. 그러나 이것은 바로 이순신이 파놓은 함정이었다. 조선 수군의 태반이 해전 경험이 전혀 없는 육군들이었고, 그 중에는 바다 자체를 무서워하는 자들도 많이 있었다. 따라서 초전에서 승리를 거두어 이미 떨어질 대로 떨어진 장병들의 사기도 올려줘야 했고, 또 실전을 통하여 전투 경험도 쌓게 해주어야 했는데, 마침 일본 척후선들이 불과 8척만으로 공격해 온 것이다.

적선들의 출현에 조선의 병사들이 겁을 먹고 있는 사이, 이순신이 기함을 앞세워 적선들을 향해 달려 나가면서 일제히 함포를 쏘아댔다. 이에 의기양양하게 달려들던 왜선들이 갑자기 허둥지둥 하며 혼란에 빠졌다. 이순신의 기함에서 깃발이 올라 전 함대에 총공격 명령을 내리자, 왜선들은 급히 방향을 돌려 도망치기 시작하였다. 이순신은 전 함대를 몰아 추격전을 펼쳤다. 왜선들이 뒤도 돌아보지 않고 도망치자 이를 쫓는 조선 수군의 사기는 한껏 높아졌다.

"역시 이순신 장군 밑에서 싸우면 백전백승할 수밖에 없다." 모든 장병들은 그 동안 말로만 들어왔던 승리의 신화가 현실로 나타나자 자신감으로 재무장하게 되었다. 이순신 함대는 갈두(葛頭)까지 추격하다가 회군하였고, 장도(獐島)에 옮겨갔다가 야음을 틈타 다시 벽파진으로 옮겨 진을 쳤다.

척후선단이 혜성같이 나타난 조선함대의 역습을 받고 쫓겨오자 왜적의 수뇌부는 동요했다. 이는 왜군의 수륙 병진책에 최대 걸림돌이 될 것으로 그냥 지나칠 문제가 아니었던 것이다.

이리하여 조선의 12척 함대를 잡기 위해 55척의 대함대를 구성하여 조선의 유령함대를 추격하기 시작했다. 왜의 함대는 조선의 함대가 정박하고 있다는 어란진으로 달려갔으나, 조선 함대는 이미 그 자리에 없었다. 왜의 함대는 척후 함대가 무언가 착각한 것이라 생각했다. 그러나 혹시나 하는 마음으로 12척의 별동 함대를 구성해 그 주변의 섬들을 샅샅이 수색해 보도록 하였다.

왜의 별동함대는 유령함대를 찾아 벽파진으로 다가갔고 이들의 움직임은 거미줄같이 쳐 놓은 이순신의 감시망에 낱낱이 탐지되고 있었다. 이때까지도 왜의 함대는 이순신이 다시 돌아와 유령 함대를 지휘하고 있다는 것을 전혀 눈치 채지 못하고 있었다. 오후 4시경 이순신은 드디어 왜적의 별동함대를 격멸하라는 명령을 내리고 그 자신이 선두에 서서 왜적 함대를 향해 돌진하였다.

느닷없이 튀어나온 유령함대가 함포를 일제히 발사하며 달려들자, 크게 놀란 왜적의 별동선단 12척은 황급히 배를 돌려 도망가 버렸다. 어찌 된 영문인지는 몰라도 아무튼 조선의 유령함대를 이끄는 장수는 확실히 뛰어난 인물임에 틀림없어 보였다. 왜적 함대는 적어도 조선함대의 두 배인 25척의 함대로 일시에 몰아쳐 조선 해군을 제압해야 할 것으로 생각하였다.

그날 밤 이순신은 왜군의 야습이 있을 것으로 예상하고 군 작전 회의를 엄중하게 진행하였다. 적의 야습에 대비하여 일사불란하게 행동하고 제독의 명령에 절대 복종할 것을 지시한 것이다. 적은 군세로 큰 군세를 공략하려면 사소한 실수라도 있어선 안 되기 때문이었다. 이리하여 12척의 군함들은 강력한 지자총통으로 무장하고 바위 곁의 어두운 곳에 함선을 감추고 포진하였다. 한편, 적의 눈에 잘 띄는 곳에 작은 협선들을 묶어 놓고 그 위에 불을 밝혀 적의 표적이 되게 하였다.

9월 7일 밤 10시, 과연 20여 척의 왜 특공함대가 소리 없이 벽파진 안으로 미끄러지듯 접근해 왔다. 이순신의 예측대로 왜군의 야습이 시작되고 있었다. 왜 함대는 유인을 위한 협선들을 발견하고 야습에 성공하였다고 기세 좋게 달려들었다. 그러나 미리 바위 뒤에 숨어 있던 조선 함대가 불시에 튀어나오며 함포를 발사하자 순간 당황하기 시작했다. 왜 함대는 필사적으로 탈출을 시도했으나 이순신의 포위망은 여간해서는 잘 뚫리지 않았다.

이로써 선봉에 섰던 왜 함대는 모조리 격침되었고, 일부 탈출한 함선들도 참혹한 피해를 입었다. 이 전투를 통해 신참 병사들은 역전의 용사들로 거듭 태어나고 있었다.

벽파진 야습에 실패하고 돌아온 함대를 보고 왜군의 수뇌부는 아연 긴장하지 않을 수 없었다. 괴멸된 줄 알았던 조선 수군이 아직 건재해 있었던 것이다. 비록 12척 뿐인 것으로 파악되었지만 그 위세는 왜군을 긴장시키기에 충분하였다.

그런데 그 12척 조선 함대의 지휘관이 이순신일지도 모른다는 소문이 왜군 내에 퍼지기 시작했다. 왜군에게 있어서 이순신은 공포의 대상이 되어 있었다. 수적 차이와는 상관없이 단 한 번도 이겨보지 못했을 뿐 아니라, 이순신을 만나는 것만으로 죽음에 이른 병사의 수가 헤아릴 수 없었기 때문이다.

이에 왜적의 수뇌부는 크게 당황하였다. 만약 정말 이순신이라면 이는 왜군의 사기에 엄청난 영향을 미칠 것이기 때문이었다.

그러나 왜군은 아무리 이순신이라 하더라도 단 12척의 패잔선으로 수백 척에 달하는 자기들을 당해낼 수 없을 것이라고 생각하기 시작했다. 따라서 최신의 대형 전투함들을 대거 투입하여 조선의 유령함대를 일거에 격멸시키고자 하였다. 이에 왜군의 신형 전투함들을 모두 벽파진에서 70리 떨어진 어란진에 집결하도록 명령을 하달했던 것이다.

왜군의 조선 함대 격멸전은 왜의 최신예 전함 300여 척과 한강 마포에 상륙을 준비하던 왜군 10만이 어란진으로 모여드는 것으로부터 시작되었다. 이러한 왜 해군의 움직임은 통제사 이순신에게 낱낱이 파악되고 있었다.)

*결전(決戰)의 날이 다가오다

9월 8일. 여러 장수들을 불러 대책을 의논하는데, 우수사 김억추(金億秋)는 일개 만호나 적합한 인물로서 수사 재목이 못 되었다.

9월 9일. 중양절(重陽節)이다. 이순신은 상제의 몸이지만 여러 장병들의 사기를 북돋워주기 위하여 9월 1일 제주에서 보내준 소 5마리를 잡도록 하였다.
이때 적선 2척이 정탐하기 위하여 어란포로부터 감보도(甘甫島)로 곧바로 들어왔으므로, 영등포 만호 조계종(趙繼宗)이 끝까지 추격했더니 적들은 황급히 배에 실었던 물건들까지 바다에 내던져 배를 가볍게 하여 달아났으므로, 결국 따라잡지 못하였다.

(*9월 9일, 기다리던 일본군 척후선 2척이 나타나 벽파진에 있는 이순신 함대의 동태를 면밀히 정탐하고 돌아갔다. 조선군의 함대가 작은 협선을 제외하면 실제로 전함이라곤 12척 뿐임을 최종 확인한 것이다. 이에 따라 일본 해군은 벽파진을 목표로 하여 작전을 전개할 것이다.)

9월 10일. 적들이 멀리 달아나 숨어버렸다.

9월 11일. 가을이 한창 깊어가는 때 홀로 배 위에 앉아서 이 생각 저 생각을 하다가 이순신은 자신도 몰래 눈물을 흘렸다. "아, 이

천지간 어디에 나와 같은 사람이 또 있겠는가." 슬퍼하는 이순신의 심정을 아들 회(薈)가 알고는 몹시 불안해하였다.

9월 12일. 비가 하루 종일 주룩주룩 내리는데 홀로 선실에 앉아 있으니 이순신의 마음인들 어찌 산란하지 않을 수 있겠는가.

9월 13일. 이순신은 이날도 신기한 꿈을 꾸었다. 임진년에 크게 이겼을 때의 꿈과 비슷하였다. '꿈의 징조가 무엇인지 모르겠다.' 고 하였으나 사실은 이미 하늘이 그에게 대승을 예시해준 꿈이었고, 이런 꿈의 계시도 작용하여 그는 더욱 적극적인 전략을 구사할 수 있었을 것이다.

9월 14일(辛丑). 드디어 벽파진 건너편에 봉화가 올랐다. 정탐을 나갔던 임준영(任俊英)이 돌아와 보고하였다. "적선 2백여 척 중에 55척은 벌써 어란포 앞바다로 들어왔습니다."
그리고 또 보고에 의하면, 왜놈들은 조선 수군 10여 척이 자기들 배를 추격하여 쏘아 죽이고 배를 불태운 것에 대한 보복으로 수많은 배들을 불러 모아 조선 수군을 다 죽여 없애버린 후에 바로 경강(京江)으로 올라가려고 한다는 것이었다.
이순신은 그 정보가 어느 정도 신빙성이 있다고 판단하고, 우선 먼저 피난민들을 전투 현장에서 격리시켜야겠다고 생각하고는 전령선(傳令船)을 우수영으로 보내어, 피난민들을 뭍으로 올려 보내도록 지시하였다.

9월 15일. 벽파정(碧波亭) 서쪽에 명량(鳴梁: 울돌목) 해협이 있고 명량을 지나서 그 서쪽에 우수영이 있다. 벽파정 동쪽에서 오는 왜적의 배들을 적은 수의 배로써 명량을 등지고 싸울 수는 없으므로, 조선 수군은 서쪽으로 흐르는 조수(潮水)를 타고 진을 우수영 앞바다로 옮겼다.

그리고 이순신은 여러 장수들을 불러 모아 놓고 엄중히 지시하였다.

"병법에서 이르기를 '죽고자 하면 살고 살고자 하면 죽는다(必死則生, 必生則死)'라고 하였다. 그리고 또 '한 사내가 길목을 지키면 천 명의 사내도 겁을 먹게 할 수 있다(一夫當逕, 足懼千夫)'고 하였다. 이것은 모두 오늘의 우리를 두고 한 말이다. 너희 여러 장수들은 살고자 하는 생각을 품지 말라. 만약 조금이라도 명령을 어기는 자 있다면 군법으로 다스릴 것이다."

그날 밤 꿈에 하늘은 백발의 신인(神人)을 이순신에게 보내어 필승의 전략을 가르쳐 주었다. "이렇게 이렇게 하면 크게 승리할 것이고, 저렇게 저렇게 하면 패배할 것이다."라고.

(*이순신은 장수들을 모아놓고 앞으로 있을 전투에 대해 엄중하고도 비장한 지시를 내렸다. 왜군의 수는 전함 3백여 척에 큰 함선만 55척인 초대형 함대이다. 또 그 병사의 수효는 10만 명에 이른다. 그러나 조선의 함대는 단 12척 뿐이다. 그러나 조선의 함대에게는 자연의 조화와 천험(天險)의 지형이라는 이점이 있음을 설명하고, 일본 해군 섬멸 작전에 대해 상세히 설명해 주었다. 그 작전은 우수영에 있는 명량 해협을 이용하는 것이었다. 명량 해협은 평균 약 500m의 폭으로 진도와 화원반도 사이의 수로이다. 이 해협의 좁은 곳은 약 300m 정도밖에 되지 않으며 그 양쪽으로 암초가 널려 있어 배가 이용할 수 있는 곳은 그나마 약 130m 정도뿐이다. 또 수로의 물살이 빨라 물살의 방향만

잘 이용하면 적을 능히 격멸할 수 있다.
이순신은 작전을 상세히 설명하면서 불안에 떠는 부하들을 진정시키고자 하였다. 그러나 원균 함대의 전멸을 경험했던 장교들은 불안한 마음을 쉽사리 떨쳐 버릴 수 없었다.
9월 15일, 일본군의 공격이 있을 것으로 예상한 이순신은 해가 떨어지기를 기다렸다가 순류를 타고 서쪽으로 전 함대를 몰아 명량 해협을 통과하여 우수영으로 이동했다. 그리고 이날 밤, 꿈에 대승첩의 전략을 신인으로부터 듣게 된다.)

*명량해전

9월 16일. 드디어 결전의 날이 밝아왔다. 이른 아침에 정탐군이 와서 이순신에게 보고하였다. "수없이 많은 적선들이 명량을 거쳐 우리 배를 향해 들어오고 있습니다."
이순신 함대는 곧 닻을 올리고 바다로 나갔다. 적선 300여 척이 조선 수군의 배들을 향해 돌진해 와서 에워쌌다.
여러 장수들은 스스로 바다를 뒤덮고 몰려오는 수많은 적선들을 바라보고는 중과부적이라고 여기고 자꾸만 달아날 생각만 하였다. 우수사 김억추는 이미 저 멀리까지 물러나 있었다.
이순신은 노를 독촉하여 앞으로 돌진해 들어가면서 지자(地字)·현자(玄字) 등 각종 총통들을 마구 쏘아대니 대포 소리가 마치 바람 불듯 우레 치듯 하였다. 군관들도 배 위로 나와 촘촘히 늘어서서 빗발같이 쏘아내니 적도들은 당해내지 못하고 다가섰다 물러났다 하였다.

그러나 워낙 많은 적선들이 여러 겹으로 몰려오고 있어서 장차 형세를 예측할 수 없었으므로, 이순신과 같은 배 안에 있는 수군들은 서로 돌아보며 겁에 질려 안색이 파랗게 변하였다.

이순신은 부드러운 목소리로 "적선이 비록 1천척이 온다고 하여도 우리 배를 당해내지 못할 것이다. 그러니 절대 동요하지 말고 있는 힘을 다해 적을 쏘아라."고 타일렀다.

그리고 다른 장수의 배들을 돌아보니 그들은 먼 바다로 물러나서 바라만 보고 앞으로 나오지 않고 있었다.

이순신은 배를 돌려 곧바로 중군장 김응함(金應諴)의 배로 가서 먼저 그의 목을 베어 효시하고도 싶었으나, 기함이 머리를 돌리면 여러 배들은 차차 더 멀리 물러나고 적선들이 점점 더 가까이 접근해 온다면 전세가 크게 잘못되어질까봐 염려되어 곧바로 호각을 불어 중군의 영하기(令下旗)를 세우게 하여 명령전달을 알리면서 초요기(招搖旗)를 세우게 하여 배들을 기함 가까이 다가오라고 지시하였다.

그러자 중군장 김응함의 배도 차츰 다가왔는데, 그보다 먼저 거제 현령 안위(安衛)의 배가 이르렀다. 이순신은 배 위에 서서 안위를 부르며 말했다.

"안위야, 네가 군법에 죽고 싶으냐. 네가 군법에 죽고 싶으냐. 도망간다고 어디 가서 살 것이냐."

그러자 안위도 황급히 적선 속으로 돌진해 들어갔다. 다시 김응함을 부르며 말했다.

"너는 중군장이 되어서 멀리 달아나고 대장인 나를 구원하지 않으니 그 죄를 어찌 면할 것이냐. 당장 처형하고 싶지만 적세가 한창 급하므로 우선 공을 세우도록 해주겠다."

두 배가 곧바로 들어가 접전할 때, 적장이 그 휘하의 배 2척을 지휘하여 한꺼번에 안위의 배에 개미떼처럼 달라붙어 서로 먼저 올라가려고 하였다.

안위와 그 배 위에 타고 있던 수군 병사들은 죽기를 각오하고 개미 떼처럼 달라붙은 왜적을 마구 쳤는데, 어떤 자는 모난 몽둥이를 잡고 내리치고, 어떤 자는 긴 창으로 찌르고, 또 어떤 자는 큰 자갈돌 덩어리로 마구 치고 때리느라 거의 기진맥진한 상태가 되었다.

(*한편, 이날 왜적의 연합함대는 어란진을 출발, 벽파진으로 총 출격하였다. 그러나 이순신의 유령함대는 또 사라지고 없었다. 벽파진에서 다른 곳으로 갈 수 있는 수로는 왜군이 장악하고 있는 동쪽과 조선의 수군사령부가 있는 명량 서쪽의 우수영 방면뿐이었다. 따라서 왜군은 조선수군이 왜적 대함대의 출격에 겁을 먹고 우수영 쪽으로 달아났다고 판단하고 즉각 추격하기 시작했다.

당시 왜적의 연합함대는 구루지마 미치후사(來島通總)가 선봉에 서고 도도 다카토라(藤堂高虎), 가토 요시아키(加藤加明), 와키자카 야스하루(脇坂安治) 등이 합세하고 있었다. 특히 구루지마는 1592년 6월 5일의 당항포 해전에서 전사한 자기 형에 대한 복수심에 불타서 선봉을 자원하고 나선 자였다. 그는 무려 133척의 정예 함대를 이끌고 명량 해협으로 접근하였고, 70여 척의 제 2함대들이 그 뒤를 따랐다.

왜적의 함대가 명량 해협의 동쪽 입구에 도착한 것은 12시경이었다. 마침 바다의 물결이 잔잔하여 하늘이 왜적 함대를 돕는 듯하였고 항해는 순조로웠다. 그런데 구루지마 함대가 명량 해협 중에서 가장 폭이 좁은 울돌목에 가까이 갔을 때, 저 멀리에서는 도망갔다고 생각했던 조선의 유령함대가 기함을 선봉으로 하여 포진해 있었다.

구루지마가 자세히 살펴보니 유령함대의 기함에 꽂혀 있는 장군기(將軍旗)는 분명히 〈삼도수군통제사 이순신〉이라 되어 있었다. 그는 비로소 그 동안 소문으로만 들었던 이순신이 실제로 유령함대를 지휘하고 있다는 것을 확인하였다. 이순신의 기함이 선봉에 서서 왜적 함대를 기다리고 있었고, 그 뒤로 11척의 전함들이 포진해 있었다. 그 뒤에도 멀리 한 떼의 선박이 보였으나 큰 전선인 것 같지는 않았다.

구루지마는 당대의 영웅 이순신과 한판 붙게 된다는 것에 야릇한 흥분을 느끼면서 만약 133척의 최신예 전함으로 단 12척의 적선을 이기지 못한다면 차라리 배를 갈라 죽느니만 못하다는 생각을 하면서 공격을 명령했다. 그러나 해협의 폭이 좁아 함대는 종대로 전진해야 했다.

수 척의 왜의 돌격선들은 조선의 기함을 사방에서 포위하기 위하여 양쪽으로 날개를 벌리며 우회하려 하였다. 그런데 해협이 좁아서 바깥쪽으로 돌던 왜선들이 물 속에 숨어 있는 암초에 걸리면서 기동할 수조차 없게 되고 말았다. 그리하여 왜적의 함대는 일찍부터 기함을 포위 공격하려던 작전을 바꾸어 중앙으로 재집결하여 해협을 빠져나갔다. 그런데 이런 왜선들을 보고 있으면서도 이순신의 기함은 아무런 반응도 보이지 않고 그저 바라만 보고 있는 것이었다.

그러나 중앙으로 집결된 왜선들이 길게 열을 지어 전진하여 해협을 빠져나와서 조선의 기함을 포위하려는 순간, 좁은 물길을 가로막고 우뚝 서 있던 조선 함대의 기함이 서서히 옆으로 돌더니, 종대로 덤벼드는 왜적 함대를 향해 지자포와 현자포 등, 함재포들을 일제히 발사하기 시작하였다. 동시에 갑판 위에 있던 병사들도 일제히 활과 총을 쏘아 대기 시작하니, 선봉에서 달려들던 일본 전함이 단번에 불길에 휩싸여 버렸다.

한편, 앞장선 왜적의 전함이 순식간에 불길에 휩싸여 처참한 지경이 되자, 후열의 전함들은 조선 군함의 가공할 함포 사격에 소름이 끼쳤다. 그러나 그들은 뒤를 따르는 동료 함선들 때문에 뒤로 물러서고 싶어도 물러설 수가 없었다. 더군다나 물살이 그들을 조선 함대쪽으로 밀어주고 있어서 후퇴하기가 물리적으로도 쉬운 일이 아니었다. 전진해도 죽고 물러서도 죽게 되었으니 선발 돌격선들은 결사적으로 달려들기 시작했다.

그런데 조선의 함선들은, 삼도수군통제사 이순신의 기함이 홀로 적을 맞아 약 1시간 동안 결사전을 전개하며 왜의 선단을 차례로 격침시키고 있을 뿐인데도, 기함이 외롭게 싸우고 있는 모습을 쳐다보기만 할 뿐 도무지 움직일 생각을 하지 않았다.

그러나 뒤로 돌아설 수도 없는 일본 수병들은 악귀같이 달려들었고, 조선 함포를 피한 몇몇 돌격선들이 접근에 성공하여 왜병들이 배 위로 기어오르기 시작했다. 이때서야 비로소 이순신은 중군기(中軍旗)와 초요기(招搖旗)를 세워 중군장 김응함에게 자신의 기함을 엄호하도록 지시하였다. 기함의 명령을 받은 중군장과 거제 현령 안위가 즉각 그들의 함선을 몰아 왜적의 함대 속으로 돌격해 들어갔다.

그 동안 왜적의 공격에 수비로만 일관하던 조선 수군이 마침내 공세를 취하기 시작한 것이다. 그러나 아직도 소극적인 전법으로 공방전을 벌이며 시간을 끌고 있었다. 나머지 9척의 전함들은 여전히 기함의 명령을 주시하며 대기하고 있었다.)

이순신은 배를 돌려 곧바로 들어가서 빗발치듯 마구 쏘아대어 적선 3척을 남김없이 무찔렀다. 그때 녹도 만호 송여종(宋汝悰)과 평산포 대장(代將) 정응두(鄭應斗)의 배가 잇달아 와서 협력하여 적을 쏘았다.

그때 안골포의 적진에서 투항해 온 왜인 준사(俊沙)라는 자가 이순신의 배 위에 타고 있다가 내려다보며 말했다.

"저 무늬 있는 붉은 비단옷을 입은 놈이 안골포의 적장 마다시(馬多時: 구루지마(來島通總)입니다."

이순신이 군사 김돌손(金乭孫)에게 갈고리로 뱃머리 위로 끌어올리도록 하자, 준사가 펄쩍펄쩍 뛰면서 말했다.
"맞다, 마다시(馬多時: 구루지마)다."
그래서 곧바로 적장의 몸을 잘라서 토막을 내라고 명령하니, 적들의 기세가 크게 꺾였다.

(*전면에 나섰던 전함들이 모조리 격파되자 드디어 왜선의 대장선이 노출되었다. 기록에 따르면 이 배에는 깃대 꼭대기에 새의 날개가 꽂혀 있었고 붉은 기가 매달려 있었으며, 누각 주위는 푸른 장막으로 둘러쳐져 있었다고 한다. 적장은 다락방 위에서 선봉 돌격 함대를 지휘하였던 것이다.
이순신이 그의 기함을 빠르게 몰아 접근한 후 집중 함포 사격을 퍼부으니 일본의 대장선은 순식간에 화염에 휩싸였고 적의 대장은 바다에 떨어지고 말았다. 기함의 병사 김돌손이 적장을 끌어올려 보니, 그는 붉은 문양이 그려져 있는 화려한 비단 옷을 입고 있던 구루지마 미치후사(來島通總)였다.
구루지마의 목은 즉각 기함의 돛대 꼭대기에 매달렸고, 멀리서 이를 본 일본 병사들은 사기가 크게 떨어졌다. 상대적으로 조선 수군의 사기는 하늘을 찌를 듯 충천하였다. 12시경에 시작된 해전은 어느새 3시간 정도 계속되었고, 북쪽으로 흐르던 물살도 서서히 바뀌어 남쪽으로 방향을 바꾸더니 차츰 빨라지기 시작했다.
앞으로 전진하려는 일본 군함들이 배의 균형을 유지하기 위하여 안간힘을 쓰면서 노를 젓는데 노력을 집중하는 반면, 조선 함대는 물길을 따라 흐르면서 마음껏 적선을 공략하는 데만 열중할 수 있게 된 것이다. 바로 이순신이 기다리던 공격시간이 다가온 것이다.)

조선 수군의 12척 배들이 일제히 북을 올리며 나란히 전진하면서 각각 지자포, 현자포를 쏘고 또 화살을 빗발같이 쏘아대니 그 소리가 강과 산을 진동시켰다. 적선 31척을 들이받아 깨뜨리자 적선들은 물러나 달아났으며, 다시는 조선 수군의 배에 감히 가까이 접근할 엄두조차 내지 못하였다.

(*마침내 이순신의 기함에서 전 함대의 총공격을 알리는 깃발이 올랐다. 기함을 주시하며 휴식을 취하던 9척의 전함들은 일제히 함포를 발사하며 달려들었다.
이순신의 기함 1척에 진땀을 흘리며 3시간을 소모한 일본 함대는 혼비백산하여 뱃머리를 돌려 도망가려고 하였다. 그러나 그것은 너무나 큰 실수였다. 전투 지원을 위해 후방에서 좁은 해협을 따라 올라오던 함선들과 탈출하려는 함선들이 서로 충돌하게 되었고, 이를 피하려다 양 옆의 암초에 걸려 침몰하는 등 일본 함대는 막심한 피해를 입게 되었던 것이다.
사실 이순신은 적을 단번에 격멸시키기 위하여 물의 흐름이 가장 **빠른** 오후 4시경(申時)까지 전투를 질질 끌며 기다려 왔던 것이다. 또 전투 경험이 적은 조선 수군에게 단 1~2척의 함선으로 수백 척에 맞서는 모습을 보여줌으로써 자신감과 결전의 의지를 갖게 하는 것과, 그 반대의 효과를 왜군에게 주는 고도의 심리전 전술을 폈던 것이다.
이순신의 절묘한 전술이 극치를 이루며 세계 해전 사상 전무후무한 대기록이 세워지고 있었다. 일본 함대는 서로 먼저 빠져나가려는 다툼으로 인하여 연쇄적으로 좌충우돌하였고 또 해협의 양측 암초에 부딪쳐 처절하게 파선되어 갔다. 무사히 빠져나간 듯 싶었던 함선들도 시속 11노트라는 가공할 속도로 흐르는 물살을 타고 마치 나는 듯 추격해 온 조선 함대의 함포에 맞아 침몰되어 갔다.
이 아수라장 속에서 또 다시 수많은 적선들이 격침되었고, 멀리서 대기하던 90여 척만이 도망갈 수 있었으나, 그들도 거의 치명적인 피해를 입은 상태였다.

전투는 끝났다. 300여 척으로 구성된 최정예 함대에 10만 대병을 싣고 서울로 상륙하려던 일본군의 작전은 완전히 실패로 돌아가고 말았다. 일본은 불과 12척의 이순신 함대에 의하여 300여 척의 대함대 중 무려 130척 가량을 잃어버렸다. 그러나 무엇보다도 일본은 이순신이라는 조선의 호랑이가 버티고 있는 한 서해를 돌아 진격하려던 작전을 단념하지 않을 수 없게 된 것이다.

명량해협은 일본군의 패잔선과 시체들로 뒤덮였고 이를 바라보는 이순신의 눈에서는 소리 없이 눈물이 흘러내렸다. 이로써 이순신은 그에게 주어진 구국의 임무를 완벽하게 수행해 내었다. 조국을 침략한 왜적들은 이제 곧 물러가지 않을 수 없을 것이다. 병참의 지원 없는 북진은 불가능한 것이다. 그것은 이미 평양 철수를 통해 소서행장(小西行長)이 경험했던 일이다.

명량대첩! 이것은 확실히 인류 역사상 일찍이 없었던 대첩 중의 대첩이었다. 이 대첩을 통해 조선군은 수세에서 공세로 전환할 수 있었고, 반면에 그 동안 승승장구하던 왜군들은 스스로 남쪽으로 철수하지 않으면 안 되었다.

조·왜 7년 전쟁의 3대 대첩으로 여러 전투를 꼽고 있지만, 그 어떤 대첩도 한 나라의 운명을 결정지은 이 명량대첩과는 비교될 수가 없다. 명량 해전에서의 패전으로 인하여 일본군의 수륙병진책은 무너졌고, 서울 침공을 눈앞에 두고 있던 일본군은 명량해전 4~5일 후, 서울에서 불과 2배여 리 떨어진 직산과 보은 지방으로부터 다시 남해안으로 총퇴각하였다.

더욱이 불가사의한 것은, 이 대규모 해전에서 이순신 함대는 단 한 척의 배도 잃지 않았다는 점이다. 일본 측이 수만 명의 사상자를 낸 데 비하여 우리 측 희생자는 불과 34명이었다. 물론 이 해전 이후에도 전쟁은 계속되었지만, 그것은 모두 명량해전에서의 참패 쇼크로 인하여 일본의 태합 풍신수길이 죽고, 이미 조선에 들어와 있던 왜군들이 다시 자기들 나라로 되돌아가기 위한 몸부림이었으므로, 결국 독안에 든 쥐를 잡기 위한 소탕전에 지나지 않았던 것이다.

때때로 왜군의 발악적인 저항이 여기저기서 산발적으로 있었고, 또 비열한 왕 선조 이연(李昖)이 구걸하여 끌어들인 무능한 명군(明軍)들이 거드름 피우며 건방지게 전쟁의 초점을 흐리게 만들었으나, 그 모든 것도 역시 명량 해전 이후 조선 정복의 야욕을 포기하고 퇴각하려는 일본군의 탈출 기도와 그들을 일망타진하려는 조선군의 노력에 지나지 않는다. -( )안의 왜군의 움직임에 대해서는 인터넷 사이트에서 인용)

이번의 승리야말로 실로 천행(天幸)이었다.
이순신은 싸우던 바다에서 그대로 정박해 있고도 싶었으나, 물결이 극히 험하고 바람조차 역풍인데다 조선 수군의 형세도 사실 처량한 수준이고 위태롭기 때문에 진을 당사도(唐笥島: 무안군 암태면)로 옮겼다.」

9월 17일(甲辰). 맑다. 어외도(於外島: 무안군 지도면(智島面))에 이르니 피난선이 무려 3백여 척이나 먼저 와 있었다. 우리 수군이 대승한 줄을 알고 서로 다투어 치하(致賀)하며 말(斗), 섬(斛)으로 양식들을 가지고 와서 군사들에게 주었다. 나주의 진사 임선(林瑄), 임환(林懽), 임업(林業) 등이 찾아와서 만나보았다.

9월 18일(乙巳). 맑다. 그대로 어외도(於外島)에서 머물렀다. 내 배에서는 순천 감목관 김탁(金卓)과 본영의 노비 계생(戒生)이 총알에 맞아 죽었다. 그리고 박영남(朴永男), 박봉학(朴奉鶴)과 강진 현감 이극신(李克新)도 총알에 맞았으나 중상에는 이르지 않았다.

9월 19일(丙午). 맑다. 일찍 배를 출발하여. 바람도 부드럽고 물결도 순하여 무사히 칠산 바다(七山海: 영광군 낙월면)를 건너고 저녁에 법성포(法聖浦: 영광군 법성면)에 도착하니 흉악한 적들이 육로를 통해 와서는 인가(人家) 곳곳에다 불을 지르고 거덜을 내었다. 해가 질 무렵에 홍농(弘農: 영광군 홍농면) 앞바다에 이르러 배를 대고 잤다.

9월 20일(丁未). 맑다. 새벽에 배를 출발, 곧바로 위도(蝟島: 영광군 위도면)에 이르니 피난선들이 많이 대어 있었다. 이광축(李光軸), 이지화(李至和) 부자가 찾아와서 만나보았다.

9월 21일(戊申). 맑다. 일찍 떠나 고군산도(古群山島: 옥구군 목면 선유도)에 이르니 호남 순찰사가 내가 왔다는 말을 듣고 배를 타고 급히 옥구(沃溝)로 갔다고 하였다.

9월 22일(己酉). 맑았으나 북풍이 크게 불어 그대로 머물렀다. 나주 목사 배응경(裵應褧), 무장(茂長) 현감 이람(李覽)이 찾아왔다.

〈적들이 수도 부근과 충청도에서 물러갔다〉
「○비망기로 승정원에 지시하였다.
"수도 부근과 충청도에서 적병들이 비로소 물러갔다.
아, 우리 백성들로서 죽은 사람의 시체가 언덕처럼 쌓이고 산 사람도 떠돌아다니면서 신음하고 있다. 나의 죄로 인하여 앙화(殃禍)가 흘러들어 이 지경에 이르게 된 것이다.

이제 급히 대신을 보내어 여러 고을들을 돌아보고 이르는 곳마다 백성들을 위로하고 생사를 알아보아 조문하도록 하라. 공로 있는 사람과 죄지은 사람을 조사해서 나라를 위하여 정성을 다한 사람들을 표창하도록 해야 할 것이다.

고을 수령으로서 벼슬을 버리고 도망친 자와 장수로서 힘써 싸우지 않았거나 머뭇거리고 나아가지 않은 자들은 모두 군법을 적용할 것이다.

그리고 온 들판의 벼와 곡식들을 제때에 힘을 모아 베어 들여 군량으로 저축할 계책을 세우지 않아서는 안 되며, 이 일을 보통 사람에게 맡김으로써 일을 지연시켜서는 안 될 것이다.

그리고 명나라 군사들이 앞으로 남쪽으로 내려갈 생각을 하고 있는데, 군량도 별도로 조치를 취하여 장만하되 느긋하게 생각하고 일을 늦추어서는 안 되겠다. 이에 대하여 비변사에 말하여 빨리 처리하도록 해야 할 것이다." -〈선조실록〉(1597. 9. 22.(己酉)-

(*명량 해전에서 참패한 왜군은 남해와 서해 바닷길을 이용한 서진 전략이 불가능하게 되었다고 판단하여 결국 서울 직전까지 진격한 육군 군사들을 남쪽으로 철수시키기 시작했다. 그러나 조정에서든 명나라에서든, 이순신의 명량대첩 소식을 이때까지도 전혀 알지 못하고 있음을 선조의 비망기에서 볼 수 있다. 그리고 매번 엄격한 군법의 적용을 강조하면서도 유독 원균에 대해서만은 항상 예외를 두고 있는 자가당착의 모습도 볼 수 있다.)

9월 23일(庚戌).   맑다. 승첩(勝捷) 장계의 초안을 수정했다. 정희열

(丁希悅)이 찾아와서 만나보았다.

(*9월 16일의 명량대첩이 있은 지 7일이나 지났는데 아직도 이순신은 승첩의 장계를 올리지 않고 초안 수정작업을 하고 있다.

이순신은 정유년 3월에 하옥되어 고문을 받을 때 임진년 승첩의 장계를 올리면서 원균의 공로를 가로챘다는 모함까지 받고 그것을 추궁 당했을 것이다. 그래서 이순신은 전투에서 승리한 보고서를 쓰는 데 있어서도 이전보다 더욱 신중하고 한 점의 착오나 과장도 없게 하려고 신경을 썼을 것이다.

물론 그간 조용한 시간을 가질 틈도 없었지만, 이런 이유 때문에도 아직 승첩의 장계를 올려 보내지 않고 수정을 거듭하고 있었을 것이다.

이 승첩의 장계가 〈선조실록〉에 소개되고 있는 것은 11월 9일자로, 명나라 총병부에 보내는 공문에서 간략히 인용되고 있는 것이 전부이다. 1597월 11월 9일자에 나오는 〈선조실록〉 기사 참조.)

9월 24일(辛亥). 맑다. 몸이 불편하여 끙끙 앓았다. 김홍달(金弘達)이 찾아와서 만났다.

9월 25일(壬子). 맑다. 몸이 몹시 불편하여 식은땀이 온 몸을 적셨다.

〈명나라 장수들의 숙소를 찾아다니며 접대하는 선조〉

「○임금이 부총병 해생(解生)의 숙소로 가서 술을 대접하는 의식을 가졌다. 두 잔씩 든 뒤에 해생이 그만 들자고 청하자 임금은 앉아서 술을 들자고 청하였다. 이어서 예물을 드린 다음 절을 하고 떠나겠다고 하자 해생은 읍만 하자고 청하였다. 그리하여 읍을 하고 헤어졌다.

○임금이 중군 팽우덕(彭友德)의 숙소에 갔다. 임금이 예물을 주자 우덕이 말하기를 "아무 공로도 없이 선물을 받기가 미안합니다." 라고 하면서 받았다. 신시에 대궐로 돌아왔다.

○사간원에서 건의하였다.
"근래에 규율이 해이해져서 장수와 군사들에게 목숨을 걸고 싸우려는 마음이 없습니다. 적들이 경내를 침범하자마자 먼저 도망칠 생각부터 하는데, 군사 규율을 엄하게 강조하지 않는다면 다시 수습하기 어려울 것입니다.
전라병사 오응태(吳應台)는 한 지방을 책임진 장수이면서 제 마음대로 지방을 포기하였으니 그 죄가 어찌 장형의 죄에만 그치겠습니까. 잡아다 신문하고 법조문에 따라 죄를 주라고 지시하기 바랍니다.
지난번에 적들이 수도 부근으로 접근해 오고 있을 때 각 관청에서 간수하고 있던 물건들을 모조리 나누어 주었습니다. 심지어 병조에서 값으로 받은 무명과 호조의 은까지도 하인들에게 나누어 주었습니다. 애써 모아들인 물건들을 하루아침에 탕진해 버려서 다시 손을 댈 여지도 없이 만들었으니, 너무나 어이없는 일입니다."」 -〈선조실록〉(1597. 9. 25.(壬子)-

(*이순신이 명량 해전에서 왜적의 수군을 대파함으로써 왜적의 북진 전략을 분쇄해버린 지가 열흘이 지났는데도 이런 소식에 깜깜한 임금 선조는 여전히 명나라 장수들의 숙소를 찾아다니면서 이처럼 비굴한 자태를 연출하고 있었다.
그리고 당시 한 지역의 방어책임을 맡고 있는 장수가 적의 소식을 듣고서 어떤 행태를 보였는지를 볼 수 있다. 당시 조선은 이런 인간들의 무리로 이루어져 있었는데, 글쎄, 지금은 우리나라의 모습이 어떤지 알 수 없다.)

9월 26일(癸丑).   맑다. 몸이 불편하여 종일 밖으로 나가지 않았다.

9월 27일(甲寅).   맑다. 송한(宋漢), 김국(金國), 배세춘(裵世春) 등에게 승첩 장계를 가지고 뱃길로 올라가게 하였다. 정제(鄭霽)는 부 체찰사에게 보내는 공문을 가지고 충청수사가 있는 곳으로 보냈다.

9월 28일(乙卯).   맑다. 송한(宋漢), 정제(鄭霽) 등은 바람이 막혀서 도로 돌아왔다.

〈조선의 임금을 평복 차림으로 맞이하는 명나라 장수〉

「○임금이 마(麻) 제독의 숙소로 갔다. 마귀(麻貴)는 정복 차림을 하지 않고 평복 차림으로 맞았다.

선조: "날씨가 차서 몸조리에 방해가 될까 걱정되므로 돌아가겠습니다. 나오지 마십시오.

마귀: 도대인(都大人: 經理 楊鎬)이 만나러 왔을 때도 중문 안에서 맞이하고 전송하였는데, 어떻게 예절을 달리하겠습니까. (그리하고는 중문까지 나와서 전송하였다.)

선조: 날씨가 찬데 몸조리 잘 하기 바랍니다.

마귀: 대단히 감사합니다."

○임금이 유격 우백영(牛伯英)의 숙소로 갔다. 임금이 예물을 바치고 절을 한 다음 떠나가겠다고 하자, 우백영이 그저 읍만 하자고 청하므로, 서로 읍을 하였다.

임금이 말하였다: "만일 황제의 위엄과 여러 대인들의 공로가 아니었다면 우리나라가 어떻게 오늘까지 보전될 수 있었겠습니까. 황제의 은혜는 그지없습니다."
우백영이 말하였다. "그것은 국왕의 복입니다. 우리야 무슨 힘을 썼겠습니까?" 그리고 나서 대궐로 돌아왔다.」

-〈선조실록〉(1597. 9. 28.(乙卯)-

9월 29일(丙辰). 맑다. 장계를 가지고 송한(宋漢) 등과 정제(鄭霽)가 다시 올라갔다.

(*앞의 9월 16일 기사 뒤의 주(注)에서도 지적한 것처럼, 이 장계가 조정에 전달된 것은 분명하다. 그런데 〈선조실록〉에서는 이 승첩 사실 자체와 장계의 내용을 전혀 언급도 기록도 하지 않고 있다가, 10월 20일 명나라 장수 양 경리(楊鎬)와의 대화 도중에, 그리고 11월 9일 명나라 총병부(總兵府)에 보고하는 공문에서 장계 내용의 일부를 인용하여 보고하고 있는 것이 전부이다. 명나라 장수가 장차 알게 될 것이 분명하므로 불가피하게 먼저 보고하고 있을 뿐, 조정의 모든 대신들과 국민들에게는 이 사실 자체를 공표하지 않았기 때문이 아닐까 추정된다.)

-이상 제3권-

〈이순신과 임진왜란〉(전4권)

이순신역사연구회 저

충무공 자신의 설명으로 들어보는 임진왜란 해전사,
전 국민의 필독서

〈1권〉 **신가 적을 무찌르는 일로 아뢰나이다.**

〈2권〉 **죽더라도 천자의 나라에 가서 죽겠노라.**

〈3권〉 **우리 땅에서 왜적을 토벌치 말라니 통분하옵니다.**

〈4권〉 **신에게는 아직도 열두 척의 배가 남아 있나이다.**

〈각권 신국판 420~464페이지.
값 1,2권: 각 12,000원. 3,4권: 각 13,000원〉

〈독후감〉-〈이순신과 임진왜란〉을 읽고

〈 "....책을 구입해 밤새워 읽었습니다.
그렇게 읽으려고 했던 것은 아니었는데 보는 순간부터
책에서 손을 뗄 수가 없었습니다.

책을 보면서 엄청난 책이라는 것을 알았습니다.
지금까지 제가 알고 있던 상식의 틀은 부서졌고
그 자리에 자랑스럽고 가슴이 뜨거워지는 지식과 체험,
그리고 새로운 임진왜란 해전사가 꿈틀대기 시작했습니다.
짧은 시간이었지만 제가 알고 싶었던 것. 많은 의문부호들이
비로소 느낌표로 바뀌기 시작했습니다.

난중일기를 통해서도, 징비록을 통해서도, 소설들을 통해서도
전문서를 통해서조차 이해할 수 없었던 모든 의문들이
이 책을 통해서 거의 한꺼번에 풀렸습니다.
어떻게 보면 이 점이 이 책의 가장 훌륭한 점이라고 할 수
있을 것 같습니다. 속된 표현일지는 모르지만
'한 큐로 꿰뚫는다'는 표현이 어울리는 책입니다.

책을 읽다보면 어느 순간 나 자신이 독자가 아닌 장군이 이끄시는
조선 함대의 일원이 되어 남해안 이곳저곳을 누비고 다니는듯한 착
각에 빠지게 됩니다.
때로는 해상 숙영지에서, 때로는 격랑의 바다 위에서 기동하며,
때로는 적을 맞아 싸우고 있는 자신을 보게 됩니다.

그 어떤 영화나 드라마, 그리고 소설이나 책에서도 경험하지

못했던 현장감을 이 책은 너무도 실감나게 보여주었습니다.
태산과 같은 감동이 파도를 타고 가슴으로 가슴으로 사정없이
부닥쳐왔습니다. 쉬지 않고 계속해서... 진짜 파도처럼 말입니다.

그리고 온 몸으로 전율을 느끼게 될 즈음 저는 불현듯
이런 자문을 하게 되었습니다.
"왜 이런 책이 이제야 나왔을까?"
"지금까지 내가 배우고 알았던 것들은 뭐지?"
　　　　　　　　　　　　-출처: 인터넷, DAUM 아고라, 챔피온님의 글

옮긴이 박 기 봉(朴琪鳳) 약력

경북고등학교 졸업(1966)
서울상대 경제학과 졸업(1970)
비봉출판사 대표(現)
한국출판협동조합 이사장(前)

〈저서〉
214 한자 부수자 해설(1995)
비봉한자학습법(1998)

〈역서〉
孟子(1992)
漢字正解(1994)
교양으로 읽는 논어(2000)
교양으로 읽는 맹자(2001)
성경과 대비해 읽는 코란(2001)
을지문덕전(2006)
조선상고사(2006)
조선상고문화사(2007)
삼국연의(2014)
독립정신(2017)

충무공 이순신 전서 3

초판 1쇄 발행 | 2006년 12월 15일
초판 3쇄 발행 | 2018년 1월 25일

편역자 | 박기봉
펴낸이 | 박기봉
펴낸곳 | 비봉출판사
주 소 | 서울 금천구 가산디지털2로 98, 2-808(가산동, IT캐슬)
전 화 | (02)2082-7444
팩 스 | (02)2082-7449
E-mail | bbongbooks@hanmail.net
출판등록 | 2007-43 (1980년 5월 23일)
ISBN | 978-89-376-0345-7   03990
       978-89-376-0342-6   03990 (전4권)

값 23,000원

ⓒ 이 책의 판권은 본사에 있습니다.
본사의 허락 없이 이 책의 복사, 일부 무단전제, 전자책 제작 유통 등
저작권 침해 행위는 금지됩니다.

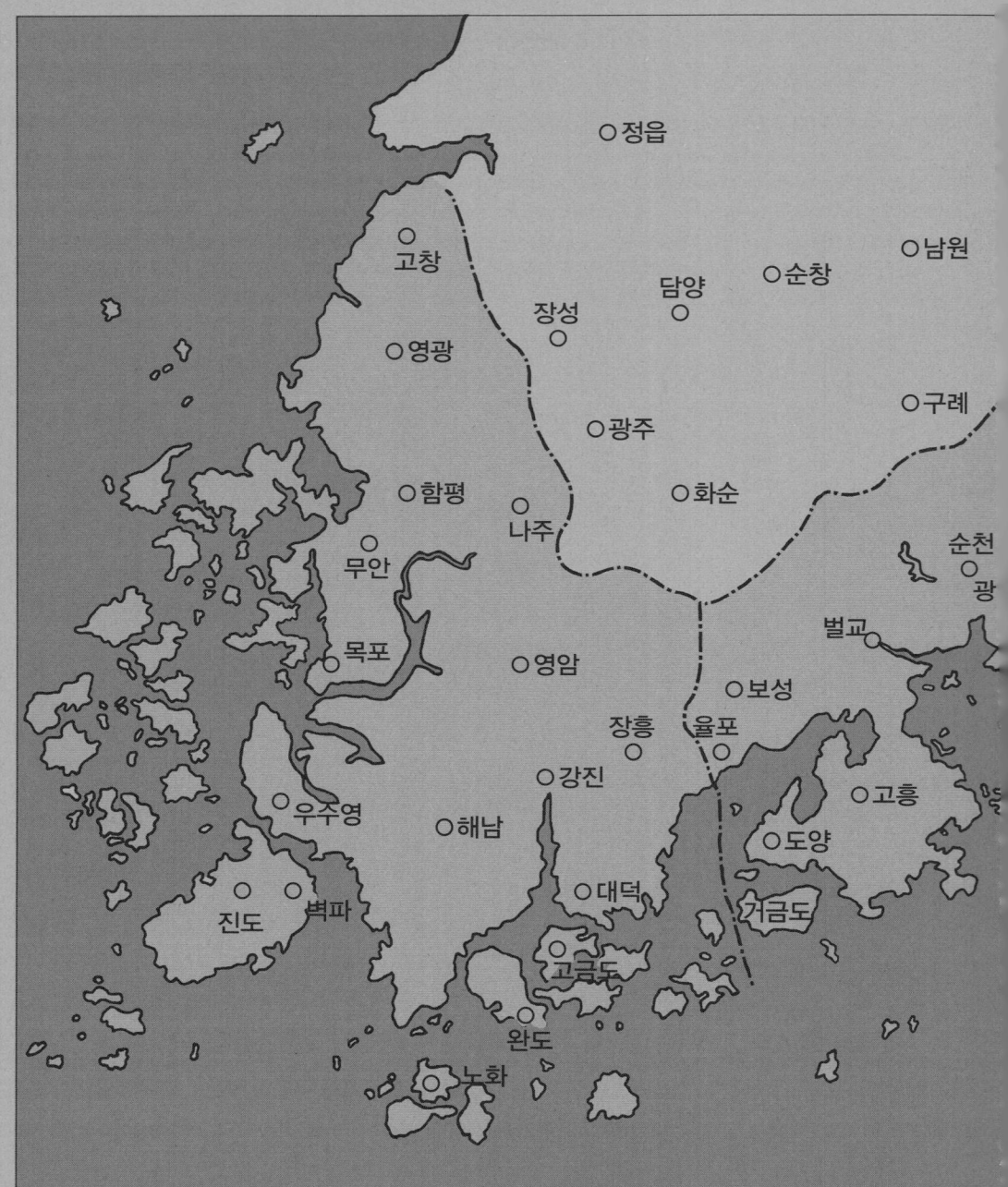

〈조선의 남해 바다 지도〉